Hanspaul Menara

Handbuch der **Südtiroler Wanderwege**

✌ VERLAGSANSTALT ATHESIA | BOZEN

BIBLIOGRAFISCHE INFORMATION DER DEUTSCHEN BIBLIOTHEK
Die Deutsche Bibliothek verzeichnet diese Publikation
in der Deutschen Nationalbibliografie; detaillierte
bibliografische Daten sind im Internet abrufbar:
http://dnb.ddb.de

Umschlagbild:
Wandern in den Sarntaler Alpen
(Latzfonser Kreuz gegen die Dolomiten)

August 2006
Alle Rechte, auch die des auszugsweisen Nachdrucks, vorbehalten
© by Verlagsanstalt Athesia AG, Bozen

Fotos: Alle Fotos dieses Buches stammen vom Verfasser
Kartenskizzen: design.buero, Amt für überörtliche Raumordnung
Gestaltung und Satz: design.buero, St. Leonhard in Passeier
Druck: Athesiadruck, Bozen

ISBN 88-8266-296-9

www.athesiabuch.it
buchverlag@athesia.it

INHALT

Zu diesem Buch SEITE 7
Zur Benützung dieses Führers SEITE 9
Richtiges Wandern SEITE 14

- 1 **Oberer Vinschgau** SEITE 21
- 128 **Mittlerer Vinschgau** SEITE 35
- 287 **Unterer Vinschgau** SEITE 53
- 556 **Meran und Umgebung** SEITE 83
- 649 **Passeiertal** SEITE 97
- 763 **Etschtal** SEITE 113
- 877 **Ultental** SEITE 125
- 965 **Deutschnonsberg** SEITE 139
- 1004 **Überetsch – Unterland – Regglberg** SEITE 145
- 1247 **Bozen und Umgebung** SEITE 175
- 1295 **Tschögglberg – Sarntal – Ritten** SEITE 183
- 1539 **Unteres Eisacktal** SEITE 215
- 1914 **Brixen und Umgebung – Mittleres Eisacktal** SEITE 275
- 2057 **Oberes Eisacktal (Südliches Wipptal)** SEITE 295
- 2283 **Unteres Pustertal** SEITE 329
- 2453 **Bruneck und Umgebung** SEITE 351
- 2527 **Gadertal** SEITE 363
- 2662 **Tauferer-Ahrntal** SEITE 383
- 2850 **Hochpustertal** SEITE 411

Register SEITE 453

ZU DIESEM BUCH

Südtirol mit seinen äußerst vielfältigen, von den Weingärten bis zur Fels- und Eisregion des Hochgebirges reichenden Landschaftsformen, mit seinen günstigen klimatischen Verhältnissen, seinen reichen Kulturzeugnissen und seinem weit verzweigten Wegenetz ist eines der beliebtesten Wandergebiete Europas.

Das vorliegende Buch soll nun eine Art Lexikon sein, das möglichst viele Südtiroler Wanderziele und Wanderwege in knapper, aber doch alles Wesentliche enthaltender Form enthält – den kurzen Spaziergang im Talbereich ebenso wie die lange Tour im Hochgebirge, den ebenen Wanderweg ebenso wie den steilen Fußpfad, Wanderziele für den ausgesprochenen Naturfreund ebenso wie für den Kunstinteressierten, für den Liebhaber der Kulturlandschaft mit ihrer üppigern Vegetation, ihren Schlössern und Hügelkirchen ebenso wie für den Freund höher gelegener Regionen mit ihren Almen, Bergseen, Schutzhütten und Gipfeln.

Ich habe mich an dieses Werk, das wohl nach größtmöglicher Reichhaltigkeit strebt, aber selbstverständlich keinen Anspruch auf eine wie immer geartete Vollständigkeit erheben kann, nur gewagt, weil mir meine jahrzehntelange Wandertätigkeit, die unter anderem in vielen Wanderführern ihren Niederschlag gefunden hat, einigermaßen die Voraussetzungen dafür zu bieten schien.

So gut wie alle im vorliegenden Handbuch beschriebenen Wege und Ziele habe ich im Laufe der Zeit selbst erwandert und erkundet, und viele Wanderungen habe ich auch erst noch eigens vor kurzem gemacht, um so weit wie möglich den neuesten Stand der Dinge angeben zu können.

Ich bin bei der Erarbeitung des Handbuches mit der größtmöglichen Sorgfalt zu Werke gegangen, doch kann das Einschleichen von Fehlern natürlich nie völlig ausgeschlossen werden, außerdem ist immer auch mit Veränderungen zu rechnen, die sich nach und nach ergeben.

Aufgrund der Fülle der behandelten Stoffes war die Beschränkung auf das Wesentliche sowohl bei den Charakterisierungen der Wanderziele wie auch bei den Wegbeschreibungen unumgänglich. Auch die Zahl der ausgewählten Ziele und Wege musste sich dem vorgegebenen Umfang des Werkes unterordnen. Außerdem wurde das in der Führerliteratur bewährte Randzahlensystem angewandt, das platzsparende Querverweise ermöglicht und zugleich das Auffinden des Gesuchten erleichtert.

Das ursprünglich zweibändige »Handbuch der Südtiroler Wanderwege« präsentiert sich auf vielfachen Wunsch hin nun in einem einzigen Band. Ich habe den Inhalt überall dort, wo eine Kürzung vertretbar oder sinnvoll erschien, so weit gestrafft, dass er in nur einem Band Platz findet. Diese notwendig gewordenen Kürzungen betrafen da und dort eine besonders detaillierte Beschreibung, da und dort auch einen Weg, ein Wanderziel oder ein Bild. Auch durch einen neuen Satzspiegel und durch den nur einmaligen Druck von Einleitung und Anhang konnte Platz eingespart werden.

So ist das vorliegende Werk noch handlicher geworden, zugleich aber doch so reichhaltig und so ausführlich geblieben wie irgend möglich. Und so wünsche ich mir abschließend, dass das »Handbuch« nicht nur die Wege zu lohnenden Zielen, sondern vor allem Wege zu schönen Erlebnissen weisen möge.

Hanspaul Menara

ZUR BENÜTZUNG DIESES FÜHRERS

AUFBAU UND GLIEDERUNG

Aufbau und Gliederung des vorliegenden Handbuches sind ebenso einfach wie übersichtlich. Wer sich kurz in den Inhalt vertieft, findet die Systematik schnell heraus.

Die Gliederung im Hauptabschnitt erfolgt nach Talschaftsbereichen; und diese wiederum sind in Ortschaften (Ausgangspunkte) unterteilt, die jeweils den Mittelpunkt eines geschlossenen Wanderbereiches bilden. In diesem Abschnitt, der sich in erster Linie nach touristischen Gesichtspunkten orientiert, sind die Wanderziele mit der entsprechenden Charakterisierung und einer oder mehrerer Wegbeschreibungen angeführt.

Die Großgebiete und die Ortschaften (Ausgangspunkte) sind einschließlich der entsprechenden Randzahlen auf Kartenskizzen dargestellt. Dies erleichtert und beschleunigt das Nachschlagen.

RANDZAHLEN

Großgebiete (Talschaften), Ortschaften (Ausgangspunkte) und Wanderziele sind mit fortlaufenden Randzahlen versehen; bei Querverweisen, die sich immer auf diese Randzahlen beziehen, ist der Randzahl die Abkürzung R (= Randzahl) vorangestellt. Falls ein Wanderziel zwei oder mehrere Zugänge vom gleichen Ausgangspunkt aus besitzt, werden diese Zugänge nicht durch eigene Randzahlen, sondern mit a, b usw. gekennzeichnet. Entsprechende Querverweise lauten dann zum Beispiel 226/a oder 226/b. Zwischendurch sind immer wieder einzelne Nummern frei gelassen. Dies für eventuelle Ergänzungen in einer Neuauflage, doch können diese frei gelassenen Zahlen auch vom Benützer des Buches für eigene Ergänzungen verwendet werden.

IM HANDBUCH NACHSCHLAGEN

Das Handbuch bietet drei Möglichkeiten, das Gesuchte zu finden: erstens das Inhaltsverzeichnis, zweitens das Stichwortregister und drittens die Übersichtskarte im Vorsatz und die Kartenskizzen im Text. Diese dritte Art ermöglicht ein besonders rasches Nachschlagen: Man öffnet den Buchdeckel und findet mit einem Blick die Randzahl des gesuchten Großgebietes, dann schlägt man diese Randzahl im Text nach und hat dort auf der Kartenskizze alle Ausgangspunkte des Gebietes mit ihren jeweiligen Randzahlen vor sich. Dadurch gewinnt man einen Überblick über das Großgebiet und erspart sich das Suchen im Stichwortregister.

AUSGANGSPUNKTE

Handelt es sich bei den Ausgangspunkten um Ortschaften mit einem umliegenden Wandergebiet, werden sie durch einen farbigen Balken besonders hervorgehoben. In der daran anschließenden Beschreibung der Wanderungen gilt immer diese Ortschaft als Ausgangspunkt. Schutzhütten, Pässe, Almen, Berggasthäuser oder Höfegruppen sind meist nur als Wanderziele und nur in Ausnahmefällen als Ausgangspunkte beschrieben.

WANDERZIELE

Das vorliegende Handbuch enthält so gut wie alle vom Verfasser als einigermaßen lohnend betrachteten Wanderziele Südtirols, die auf markierten Routen zugänglich sind: Dörfer, Weiler, Kirchen, Burgen, Berghöfe, Almen, Schutzhütten, Seen, Wasserfälle, Naturdenkmäler, Berggipfel. Gletscher- und Felsgipfel sind nur dann angeführt, wenn es sich um häufig besuchte Berge mit bezeichnetem Normalanstieg handelt.

SCHUTZHÜTTEN

Unter dem Begriff »Schutzhütte« oder »Schutzhaus« sind alle zu Fuß erreichbaren, bewirtschafteten Unterkünfte im Gebirge zu verstehen, sofern es sich nicht um Berggasthäuser oder Almschenken handelt. Unbewirtschaftete alpine Unterkünfte werden meist »Biwakschachtel« genannt. Schutzhütten sind großteils Besitz von alpinen Vereinen (und gewähren gewisse Ermäßigungen für die Mitglieder), teilweise aber auch Privatbesitz (ohne einheitliche Preisregelung). Die Dauer der Sommerbewirtschaftung hängt von der Lage, der Besucherdichte und von der Witterung ab; sie reicht im Allgemeinen von etwa Anfang/Mitte Juli bis Ende September. Besonders günstig gelegene Hütten öffnen bei guter Witterung auch früher und schließen später.

Die Grenze zwischen einer Schutzhütte und anderen alpinen Unterkünften (bewirtschaftete Almhütten, Berggasthäuser) erweist sich für den Wanderer als sehr fließend. Der Begriff »Hütte« stammt noch aus der Zeit, als die Schutzhütten tatsächlich noch kleine Hütten waren, die meisten verdienen heute durchaus die Bezeichnung Haus. Auch Berggasthäuser und bewirtschaftete Almhütten besitzen ihrer Funktion nach nicht selten Schutzhüttencharakter und können für den Wanderer wichtige alpine Stützpunkte sein.

EINKEHRMÖGLICHKEITEN

Zusätzlich zu den Gasthäusern und Schutzhütten bieten auch Bauernhöfe (so genannte Buschenschänke, Jausenstationen oder Hofschenken) und Almen Einkehrmöglichkeit. Verlässliche und vor allem über einen längeren Zeitraum hinweg gültige Aussagen hinsichtlich der gastgewerblichen Bewirtschaftung zu machen, ist allerdings schwer, weshalb die Richtigkeit der in diesem Führer gemachten Angaben durch eigene Erkundigung überprüft werden sollte.

WEGBESCHREIBUNG

Der Charakterisierung des Wanderziels folgt die Beschreibung eines oder mehrerer Zugänge. Diese Wegbeschreibungen enthalten in knapper Form möglichst viele Angaben, die der Planung und Durchführung der Tour dienlich sind: Art des Weges, Art des Geländes, Steilheit, Geh- oder Himmelsrichtung, Höhenunterschied, Gehzeit, Bewertung usw. Die Angaben »rechts« oder »links« sind immer im Sinne der Gehrichtung zu verstehen, außer sie enthalten den Zusatz »orographisch«, worunter die Fließrichtung eines Baches zu verstehen ist.

Aus Platzgründen können die Wege nur in groben Zügen beschrieben werden, weshalb die zusätzliche Benützung einer Wanderkarte dringend empfohlen wird.

Ebenfalls aus Platzgründen können vielfach auch nicht alle Zugänge eines Wanderziels beschrieben werden, weshalb es dem selbstständigen Wanderer überlassen bleibe, Alternativen ausfindig zu machen.

HÖHENANGABEN

Die Höhenangaben dürfen als verlässlich betrachtet werden. Kleine Unterschiede zu Höhenangaben im Gelände und in anderen Publikationen sind so gering, dass sie für den Wanderer nicht ins Gewicht fallen. Bei Ortschaften wird meist die offizielle Höhe angegeben (die sich meist auf den Standort der Kirche bezieht), auch wenn der eigentliche Ausgangspunkt einer Route etwas höher oder tiefer liegt.

HÖHENUNTERSCHIEDE

Die Höhenunterschiede zwischen Ausgangspunkt und Zielpunkt werden im vorliegenden Führer mit der Abkürzung HU bezeichnet. Dabei handelt es sich um die Höhendifferenz zwischen dem tiefsten und dem höchsten Punkt eines Weges und nicht um die Höhenleistung, die ein Wanderer etwa bei einer auf und ab führenden Route bewältigen muss. Wo allerdings größere Höhenunterschiede im Auf und Ab zu überwinden sind, wird meist darauf hingewiesen. Bei Wegen mit durchschnittlicher Steigung gibt der Höhenunterschied ungefähre Anhaltspunkte für die Gehzeit: Für 300 bis 400 Höhenmeter benötigt man eine Stunde.

GEHZEITEN

Bei den angeführten Gehzeiten handelt es sich um Annäherungswerte, die je nach Kondition, Gehgewohnheit, Witterung und sonstigen Verhältnissen mehr oder weniger stark variieren können. Die Angaben beziehen sich auf die reine Gehzeit ohne längere Rasten. Insgesamt dürfen die Gehzeiten als nicht zu knapp bemessen angesehen werden. Wird ein im Aufstieg beschriebener Weg im Abstieg begangen, so verkürzt sich die Gehzeit um rund ein Drittel.

CHARAKTERISIERUNG DER WANDERUNG

Während unter »Charakteristik« meist das Wanderziel kurz beschrieben wird, geht die Charakteristik der Wanderung selbst im Wesentlichen aus der Wegbeschreibung hervor. Die Wertungen »lohnend«, »leicht«, »mühsam« usw. beruhen zumindest teilweise auf subjektiven Eindrücken des Verfassers und müssen daher nicht für jeden Wanderer gleichermaßen gültig sein. Bei den Berggipfeln werden Hinweise auf die Aussicht höchstens in Ausnahmefällen gegeben, da ja so gut wie jeder Berggipfel eine besondere Aussichtswarte ist.

WEGMARKIERUNG UND BESCHILDERUNG

Die bei den Wegbeschreibungen angeführten Markierungen finden sich größtenteils auch im Gelände wieder, können in Einzelfällen aber auch verblasst, aufgelassen oder nur durch Farbflecke ersetzt sein. Gelegentlich muss auch mit geänderten Markierungsnummern gerechnet werden. Die im Führer angegebenen Markierungsnummern sollen die Identifizierung eines Weges auf der Karte erleichtern, auch wenn sie im Gelände fehlen oder mangelhaft sein sollten.

Die meisten Wege tragen Nummern als Markierung, manche aber auch Buchstaben oder Kombinationen aus beiden; andere Zeichen, etwa Kreise, Dreiecke oder Plaketten, beziehen sich meist auf Fernwege. Manche Wege tragen nur farbige (meist rote) Kleckse oder Striche; dies gilt oft, wenn auch nicht immer, für Routen, die nicht ganz leicht sind.

Zusätzlich zur Markierung (vereinzelt auch als deren Ersatz) sind die meisten Wege auch ausgeschildert, was die Orientierung sehr erleichtert.

GELÄNDEANGABEN

Um bereits bei der Vorbereitung eine Vorstellung von der Wanderung zu vermitteln, enthalten die Wegbeschreibungen nach Möglichkeit eine knappe Charakterisierung des Geländes, durch das der Weg führt. Solche Hinweise liefern ein Bild vom Aussehen der Landschaft sowie auch indirekte Anhaltspunkte bezüglich der Art und Schwierigkeit einer Tour. Wald verspricht schattiges und kühles Wandern, Wiesen und freies Gelände einen sonnigen Weg, Geröll oder Fels lassen mühsames oder gar heikles Steigen erwarten.

QUERVERWEISE

Wanderziele werden, wenn sie von unterschiedlichen Ausgangspunkten aus erreichbar sind, zwar wiederholt, Charakterisierungen und Wegbeschreibungen erfolgen aus Platzgründen aber meist nur einmal. Auf diesen Text wird dann dort, wo er sich wiederholen würde, durch Angabe der Randzahl verwiesen.

SCHWIERIGKEIT/ANFORDERUNG

Der Großteil aller markierten Wege stellt keine besonderen Anforderungen an den gehgewohnten Wanderer. Doch darf eine vorhandene Markierung nicht darüber hinwegtäuschen, dass ein Weg im Gebirge auch verhältnismäßig schwierig sein oder zumindest heikle Stellen aufweisen kann. Die Gesamtschwierigkeit geht in diesem Buch teilweise schon aus der Wegbeschreibung hervor; außerdem wird sie kurz und prägnant noch am Ende jeder Wegbeschreibung angegeben. Selbstverständlich beziehen sich alle Angaben nur auf normale sommerliche Verhältnisse und auf guten Zustand der Wege. Schneelage, Vereisung, abgebrochene Wegteile, schadhafte Sicherungen oder weggeschwemmte Brücken können eine an sich leichte Route schwierig, gefährlich oder gar unbegehbar machen. Solche jahreszeitlich bedingten Faktoren können im Führer natürlich nicht berücksichtigt werden.

INFORMATIONEN

Vor dem Antritt besonders einer längeren Tour empfiehlt es sich, vor Ort Auskünfte über die augenblicklichen Verhältnisse (Wegzustand, Einkehr- oder Nächtigungsmöglichkeiten, öffentliche Verkehrsmittel, Parkmöglichkeit usw.) einzuholen. Hiezu stehen vor allem die Fremdenverkehrsbüros in den einzelnen

Ortschaften sowie in manchen größeren Orten auch eigene Auskunftsstellen des Südtiroler Alpenvereins zur Verfügung.

ANGABEN ÜBER BEKLEIDUNG UND AUSRÜSTUNG

Bei den einzelnen Wegbeschreibungen werden keine Angaben über Bekleidung und Ausrüstung gemacht, zumal es für die meisten beschriebenen Routen außer der üblichen Wanderbekleidung keiner besonderen Ausrüstung bedarf. Im Übrigen wird davon ausgegangen, dass Begeher von Klettersteigen oder Gletschern entsprechende Erfahrung besitzen und somit auch richtig ausgerüstet sind; allerdings wird unter »Richtiges Wandern« auf die wichtigsten Ausrüstungsfragen noch etwas näher eingegangen.

KARTENSKIZZEN IM BUCH

Die Gebietsdarstellungen in diesem Wanderführer sollen ausschließlich einen geografischen Überblick vermitteln und das Auffinden eines bestimmten Ausgangsortes oder Wandergebietes erleichtern. Sie sollen und können niemals eine Wanderkarte ersetzen.

ABKÜRZUNGEN

AVS	= Alpenverein Südtirol
DÖAV	= Deutscher und Österreichischer Alpenverein
ca.	= zirka
HU	= Höhenunterschied
km	= Kilometer
m	= Meter
Min.	= Minuten
Nr.	= Nummer, meist Markierungsnummer
R	= Randzahl
Std.	= Stunde, Stunden

RICHTIGES WANDERN

Es gibt eigentlich nichts Einfacheres als das Wandern, sofern man dabei etwas gesunden Hausverstand walten lässt und sich an einige Verhaltensregeln hält. Wandern – gleichgültig in welcher Form, ob als Spaziergang, als mehr oder weniger zünftiges Bergsteigen, als Naturerlebnis oder als kulturelle Bereicherung – ist gesund, erholsam, erlebnisreich und Freude bringend, und es schenkt ein besonderes Gefühl von Freiheit. Allerdings sollte diese Freiheit nicht mit Narrenfreiheit verwechselt werden, Wandern nicht mit Hochleistungssport oder Frohsinn nicht mit Leichtsinn. Und man sollte stets bedenken, dass eine Wanderung oft auch gewisse Gefahren in sich birgt. Daher im Folgenden einige Gedanken und Anregungen, die dabei helfen sollen, das Wandern zum ungetrübten und unfallfreien Erlebnis werden zu lassen.

DIE VORBEREITUNG

Am Anfang muss man festlegen, wohin die Wanderung führen soll. Hiefür sollte man sich anhand von Karte, Wanderführer und Fahrplänen rechtzeitig mit Wanderziel, Anfahrt, Wegverlauf, Anforderungen und Gehzeiten vertraut machen und falls nötig weitere Informationen einholen. Mit diesem Wissen kann man dann darangehen, Bekleidung, Schuhwerk und übrige Ausrüstung herzurichten. Man tue dies früh genug und in aller Ruhe. Zur Vorbereitung auf eine größere Wanderung gehören auch eine gut durchschlafene Nacht und ein ordentliches Frühstück. Beides trägt zu gutem Gesamtbefinden bei und beugt unnötiger Nervosität vor.

KONDITION UND TRAINING

Für eine leichte, ein- bis zweistündige Wanderung auf gutem Weg bedarf es keiner besonderen Kondition, und an sie können sich auch Kinder und Senioren wagen. Ist die Tour aber länger, der Weg steil, steinig oder gar ausgesetzt, dann ist außer einer allgemein guten Verfassung schon eine gewisse Gehtüchtigkeit und Trittsicherheit sehr wichtig. Ausdauer im Gehen kann man sich durch sportliche Betätigung aneignen, die Trittsicherheit aber nur in begrenztem Maße. Die stärksten Beinmuskeln nützen wenig, wenn man an das Gehen auf steinigen oder ausgesetzten Bergwegen nicht gewöhnt ist und sich daher unsicher fühlt. Gerade diese Unsicherheit ist sehr oft die Ursache für Unfälle. Hier hilft nur eines: Sich die Trittsicherheit durch wiederholte Wanderungen nach und nach erwerben. Wer einen Bergurlaub antritt und dabei noch nicht über die nötige Trittsicherheit verfügt, sollte sich zunächst bei kleineren Wanderungen an das steile Gelände, an die Tücken schmaler oder beschwerlicher Pfade und an das Gehen mit Bergschuhen gewöhnen. Und man bedenke stets, dass sicheres Gehen nicht nur im Hochgebirge, sondern genauso auf problemlos erscheinenden Wald- und Wiesenwegen die erste Voraussetzung für eine unfallfreie Wanderung ist.

BEKLEIDUNG UND AUSRÜSTUNG

Die Bekleidung muss sich nach der Länge und Schwierigkeit der Wanderung, nach der Höhenlage des Wanderzieles, nach der Witterung und nach der geografischen Lage des Wandergebietes richten. In südlichen und tieferen Lagen darf sie leichter und luftiger sein als in nördlichen Landesteilen und höheren Lagen. Genügt im Hochsommer in wärmeren Gebieten bei unsicherer Witterung die Mitnahme nur eines leichten Regenschutzes, so ist im Frühjahr, Herbst und erst recht im Winter sowie in hochalpinen oder nordexponierten Zonen auch Kälteschutz (Anorak, Mütze, Handschuhe) mitzunehmen. Bei Wanderungen auf guten Wegen genügen an sich leichte Wanderschuhe; doch da man bei Routen, die man noch nicht kennt, auch mit abschüssigen, steinigen oder sumpfigen Wegstrecken rechnen muss, empfiehlt sich stets etwas festeres, wasserdichtes und rutschsicheres Schuhwerk. Das Wandern in kurzen Hosen ist angenehm und beliebt, aber nicht immer zu empfehlen. Bei Wanderungen in stark sonnenexponierten Gebieten schützt eine lange Hose vor Schlangenbissen; und auch die in manchen Gebieten bestehende Zeckengefahr sollte bei der Wahl der Bekleidung berücksichtigt werden.

An Ausrüstungsgegenständen sollten bei keiner Tour eine zweckmäßige Rucksackapotheke, ein Taschenmesser und die Wanderkarte fehlen, und auf einer Wanderung, bei der man in die Nacht geraten könnte, ist eine funktionierende Taschenlampe besonders wichtig. Im Steilgelände und beim Abwärtsgehen können Gehstöcke hilfreich sein (auf Klettersteigen allerdings auch hinderlich), in Hartschneerinnen oder auf vereisten Wegen leisten ein Eispickel, ein so genannter Eisstichel (Eisenspitze mit Handgriff) und/oder die kleinen vierzackigen Steigeisen, die man Grödeln nennt, wertvolle Dienste; fürs Gebirge wird man auch an Sonnenschutzcreme und – für den Fall der Fälle – an eine Reepschnur denken müssen, ebenso an ein leichtes Fernglas; und schließlich kann im dichten Nebel auch ein kleiner Kompass nützlich sein.

Auf die für Klettersteige und Gletscher notwendige Ausrüstung wird in einem eigenen Abschnitt noch näher eingegangen.

DER PROVIANT

Die Mitnahme von Proviant richtet sich nach den eigenen Essgewohnheiten, nach der Länge der Wanderung und nach den vorhandenen Einkehrmöglichkeiten. Wer kräftig gefrühstückt hat, wird auf einer Tageswanderung nicht allzu viel Proviant mitschleppen. Bei dessen Zusammenstellung bedenke man jedenfalls, dass Dosenproviant weit weniger bequem ist, als es scheint. Zwar ist es ein Gebot des Umweltschutzes, das Leergut wieder mit nach Hause zu nehmen, aber das ist oft leichter gesagt als getan. Entweder hat man vergessen, eine Verpackung für die Verpackung mitzunehmen oder sie ist für die Restflüssigkeiten nicht dicht genug. Da bleibt die geleerte Dose oder Schachtel im Gelände, und das sollte nicht sein. Wer sich auf das gute alte Papiereinwickeln rückbesinnt, hat derlei Probleme nicht.

GEHEN STATT RENNEN

Selbstverständlich wird man, wenn man einen weiten Weg vor sich hat, mit der Zeit haushalten und trachten, zügig voranzukommen. Auch im Notfall, etwa bei einbrechender Dunkelheit oder bei nahendem Wettersturz, wird man tüchtig ausschreiten. Ganz allgemein aber ist ein gleichmäßiger, ruhiger Schritt einem hastigen Gehen vorzuziehen. Besonders das flotte Drauflosmarschieren am Beginn der Wanderung, der Endspurt vor dem Ziel und das Laufen bergab können zu unnötiger Übermüdung, zu verringerter Konzentration, zum Verlust von Kraftreserven und zu erhöhter Unfallgefahr führen; im Übrigen mindert das Wandern nach der Stoppuhr die Aufnahmefähigkeit für die Schönheiten am Weg.

DIE BESTE JAHRESZEIT

Die hohe Zeit der Bergwanderungen sind natürlich der Sommer und der Frühherbst, d.h. die Monate Juli, August und September. Almhütten und Schutzhäuser sind zu dieser Zeit bewirtschaftet und die Wege problemlos begehbar.

Der Hochsommer ist allerdings auch die Zeit der Gewitter und des stärksten Besucherzustroms. Besonders in Gebieten mit regem Tourismus ist in dieser Zeit mit überbelegten Hütten, überlaufenen Klettersteigen und überfüllten Straßen zu rechnen.

Wanderungen in tiefer gelegenen Gebieten sind besonders im Frühjahr, wenn die Wiesen und Obstbäume blühen, und im farbenfrohen Herbst, der oft mit sehr klaren Tagen und stabiler Witterung aufwartet, ganz besonders zu empfehlen.

Sehr schön kann das Bergwandern auch noch im Oktober sein, nur sind da die Schutzhütten schon größtenteils geschlossen; tiefere Temperaturen, die verkürzte Sonnenscheindauer und an Nordhängen manchmal bereits vereiste Wege schränken die Wandermöglichkeiten außerdem noch ein, weshalb nur noch kleinere Wanderungen zu empfehlen sind.

Viele der in diesem Führer beschriebenen Routen, wie etwa geräumte Fahrwege in höher gelegenen Siedlungsbereichen oder die Wege in den schneearmen bis schneefreien Talbereichen der südlichen Landesteile, sind durchaus auch im Winter begehbar. Außerdem gibt es auch Schneewege, die eigens für den Winterwanderer gewalzt werden. Das vorliegende Buch ist aber in erster Linie als Wanderführer für schneefreie Verhältnisse gedacht.

WANDERN IN BEGLEITUNG

Das Wandern ohne Begleitung kann zwar sehr schön sein, im Hinblick auf die Sicherheit soll es hier aber nicht empfohlen werden. Allerdings sollte man sich vor ungeeigneten Begleitern hüten: vor Rennern, die den Gehschwachen hetzen, vor Leuten, die den Anforderungen nicht gewachsen sind, vor allzu Ängstlichen oder allzu Mutigen, vor Dauerrednern, vor Unerfahrenen, wenn man selbst unerfahren ist.

Die Auswahl einer Tour und das Gehtempo müssen stets der schwächsten Begleitperson angepasst sein und dürfen diese nicht überfordern. Bei Kindern ist zu bedenken, dass ihnen das Erlebnisspektrum und der Ehrgeiz der Erwachsenen fremd sind und sie schon aus diesem Grunde nicht auf Touren »mitgeschleift« werden dürfen, denen sie schwer gewachsen sind.

WAS NIEMAND MAG

Wandern ist an sich eine Freizeitbeschäftigung, die der Umwelt und Natur keine ernsten Schäden zufügt, und die meisten Wanderer legen sogar ein sehr ausgeprägtes Umweltbewusstsein an den Tag. Und die brüllen nicht in den Wäldern herum, reißen nicht seltene Blumen ab, trampeln nicht Pilze und Ameisenhaufen nieder, bekritzeln nicht von der Sitzbank bis zur Kirchenwand alles, was bekritzelbar ist, zerstampfen nicht den Bauern das Gras, entzünden im Freien keine Feuer, beschädigen nicht Zäune und Wegweiser und vor allem hinterlassen sie nicht überall ihren Dreck.

IM SCHUTZHAUS

Die Einhaltung der Nachtruhe und auch sonst ein wenig Rücksicht sollten eine Selbstverständlichkeit sein und ebenso die Einsicht, dass ein Schutzhaus kein Fünfsternehotel sein kann und soll.

Wer in der Hauptreisezeit in einem Schutzhaus zu nächtigen gedenkt, sollte sich rechtzeitig vormerken.

Selbstverständlich betritt man die Schlafräume nicht mit Bergschuhen, geht man mit Feuer (etwa im Winterraum) äußerst vorsichtig um, hinterlässt man die Schlaf- oder Winterräume sauber aufgeräumt, lässt man keine Radiomusik erdröhnen und »verewigt« sich nicht an den Wänden. Um die Alpenvereinsermäßigung beanspruchen zu können, muss man den gültigen Mitgliedsausweis vorzeigen können.

Falls es Unklarheiten bezüglich einer geplanten Tour gibt, bespreche man sich mit dem Hüttenwirt. Auf jeden Fall trage man sich und das vorgesehene Wanderziel ins Hüttenbuch ein. Das erleichtert bei einem Unfall dem Bergrettungsdienst die Suche und kann unter Umständen lebensrettend sein.

WEGARTEN

Wanderrouten können sehr unterschiedlich sein. Überwiegen im eigentlichen Gebirge die gewöhnlichen Fußpfade, besonders in den Dolomiten auch mit Sicherungen versehene Felsrouten (so genannte Klettersteige) und im Hochgebirge zuweilen sogar weglose, wenn auch markierte Routen, so wechseln in tieferen Lagen oft entlang einer einzigen Route auch gleich mehrere Wegarten einander ab.

Dort sind nämlich viele einstige Fußwege von Asphaltstraßen abgelöst worden und der Wanderer muss zuweilen notgedrungen mit solchen Straßen vorlieb nehmen; außerdem ist ein dichtes Netz an breiten, meist ungeteerten Fahrwegen (so genannten Güterwegen, Forstwegen oder Forststraßen) entstanden, die meist ein bequemes Wandern ermöglichen. Und es gibt da und dort auch noch immer die mit Natursteinen gepflasterten Karrenwege, viele alte Fußwege und die ungezählten schmale Pfade (meist Steige genannt).

Diese unterschiedlichen Wegarten stellen an den Begeher natürlich unterschiedliche Anforderungen und man sollt nach Möglichkeit jene Wege wählen, die den eigenen Voraussetzungen am besten entsprechen. Unnötig zu sagen, dass auch das Schuhwerk der zu begehenden Wegart angepasst sein sollte, so weit dies jedenfalls möglich ist.

AUF KLETTERSTEIGEN UND GLETSCHERN

Die Begehung von Klettersteigen und Gletschern stellt an Können, Erfahrung und Ausrüstung besondere Anforderungen, und der Anfänger darf sich an solche Touren nicht ohne Führung (Bergführer, erfahrener Tourengeher) wagen. Kommt es auf Gletschern in erster Linie auf entsprechende Erfahrung und Ausrüstung an, sind auf Klettersteigen zudem absolute Schwindelfreiheit und Trittsicherheit und ein gewisses Maß an Kletterübung vonnöten.

Die Ausrüstung besteht bei Gletschertouren hauptsächlich aus Seil, Pickel und Steigeisen, während auf Klettersteigen der eigens dafür hergestellte Klettergürtel, Steinschlaghelm, ein paar Karabiner und Reepschnüre und in manchen Fällen auch ein Seil und ein Eispickel notwendig.

Im vorliegenden Handbuch werden jedoch keine größeren Gletschertouren beschrieben, wohl aber Klettersteige und gesicherte Wegstrecken, weil sie Teil des markierten und betreuten Wanderwegenetzes sind, auch wenn es sich oft um sehr ausgesetzte Routen und nicht um Wanderwege im üblichen Sinne handelt.

SEILBAHNEN UND SESSELLIFTE

Manche Seilbahnen und Sessellifte sind nur während der winterlichen Skisaison in Betrieb. Auch können ältere Führerwerke und Wanderkarten derartige Aufstiegshilfen verzeichnen, wo es sie nicht mehr gibt. Daher sollte man vor Antritt einer Tour stets entsprechende Auskünfte einholen.

EIN UNFALL – WAS DANN?

Unfälle ereignen sich nicht nur bei schwierigen Felstouren, sondern auch bei Wanderungen in leichtem Gelände. Ist nun so ein Unfall geschehen, richtet sich das Verhalten seitens der Wanderbegleiter oder der zufällig Dazugekommenen einmal nach der Schwere des Unfalls und zum zweiten nach dem Gelände und dem Standort, in dem sich das Unglück ereignet hat.

Das Wichtigste heißt zunächst: Ruhe bewahren und genau überlegen, was unternommen werden kann und muss. Sind die Verletzungen nur leicht und ist der Verunfallte leicht zu erreichen, wird man versuchen, selbst Erste Hilfe zu leisten (daher Rucksackapotheke wichtig!) und den Verletzten dorthin zu bringen, wo weitere Hilfe möglich ist.

Befindet sich der Verunglückte in schwer zugänglichem Gelände, ist genau zu überlegen, wie und ob er ohne Gefährdung der Hilfeleistenden erreichbar ist; unüberlegtes Zuhilfeeilen kann zu einem weiteren Unfall führen!

Bei schweren Verletzungen kann der Laie meist nur versuchen, fernmündlich Hilfe herbeizurufen. Die Unfallmeldung erfolgt vorzugsweise an die allgemeine Notrufzentrale oder an den nächstliegenden Rettungsdienst. Je ruhiger und präziser die Angaben gemacht werden, desto effizienter ist der Rettungseinsatz möglich. Besonders wichtig sind dabei möglichst genaue Angaben über die Verletzungen, die Anzahl der Verunglückten, über Unfallort, Witterung am Unfallort, eventuelle Landemöglichkeiten für Hubschrauber, die eigenen Personalien und die Rückrufnummer.

Ist diese Form des Hilfeholens nicht möglich, wird das internationale alpine Notsignal gegeben, das jeder Wanderer kennen sollte und im nächsten Absatz beschrieben wird. Man sei sich stets bewusst, dass die Nichtkenntnis des alpinen Notsignals und das Fehlen der wichtigsten Ausrüstungsgegenstände (Rucksackapotheke, Taschenlampe, Reepschnur, Kälteschutz, Wanderkarte) schwerwiegendste Folgen haben können!

DAS ALPINE NOTSIGNAL

Diese international gültige Art des Hilferufens besteht darin, dass man sechsmal alle zehn Sekunden »ruft«, eine Minute wartet, wieder sechsmal alle zehn Sekunden Signal gibt, und so fort, bis Antwort erfolgt. Die Abgabe des Signals erfolgt bei Tag durch Rufen und Schwenken eines auffallenden Kleidungsstückes, bei Nacht durch Rufen und Blinken mit einer Taschenlampe.
Die Antwort erfolgt dann in gleicher Weise, aber in Abständen von 20 Sekunden. Man präge sich daher ein: »Hilfe« alle 10 Sekunden«, »Verstanden« alle 20 Sekunden.

KARTENBENÜTZUNG

Weder ein Wanderführer kann alle für eine Tour notwendigen Informationen enthalten, noch kann dies eine Wanderkarte. Die Beschaffenheit etwa eines Weges kann eine Karte höchstens andeuten; ein Text aber kann sie beschreiben. Umgekehrt kann kein Text ein ganzes Wegenetz so übersichtlich vor Augen führen wie eine Karte. Daher sollte man zusammen mit dem Führer stets auch eine möglichst gute Wanderkarte benützen.

Wanderkarten gibt es in verschiedenen Maßstäben. Die zweckmäßigsten sind jene im Maßstab 1:50.000 und 1:25.000, wobei Erstere meist den Vorteil größerer Handlichkeit besitzen, während Letztere, sofern sie den erforderlichen Detailreichtum aufweisen, besonders für heiklere Touren und für Wanderungen in Gebieten mit sehr engmaschigem Wegenetz zu empfehlen sind.

Neben den im Handel erhältlichen Karten gibt es noch eine ganze Reihe weiterer, in Qualität und Maßstab sehr unterschiedlicher Blätter, die meist von Fremdenverkehrsinstitutionen herausgebracht werden.

SÜDTIROLER WANDERWEGE

1
OBERER VINSCHGAU

Dieser Abschnitt umfasst das Vinschgauer Haupttal vom Reschen bis nach Mals einschließlich der Seitentäler Rojen, Langtaufers, Schlinig und Planeil.

2 AUSGANGSORT
RESCHEN — 1497 m

Nördlichstes Dorf des Vinschgaus, in weitgehend flachem Wiesengelände am Nordrand des Reschen-Stausees gelegen.

3 Zum Kirchlein am Fallierteck — 1750 m

Von Legenden umwobene, 1886 von einem Bauern erbaute Waldkapelle Maria-Hilf nahe der Schlucht des äußeren Rojentales.

a) Von Reschen auf der nach Rojen führenden Straße kurz westwärts, dann rechts ab und der Markierung 6 folgend (teils schmale Straße, teils Fußweg) durch Wiesen und Wald mäßig steil hinauf zur Kapelle. *HU 253 m, knapp 1 Std., leicht und lohnend.*

b) Von Reschen auf der Rojener Straße westwärts bis zur rechts abzweigenden Markierung 7 (anfangs Straße, später Fußweg) und dieser folgend über den Weiler Froi zur Kapelle. *HU 253 m, knapp 1 Std., leicht und lohnend.*

4 Nach Rojen — 1968 m

Charakteristik: R 15.
Von Reschen wie bei R 3 zum Kirchlein am Fallierteck, auf Weg 7 hinauf zum querenden Sträßchen, auf diesem südwärts bis zu rechts abzweigendem Forstweg und auf diesem die Hänge weiterhin querend nach Rojen. *HU 471 m, 2 Std., leicht und lohnend.*

5 Nach Schöneben — 2100 m

Almgebiet mit Gasthaus westlich oberhalb der Ortschaft Reschen; im Winter Skigebiet. Auch mit Umlaufbahn (Talstation westlich von Reschen beim Weiler Piz) und auf Autostraße erreichbar.
Von Reschen auf der Rojener Straße bis in die Nähe des Pizhofes bzw. der Talstation der Seilbahn und auf Weg bzw. Steig 9 im Wald über den so genannten »Kopf« hinauf nach Schöneben. *HU 603 m, 2 ½ Std., leicht, bedingt lohnend.*

6 Zehnerkopf — 2674 m

Nördlichster Gipfel im Kamm zwischen Reschensee und Rojental.
Von Schöneben (R 5) stets der Beschilderung »Zehnerkopf« und der Markierung 11/14 folgend kurz hinauf zu Weggabel, dann rechts auf Weg und Steig 11 über steinige Hänge hinauf zu zweiter Weggabel, weiter auf Steig 11 über begraste Schrofen steil empor zum Wetterkreuz und links zum höchsten Gratpunkt.
HU 574 m, 1 ½ Std., für einigermaßen Geübte leicht und lohnend.

7 Höhenweg Schöneben – Haider Alm (Haider Höhenweg)

Landschaftlich und aussichtsmäßig prachtvolle Almwanderung, die hoch über dem Reschensee die Gebiete Schöneben im Norden und Haider Alm im Süden miteinander verbindet.
Von Schöneben (R 5) auf Weg 14 zuerst kurz hinauf und dann großteils mehr oder minder eben, teilweise auch leicht auf und ab über Bergweiden und durch Waldhänge südwärts zu einer aussichtsreichen Geländeschulter und kurz hinab zur Haider Alm (2120 m; Gaststätte, Kabinenbahn hinab nach St. Valentin auf der Haide). *HU gering, 2 ½ Std., leicht und lohnend.*

8 Reschner Alm — 2000 m

Schön gelegene Alm mit Gaststätte westlich über Reschen; Blick über den Reschensee.

a) Von Reschen auf Weg 3 und später 5 westwärts hinan und dann rechts abdre-

Auf der Reschner Alm

hend über Bergwiesen durchwegs steil hinauf zur Alm. *HU 503 m, 1 ½ Std., leicht und lohnend.*
b) Von Reschen wie bei R 3 zum Kirchlein am Fallierteck, auf Weg 7 hinauf zu querendem Fahrweg und auf diesem nordwärts eben zur Alm. *HU 503 m, 2 Std., leicht und lohnend.*

9
Piz Lat 2808 m

Weithin sichtbarer, unverwechselbarer Berg nordwestlich über dem Reschengebiet.
Von der Reschner Alm (R 8) auf Steig 5 nordwestlich über Almhänge und steiniges Gelände zum Gipfel. *HU 808 m, 2 ½ Std., für Gehgewohnte leicht und lohnend.*

10
Etschquelle 1580 m

Wiesen- und Waldgebiet nördlich von Reschen, in dem der größte Südtiroler Fluss entspringt. Quellfassung mit entsprechendem Hinweis, daneben Sitzbank.
Von Reschen auf Weg 2 durch die ostseitigen Wiesenhänge mit nur geringer Steigung nordwärts zum Quellgebiet und zur Quelle. *HU 83 m, ½ Std., leicht und hübsch.*

11
Plamord 2071 m

Begraste Bergkuppe mit schöner Aussicht östlich über dem Reschenpass.
Von Reschen auf Weg 1 ostwärts hinauf, dann links ab und auf Weg 1 A zuerst leicht, später stärker ansteigend durch Wiesen und Wald zum Gipfel. *HU 574 m, knapp 2 Std., leicht und lohnend.*

15 AUSGANGSORT
ROJEN — 1968 m

Kleiner, aus mehreren Häusern und Höfen bestehender Weiler auf der Sonnenseite des Rojentales inmitten ausgedehnter Wiesenhänge; freskengeschmückte Kirche, Gasthaus. Straße von Reschen herauf.

16
Elferspitze — 2925 m

Formschöner, touristisch bedeutender Berg und höchster Gipfel im Kamm zwischen Rojental und Reschensee.
Von Schöneben wie bei R 6 in Richtung Zehnerkopf, bei Wegteilung links der Markierung 9 folgend teilweise über Blockwerk durch ein Tälchen südwärts zum Nordostrücken und über ihn unschwierig empor zum Gipfel. *HU 825 m, 2 ½ Std., für Gehgewohnte leicht und lohnend.*

17
Seebödenspitze — 2859 m

Häufig besuchter Gipfel westlich über der Haider Alm.
Von Rojen zuerst auf der Straße und dann auf dem Güterweg talein zu den inneren Almen, den Wegweisern »Seebödenspitze« folgend auf Weg 6/10 über den Bach und kurz weiter, dann bald auf dem links abzweigenden Steig 10 über die freien Hänge hinauf zu den Seeböden und empor zum Gipfel. *HU 891 m, 3 ½ Std., für Gehgewohnte leicht und lohnend.*

18
Rasaßspitze — 2941 m

Bedeutender Hochgipfel über dem innersten Rojental.
Von Rojen zuerst auf der Straße und dann auf dem Güterweg talein zu den inneren Almen, auf Weg 6 südwärts weiter und auf dem links abzweigenden Steig 10 über begraste und steinige Hänge empor zum Nordgrat und zum Gipfel. *HU 891 m, 3 ½ Std., für Gehgewohnte leicht und lohnend.*

19
Fallungspitze — 2643 m
Griankopf (Grionkopf) — 2896 m

Zwei Gipfel im Scheitel des Rojentales; ersterer eine grüne Spitze, letzterer ein wuchtiger Bergaufbau.
Von Rojen auf Straße und Güterweg talein zu den inneren Almen, von dort rechts der Markierung 6 A folgend durch das Griantal hinauf in die Fallungscharte (2610 m) und links kurz zur Fallungspitze (ab Rojen knapp 2 ½ Std.), rechts über den langen Grat auf den Griankopf. *HU 983 m, 3 ½ Std., für Geübte unschwierig und lohnend.*

24 AUSGANGSORT
GRAUN — 1520 m

Nach 1950 (Bau des Reschen-Stausees, dem das alte Graun zum Opfer fiel) neu entstandenes Dorf am Ausgang des Langtauferer Tales. Aus dem See ragt noch der romanische Turm von Alt-Graun.

25
Pedroßsee — 2602 m

Kleiner Bergsee nordöstlich über Graun.
Von Graun stets der Markierung 4 folgend zuerst auf altem Militärweg und dann auf Steig durch die waldlosen Steilhänge empor zur Gratschulter des Grauner Berges und auf Steig 4 nordöstlich ansteigend weiter zum See. *HU 1082 m, 3 ½ Std., leicht, aber anstrengend; bedingt lohnend.*

26
Höhenweg zu den Schwemmseen — 2614 m

Begehung des landschaftlich großartigen Langtauferer Höhenweges vom Pedroßsee bis zu den Schwemmseen.

Schwemmsee gegen die Langtauferer Hochgipfel

Von Graun wie bei R 25 zum Pedroßsee und auf dem Höhenweg 4 in langer Querung der Hänge bis zu den drei Schwemmseen. *HU ca. 1200 m, 6 Std. (ab Pedroßsee 2 ½ Std.), für Gehtüchtige leicht und lohnend.*

27
Zur Grauner Alm — 2173 m

Die Alm liegt im Vivanatal, einem kleinen Hochtal südöstlich von Graun.
Von Graun bzw. von der Langtauferer Straße der Markierung 10 folgend auf Forstweg durch Lärchenwald leicht ansteigend südwärts ins Vivanatal und zur Alm. *HU ca. 675 m, 2 Std., leicht und lohnend.*

28
Endkopf (Jaggl) — 2652 m

Aus Kalkgestein aufgebauter Berg südöstlich von Graun.
Von Graun wie bei R 27 zur Grauner Alm, bald darauf links auf Steig 10 empor zu einer Scharte und westwärts zum Gipfel. *HU ca. 1150 m, 3 ½ Std., für Gehgewohnte leicht und lohnend.*

29
Großhorn — 2628 m

Von Westen gesehen markanter Gipfel östlich über St. Valentin auf der Haide.
Von Graun wie bei R 27 zur Grauner Alm, der Markierung 10 folgend talauf und südwärts empor zum Gipfel. *HU ca. 1130 m, 3 ½ Std., für Gehgewohnte leicht und lohnend.*

34 — AUSGANGSORT
PEDROSS — 1673 m
KAPRON — 1693 m

Zwei kleine, nur wenig auseinander liegende Höfegruppen im äußeren Langtauferer Tal.

35
Höhenweg zu den Schwemmseen — 2614 m

Charakteristik: R 26.
Von Pedroß auf Weg, später Steig 11 durch die waldlosen Steilhänge empor zum Höhenweg 4 und weiter wie bei R 24.
HU 941 m, 4 ½ Std., leicht und lohnend, aber anstrengend.

36
Melager Alm 1913 m

Hübsch gelegene Alm im hintersten Langtauferer Tal.

Von Kapron auf Fahrweg südostwärts zu den Höfen Riegl und Perwarg und nun auf dem Forstweg 15 durch die schattseitigen Waldhänge in weitgehend ebener Wanderung talein zur Alm. *HU 240 m, 3 ½ Std., leicht und lohnend.*

37
Ochsenbergalm 2152 m

Alm mit Wendelinkapelle in dem bei Kapron ins Langtauferer Tal mündenden Rieglbach.

Von Pedroß auf Weg 10 südwärts rund 200 Höhenmeter hinauf, dann links auf Steig 13 in Richtung Kaproner Almhütte bis zum Rieglbach und auf Weg 14 durch das Tal südwärts hinauf zur Alm. *HU 478 m, knapp 1 ½ Std., leicht, mäßig lohnend.*

38
Endkopf 2652 m

Charakteristik: R 28.

Von Pedroß auf Weg 10 zunächst durch das kleine, bewaldete Meißltal hinauf, dann rechts ab und auf Steig 10 zuerst noch durch Wald und dann über die freien Hänge zum Gipfel. *HU 979 m, 3 Std., für gehgewohnte Bergwanderer leicht und lohnend.*

42 AUSGANGSORT
PLEIF	1795 m
PATZIN	1758 m
GSCHWELL	1816 m

Kleine Höfegruppen im mittleren Langtauferer Tal. Zwischen Patzin und Gschwell liegt das Gehöft Patscheid mit Fassadenmalerei.

43
Zur Patziner Alm 2271 m

Hübsch und sonnig gelegene Alm nordwestlich oberhalb Patzin.

Von Patzin auf Weg 16 zuerst nord- dann westwärts teilweise durch schütteren Lärchenbestand hinauf zur Alm. *HU 513 m, 1 ½ Std., leicht und lohnend.*

44
Höhenweg zu den Schwemmseen 2614 m

Aufstieg und Begehung des mittleren Teiles des Langtauferer Höhenweges.

Von Patzin wie bei R 43 hinauf zur Patziner Alm, der schwachen Markierung 9 folgend nahezu weglos über Almhänge hinauf zum Höhenweg 4 und auf diesem ostwärts zu den Seen. *HU ca. 850 m, 3 ½ Std., leicht, aber etwas mühsam.*

45
Großer Schafkopf 3000 m

Leicht ersteigbarer Hochgipfel im Kamm, der das Langtauferer Tal nordseitig begrenzt.

Von Gschwell auf Weg 8 zuerst durch einen Lärchenbestand und dann über freie Hänge nordwärts empor zum querenden Höhenweg 4 (2643 m), auf diesem westwärts zum Fuß des Südkammes des Berges (2670 m, Wegweiser), auf markierten Steigspuren hinauf ins Wölfelesjoch (2842 m) und rechts auf Steig 31 über den felsigen Grat unschwierig empor zum Gipfel. *HU 1184 m, 4 Std., für Gehtüchtige und Gehgewohnte unschwierig und lohnend.*

46
Zu den Schwemmseen 2614 m

Bei diesen Seen handelt es sich um einen recht stattlichen und mehrere kleinere Bergseen nördlich oberhalb Gschwell.

Von Gschwell wie bei R 45 hinauf zum Höhenweg 4 (2643 m), auf diesem ein Stück ostwärts und kurz hinab zu den

Auf dem Großen Schafkopf

Seen. *HU 827 m, 2 ½ Std., für Gehgewohnte leicht und lohnend.*

50	AUSGANGSORT
GRUB	**1841 m**
HINTERKIRCH	**1850 m**
WIESHOF	**1901 m**

Kleine Höfegruppen im inneren Langtauferer Tal, alle an der Talstraße gelegen. Oberhalb Hinterkirch liegt der Weiler Kappl.

51
Zur Melager Alm 1913 m

Hübsch gelegene Alm im hintersten Langtauferer Tal.
Von Grub auf Fahrweg über den Bach zum Pratzenhof und auf breitem Waldweg 15 talein zur Alm. *HU ca. 70 m, 1 ½ Std., leicht und lohnend.*

52
Zum Kappler See 2599 m

Stattlicher Bergsee nördlich oberhalb Kappl bzw. Hinterkirch.

Von Hinterkirch auf Weg 7 nordseitig hinauf zur äußeren Schafhütte, auf Steig 7 weiter empor zum Höhenweg 4, weiter bergan bis zu einer kleinen Wasseransammlung (2593 m) und nun rechts weglos über einen Geröllrücken hinüber zum See. *HU 749 m, knapp 2 ½ Std., für Gehgewohnte nicht schwierig, lohnend.*

56	AUSGANGSORT
MELAG	**1915 m**

Kleiner, letzter Weiler mit Gasthaus im inneren Langtauferer Tal zu Füßen der Hochgipfel des Weißkugelmassivs.

57
Langtauferer Höhenweg

Rund 14 km langer, landschaftlich großartiger Höhenweg durch die nordseitigen Hänge des Langtauferer Tales.
Von Melag auf Weg 1, der sich bald mit dem Weg von Wieshof herauf trifft, durch das Melagtal hinauf zum links abzweigenden Höhenweg 4 (2450 m), dann auf diesem in rund 6-stündiger Wanderung west-

wärts zum Pedroßsee (R 25) und von dort Abstieg nach Graun. *HU ca. 1250 m, insgesamt ca. 10 Std., für sehr Gehtüchtige leicht und lohnend.*

58
Melager Alm 1913 m

Hübsch gelegene Alm mit Ausschank im hintersten Langtauferer Tal.
Von Melag auf Weg 2 im Talboden eben talein, dann rechts ab und den Bach auf Brücke überquerend zur Alm. *Kein HU, knapp 1 Std., leicht und lohnend.*

59
Nockspitze 3006 m

Ausgeprägter Berg nordöstlich von Melag.
Von Melag kurz talein, dann links auf Steig 3B durch die Hänge ostwärts hinauf zur Inneren Schafberghütte (2340 m, 1½ Std.) und auf markierten Steigspuren über den begrasten Steilrücken gerade nordwärts empor zum Gipfel. *HU 1091 m, 3½ Std., für Gehtüchtige leicht und lohnend.*

60
Weißkugelhütte 2544 m

Schutzhaus mit Sommerbewirtschaftung in besonders schöner Lage mit Prachtblick zu den Gletschern des Weißkugelmassivs.
a) Von Melag stets der Markierung 2 folgend zunächst auf dem breiten Talweg 2 ein Stück talein, dann in Kehren am Sonnenhang hinauf und zuletzt fast eben zur Hütte. *HU 629 m, 2 Std., leicht und lohnend.*
b) Von Melag kurz talein, dann links auf Steig 3B zunächst stark, dann mäßig ansteigend durch die Hänge ostwärts hinauf zur Inneren Schafberghütte (2340 m, 1½ Std.) und auf Steig 3 ostwärts die Hänge querend zum Weg 2 und zur Hütte. *HU 629 m, je nach Routenwahl 2½ Std., für Gehgewohnte leicht und lohnend; landschaftlich schöner als a.*

64 AUSGANGSORT
ST. VALENTIN AUF DER HAIDE 1470 m

Stattliches Dorf an der Vinschgauer Talstraße zwischen Haider See und Reschenstausee. Prachtblick zum Ortler.

65
Zur Grauner Alm 2173 m

Charakteristik: R 27
Von St. Valentin auf Weg, später Steig 13 nordostwärts durch Lärchenwald und Geröllhänge teils leicht, teils stärker ansteigend zur Alm. *HU 703 m, knapp 2½ Std., leicht, bedingt lohnend.*

66
Bergl 2176 m

Schulterförmige, hoch hinauf bewaldete Erhebung östlich von St. Valentin a. d. Haide.
Von St. Valentin auf der Straße ein Stück in Richtung Dörfl, dann links ab und auf Weg bzw. Steig 6 südostwärts durch Wald hinauf zum Gipfel. *HU 706 m, 2 Std., leicht und lohnend.*

67
Großhorn 2630 m

Gern besuchter Gipfel östlich von St. Valentin.
a) Von St. Valentin wie bei R 45 zur Grauner Alm, der Markierung 10 folgend talauf und südwärts empor zum Gipfel.
HU 1160 m, 3½ Std., für Gehgewohnte leicht und lohnend.
b) Von St. Valentin wie bei R 66 hinauf zum Bergl und weiter auf Steig 6 über den Grat ostwärts zum Gipfel. *HU 1160 m, knapp 3½ Std., für Gehgewohnte leicht und lohnend.*

68
Plawennalm 2003 m

Von Berghängen umschlossene Alm im obersten Plawenntal.

OBERER VINSCHGAU

Die Seebödenspitze

Von der Häusergruppe Dörfl südöstlich von St. Valentin (1498 m) auf Forstweg 6 südostwärts ein Stück hinan, dann rechts auf Steig 3 leicht ansteigend und eben durch Wald südostwärts hinein ins Plawenntal und auf dem breiten Weg 3 hinauf zur Alm. *HU 505 m, knapp 2 Std., leicht und lohnend.*

69
Nach Plawenn 1716 m

Kleines Dorf mit gleichnamigem Adelssitz.
Von der Häusergruppe Dörfl südöstlich von St. Valentin (1498 m) auf Weg 3 zuerst süd- und zuletzt ostwärts durch die Wiesen der Malser Haide nach Plawenn. *HU ca. 220 m, gut 1 Std., leicht und lohnend.*

70
Rund um den Haider See

Schöne, teils auf Wanderweg, teils auf Fahrweg verlaufende Rundwanderung mit Prachtblick zum Ortler.
Von St. Valentin zum nördlichen Seeufer, auf dem breiten Wanderweg am Ostufer des Sees südwärts zu den Fischerhäusern (1466 m), kurz auf der Talstraße und dann rechts abzweigend zur Brücke über den Ausfluss des Sees und dann auf schmaler Straße am Westufer durch Wald und Wiesen zurück nach St. Valentin. *HU gering, 2 Std., leicht und lohnend.*

71
Haider Alm 2120 m

Westlich über dem Haider See gelegen, auch mit Gondellift erreichbar. Im Winter Skigebiet. Gastbetrieb.
Von St. Valentin a. d. Haide westseitig auf dem Güterweg 7 in weiten Kehren durch die Waldhänge hinauf zur Alm. *HU 650 m, knapp 2 Std., leicht und lohnend.*

72
Seebödenspitze 2859 m

Leicht ersteigbarer und beliebter Gipfel über der Haider Alm.
Von der Haider Alm (R 71) auf Steig 10 über die großteils waldfreien, teils grasbewachsenen, teils steinigen Hänge westwärts mittelsteil hinauf zu einer Verebnung und dann wieder stärker ansteigend gerade hinauf zum Gipfel. *HU 739 m, 2 Std., für Gehgewohnte leicht und sehr lohnend.*

OBERER VINSCHGAU

73
Elferspitze 2925 m

Charakteristik: R 16.
Von der Haider Alm (R 71) auf dem nach Schöneben führenden Weg 14 durch die mit Zirben bestandenen Hänge nordwärts hinan zu einer Hangschulter, auf dem links abzweigenden Steig 9 (Wegweiser) durch die freien Berghänge hinauf in die Haider Scharte (2746 m) und nordwärts über den Grat unschwierig empor zum Gipfel.
HU 805 m, knapp 2 1/2 Std., für Berg- und Gehgewohnte leicht und sehr lohnend.

74
Höhenweg nach Schöneben

Prachtvolle Höhenwanderung, die teilweise leicht auf und ab, im Ganzen aber weitgehend eben im Bereich der Waldgrenze die Haider Alm mit dem Schönebengebiet verbindet. Ausblicke zu den Ötztaler Alpen und hinab auf den Reschensee.
Von der Haider Alm (R 71) auf Weg 14 zuerst ein Stück hinauf und dann teils freie Bergweiden, teils Walbestände querend in langer Wanderung nordwärts nach Schöneben (2100 m; Gastbetrieb, Seilbahn hinab zum Reschensee). *HU gering, 2 1/2 Std., leicht und sehr lohnend.*

78
AUSGANGSORT
BURGEIS 1216 m

Malerisches Dorf mit sehenswerter historischer Bausubstanz am Westrand der Malser Haide, nahe der Vinschgauer Talstraße und am Beginn der Straße nach Schlinig gelegen.

79
Nach Schleis 1064 m

Von Burgeis auf Fahrweg zur nahen Fürstenburg und auf dem breiten Weg südwärts leicht absteigend hinunter nach Schleis. *HU 152 m (abwärts), 3/4 Std., leicht und lohnend.*

80
Nach Schlinig 1728 m

Charakteristik: R 98.
Von Burgeis auf der nach Schlinig führenden Straße bis zur ersten Rechtskehre, auf Weg 1 eben bis leicht ansteigend durch die Hänge hinein zu einem Sägewerk und auf Weg 10 talein nach Schlinig. *HU 512 m, 2 1/2 Std., leicht, mäßig lohnend.*

81
Nach Prämajur 1702 m

Charakteristik: R 90.
Von Burgeis auf Weg 4 nordwestwärts hinauf, dann links ab und auf Weg 3 anfangs steil, später nahezu eben durch die Waldhänge nach Prämajur. *HU 486 m, 2 Std., für Gehgewohnte leicht und lohnend.*

82
Pfaffenseen 2222 m

Zwei Almseen westlich über Burgeis.
Von Burgeis auf Weg 4 nordwestlich durch teils baumlose, teils bewaldete Hänge etwas steil hinauf zur Kälberhütte, weiter zur verfallenen Schafhütte und links die Almhänge querend zu den Seen.
HU 1006 m, 3 Std., für Gehgewohnte leicht und lohnend.

83
Bruggeralm 1941 m

Schöne Alm im unteren Zerzer Tal, das am Haider See von Westen her ausmündet. Rund 20 Gehminuten höher die Oberdörferalm (2057 m). Beide Almen mit Ausschank.
Von Burgeis auf Weg 4 nordwestlich hinauf zu einem kleinen Weiher, dann auf markiertem Weg teils eben, teils leicht ansteigend durch die Waldhänge nordwärts zum Fischgaderhof (1588 m, knapp 2 Std.), auf dem Güterweg 7 zur Kapelle St. Martin und hinein zur Alm. *HU 726 m, 2 1/2 – 3 Std., leicht und lohnend.*

Der Höhenweg Haider Alm – Schöneben

84
Haider Alm 2120 m

Charakteristik: R 71.
Von Burgeis wie bei R 83 zur Bruggeralm (1941 m) und auf Weg 7 nordwärts durch Wald in Serpentinen hinauf zur Alm.
HU 904 m, 3 ½ – 4 Std., leicht und lohnend.

85
Rasaßsee 2682 m

Prächtig gelegener, einsamer Bergsee im obersten Schaftal, einem Seitenast des Zerzer Tales.
Von Burgeis wie bei R 83 zur Bruggeralm im Zerzer Tal, auf Weg 8 talauf zur Oberdörferalm (2057 m), nordwärts hinüber zur Kircheralm und auf markiertem Steig durch das Schaftal hinauf zum See.
HU 1466 m, 6 Std., für Gehtüchtige leicht, aber anstrengend.

86
Rasaßspitze 2941 m

Bedeutender Hochgipfel über dem Zerzer Tal.
Von Burgeis wie bei R 85 zum Rasaßsee und auf markierten Steigspuren steil zum Gipfel. *HU 1725 m, 7 Std., für Gehtüchtige mit Bergerfahrung leicht und lohnend, aber anstrengend.*

90 AUSGANGSORT
PRÄMAJUR 1702 m

Inmitten einer ausgedehnten Wiesenrodung gelegene Häusergruppe mit Gastbetrieben südwestlich oberhalb Burgeis. Talort der Sesselbahn zum Skigebiet »Watles« im Gebiet der Höferalm.

91
Höferalm am Watles 2066 m

Die Alm mit Ausschank liegt an der Waldgrenze oberhalb Prämajur im Skigebiet »Watles«; etwas höher die Sessellift-Bergstation mit der Plantapatschhütte (Bergrestaurant, 2150 m).
Von Prämajur auf Weg 4 durch Wald mittelsteil hinauf zur Alm. *HU 364, 1 Std., leicht und lohnend.*

92
Pfaffenseen 2222 m

Zwei Almseen westlich über Prämajur im grünen Almgelände der Höferalm.
Von der Höferalm (R 91) auf Weg 4 in kurzer Wanderung über die Almböden leicht ansteigend nordwärts zu den Seen.
HU 156 m, ½ Std., leicht und lohnend.

Die Sesvennahütte im Schlinigtal; hinten rechts der S-Charler

93
Watles 2557 m

Bis zum Gipfel grasbewachsener, breiter Bergaufbau über der Höferalm. An seinen Hängen das Watles-Skigebiet mit Sesselbahn von Prämajur zur Höferalm.

a) Von der Höferalm (R 91) auf Weg 4 in ½ Std. über die Almböden leicht ansteigend nordwärts zu den Pfaffenseen und auf Steig 9 nordwestwärts über die freien Hänge hinauf zum Gipfel. *HU 491 m, 1 ½ Std., für Gehgewohnte leicht und lohnend.*

b) Von der Höferalm auf Steig 9 zuerst kurz westwärts, dann im Bereich des Südkammes hinauf und zuletzt wie bei a zum Gipfel. *HU 491 m, knapp 2 Std., für Gehgewohnte leicht und lohnend, etwas länger, aber bequemer als a.*

94
Oberdörferalm 2057 m

Die Alm mit Ausschank (einst Bauernhof) liegt jenseits des Watles im oberen Zerzer Tal.

Von der Höferalm (R 91) auf Steig 4 in nahezu ebener Querung der Almhänge nordwärts bis fast zum Nordrücken des Schafberges und weiter – stets Steig 4 – zur Oberdörferalm. *HU ca. 200 m, 2 Std., leicht und lohnend.*

97 AUSGANGSORT
SCHLINIG 1738 m

Inmitten ausgedehnter Wiesenhänge gelegenes Kirchdorf am Sonnenhang des gleichnamigen Tales, das von Westen her bei Schleis in den Vinschgau mündet. Zufahrtsstraße von Burgeis her; Gastbetriebe, Ausgangspunkt verschiedener Wanderungen und Bergtouren.

98
Zur Äußeren Schliniger Alm (Alp Planbell) 1868 m

Im innersten Schlinigtal in weitem Wiesengelände gelegene Alm mit Jausenstation.

Von Schlinig entweder auf dem geteerten Sträßchen durch die sonnseitigen Wiesen oder aber auf dem ungeteerten, schattseitigen Güterweg teilweise durch Lärchenbestände talein zum Ziel. *HU 130 m, ¾ Std., leicht und lohnend.*

99
Sesvennahütte 2256 m

Schön gelegenes Schutzhaus mit Sommerbewirtschaftung in einer Verflachung über dem innersten Schlinigtal. Unweit

davon kleiner Almsee sowie die aufgelassene Pforzheimer Hütte.
Von Schlinig wie bei R 98 zur Äußeren Schliniger Alm, auf Weg 1 weiter talein zur Inneren Schliniger Alm und in Serpentinen, an einem Wasserfall vorbei, hinauf zur Hütte. *HU 518 m, knapp 2 Std., leicht und lohnend.*

100
Sesvennasee 2634 m

Stattlicher, allerdings von Steilhängen umschlossener Bergsee südwestlich oberhalb der Sesvennahütte. Für Geübte bietet sich als zusätzliches Ziel der markante Föllakopf an (2878 m, ab See ¾ Std.).
Von der Sesvennahütte (R 99) auf Steig 5 über begraste und steinige Hänge westwärts hinauf bis zu Weggabel und links auf markierten Steigspuren zum See. *HU 378 m, gut 1 Std., für Gehgewohnte leicht, bedingt lohnend.*

101
Furkelsee 2767 m

überaus Schöner Bergsee oberhalb des Sesvennasees, nur wenige Schritte unterhalb der Sesvennascharte (2819 m; Prachtblick zum Piz Sesvenna!).
Von der Sesvennahütte (R 99) stets auf dem Bergsteig 5 südwestwärts über Gras- und Geröllhänge teils mäßig, teils stärker ansteigend zum See. *HU 511 m, 1 ½ Std., für Gehgewohnte leicht und sehr lohnend.*

102
S-Charler 2948 m

Unschwierig besteigbarer Gipfel südsüdwestlich der Sesvennahütte.
Von der Sesvennahütte wie bei R 101 zum Furkelsee, kurz weiter zur Sesvennascharte (2824 m) und rechts auf schwachem Steig über den teilweise felsigen Bergrücken hinauf zum Gipfel. *HU 692 m, gut 2 Std., für Gehgewohnte unschwierig und lohnend.*

103
Rasaßspitze 2941 m

Bedeutender Gipfel nordöstlich über der Sesvennahütte.
Von der Sesvennahütte (R 100) auf Steig 7 über Grasgelände und steinige Hänge zuerst nordwärts und dann ostwärts abdrehend hinauf zum Südgrat des Berges und über ihn zum Gipfel. *HU 685 m, 2 ½ Std., für Gehgewohnte unschwierig und lohnend.*

104
Zur Plantapatschhütte 2150 m

Charakteristik: R 91.
a) Von Schlinig auf Weg bzw. Steig 9 nordostwärts durch die Waldhänge steil hinauf zum Ziel. *HU 328 m, 1 Std., leicht, bedingt lohnend.*
b) Von der Sesvennahütte (R 99) auf Steig 8 A ostseitig in langer Querung steiler Hänge (meist Grasgelände) hoch über dem Schlinigtal, vorbei an der Schafhütte (2336 m), teilweise mäßig auf- und absteigend hinaus zum Ziel. *HU 186 m, 2 Std., für Gehgewohnte leicht und lohnend.*

107 AUSGANGSORT
SCHLEIS 1064 m

Kleines Dorf an der Mündung des Schlinigtales im unteren Teil der Malser Haide.

108
Nach Burgeis 1216 m

Charakteristik: R 78.
Von Schleis auf breitem Weg neben der Etsch nordwärts leicht ansteigend zur Fürstenburg und kurz weiter nach Burgeis. *HU 152 m, ¾ Std., leicht und lohnend.*

109
Nach Schlinig 1728 m

Charakteristik: R 97.

OBERER VINSCHGAU

Von Schleis stets der Markierung 10 folgend teils auf Fahrweg, teils auf Fußweg südwestwärts an der Martinskapelle vorbei hinauf bis unter den Polsterhof, dann talein zu einem Sägewerk, weiter zu den Zugonhöfen und am Sonnenhang hinauf nach Schlinig. *HU 664 m, 2 Std., leicht und lohnend.*

110
Schleiser Alm   2076 m

Die Alm liegt, ebenso wie die Laatscher Alm (2041 m), im inneren Arundatal, das südseitig vom Schlinigtal abzweigt; beide Almen mit Ausschank.

Von Schleis auf dem nach Schlinig führenden Weg (siehe R 109) ein Stück talein, dann links auf Weg 11 durch das einsame Arundatal zur Alm. *HU 1012 m, 3 Std., leicht, mäßig lohnend.*

114   AUSGANGSORT
PLANEIL   1599 m

Geschlossenes, sonnig gelegenes Dorf (auch Planail geschrieben) nordöstlich von Mals im unteren Teil des Planeiltales.

115
Zur Planeiler Alm   2069 m

Schön gelegene Alm mit Ausschank nordöstlich über Planeil.

Von Planeil auf Weg 6 leicht ansteigend talein zum links abzweigenden breiten Almweg und auf diesem leicht ansteigend zur Alm. *HU 470 m, 1 ½ Std., leicht und lohnend.*

116
Spitzige Lun   2320 m

Aussichtsreiche Erhebung südlich über Planeil bzw. nordöstlich von Mals.

Von Planeil kurz auf Weg 6 talein, dann rechts ab und auf Weg bzw. Steig 12 durch die Waldhänge südwärts steil hinauf zum Gipfel. *HU 721 m, gut 2 Std., für Gehgewohnte leicht und lohnend.*

120   AUSGANGSORT
MALS   1050 m

Eine der größten Ortschaften des Vinschgaus, am Fuß der Malser Haide gelegen. Fünf Türme (vier Kirchtürme und der Rundturm der ehemaligen Fröhlichsburg) prägen das Gesamtbild der Marktgemeinde.

121
Spitzige Lun   2320 m

Charakteristik: R 116.

Von Mals auf Weg 12 nordöstlich durch Wald hinauf zur sagenumwobenen Kuppe Malettes (1608 m) und weiterhin auf Weg bzw. Steig 12 durch die großteils bewaldeten Hänge hinauf zur Spitzigen Lun.
HU 1270 m, 4 Std., für Gehgewohnte leicht und lohnend.

122
Nach Tartsch   1029 m

Charakteristik: R 155.

Von Mals den Wegweisern »Tartsch« folgend auf dem Unterwaalsteig nahezu eben durch die Wiesen südostwärts nach Tartsch. *HU unbedeutend, ¾ Std., leicht und lohnend.*

123
Nach Schluderns (Sonnensteig)   921 m

Charakteristik: R 162.

Von Mals auf Weg 12 durch die Parkgasse und den Park nordostwärts hinauf zum Malser Oberwaal, dann rechts auf dem Höhenweg 17 (»Sonnensteig«) teils durch Wald, teils durch baumlose Hänge ostwärts bis oberhalb Schluderns und auf Weg 18 hinab nach Schluderns.
HU ca. 280 m, 2 ½ Std., leicht und lohnend.

MITTLERER VINSCHGAU

Dieser Abschnitt umfasst das Vinschgauer Haupttal vom Fuß der Malser Haide (Linie Laatsch–Tartsch) bis zum Gadria-Schwemmkegel zwischen Laas und Kortsch sowie die Seitenäste Münstertal, Matsch, Trafoi, Sulden und Laaser Tal.

- Glieshof R 179
- Laatsch R 129
- Tartsch R 155
- Matsch R 172
- Glurns R 147
- Schluderns R 162
- Taufers im Münstertal R 136
- Lichtenberg R 188
- Tanas R 266
- Eyrs R 259
- Allitz R 272
- Prad am Stilfser Joch R 198
- Tschengls R 253
- Laas R 278
- Stilfs R 207
- Gomagoi R 216
- Trafoi R 222
- Sulden R 237

129 — AUSGANGSORT
LAATSCH 970 m

Malerisches Dorf am westlichen Fuß der Malser Haide abseits der Vinschgauer Talstraße.

130
Nach Schleis 1064 m

Charakteristik: R 107.
Von Laatsch auf markiertem Weg an der Westseite der Etsch nur leicht ansteigend nordwärts nach Schleis. *HU 77 m, 1 Std., leicht und hübsch.*

131
Nach Glurns 908 m

Charakteristik: R 147.
Von Laatsch auf markiertem Feldweg südostwärts durch die Wiesen in nur leicht absteigender Wanderung nach Glurns.
HU unbedeutend, ¾ Std., leicht und lohnend.

132
Nach Taufers im Münstertal 1240 m

Charakteristik: R 136.
Von der Calvenbrücke, mit der die Münstertaler Straße den Rambach (= Münstertaler Bach) rund 2 km westlich von Laatsch überquert (969 m), stets auf Weg 8 teils durch Wiesen, teils durch den Calvenwald eben bis leicht ansteigend westwärts hinauf und schließlich auf einem ehemaligen Waalweg in ebener Hangquerung (stets Markierung 8) nach Taufers. *HU 271 m, gut 1 ½ Std., leicht und lohnend.*

136 — AUSGANGSORT
TAUFERS IM MÜNSTERTAL 1240 m

Schön und sonnig gelegenes Dorf in dem zwischen Glurns und Laatsch westseitig vom Vinschgau abzweigenden Münstertal. Gastbetriebe, sehenswerte Kirchen.

137
Urtiolaspitze 2910 m

Breiter Bergaufbau westlich von Taufers.
Von Taufers auf Weg 1 westwärts hinein ins äußere Avignatal bis zum links abzweigenden Steig 3, auf diesem durch steilen Wald hinauf zur Stierberghütte (2176 m; Hirtenhütte) und auf Steig 3 südwestwärts über die Hänge empor zum Gipfel.
HU 1670 m, 4 ½ Std., für Gehtüchtige unschwierig und lohnend.

138
Mangitzer Alm 1836 m

Große, von Bergflanken umschlossene Alm im mittleren Avignatal.
Von Taufers stets der Markierung 1 folgend anfangs auf schmaler Teerstraße, dann lange auf breitem Güterweg meist mäßig durch Wald ansteigend west- bzw. nordwestwärts durch das einsame Avignatal hinein bzw. hinauf zur Alm. *HU 596 m, 2 Std., leicht, bedingt lohnend.*

139
Tellakopf 2525 m

Hübscher Gipfel nördlich über Taufers im Münstertal.
Von Taufers auf Weg 8 kurz ostwärts, dann auf Steig 6 großteils steil hinauf zum Egghof (1723 m; hierher auch mit Auto möglich), auf Weg bzw. Steig 6 über die Tellaalm hinauf zum Tellajoch (2358 m) und rechts auf markiertem Steig zum Gipfel. *HU 1285 m, für Gehgewohnte leicht und lohnend.*

140
Burgruinen Reichenberg und Rotund 1325 bzw. 1517 m

Zwei mittelalterliche Burgruinen mit Rundtürmen nordöstlich von Taufers.
Von Taufers auf Weg 8 kurz ostwärts, dann auf Steig 6 in 20 Min. hinauf zur Ruine Reichenberg und auf Steig bzw. Weg 6 weiter hinauf zur Ruine Rotund. *HU 277 m, ¾ Std., leicht und lohnend.*

Das Tellajoch mit Blick zum Ortler

141
Rifairalm 2146 m

Aussichtsreich gelegene Hochalm südöstlich über Taufers.
Von Puntweil (Höfegruppe südlich unter Taufers am Talbach, 1220 m) auf Weg 10 durch die steilen Waldhänge empor zur Alm. *HU 926 m, 2 ½ Std., für Gehgewohnte leicht und lohnend.*

142
Chavalatsch 2763 m

Ausgeprägter, bekannter Berg südsüdöstlich von Taufers im Münstertal bzw. westlich über Lichtenberg.
Von Puntweil wie bei R 141 zur Rifairalm, dann auf Steig 10 ostwärts über die Almhänge hinauf zur Kammhöhe und weiterhin auf Steig 10 südwestwärts mäßig steil zum Gipfel. *HU 1543 m, 4 ½ Std., für Gehtüchtige leicht und lohnend.*

147 AUSGANGSORT
GLURNS 908 m

Mittelalterliches, noch zur Gänze ummauertes Städtchen mit gut erhaltener historischer Bausubstanz (Ansitze, winkelige Gassen, Lauben usw.) im Talboden nahe der Mündung des Münstertales in das Vinschgauer Haupttal.

148
Tartscher Bühel 1076 m

Auffallende, großteils unbewaldete Kuppe nordöstlich von Glurns, auf der die romanische St.-Veit-Kirche steht.
Von Glurns auf dem nach Mals führenden Fahrweg kurz nordwärts, dann rechts auf markiertem Feldweg über den Talboden nach Tartsch und auf breitem Weg südostwärts hinauf zur Kuppenhöhe mit der Kirche. *HU 168 m, knapp ¾ Std., leicht und lohnend.*

149
Glurnser Alm 1978 m

Aussichtsreiche Alm an der Waldgrenze südwestlich über Glurns.
Von Glurns auf schmaler Straße südwärts leicht ansteigend zum Kirchlein St. Martin (1075 m) und auf Weg 24 durch die Wälder teilweise steil hinauf zur Alm. *HU 1070 m, knapp 3 Std., für Gehgewohnte leicht und lohnend.*

150
Glurnser Köpfl 2402 m

Aussichtsreiche, begraste Erhebung südwestlich von Glurns.
Von Glurns wie bei R 149 zur Glurnser Alm und dann auf Steig 24 über steile Almhänge empor zum Gipfel. *HU 1494 m, 4 Std., für Gehtüchtige leicht und lohnend.*

151
Nach Taufers im Münstertal 1240 m

Charakteristik: R 136.
a) Von Glurns durch Wiesen eben westwärts zur Calvenbrücke, auf Weg 8 teils eben, teils leicht ansteigend durch den Calvenwald zu einer Hangschulter und bald auf dem ehemaligen Waalweg (stets Markierung 8) in ebener Hangquerung nach Taufers. *HU ca. 350 m, 2 ½ Std., leicht und lohnend.*
b) Von Glurns auf der Münstertaler Straße ein Stück westwärts, dann kurz hinauf, auf dem Begleitweg des Glurnser Mitterwaales in langer Hangquerung bis nach Rifair und durch die Wiesen hinauf nach Taufers. *HU 332 m, 2 ½ Std., leicht und lohnend.*

155 AUSGANGSORT
TARTSCH 1029 m

Kleines Dorf an der Vinschgauer Talstraße zwischen Schluderns und Mals nahe dem bekannten Tartscher Bühel.

156
Auf den Tartscher Bühel 1076 m

Charakteristik: R 148.
Von Tartsch auf gutem, beschildertem Weg südostwärts durch lichten Lärchenwald hinauf zur Kuppenhöhe. *HU 47 m, 20 Min., leicht und lohnend.*

157
Nach Mals 1050 m

Charakteristik: R 120.
Von Tarsch den Wegweisern »Mals« folgend nahezu eben durch die Wiesen nordwestwärts nach Mals. *HU unbedeutend, ¾ Std., leicht und lohnend.*

158
Nach Glurns 908 m

Charakteristik: R 147.
Wie R 148, in umgekehrter Richtung.
HU 121 m (abwärts), ½ Std., leicht und lohnend.

162 AUSGANGSORT
SCHLUDERNS 921 m

Stattliches Dorf an der Vinschgauer Talstraße im Mündungsbereich des Matscher Tales. Östlich über der Ortschaft die bekannte Churburg.

163
Nach Matsch 1564 m

Charakteristik: siehe R 172.
a) Von Schluderns auf Weg 18 über den Kalvarienberg nordwärts hinauf zum Schludernser Leitenwaal, dann mäßig steil durch die Hänge hinauf zur Matscher Talstraße und auf dieser nach Matsch. *HU 641 m, 2 ½ Std., leicht und lohnend.*
b) Von Schluderns wie bei R 167 zum Schlosshof nahe den Matzscher Burgruinen, auf Fahrweg 20 nahezu eben talein und nach Überquerung des Saldurbaches westwärts hinauf nach Matsch. *HU 641 m, 3 Std., leicht, mäßig lohnend.*

Die Churburg bei Schluderns

164
Kalvarienberg   1025 m

Heiliggrabkapelle und drei Kreuze nördlich über Schluderns.
a) Von Schluderns auf Weg 18 an sieben Kapellen vorbei nordseitig hinauf zum Ziel. *HU 102 m, 20 Min., leicht und lohnend.*
b) Von Schluderns am Saldurbach nordöstlich hinein, dann auf markiertem Steig links kurz hinauf und auf dem ebenen Weg des ehemaligen Griggwaales in ebener Wanderung westwärts zum Kalvarienberg. *HU 102 m, 1 Std., leicht und lohnend.*

165
Churburg   999 m

Mächtige und sehr gut erhaltene, im 13. Jh. errichtete und später zum Renaissanceschloss ausgebaute Burg östlich über Schluderns. Außerordentlich reich an Sehenswürdigkeiten, berühmt die eindrucksvolle Rüstkammer. Führungen.
Von Schluderns ostwärts auf hübschem Serpentinenweg hinauf zur Burg; auch über die Zufahrtsstraße erreichbar.
HU 78 m, ¼ Std., leicht und lohnend.

166
Bergwaal und Leitenwaal   1200 m

Zwei Wasser führende Waale mit Begleitwegen beiderseits der Schlucht des Saldurbaches nordöstlich von Schluderns.

a) Von Schluderns der Markierung 20 folgend auf Waldsteig ostwärts in 15 Min. hinauf zur Churburg, durch Wiesen hinauf zum Vernalhof, auf Weg 17 am Bergwaal eben hinein in die Saldurschlucht, jenseits am Leitenwaal westwärts bis zu seinem Ende (in der Nähe die Urzeitstätte Ganglegg) und auf Weg 18 hinab nach Schluderns. *HU ca. 280 m, 3 Std., leicht und lohnend.*
b) Von Schluderns am Saldurbach talein bis zur Staumauer, auf dem »Edelweißsteig«, Markierung 19, durch Wald hinauf zum Bergwaal und weiter wie bei a.
HU ca. 280 m, 2 ½ Std., leicht und lohnend.

167
Zu den Matscher Burgruinen   1434 m

Die Burgruinen Ober- und Untermatsch sowie die romanische Burgkapelle St. Martin krönen einen Geländerücken über der Saldurschlucht zwischen Schluderns und Matsch.
Von Schluderns wie bei R 166 hinauf zum Bergwaal, auf dessen Begleitweg 17 nordwärts bis zur Weggabel, auf Steig 20 rechts am Aviunsbach hinauf, dann links zum Schlosshof und kurz hinauf zur Kapelle und Ruine Obermatsch (Untermatsch liegt etwas tiefer). *HU 511 m, knapp 2 ½ Std., für Gehgewohnte leicht und lohnend.*

168
Gschneirer Waal ca. 1400 m

Nach der Höfegruppe Gschneir benannter Wasserwaal östlich über Schluderns.
Von Schluderns auf Waldsteig 20 ostwärts hinauf zur Churburg, auf Weg 23 durch die Wiesen leicht ansteigend zu der nach Tanas führenden Straße und auf dieser zur Höfegruppe Gschneir (1344 m, 1½ Std.); nun auf Weg 19 hinauf zum Gschneirer Waal, auf dem Begleitweg 19 in ebener Wanderung nordwestwärts bis zu Wegteilung oberhalb des Greinhofes und auf Weg 20 über Vernalhof und Churburg wieder hinunter nach Schluderns.
HU ca. 500 m, 3 ½ Std., leicht und lohnend.

172 AUSGANGSORT
MATSCH 1564 m

Geschlossenes Dorf mit Gaststätten am Westhang des von Schluderns nordostwärts streichenden Matscher Tales; Prachtblick zum Ortler. Die zwiebeltürmige Hauptkirche befindet sich etwas außerhalb des Dorfes.

173
Spitzige Lun 2320 m

Charakteristik: 187.
a) Vom Hof Gemassen (einsames Gehöft zwischen Mals und Matsch, 1607 m; Zufahrt von der Matscher Straße über Muntatschinig) auf Steig 18 zuerst hinauf, dann die Hänge westwärts querend zum Steig 12 und auf diesem empor zur Spitzigen Lun. *HU 713 m, 2 ½ Std., für Gehgewohnte leicht und lohnend.*
b) Von Matsch auf Weg/Steig 13 südwestwärts durch die Lärchenhänge mäßig steil hinauf zur kleinen Kammschulter Plantavillas (2057 m) und dann teils ansteigend, teils eben in langer Hangquerung (stets Steig 13) zur Spitzigen Lun. *HU 756 m, 2 ½ Std., für Gehgewohnte leicht und lohnend.*

174
Hohes Joch 2591 m

Mäßig ausgeprägte, aber aussichtsreiche Erhebung nordnordwestlich über Matsch.
Von Matsch auf Weg 15 nordwärts rund 1 Std. hinauf, dann vom Weg links ab und auf Steigspuren der Markierung folgend über die baumlosen Hänge nordwestlich in langem Anstieg empor zum Gipfel.
HU 1027 m, 3 Std., für etwas Geübte leicht, aber anstrengend; mäßig lohnend.

175
Runner Alm 2025 m

Kleine Alm östlich oberhalb Matsch.
Von Matsch auf schmaler Straße hinunter zum Bach und kurz talein, dann rechts auf Weg 22 ein Stück talaus und über den Hof Runn hinauf zur Alm. *HU ca. 550 m, knapp 2 Std., leicht und lohnend.*

179 AUSGANGSORT
GLIESHOF 1807 m

Häusergruppe mit Bauerngehöft, Gasthaus und Kapelle im inneren Matscher Tal am Ende der Talstraße. Eigentlich Innerer Glieshof; der Äußere Glieshof liegt etwas weiter talauswärts.

180
Matscher Alm 2045 m

Hübsch gelegene Alm mit Ausschank innerhalb des Glieshofes am westlichen Talhang.
a) Vom Glieshof hinüber auf die andere Talseite, auf dem Güterweg leicht ansteigend talein und schließlich links kurz hinauf zur Alm. *HU 238 m, knapp 1 Std., leicht und lohnend.*
b) Vom Glieshof auf Steig 1 talein zur verfallenen Inneren Matscher Alm, links ab und nach Überquerung des Baches leicht ansteigend talaus zum Ziel. *HU 238 m, gut 1 Std., leicht und lohnend.*

Der Upisee in Matsch

181
Oberetteshütte   2677 m

Schutzhaus mit Sommerbewirtschaftung ostseitig hoch über dem innersten Matscher Tal.

Vom Glieshof auf Weg 1 (oder auf dem gegenüber verlaufenden Fahrweg) talein zur verfallenen Inneren Matscher Alm, auf breitem Weg weiter talein und zuletzt rechts (stets Weg 1) über freie Hänge hinauf zur Hütte. *HU 870 m, 2 ½ Std., für Gehgewohnte leicht und lohnend.*

182
Saldurseen   ca. 2750 m

Mehrere Hochgebirgsseen in einsamer Lage ostseitig über dem innersten Matscher Tales.

a) Vom Glieshof auf Weg 1 (oder auf dem gegenüber verlaufenden Fahrweg) talein zur verfallenen Inneren Matscher Alm, hier rechts ab und auf markiertem Steig durchwegs steil empor zu den Seen. *HU ca. 940 m, 2 ½ Std., für Gehgewohnte leicht und lohnend.*

b) Von der Oberetteshütte (R 181) auf markierten Steigspuren südostwärts zuerst mäßig, dann stark ansteigend zu einer Scharte im Spitzatkamm (3020 m) und südwärts hinab zu den Seen. *HU 343 m aufwärts, ca. 270 m abwärts, 2 Std., für Geübte unschwierig und lohnend.*

183
Upisee (Upiasee)   2552 m

Von Hochgipfeln überragter Bergsee im oberen Upital, zusammen mit ein paar kleineren Gewässern auch »Auf den Lacken« genannt.

Vom Glieshof auf breitem Weg 9 durch Wald und Almgelände zur Upialm im gleichnamigen Hochtal (2225 m), auf Steig 9 mäßig bis mittelsteil hinauf zur obersten Talstufe und zuletzt eben zum See.
HU 745 m, 2 Std., für Gehgewohnte leicht und lohnend.

184
Upikopf — 3175 m

Einer der leichtesten Dreitausender des Matscher Tales; er erhebt sich ostseitig über dem inneren Talbereich.
Vom Glieshof wie bei R 183 hinauf zum Abfluss des Upisees (2552 m), links weiterhin der Markierung 9 folgend teils auf Pfadspuren, teils weglos über einen buckligen Grasrücken zum Fuß einer steinigen und felsigen Steilflanke, über sie empor und dann am gut begehbaren Südwestgrat des Berges zum Gipfel. *HU 1368 m, 4 Std., für ausdauernde und bergerfahrene Geher nicht schwierig, landschaftlich lohnend.*

188 — AUSGANGSORT
LICHTENBERG — 920 m

Kleines Dorf an der Straße, die Prad mit Glurns verbindet. Über dem Dorf die Ruine Lichtenberg (1028 m); dieser gegenüber das Hügelkirchlein St. Christina.

189
Nach Prad — 915 m

Charakteristik: R 198.
Von Lichtenberg auf Weg 14 südostwärts hinauf zum Kirchlein St. Christina, die Hänge nahezu eben querend weiter nach Agums und auf der Zufahrt hinunter nach Prad. *HU ca. 100 m, 1 Std., leicht und lohnend.*

190
Zu den Lichtenberger Höfen — 1387 m

Weite Streusiedlung an den Steilhängen oberhalb Lichtenberg mit kleiner Kirche in 1387 m Höhe.
Von Lichtenberg auf Weg 14 über die Ruine Lichtenberg westseitig durch Wiesen hinauf zu den untersten Lichtenberger Höfen (ca. 1250 m) und auf der Zufahrtsstraße hinauf zum Kirchlein. *HU 467 m, 1 ½ Std., leicht, bedingt lohnend.*

191
Glurnser Köpfl — 2402 m

Charakteristik: R 150.
Von den Lichtenberger Höfen (R 190) auf Weg 14 westwärts durch Wiesen und Wald hinauf und ein Stück oberhalb der Tschageinalm recht am Kammrücken nur mehr leicht ansteigend zum Gipfel.
HU 1015 m, 3 Std., für Gehgewohnte leicht und lohnend.

192
Plaschweller — 2536 m

Wenig ausgeprägte, aber aussichtsreiche Erhebung oberhalb Lichtenberg.
Von den Lichtenberger Höfen wie bei R 191 hinauf gegen die Kammhöhe, oberhalb der Tschageinalm vom Weg 14 rechts ab und auf Steig 14 A westwärts hinauf zum Gipfel. *HU 1148 m, 3 ½ Std., für Gehgewohnte leicht und lohnend.*

193
Piz Chavalatsch — 2763 m

Charakteristik: R 142.
Von den Lichtenberger Höfen (R 190) wie bei R 191 hinauf gegen die Kammhöhe und zuerst noch auf Weg 14, dann auf Weg 10 teils die Hänge querend, teils über den Kamm südwestwärts zum Gipfel.
HU 1376 m, 4 Std., für Gehgewohnte unschwierig und lohnend.

194
Munwarter — 2621 m

Berg südwestlich über den Lichtenberger Höfen.
Von den Lichtenberger Höfen (Wegbeginn etwas unterhalb des Kirchleins) auf markiertem Weg südwestwärts durch die Wiesenhänge hinein zum Gutfallbach, durch Wald südwärts hinauf zur Schartalm (1829 m) und auf Steig bzw. Steigspuren, Markierung 12 A, westwärts über den lan-

Der Upikopf

gen Rücken zuerst durch Wald und dann über baumloses Gelände zum Vorgipfel (2613 m) und zum Hauptgipfel. *HU 1234 m, 3 ½ Std., für Gehgewohnte leicht und lohnend.*

198 AUSGANGSORT
PRAD AM STILFSER JOCH 915 m

Stattliches Dorf am Rand des Vinschgauer Talbodens an der nach Trafoi und zum Stilfser Joch sowie nach Sulden führenden Straße.

199
Nach Lichtenberg 920 m

Charakteristik: R 188.
Wie R 189, in umgekehrter Richtung; ähnliche Gehzeiten

200
Zur Schartalm 1829 m

Kleine, im Wald liegende Alm nahe der so genannten Scharte, einem bewaldeten Übergang von Lichtenberg nach Stilfs.
Von Prad auf Fahrweg westwärts kurz hinauf zu einigen Höfen, dann auf Weg 11 durch die Sonnenhänge leicht ansteigend bis fast zum Gawierthof (1501 m) und auf Weg 12 empor zur Alm. *HU 914 m, 2 ½ Std., leicht, bedingt lohnend.*

201
Nach Tschengls 950 m

Charakteristik: R 253.
a) Von Prad auf Weg 3 (so genannter Prader Steig) durch die Felder der Talsohle nahezu eben ostwärts nach Tschengls.
HU unbedeutend, knapp 1 ½ Std., leicht und lohnend.
b) Von Prad auf Weg 7 zuerst eben, dann leicht ansteigend ostwärts zum Kirchlein St. Ottilia (1002 m) und dann leicht absteigend nach Tschengls. *HU ca. 80 m, 1 ½ Std., leicht und lohnend.*

202
Nach Sulden 1844 m

Charakteristik: R 237.
Von Prad stets auf Weg 6 zuerst süd- und dann südwestwärts durch Wald- und Wiesenhänge leicht ansteigend zum Kirchlein St. Sebastian, weiter zum Hof Untervalnair (1326 m), durch die Waldhänge mäßig ansteigend zur Valnairalm (2007 m) und durch Wald (stets Markierung 6) mit geringen Höhenunterschieden talein nach Sulden. *HU ca. 1100 m, 5 Std., für ausdauernde Geher leicht und lohnend.*

MITTLERER VINSCHGAU

207 — AUSGANGSORT
STILFS — 1311 m

Geschlossenes Dorf an steilem Hang westseitig über dem unteren Teil der Stilfser-Joch-Straße; von dieser abzweigende Zufahrtsstraße.

208
Munwarter — 2621 m

Aussichtsreicher Berg südwestlich über den Lichtenberger Höfen.
Von Stilfs auf Weg 11 nordwärts leicht ansteigend zum Gawierthof, auf Weg 12 empor zur Schartalm (1829 m), nun auf Steig bzw. Steigspuren, Markierung 12 A, westwärts über den langen Rücken zuerst durch Wald und dann über baumloses Gelände zum Vorgipfel (2613 m) und kurz weiter zum Hauptgipfel. *HU 1310 m, 3 ½ Std., für Geh- und Berggewohnte unschwierig und lohnend.*

209
Nach Platz — 1534 m

Höfegruppe mit naher Martinskapelle südwestlich von Stilfs.
Von Stilfs auf Weg 7 durch Wiesenhänge und an Einzelhöfen vorbei südwärts leicht ansteigend zum Martinskirchlein und weiter nach Platz. *HU 223 m, knapp 1 Std., leicht und lohnend.*

210
Stilfser Alm — 2077 m

Hoch über Stilfs gelegene Alm mit einer unteren und einer nur wenig höher gelegenen oberen Hütte.
Von Stilfs der Markierung 6 folgend zuerst auf schmaler Höfestraße und dann auf Fußweg (»Kirchweg«) westwärts mäßig bis stark ansteigend zum Gehöft Valatsches (1706 m) und der Markierung 4 folgend weiter hinauf zur Alm. *HU 766 m, 2 Std., leicht und lohnend.*

211
Furkelhütte — 2153 m

Berggaststätte am Kleinboden im Bereich der Waldgrenze nördlich über Trafoi. Auch mit Sessellift erreichbar. Prachtblick zum Ortler.

a) Von Stilfs auf Weg 7 durch Wiesen südwärts zum Weiler Platz (1534 m), auf Weg 2 (Güterweg) südwestlich hinauf zum Fraggeshof (1742 m) und auf dem alten Militärweg (oder ihn teilweise abkürzend) in langem Anstieg über die Prader Alm (2051 m) zur Furkelhütte. *HU 842 m, 3 Std., für Gehgewohnte leicht und lohnend.*

b) Von Stilfs wie bei R 210 zur Stilfser Alm (2077 m) und auf dem landschaftlich schönen Höhenweg 4 (Almweg) in langer Querung der Almhänge südwärts zur Furkelhütte. *HU 842 m, 4 ½ Std. (ab Stilfser Alm 2 Std.), für Gehtüchtige leicht und lohnend.*

212
Piz Chavalatsch — 2763 m

Charakteristik: R 142.
Von Stilfs wie bei R 210 zur Stilfser Alm und auf Weg 5 in Serpentinen nordwestwärts durch freie Hänge hinauf zum Gipfel.
HU 1452 m, 4 ½ Std., für Gehtüchtige leicht und lohnend.

216 — AUSGANGSORT
GOMAGOI — 1272 m

Kleines Dorf an der Stilfser-Joch-Straße mit Abzweigung der nach Sulden und Stilfs führenden Straßen.

217
Nach Stilfs — 1311 m

Charakteristik: R 207.
Von Gomagoi auf Weg 8 durch die Waldhänge leicht ansteigend zu einem alten Militärweg, auf diesem nordwärts weiter und zuletzt auf Weg 7 rechts hinunter nach Stilfs. *HU 150 m, knapp 1 ½ Std., leicht, mäßig lohnend.*

St. Martin bei Stilfs

218
Zur Furkelhütte 2153 m

Charakteristik: R 223.
Von Gomagoi auf Steig 12 westwärts durch steile Wald- und Geröllhänge hinauf zur Prader Alm (2051 m) und auf Weg 17 südwestwärts zur Furkelhütte. *HU 880 m, knapp 2 ½ Std., für Gehgewohnte leicht und lohnend.*

222 AUSGANGSORT
TRAFOI 1543 m

Kleiner, von Wiesen umgebener Fremdenverkehrsort an der Stilfser-Joch-Straße im inneren Trafoier Tal.

223
Zur Furkelhütte 2153 m

Berggaststätte am Kleinboden im Bereich der Waldgrenze nördlich über Trafoi. Auch mit Sessellift erreichbar. Prachtblick zum Ortler.
Von der Talstation des Sessellifts auf Weg 17 in Serpentinen durch steile Waldhänge hinauf zur Hütte. *HU 610 m, knapp 2 Std., leicht und lohnend.*

224
Zur Stilfser Alm 2064 m

Charakteristik: R 210.
Von der Furkelhütte (R 223) auf dem Höhenweg 4 (Almweg) in langer Querung großteils steiler Almhänge nordwärts zur Stilfser Alm. *HU gering, 2 Std., leicht und lohnend.*

225
Schafberg (Piz Minschuns) 2935 m

Gipfel nordwestlich über der Furkelhütte.
Von der Furkelhütte (R 223) stets der Markierung 24 folgend zuerst kurz nordostwärts zum Kammrücken, dann auf markiertem Steig über ihn westwärts hinauf zum Südgrat und zuletzt über diesen zum Gipfel. *HU 782 m, 2 ½ Std., für Gehgewohnte leicht und lohnend.*

226
Zum Stilfser Joch 2757 m

Straßenübergang von Trafoi nach Bormio im Veltlintal; Berghotels, Gaststätten, auf den Gletschern Sommerskigebiet. Die 1825 erbaute Straße ist eine der höchsten Alpenstraßen.

a) Von der Furkelhütte (R 223) auf Steig 20 (Goldseeweg) in langer, teils ebener, teils ansteigender Querung der Hänge südwestwärts hinan gegen den kleinen Goldsee (2708 m), durch die Hänge und über einen Höhenrücken zur Dreisprachenspitze (Gaststätte »Garibaldi«, 2838 m) und kurz hinunter zum Stilfser Joch. *HU ca. 700 m, 3 1/2 Std., für Geh- und Berggewohnte unschwierig und lohnend.*

b) Von Trafoi auf Waldweg 16 südwestwärts hinauf zur Unteren Tartscher Alm (1908 m), auf Weg 21 über freie Hänge teilweise steil empor zur oberen Almhütte (2271 m) und links auf Steig 21 durch die Hänge ansteigend bis in die Nähe des Goldsees; von da auf Steig 20 wie bei a weiter zur Dreisprachenspitze und zum Joch. *HU ca. 1300, 4 1/2 Std., für Gehtüchtige unschwierig und lohnend.*

227
Dreisprachenspitze 2838 m

Bekannte Erhebung mit Gaststätte nördlich über dem Stilfser Joch.

Vom Stilfser Joch (R 226) auf breitem Weg am mittelsteilen Geröllhang problemlos empor zum Ziel. *HU 81 m, 20 Min., leicht, bedingt lohnend.*

228
Rötelspitze (Trafoier Rötelspitze, Piz Cotschen) 3026 m

Leicht ersteigbarer Dreitausender gut einen Kilometer nördlich des Stilfser Jochs. Vom Stilfser Joch (R 226) wie bei R 227 empor zur Dreisprachenspitze, dann stets der Beschilderung »Sella da Piz Cotschen« folgend über den Breitkamm und eine Bergflanke querend zur Sella Piz Cotschen (2925 m), hier links ab und auf markiertem Steig am Bergrücken empor Gipfel. *HU 269 m, 1 1/2 Std., für berggewohnte Geher unschwierig, lohnend.*

229
Zur Franzenshöhe 2188 m

Aussichtspunkt und Berghotel nahe der Stilfser-Joch-Straße mit Prachtblick zum Ortler und dessen Gletscherwelt.

Von Trafoi auf Weg bzw. Steig 11 zuerst eben durch die Wiesen und dann mäßig ansteigend durch die Waldhänge südwärts zur Bärenbrücke über die gleichnamige Klamm und dann auf Steig 13 stets im Bereich des Trafoibaches hinauf zur Franzenshöhe. *HU 645 m, 2 1/2 Std., für Gehgewohnte unschwierig und lohnend.*

230
Zur Wallfahrtsstätte Heilige Drei Brunnen 1605 m

Von eindrucksvoller Bergszenerie umrahmte Wallfahrtskirche mit zwei nahen Kapellen im Trafoier Talschluss.

Von Trafoi stets der Beschilderung »Drei Brunnen« folgend teils auf Fußweg, teils auf der Autostraße durch Wiesen und Wald eben bis leicht ansteigend talein zu umzäunten Baulichkeiten einer Polizei-Alpinschule, links kurz hinüber zu einer langen Holzbrücke und über sie zum Ziel. *HU 62 m, knapp 1 Std., leicht und lohnend.*

231
Berglhütte 2188 m

Schutzhütte mit Sommerbewirtschaftung an den Nordwestabstürzen des Ortlers.

Von den Baulichkeiten der Polizei-Alpinschule im innersten Trafoital (1600 m, hierher Straße) hinüber zur nahen Wallfahrtskirche zu den Heiligen Drei Brunnen (R 230) und von dort auf Waldweg 15 in Serpentinen empor zur Hütte. *HU 594 m, 1 1/2 Std., leicht und lohnend.*

232
Payerhütte — 3020 m

Großes Schutzhaus mit Sommerbewirtschaftung in prachtvoller Lage am Nordgrat (Tabarettagrat) des Ortlers; Hauptstützpunkt am Ortler-Normalweg, der aber nur fels- und gletschererfahrenen Hochalpinisten vorbehalten bleibt.

a) Von Trafoi hinunter zum Bach, auf Waldweg 19 ostseitig hinauf zur aufgelassenen Edelweißhütte (2481 m), über steinige Hänge empor zum Tabarettajoch und rechts zur Payerhütte. *HU 1477 m, 4 Std., für Gehtüchtige leicht und lohnend.*

b) Vom Trafoier Talschluss wie bei R 231 zur Berglhütte, auf Steig 18 nordostwärts hinauf zum Kamm der Tabarettakugel (ca. 2590 m), leicht ansteigend weiter zum Steig 19 und auf diesem empor zum Tabarettajoch und zur Payerhütte. *HU 1426 m, 5 Std., für Gehtüchtige leicht und lohnend.*

237
AUSGANGSORT
SULDEN
ST. GERTRAUD — 1844 m

Bedeutender Fremdenverkehrsort im gleichnamigen Tal am Fuße des Ortlers; rund einen Kilometer innerhalb von St. Gertraud die Häuser und Hotels von Innersulden (1906 m).

238
Langenstein — 2330 m

Aussichtspunkt mit Gaststätte »K 2« südwestlich über Sulden. Auch mit Sessellift erreichbar.

Von St. Gertraud auf Steig 3 südwärts durch Wald und freie Hänge hinauf zum Ziel. *HU 486 m, 1 ½ Std., leicht, bedingt lohnend.*

239
Tabarettahütte — 2556 m

Schutzhaus in schöner Lage am Ortler-Normalanstieg westlich oberhalb Sulden.

a) Von St. Gertraud auf Weg bzw. Steig 4 zuerst durch Wald und dann über freie Hänge westwärts hinauf zur Hütte. *HU 712 m, 2 Std., leicht und lohnend.*

b) Vom Langenstein (R 238) auf Steig 10 nordwestwärts zum Weg 4 und auf diesem wie bei a hinauf zur Hütte. *HU ca. 230 m, 1 ½ Std., leicht und lohnend.*

240
Payerhütte — 3020 m

Charakteristik: R 232.
Von der Tabarettahütte (R 239) auf Steig 4 über steile Geröll- und Felshänge (teilweise mit Sicherungen versehen) hinauf zur Bärenkopfscharte und südwärts über das Tabarettajoch zur Hütte. *HU 464 m, 1 ½ Std. (ab Sulden 3 ½ Std.), für Gehgewohnte und Trittsichere leicht und lohnend.*

241
Hintergrathütte — 2661 m

Schön gelegenes Schutzhaus am Fuß des Ortler-Hintergrates südlich über Sulden; Prachtblick zur Königspitze-Nordwand.

a) Vom Langenstein (R 238) auf Weg 3 (»Morosiniweg«) teils eben, teils leicht ansteigend südwärts zur Hütte. *HU 331 m, 1 Std., für Berggewohnte leicht und lohnend.*

b) Von der Mittelstation der zur Schaubachhütte führenden Seilbahn (2200 m) auf Weg 2 in Serpentinen westwärts hinauf zur Hütte. *HU 461 m, knapp 1 ½ Std., leicht und lohnend.*

c) Von St. Gertraud auf Weg 7 talein, auf dem Hans-Ertl-Weg weiter und dann auf Weg 2 in Serpentinen westwärts empor zur Hütte. *HU 817 m, 2 ½ Std., leicht und lohnend.*

242
Schaubachhütte — 2573 m

Schutzhaus hoch über dem innersten Suldental mit Prachtblick auf die höchsten Ortlerberge. Bis in Hüttennähe Seilbahn.

Die Düsseldorfer Hütte mit Blick zum Ortler

Von Innersulden auf Weg 1 südwärts hinauf zur Hütte. *HU 667 m, knapp 2 Std., leicht und lohnend.*

243
Madritschhütte 2817 m

Berggaststätte zwischen der Schaubachhütte und dem Madritschjoch mit Prachtblick zu den Ortlerbergen.
Von der Schaubachhütte (R 242) auf Steig 151 ostwärts mäßig steil hinauf und dann links hinüber zur Hütte. *HU 244 m, ¾ Std., leicht und lohnend.*

244
Hintere Schöntaufspitze 3324 m

Leicht ersteigbarer Hochgipfel südöstlich über Sulden.
Von der Schaubachhütte (R 242) auf Steig 151, vorbei an der Madritschhütte (R 243), über Moränengelände hinauf ins Madritschjoch (3123 m) und nordwärts auf markiertem Steig über Blockwerk zum Gipfel.
HU 751 m, knapp 2 ½ Std., für Gehgewohnte unschwierig und sehr lohnend.

245
Düsseldorfer Hütte
(Zaytalhütte) 2724 m

Schutzhaus in schöner Lage nordöstlich über Sulden. Prächtige Aussicht auf Konigspitze, Zebrù und Ortler.

a) Von St. Gertraud hinüber auf die andere Talseite und auf Weg 5 durch das im unteren Teil bewaldete Zaytal nordostwärts hinauf zur Hütte. *HU 880 m, 2 ½ Std., leicht und lohnend.*
b) Von Innersulden (1906 m) auf Waldweg 15/16 nordostwärts leicht ansteigend ins Zaytal und wie bei a weiter. *HU 818 m, knapp 2 ½ Std., leicht und lohnend.*

246
Kanzel 2350 m

Aussichtspunkt mit Gaststätte oberhalb der Waldgrenze südöstlich von Sulden.
Von Innersulden herauf Sessellift.
Von Innersulden auf Weg 12/13 in Serpentinen durch den Wald ostseitig hinauf und dann links auf Weg 12 zur Kanzel.
HU 444 m, leicht, bedingt lohnend.

247
Tschenglser Hochwand 3375 m

Bedeutender, gern besuchter Felsberg nördlich über dem innersten Zaytal.
a) Von der Düsseldorfer Hütte (R 245) stets auf Steig 5 teilweise über grobes Blockwerk nordostwärts talein, dann links auf markiertem Steig über Geröll empor in eine Scharte und rechts über den teilweise gesicherten Südwestgrat zum Gipfel.
HU 651 m, 2 Std., für Geübte mit Bergerfahrung nicht schwierig, lohnend.

b) Von der Düsseldorfer Hütte wie bei a in Richtung Scharte am Südwestgrat, vorher aber bei Wegweiser rechts ab und auf gesichertem Klettersteig über den Südgrat zum Gipfel. *HU 651 m, 2 ½ Std., nur Geübten mit Klettersteigerfahrung vorbehalten; landschaftlich lohnend.*

248
Kälberhütte (Stieralm) — 2248 m

Aussichtsreich gelegene Alm mit Ausschank nördlich von Sulden an der Waldgrenze.

Von St. Gertraud hinüber auf die östliche Talseite und entweder vom Hotel Post auf dem breiten Güterweg (Markierung 18) oder von der Villa Miramonti auf Waldsteig 19 nordwärts hinauf zur Alm. *HU ca. 400 m, 1 ½ Std., leicht und lohnend.*

249
Hinteres Schöneck — 3128 m

Leicht ersteigbarer Hochgipfel nordöstlich über Sulden.

a) Von der Düsseldorfer Hütte (R 245) auf Steig 18 ostwärts durch steile Grashänge hinauf und dann über unschwierige Felsen (teilweise gesichert) zum Gipfel. *HU 404 m, gut 1 Std., für Geübte nicht schwierig, lohnend.*

b) Von Sulden wie bei R 248 zur Kälberhütte, auf markiertem Steig über die begrasten Steilhänge hinauf gegen das Vordere Schöneck und steil, aber unschwierig empor zum Gipfel. *HU 1284 m, 3 ½ – 4 Std., für Gehtüchtige leicht und lohnend.*

253 — AUSGANGSORT
TSCHENGLS — 950 m

Geschlossenes Dorf mit spitztürmiger Kirche und kleinem Schloss (Tschenglsburg) zwischen Prad und Laas am Fuß des Vinschgauer Nörderberges. Höher oben die Burg Tschenglsberg.

254
Untere Tschenglser Alm — 1582 m

Von Waldhängen umgebene Alm im einsamen Tschenglser Tal.

a) Von Tschengls stets der Markierung 2 folgend zunächst am Gschlatschhof vorbei und dann durch steilen Wald auf der Westseite des Tschenglser Tales hinauf zur Alm. *HU 632 m, 2 Std., leicht und lohnend.*

b) Von Tschengls der Markierung 1 folgend östlich des Tschenglser Tales auf dem leicht ansteigenden Waldweg in Serpentinen hinauf zur Alm. *HU 632 m, 2 ½ Std., leicht und lohnend.*

255
Obere Tschenglser Alm — 2049 m

Kleine, aber schön gelegene Hochalm an der Waldgrenze unter der Tschenglser Hochwand.

Von Tschengls wie bei R 254 zur Unteren Tschenglser Alm und auf Weg 2 empor zur Oberen Alm. *HU 1098 m, 3 ½ Std., für Gehgewohnte leicht und lohnend.*

259 — AUSGANGSORT
EYRS — 903 m

Mittelgroßes Dorf nahe der Vinschgauer Talstraße gegenüber Tschengls am Fuß des Vinschgauer Sonnenberges.

260
Nach Gschneir — 1344 m

Weiler in aussichtsreicher Lage an den Hängen des Sonnenberges westlich oberhalb Eyrs.

Von Eyrs auf Weg bzw. Steig 22 teils eben, teils ansteigend in langer Querung der Sonnenhänge westwärts hinauf nach Gschneir. *HU 441 m, 1 ½ Std., leicht und lohnend.*

St. Peter bei Tanas

261
Zur Kirche St. Peter — 1364 m

Einsam an prähistorischer Siedelstätte über der Schlucht des Tanaser Baches stehende Kirche, 1769 erbaut. Etwas tiefer die Ruinen der vorhergehenden Peterskirche.

a) Von Eyrs auf Weg 21 am Sonnenhang nordwestwärts hinauf zum Weg 23 und auf diesem nahezu eben ostwärts zur Kirche. *HU 461 m, knapp 1 ½ Std., leicht und lohnend.*

b) Von Eyrs wie bei R 262 in Richtung Tanas bis zu einem Feldkreuz (1375 m), links auf Weg 23 (teilweise gesichert) westwärts zum Tanaser Bach und zur Kirche. *HU 472 m, 1 ½ Std., leicht und lohnend.*

262
Nach Tanas — 1454 m

Charakteristik: R 266.
Von Eyrs der Markierung 25 folgend auf breitem Serpentinenweg durch Lärchenwald und Wiesen hinauf nach Tanas.
HU 551 m, 1 ½ Std., leicht und lohnend.

266 — AUSGANGSORT
TANAS — 1454 m

Höhendorf mit weiter Aussicht am Hang des Vinschgauer Sonnenberges nordöstlich oberhalb Eyrs.

267
Zur Kirche St. Peter — 1364 m

Charakteristik: R 261.
Von Tanas auf dem nach Eyrs absteigenden Weg 25 kurz hinunter zu Weggabel mit Feldkreuz, rechts auf Weg 23 westwärts zum Tanaser Bach und weiter zur Kirche. *HU 90 m, ½ Std., leicht und lohnend.*

268
Nach Gschneir — 1344 m

Charakteristik: R 260.
Von Tanas wie bei R 267 nach St. Peter und auf Weg 23 weiter nach Gschneir.
HU gering, 2 Std., leicht und lohnend.

272 AUSGANGSORT
ALLITZ — 1148 m

Kleine Siedlung nordöstlich von Laas am oberen Rand des Gadria-Murkegels.

273
Nach Tanas — 1454 m

Charakteristik: R 266.
Von den untersten Allitzer Häusern auf Steig 23 in leicht ansteigender Querung der Trockenhänge (Laaser Leiten) und dann durch Wiesen westwärts nach Tanas. *HU 306 m, knapp 2 Std., leicht, mäßig lohnend.*

274
Allitzer Seen — 2669 m

Zwei Bergseen hoch oben im Allitzer Tal in sehr einsamer Landschaft.
Vom Stifterhof an der nach Tanas führenden Straße (1355 m) hinauf zu den Tröghöfen (ca. 1480 m), stets der Markierung 19 folgend über den Platzfoarhof hinauf zum Strimmhof (1754 m) und in langem Anstieg durch Wald und freies Berggelände hinauf zu den Seen. *HU 1314 m, 4 Std., für Gehtüchtige leicht und lohnend.*

278 AUSGANGSORT
LAAS — 870 m

Stattliche Ortschaft am Westrand des Gadria-Schwemmkegels. Vor allem bekannt wegen des weißen, in der Nähe gebrochenen Laaser Marmors.

279
Nach Parnetz — 1147 m

Kleiner Streuweiler mit Kapelle südwestlich von Laas.
Vom Südrand von Laas auf Weg 14 südwestwärts durch Wiesen und Wald hinauf zu den Höfen im Bereich der Parnetzer Kapelle. *HU 277 m, knapp 1 Std., leicht und lohnend.*

280
Obere Laaser Alm — 2047 m

Schön gelegene Alm mit Ausschank am westlichen Hang des obersten Laaser Tals.
Von Laas auf Weg 5 (zuerst kurz Straße) durch das Laaser Tal südwärts hinauf in Richtung Untere Laaser Alm und bald nach einem Bildstock rechts auf Weg 6 südwestlich hinauf zur Oberen Laaser Alm.
HU 1177 m, 3 ½ Std., leicht und lohnend.

281
Nach Tarnell — 1240 m

Weiler mit mehreren Höfen und Kirchlein südöstlich oberhalb Laas.
Von Laas der Markierung 10 folgend (zuerst Straße, dann Fußweg) süd- bzw. südostwärts hinauf zu den Höfen.
HU 370 m, 1 Std., leicht und lohnend.

282
Göflaner Alm — 1826 m

Die Alm mit Ausschank liegt am Nordhang der Laaser Spitze südöstlich über Laas. Unweit davon alte Marmorbrüche.
Von Tarnell (R 281) auf Weg 10 durch die Waldhänge ostsüdostwärts in leichtem Anstieg zum Kleinalbl (1588 m; ab Tarnell gut 1 Std.) und auf Waldweg 10 südlich hinauf zur Alm. *HU 586 m, gut 2 Std., leicht und lohnend.*

283
Göflaner See — 2519 m

Von Steilhängen umschlossener Bergsee am Nordfuß der Laaser Spitze.
Von Tarnell wie bei R 282 zur Göflaner Alm und auf Weg bzw. Steig 3 südwärts empor zum See. *HU 1279 m, 3 ½ Std., für Gehtüchtige leicht; bedingt lohnend.*

UNTERER VINSCHGAU

287

Dieser Abschnitt umfasst das Vinschgauer Haupttal vom Schlanderser Gebiet bis zur Töll bei Meran sowie die Seitentäler Martell, Schlandraun und Schnals.

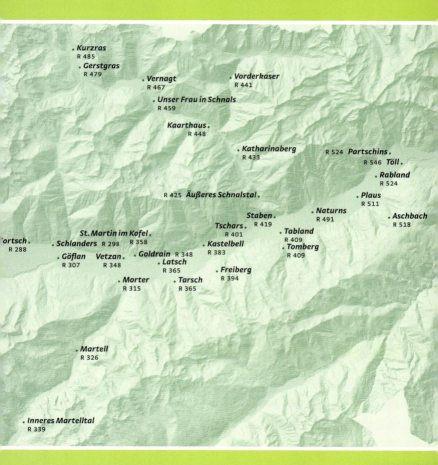

- Kurzras R 485
- Gerstgras R 479
- Vernagt R 467
- Vorderkaser R 441
- Unser Frau in Schnals R 459
- Kaarthaus R 448
- Katharinaberg R 433
- R 524 Partschins
- R 546 Töll
- Rabland R 524
- R 425 Äußeres Schnalstal
- Plaus R 511
- Staben R 419
- Naturns R 491
- Aschbach R 518
- St. Martin im Kofel R 358
- Tschars R 401
- Tabland R 409
- ortsch R 288
- Schlanders R 298
- Kastelbell R 383
- Tomberg R 409
- Göflan R 307
- Vetzan R 348
- Goldrain R 348
- Latsch R 365
- Morter R 315
- Tarsch R 365
- Freiberg R 394
- Martell R 326
- Inneres Martelltal R 339

288 — AUSGANGSORT
KORTSCH — 801 m

Schön gelegenes Dorf westlich oberhalb Schlanders am Fuß des Vinschgauer Sonnenberges.

289
Nach Allitz — 1148 m

Charakteristik: R 272.
Von Kortsch auf Fahrweg 15 A westwärts am Bergfuß leicht ansteigend nach Allitz. *HU 347 m, knapp 1 Std., leicht, mäßig lohnend.*

290
Kortscher Waalweg — ca. 950 m

Schöner Waal in den Kortscher Leiten, auch Zaalwaal genannt.
Von Kortsch auf der Sonnenberger Straße hinauf zu einem Kastanienhain, links auf Weg 6 A hinauf zum Waal, auf seinem Begleitweg ostwärts bis zu einem Sportplatz und auf Fahrweg zurück nach Kortsch. *HU ca. 175 m, 2 Std., leicht und lohnend.*

291
Zum Schlanderser Sonnenberg — ca. 1600 m

Ausgedehnter Streuweiler am Steilhang hoch über Kortsch. Ausgangspunkt für einige Wanderungen ist das Gehöft Außereggen (1632 m).
Von Kortsch auf Fahrweg 15 A nordwestlich hinauf zum Kortscher Waalweg, auf diesem kurz ostwärts, dann auf Steig 8 durch Föhrenwald hinauf zum Steig 15 und auf diesem weiter zu den Sonnenberger Höfen. *HU ca. 800 m, 2 ½ Std., leicht, bedingt lohnend.*

292
Zur Schlanderser Alm — 1891 m

Schön gelegene Alm in dem von Schlanders nordwärts ziehenden Schlandrauntal.
Von Außereggen (R 291) auf Weg 15 nahezu eben hinein ins Schlandrauntal und auf dem breiten Talweg leicht ansteigend zu der links oberhalb des Weges liegenden Alm. *HU ca. 270 m, 1 ½ Std., leicht und lohnend.*

293
Zur Kortscher Alm — 1987 m

Alm mit begrenzter Aussicht im Schlandrauner Talschluss.
Von Außereggen (R 291) auf Weg 15 nahezu eben hinein ins Schlandrauntal und auf dieses auf dem breiten Talweg (Markierung 4), vorbei an der Schlanderser Alm, großteils nur leicht ansteigend zur Kortscher Alm. *HU ca. 398 m, 2 Std., leicht und lohnend.*

294
Kortscher See — 2510 m

Schöner Bergsee mit weit reichender Aussicht im obersten Schlandrauntal.
Von Außereggen wie bei R 293 zur Kortscher Alm und auf Steig 4 mittelsteil empor zum See. *HU 878 m, knapp 3 ½ Std., für Gehgewohnte leicht und lohnend.*

298 — AUSGANGSORT
SCHLANDERS — 720 m

Großes Dorf an der Mündung des Schlandrauntales und Hauptort des unteren Vinschgaus. Wahrzeichen des Marktes ist der über 90 m hohe Spitzturm der Pfarrkirche.

299
Zum Schlanderser Sonnenberg — ca. 1600 m

Charakteristik: R 291.
Von Schlanders der Markierung 5 folgend nordwärts hinauf zum Ilzwaal (930 m) und dann auf Weg 15 durch Wald und kahle Steilhänge nordwestlich hinauf zu den Sonnenberger Höfen. *HU ca. 880 m,*

Der Kortscher oder Zaalwaal

2 ½ Std., für Gehgewohnte leicht und lohnend.

300
Zur Schlanderser Alm 1891 m

Charakteristik: R 292.
Von Schlanders der Markierung 5 folgend nordwärts hinauf zum Ilzwaal (930 m) und auf Weg 4 durch das Schlandrauntal hinein zur Alm. *HU 1171 m, 3 ½ Std., für Gehgewohnte leicht und lohnend.*

301
Kortscher Alm 2004 m

Charakteristik: R 293.
Von Schlanders der Markierung 5 folgend nordwärts hinauf zum Ilzwaal (930 m) und dann stets auf Weg 4, vorbei an der Schlanderser Alm, durch das Schlandrauntal talein zur Kortscher Alm. *HU 1284 m, 3 ½ Std., leicht und lohnend.*

302
Kortscher See 2510 m

Charakteristik: R 294.
Von Schlanders wie bei R 301 zur Kortscher Alm und auf Steig 4 nördlich empor zum See. *HU 1790 m, 4 ½ – 5 Std., für Gehtüchtige leicht und lohnend.*

303
Burg Schlandersberg 1060 m

In Privatbesitz stehendes Schloss nordöstlich oberhalb Schlanders; das Innere nicht allgemein zugänglich. Unweit der Fisolhof mit Einkehrmöglichkeit.

a) Von Schlanders der Markierung 5 folgend nordwärts hinauf zum Ilzwaal (930 m), rechts hinein zum Schlandraunbach (Brücke) und ostseitig auf Steig 5 empor zum Ziel. *HU 340 m, 1 Std., steil, aber leicht und lohnend.*

b) Vom nordöstlichen Dorfrand von Schlanders auf Steig 7 nordostwärts am sonnigen Steilhang in Serpentinen empor zum Ziel. *HU 340 m, 1 Std., steil, aber leicht und lohnend.*

304
Nach Tappein 1397 m

Höfegruppe in schöner Lage nordöstlich oberhalb Schlanders.

a) Von Schlanders wie bei R 303 zur Burg Schlandersberg und auf Weg 7 nordöstlich durch Wald und Wiesen steil empor nach Tappein. *HU 677 m, 2 Std., steil, aber leicht und lohnend.*

b) Vom nordöstlichen Ortsrand von Schlanders auf Weg 11 ostwärts hinauf zu dem von Vetzan kommenden Fahrweg und großteils auf diesem hinauf nach Tappein. *HU 677 m, knapp 2 ½ Std., leicht und lohnend.*

307 AUSGANGSORT
GÖFLAN 755 m

Geschlossenes Dorf gegenüber Schlanders am Fuß der Vinschgauer Nörderseite. Autostraße von Schlanders herüber.

308
Zum Haselhof 1550 m

Einer der so genannten Gamshöfe und höchster Hof (Jausenstation) des Streuweilers Außernördersberg südöstlich über Göflan. Hierher auch Autostraße.
Von Göflan der Markierung 1 folgend zuerst auf der Straße und dann großteils auf dem Fußweg südöstlich an Höfen vorbei durch Wiesen und Wald hinauf zum Haselhof. *HU 795 m, knapp 2 ½ Std., für Gehgewohnte leicht und lohnend.*

309
Zur Göflaner Alm 1826 m

Charakteristik: R 282.
Vom Haselhof (R 308) kurz hinauf zum Waldweg 2 und auf diesem großteils eben westwärts zur Alm. *HU 276 m, 1 ½ Std., leicht und lohnend.*

310
Zum Göflaner See 2519 m

Charakteristik: R 283.
Vom Haselhof wie bei R 309 zur Göflaner Alm und auf Weg bzw. Steig 3 südwärts empor zum See. *HU 969 m, 3 ½ Std., für Gehgewohnte leicht und lohnend.*

315 AUSGANGSORT
MORTER 730 m

Hübsches Dorf mit sehenswerter Kirche am Eingang ins Martelltal. Zufahrt von Goldrain und Latsch her.

316
Haselhof 1550 m

Charakteristik: R 308.
Von Morter der Markierung 6 folgend entweder zur Gänze auf dem Forstweg oder diesen im unteren Teil auf Fußweg abkürzend südwestlich durch Steilwand hinauf zum Morterleger (1700 m, waldumrahmter Wiesenboden) und auf Weg 1 westwärts nahezu eben zum Haselhof. *HU 970 m, gut 3 Std., leicht und lohnend.*

317
Rautwaal ca. 850 m

Hübscher Waalweg südlich und westlich über Morter.
Von der Dorfmitte oder vom südlichen Dorfrand jeweils auf beschilderten Steigen in ca. 15–20 Min. durch Wald hinauf zum Waalweg und auf ihm südwärts bis zu seinem Ende; von dort neben der Plima (markiert) zurück nach Morter. *HU ca. 120 m, gut 1 ½ Std., leicht und lohnend.*

318
Burgruinen Montani 838 m

Die Burgruinen Untermontani und Obermontani thronen auf einem lang gezogenen Moränenrücken südöstlich über Morter; das Innere nicht allgemein zugänglich. Unweit der oberen Burg das Kirchlein St. Stephan.

a) Etwas nördlich von Morter auf teilweise geteertem Feldweg durch Obstgüter ostwärts hinüber zur Plima, nach der Brücke rechts ab und auf markiertem Steig durch Buschwerk südwärts hinauf zur unteren und oberen Burg. *HU 108 m, ½ Std., leicht und lohnend.*

Die Burg Obermontani bei Latsch

b) Von Morter auf der Talstraße ein Stück südwärts, dann links ab und auf Fahrweg nordostwärts hinauf zur oberen Burg.
HU 108 m, ½ Std., leicht und hübsch.

319
Töbrunn 1718 m

Von Wald umschlossene Almhütte mit Ausschank südöstlich über Morter bzw. südlich oberhalb Latsch.
Von Morter entlang der Talstraße ein Stück südwärts, dann links auf Fahrweg hinauf zum Sattel bei der Ruine Obermontani, kurz südlich hinan und dann der Beschilderung »Töbrunn« folgend auf breitem Waldweg in Kehren hinauf zur Hütte.
HU 988 m, 3 ½ Std., leicht und lohnend.

320
Morteralm 1908 m

Hübsche Alm auf der Ostseite des äußeren Martelltales.
Von Morter wie bei R 319 bis fast nach Töbrunn, vorher rechts ab und auf Weg bzw. Steig 12 (»Fischerweg«) die Waldhänge querend zur Alm. *HU 1178 m, 4 ½ Std., für Gehtüchtige leicht und lohnend.*

321
Latscher Alm 1715 m

Charakteristik: R 375.
Von Morter wie bei R 319 nach Töbrunn und auf dem Forstweg ostwärts nahezu eben weiter zur Latscher Alm. *HU 988 m, 4 Std., für Gehtüchtige leicht, bedingt lohnend.*

322
Tarscher Alm 1940 m

Charakteristik: R 376.
Von Morter wie bei R 319 nach Töbrunn, auf dem Forstweg ostwärts nahezu eben zur Latscher Alm, auf Weg 2 kurz südwärts hinauf und dann auf Steig 9 ostwärts die Waldhänge querend zur Tarscher Alm.
HU 1210 m, 4 ½ Std., für Gehtüchtige leicht und lohnend.

326   AUSGANGSORT
MARTELL

Der eigentliche Siedlungsbereich mit seinen wichtigsten touristischen Ausgangspunkten besteht im Wesentlichen aus Martell-Dorf am westlichen Talhang (1308 m, auch Thal genannt) sowie aus den Häuser- und Höfegruppen Bad Salt (1158 m), Ennewasser (1220 m), Gand (1267 m) und Maria in der Schmelz (1556 m), alle entlang der Talstraße.

327
Morteralm 1908 m

Charakteristik: R 320.
Vom Hof Burgaun (1100 m) außerhalb Bad Salt auf Waldweg 14 zuerst wenig, dann stark ansteigend ostwärts hinauf zur Alm.
HU 808 m, 2 ½ Std., leicht und lohnend.

328
Töbrunn — 1718 m

Charakteristik: R 328.
Vom Hof Burgaun wie bei R 327 zur Morteralm und auf Steig bzw. Weg 12 (»Fischerweg«) nord- und ostwärts die Waldhänge querend zur Hütte. *HU 808 m, 3 Std., leicht und lohnend.*

329
Steinwandhof — 1464 m

Bergbauernhof mit Jausenstation und naher Kapelle hoch oben an der Westseite des äußeren Tales.

a) Zwischen Bad Salt und Ennewasser über den Bach (Brücke, 1160 m) und auf Steig 7 nordöstlich durch die Gras- und Waldhänge empor zum Hof. *HU 304 m, 1 Std., leicht und lohnend.*

b) Von Martell-Dorf auf Weg bzw. Steig 19 durch die Hänge nordöstlich hinauf zum Hof Fora und auf der schmalen Straße rechts zur Kapelle und zum Hof. *HU ca. 160 m, knapp 1 Std., leicht und lohnend.*

330
Zum Niederhof — 1680 m

Der Hof (Gasthaus) liegt an der Sonnenberger Straße südwestlich von Martell-Dorf.

Vom Hof Soylana an der Marteller Talstraße 2 km innerhalb Gand (1400 m) über den Talbach und auf Weg 26 durch die Waldhänge empor zum Hof. *HU 230 m, ¾ Std., leicht, mäßig lohnend.*

331
Zum Stallwieshof — 1931 m

Einer der höchstgelegenen Höfe Südtirols (Gasthaus). Er liegt nordwestlich oberhalb Maria in der Schmelz in aussichtsreicher Lage; Autozufahrt von Martell-Dorf herauf.

a) Von Martell-Dorf wie bei R 329 zum Hof Fora, dann auf Weg 26 die Wiesen- und Waldhänge querend südwestwärts bis zum rechts abzweigenden Weg 32 und auf diesem Waldhänge querend nach Stallwies. *HU 623 m, 3 ½ Std., für Gehgewohnte leicht und lohnend.*

b) Vom Gasthaus Waldheim bei Maria in der Schmelz (1550 m) auf Weg 5 nordwärts durch Wald und Wiesen und an Höfen vorbei hinauf nach Stallwies. *HU 381 m, 1 Std., leicht und lohnend.*

332
Orgelspitze (Laaser Spitze) — 3304 m

Prächtiger, so gut wie eisfreier Hochgipfel westlich über Martell-Dorf.

Von Stallwies (R 331) stets auf Steig 5 zuerst durch Wald, dann über Grashänge und schließlich über Gesteinsschutt in langem Anstieg nordwestlich hinauf zur felsigen Südflanke des Gipfels und über sie auf markierten Steigspuren unschwierig zum Gipfel. *HU 1373 m, 4 Std., für Ausdauernde mit Hochgebirgserfahrung unschwierig und lohnend.*

333
Flimseen — 2563 m

Zwei einsame Bergseen südöstlich oberhalb Gand.

a) Von Ennewasser (R 326) auf Steig 2 durch Steilwald südostwärts hinauf zur unteren Flimalm, steil empor zur oberen Alm (2200 m) und auf Steig 18 südwärts hinauf zum unteren und zum oberen See. *HU 1343 m, 3 ½ Std., für Gehgewohnte leicht und lohnend.*

b) Von Gand auf Weg 22 kurz talaus zum Steig 2 und weiter wie bei a. *HU 1296 m, Gehzeit und Anforderung wie a.*

334
Soyalm — 2073 m

Hübsch gelegene Alm mit Ausschank östlich über Maria in der Schmelz.

Vom Hof Unterhölderle an der Straße zwischen Gand und Maria in der Schmelz (1457 m) auf Waldweg 4 südostwärts hin-

Der Gelbsee im Martelltal

auf zur Alm. *HU 616 m, knapp 2 Std., leicht und lohnend.*

335
Schluderalm 2005 m

Alm im gleichnamigen Hochtal westlich oberhalb Maria in der Schmelz.

a) Von der Talstraße ca. 1 km innerhalb Maria in der Schmelz (ca. 1600 m) auf markiertem Steig östlich des Schluderbaches gerade hinauf zur Alm. *HU 405 m, 1 ½ Std., steil, aber leicht und lohnend.*

b) Von Stallwies (R 331) auf Steig 8 die Hänge querend südwestwärts zur Alm. *HU 74 m, ½ Std., leicht und lohnend.*

339 — AUSGANGSORT
INNERES MARTELLTAL

Ausgangsbereiche für zahlreiche Wanderungen sind im inneren Martelltal der Zufrittstausee (1880 m, Gasthaus) und das Ende der Talstraße mit den Gaststätten Enzianhütte (2050 m) und Schönblick (2060 m).

340
Lyfialm 2165 m

Alm mit waldumrahmter Gaststätte auf der Sonnenseite des Tales nordwestlich über dem Zutrittsee.

a) Vom Gasthaus Zufritt am Stausee (1880 m) auf Waldweg 10 westwärts hinauf zur Alm. *HU 285 m, knapp 1 Std., leicht und lohnend.*

b) Vom Gasthaus Enzianhütte (R 339) auf dem breiten Güterweg 6 nordwestwärts die Hänge querend zur Alm. *HU 114 m, knapp 1 Std., leicht, mäßig lohnend.*

341
Gelbsee und Grünsee 2729 bzw. 2741 m

Zwei Hochgebirgsseen in Moränengelände am Fuß der Zufrittspitze östlich über dem Stausee; der eine gelblich, der andere grün.

Vom Gasthaus Zum See am Stausee (1860 m) zuerst auf Fahr- und Fußweg (Markierung 17) ein Stück talaus und ab Weggabel auf Steig 140 durch Wald und Bergwiesen großteils mittelsteil hinauf zu den Seen. *HU 881 m, 2 ½ Std., für Gehgewohnte leicht und lohnend.*

Konzenlacke und Marteller Hütte

342
Zufallhütte 2265 m

Schön gelegenes Schutzhaus südwestlich über dem Ende der Marteller Talstraße.
Von der Enzianhütte (R 339) auf Weg 150 westwärts hinauf zum Ziel. *HU 214 m, ¾ Std., leicht und lohnend.*

343
Hintere Schöntaufspitze 3324 m

Leicht ersteigbarer Hochgipfel westnordwestlich der Zufallhütte.
Von der Zufallhütte (R 342) auf Weg 151 nordwestlich durch das einsame Madritschtal (der Weg ist auch direkt vom Hüttenanstieg herauf erreichbar) teils leicht, teils stärker ansteigend ins Madritschjoch (3123 m) und auf markiertem Steig nordwärts zum Gipfel. *HU 1059 m, 3 ½ Std., für Geh- und Berggewohnte unschwierig und lohnend.*

344
Marteller Hütte 2610 m

Schön und aussichtsreich nahe der Konzenlacke, eines Bergsees, gelegenes Schutzhaus südwestlich über dem inneren Marteltal.
Von der Enzianhütte auf Weg 150 westwärts hinauf zur Zufallhütte, weiterhin auf Weg 150 südwestlich hinauf zu einem alten Steindamm und auf Weg 103 südwärts empor zur Hütte. *HU 559 m, 1 ½ Std., leicht und lohnend.*

348 AUSGANGSORT
VETZAN 708 m
GOLDRAIN 672 m

Vetzan liegt hübsch am Fuß des Vinschgauer Sonnenberges oberhalb der Talstraße zwischen Latsch und Schlanders. Goldrain liegt südöstlich davon und breitet sich in der Talsohle auch südlich von Talstraße, Bahn und Etsch aus. Unweit von Goldrain das gleichnamige Schloss sowie der Weiler Tiss (698 m) mit der Goldrainer Pfarrkirche.

349
Nach Schlanders 720 m

Von Vetzan auf Weg 13 durch die Sonnenhänge in nahezu ebener Wanderung westwärts nach Schlanders. *HU unbedeutend, 1 Std., leicht und lohnend.*

350
Schloss Annenberg 1037 m

Schön gelegenes Schloss nordöstlich oberhalb Goldrain; das Innere jedoch nicht allgemein zugänglich. Unweit eine gotische Annakapelle.

a) Von Goldrain auf Steig 5 nordostwärts durch die teilweise bewaldeten Hänge hinauf zu Weggabel und dann links auf Steig, später Weg 6 empor zum Schloss. *HU 365 m, knapp 1 1/2 Std., leicht und lohnend.*

b) Von Tiss (R 348) auf Steig 6 nordwärts hinauf zu der bei a erwähnten Weggabel und wie oben weiter zum Ziel. *HU 339 m, 1 Std., leicht und lohnend.*

351
Goldrainer Panoramaweg

Hübscher Weg, der die Sonnenhänge in rund 900 m Höhe quert.

Von Goldrain auf Steig 5 hinauf und hinein in die Tissbachschlucht (Hängebrücke), ostwärts weiter bis zur Weggabel (897 m), rechts ein Stück abwärts und dann westwärts zurück nach Tiss und Goldrain. *HU 225 m, 2 Std., leicht und lohnend.*

352
Nach Ratschill 1285 m

Aussichtsreich gelegenes Gehöft mit Ausschank nordöstlich oberhalb Schloss Annenberg.

Von Goldrain oder Tiss wie bei R 350 zum Schloss Annenberg, auf breitem Weg 6 ostwärts über die Schlucht und hinauf nach Ratschill. *HU 613 m, knapp 2 Std., leicht und lohnend.*

353
Nach St. Martin im Kofel 1790 m

Charakteristik: R 358.
Von Goldrain wie bei R 352 nach Ratschill und auf Weg 6 hinauf nach St. Martin. *HU 1088 m, 3 1/2 Std., für Gehgewohnte leicht und lohnend.*

354
Nach Latsch 639 m

Charakteristik: R 365.
Vom Schloss Goldrain auf geteertem Fahrweg ostwärts zur Kirche von Tiss, leicht absteigend zum Latschanderwaal, auf dessen Begleitweg ostwärts bis zu Wegkreuzung, kurz hinunter zur Latscher Etschbrücke und hinein ins Dorf. *HU gering, 1 Std., leicht und lohnend.*

358 AUSGANGSORT
ST. MARTIN IM KOFEL 1736 m

Sehr hoch am Steilhang des Vinschgauer Sonnenberges gelegener Weiler mit kleiner Martinskirche. Von Latsch herauf Seilbahn, von Kastelbell herauf Autozufahrt mit Durchfahrtsbeschränkung.

359
Vermoispitze 2929 m

Markante Berggestalt hoch über St. Martin im Kofel.

Von St. Martin auf Waldweg 6/8 hinauf zu einer größeren Lichtung mit Wasserspeicher, links durch Wald weiter bergan bis zu Weggabel, hier rechts ab und auf Steig 8 über Steilhänge steil empor zum Gipfel. *HU 1193 m, 3 Std., für Geübte nicht schwierig, landschaftlich lohnend.*

360
Niederjöchl 2662 m

Aussichtsreicher Übergang ins Schnalstal nordwestlich hoch über St. Martin. Unweit das weithin sichtbare Niederjöchlkreuz.

Von St. Martin auf Waldweg 6/8 zu einer Lichtung mit Wasserspeicher, stets auf Weg 6 weiter zur Waldgrenze (Hirtenhütte), dann durch teils begraste, teils felsige Steilhänge hinauf zu einer weiteren Hirtenhütte und kurz weiter zum Niederjöchlkreuz. *HU 926 m, 2 1/2 Std., für Gehgewohnte leicht und lohnend.*

UNTERER VINSCHGAU

361
Zerminiger Spitze 3107 m

Unvergletscherter, leicht ersteigbarer Hochgipfel nordwestlich des Niederjöchls. Von St. Martin wie bei R 360 zum Niederjöchl, auf unmarkierten Steigspuren (teilweise auch weglos) westwärts über den Kammrücken zum Roßkopf (2891 m), weiter zum Punkt 3059 m mit Kreuz und nordöstlich über den felsigen Grat der Markierung folgend unschwierig zum Gipfel.
HU 1371 m, 4 – 5 Std., für ausdauernde Berggeher leicht und lohnend.

365 AUSGANGSORT
LATSCH 639 m
TARSCH 854 m

Latsch, zwischen Schlanders im Westen und Kastelbell im Osten in der Talsohle gelegen, ist eine stattliche Marktgemeinde und eine der bedeutendsten Ortschaften des Vinschgaus. Talstation der Seilbahn nach St. Martin.
Das Dorf Tarsch liegt südöstlich von Latsch am Fuß des Nörderberges. Oberhalb Tarsch Talstation eines Sessellifts zur Tarscher Alm.

366
Nach Goldrain 672 m

Charakteristik: R 348.
Von Latsch auf der Zufahrt nordöstlich hinüber zur Latscher Etschbrücke, kurz hinauf zum schönen Latschanderwaal, auf dessen Begleitweg eben westwärts, auf asphaltiertem Feldweg leicht ansteigend nach Tiss und kurz weiter nach Goldrain. *HU gering, 1 Std., leicht und lohnend.*

367
Zum Ratschillhof 1285 m

Charakteristik: R 352.
Von Latsch auf der Zufahrt nordöstlich hinüber zur Latscher Etschbrücke, kurz hinauf zum Latschanderwaal und stets auf Steig 7 nordwestlich hinauf zum Ratschillhof. *HU 646 m, knapp 2 Std., leicht und lohnend.*

368
Nach St. Martin im Kofel 1736 m

Charakteristik: R 358.
Von Latsch wie bei R 367 zum Ratschillhof (1285 m, Ausschank) und auf Weg 6 hinauf nach St. Martin. *HU 1097 m, knapp 3 ½ Std., für Gehgewohnte leicht und lohnend.*

369
Latschanderwaal ca. 650 m

Schöner, von Laubbäumen überschatteter Waal sonnseitig gegenüber Latsch nur wenig oberhalb der Talstraße.
Von Latsch auf der Zufahrt nordöstlich hinüber zur Latscher Etschbrücke und kurz hinauf zum Latschanderwaal, der nun sowohl ost- wie westwärts jeweils bis zum Ende des begehbaren Begleitweges begangen werden kann. *HU gering, ca. 1 ½ Std., leicht und sehr lohnend; auch im Hochsommer angenehm kühl.*

Der Latschanderwaal

370
Nach Platz 1225 m

Charakteristik: R 385.
Von Latsch auf der Zufahrt nordöstlich hinüber zur Latscher Etschbrücke, kurz hinauf zum Latschanderwaal und auf Steig bzw. Weg 8 nordöstlich durch die Sonnenhänge hinauf zum Ziel. *HU 586 m, gut 1 ½ Std., leicht und lohnend.*

371
Nach Trumsberg 1358 m

Charakteristik: R 386.
Von Latsch wie bei R 370 nach Platz, der Markierung 8 folgend (teils Sträßchen, teils Fußweg) hinauf zu einer Kapelle und jenseits kurz hinunter nach Trumsberg.
HU ca. 700 m, knapp 2 ½ Std., leicht und lohnend.

372
Nach Kastelbell 580 m

Charakteristik: R 383.
Von Latsch auf der Zufahrt nordöstlich hinüber zur Latscher Etschbrücke, kurz hinauf zum Latschanderwaal, auf dessen Begleitweg in ebener Wanderung ostwärts und zuletzt kurz hinunter nach Kastelbell.
HU gering, 1 Std., leicht und lohnend.

373
Nach Tarsch 854 m

Charakteristik: R 365.
Vom Ostrand von Latsch auf Güterweg 1/2/3 durch die Obstwiesen nordöstlich leicht ansteigend nach Tarsch. *HU 215 m, ¾ Std., leicht und lohnend.*

374
Nach Töbrunn 1718 m

Charakteristik: R 319.
Von Latsch der Markierung 11 folgend (Straße und Fußsteig) südwärts zum Gasthaus Latscher Hof und auf Waldweg 11 teilweise in Kehren hinauf zur Alm.
HU 1079 m, 3 Std., für Gehgewohnte leicht und lohnend.

375
Latscher Alm 1715 m

Kleine, von Wald umgebene Alm südlich über Tarsch.
Von Latsch der Markierung 11 folgend (Straße und Fußsteig) südwärts zum Gasthaus Latscher Hof, auf Waldweg 4 südwärts hinauf, auf Forstweg kurz ostwärts und auf Weg 2 hinauf zur Alm. *HU 1076 m, 3 Std., für Gehgewohnte leicht, bedingt lohnend.*

376
Tarscher Alm 1940 m

Aussichtsreiche Alm südlich über Tarsch mit Gastbetrieb; im Winter Skigebiet (Skicenter Latsch). Auch mit dem Sessellift zu erreichen.
Von der Talstation des Sessellifts (1200 m, Straße von Tarsch herauf) der Markierung 2 folgend auf dem Forstweg leicht ansteigend westwärts, dann links ab und auf Waldweg 1 gerade hinauf zur Alm.
HU 740 m, 2 Std., leicht, bedingt lohnend.

377
Tarscher See 1828 m

Hübscher Waldsee östlich der Tarscher Alm.
Von der Tarscher Alm (R 376) auf Waldsteig 9 nahezu eben ostwärts zum See.
HU genug, ¾ Std., leicht und lohnend.

378
Kofelraster Seen 2407 m

Zwei stattliche Bergseen im Kamm zwischen Vinschgau und Ultental.
Von der Tarscher Alm (R 376) auf Weg 1 südwärts hinauf zum Steig 15, ostwärts die Hänge querend zur Pflasterwirtalm und südwärts kurz hinauf zu einem Jöchl und zu den Seen. *HU 467 m, 2 ½ Std., für Geübte nicht schwierig, lohnend.*

379
Hasenöhrl (Hasenohr) 3256 m

Teilweise vergletscherter Berg mit eisfreien Graten südlich über Latsch.
Von der Tarscher Alm (R 376) auf Weg 1 hinauf zum Steig 2 A, auf diesem südlich hinauf zum Kamm, auf markiertem Weg (ehemaliger Waalweg) nahezu eben südwestwärts zum Bergfuß und auf Steig 2 über den felsigen, teilweise sehr scharfen Nordostgrat (Route markiert und an einer Stelle mit einer Sicherung versehen) zum Gipfel. *HU 1316 m, 4 Std., für Gehtüchtige und Geübte mit Hochgebirgserfahrung nicht schwierig. Landschaftlich sehr lohnend.*

383 AUSGANGSORT
KASTELBELL 577 m

Dorf an der Vinschgauer Talstraße östlich von Latsch. über dem Dorf das gleichnamige Schloss. Ost- und westwärts verlaufen bekannte Waalwege.

384
Nach Latsch 639 m

Charakteristik: R 365.
Von Kastelbell kurz hinauf zum schönen Latschanderwaal, auf dessen Begleitweg (Markierung 3) in ebener Wanderung westwärts bis zu Wegkreuzung gegenüber Latsch, kurz hinunter zur Talstraße und auf der Ortszufahrt hinüber nach Latsch. *HU gering, 1 Std., leicht und lohnend.*

385
Nach Platz 1225 m

Doppelgehöft mit Jausenstation und nahem Kirchlein in schöner Lage nordwestlich oberhalb Kastelbell.
Von Kastelbell auf Weg 8 durch die teilweise bewaldeten Hänge nordseitig hinauf zu den Höfen. *HU 648 m, gut 1 ½ Std., leicht und lohnend.*

386
Nach Trumsberg 1358 m

Streuweiler mit Gasthaus nördlich oberhalb Kastelbell. Von da über Platz Autozufahrt.
Von Kastelbell wie bei R 385 nach Platz, der Markierung 8 folgend (teils Höfestraße, teils Fußweg) ostwärts hinan zu einer Kapelle und zuletzt in kurzem Abstieg nach Trumsberg. *HU 781 m, 2 Std., leicht und lohnend.*

387
Trumser Alm 1952 m

Aussichtsreiche Alm an der Waldgrenze oberhalb Trumsberg.
Von Trumsberg (R 386) auf Weg 2/8 kurz westwärts und dann auf Weg 2 in Kehren durch Wiesenhänge und Wald hinauf zur Alm. *HU 406 m, 1 ¼ Std., leicht und lohnend.*

388
Trumser Spitze 2910 m

Ausgeprägter Gipfel hoch über Trumsberg bzw. westlich über dem äußeren Schnalstal.
Von Trumsberg (R 386) auf Weg 1 in Kehren über Wiesenhänge und durch Lärchenwald hinauf zur unteren Stierbergalm (2106 m), auf Steig 1 über kahle Hänge in steilen Serpentinen empor zum Gamseck, einer Kammschulter (2552 m) und auf Steig 15 nordwestlich über den Grat hinauf zum Gipfel. *HU 1552 m, 4 ½ Std., für Geübte nicht schwierig, lohnend.*

389
Nach Galsaun 588 m

Am Sonnenhang gelegenes, von Obstgütern umgebenes Dorf östlich von Kastelbell. Etwas höher der Ansitz Kasten.
Von Kastelbell hinauf zum Latschanderwaal, auf dessen Begleitweg (Markierung 3, darüber die Burgruine Hochgalsaun) in ebener Wanderung ostwärts zum Ansitz

Die Kapelle des Ansitzes Kasten bei Galsaun

Kasten und kurz hinab nach Galsaun.
HU gering, ¾ Std., leicht und lohnend.

390
Nach Tschars   627 m

Charakteristik: R 401.
Von Kastelbell hinauf zum Latschander-Waalweg (Markierung 3), auf diesem in ebener Wanderung ostwärts zum Galsauner Graben, auf Weg 3 dem Tscharser Schnalswaal folgend ostwärts weiter und zuletzt hinab nach Tschars. *HU ca. 100 m, 1 ½ Std., leicht und lohnend.*

394   AUSGANGSORT
FREIBERG   1270 m

Streuweiler südlich über Kastelbell am Vinschgauer Nördersberg; bis Parmant, dem höchsten Hof (1270 m), Asphaltstraße von Kastelbell über Latschinig.

395
Freiberger Alm   1667 m

Von Wald umrahmte Alm südlich über Freiberg.
Kurz vor dem Parmanthof (R 394) von der Straße ab und auf Waldsteig A hinauf zur Alm. *HU ca. 400 m, 1 ½ Std., leicht und lohnend.*

396
Marzonalm   1600 m

Schön gelegene Alm östlich über Freiberg bzw. südwestlich über Tomberg; Ausschank.

a) Vom Parmanthof (R 394) auf der mit Nr. 7 markierten Forststraße in leichtem Anstieg ostwärts durch Wald zur Alm. *HU 330 m, 1 ½ Std., leicht und lohnend.*

b) Von der Freiberger Straße unterhalb des Draxelhofes (ca. 1900 m) auf Steig 21 ostwärts den Schlumsgraben querend zum Waldweg 19 und auf ihm in Kehren hinauf zur Alm. *HU ca. 700 m, 2 Std., für Gehgewohnte leicht und lohnend.*

397
Kofelraster Seen — 2407 m

Charakteristik: R 378.

a) Vom Parmanthof (R 394) auf dem Forstweg 7 südostwärts zum Schlumsbach, auf Steig 4 durch Wald und über die Latschiniger Alm südwärts empor zu einem Jöchl und südseitig zu den nahen Seen. *HU 1137 m, 3 Std., für Gehgewohnte leicht und lohnend.*

b) Vom Parmanthof (R 394) auf dem Forstweg 7 ostwärts zur Marzonalm, auf Waldweg 6 südlich hinauf zum Leger (Bergwiese), weiter zur oberen Marzonalm (2101 m) und süd- bzw. südwestwärts zu den Seen. *HU 1137 m, knapp 4 Std., für Gehgewohnte leicht und lohnend.*

401 AUSGANGSORT
TSCHARS — 627 m

Etwas erhöht zwischen Kastelbell und Staben am Sonnenhang schön gelegenes Dorf mit weithin sichtbarer zwiebeltürmiger Kirche.

402
Nach Galsaun — 588 m

Charakteristik: R 389.

Von Tschars westlich hinauf zum Tscharser Schnalswaal (Schnalser Waalweg) und auf dessen Begleitweg, Markierung 3, westwärts eben zum Ansitz Kasten und kurz hinab nach Galsaun. *HU ca. 100 m, 1 ¼ Std., leicht und lohnend.*

403
Nach Kastelbell — 600 m

Von Tschars den Wegweisern »Kastelbell« und »Waalweg« folgend kurz auf schmaler Straße, dann auf Fußweg in rund 20 Min. hinauf zum Tscharser Schnalswaal (ca. 750 m), auf dessen Begleitweg (Markierung 3) westwärts zum Galsauner Graben, weiter auf Weg 3 neben dem Latschanderwaal bis oberhalb Kastelbell und kurz hinunter ins Dorf. *HU ca. 150 m, 1 ½ Std., leicht und lohnend.*

404
Nach Trumsberg — 1358 m

Charakteristik: R 386.

Von Tschars auf Weg 1/2 zuerst nordwärts hinauf und dann die Tscharser Leiten westwärts mäßig steil querend nach Trumsberg. *HU 731 m, 2 Std., für Gehgewohnte leicht und lohnend.*

405
Zum Schloss Juval — 927 m

Große, bewohnte Burg in prächtiger Lage über Staben. Besichtigung mit Führung zu bestimmten Zeiten möglich.

Von Tschars den Wegweisern »Juval« und »Waalweg« folgend zuerst kurz auf schmaler Straße und dann auf Fußweg in knapp ½ Std. hinauf zum Tscharser Schnalswaal (ca. 750 m), auf Weg 3 diesem entlang nahezu eben ostwärts durch die Hänge bis zu den Höfen unter dem Schloss Juval (Sonnenhof, Schlosswirt, in beiden Einkehrmöglichkeit) und auf einem der Wege hinauf zur Burg. *HU 300 m, 1 ½ Std., leicht und lohnend.*

409 AUSGANGSORT
TABLAND — 674 m
TOMBERG — 1258 m

Tabland ist ein geschlossenes Dorf auf dem Schwemmkegel des Tschirlander Baches gegenüber der Schnalstalmündung.

Der Streuweiler Tomberg liegt am Vinschgauer Nörderberg südlich von Tarsch und besitzt Autozufahrt von Staben über Tabland.

410
Marzonalm — 1600 m

Charakteristik: R 396.

Im Gebiet der Franschalm

Von Tomberg auf Waldweg 9 südwestlich hinauf und dann auf Steig 9 A rechts zwei Gräben querend hinüber zur Alm.
HU 342 m, 1 Std., leicht und lohnend.

411
Zirmtalsee — 2114 m

Hübscher Bergsee auf der gleichnamigen Alm (Ausschank) noch unterhalb der Baumgrenze südlich oberhalb Tomberg.
Von Tomberg auf Waldweg 9 hinauf zu Weggabel (1810 m) und links auf Steig 18 durch das Zirmtal gerade empor zum See.
HU 856 m, 2 ½ Std., für Gehgewohnte leicht und lohnend.

412
Plombodensee — 2486 m

Stattlicher Bergsee südöstlich über Tomberg auf der Südseite des Kammes. In der Nähe zwei kleinere Seen, daher auch der Name »Drei Seen«.
Von Tomberg wie bei R 413 zur Tablander Alm, auf Steig 5 hinauf zu Wegteilung, rechts auf Steig 18 A die Hänge querend südwestwärts zu einer Scharte (2493 m) und südseitig rechts zum nahen See.
HU 1235 m, 3 ½ – 4 Std., für Gehgewohnte leicht und lohnend.

413
Tablander Alm — 1758 m

Sehr schön gelegene, viel besuchte Alm südöstlich über Tomberg bzw. südlich über Tabland.
Von Tomberg stets der Markierung 4 folgend auf breitem Forstweg südöstlich hinauf zur Alm. *HU 500 m, 1 ½ Std., leicht und lohnend.*

414
Naturnser Hochwart — 2608 m

Ausgeprägter, häufig besuchter Gipfel südlich über Naturns.
Von der Tablander Alm (R 413) auf Steig 5 südöstlich hinauf zu einer Kammscharte (»Jöchl«, 2428 m) und auf Steig 5/9 nordostwärts dem Grat folgend zum Gipfel.
HU 850 m, knapp 2 ½ Std., für Geübte leicht und lohnend.

415
Franschalm — 1835 m

Kleine Alm mit Ausschank östlich der Tablander Alm.
Von Tomberg wie bei R 413 zur Tablander Alm und auf dem mit A markierten Waldsteig ostwärts nahezu eben zur Franschalm. *HU 575 m, 2 ½ Std., leicht und lohnend.*

419 — AUSGANGSORT
STABEN — 552 m

Kleines Dorf am Fuß des Vinschgauer Sonnenberges westlich der Schnalstalmündung. Hoch über Staben das bekannte Schloss Juval.

420
Zum Schloss Juval — 927 m

Charakteristik: R 405.
Von Staben auf teilweise gepflastertem Weg 1 nordseitig durch steile Gebüschhänge hinauf zum Sonnenhof (Gaststätte) und auf dem Pflasterweg weiter bergan zum Schloss. *HU 375 m, gut 1 Std., leicht und lohnend.*

421
Tscharser Schnalswaal

Siehe R 405.

425 — AUSGANGSORT
ÄUSSERES SCHNALSTAL

Das Schnalstal zweigt zwischen Staben und Naturns vom Vinschgauer Haupttal nordseitig ab. Ausgangspunkt im äußeren Talbereich sind die Höfe bzw. Gasthäuser Altrateis (844 m) und Neurateis (960 m).

426
Tscharser Schnalswaal

Charakteristik und Wegverlauf (in umgekehrter Richtung): R 405.

427
Saxalbersee — 2465 m

Stattlicher Bergsee hoch oben auf der Westseite des äußeren Schnalstales.
Von Neurateis (R 425) auf Weg 23 durch steile Waldhänge empor zum Saxalberhof (1363 m), weiter hinauf zur waldumschlossenen Unteren Saxalberalm (1882 m, Jagdhütte) und auf Steig 23 weiterhin steil durch Wald und steinige Grashänge empor zum See. *HU 1505 m, 4 Std., für Gehtüchtige leicht und lohnend, aber mühsam.*

428
Nach Karthaus — 1327 m

Charakteristik: R 448.
Von Neurateis (R 425) kurz talein und dann auf Weg 26 auf der westlichen Talseite durch die Hänge nordwärts hinauf nach Karthaus. *HU 367 m, 1 Std., leicht und lohnend.*

429
Nach Katharinaberg — 1245 m

Charakteristik: R 433.
Von Neurateis (R 425) über den Talbach und auf markiertem Weg durch die Steilhänge empor zum Dorf. *HU 285 m, knapp 1 Std., leicht und lohnend.*

433 — AUSGANGSORT
KATHARINABERG — 1245 m

Mit seiner weithin sichtbaren Kirche sehr malerisch auf einer steilwandigen Hangschulter über dem Schnalstal gelegenes Dorf.

434
Meraner Höhenweg

Die Begehung des gesamten Meraner Höhenweges kann in Katharinaberg begonnen und beendet werden. Man steigt auf Weg 10 südostwärts rund 120 Höhenmeter zum Höhenweg an und folgt ihm süd- oder nordwärts. Gesamtbeschreibung: siehe R 616 (Dorf Tirol).

435
Zum Hof Kopfron — 1436 m

Bergbauernhof südöstlich von Katharinaberg mit Jausenstation.
Von Katharinaberg auf Weg 10 südostwärts in ca. 15 Min. hinauf zum Meraner Höhenweg (Markierung 24) und auf diesem die Hänge querend und an Höfen vor-

Die Obere Mairalm in Schnals

bei südwärts zum Kopfronhof. *HU 191 m, gut 1 Std., leicht und lohnend.*

436
Zur Oberen Mairalm   2095 m

Schön gelegene Hochalm mit malerischen Hütten ostseitig über dem äußeren Schnalstal; Ausschank, weit reichende Aussicht.

Von Katharinaberg der Markierung 10 folgend in ca. 15 Min. hinauf zum Meraner Höhenweg (Markierung 24), auf diesem südwärts zum Hof Unterperfl und auf dem bergseitig abzweigenden Steig 10 durch lichte Lärchenbestände und Grashänge, vorbei am aufgelassenen Matzlaunhof, großteils steil hinauf zur Oberen Mairalm. *HU 850 m, 2 ½ Std., für Gehgewohnte unschwierig, aber großteils steil.*

437
Kirchbachspitze   2951 m

Häufig bestiegener Gipfel östlich über Katharinaberg bzw. nördlich über Naturns.

Von der Oberen Mairalm (R 436) auf Steig 10 die Hänge querend nordostwärts zu Weggabel, rechts auf Steigspuren der Markierung 10 folgend über Gras- und Geröllhänge zuerst mäßig, dann stark ansteigend empor zu einer Gratsenke und rechts kurz zum Gipfel. *HU 856 m, 2 ½ Std., für trittsichere Geher unschwierig und lohnend.*

441   AUSGANGSORT
VORDERKASER   1693 m

Das Gehöft Vorderkaser (Gasthaus Jägerrast) liegt im äußeren Pfossental, das vom Schnalser Haupttal ostseitig abzweigt. Große Parkplätze. Von Vorderkaser taleinwärts Fahrverbot.

442
Zum Eishof   2070 m

Im inneren Pfossental gelegener, so wie Mitterkaser und Rableid weiter talauswärts einst ganzjährig bewohnter Bauernhof, heute Alm und Gaststätte.

Von Vorderkaser auf dem breiten Talweg (Markierung 39) teils nahezu eben, teils etwas stärker ansteigend talein zu den Almen Mitterkaser (1954 m, Jausenstation, ab Vorderkaser 1 Std.) und Rableid (2004 m, ebenfalls Jausenstation) und auf dem breiten Talweg nahezu eben weiter talein zum Eishof. *HU 377 m, 1 ½ Std., leicht und lohnend.*

443
Zur Stettiner Hütte (Eisjöchlhütte)   2875 m

Charakteristik: R 741.
Von Vorderkaser wie bei R 442 zum Eishof, auf Weg 39 zunehmend steiler talauf zum Eisjöchl und ostseitig kurz hinüber zur Hütte. *HU 1202 m, 4 Std., für Gehtüchtige leicht, landschaftlich sehr lohnend.*

444
Hochwilde   3482 m

Prächtiger, auf Pfelderer Seite nicht vergletscherter Hochgipfel nördlich über der Stettiner Hütte.
Von der Stettiner Hütte (R 443) auf markiertem Steig (»Grützmacherweg«) über steile Felsen nordwärts zu einer Gratschulter und auf Felspfad weiter empor zum Gipfel. *HU 607 m, 2 Std.; für Geübte mit Hochgebirgserfahrung nicht schwierig; lohnend.*

448   AUSGANGSORT
KARTHAUS   1327 m

Aus dem noch teilweise erhaltenen Kartäuserkloster Allerengelberg hervorgegangenes Dorf westseitig über der Pfossentalmündung. Autozufahrt von der Häusergruppe Pfrail herauf.

449
Zur Klosteralm   2152 m

Schön gelegene Alm mit Ausschank oberhalb Karthaus im Bereich der letzten Bergzirben. Prachtblick auf die ostseitigen Schnalser Berge.
Von Karthaus stets auf Waldweg 23 südwärts hinauf zur Alm. *HU 825 m, 2 ½ Std., leicht und lohnend.*

450
Saxalbersee   2465 m

Stattlicher Bergsee in einsamer Berglage an der Westseite des äußeren Schnalstales.
Von Karthaus auf Waldweg 23 hinauf zur Klosteralm (2152 m) und auf dem markierten Steig durch freie Berghänge mittelsteil weiter zum See. *HU 1138 m, 3 ½ Std., für gehgewohnte Bergwanderer leicht und lohnend.*

451
Kreuzspitze   2576 m

Kleiner, gern besuchter Felsgipfel südwestlich über Karthaus.
Von Karthaus auf Weg 23 hinauf zur Klosteralm (2152 m), weiter bis zur Weggabel und rechts, nordwestlich, auf Steig 23 A empor zum Gipfel. *HU 1249 m, knapp 4 Std., für Gehgewohnte leicht und lohnend.*

452
Penauder Alm   2319 m

Schön gelegene Alm mit Ausschank im einsamen Penaudtal südwestlich von Karthaus.
Von Karthaus auf breitem Weg 20 nordwestlich hinein ins Penaudtal und durch dieses hinauf zur Alm. *HU 992 m, 3 Std., leicht und lohnend.*

453
Trumser Spitze   2910 m

Charakteristik: R 388.
Von Karthaus wie bei R 452 zur Penauder Alm und auf markierten Steigspuren (Nr. 14) südostwärts über Almböden und Schrofenhänge hinauf zum Gipfel.
HU 1583 m, 4 ½–5 Std., für Gehtüchtige mit Bergerfahrung leicht und lohnend.

454
Vermoispitze   2929 m

Charakteristik: R 359.

UNTERER VINSCHGAU

Der Saxalbersee

Von Karthaus wie bei R 452 zur Penauder Alm, auf Steig 20 rund 15 Min. weiter und dann links, südostwärts, auf Steig 8 A hinauf zum Gipfel. *HU 1602 m, 4 ½ – 5 Std., für Gehtüchtige mit Bergerfahrung leicht und lohnend.*

455
Zu den Raindlhöfen 1395 m

Zwei schöne Höfe mit Gasthaus im mittleren Schnalstal unweit der Talstraße.

Von Karthaus auf Steig 24 westwärts durch den Wald leicht ansteigend zum Penaudbach, jenseits zum Pitheierhof (1545 m) und, weiterhin der Markierung 24 folgend, durch die Waldhänge leicht abwärts und eben zu den Höfen. *HU 218 m, 1 ½ Std., leicht und lohnend.*

459 AUSGANGSORT
UNSER FRAU IN SCHNALS 1508 m

Stattliches Dorf mit bekannter Wallfahrtskirche in einer Weitung des mittleren Schnalstales. Unweit ein Archäologiemuseum. Größte Ortschaft des Tales.

460
Zur Lafetzalm 2015 m

Hübsch gelegene Alm an der Waldgrenze südlich von Unser Frau.

Von Unser Frau auf Weg 19 südwärts zum Mastaunbach (Wasserfall) und jenseits durch die Waldhänge großteils mäßig steil zur Alm. *HU 507 m, 1 ½ Std., leicht und lohnend.*

461
Zur Mastaunalm 1810 m

Hübsche, von lichten Lärchenbeständen umrahmte Almrodung (ehemaliger Bauernhof) südwestlich von Unser Frau im einsamen Mastauntal.

Von Unser Frau in Schnals auf Weg 17 südwärts zum Mastaunhof (1643 m, Jausenstation) und mäßig steil weiter zur Alm. *HU 302 m, 1 Std., leicht und lohnend.*

462
Zum Gurschlhof 1659 m
Gfallhof 1840 m

Schön, aber steil gelegene Höfe ostseitig über dem mittleren Schnalstal.

a) Vom Schmiedhof (ca. 1,5 km außerhalb Unser Frau an der Talstraße, 1400 m) auf

Weg 27 durch Wald und Wiesen ostwärts leicht ansteigend zum Gurschlhof (¾ Std.) und links auf Steig 18 A nordwestwärts die Hänge querend zum Gfallhof. *HU 440 m, 1 ½ Std., leicht und lohnend.*

b) Vom Oberhof (ca. 1540 m, wenig innerhalb Unser Frau) auf Weg 18 durch die Hänge leicht ansteigend südostwärts zum Gfallhof. *HU 300 m, 1 Std., leicht und lohnend.*

463
Schröfwand   2890 m

Markanter Berg nordöstlich über Unser Frau bzw. östlich über Vernagt.

Vom Oberhof (ca. 1540 m, wenig innerhalb Unser Frau) auf Weg 18 durch die Hänge leicht ansteigend südostwärts zum Gfallhof und auf Steig 18 in vielen Serpentinen über die Steilhänge nordwärts empor zum Gipfel. *HU 1350 m, 4 Std., für Gehgewohnte leicht, aber mühsam.*

467   AUSGANGSORT
VERNAGT   1710 m

Aus dem Weiler Obervernagt (Untervernagt ist im Stausee versunken) hervorgegangene, großteils aus Neubauten bestehende Siedlung am Vernagter Stausee in Schnals.

468
Nockspitze   2719 m

Aussichtsgipfel westlich über Unser Frau in Schnals bzw. südlich über dem Vernagter Stausee.

Von Vernagt über den Damm des Stausees, auf Steig 17 durch Wald und freie Hänge südwestwärts empor zum Nordgrat und über ihn problemlos zum Gipfel.
HU 1009 m, 3 Std., für Gehgewohnte leicht und lohnend.

469
Nach Gerstgras   1767 m

Charakteristik: R 479.

Von Vernagt über den Staudamm und dann stets auf Weg 13 A neben Stausee und Schnalser Bach talein. *HU 57 m, 1 ½ Std., leicht und lohnend.*

470
Nach Kurzras   2011 m

Charakteristik: R 485.

a) Von Vernagt über den Staudamm, dann stets auf Weg 13 A neben Stausee und Schnalser Bach talein nach Gerstgras und teils eben, teils auf und ab weiter talein nach Kurzras. *HU 301 m, 2 ½ Std., leicht und lohnend.*

b) Von Vernagt wie bei R 471 zum Fineilhof und auf Weg bzw. Steig 7 durch die Hänge talein nach Kurzras. *HU 301 m, 3 Std., leicht und lohnend.*

471
Fineilhof   1953 m

Schönes Gehöft nördlich über dem Vernagter Stausee.

a) Von Vernagt auf Weg 2 nordwestlich hinauf zum Tisenhof (1814 m) und auf Weg 9 über den Rafeinhof (1880 m) in nahezu ebener Hangquerung westwärts zum Fineilhof. *HU 245 m, gut 1 Std., leicht und lohnend.*

b) Von Vernagt auf der Talstraße ca. 20 Min. talein und dann rechts auf Weg 8 durch Lärchenwald und Wiesen leicht ansteigend zum Hof. *HU 243 m, 1 Std., leicht und lohnend.*

472
Fineilsee   2690 m

Stattlicher Bergsee hoch über dem Fineilhof.

Von Vernagt wie bei R 471/b zum Fineilhof, auf der Zufahrt westwärts über den Bach und dann auf Steig 7 durch das Fineiltal teilweise steil hinauf zum See. *HU 970 m,*

Der Fineilhof

2 ½ Std., für Gehgewohnte leicht und lohnend.

473
Similaunhütte 3019 m

Schutzhaus mit Sommerbewirtschaftung am Niederjoch (Übergang ins Ötztal) nördlich von Vernagt. Schöne Lage zwischen Fineilspitze und Similaun.
Von Vernagt auf Weg 2 nordwestlich hinauf zum Tisenhof (1814 m, Jausenstation), dann auf Steig 2 durch das großteils waldfreie Tisental weiter bergan und zuletzt felsige Hänge querend empor zur Hütte. *HU 1309 m, 3 ½ – 4 Std., für Gehgewohnte leicht und lohnend.*

474
Tisenjoch (Ötzi-Fundstelle) 3208 m

Kammsenke (manchmal irrtümlich Hauslabjoch genannt) zwischen Similaunhütte und Fineilspitze mit Steinpyramide und Informationstafeln, die an die Auffindung der 5300 Jahre alten Gletschermumie »Ötzi« erinnern.
Von der Similaunhütte auf markiertem, teilweise mit Fixseilen versehenen Felspfad am Grat zuerst ansteigend und dann weitgehend eben zum Tisenjoch.
HU gering, 1 Std., für Trittsichere und Schwindelfreie unschwierig, für Interessierte lohnend.

475
Schröfwand 2890 m

Charakteristik: R 463.
Von Vernagt auf Steig 18 über die im unteren Teil schütter bewaldeten Steilhänge ostwärts empor zum Gipfel. *HU 820 m, 2 ½ Std., für Gehgewohnte leicht und lohnend, aber mühsam.*

479 AUSGANGSORT
GERSTGRAS 1767 m

Doppelgehöft, Hotel und Kapelle an der Straße im inneren Schnalstal. Ausgangspunkt für mehrere Wanderungen.

480
Nach Vernagt 1710 m

Charakteristik: R 467.
Von Gerstgras stets auf Weg 13 A zuerst neben dem Schnalser Bach und dann neben dem Stausee talaus und zuletzt über den Staudamm hinüber nach Vernagt. *HU gering, 1 ½ Std., leicht und lohnend.*

481
Nach Kurzras 2011 m

Charakteristik: R 486.
Von Gerstgras der Markierung 13 A folgend teils eben und leicht ansteigend, teils auf und ab talein. *HU 244 m, 1 Std., leicht und lohnend.*

485 — AUSGANGSORT
KURZRAS — 2011 m

Ursprünglich Bauernhof und Gasthaus, heute großer Baukomplex im Schnalser Talschluss; Ende der Autostraße, Talstation der Seilbahn zur Grawand (Sommerskigebiet).

486
Nach Gerstgras — 1767 m

Charakteristik: R 479.
Von Kurzras der Markierung 13 A folgend teils eben und leicht abwärts, teils auf und ab hinaus nach Gerstgras. *HU 244 m, 1 Std., leicht und lohnend.*

487
Schöne-Aussicht-Hütte — 2842 m

Bewirtschaftetes Schutzhaus in prächtiger Hochgebirgslage am Hochjoch (Übergang ins Ötztal).
Von Kurzras auf Weg 3 nordwärts größtenteils durch die freien, teils felsigen, teils begrasten Hänge hinauf zur Hütte. *HU 831 m, 2 ½ Std., leicht und lohnend.*

491 — AUSGANGSORT
NATURNS — 554 m

Marktgemeinde und stattlicher Fremdenverkehrsort an der Vinschgauer Talstraße östlich der Schnalstalmündung. Für die Wanderungen in diesem Gebiet eignet sich neben Naturns auch das gegenüberliegende Dörfchen Tschirland als Ausgangspunkt.

492
Zum Hof Unterstell — 1282 m

Auch mit einer Seilbahn erreichbarer Hof (Jausenstation) oberhalb Naturns. Dank der Seilbahn günstiger Ausgangspunkt verschiedener Wanderrouten.

Von Naturns stets der Nr. 10 folgend (zuerst schmale Straße, dann Fußweg) durch teilweise Waldhänge steil empor zum Hof. *HU 728 m, 2 Std., für Gehgewohnte leicht und lohnend.*

493
Nach Katharinaberg — 1245 m

Charakteristik: R 433.
Vom Hof Unterstell (R 492) kurz hinauf zur Weggabel, links hinauf zum Hof Patleid (1386 m; ab Unterstell 20 Min.), nun auf dem Meraner Höhenweg (stets Markierung 24) in großteils ebener Querung der teils freien, teils bewaldeten Steilhänge zum Hof Kopfron (1436 m), auf dem Höhenweg weiter und zuletzt links auf Weg 10 kurz hinab nach Katharinaberg. *HU 260 m, 2 ½–3 Std., für Gehgewohnte leicht und lohnend.*

494
Zum Grubhof (Gruber) — 1377 m

Am Meraner Höhenweg liegender Hof (Jausenstation) nördlich über Naturns.
a) Vom Hof Unterstell (R 492) kurz hinauf zu Weggabel und rechts auf Weg 24 (Meraner Höhenweg) die Hänge ostwärts querend zu den Höfen Innerforch, Galmein und schließlich Gruber. *HU 178 m, 1 Std., leicht und lohnend.*
b) Von Naturns der Markierung S und 6 folgend zuerst kurz auf Fahrweg und dann auf Fußweg durch die teilweise bewaldeten Hänge steil hinauf zum Ziel. *HU 823 m, knapp 2 ½ Std., leicht und lohnend.*

495
Zum Schnatzhof — 1535 m

Einer der höchst- und schönstgelegenen Berghöfe am Naturnser Sonnenberg; Jausenstation.
Von Naturns wie bei R 494/b zum Gruber und auf Weg 6 in 20 Min. hinauf zum Schnatzhof. *HU 981 m, 2 ½ Std., leicht und lohnend.*

Der Wallburgweg bei Naturns

496
Wallburgweg 775 m

Begleitweg des teilweise in Rohre gefassten Naturnser Schnalswaales nordseitig oberhalb Naturns.

Von Naturns nordöstlich auf Fahrweg (Markierung 39) zum Hof Wiedenplatzer, kurz empor zum Waalweg (»Wallburgweg«, ca. 750 m) und in langer Querung der Hänge westwärts bis zum Wegende an einer Schulter über der Schnalstalmündung (775 m); ab Wiedenplatzer 1 Std. (Abstieg: über die Gaststätte Schwalbennest). *HU ca. 220 m, 2 Std., leicht und lohnend.*

497
Nach Partschins
(Sonnenberger Panoramaweg) 637 m

Großteils ebener Wanderweg, der die sonnseitigen Hänge zwischen Naturns und Partschins durchquert.

Von Naturns (554 m) auf schmaler Straße kurz hinauf in Richtung Schloss Hochnaturns, dann rechts ab und stets der Beschilderung »Panoramaweg« (Markierung 39/91) folgend in langer, großteils ebener und nur teilweise auch leicht auf- und absteigender Wanderung ostwärts nach Partschins (637 m). *HU gering, 2 ½ Std., leicht und lohnend.*

498
Franschalm 1835 m

Kleine, von Wald umrahmte Alm südlich hoch über Naturns.

a) Von Naturns auf Fahrstraße südwärts zum Bergfuß und auf Weg 5 in vielen Serpentinen über den Platzgumhof gerade hinauf zur Alm. *HU 1281 m, 3 ½ Std., leicht und lohnend, aber etwas mühsam.*

b) Von der Zehtenalm (R 501) auf Weg A leicht ansteigend westwärts zur Franschalm. *HU 88 m, ¾ Std., leicht und lohnend.*

499
Tablander Alm 1758 m

Charakteristik: R 413.

Von der Franschalm (R 498) auf Steig A westwärts nahezu eben die Waldhänge querend zur Tablander Alm. *HU gering, 1 ½ Std., leicht und lohnend.*

500
Partscheilberg 1166 m

Höfegruppe südöstlich von Naturns am Nörderberg. Hierher auch Autostraße von Naturns herauf.

Von Naturns auf der Partscheiler Straße südwärts zum Bergfuß und auf steilem Waldweg 5A südostwärts hinauf zu den Höfen. *HU 622 m, knapp 2 Std., leicht und lohnend.*

501
Zehtenalm (Altalm) 1747 m

Kleine, von Wald umschlossene Alm südöstlich über Naturns; Ausschank.

a) Von Partscheilberg (R 500) auf Weg 5A durch die Wälder südwärts steil hinauf zur Alm. *HU 581 m, gut 1 ½ Std., leicht und lohnend.*

Die Höhenkirche am Vigiljoch

b) Von der Franschalm (R 498) auf Weg A leicht absteigend ostwärts zur Zehtenalm. *HU 88 m, ¾ Std., leicht und lohnend.*

502
Naturnser Hochwart 2608 m

Ausgeprägter, häufig besuchter Gipfel südlich über Naturns.

a) Von der Tablander Alm (R 499) auf Steig 5 südöstlich hinauf zu einer Kammscharte (»Jöchl«, 2428 m) und auf Steig 5/9 nordostwärts dem Grat folgend zum Gipfel. *HU 850 m, 2 ½ Std., für Geübte leicht und lohnend.*

b) Von der Franschalm (R 498) auf Steig 5 hinauf zum Kammsattel östlich der Hochwart (2372 m) und südwestwärts auf markierten Steigspuren über den Grat zum Gipfel. *HU 773 m, gut 2 Std., für Geübte leicht und lohnend.*

c) Von der Zehtenalm (R 501) zuerst südwärts hinauf, dann auf Steig 5 A südwestwärts zum Kammsattel und wie bei b weiter. *HU 861 m, knapp 2 ½ Std., für Geübte leicht und lohnend.*

503
Naturnser Alm 1922 m

Viel besuchte Alm mit Ausschank südöstlich über Naturns bzw. westlich des Vigiljochs.

a) Von Partscheilberg (R 500) längere Zeit auf Waldweg 5 A hinauf und dann auf Waldsteig 30 ostwärts weiter zur Alm. *HU 756 m, 2 Std., leicht und lohnend.*

b) Von der Zehtenalm (R 501) auf Steig A zuerst ansteigend und dann eben durch die Waldhänge ostwärts zum Ziel. *HU 175 m, 1 Std., leicht und lohnend.*

504
Naturnser Almenweg

Höhenweg, der mehr oder minder eben die Almen am Nörderberg miteinander verbindet.

Von der Tablander Alm (R 499) stets auf Weg oder Steig A ostwärts zur Franschalm (R 498), weiter zur Zehtenalm (R 501) und zur Naturnser Alm (R 503). *HU ca. 200 m, 3 Std., für Gehgewohnte leicht und lohnend.*

505
Nach Birchberg 1142 m

Kleiner Streuweiler am Nörderberg südöstlich von Naturns bzw. südlich über Plaus.

Von Naturns südwärts zum Bergfuß unter dem Schloss Tarantsberg, auf markiertem Waldsteig südwestwärts hinauf zum Hof Steil (986 m; hierher auch von der Partscheilberger Straße) und auf Waldweg 17 ostwärts nahezu eben zum Brunnerhof

auf Birchberg (1160 m, Jausenstation).
HU 588 m, 2 ½ Std., leicht und lohnend.

506
Nach Aschbach — 1362 m

Charakteristik: R 518.
Von Naturns wie bei R 505 nach Birchberg und auf Waldsteig 16 ostwärts ansteigend und nahezu eben nach Aschbach.
HU 808 m, 3 ½ Std., für Gehgewohnte leicht und lohnend.

507
Zum Vigiljochkirchlein — 1743 m

Charakteristik: R 520.
Von der Naturnser Alm (R 503) auf Weg 30, später 9, eben und abwärts größtenteils durch Wald zum Joch und zum Kirchlein. *HU 179 m (abwärts), 1 Std., leicht und lohnend.*

511 — AUSGANGSORT
PLAUS — 519 m

Dorf im Vinschgauer Talboden abseits der Talstraße, von der die Zufahrt auf Halbweg zwischen Naturns und Rabland abzweigt.

512
Nach Birchberg — 1142 m

Charakteristik: R 505.
Von Plaus südwärts zum Bergfuß und auf Weg 30 A mehrmals die Fahrstraße kreuzend hinauf nach Birchberg. *HU 623 m, 1 ¾ Std., leicht und lohnend.*

513
Naturnser Alm — 1922 m

Charakteristik: R 503.
Von Birchberg (R 829) auf Steig 30 A größtenteils durch Wald südwärts teilweise steil hinauf zur Alm. *HU ca. 760 m, 2 Std., für Gehgewohnte leicht und lohnend.*

514
Nach Aschbach — 1362 m

Charakteristik: R 518.

a) Von Plaus südwärts zum Bergfuß, auf Weg 30 A hinauf nach Birchberg und wie bei R 505 weiter zum Ziel. *HU 843 m, knapp 3 Std., leicht und lohnend.*
b) Wie bei a nach Birchberg, auf Steig 17 (tiefer als a) Waldhänge und den Melsbachgraben querend ostwärts und zuletzt über Wiesen hinauf nach Aschbach.
HU 843 m, 2 ½ Std., leicht und lohnend.

518 — AUSGANGSORT
ASCHBACH — 1362 m

Kleines Bergdorf mit Kirche südöstlich oberhalb Plaus am Nördersberg. Vom Bergfuß gegenüber Rabland herauf Seilbahn; von der Töll herauf Autostraße.

519
Zur Naturnser Alm — 1922 m

Charakteristik: R 503.
Von Aschbach zuerst auf Forstweg und dann auf Waldweg 27 südwestwärts größtenteils nur mäßig steil hinauf zur Alm.
HU 560 m, knapp 2 Std., leicht und lohnend.

520
Zum Vigiljochkirchlein — 1743 m

Dem hl. Vigilius geweihtes Hügelkirchlein nahe dem eigentlichen Vigiljoch, knapp darunter das Gasthaus Jocher. Östlich davon der Larchbühel (Seilbahn und Sessellift von Oberlana herauf).

a) Von Aschbach der Markierung 28 folgend auf dem breiten Forstweg südostwärts durch die Waldhänge hinauf zum Ziel. *HU 381 m, gut 1 Std., leicht und lohnend.*
b) Von Aschbach kurz hinauf zur Weggabel, auf breitem Waldweg ostwärts mäßig ansteigend zum Gasthaus Seehof (1751 m; unweit davon die »Schwarze Lacke«, ein Seelein) und rechts auf Fahrweg 9 nahezu eben zum Kirchlein.
HU 389 m, gut 1 Std., leicht und lohnend.

524 AUSGANGSORT
RABLAND 525 m
PARTSCHINS 637 m

Zwei stattliche Dörfer, die fremdenverkehrsmäßig schon dem Raum Meran angehören. Rabland liegt westlich der Töll an der Vinschgauer Talstraße. Partschins befindet sich nordseitig um Einiges höher auf dem Murkegel des Zielbaches; die Zufahrt nach Partschins zweigt auf der Töll von der Talstraße ab.

525
Happichler Waal

Kurzer, aber hübscher Waalweg (auch Rablander Waal genannt) nordwestlich von Rabland.
Von Rabland nordwestwärts bis in die Nähe des Happichler Hofes (Gasthaus), auf dem Waalweg nordöstlich bis zu schmaler Straße und auf dieser wieder zurück. *HU gering, 1 Std., leicht und hübsch.*

526
Zum Gruberhof 1121 m

Am Sonnenberger Höhenweg liegender Hof (Jausenstation) hoch über Rabland.
a) In Rabland nordwestlich zum Bergfuß und auf markiertem Weg durch die Steilhänge hinauf zum Unterwandhof und weiter zum Gruber. *HU 596 m, knapp 2 Std., leicht und lohnend.*
b) Von Partschins auf Weg 39 westwärts durch die Hänge hinauf zum Ziel. *HU 484 m, 1 ½ Std., leicht und lohnend.*
c) Von Partschins wie bei R 530 zum Gasthaus Birkenwald und auf Steig 26 südwärts nur mäßig steil die Hänge querend zum Gruber. *HU 484 m, 2 Std., leicht und lohnend.*

527
Zum Hof Hochforch 1555 m

Berghof mit Jausenstation am Sonnenberg zwischen Naturns und Partschins; am Hof vorbei führt der Meraner Höhenweg.
a) Von Rabland wie bei R 526/a zum Gruber und auf markiertem Weg westwärts hinauf zum Hochforcher. *HU 1030 m, 3 Std., für Geübte leicht und lohnend.*
b) Von Partschins wie bei R 526/b zum Gruber und wie bei a weiter. *HU 918 m, gut 2 ½ Std., für Geübte leicht und lohnend.*

528
Zum Gigglberghof 1565 m

Höchstgelegener Hof (Jausenstation) des Rablander und Partschinser Sonnenberges; am Hof vorbei führt der Meraner Höhenweg.
a) Vom Gruberhof (R 526) auf Weg 26 über die Wiesenhänge hinauf zum Gigglberghof. *HU 444 m, 1 Std., leicht und lohnend.*
b) Vom Hochforchhof (R 527) auf dem Meraner Höhenweg (Markierung 24) die Hänge und den Schindelbachgraben ostwärts querend zum Gigglberghof. *HU gering, ¾ Std., für Gehgewohnte leicht und lohnend.*

529
Partschinser Wasserfall 1073 m

Weithin sichtbarer, 97 m hoher Wasserfall, der oberhalb Partschins vom Zielbach gebildet wird. Er gilt als schönster Wasserfall Südtirols.
a) Von Partschins der Markierung 8 folgend teils auf schmaler Straße, teils abseits auf Fußpfaden mäßig ansteigend zum Gasthaus Birkenwald und weiter zum Wasserfall (in der Nähe gleichnamiges Gasthaus). *HU 436 m, 1 Std., leicht und lohnend.*
b) Von Partschins der Markierung 39 folgend westwärts hinüber zum Gasthaus Winkler, hinauf zum Dursterhof (Jausenstation, 1057 m) und auf Weg 26 rechts die Hänge querend zum Wasserfall. *HU 420 m, 1 ½ Std., leicht und lohnend.*

Die Lodnerhütte im Zieltal

530
Nassereithhütte 1523 m

Schutzhaus (einst Bauernhof) mit Sommerbewirtschaftung im Zieltal nahe der Waldgrenze.
Von Partschins der Markierung 8 folgend hinauf zum Gasthaus Birkenwald und nach Überquerung des Zielbaches auf Waldweg 8 stets am westlichen Talhang hinauf zur Hütte. *HU 886 m, 2 ½ Std., leicht und lohnend.*

531
Zielspitze 3006 m

Markanter Hochgipfel westnordwestlich über Rabland und Partschins.
a) Vom Gigglberghof (R 528) auf markiertem Wiesen- und Waldsteig hinauf und hinein in den Schindelbachgraben und weiterhin auf markiertem Steig (stellenweise nur Steigspuren) über Grashänge, Geröll und Fels steil und teilweise ausgesetzt empor zum Gipfel. *HU 1441 m, 3 ½ Std., für berggewohnte Geher nicht schwierig, aber teilweise steil und ausgesetzt.*
b) Von der Nassereithhütte (R 530) auf Weg 8 etwa ¾ Std. hinauf, dann links auf markierten Steigspuren durch Grashänge steil empor zur verfallenen Königshofalm (2348 m), über Schrofen und Blockwerk zum Nordgipfel und kurz weiter zum Hauptgipfel. *HU 1483 m, 4 ½ Std., für Gehtüchtige nicht schwierig, weniger ausgesetzt als der Südanstieg.*

532
Lodnerhütte 2259 m

Im obersten Zieltal schön gelegenes Schutzhaus mit Sommerbewirtschaftung.
a) Von der Nassereithhütte (R 530) immer auf Weg 8 durch das Zieltal hinauf zur Zielalm (2196 m, Jausenstation) und weiter zur Hütte. *HU 736 m, 2 Std., für Gehgewohnte leicht und lohnend.*
b) Vom Hochganghaus (R 537) auf Steig 7 B (»Franz-Huber-Weg«) in langer und teilweise sehr ausgesetzter Querung steiler Hänge (stellenweise gesichert) west- und nordwestwärts zur Hütte. *HU 486 m, 4 Std., nur für Geübte! Landschaftlich lohnend.*

533
Blasiuszeiger 2835 m

Markanter Gipfel südwestlich über der Lodnerhütte.
Von der Lodnerhütte (R 532) auf Steig 9 ein Stück westwärts und dann links auf markiertem Steig über Gras- und Schrofenhänge teils leicht, teils stark ansteigend zum Gipfel. *HU 576 m, 1 ½ Std., für Berg- und Gehgewohnte nicht schwierig, lohnend.*

534
Roteck 3336 m

Markanter, häufig besuchter Berg im Westen der Lodnerhütte; höchster Gipfel der Texelgruppe.

Von der Lodnerhütte bzw. von der nahen Kapelle auf Steig 9 westwärts zu Wegteilung, rechts auf markiertem Steig steil hinauf zum Ostrücken, über diesen zu einer heiklen, sehr ausgesetzten Felspassage (Seilsicherungen) und schließlich unschwierig zum Gipfel. *HU 1077 m, 3 ½ Std.; nur hochgebirgs- und felserfahrenen Gehern vorbehalten; im Übrigen sehr lohnend.*

535
Tablander Lacken 2649 m

Ein paar einsame Bergseen östlich oberhalb der Lodnerhütte.

Von der Lodnerhütte (R 532) auf Steig 7 südöstlich zur Weggabel und links, stets Steig 7, über steile Grashänge hinauf zu den Seen. *HU 390 m, gut 1 Std., für Gehgewohnte leicht und lohnend.*

536
Partschinser (Lazinser) Rötelspitze 3037 m

Schöner Felsberg östlich der Lodnerhütte.

Von der Lodnerhütte wie bei R 535 zu den Tablander Lacken, auf Serpentinensteig 7 empor ins Halsljoch (2808 m) und links, nordwestwärts, am Grat der Markierung und den fixen Sicherungen folgend zum Gipfel. *HU 778 m, 2 ½ Std., für Trittsichere und Bergerfahrene nicht schwierig, lohnend.*

537
Hochganghaus 1839 m

Bewirtschaftete Schutzhütte auf einer ebenen Waldlichtung nordöstlich über Partschins bzw. nordwestlich über Algund.

Von Partschins auf Weg 7 A nordöstlich hinauf und dann auf Weg 7 an Höfen vorbei und durch Wald gerade empor zur Hütte. *HU 1202 m, 2 ½ Std., für Gehgewohnte leicht und lohnend, aber steil.*

538
Franz-Huber-Weg

Siehe R 532.

539
Nach Tabland ca. 1200 m

Streuweiler mit Einkehrmöglichkeit nördlich oberhalb Partschins.

a) Von Partschins der Markierung 8 folgend ca. ½ Std. talauf, dann rechts auf schmaler Höfestraße und Fußweg zum Ebnerhof (1018 m) und auf markiertem Waldweg nordwestlich hinauf zum Prünster in Tabland. *HU ca. 560 m, 1 ½ Std., leicht, bedingt lohnend.*

b) Von Partschins zuerst auf Weg 7 A und dann 7 nordostwärts hinauf zum Hof Niederhaus (950 m, Jausenstation) und links auf dem Partschinser Höhenweg (Markierung P) teils eben, teils leicht ansteigend nach Tabland. *HU 560 m, 2 Std., leicht und sehr lohnend.*

540
Partschinser Waalweg

Sehr schöner Waal, der oberhalb Partschins die Buschhänge quert.

Von Partschins auf Weg 7 A nordöstlich zum Graswegerhof (ca. 740 m) und zum Waalweg, auf diesem westwärts zum Zielbach (ca. 820 m) und auf der schmalen Straße (Markierung 8) hinab nach Partschins. *HU 183 m, 2 Std., leicht und lohnend.*

541
Nach Vellau 966 m

Charakteristik: R 587.

a) Von Partschins auf Weg 7 A und 7 nordostwärts zum Töllgraben und zum Saxnerhof (762 m) und auf Weg 26 A leicht ansteigend durch die Hänge ostwärts nach Vellau. *HU 329 m, 1 ½ Std., leicht und lohnend.*

UNTERER VINSCHGAU

b) Von Partschins wie bei a zum Saxner, auf dem obersten der drei Wege (»Kieneggerweg«) nordöstlich hinauf zum Hof Kienegger (1101 m, Jausenstation) und ostwärts auf Weg 26 leicht absteigend nach Vellau. *HU 434 m, 2 Std., für Gehgewohnte leicht und sehr lohnend.*

542
Nach Aschbach — 1362 m

Charakteristik und weitere Wanderungen in diesem Gebiet: R 518 und folgende.
Von Rabland (R 524) auf Fahrweg südwärts zum Fuß des Nörderberges und auf Waldweg 28 südwärts hinauf zum Ziel.
HU 837 m, 2½ Std., für Gehgewohnte leicht und lohnend.

546 — AUSGANGSORT
TÖLL — 508 m

Häusergruppe mit kleiner Kirche an der Vinschgauer Talstraße südöstlich unter Partschins bzw. westlich von Meran. Geografischer Grenzpunkt zwischen Vinschgau und Meraner Becken.

547
Zu den Quadrathöfen — 831 m

Weiler mit Einkehrmöglichkeit südlich über der Töll inmitten weiter Wiesen.
Von der Etschbrücke auf dem beschilderten, die Straße abkürzenden Waldweg südwärts hinauf nach Quadrat. *HU 323 m, knapp 1 Std., leicht und lohnend.*

548
Nach St. Martin — 1267 m

Hoch und aussichtsreich gelegenes Kirchlein beim Eggerhof, bereits auf Meraner Seite des Nörderberges.
Von den Quadrathöfen (R 547) auf Waldweg 29 südostwärts mäßig steil zum Mühltalhof (Gasthaus) und ostwärts hinauf zum Kirchlein. *HU 436 m, 1½ Std., leicht und lohnend.*

549
Zum Vigiljochkirchlein — 1743 m

Charakteristik: R 520.
Vom Mühltalhof (Gasthaus) unterhalb von St. Martin (R 548) auf Waldweg 26 südwestlich hinauf zur Schwarzen Lacke und auf Weg 9 weiter zum Kirchlein. *HU 524 m, 1½ Std., für Gehgewohnte leicht und lohnend.*

550
Nach Marling — 363 m

Charakteristik: R 572.
Von der Töll auf der Hauptstraße kurz ostwärts, dann rechts auf dem Marlinger Waalweg (R 551) in ebener Wanderung südostwärts bis oberhalb Marling (Einkehrmöglichkeiten) und auf einem der dortigen Wege bzw. Sträßchen hinunter ins Dorf. *HU 145 m (abwärts), 1½–2 Std., leicht und lohnend.*

551
Marlinger Waal

Längster Waal Südtirols (13 km) und auch bekanntester. Er beginnt im Norden an der Töll, durchzieht die Marlinger und Tschermser Hänge und endet bei Oberlana.
Gesamte Begehung: Siehe R 550 und 573.
HU gering, 4–5 Std., für ausdauernde Wanderer leicht und sehr lohnend.

552
Algunder Waalweg

Charakteristik: R 579.
Zuerst auf der östlich der Töll nordseitig abzweigenden Straße zum Waalweg, auf diesem an Plars vorbei bis oberhalb Algund und weiter bis Gratsch (dort Anschluss an den Tappeinerweg). *HU gering, 1½ Std., leicht und sehr lohnend.*

MERAN UND UMGEBUNG

Dieser Abschnitt umfasst die unmittelbare Umgebung Merans sowie die umliegenden Dörfer mit ihren Wandergebieten. Manche Randbereiche, die bisweilen touristisch zum Meraner Raum gerechnet werden, finden sich unter Passeiertal, Vinschgau, Etschtal und Tschögglberg.

R 620 **Riffian** . **Verdins** R 634
. **Kuens** R 620
R 587 **Vellau** .
R 606 **Dorf Tirol** . . **Schenna**
Algund . R 634
R 578 . **Gratsch**
R 596
. **Meran** R 557
. **Marling** R 572

557 AUSGANGSORT
MERAN 325 m

Bekannte, klimatisch begünstigte Fremdenverkehrsstadt an den Mündungen des Vinschgaus und des Passeiertales. Im historischen Stadtzentrum unter anderem die sehenswerte St.-Nikolaus-Pfarrkirche, Laubengänge, Tortürme sowie die Landesfürstliche Burg. Die ursprünglich selbstständigen Dörfer Unter- und Obermais sind heute mit dem alten Meran zusammengewachsen und damit zu Stadtteilen geworden.

558
Gilfpromenaden

Zwei schöne, von exotischen Anpflanzungen gesäumte Promenaden, die im Nordosten der Stadt zur so genannten Gilf, einer felsigen Engstelle der Passer, führen. Sehenswert dabei der mächtige »Steinerne Steg«.

Von der Postbrücke in Meran am orographisch linken Ufer der Passer (»Sommerpromenade«) nordostwärts bis zur Gilf, auf einer Brücke über die Schlucht und auf der anderen Seite (»Winterpromenade«) wieder zurück zur Postbrücke. *HU gering, 1 ½ Std., leicht und lohnend.*

559
Nach Gratsch (Tappeinerweg)

Die nach ihrem Begründer benannte Promenade mit Einkehrstätten und schönen Anpflanzungen durchquert nordseitig über Meran die sonnigen Hänge und endet im Westen im Streuweiler Gratsch (R 596).

Von der Meraner Pfarrkirche (323 m) ostwärts zum Passeirer Tor und zum östlichen Beginn der Promenade (hierher auch von der Gilf herauf, R 558) und auf ihr großteils eben nordwestwärts bis zu ihrem Ende an der Laurinstraße bei Gratsch (ca. 400 m). *HU ca. 80 m, gut 1 Std., absolut leichter und lohnender Spaziergang.*

560
Nach Saltaus (Maiser Waalweg)

Charakteristik: R 650 und 659.

Vom Brunnenplatz in Obermais (370 m) wie bei R 561 zum Sonnwendhof, auf dem markierten Maiser Waalweg am östlichen Talhang großteils durch Waldhänge in nahezu ebener Wanderung talein zum Hotel/Restaurant Torgglerhof und zuletzt kurz hinauf nach Saltaus. *HU ca. 120 m, 2 Std., leicht und lohnend.*

561
Nach Schenna 640 m

Charakteristik: R 634.

Vom Brunnenplatz in Obermais (370 m) auf der Vergil- und Pflanzensteinstraße nordöstlich zum Sonnwendhof und auf Fahrweg 4 nordostwärts durch Obstgüter hinauf nach Schenna. *HU 270 m, knapp 1 Std., leicht, bedingt lohnend.*

562
Nach St. Georgen 716 m

Charakteristik: R 634.

Vom Brunnenplatz in Obermais (370 m) zuerst auf der Schenna- und Montanistraße und dann auf der Naiftalstraße ein Stück ostwärts hinan und dann links auf Weg 10 über Schloss Goien teils mäßig ansteigend, teils eben nordwärts nach St. Georgen. *HU 346 m, 1 Std., leicht und lohnend.*

563
Nach Gsteier (Gsteir) 1372 m

Kleine Höfegruppe mit Gasthaus östlich von Meran hoch oben am Sonnenhang des Naiftales.

Von der Naif (650 m; Talstation der Ifinger-Seilbahn, hierher Straße ab Obermais) auf Fahrweg nordwestlich nach Vernaun, hier rechts kurz hinauf zum Waldweg 3 und auf

Der Tappeinerweg bei Meran

diesem teilweise steil hinauf nach Gsteier. *HU 724 m, 2 Std., leicht, bedingt lohnend.*

564
Zum Piffinger Köpfl (Meran 2000)   1900 m

Charakteristik und weitere Touren: R 1359 (Hafling).
Von Falzeben (R 565) auf Weg 14/18 nordöstlich größtenteils durch Wald hinauf zum Ziel. *HU 279 m, knapp 1 Std., leicht, mäßig lohnend.*

565
Nach Falzeben   1621 m

Flaches Wiesengelände mit Gasthof und Talstation der zum Piffinger Köpfl (R 564) führenden Umlaufbahn. Hierher Autostraße von Hafling herauf.
a) Von der Naif (R 563) auf Steig 55 südwestlich empor zum Steig 40/50, auf diesem kurz ostwärts, dann rechts auf Steig 55 (»Katzenleiter«) durch Wald südlich hinauf zum Steig 50 (1362 m; Villa Friedheim) und auf diesem (zuletzt Straße) mäßig steil nach Falzeben. *HU 971 m, 3 Std., für Gehgewohnte leicht und lohnend.*
b) Von der Naif wie bei a zum Steig 40, dann auf diesem (»Jägersteig«) lange ostwärts durch die Waldhänge mäßig steil hinauf und im oberen Teil rechts abbiegend empor nach Falzeben. *HU 971 m, 3 Std., teilweise sehr steil, mäßig lohnend.*

566
Nach St. Kathrein   1245 m

Charakteristik: R 1357.
a) Von Obermais (442 m) auf der Fragsburger Straße südostwärts hinauf zum Gasthaus Steger, bald darauf links abzweigend (Markierung 2) auf Fahr- und Fußweg über die Odenhöfe durch Wald- und

Wiesenhänge zu den Höfen Oberweiher und Greit (957 m, Ausschank) und durch Wald empor (Steig 2) nach St. Kathrein. *HU 803 m, knapp 2½ Std., für Gehgewohnte leicht, mäßig lohnend.*

b) Von der Naif (R 563) auf Steig 55 südwestlich empor zum Steig 50 (Villa Friedheim) und auf diesem durch flaches Waldgelände eben und leicht abwärts nach St. Kathrein. *HU 650 m, 2 Std., leicht und lohnend.*

567
Zum Fragsburger Wasserfall 770 m

Beeindruckender, 135 m hoher Wasserfall in der Schlucht des Sinichbaches südöstlich der Fragsburg.

Vom Schloss Katzenstein (466 m; hierher gleichnamige Straße von Obermais herauf) auf dem Fahrweg kurz südwärts, dann links der Markierung 2 A folgend hinauf bis in die Nähe der Fragsburg und Steilhänge querend zum Wasserfall. *HU 204 m, 1 Std. (ab Fragsburg 15 Min.), leicht und lohnend, in Wasserfallnähe Vorsicht!*

568
Nach Vöran 1204 m

Charakteristik: R 1346.
Von Schloss Katzenstein (466 m; hierher gleichnamige Straße von Obermais herauf) stets der Markierung 1 folgend zuerst auf Fahrweg nahezu eben südwärts, bald nach Querung des Sinichbaches links ab und südostwärts durch Wald und Wiesen (stets Weg 1) und an Höfen vorbei nach Vöran. *HU 738 m, 2½ Std., für Gehgewohnte leicht und lohnend.*

572 AUSGANGSORT
MARLING 363 m

Stattliches, schön gelegenes Dorf mit regem Fremdenverkehr inmitten von Obstgärten etwas erhöht am Hang südwestlich von Meran.

573
Marlinger Waalweg

Charakteristik: R 551.
Von der Kirche in Marling den Wegweisern »Waalweg« folgend hinauf zum Waalweg (460 m) und auf diesem stets südwärts bis zu seinem Ende (von dort Abstieg nach Lana oder wieder auf dem Waalweg zurück). *HU 160 m, ca. 2½ Std., leicht und lohnend (Varianten möglich).*

574
Marlinger Höhenweg 781 m

Schöner, rund 3 km langer Waldweg, der die Hänge nordwestlich oberhalb Marling durchquert.

Von Marling der Markierung 35 folgend (Fahr- und Fußwege) nordwestlich leicht ansteigend zum Hof Senn am Egg (698 m), auf dem markierten Höhenweg südwärts und vom Hof Innerholzmair (725 m) auf markiertem Fußweg wieder hinab nach Marling. *HU 418 m, 3½–4 Std., leicht und lohnend.*

578 AUSGANGSORT
ALGUND 355 m

Ausgedehnte Siedlung mit regem Fremdenverkehr nordwestlich von Meran; im Ortszentrum die moderne Kirche, höher am Hang die alte Kirche (ca. 450 m). Unweit von Algund liegt die dreiteilige Siedlung Plars.

579
Algunder Waalweg

Beliebter Wanderweg neben dem Waal, der an der Töll beginnt und durch die Hänge ostwärts bis Gratsch zieht.

a) Begehung des westlichen Teils: Von Algund den Wegweisern »Waalweg« folgend hinauf zum Waalweg und westwärts bis zum Wegende zwischen Plars und Töll. *HU ca. 100 m, 1 Std., leicht und lohnend.*

Der Algunder Waalweg

b) Östlicher Teil: Von Algund den Wegweisern »Waalweg« folgend hinauf zum Waal und auf dem Begleitweg ostwärts bis zu seinem Ende oberhalb Gratsch (dort Anschluss an den Tappeinerweg). *HU ca. 100 m, knapp 1 Std., leicht und lohnend.*

580
Nach Partschins 637 m

Charakteristik: R 524.
Von Algund den Wegweisern »Waalweg« folgend hinauf zum Algunder Waalweg, kurz auf diesem westwärts, dann rechts auf Steig 25 A durch die Waldhänge bis zur Wegkreuzung (25 A geht rechts bergan), auf markiertem Steig westwärts die Hänge querend zum Saxnerhof (762 m, Ausschank) und nach Querung des Töllgrabens leicht abwärts nach Partschins.
HU ca. 320 m, 1 ½ Std., leicht und lohnend.

581
Nach Vellau 966 m

Charakteristik: R 587.
Von Algund stets der Markierung 25 A folgend hinauf zum Algunder Waal und weiter auf Weg 25 A (»Schluntensteinweg«) durch die Waldhänge mittelsteil bis steil hinauf nach Vellau. *HU 611 m, 2 Std., für Gehgewohnte leicht und lohnend.*

582
Nach St. Peter 596 m

Schöne, kultur- und kunsthistorisch bedeutende Kirche am Weg von Algund nach Schloss und Dorf Tirol.
Von Algund der Markierung 25 A folgend hinauf zum Algunder Waal und zum rechts abzweigenden, gepflasterten »Ochsentodweg«, auf diesem ein Stück hinauf und auf ebenem Wanderweg durch die Hänge ostwärts nach St. Peter. *HU ca. 150 m, knapp 1 ½ Std., leicht und lohnend.*

583
Zum Schloss Tirol 647 m

Charakteristik: R 607.
Von Algund wie bei R 582 nach St. Peter und teils auf Fahrweg, teils auf Pflasterweg eben und leicht ansteigend weiter zur Burg. *HU ca. 200 m, knapp 2 Std., leicht und lohnend.*

587 AUSGANGSORT
VELLAU **966 m**

Schön und aussichtsreich gelegener Streuweiler mit Kirche (966 m) und Gaststätten nördlich oberhalb Algund. Von Plars herauf Sessellift (Bergstation 908 m) sowie Autostraße. Ab Vellau Korblift hinauf zur Leiteralm.

588
Zur Leiteralm 1522 m

Schön gelegene Alm mit Gaststätte oberhalb Vellau. Von dort herauf Korblift.
a) Von Vellau auf Weg 26 westwärts leicht ansteigend zum Kienegghof (1101 m, Jausenstation), steil weiter zum Oberplatzer (1302 m, ebenfalls Jausenstation) und auf Weg 25 A empor zur Alm. *HU 556 m, knapp 2 Std., leicht und lohnend.*
b) Von Vellau auf Weg und Steig 25, vorbei an einzelnen Berghöfen, ziemlich gerade und großteils steil hinauf zur Alm. *HU 556 m, 1 ½ Std., für Gehgewohnte leicht und lohnend, aber etwas mühsamer als a.*

589
Zum Hochganghaus 1839 m

Bewirtschaftete Schutzhütte auf einer ebenen Waldlichtung nordwestlich von Vellau.
Von der Leiteralm (R 588) auf Waldweg 24 zuerst ein gutes Stück gerade hinauf und dann großteils weitgehend eben durch Steilhänge westwärts zur Hütte. *HU 317 m, 1 ½ Std., leicht und lohnend.*

590
Spronser Rötelspitze 2625 m

Felsiger Gipfel nordöstlich über dem Hochganghaus.
Vom Hochganghaus (R 589) auf dem an ausgesetzten Stellen mit fixen Sicherungen versehenen Steig 7 steil empor zur Scharte Hochgang (2455 m) und ostwärts über den Felsgrat (markiert) zum Gipfel. *HU 786 m, 2 ½ Std., für Trittsichere und Schwindelfreie nicht schwierig, lohnend.*

591
Spronser Seen

Größte Bergseengruppe Südtirols, im Herzen der Texelgruppe zwischen 2126 m und 2589 m Höhe gelegen. Größter der zehn Seen ist der rund 1000 m lange und fast 300 m breite Langsee (2377 m).
a) Vom Hochganghaus (R 589) wie bei R 590 empor zur Scharte Hochgang, nahezu eben nordwärts zur Weggabel (Abstecher links hinauf zu den Milchseen, 2540 m, zu empfehlen) und auf Steig 22 rechts hinunter zum Langsee. *HU 616 m, 2 Std., für Trittsichere und Schwindelfreie nicht schwierig, landschaftlich sehr lohnend.*
b) Von der Leiteralm (R 588) auf Weg 24 ein gutes Stück hinauf, dann rechts auf Steig 25 steil empor zur Taufenscharte (2230 m), jenseits abwärts und eben (stets Steig 25) zu den untersten Spronser Seen (Pfitscher See und Kasersee, ca. 2120 m), auf Steig 6 über die Oberkaser (Alm mit Ausschank, 2131 m) hinauf zum Grünsee (2338 m) und weiter zum Langsee. *HU 855 m, 3 ½ Std., für Gehtüchtige unschwierig und lohnend.*

592
Zum Hof und Gasthaus Hochmut (Hochmuth) 1361 m

Charakteristik: R 609.
a) Von Vellau auf Weg 22 (»Vellauer Felsenweg«, teilweise Sicherungen) nord-

Der Spronser Langsee

ostwärts die Steilhänge leicht aufwärts querend zum Gasthaus. *HU 394 m, knapp 1 ½ Std., für Gehgewohnte und Trittsichere leicht und lohnend.*

b) Von der Leiteralm (R 588) auf Weg 24 (»Hans-Frieden-Weg« bzw. Teil des Meraner Höhenweges; teilweise gesichert) nahezu eben durch die Steilhänge ostwärts zum Gasthaus Steinegger und kurz hinab zum Hochmuter. *HU gering, 1 ½ Std., für Gehgewohnte leicht und lohnend.*

596 AUSGANGSORT
GRATSCH 380 m

Streuweiler zwischen Algund und Dorf Tirol mit Kirche und Gastbetrieben. Von Meran Zufahrt über die Laurinstraße.

597
Nach Algund 355 m

Charakteristik: R 578.
Von der Kirche in Gratsch wie bei R 598 hinauf zum Algunder Waalweg, auf diesem westwärts bis oberhalb Algund und auf beschildertem Weg hinunter ins Dorf. *HU ca. 150 m, knapp 1 ½ Std., leicht und lohnend.*

598
Algunder Waalweg

Siehe R 579.
Von Gratsch (Kirche) auf unmarkiertem Stationenweg nordwärts großteils durch Wald hinauf zum querenden Waalweg und auf diesem westwärts zur Töll (508 m). *HU ca. 130 m, 2 Std., leicht und lohnend.*

599
Nach St. Peter 596 m

Charakteristik: R 582.
Von der Kirche in Gratsch auf dem unmarkierten Stationenweg großteils durch Wald mittelsteil hinauf nach St. Peter. *HU 216 m, ¾ Std., leicht und lohnend.*

600
Nach Meran (Tappeinerweg)

Wie R 559, umgekehrte Richtung.

601
Zum Schloss Tirol 647 m

Charakteristik: R 607.
Von Gratsch auf dem unmarkierten Stationenweg nordwärts großteils durch Wald hinauf nach St. Peter und wie bei R 583 weiter zum Schloss Tirol. *HU 245 m, 1 Std., leicht und lohnend.*

602
Nach Dorf Tirol 596 m

Charakteristik: R 606.
Von Gratsch auf der Laurinstraße ostwärts ein Stück hinauf, dann auf unmarkiertem Fahrweg nordöstlich über die Brunnenburg zum Westrand von Dorf Tirol und ins Dorf. *HU 216 m, ¾ Std., leicht, bedingt lohnend.*

606
AUSGANGSORT
DORF TIROL 596 m

Ausgedehnter, schön gelegener und sehr stark besuchter Fremdenverkehrsort nordwestlich oberhalb Meran. Die Zufahrt zweigt nördlich von Meran von der Passeirer Talstraße ab.

607
Zum Schloss Tirol 647 m

Mächtige mittelalterliche Burganlage westlich von Dorf Tirol mit Museum und bedeutenden Sehenswürdigkeiten. Stammburg der Grafen von Tirol und Keimzelle des Landes Tirol. Besichtigung äußerst lohnend.
Von Dorf Tirol auf schmaler Straße (Fahrverbot, Markierung 26) teils eben, teils leicht ansteigend durch vegetationsreiche Hänge und durch einen Tunnel (»Knappenloch«) westwärts zur Burg. *HU 51 m, ½ Std., leicht und lohnend.*

608
Nach St. Peter 596 m

Charakteristik: R 582.
Von Dorf Tirol wie bei R 607 zum Schloss Tirol und teils auf Pflasterweg, teils auf Fahrweg westwärts leicht absteigend und eben zur Kirche. *HU 51 m, knapp 1 Std., leicht und lohnend.*

609
Zum Hof und Gasthaus Hochmut (Hochmuth) 1361 m

Gasthaus und Bauernhof hoch über Dorf Tirol. Von dort herauf Seilbahn. Etwas höher die Gaststätte Steinegg.
Von Dorf Tirol teils auf schmaler Straße, teils auf Fußweg nordostwärts zum Gasthaus Tiroler Kreuz (806 m), auf dem Muter Weg (Markierung 23) nordwestlich durch Wald hinauf zu den unteren Muthöfen, auf Weg 24 weiter zum Thalbauer (Gasthaus) und über die oberen Muthöfe hinauf nach Hochmut. *HU 765 m, 2½ Std., für Gehgewohnte leicht und lohnend.*

610
Zur Leiteralm 1522 m

Charakteristik: R 588.
a) Von Hochmut (R 609) zuerst kurz hinauf zur Gaststätte Steinegger und auf Weg 24 (»Hans-Frieden-Weg« bzw. Teil des Meraner Höhenweges; teilweise gesichert) größtenteils nahezu eben durch felsige Steilhänge westwärts zur Leiteralm.
HU 161 m, 1½ Std., leicht und lohnend, aber teilweise etwas ausgesetzt.
b) Von Dorf Tirol wie bei R 607 zum Schloss Tirol, kurz weiter in Richtung St. Peter, dann rechts auf Waldweg 26 hinauf nach Vellau und auf Weg 25 (oder mit dem Korblift) hinauf zu Alm. *HU 926 m, 3 Std., für Gehgewohnte leicht und lohnend.*

611
Spronser Seen 2377 m

Charakteristik: R 591.
Von Hochmut (R 609) auf Weg 22 nordostwärts die Hänge in mittelsteilem Anstieg querend zum Gasthaus Mutkopf (1684 m), auf Steig 22 weiter bis zu Weggabel, links auf dem »Jägersteig« die Hänge querend zum Steig 25 und zu den untersten Spronser Seen (Pfitscher See und Kasersee, ca. 2120 m), auf Steig 6 über die Oberkaser

(Alm mit Ausschank, 2131 m) hinauf zum Grünsee (2338 m) und weiter zum Langsee. *HU 1016 m, 4 Std., für Ausdauernde und etwas Geübte leicht und lohnend.*

612
Mutspitze 2295 m

Markanter Gipfel über Vellau bzw. über Dorf Tirol.
Von Hochmut wie bei R 611 zum Gasthaus Mutkopf (1684 m), auf Steig 22 westlich hinauf zum Gratrücken und über ihn auf Steig 23 westlich gerade empor zum Gipfel. *HU 934 m, 3 Std., für Berg- und Gehgewohnte unschwierig und lohnend.*

613
Bockerhütte 1717 m

Schutzhütte mit Sommerbewirtschaftung im oberen Sponser Tal.
Vom Longfallhof (R 614) auf Weg 6 durch das Sponser Tal großteils mittelsteil hinauf zum Ziel. *HU 642 m, knapp 2 Std., leicht und lohnend.*

614
Zum Longfallhof 1075 m

Bergbauernhof und Gasthaus im Sponser Tal am Meraner Höhenweg in einsamer, aber sonniger Lage.

a) Von Dorf Tirol teils auf schmaler Straße teils abseits auf Fußweg nordostwärts zum Gasthaus Tiroler Kreuz (806 m), auf dem breiten Weg 6 durch das Sponser Tal leicht ansteigend hinein und zuletzt rechts über den Bach zum Longfallhof. *HU 478 m, 1 ½ Std., leicht und lohnend.*

b) Von Dorf Tirol wie bei R 609 zu den unteren Muthöfen (1172 m), rechts auf Weg 24 die Waldhänge querend hinein ins Sponser Tal und zum Hof. *HU 576 m, 2 Std., leicht und lohnend.*

615
Nach Kuens 592 m

Charakteristik: R 620.
Von Dorf Tirol der Markierung TK folgend (zuerst schmale Straße, dann Fußweg) nordostwärts zum Schloss Auer, dann hinein zum Finelebach im Spronser Tal und weiter auf breitem Weg teils eben, teils leicht ansteigend nach Kuens. *HU gering, knapp 1 ½ Std., leicht und lohnend.*

616
Meraner Höhenweg

Weitwanderroute, die großteils im Bereich hoch gelegener Berghöfe die gesamte Texelgruppe umrundet, aber im Bereich der Stettiner Hütte auch ins Hochgebirge ansteigt. Der Wegverlauf ist gut beschildert und einheitlich mit Nr. 24 markiert und in 5 bis 7 Tagesstrecken zu je 3 – 8 Std. zu begehen. Die Fernwanderung, die Gehtüchtigkeit und Bergerfahrung erfordert, kann an verschiedenen Punkten begonnen werden; häufig wird das mit der Seilbahn erreichbare Gasthaus Hochmuth oberhalb Dorf Tirol als Ausgangspunkt gewählt.

Die Route in Kurzform: Dorf Tirol – Hochmuth – Hochganghaus – Nassereithhütte – Giggelberghof – Kopfronhof – Katharinaberg – Vorderkaser – Eishof – Stettiner Hütte – Pfelders – Platt – Ulfas – Christl – Gfeis – Longfallhof – Hochmuth – Dorf Tirol.

620 AUSGANGSORT
KUENS 592 m
RIFFIAN 504 m

Der Streuweiler Kuens liegt mit seiner spitztürmigen Kirche zwischen Dorf Tirol und Riffian oberhalb der Passeirer Talstraße.
Riffian liegt innerhalb Kuens an der Passeirer Talstraße und ist ein stattliches Dorf mit regem Fremdenverkehr. Nördlich etwas höher die zwiebeltürmige Pfarrkirche, eine viel besuchte Marienwallfahrt.

Landschaft im Gebiet von Gfeis-Vernuer

621
Nach Dorf Tirol 596 m

Charakteristik: R 606.
Von Kuens wie R 615, in umgekehrter Richtung. Ähnliche Gehzeit.

622
Zum Longfallhof 1075 m

Charakteristik: R 614.
a) Kurz oberhalb des Gasthauses Ungericht in Kuens (725 m) auf dem markierten Riffianer Waalweg die Waldhänge querend nordwestwärts zum Finelebach (Brücke, ca. 850 m) und zum Weg 6, auf diesem durch das Spronser Tal hinauf und zuletzt rechts hinüber zum Hof. *HU ca. 350 m, knapp 1 ½ Std., leicht und lohnend.*
b) Vom Mutlechnerhof (höchstgelegener Kuenser Hof, 837 m) auf Weg 21 kurz hinauf zum Kuenser Waalweg, auf diesem steile Waldhänge querend hinein zum Finelebach und zum Weg 6, auf diesem kurz hinauf und hinüber zum Ziel.
HU 238 m, gut 1 Std., leicht und lohnend.
c) Von Gfeis (R 626) auf dem Meraner Höhenweg (Markierung 24) westwärts steile Waldhänge querend zum Ziel.
HU gering, knapp 1 Std., leicht und lohnend.

623
Kuenser Waalweg

Siehe R 622.

624
Zur Bockerhütte 1717 m

Charakteristik: R 613.
Vom Longfallhof (R 622) hinüber zum Weg 6 und auf diesem durch das Spronser Tal großteils mittelsteil hinauf zum Ziel.
HU 642 m, knapp 2 Std., leicht und lohnend.

625
Spronser Seen 2377 m

Charakteristik: R 591.
Von der Bockerhütte (R 624) auf Weg bzw. Steig 6 durch das Tal hinauf zu den unteren Seen (Pfitscher See und Kasersee, ca. 2120 m) und wie bei R 591/b weiter zum Langsee. *HU 660 m, knapp 2 Std., für Gehgewohnte leicht und lohnend.*

626
Nach Gfeis 1187 m

Gfeis ist ein Streuweiler mit Einkehrmöglichkeiten (Gasthaus Bergrast, 1187 m; Gasthaus Walde, 1310 m) hoch über Kuens und Riffian. Von der Passeirer Talstraße abzweigende Autozufahrt herauf.
a) Vom Mutlechnerhof (höchstgelegener Kuenser Hof, 837 m) auf Weg 21 durch Wald

MERAN UND UMGEBUNG

nordwestlich hinauf zum Weg 24 und auf diesem nach Gfeis. *HU 350 m, 1 Std., leicht und lohnend.*
b) Von Kuens (Kirche) auf der Straße kurz bergan, dann auf breitem Weg rechts zum Waldweg 21A und auf diesem mäßig steil hinauf nach Gfeis (Gasthaus Bergrast). *HU ca. 595 m, knapp 2 Std., leicht und lohnend.*

627
Obisellsee und -alm 2151 m

Hübscher Bergsee hoch über Gfeis und Vernuer. Daneben die gleichnamige Alm mit Ausschank.
Vom Gasthaus Walde in Gfeis (R 626) auf Weg bzw. Steig 21 nordwärts hinauf zur Waldgrenze, dann die Hänge querend zur unteren Stieralm (2002 m) und hinauf zum Ziel. *HU 841 m, 2 ½ Std., für Gehgewohnte leicht und lohnend.*

628
Nach Vernuer 1100 m

Charakteristik: R 651.
a) Von Gfeis der Markierung 24 (Meraner Höhenweg) folgend durch steile Waldhänge nahezu eben nordwärts nach Vernuer. *HU gering, 1 Std., leicht und lohnend.*
b) Von Riffian der Markierung 5 folgend (zuerst Straße) nordwärts zur Kirche, weiter zum Wald und, stets auf Fußweg 5, hinauf nach Vernuer. *HU 596 m, 2 Std., leicht und lohnend.*

629
Riffianer Waalweg ca. 620 m

Hübscher, oberhalb Riffian die Hänge querender Wanderweg entlang dem ehemaligen Riffianer Waal.
Von Riffian zuerst auf steilem Sträßchen und dann auf Fußpfad hinauf zum Waalweg, auf ihm in weitgehend ebener Wanderung großteils durch Wald nordwärts und zuletzt rechts auf Weg 5 hinunter zur Riffianer Kirche und zurück ins Dorf.
HU 115 m, 1 ½ Std., leicht und lohnend.

630
Nach Saltaus 490 m

Charakteristik: R 650.
a) Von Kuens auf der Straße kurz bergan, dann rechts zum Riffianer Waalweg, auf diesem in ebener Wanderung großteils durch Wald nordwärts zum »Rösslsteig«, den Wegweisern Saltaus folgend nahezu eben durch die Waldhänge nordwärts und zuletzt kurz hinab nach Saltaus. *HU gering, 1 ½ Std., leicht und lohnend.*
b) Von Riffian nordwärts zur Kirche, kurz weiter hinauf zum »Rösslsteig« und wie bei a weiter nach Saltaus. *HU ca. 120 m, knapp 1 ½ Std., leicht und lohnend.*

634 AUSGANGSORT
SCHENNA 640 m
VERDINS 842 m

Schenna ist ein ausgedehntes Dorf mit starkem Fremdenverkehr etwas erhöht nordöstlich von Meran. Die Kirche, Schloss Schenna und das Mausoleum Erzherzog Johanns prägen das Dorfbild. Südöstlich oberhalb Schenna liegt der Weiler St. Georgen (716 m) mit schöner Hügelkirche.
Der Weiler Verdins liegt 3 km nördlich von Schenna; von dort Zufahrtsstraße. Talstation der Seilbahn nach Tall.

635
Verdinser Waalweg

Schöner Wandersteig oberhalb Schenna dem Verdinser oder Oberen Waal entlang.
Von Schenna den Wegweisern »Waal« folgend teils auf Fahrweg, teils auf Fußweg nordöstlich in knapp ¾ Std. hinauf zum Gasthaus Pichler (850 m), auf dem gut ausgeschilderten Waalweg großteils nahezu eben durch Wald und Obstgüter südwärts, schließlich auf bezeichnetem

Obisellsee und -alm gegen den Hirzer

Weg hinab nach St. Georgen und zurück nach Schenna. *HU 210 m, 3 Std., leicht und sehr lohnend.*

636
Nach Gsteier — 1372 m

Kleine Höfegruppe mit Gasthaus östlich von Meran hoch oben am Sonnenhang des Naiftales.

a) Von St. Georgen (R 634) stets den Wegweisern Gsteier folgend teils auf dem alten Weg, teils auf der Zufahrtsstraße durch Obstgüter und Waldhänge und vorbei an einzelnen Höfen teilweise steil hinauf nach Gsteier. *HU 659 m, 2 Std., leicht und lohnend.*

b) Von Obertaser (R 639) auf Weg 40 südwärts die Waldhänge querend zu den Höfen Greiterer und Egger (1505 m; in beiden Einkehrmöglichkeit) und weiterhin auf Weg 40 südwärts in weitgehend ebener Waldquerung nach Gsteier. *HU ca. 250 m, 2 Std., für Gehgewohnte leicht und lohnend.*

637
Zum Schnuggerhof — 1353 m

Hoch über Schenna schön gelegener Hof (Jausenstation); von Verdins herauf Autozufahrt.

a) Von der Talstation der Taser-Seilbahn an der oberen Verdinser Straße (827 m) auf Weg bzw. Steig 20 durch die Wald- und Wiesenhänge hinauf zum Hof. *HU 526 m, 1 ½ Std., leicht und lohnend.*

b) Von St. Georgen (R 634) der Markierung 18 folgend (teils Fahr- oder Güterwege, teils Fußwege) durch Wiesen und Wald hinauf bis zur Kreuzung mit Weg 20 und auf diesem (Forstweg) nordwärts hinüber zum Hof. *HU ca. 640 m, 2 Std., leicht und lohnend.*

638
Zum Eggerhof (und Greiterer) — 1505 m

Der Eggerhof ist der höchstgelegene ganzjährig bewohnte Hof im Gebiet von Schenna (Jausenstation); unweit davon befindet sich das Gasthaus Greiterer und etwas tiefer der Schnuggerhof (ebenfalls Einkehrmöglichkeit).

a) Vom Obertaser (R 639) auf Weg 40 südwärts die Waldhänge querend zum Greiterer (Gasthaus) und weiter zum Eggerhof. *HU 55 m, knapp ¾ Std., leicht und lohnend.*
b) Von St. Georgen (R 634) der Markierung 18 folgend (teils Fahr- oder Güterwege, teils Fußwege) durch Wiesen und Wald mäßig bis stark ansteigend zum Hof.
HU 789 m, knapp 2 ½ Std., für Gehgewohnte leicht, mäßig lohnend.

639

Nach Obertaser — 1450 m

Hof, Gasthaus und Kapelle nordöstlich hoch über Schenna. Von der oberen Verdinser Straße (Gasthaus Pichler, 827 m) Seilbahn herauf.
a) Von der Talstation der Seilbahn auf bezeichnetem Weg durch Wiesen- und Waldhänge und an einzelnen Höfen vorbei hinauf zum Obertaser. *HU 623 m, 2 Std., leicht und lohnend.*
b) Vom Eggerhof (R 638) auf Weg 4 nahezu eben die Waldhänge querend nordwärts zum Obertaser. *HU gering, knapp ¾ Std., leicht und lohnend.*

640

Ifingerhütte — 1815 m

An der Waldgrenze unter den Westabstürzen des Ifingers gelegene Schutzhütte mit Sommerbewirtschaftung.
a) Vom Gasthaus Obertaser (R 639) auf Weg 18 A südostwärts durch die Waldhänge mäßig ansteigend zur Hütte. *HU 365 m, knapp 1 ½ Std., leicht und lohnend.*
b) Vom Eggerhof (R 638) auf Waldsteig 18 ostwärts etwas steil hinauf zur Hütte.
HU 310 m, knapp 1 Std., leicht und lohnend.

641

Streitweider Alm — 1560 m

Unter der Ifinger-Nordwand gelegene Alm mit Ausschank.
a) Vom Gasthof Obertaser (R 639) auf breitem Weg 40 in weitgehend ebener Waldquerung nord- und ostwärts zum Weg 19 und auf diesem kurz hinauf zur Alm. *HU 110 m, knapp 1 ½ Std., leicht und lohnend.*
b) Von Verdins stets der Markierung 19 folgend teils auf Fußwegen, teils auf breitem Güterweg zuerst durch Wiesen und dann lange durch Waldhänge großteils mäßig steil zur Alm. *HU 718 m, 2 ½ Std., leicht, mäßig lohnend.*

642

Nach Videgg — 1536 m

Charakteristik: R 669.
Von Verdins der Markierung 4 folgend auf Straße bzw. Fahrweg nord- und ostwärts nahezu eben hinein ins Masultal (Brücke), nordwärts auf Waldweg 4 steil empor zum Pixnerhof (ca. 1120 m; Jausenstation), hier rechts ab und stets auf Weg 1 ostwärts durch die Steilhänge mäßig bis stark ansteigend nach Videgg. *HU 842 m, knapp 3 Std., für Geübte leicht und lohnend.*

643

Nach Kuhleiten — 2360 m

Berggaststätte in der Senke zwischen Ifinger und Verdinser Plattenspitze (östlich darunter die Oswaldkapelle, 2185 m). Übergang ins Gebiet Meran 2000.
Von der Streitweider Alm (R 641) auf Steig 19 zuerst durch Wald und dann über steiniges Gelände südostwärts durchwegs steil empor zur Kirchsteiger- oder Oswaldscharte (2323 m) und rechts kurz hinauf nach Kuhleiten. *HU 800 m, 2 – 2 ½ Std., für Gehgewohnte leicht und lohnend.*

644

Großer Ifinger — 2581 m

Siehe R 1361.

649

PASSEIERTAL

Dieser Abschnitt umfasst das gesamte Passeiertal von seinem Mündungsbereich bei Meran (Kuens, Riffian und Schenna sind jedoch noch unter »Meran und Umgebung« behandelt) bis zum Scheitel am Timmelsjoch einschließlich des Pfelderer Tales und der übrigen Seitenäste.

650 AUSGANGSORT
SALTAUS 490 m

Kleine Ortschaft mit zinnengeschmücktem Schildhof (ehemaliger Adelssitz, heute Gasthof) an der Passeirer Talstraße nördlich von Riffian. Talstation der Hirzer-Seilbahn.

651
Nach Vernuer 1100 m

Weiter Streuweiler oberhalb Saltaus. Ortskern mit Höfegruppe, Gasthaus und kleiner Kirche (1100 m). Höher oben die beiden Öbersthöfe mit Einkehrmöglichkeit (1387 m; bis hierher Zufahrtsstraße).
Von Saltaus auf Höfezufahrt südwestlich durch Wald hinauf zum Hochegger (820 m; Jausenstation), in gleicher Richtung auf bezeichnetem Weg hinauf zum Weg 5 und auf diesem nordwärts hinauf nach Vernuer. *HU 610 m, knapp 2 Std., leicht und lohnend.*

652
Nach Gfeis 1187 m

Charakteristik: R 626.
Von Vernuer auf Steig 24 (Meraner Höhenweg) durch steile Waldhänge nahezu eben südwärts zum Ziel. *HU gering, 1 Std., leicht und lohnend.*

653
Obisellsee und -alm 2151 m

Charakteristik: R 627.
Von Vernuer (R 651) auf Weg 5 westwärts hinauf zu den Öbersthöfen, auf Weg bzw. Steig nordwestwärts die Waldhänge querend zur Vernueralm (1490 m), auf Steig 5 hinauf zur unteren Stieralm und hinauf zu See und Alm. *HU 964 m, 3 Std., für Gehgewohnte leicht und lohnend.*

654
Faglssee 2091 m

Hübscher Bergsee westseitig hoch über Saltaus im obersten Kalmtal.
Von Saltaus auf Waldweg 6 nordwestlich hinauf zur Kreuzung mit dem Meraner Höhenweg (Markierung 24), weiterhin auf Weg bzw. Steig 6 in Kehren über steile Wald- und Wiesenhänge empor, nordseitig unter der Sattelspitze hinüber zur Faglsalm (1979 m, Ausschank) und südwärts hinauf zum See. *HU 1601 m, 4 ½ Std., für Ausdauernde leicht und lohnend.*

655
Nach Magdfeld 1148 m

Höfegruppe mit Gasthaus und Autozufahrt hoch über der Kalmtalmündung.
Von Saltaus auf Waldweg 6 nordwestlich hinauf zum Meraner Höhenweg (Markierung 24) und auf diesem Steilhänge querend nordwärts nach Magdfeld. *HU 658 m, 3 Std., für Gehgewohnte leicht und lohnend.*

656
Schweinsteg (St. Ursula) 693 m

Weiler mit Kirche nordöstlich von Saltaus an der nach Obertall führenden Straße.
Von Saltaus ein Stück talein, dann über den Bach und größtenteils abseits der Straße auf markiertem Weg nordöstlich hinauf zum Zil. *HU 203 m, ¾ Std., leicht und mäßig lohnend.*

657
Nach Untertall 940 m

Weiler mit mehreren Höfen (Einkehrmöglichkeit) östlich von Saltaus am Hang.
Von Saltaus der Markierung 3 folgend südostwärts über die Passer, dann hinauf zum Kehrerhof, auf Weg 7 hinauf zum Obermairhof (925 m, Jausenstation) und auf Weg 20 nach Untertall. *HU 450 m, knapp 1 ½ Std., leicht und lohnend.*

658
Nach Obertall 1403 m

Charakteristik: R 663.
Von Saltaus wie bei R 657 nach Untertall, auf Weg 20 bleibend nordwärts zum

Der Maiser Waalweg

Pircherhof und hinauf nach Obertall.
HU 994 m, knapp 3 1/2 Std., für Gehgewohnte leicht und lohnend.

659
Maiser Waalweg (nach Meran)

Schöner und noch weitgehend ursprünglich gebliebener Waalweg, der an der Ostseite der Passer durch die Waldhänge talaus führt.
Wegverlauf wie R 560, in umgekehrter Richtung; gleiche Gehzeit.

663 AUSGANGSORT
OBERTALL 1403 m

Kleiner Bergweiler nordöstlich hoch über Saltaus, touristisch erschlossen. Vom Tal herauf Autostraße, Zwischenstation der Hirzer-Seilbahn (Talstation in Saltaus) und auch von Verdins herauf Seilbahn (Bergstation 1 km südlich von Obertall beim Gehöft Oberkirn, 1425 m).

664
Zur Gampenalm 1808 m

Almrodung mit Einkehrstätte nordöstlich oberhalb Obertall.
Von Obertall der Markierung 4 folgend großteils auf Güterweg durch Wiesen und Wald leicht ansteigend zur Gampenalm.
HU 405 m, 1 1/2 Std., leicht und lohnend.

665
Nach Klammeben 1980 m

Kammschulter mit schöner Aussicht östlich oberhalb Obertall. Bergstation der Hirzer-Seilbahn und Berggasthof.
a) Von Obertall auf Weg 6 oder von Oberkirn auf Weg 3 östlich hinauf zur Grube (1808 m, Gaststätte, von Oberkirn herauf Sessellift) und auf Weg 2 rechts hinauf nach Klammeben. *HU ca. 570 m, knapp 2 Std., leicht und lohnend.*
b) Von der Gampenalm (R 664) auf Weg 4/5 südöstlich hinauf zur Hirzerhütte und auf Steig 40 eben und kurz aufwärts zum Ziel. *HU ca. 590 m, knapp 2 1/2 Std., leicht und lohnend.*

666
Hintereggalm 1990 m

Schön gelegene Alm mit Ausschank nordöstlich von Obertall bzw. südlich hoch über St. Martin. Etwas weiter nördlich die Mahdalm, ebenfalls mit Ausschank.
Von Klammeben (R 665) auf Steig 40 teils eben, teils kurz absteigend zur Hirzerhütte und auf Weg 1 nahezu eben weiter zur Hintereggalm. *HU gering, 1 Std., leicht und lohnend.*

667
Hirzerhütte 1983 m

Schutzhütte mit Sommerbewirtschaftung auf der Tallner Alm. Unweit davon die Resegger Alm (Gaststätte).
Von Klammeben auf Steig 40 teils eben, teils kurz absteigend nordostwärts zur Hirzerhütte. *HU gering, 20 Min., leicht und hübsch.*

668
Staffelhütte   1940 m

Gaststätte auf aussichtsreicher Kammschulter südöstlich über Obertall.

a) Von Obertall auf Weg 6 östlich hinauf zur Grube (1808 m, Gaststätte) und auf Waldsteig 3 südöstlich hinauf zur Staffelhütte. *HU ca. 530 m, knapp 2 Std., leicht und lohnend.*

b) Von Klammeben (R 665) auf Weg 40 eben südwärts zum Ziel. *HU 40 m, knapp ½ Std., leicht und lohnend.*

669
Nach Videgg   1536 m

Höfegruppe mit Einkehrmöglichkeiten südöstlich von Obertall hoch am Sonnenhang des Masultales.

Von Oberkirn (R 663) der Markierung 20 folgend auf der Höfezufahrt südostwärts steile Waldhänge querend zum Weiler. *HU 78 m, 1 Std., leicht und lohnend.*

670
Hirzer   2781 m

Höchster Gipfel der gesamten Sarntaler Alpen, östlich über Obertall.

Von der Hirzerhütte (R 667) auf Steig 4 über Gras- und Geröllhänge ostwärts steil hinauf zur Hirzerscharte (2678 m), jenseits kurz hinab und dann links auf markiertem Serpentinensteig empor zum Gipfel. *HU 798 m, 2 ½ Std., für trittsichere und bergerfahrene Geher nicht schwierig und sehr lohnend, aber stellenweise etwas ausgesetzt.*

671
Gebirgsjägersteig

Von den ehemaligen Gebirgsjägern angelegter Höhenweg, der die Hirzerhütte (R 667) mit dem Gebiet Meran 2000 verbindet und dabei den Bergzug zwischen Hirzer und Ifinger durchquert.

Empfohlene Route in Kurzform: Verdins – Oberkirn (Seilbahn) – Hirzerhütte – Hirzerscharte – Missensteinjoch – Kuhleiten – Streitweider Alm – Verdins. *HU erheblich, ca. 9 Std., nur für sehr Gehtüchtige mit Bergerfahrung!*

675   AUSGANGSORT
ST. MARTIN IN PASSEIER   597 m

Große Ortschaft im äußeren Passeiertal zwischen Saltaus und St. Leonhard an der Talstraße. Nach St. Leonhard bedeutendstes Dorf des Passeiertales. Reger Fremdenverkehr.

676
Zum Kalmbach-Wasserfall   620 m

Schöner, 48 m hoher Wasserfall südwestlich von St. Martin am schluchtartigen Ausgang des Kalmtales.

Von St. Martin der Beschilderung »Wasserfall« folgend auf markiertem Weg südwestwärts an Schildhöfen vorbei zum Kalmbach und zum Wasserfall. *HU gering, ½ Std., leicht und lohnend.*

677
Nach Magdfeld   1148 m

Charakteristik: R 655.

Von St. Martin auf Weg 5 südwestlich durch die Hänge hinauf zum Weg 24 (Meraner Höhenweg), auf ihm südwestlich zum Kalmbach und jenseits teils auf der Autostraße, teils abseits derselben hinauf zur Höfegruppe Magdfeld. *HU 551 m, knapp 2 Std., für Gehgewohnte leicht und lohnend.*

678
Faglssee   2091 m

Hübscher Bergsee südwestlich von St. Martin hoch oben im Kalmtal.

Von Magdfeld (R 677) zuerst auf breitem Waldweg nahezu eben zu den Höfen von Walde (1291 m), auf Weg 4 großteils durch Steilwald hinauf zur Faglsalm (1979 m, Ausschank) und südwestwärts hinauf zum See. *HU 943 m, 3 Std., für Gehgewohnte leicht und lohnend.*

679
Nach Christl 1132 m

Höfegruppe mit Gasthaus südwestlich oberhalb St. Leonhard in aussichtsreicher Lage. Hierher Straße von Breiteben (R 697).

a) Von St. Martin stets der Markierung 3 folgend auf unterschiedlichen Wegen durch die westseitigen Wald- und Wiesenhänge über die Floner Höfe großteils mäßig ansteigend nach Christl. *HU 536 m, gut 1 ½ Std., leicht und lohnend.*

b) Von St. Martin auf Waldsteig 5 südwestlich hinauf zum Weg 24 (Meraner Höhenweg; 840 m) und auf diesem über den Streuweiler Matatz (dessen Zufahrt ein Stück verfolgt wird) nordwärts nahezu eben durch Wald und Wiesen nach Christl. *HU 536 m, 2 ½ Std., für Gehgewohnte leicht und lohnend.*

680
Nach St. Leonhard 693 m

Charakteristik: R 690.
Von St. Martin kurz auf der Talstraße hinein, rechts der Beschilderung »Gilfenklamm« folgend zum östlichen Bergfuß und hinauf zum Hof Pfeiftal (751 m), nun links auf Weg 3, zuerst an der Passeirer Gilfenklamm und zuletzt an Höfen und Häusern vorbei, in ebener Hangquerung talein nach St. Leonhard; *HU ca. 150 m, 1 ½ Std., leicht und lohnend.*

681
Zur Fartleisalm 1449 m

Hübsch gelegene Alm östlich von St. Martin im einsamen Fartleistal. Ausschank.
Von St. Martin teils auf der nach Prantach führenden Straße, teils auf dem abkürzenden Weg ostseitig hinauf, dann auf Weg 2 links hinein ins Fartleistal und durch dieses leicht ansteigend zur Alm. *HU 902 m, 2 ½ Std., leicht und lohnend.*

682
Zur Pfandleralm 1349 m

Kleine, von Wald umrahmte Alm mit Gaststätte östlich über St. Martin. Hier auch die Hütte, in der 1810 der Tiroler Freiheitskämpfers Andreas Hofer gefangen genommen wurde (Gedenksteine).
Von St. Martin der Markierung 1 folgend ostseitig teils auf der Straße, teils auf dem Fußweg hinauf zum Pfandlerhof im Weiler Prantach (1050 m; hierher auch mit dem Auto möglich) und weiter auf Waldweg 1 hinauf zur Alm. *HU 752 m, 2 Std. (ab Pfandlerhof knapp 1 Std.), leicht und lohnend.*

683
Nach Schweinsteg (St. Ursula) 693 m

Charakteristik: R 656.
Von Mörre (R 684) auf Waldsteig E fast eben südwärts zum Gasthaus Stauder (864 m) und durch die Waldhänge weiter nach Schweinsteg. *HU ca. 170 m, knapp 1 Std., leicht und lohnend.*

684
Nach Mörre 751 m

Weiler mit Kirche (Marienwallfahrt) südlich von St. Martin am ostseitigen Berghang. Autozufahrt, die 2 km südlich von St. Martin abzweigt.
Von St. Martin südöstlich hinunter zur Passer, auf dem breiten Bachdammweg ein Stück südwärts, dann links zum Bucherhof und auf dem alten Stationenweg (Markierung 5/5 A) durch Wald und Wiesen mäßig ansteigend nach Mörre. *HU ca. 170 m, gut 1 Std., leicht und lohnend.*

685
Nach Obertall 1403 m

Charakteristik: R 663.
Von Mörre (R 684) stets auf Weg 5 A durch Wald und Wiesen (teilweise auf der Zufahrt) hinauf nach Obertall. *HU 652 m, 2 Std., leicht, bedingt lohnend.*

Die Pfandleralm in Passeier

686
Zur Hirzerhütte 1983 m

Charakteristik: R 667.
Von Mörre (R 684) zuerst auf Weg 5 A und dann auf Weg 5 südostwärts in Kehren großteils durch Wald hinauf zur Gampenalm (R 664) und auf Güterweg 4/5 weiter zur Hirzerhütte. *HU 1232 m, 3 ½ Std., für Gehgewohnte leicht, bedingt lohnend.*

690 AUSGANGSORT
ST. LEONHARD IN PASSEIER 693 m

Hauptort des Passeiertales mit regem Fremdenverkehr an der Mündung des Wannser Tales in das Haupttal. Abzweigung der Jaufenstraße über den gleichnamigen Pass nach Sterzing.

691
Nach St. Martin 597 m

Charakteristik: R 675.
Wegverlauf wie R 680, in umgekehrter Richtung; ähnliche Gehzeit.

692
Nach Christl 1132 m

Charakteristik: R 679.
Von St. Leonhard auf der Straße westwärts zur Passerbrücke, auf der Breitebner Straße kurz weiter, dann links ab und auf Weg 4 über den Waldrücken hinauf nach Christl. *HU 535 m, 1 ½ Std., leicht und lohnend.*

693
Matatzspitze 2179 m

Bekannter Gipfel südwestlich von St. Leonhard bzw. westlich über St. Martin.
Vom Weiler Christl (R 692) auf Weg bzw. Steig 3 durch Wald und Wiesen südwestwärts hinauf zu Kammverflachung an der Waldgrenze und zuletzt wieder steiler, aber unschwierig auf Steig 3 empor zum Gipfel. *HU 1047 m, 3 Std., für Gehgewohnte leicht und lohnend.*

694
Kolbenspitze (Kalmspitze) 2865 m

Beherrschender Bergaufbau westlich über dem äußeren Passeiertal.
Von Kratzegg oberhalb Ulfas (R 696) auf Güterweg 3 A südwärts hinein ins Salderner Tal (hier die Ulfaser Alm mit Gastwirtschaft), auf Steig 3 A über die Winteritalm und die obere Ulfaser Alm talauf zum Steig 3 und auf diesem in felsigem Gelände zum Gipfel. *HU 1340 m, 3 ½ Std., für berg- und gehgewohnte Wanderer unschwierig und lohnend.*

PASSEIERTAL

Die Ulfaser Alm

695
Zur Ulfaser Alm 1601 m

Schön gelegene Alm mit rustikaler Gaststätte im Salderner Tal südwestlich von Christl.
a) Von Kratzegg oberhalb Ulfas (R 696) auf dem breiten Waldweg 3 A südwärts hinein ins Salderner Tal und durch Wald weiter zur Alm. *HU 156 m, knapp ¾ Std., leicht und lohnend.*
b) Von Christl auf Waldweg 3 hinauf zum Matatzwaal (Waalerhütte mit Ausschank) und auf dem markierten Begleitsteig westwärts zur Alm. *HU 469 m, 2 ½ Std., leicht und lohnend.*

696
Nach Ulfas 1369 m

Ulfas ist ein Streuweiler mit kleiner Kirche westlich von St. Leonhard bzw. südöstlich von Moos. Von Platt herauf Autostraße, die unweit des Hofes Kratzegg (1525 m), endet. Von Christl (R 692) auf Weg 24 (Meraner Höhenweg) leicht ansteigend, eben und leicht absteigend westwärts Wald und Wiesen querend nach Ulfas. *HU 200 m, knapp 1 ½ Std., leicht und lohnend.*

697
Nach Breiteben 1033 m

Weiler mit Gasthaus am südseitigen Talhang westlich von St. Leonhard bzw. östlich von Moos und Platt an der alten Talstraße.
Von St. Leonhard wie bei R 692 zum Weg 4, bald von diesem rechts ab, auf Weg 4 A hinauf zur Höfegruppe Pircha und westwärts Wiesen und Wald querend nach Breiteben. *HU 340 m, knapp 1 ½ Std., leicht und lohnend.*

698
Nach Stuls 1315 m

Charakteristik: R 725.
a) Von Gomion (Schildhof an der Talstraße 2 km westlich von St. Leonhard, 763 m) auf Weg 7 durch Wiesen und Wald westwärts meist mittelsteil hinauf nach Stuls.
HU 549 m, knapp 2 Std., leicht und lohnend.
b) Von Glaiten (R 699) auf Weg 9 in nahezu ebener Wanderung durch Wald- und Wiesenhänge westwärts nach Stuls. *HU 114 m, knapp 1 ½ Std., leicht und lohnend.*

699
Nach Glaiten 1201 m

Bergweiler mit verstreuten Höfen und schöner Hügelkirche St. Hippolyt nördlich über St. Leonhard; am unteren Rand des Weilers Gasthaus.
Von St. Leonhard zuerst kurz der Markierung 1 und dann stets 11 folgend nordwärts hinauf (größtenteils abseits der Jaufenstraße) zur 5. Kehre und auf Höfestraße (Markierung 11) hinauf zum Weiler. *HU 508 m, 1 ½ Std., leicht und lohnend.*

700
Zur Flecknerhütte 2100 m

Schutzhütte mit Sommerbewirtschaftung am sonnigen Berghang nordöstlich hoch über St. Leonhard.
Von der 11. Kehre der Jaufenstraße (höchste Kehre auf der Südseite des Passes, 1966 m) auf dem Höhenweg 12 A zuerst kurz ansteigend und dann eben durch Grashänge westwärts zur Hütte. *HU 134 m, ¾ Std., leicht und lohnend.*

701
Flecknerspitze 2331 m
Saxner 2358 m

Flecknerspitze und Saxner sind zwei beliebte Gipfel über der Flecknerhütte im Kamm westlich des Jaufenpasses.
Von der Flecknerhütte (R 700), auf dem Höhenweg 12 A kurz westwärts bis zum rechts abzweigenden Gipfelsteig, auf diesem (markiert) steil empor zu einer Kammsenke und rechts zur Flecknerspitze, links zum Saxner. *HU 231 bzw. 258 m, ca. 1 Std., für einigermaßen trittsichere Geher leicht und lohnend.*

702
Glaitner Spitze
(Glaitner Hochjoch) 2390 m

Markanter Gipfel zwischen dem mittleren Passeiertal und dem Ratschinger Tal.
Von der Flecknerhütte (R 700) auf Weg und Steig 12 A nahezu eben durch steile Grashänge westwärts zum Glaitner Joch (2249 m) und am steilen Grashang empor zum Gipfel.

703
Nach Walten 1262 m

Streuweiler mit Kirche im Bereich der Jaufenstraße nordöstlich von St. Leonhard am Sonnenhang des Wannser Tales.
Von St. Leonhard zuerst der Markierung 1 und dann bald 17 folgend auf Fußweg durch die sonnseitigen Hänge des Wannser Tales mäßig steil hinauf nach Walten. *HU 569 m, 2 Std., leicht und lohnend.*

704
Zum Jaufenpass 2099 m

Straßenübergang mit Gaststätten zwischen Passeiertal (St. Leonhard) und oberem Eisacktal (Sterzing).
Von Walten (R 703) auf Weg 17 größtenteils weit abseits der Autostraße durch Wald und Almhänge nordöstlich hinauf zum Pass. *HU 837 m, 2 ½ Std., für Gehgewohnte leicht und lohnend.*

705
Jaufenspitze 2481 m

Formschöner Felsgipfel südöstlich über dem Jaufenpass.
Vom Jaufenpass (R 704) auf Steig 11 südostwärts nahezu eben zur Jaufenscharte und dann am Felsgrat (Seilsicherungen) und über steinige Hänge teilweise ausgesetzt empor zum Gipfel. *HU 381 m, gut 1 Std., für trittsichere und schwindelfreie Geher nicht schwierig, sehr lohnend.*

706
Nach Wanns (Wans) 1410 m

Höfegruppe im gleichnamigen Tal östlich von Walten mit Johanneskirchlein und Gastwirtschaft. Von der Jaufenstraße Zufahrt.
a) Von St. Leonhard zuerst kurz der Markierung 2 folgend und dann stets auf Weg 12 durch die südseitigen Wald- und

Wiesenhänge ostwärts hinein und zuletzt auf schmaler Straße (Markierung 14) nach Wanns. *HU 717 m, 2 ½ Std., leicht und lohnend.*

b) Von Walten (R 703) auf Weg 14 (zuerst Fußweg, dann schmale Straße) durch das innere Wannser Tal hinein nach Wanns. *HU 150 m, gut 1 Std., leicht und lohnend.*

707
Wannser Alm — 1641 m

Südöstlich von Wanns (Wans) im gleichnamigen kleinen Hochtal gelegene Alm mit Ausschank.
Von Wanns (R 706) auf Weg 14 südostwärts talauf zur Wannser Alm. *HU 231 m, ¾ Std., leicht und lohnend.*

708
Seebergalm — 1712 m

Südlich von Wanns gelegene kleine Alm am Osthang des Sailer Tales; etwas höher ein kleiner Bergsee (1744 m).
Vom Wannser Hof (1410 m) südwärts über den Waltenbach (Brücke; Wegweiser), auf Weg 12 hinüber zum Sailer Bach, auf dem breiten Weg durch das Sailer Tal mäßig ansteigend zu weiterer Brücke und hinauf zum Ziel. *HU 302 m, 1 Std., leicht und lohnend.*

709
Pfistradalm — 1358 m

Schöne Alm mit Ausschank, Annakapelle und kleinem Almmuseum im gleichnamigen Hochtal südöstlich von St. Leonhard.

a) Von St. Leonhard stets der Markierung 13 folgend zwischen Häusern und durch Wiesen hinauf und dann auf breiten Waldweg leicht ansteigend durch das Pfistradtal hinein zur Alm. *HU 615 m, 2 ½ Std., leicht und lohnend.*

b) Von St. Leonhard auf Weg 2 und 12 ostwärts zum Hof Karlegg, rechts auf Weg 13 A hinein ins Pfistradtal und wie bei a zur Alm. *HU 615 m, 2 ½ Std., leicht und lohnend.*

710
Bärengrüblalm — 1874 m

Hübsch gelegene Hochalm an der Ostflanke des oberen Pfistradtales; Ausschank.
Von der Pfistradalm (R 709) auf Steig 13 südostwärts durch die großteils freien Hänge steil empor zur Alm. *HU 516 m, 1 ½ Std., für Gehgewohnte leicht und lohnend.*

711
Unterberg — 2659 m

Unschwieriger Gipfel im Sarntaler Westkamm über dem Pfistradtal.
Von der Bärengrüblalm (R 710) auf Steig 13 südostwärts über Gras- und später Geröllhänge großteils steil empor zum Gipfel. *HU 785 m, 2 ½ Std., für einigermaßen Geübte leicht und lohnend.*

712
Zur Jaufenburg — 824 m

Burgruine auf einem Hügel nordöstlich oberhalb St. Leonhard mit weitgehend intaktem Bergfried und wenigen Mauerresten der anderen Baulichkeiten.
Vom Dorf der Markierung 1 folgend (Straße) nordöstlich hinauf zu einem Hof und rechts auf Fußsteig zur Ruine. *HU 131 m, knapp ½ Std., leicht, bedingt lohnend.*

713
Zum Sandwirtshaus — 635 m

Viel besuchtes historisches Gasthaus an der Passeirer Straße 1 km südlich von St. Leonhard. Heimathaus des Freiheitskämpfers Andreas Hofer. In der Nähe Museum und zwei Kapellen.
Vom südwestlichen Dorfrand von St. Leonhard auf dem schönen altem »Gandellenweg« (Teil des »Andreas-Hofer-Rundweges«) durch die flachen Wiesen im Talboden südwärts zum Sandhof.
HU gering, knapp ½ Std., leicht und lohnend.

717 — AUSGANGSORT

MOOS — 1007 m
PLATT — 1140 m

Zwei Dörfer im Bereich der Mündung des Pfelderer Tales in das innere Passeirer Haupttal. Moos liegt an der Talstraße (von da an Timmelsjochstraße genannt), Platt südlich davon auf einer Hangschulter an der Pfelderer Straße.

718
Stieberfall

Eindrucksvoller, zweistufiger Wasserfall des Pfelderer Baches südwestlich von Moos.

Von Moos auf der Pfelderer Straße über die Passer, bald danach links ab und auf markiertem Spazierweg nahezu eben zum Wasserfall. *HU gering, knapp ½ Std., leicht und lohnend.*

Der Stieberfall des Pfelderer Baches

719
Von Moos nach Platt

Großteils abseits der Straße verlaufender Weg.

Von Moos auf der Pfelderer Straße über die Passer, bald darauf auf markiertem Weg rechts hinauf und dann die Wiesenhänge und den Pfelderer Bach südwärts querend nach Platt. *HU ca. 130 m, 1 Std., leicht und lohnend.*

720
Nach Stuls — 1315 m

Charakteristik: R 725.

Von Moos ein Stück auf der Straße talaus, auf markiertem Weg hinauf zum Steinerhof, die Hänge ostwärts querend zum Weg 8 und auf diesem links hinauf nach Stuls. *HU 308 m, 1 ½ Std., leicht und lohnend.*

721
Nach Rabenstein — 1419 m

Charakteristik: R 749.

Von Moos kurz auf der Pfelderer Straße in Richtung Passerbrücke, vorher rechts ab und auf markiertem Weg (anfangs Forstweg) bald dies- bald jenseits des Baches talauf nach Rabenstein. *HU 412 m, knapp 2 Std., leicht und lohnend.*

725 — AUSGANGSORT
STULS — 1315 m

Östlich von Moos sehr schön auf einer Wiesenterrasse gelegenes Dorf mit Kirche und Höfen in der Umgebung. Hierher von der Timmelsjochstraße abzweigende Autostraße.

726
Nach Glaiten — 1201 m

Charakteristik: R 699.

Von Stuls stets der Markierung 9 folgend (»Urweg St. Hippolyt«) großteils auf Höfezufahrten in nahezu ebener Wanderung durch Wald- und Wiesenhänge ostwärts nach Glaiten. *HU 114 m, knapp 1 ½ Std., leicht und lohnend.*

Der Übelsee gegen die Pfelderer Hochgipfel

727
Glaitner Spitze
(Glaitner Hochjoch) 2390 m

Charakteristik: R 702.
Von Stuls auf Weg 9 ein Stück ostwärts, dann links auf Weg bzw. Steig 16 an Höfen vorbei und über steile Almhänge empor zum Schlattacher Joch (2283 m) und ostwärts über den mittelsteilen Kamm problemlos zum Gipfel. *HU 1075 m, 3 Std., für Gehgewohnte leicht und lohnend, aber mühsam.*

728
Übelsee 2313 m

Hübscher runder Bergsee hoch über St. Leonhard.
a) Von der Hochalm (R 731) auf Steig 15 steile Grashänge ostwärts querend zum See. *HU 166 m, knapp 1½ Std., leicht und lohnend.*

b) Von Stuls wie bei R 727 zum Schlattacher Joch und auf Steig 12 westwärts nahezu eben zum See. *HU 998 m, knapp 3 Std.*

729
Kleine Kreuzspitze 2518 m

Felsiger Gipfel nordöstlich über Stuls.
Von Stuls wie bei R 727 zum Schlattacher Joch, links auf Steig 12 zu den Übelseen, steil empor zum flachen Kamm und rechts kurz über Felsen zum Gipfelkreuz.
HU 1203 m 3½ Std., für einigermaßen Geübte leicht, lohnend.

730
Egger-Grub-Alm 1929 m

Schön gelegene Alm mit Ausschank nordwestlich von Stuls.
Von Stuls auf schmaler Höfestraße (Markierung 15 A) durch Wald westwärts hinauf

PASSEIERTAL

zur Höfegruppe Hochegg und nordöstlich auf breitem Forstweg mäßig steil hinauf zur Alm. *HU 614 m, 2 Std., leicht und lohnend.*

731
Hochalm 2174 m

Kleine Alm mit Ausschank oberhalb der Egger-Grub-Alm am sonnigen Berghang.
a) Von Stuls stets der Markierung 15 folgend durch Wald hinauf zu den Bergwiesen und durch diese steil empor zur Alm. *HU 859 m, 2 ½ Std., für Gehgewohnte leicht und lohnend.*
b) Von Stuls wie bei R 730 hinauf zur Egger-Grub-Alm und auf Steilem Fußpfad empor zur Hochalm. *HU 859 m, knapp 3 Std., für Gehgewohnte leicht und lohnend.*

732
Hohe Kreuzspitze 2746 m

Bedeutender, aus hellem Kalkmarmor aufgebauter Berg nördlich über Stuls.
Von Stuls wie bei R 727 zum Schlattacher Joch, links auf Steig 12 zu den Übelseen, hinauf zum Grat nahe der Kleinen Kreuzspitze und weiterhin stets der Markierung 12 folgend auf Steigspuren teilweise ausgesetzt über den scharfen Grat zum Gipfel. *HU 1431 m, 5 Std., lohnend, aber nur Geübten vorbehalten!*

736 AUSGANGSORT
PFELDERS 1622 m

Von eindrucksvoller Bergszenerie umrahmtes Bergdorf im gleichnamigen, von Moos südwestwärts ziehenden Passeirer Seitental. Autostraße hierher von Moos über Platt.

737
Äußere Karhütte 1952 m

Schön gelegene Alm an der Waldgrenze östlich über Pfelders.

Von Pfelders der Markierung 5 folgend zuerst südlich hinauf und dann auf breitem Waldweg nur mäßig steil ostwärts zur Alm. *HU 330 m, 1 Std., leicht und lohnend.*

738
Faltschnalalm 1872 m

Hübsch gelegene Alm mit Ausschank oberhalb der Waldgrenze südwestlich von Pfelders.
a) Von Pfelders der Beschilderung »Faltschnalalm« folgend auf dem Fußweg (der Güterweg ist bequemer, aber länger) durch Lärchenwald südwestwärts mäßig steil hinauf zur Alm. *HU 250 m, knapp 1 Std., leicht und lohnend.*
b) Von Pfelders mit dem Sessellift hinauf zur Grünbodenhütte (Gastschenke, 2000 m) und auf dem »Panoramaweg« zuerst in kurzem Anstieg, dann in ebener Hangquerung und schließlich in längerem Abstieg durch großteils freie Berghänge zur Faltschnalalm. *HU ca. 300 m (großteils absteigend), 1 Std., leicht und lohnend.*

739
Zur Lazinser Alm 1858 m

Schön gelegene Alm mit Ausschank im Pfelderer Talschluss.
a) Von Pfelders (1628 m) zuerst nordwärts über den Talbach, dann auf Höfestraße westwärts zum Weiler Zeppichl, weiter zum Hof Lazins (1772 m, Gasthaus) und auf breitem Weg hinein zur Lazinser Alm. *HU 230 m, knapp 1 ½ Std., leicht und lohnend.*
b) Von Pfelders (1628 m) auf dem breiten, nicht geteerten Güterweg auf der Schattenseite großteils durch Lärchenwald talein und zuletzt wie bei a zur Alm. *HU 230 m, knapp 1 ½ Std., leicht und lohnend.*

740
Partschinser Rötelspitze 3037 m

Schöner Felsberg südwestlich über dem Pfelderer Talschluss.
Von Pfelders wie bei R 739 auf einem der Talwege zur Lazinser Alm, auf Weg 8 etwa

¾ Std. hinauf, dann links ab (2125 m, Wegweiser), auf markiertem Steig über die Andelsalm (2297 m) und zuletzt über Blockwerk hinauf zum Halsljoch (2808 m) und rechts der Markierung und den fixen Sicherungen folgend zum Gipfel. *HU 1415 m, 5 – 6 Std., für tüchtige und bergerfahrene Geher nicht schwierig, landschaftlich lohnend.*

741
Stettiner Hütte — 2875 m

Stattliches Schutzhaus mit Sommerbewirtschaftung hoch über dem Pfelderer Talschluss nahe dem ins Pfossental überleitenden Eisjöchl.

a) Von Pfelders wie bei R 739 auf einem der Talwege zur Lazinser Alm und auf Weg 8 großteils nur mäßig steil über Berggelände hinauf zur Hütte. *HU 1253 m, 4 Std., für Gehtüchtige leicht und lohnend.*

b) Von Pfelders auf dem zur Zwickauer Hütte führenden Weg 6 A ca. 2 Std. hinauf zu einer Grasschulter (2371, Wegweiser), links auf markierter Route die Hänge querend zu Weggabel (2331 m), dann auf dem Pfelderer Höhenweg (Markierung 44) weitgehend eben die Steilhänge südwestwärts querend zum Weg 8 (2620 m) und hinauf zur Hütte. *HU 1253 m, 5 Std., für Gehtüchtige leicht und sehr lohnend.*

742
Schneidalm — 2159 m

Auf der Pfelderer Sonnenseite am Weg zur Zwickauer Hütte gelegene Alm mit Ausschank.
Von Pfelders (1628 m) auf dem Fußweg 6 A durch steile, schrofendurchsetzte Gras- und Gebüschhänge hinauf zur Alm.
HU 531 m, gut 1 ½ Std., leicht und lohnend.

743
Hochwilde — 3482 m

Prächtiger Hochgipfel nördlich über der Stettiner Hütte.
Von der Stettiner Hütte (R 741) auf markiertem Steig (»Grützmacherweg«) über steile Felsen empor zu einer Gratschulter und auf teilweise gestuftem Felspfad weiter zum Gipfel. *HU 607 m, knapp 2 Std.; Hochgebirgserfahrung notwendig; landschaftlich sehr lohnend.*

744
Zwickauer Hütte — 2980 m

Hochalpines Schutzhaus mit Sommerbewirtschaftung westlich hoch über Pfelders. Herrliche Aussichtswarte.
Von Pfelders stets auf Weg bzw. Steig 6 A durch Steilhänge hinauf zur Schneidalm und, zuletzt über steiniges und felsiges Gelände, in langem Anstieg weiter empor zur Hütte. *HU 1358 m, 4 Std., für ausdauernde Geher leicht und lohnend.*

745
Hinterer Seelenkogel — 3470 m

Prächtiger, vergletscherter Hochgipfel über der Zwickauer Hütte.
Von der Zwickauer Hütte (R 744) westwärts über den Blockgrat auf markierter, stellenweise gesicherter Route teilweise steil und ausgesetzt empor zum Gipfel.
HU 490 m, 1 ½ Std., Trittsicherheit und Hochgebirgserfahrung notwendig; landschaftlich lohnend.

749 — AUSGANGSORT
RABENSTEIN — 1419 m

Kleines Dorf im obersten Passeiertal mit schön gelegener Hügelkirche. Zufahrt von der Timmelsjochstraße her. Im Folgenden werden auch jene Touren beschrieben, die ihren Ausgangspunkt nicht in Rabenstein selbst, sondern entlang der Timmelsjochstraße haben.

St. Martin am Schneeberg

750
**Nach St. Martin
am Schneeberg** 2355 m

Ehemaliges Knappendorf des Schneeberger Erzabbaues ostseitig hoch über dem innersten Passeiertal. Hier noch Reste und letzte Baulichkeiten des Bergwerks, Kapelle, kleines Museum und bewirtschaftete Schutzhütte (Schneeberghütte).

a) Von der Timmelsjochstraße unweit des Gasthauses Saltnuss (nordöstlich von Rabenstein, 1666 m) auf Weg 31 durch Wald- und Almhänge nordostwärts hinauf zur Hütte. *HU 689 m, 2 Std., leicht und lohnend.*

b) Von der Timmelsjochstraße ca. 1,5 km oberhalb Saltnuss (1710 m) auf Waldsteig 29 ostwärts mäßig steil zur Oberen Gostalm (1990 m, Ausschank), dann Almhänge querend zum Weg 31 und hinauf zur Hütte. *HU 645 m, 2 ½ Std., leicht und lohnend.*

751
Schneeberger Scharte 2687 m

Übergang von Passeirer Seite nach Ridnaun östlich über der Schneeberghütte. Hier Reste des alten Bergwerks; tief unter der Scharte verlief der heute unbegehbare »Kaindlstollen«.

Von der Schneeberghütte (R 750) auf Weg 28 ostwärts durch das Bergbaugebiet hinauf zur Scharte. *HU 332 m, 1 Std., leicht, bergbaukundlich lohnend.*

752
Schneeberger Schwarzsee 2609 m

Nahezu kreisrunder Bergsee nordöstlich oberhalb der Schneeberghütte.

a) Von der Schneeberghütte (R 750) auf bezeichnetem Steig nordöstlich hinauf zum See. *HU 254 m, ¾ Std., leicht und lohnend.*

b) Von der Schneeberghütte wie bei 751 hinauf bis unter die Schneeberger Scharte und auf Steig 28 nordwärts die Hänge querend zum See. *HU 254 m, 1 ½ Std., leicht und lohnend.*

753
Timmels-Schwarzsee 2514 m

Großer und schöner Bergsee mit eindrucksvoller Hochgebirgsumrahmung.
Von der Timmelsbrücke der Timmelsjochstraße (1781 m; naher Parkplatz; unweit an der Straße Gasthaus) stets der Markierung 30 folgend auf breitem Weg nordostwärts zur Timmelsalm (1979 m, Ausschank) und auf Fußsteig hinauf zum See. *HU 733 m, 2 ½ Std., leicht und lohnend.*

754
Zum Timmelsjoch 2474 m

Straßenübergang vom Passeiertal ins Ötztal; italienisch-österreichische Staatsgrenze, Raststätte.
Von der Timmelsbrücke (R 753) auf bezeichnetem Steig (Markierung E5) nordwestwärts durch das Timmelstal hinauf zum Joch. *HU 693 m, 2 Std., leicht, mäßig lohnend.*

755
Seeberalm 1842 m

Stattliche Alm (auch Seeweralm geschrieben) mit Ausschank an der Waldgrenze im gleichnamigen Hochtal.
Von Rabenstein auf breitem, markiertem Weg nordwärts hinauf zur Unteren Glaneggalm (1716 m) und auf dem Talweg weiter zur Seeberalm. *HU 423 m, gut 1 ½ Std., leicht und lohnend.*

756
Obere Glaneggalm 2062 m

Almhütte mit Ausschank am Sonnenhang des Seebertales. Schöne Aussicht.

a) Von Rabenstein wie bei R 755 zur Seeberalm, auf dem Zufahrtsweg zu Autoparkplatz und auf markiertem Steig links steil empor zur Alm. *HU 645 m, knapp 2 ½ Std., leicht und lohnend.*

b) Von der 5. Kehre der Timmelsjochstraße nach dem Gasthaus Hochfirst auf ebenem Güterweg in 10 Min. zur Alm. *HU unbedeutend, leicht und lohnend.*

757
Seebersee 2056 m

Almsee im Seebertal mit prächtiger Hochgebirgsumrahmung.

a) Von der oberen Glaneggalm (R 756) auf weitgehend ebenem Almsteig südwestwärts talein zum See. *HU gering, knapp 1 Std., leicht und lohnend.*

b) Von der Seeberalm (R 755) der Beschilderung »Seebersee« folgend auf markiertem Fußweg teils eben, teils mittelsteil durch Grashänge hinauf zum See (2059 m). *HU 214 m, ¾ Std., leicht und lohnend.*

763

ETSCHTAL

Dieser Abschnitt umfasst das Etschtal von Meran bis Bozen. Meraner Becken, Ultental, Deutschnonsberg, Tschögglberg und Überetsch bilden eigene Abschnitte.

764 AUSGANGSORT

LANA 274 – 301 m
TSCHERMS 315 m

Lana liegt im Bereich der Falschauermündung am westlichen Rand der Etschtalsohle und besteht aus den Ortsteilen Oberlana (301 m), Mitterlana (289 m) und Niederlana (274 m).
Die Gemeinde Tscherms ist eine ausgedehnte Streusiedlung nördlich von Lana.

765
Marlinger Waal

Siehe R 551. Der Waal ist von Tscherms wie von Oberlana auf bezeichneten Zugängen zu erreichen.

766
Gaulschlucht

Eindrucksvolle, von der Falschauer durchflossene Granitschlucht an der Mündung des Ultentales.
Von der Falschauerbrücke in Oberlana (319 m) auf der beschilderten Gaulpromenade und über zwei Hängebrücken im Grund der Schlucht talein bis zum Wegende. Rückweg: Wie beschrieben, im äußeren Teil der Schlucht auch rechtsseitig zu empfehlen. *HU unbedeutend, ¾ Std., leicht und lohnend.*

767
Nach Pawigl 1164 m

Schön gelegener Streuweiler mit Hügelkirche westlich hoch oberhalb von Oberlana. Unweit der höchsten Höfe die Bergstation der Vigiljochseilbahn. Von der Ultner Straße herauf Personenseilbahn und Autozufahrt.
Von Oberlana der Markierung 34 folgend großteils auf Fußweg durch Weingüter, Wiesen und Wald meist steil hinauf zum Weiler. *HU 863 m, 2 ½ Std., für Gehgewohnte leicht und lohnend, aber etwas mühsam.*

768
Schwarze Lacke 1740 m

Hübscher Weiher nördlich des Vigiljochs.
a) Von der Bergstation der Vigiljochseilbahn (1486 m; die Talstation liegt in Oberlana) auf Weg 34 ein Stück hinauf, dann rechts auf Waldweg 7 weiter und, vorbei am Gasthaus Seehof, hinaus zum Weiher. *HU 254 m, knapp 1 Std., leicht und lohnend.*
b) Vom Gasthaus Jocher (R 769/a) auf breitem Weg 9 nordwärts nahezu eben hinaus zum Ziel. *HU gering, 20 Min., leicht und lohnend.*

769
Zum Vigiljochkirchlein 1743 m

Charakteristik: R 520.
a) Von der Bergstation der Vigiljochseilbahn (R 768/a) auf Waldweg 34 westwärts mäßig ansteigend zum Gasthaus Jocher und zum nahen Kirchlein. *HU 257 m, knapp 1 Std., leicht und lohnend.*
b) Von Pawigl (R 767) auf Weg 34 A zum Mitterhof und durch Wald hinauf zum Ziel. *HU 578 m, knapp 2 Std., leicht und lohnend.*

770
Zur Naturnser Alm 1922 m

Charakteristik: R 503.
Vom Vigiljoch (R 769) zuerst auf breitem Waldweg 9 leicht ansteigend südwestwärts, dann rechts ab und auf Weg 30 nahezu eben zur Alm. *HU ca. 200 m, 1 Std., leicht und lohnend.*

771
Außerultner Höhenweg (Alpenrosenweg)

Prächtiger Steig, der das Vigiljoch mit dem obersten Kirchbachtal (Seitenast des äußeren Ultentales) verbindet.
Vom Vigiljoch (R 769) auf Weg bzw. Steig 9 durch Wald und über Almen südwestwärts bis unter das Naturnser Hochjoch, links auf Steig 1 in langer Querung der Berghänge zum Falkomaisee (2180 m) und auf

In der Gaulschlucht

teilweise gesichertem Steig hinunter zur inneren Falkomaialm (2051 m, R 886).
HU 437 m, 4 – 5 Std., für Gehgewohnte und Ausdauernde leicht und lohnend. – Abstieg nach St. Pankraz siehe R 886, in umgekehrter Richtung, Gehzeit ⅓ kürzer.

772
Naturnser Hochwart 2608 m

Bedeutender Gipfel in dem vom Vigiljoch südwestwärts streichenden Kamm.
Vom Vigiljoch (R 769) auf Weg bzw. Steig 9 durch Wald und über Almen südwestwärts bis zur Abzweigung des Gipfelsteiges, auf diesem hinauf zum Kammsattel und über den Gratrücken empor zum Gipfel.
HU 908 m, 3 ½ Std., für Geübte leicht und lohnend.

773
Nach Völlan 718 m

Charakteristik: R 779.

a) Von Oberlana auf Weg 10 südwärts hinauf und dann auf der Straße südwärts weiter nach Völlan. *HU 417 m, gut 1 Std., leicht, mäßig lohnend.*
b) Von Mitterlana stets der Markierung 1 folgend durch die Steilhänge südwärts hinauf zum Kirchlein St. Georg und weiter nach Völlan. *HU 429 m, knapp 1 ½ Std., leicht und lohnend.*

774
Brandiswaalweg

Schöner Wanderweg, der oberhalb Lana die Hänge durchquert; der ehemalige Wasserkanal ist durch eine Rohrleitung ersetzt.
Von Oberlana auf der Gampenstraße kurz hinauf zum links abzweigenden Waalweg, auf ihm nahezu eben südwärts bis zum Wegende (am Weg Gasthaus) und evtl. kurz hinunter nach Niederlana. *HU gering, 1 ½ Std., leicht und sehr lohnend.*

ETSCHTAL

775
Nach St. Hippolyt 758 m

Besonders schön gelegenes Hügelkirchlein südlich über Lana bzw. nördlich von Tisens; daneben Hofschenke.
Von Niederlana der Markierung 5 folgend auf Fahrweg hinauf bis in die Nähe der Leonburg, hier rechts ab und weiterhin auf Fußweg 5 im Bogen hinauf zur Kirche.
HU 484 m, 1 ½ Std., leicht und lohnend.

779 — AUSGANGSORT
VÖLLAN 718 m

Kleines Dorf südwestlich über Lana mit Autozufahrt, die von der Gampenstraße abzweigt. Am Ortsrand die Mayenburg.

780
Völlaner Bad 832 m

Gasthaus und Heilbad in idyllischer Waldlage südöstlich oberhalb Völlan.
Von Völlan der Markierung 10 folgend kurz auf Teerstraße und dann auf breitem Fahrweg südwestlich in teils ebener, teils leicht ansteigender Querung steiler Waldhänge zum Gasthaus. *HU 114 m, knapp 1 Std., leicht und lohnend.*

781
Nach Platzers 1280 m

Charakteristik: R 787.
Von Völlan wie bei R 780 zum Völlaner Bad, auf steilem Fußweg 10 hinauf zu den Wiesen und Höfen von Unterplatzers und auf Höfezufahrt weiter nach Platzers.
HU 562 m, 2 Std., leicht und lohnend.

782
Nach St. Hippolyt 758 m

Charakteristik: R 775.
Von Völlan der Markierung 8 folgend (anfangs Fahr-, dann Fußweg) süd- und südostwärts zum Narauner Weiher und links hinauf zur Kirche. *HU 40 m, ¾ Std., leicht und lohnend.*

783
Nach Tisens 631 m

Charakteristik: R 793.
Wegverlauf wie R 795, umgekehrte Richtung; gleiche Gehzeit.

787 — AUSGANGSORT
PLATZERS 1280 m

Schön gelegener Weiler mit Sebastianskirche und Gasthäusern südwestlich hoch über Lana bzw. Völlan. Autozufahrt von der Gampenstraße her.

788
Zum Gampenpass 1518 m

Straßenübergang von Lana nach Unsere Liebe Frau im Walde; Gasthaus.
a) Von Platzers auf Waldweg 11 südwärts leicht ansteigend zur Gampenstraße und auf dieser zum Pass. *HU 238 m, 1 Std., leicht, mäßig lohnend.*
b) Von Platzers auf Waldweg 10 westwärts hinauf zum Platzerer Jöchl (1544 m), auf Weg 11 A südwärts zur Gampenstraße und zum Pass. *HU 264 m, 1 ½ Std., leicht und lohnend.*

789
Großer Laugen (Große Laugenspitze) 2433 m

Mächtiger, frei aufragender Berg mit zwei Gipfeln südwestlich über Platzers bzw. westlich über dem Gampenpass.
Dem Hauptgipfel östlich vorgelagert der Kleine Laugen (2297 m).
a) Von Platzers auf Waldweg 10 hinauf zum Platzerer Jöchl (1544 m), weiter auf Steig 10 durch Wald- und Geröllhänge hinauf zum kleinen Laugensee, kurz eben weiter und zuletzt auf felsigem Weg unschwierig empor zum Gipfel. *HU 1153 m, 3 Std., für geh- und berggewohnte Wanderer leicht und lohnend.*
b) Vom Gampenpass (R 789) auf Steig 133 durch Wald und über freie Hänge west-

St. Hippolyt bei Tisens

wärts hinauf zum Laugensee und wie bei a zum Gipfel. *HU 915 m, 2 ½ Std., für Gehgewohnte leicht und lohnend.*

c) Vom Gampenpass (R 789) wie bei R 971/b hinauf zur Laugenalm (1853 m) und weiterhin auf Weg 10, zuletzt wie bei a, nordwärts empor zum Gipfel. *HU 915 m, knapp 3 Std., für Gehgewohnte leicht und lohnend.*

793 — AUSGANGSORT
TISENS — 631 m

Stattliches Dorf auf der Hangterrasse westlich über dem mittleren Etschtal. Autozufahrten von der Gampenstraße her und von Nals über Prissian herauf.

794
Nach St. Hippolyt — 758 m

Charakteristik: R 775.

a) Von Tisens zuerst die Straße entlang und dann auf Weg 8 großteils weitgehend eben nordwärts zum Gasthaus Gruberkeller, weiter bis fast zur hohen Bogenbrücke der Gampenstraße, rechts hinauf zur Brücke und auf Weg 5 leicht ansteigend zur Kirche. *HU 127 m, knapp 1 Std., leicht und lohnend.*

b) Von Tisens wie bei a bis unter die Straßenbrücke, auf Weg 8 nordwärts weiter zum Narauner Weiher und nach diesem auf markiertem Weg rechts hinauf zur Kirche. *HU 127 m, knapp 1 ½ Std., leicht und lohnend.*

795
Nach Völlan — 718 m

Charakteristik: R 773.

Von Tisens wie bei R 794/b zum Narauner Weiher und weiterhin auf Weg 8 nahezu eben nordwest- und nordwärts nach Völlan. *HU gering, 1 ½ Std., leicht und lohnend.*

799 — AUSGANGSORT
PRISSIAN — 610 m

Von Burgen und Ansitzen geprägtes Dorf südöstlich von Tisens am Prissianer Graben. Zufahrtsstraßen von der Gampenstraße über Tisens her und von Nals herauf.

800
Nach Grissian — 839 m

Höfegruppe südlich von Prissian. Gastbetriebe, Zufahrtsstraße von Prissian herauf. Von Prissian der Markierung W folgend zuerst südwestlich kurz hinauf und dann Waldhänge querend südwärts nach Grissian. *HU ca. 300 m, knapp 1 Std., leicht und lohnend.*

801
Nach St. Jakob — 922 m

Hügelkirche mit sehenswerten romanischen und gotischen Fresken südlich von Grissian.
Von Prissian wie bei R 800 nach Grissian und auf Fahrweg 8 südwärts durch Wiesen leicht ansteigend nach St. Jakob. *HU ca. 300 m, knapp 1 ½ Std., leicht und lohnend.*

802
Nach St. Apollonia — 900 m

Hübsch gelegene Hügelkirche im Weiler Obersirmian südöstlich von Grissian bzw. südwestlich hoch über Nals. In der Nähe Einkehrmöglichkeiten.
Von Grissian wie bei R 801 nach St. Jakob und weiterhin auf dem breiten Weg die steilen Waldhänge des Grissianer Grabens querend hinüber nach St. Apollonia. *HU ca. 80 m, knapp 1 ½ Std., leicht und lohnend.*

803
Schöneck — 1778 m

Aussichtspunkt mit Kreuz am Ostrand des Mendelkammes südwestlich hoch über Prissian bzw. östlich des Gampenpasses.
Vom Gampenpass (R 788) auf beschildertem und markiertem Weg ost- bzw. südostwärts in mehrmaligem leichten Auf und Ab durch ausgedehnte Wälder zur Mittagsscharte (1636 m) und hinauf zum Schöneck. *HU 260 m, gut 2 Std., leicht und lohnend.*

804
Nach Gfrill — 1019 m

Schön gelegene Höfegruppe mit Nikolauskirche und Gasthaus an der Gampenstraße.
Von Prissian auf Weg 13 westwärts durch Wiesen und Waldhänge mäßig steil hinauf nach Gfrill. *HU 409 m, gut 1 Std., leicht und lohnend.*

805
Nach Bad Gfrill — 1154 m

Gasthaus Gfrillerbad (ehemaliges Heilbad) an der Gampenstraße hoch über Prissian in aussichtsreicher Lage.
Von Grissian (R 800) auf breitem Waldweg westwärts leicht ansteigend zur Wegteilung und rechts auf Weg 7 durch Wald- und Wiesenhänge nach Bad Gfrill. *HU 315 m, 1 ½ Std., leicht und lohnend.*

806
Nach Platzers — 1280 m

Charakteristik: R 787.
Von Gfrill (R 804) auf Weg A westwärts hinauf und zuletzt auf der Zufahrt hinüber nach Platzers. *HU 261 m, knapp 1 Std., leicht und lohnend.*

810 — AUSGANGSORT
NALS — 331 m

Stattliches Dorf mit Kirche und Gastbetrieben im mittleren Etschtal am westlichen Bergfuß; am Dorfrand und in der Umgebung mehrere Adelssitze und Burgen. Zufahrten von Vilpian, Terlan und Andrian; Straße nach Prissian.

Das Schöneck im Mendelkamm

811
Zur Burg Kasatsch — 444 m

Weithin sichtbare Burgruine nordwestlich oberhalb Nals; um 1200 erbaut.

Von Nals über den Grissianer Bach (Wegweiser und Brücke) und auf Weg 2 hinauf zum Hof Unterkasatsch (444 m, Gasthaus), in dessen Nähe die Burgruine steht. *HU 131 m, knapp ½ Std., leicht und lohnend.*

812
Nach Tisens — 631 m

Charakteristik: R 793.

Von Nals wie bei R 811 hinauf zum Gasthaus Kasatsch, durch Buschwald nordwestwärts weiter zu einer Kammsenke, rechts auf Steig 3 über den Waldkamm (Vorbichl genannt, 681 m) zum Kirchlein St. Christoph und auf Weg 1 westwärts nach Tisens. *HU 350 m, knapp 2 Std., leicht und lohnend.*

813
Nach Prissian — 610 m

Charakteristik: R 799.

Von Nals wie bei R 812 zur Kammsenke nach dem Gasthaus Kasatsch und auf Fahrweg 2 westwärts hinüber nach Prissian. *HU 279 m, 1 Std., leicht, mäßig lohnend.*

814
Nach Untersirmian — 687 m

Höfegruppe westlich über Nals.

Von Nals der Markierung 8 folgend teils auf dem alten Weg, teils auf der Sirmianer Straße durch Waldhänge hinauf nach Untersirmian. *HU 356 m, 1 Std., leicht, mäßig lohnend.*

815
Nach Grissian — 839 m

Charakteristik: R 800.

Von Untersirmian (R 814) wie bei R 816 nach St. Apollonia, auf Weg T/7/8 steile Waldhänge querend nach St. Jakob und auf der Zufahrt leicht absteigend nach Grissian. *HU 235 m, knapp 2 Std., leicht und lohnend.*

816
Nach St. Apollonia — 900 m

Charakteristik: R 802.

Von Untersirmian (R 814) auf Waldweg 8/9/M gerade hinauf zur Kirche. *HU 213 m, ¾ Std., leicht und lohnend.*

Der Gantkofel

817
Nach Gaid 904 m

Charakteristik: R 832.
Von Nals auf Höfezufahrt südwärts hinauf zu Weggabel im Streuweiler Pitzon und rechts zum Hof Bittner (Buschenschank), nun südwärts auf Waldweg mit Markierung R hinauf zu einem Wiesensattel (ca. 990 m) und kurz abwärts nach Gaid (Kirchlein, Buschenschank Moar). *HU ca. 580 m, knapp 2 Std., leicht und lohnend.*

818
Nach Andrian 283 m

Charakteristik: R 823.
Von Nals wie bei R 817 zu Weggabel im Streuweiler Pitzon, nun links auf Fahrweg mit Markierung R zum Kofler und weiter auf dem breiten Weg großteils durch Buschwald leicht absteigend nach Andrian. *HU 271 m, 1 ½ Std., leicht und lohnend.*

819
Zur Burg Payrsberg 563 m

Burg aus dem 13. Jh. mit mächtigem Bergfried hoch über Nals; das Innere teilweise bewohnt, nicht allgemein zugänglich.

Von Nals (331 m) stets der Markierung 9 folgend teils auf der Sirmianer Straße, teils auf dem alten Burgweg hinauf zum Schloss. *HU 232 m, ab Nals 1 Std., leicht, bedingt lohnend.*

823 AUSGANGSORT
ANDRIAN 283 m

Stattliche Ortschaft mit Kirche und Gastbetrieben südlich von Nals auf dem Schwemmkegel des Gaider Baches. Zufahrten von Terlan, Nals und Eppan her.

824
Nach Nals 331 m

Charakteristik: R 810.
Von Andrian stets der Markierung R folgend zuerst nordwestwärts die Gebüschhänge in leichtem Anstieg querend zum Koflerhof, kurz weiter zu Wegteilung und hinunter nach Nals. *HU 271 m, 1 ½ Std., leicht und lohnend.*

825
Ruine Festenstein ca. 700 m

Burgruine hoch oben im wildromantischen Höllental westlich über Andrian; das Innere nicht allgemein zugänglich.
Von Andrian stets auf Weg 15 durch das Höllental anfangs mäßig, später sehr steil (teilweise Seilgeländer und Holzleitern) in felsigem Buschgelände empor zur Ruine. *HU ca. 415 m, 1½ Std., für etwas Geübte nicht schwierig, bedingt lohnend.*

826
Nach Gaid 904 m

Charakteristik: R 832.
a) Von Andrian wie bei R 825 zur Ruine Festenstein und auf Weg 15 weiter hinauf nach Gaid. *HU 621 m, gut 1½ Std., für etwas Geübte nicht schwierig, lohnend.*
b) Von Andrian wie bei R 825 auf Weg 15 im Höllental hinauf, dann links der Markierung 15 A folgend steil hinauf zum Michlhof, kurz weiter hinauf zur querenden Straße und auf ihr (1 km) rechts hinüber nach Gaid. *HU 621 m, knapp 2 Std., für Gehgewohnte unschwierig und lohnend.*

827
Zur Burg Hocheppan 628 m

Mächtige Burgruine aus dem 12. Jh. in beherrschender Lage zwischen Andrian und Eppan. Ausschank. Schlosskapelle mit wertvollen romanischen Fresken.
Von Andrian auf Weg 2 durch die Waldhänge südwärts großteils nur leicht ansteigend zum Schloss. *HU 345 m, knapp 1½ Std., leicht und sehr lohnend.*

828
Nach Perdonig 800 m

Charakteristik: R 839.
Von Andrian auf Weg 2 südwärts durch die Hänge mäßig ansteigend in Richtung Hocheppan, dann auf Steig 8 D rechts steil hinauf zum Lipphof (Gasthaus, 802 m) und, nun Markierung 8, in 15-minütiger Hangquerung südwärts nach Perdonig. *HU ca. 550 m, knapp 2 Std., leicht und lohnend.*

832 — AUSGANGSORT
GAID 904 m

Weiler mit Kirche westlich oberhalb Andrian. Zufahrtsstraße von Eppan über Perdonig. Gaid gehört zur Gemeinde Eppan, sein Wandergebiet ist aber mit jenem von Andrian verbunden.

833
Nach St. Apollonia 900 m

Charakteristik: R 802.
Von Gaid auf Weg und Steig 8 in weitgehend ebener Querung steiler Hänge und Gräben nordwärts zum Ziel. *HU gering, knapp 1½ Std., für Gehgewohnte nicht schwierig und lohnend.*

834
Zum Felixer Weiher 1604 m

Hübscher Waldsee an der flachen Westabdachung des Mendelkammes.
Von Gaid auf Steig 15 west- und südwärts durchwegs steil empor zur Gaider Scharte (1664 m) und auf Steig 512 durch die Wälder leicht absteigend westwärts zum See. *HU 740 m, 3 Std., für Geübte leicht und lohnend.*

835
Gantkofel 1866 m

Ostseitig mit breiten Felsfluchten abbrechender Berg im Mendelkamm.
Von Gaid auf Steig 15 west- und südwärts steil empor zur Gaider Scharte (1664 m) und auf Steig 7/512 südostwärts leicht ansteigend zum Gipfelbereich (Kreuz; weiter südlich Sendeanlagen). *HU 962 m, knapp 3 Std., für Geübte leicht und lohnend.*

839 AUSGANGSORT
PERDONIG 800 m

Hübsch gelegener Weiler mit Kirche südlich über Andrian. Von St. Michael Autostraße hierher. Perdonig gehört bereits zum Überetsch, sein Wandergebiet ist aber noch eng mit jenem von Andrian verbunden.

840
Felixer Weiher 1604 m

Hübscher Waldsee an der flachen Westabdachung des Mendelkammes.
Von Perdonig auf Weg 10 nordwestwärts hinauf zum Steig 11, auf diesem teilweise steil weiter, dann auf Steig 7 links empor zur Gaider Scharte (1664 m) und auf Steig 512 durch die Wälder leicht absteigend westwärts zum See. *HU 864 m, 3 ½ Std., für Geübte leicht und lohnend.*

841
Nach Buchwald 950 m

Gehöft mit Gasthaus in aussichtsreicher Lage nordwestlich über Eppan.
Von Perdonig kurz westwärts hinauf, dann links auf Weg 10 die Waldhänge und einen Graben querend südwärts zu einer Höfegruppe und auf breitem Waldweg leicht ansteigend nach Buchwald. *HU 150 m, knapp 1 Std., leicht und lohnend.*

845 AUSGANGSORT
BURGSTALL 270 m

Gegenüber Lana am Ostrand der Etschtalsohle gelegenes Dorf mit den Resten einer mittelalterlichen Burg. Talstation der Seilbahn nach Vöran.

846
Nach Vöran 1204 m

Charakteristik: R 1346.

a) Von Burgstall der Markierung 1A folgend auf Fahrweg nordwärts leicht ansteigend zu Höfen und zum Weg 1, auf diesem rechts durch die Hänge hinauf und schließlich weitgehend eben (stets Weg 1) von Hof zu Hof nach Vöran. *HU 934 m, 3 ½ Std., für Gehgewohnte leicht und lohnend.*

b) Von Burgstall auf Fußweg 8 ostwärts durch steile Buschhänge hinauf zum Stegerhof und dann weniger steil weiter nach Vöran. *HU 934 m, 2 ½ Std., leicht und lohnend.*

847
Graf-Volkmar-Weg

Hübscher Spazierweg, der nur wenig oberhalb Burgstall die Hänge quert. Benannt nach dem Tiroler Burggrafen Volkmar, der im 14. Jahrhundert die Burg von Burgstall innehatte.
Von der Talstation der Vöraner Seilbahn (270 m) kurz nordwärts zum Beginn des gut beschilderten Graf-Volkmar-Weges und auf diesem nordwärts bis zum Ende des Weges. *HU gering, etwa 1 Std., leicht und hübsch.*

850 AUSGANGSORT
GARGAZON 267 m

Stattliches, geschlossenes Dorf an der Straße zwischen Burgstall im Norden und Vilpian im Süden.

851
Kröllturm und Gargazoner Wasserfall 390 m

Östlich über Gargazon stehender Bergfried einer mittelalterlichen Burg. Unweit ein Wasserfall des Aschler Baches.
Von Gargazon auf dem alten Möltner Weg der Beschilderung »Kröllturm« folgend ostwärts am Hang hinauf zum Ziel. *HU 123 m, knapp ½ Std., leicht und lohnend.*

Am Graf-Volkmar-Weg bei Burgstall

852
Nach Vöran   1204 m

Charakteristik: R 1346.
Von Gargazon auf markiertem Weg nordostwärts steil hinauf zum Hof Morosing, auf Fahrweg leicht ansteigend zum Stegerhof und auf markiertem Fußweg ostwärts weiter nach Vöran. *HU 937 m, 2 ½ Std., für Gehgewohnte leicht, bedingt lohnend.*

856   AUSGANGSORT
VILPIAN   264 m

Stattliches Dorf mit zwei Kirchen zwischen Gargazon und Terlan am Ostrand der Etschtalsohle. Abzweigung der nach Nals führenden Straße. Seilbahn nach Schlaneid/Mölten.

857
Nach Schlaneid   1161 m

Kleines Dorf am Tschögglberg nordöstlich hoch über Terlan.
Von der Talstation der Seilbahn am Nordrand von Vilpian auf Weg 1 durch steile Hänge hinauf zur Bergstation der Möltner Seilbahn (1026 m, 2 ½ Std.) und in 20 Min. der Markierung S folgend nordwärts nach Schlaneid. *HU 897 m, knapp 3 Std., für Gehgewohnte leicht und lohnend.*

858
Nach Mölten   1140 m

Charakteristik: R 1330.
Von der Bergstation der Möltner Seilbahn (R 857) auf dem mit S markierten Wanderweg durch Wiesen nordostwärts nur leicht ansteigend nach Mölten. *HU 114 m, knapp 1 Std., leicht und lohnend.*

862   AUSGANGSORT
TERLAN   248 m

Stattliches Dorf mit schöner Kirche südlich von Vilpian am Ostrand der Etschtalsohle. Abzweigung der nach Andrian und auf den Tschögglberg führenden Straßen.

863
Nach Unterlegar   670 m

Hof und Gasthaus nördlich oberhalb Terlan an der Möltner Straße in aussichtsreicher Lage; in der Nähe das Gasthaus Bergrast.

a) Von Terlan der Markierung 4 folgend (teilweise Straße) hinauf zum Rettenbach und weiter bergan nach Unterlegar.
HU 422 m, gut 1 Std., leicht und lohnend.

b) Von Terlan der Markierung 4 A folgend (teils Fahrwege, teils Fußweg) zuerst nordwärts hinauf zu den beiden Tschirgglhöfen und ostwärts weiter nach Unterlegar. *HU 422 m, knapp 1 ½ Std., leicht, bedingt lohnend.*

864
Zum Tschaufenhaus — 1313 m

Bauernhof und Gasthaus in schöner Lage unweit von Verschneid am Tschöggelberg.
Von Terlan wie bei R 863/a oder b nach Unterlegar, auf Weg 4 die Straßenkehren abkürzend hinauf zur Wegteilung und rechts auf Weg 7 über den Hof Kohlbauer durch Wald zum Tschaufenhaus.
HU 1065 m, 3–3 ½ Std., für Gehgewohnte leicht und lohnend.

865
Nach Nobls (Vordernobls) — 1240 m

Einsamer Streuweiler mit kleiner, schön gelegener Valentinskirche nordöstlich hoch über Terlan.
Von Terlan der Markierung 9 folgend ostwärts hinauf zum Hof Pichler, links, nördlich, auf markiertem Weg bzw. Steig in Kehren durch die Hänge hinauf zum Hof Ender-Nobler und ostwärts hinüber nach Nobls. *HU 1001 m, gut 3 Std., für Gehgewohnte leicht, aber anstrengend.*

866
Ruine Neuhaus — 383 m

Auch Schloss Maultasch genannte Burgruine mit mächtigem Bergfried südöstlich über Terlan.

a) Von Terlan der Markierung 9 folgend nordostwärts zum »Margarethenweg«, auf diesem eben durch die Waldhänge südwärts und kurz hinauf zur Ruine.
HU 135 m, ¾ Std., leicht und lohnend.

b) Von Terlan auf der Hauptstraße südostwärts zum Marstallhof am Bergfuß und auf dem alten Burgweg etwas steil hinauf zum Ziel. *HU 135 m, ½ Std., leicht und lohnend.*

870 — AUSGANGSORT
SIEBENEICH — 264 m

Aus mehreren Häusergruppen bestehende Siedlung mit zwei kleinen Kirchen zwischen Terlan und Bozen.

871
Zur Burg Greifenstein — 745 m

Einen mächtigen Felspfeiler krönende Burgruine (auch Sauschloss genannt) östlich über Siebeneich.
Von Siebeneich auf Weg 11 A ostwärts hinauf zum Weg 11, auf diesem empor zu einem kleinen Geländesattel und links auf Fußpfad zur nahen Ruine. *HU 481 m, knapp 1 ½ Std., für Gehgewohnte leicht, bedingt lohnend.*

872
Nach Unterglaning — 760 m

Höfegruppe mit Gasthaus östlich über Siebeneich. Autozufahrt von der nach Jenesien führenden Straße her.
Von Siebeneich wie bei R 871 empor zum kleinen Geländesattel unweit der Ruine Greifenstein und rechts, zuletzt eben, nach Unterglaning. *HU ca. 500 m, gut 1 ½ Std., leicht und lohnend.*

873
Nach Glaning — 764 m

Charakteristik: R 1270.
Von Siebeneich wie bei R 871 zum Sattel nahe der Ruine Greifenstein, auf Weg 11 ostwärts nach Unterglaning und auf schmaler Straße (Markierung Fahrweg 9) ostwärts hinüber nach Glaning. *HU ca. 500 m, knapp 2 Std., leicht und lohnend.*

877

ULTENTAL

Dieser Abschnitt umfasst das gesamte Ultental, das von Westen her bei Lana in das Etschtal mündet. Die Talstraße beginnt in Oberlana.

878 — AUSGANGSORT
ST. PANKRAZ — 736 m

Schön gelegenes Dorf im äußeren Ultental an der Talstraße. An den Hängen zahlreiche verstreute Berghöfe, etwas weiter talaus die Burg Eschenlohe.

879
Nach Kratzberg — 1150 m

Höfegruppe am Nörderberg südlich von St. Pankraz. Zufahrt von Mitterbad her.
Von St. Pankraz hinunter zum Talbach (619 m), auf Steig 27 südostwärts empor zum Pfaffenegg und auf Weg 6 südwestwärts die Waldhänge querend zu den Kratzberger Höfen. *HU ca. 540 m, 1 ½ Std., leicht, bedingt lohnend.*

880
Großer Laugen (Große Laugenspitze) — 2433 m

Charakteristik: R 789.
a) Von Mitterbad (961 m; ehem. Heilbad im Marauntal; hierher bald nach Bad Lad abzweigende Straße) auf Weg 8 durch steilen Wald hinauf zum Laugenhof (1327 m), auf dem Weg 8 ein Stück weiter, dann links auf Weg 8 A über die Laugenalm (1748 m) hinauf zum Steig 24 und auf diesem über den Südwestgrat zum Gipfel.
HU 1472 m, 4 Std., für Gehtüchtige leicht und lohnend.
b) Vom Hofmahdsattel (R 881) auf Steig 24/133 nordostwärts über den langen Gratrücken größtenteils mittelsteil zum Gipfel.
HU 620 m, knapp 2 Std., für Gehgewohnte leicht und lohnend.

881
Zum Hofmahdsattel — 1813 m

Breite Kammsenke zwischen Hochwartgruppe und Laugen. Etwas höher die Castrinalm (Ausschank).
a) Von Mitterbad (R 880/a) stets der Markierung 8 folgend auf Waldweg südwärts hinauf zum Laugenhof (1327 m) und teils auf der Zufahrt, teils auf dem Fußweg weiter durch steilen Wald zum Sattel.
HU 852 m, knapp 3 Std., für Gehgewohnte leicht und lohnend.
b) Von der Gamperalm (R 883) auf Steig und Weg 24 südostwärts nahezu eben die Gras- und Waldhänge querend zur Alm.
HU 63 m, 1 Std., leicht und lohnend.

882
Zu den Egghöfen — 1200 – 1280 m

Höfegruppe (Untereggen und Mittereggen ca. 1200 m, Obereggen 1280 m) südlich über dem Pankrazer Stausee an der zum Nonsberg führenden Straße.
Von Mitterbad (R 880/a) auf Steig und Weg 26 nordwestlich durch Wald steil empor zum Ziel. *HU 319 m, 1 Std., leicht, bedingt lohnend.*

883
Zur Gamperalm — 1876 m

Schön gelegene Alm mit Ausschank an der Westseite des oberen Marauntales.
a) Von den unteren Egghöfen (R 882) auf Steig und Weg 24 durch Wiesen und Wald zuerst steil, dann weniger steil hinauf zur Alm. *HU 676 m, 2 Std., für Gehgewohnte leicht und lohnend.*
b) Vom Hofmahdsattel (R 881) auf Steig und Weg 24 nordwestwärts nahezu eben die Gras- und Waldhänge querend zur Alm.
HU 63 m, 1 Std., leicht und lohnend.

884
Nach St. Helena — 1532 m

Hügelkirche westlich über St. Pankraz. In der Nähe Gasthaus; im Sattel westlich der Kuppe der Halsmannhof (1488 m).
a) Von St. Pankraz stets der Markierung 5 folgend auf Fuß- und Fahrwegen westlich durch Wiesen hinauf zum Hof Vordermann (1110 m) an der Ultner Sonnenbergstraße und bald durch Wald weiter ansteigend zum Ziel. *HU 796 m, knapp 2 ½ Std., für Gehgewohnte leicht und lohnend.*

Gipfelkreuz auf dem Peilstein

b) Knapp 2 km westlich des Vordermannhofes (siehe Route a) von der Sonnenbergstraße (1308 m) auf Weg 5 nordwärts durch Wiesen und Wald und vorbei am Gehöft Oberholz hinauf zum Halsmannhof und rechts zum Gasthaus und zur Kirche. *HU 224 m, 1 Std., leicht und lohnend.*

885
Peilstein — 2542 m

Ausgeprägter und häufig besuchter Gipfel nördlich über dem Pankrazer Stausee bzw. nordwestlich über St. Walburg.
Vom Hof Inner-Kaserbach (1450 m) an der Sonnenbergstraße der Markierung 5 folgend auf Hofzufahrt zu Weggabel, links auf Forstweg zum Steig 8, links auf diesem über den Waldrücken westwärts zu einer Kammscharte, über den langen Bergrücken (nun Markierung 7 und zuletzt 1) weiter hinauf zur Baumgrenze und, das Hochjoch (2376 m) überschreitend und zuletzt über Blockwerk ansteigend, weiter zum Gipfel. *HU ca. 1050 m, gut 3 Std., für Geh- und Berggewohnte unschwierig und lohnend.*

886
Innere Falkomaialm — 2051 m

Schöne Alm im inneren Kirchbachtal, das bei St. Pankraz in das Ultental mündet; Ausschank.
Von St. Pankraz der Markierung 3 folgend durch das Kirchbachtal hinauf und hinein zur Weggabel oberhalb der Mariolbergalm und auf Weg 3 A weiter talein zur Alm. *HU 1315 m, 3 ½ Std., leicht und lohnend.*

887
Falkomaisee — 2164 m

Aussichtsreich gelegener Bergsee an der Sonnenseite des obersten Kirchbachtales. Unweit davon die Hütte der Äußeren Falkomaialm, 2163 m.
a) Von St. Pankraz wie bei R 886 bis zur Weggabel oberhalb der Mariolbergalm, rechts auf Waldsteig 3 empor zur Äußeren Falkomaialm und auf Steig 1 in 10 Min. westwärts zum See. *HU 1428 m, 3 ½ – 4 Std., für Gehtüchtige leicht und lohnend.*
b) Von der Inneren Falkomaialm (R 886) auf Steig 1 zuerst westwärts und dann nordostwärts durch freie Berghänge (an einer leicht ausgesetzten Stelle Seil-

geländer) leicht ansteigend zum See.
HU 113 m, ½ Std., für Gehgewohnte leicht und lohnend.

888
Plombodensee (Drei Seen) — 2486 m

Stattlicher Bergsee nordwestlich über der Inneren Falkomaialm. In der Nähe zwei kleinere Seen, daher für die ganze Seenplatte auch der Name »Drei Seen« gebräuchlich.

Von der Inneren Falkomaialm (R 886) auf Steig 1 zuerst kurz südwärts und dann im Rechtsbogen durch die Hänge hinauf zur Seenplatte. *HU 435 m, knapp 1 ½ Std., für Gehgewohnte leicht und lohnend.*

889
Außerultner Höhenweg (Alpenrosenweg)

Landschaftlich sehr schöner Höhenweg, der das oberste, bei St. Pankraz herabziehende Kirchbachtal mit dem Vigiljoch verbindet.

Wegverlauf wie R 771, in umgekehrter Richtung; ähnliche Gehzeit.

890
Naturnser Hochwart — 2608 m

Ausgeprägter, häufig besuchter Gipfel nordöstlich über St. Pankraz.

a) Von der Äußeren Falkomaialm (R 887) auf Steig 3 nordostwärts zuerst steinige Grashänge querend und dann über einen ebenfalls steinigen Grasrücken steil ansteigend empor zu einem vorgelagerten Gratpunkt und im Auf und Ab über den Grat ostwärts zum Gipfel. *HU 445 m, 1 ½ Std., für Berg- und Gehgewohnte leicht und lohnend.*

b) Von der Staffler Alm (R 891) auf Steig 6 hinauf zum querenden Steig 1, auf diesem ca. 15 Min. westwärts zu Weggabel, auf Steig 6 (später 5/9) steil hinauf zur Nörderscharte (2372 m) und über den Grat südwestwärts empor zum Gipfel. *HU 733 m, 2 ½ Std., für Berg- und Gehgewohnte leicht und lohnend.*

891
Zur Staffler Alm (Staffelsalm) — 1875 m

Aussichtsreich gelegene Alm mit Ausschank über dem Kirchbachtal nordwestlich von St. Pankraz.

Von St. Pankraz der Markierung 3 folgend westlich hinauf, in rund 1150 m Höhe rechts ab und der Markierung 6A folgend durch Wiesen und Wald und an Höfen vorbei nordwestwärts hinauf zur Alm. *HU 1139 m, 3 ½ Std., leicht und lohnend.*

892
Nach Pawigl — 1164 m

Charakteristik: R 767.
Von St. Pankraz der Markierung 3 und 10 folgend im Kirchbachtal hinauf, in ca. 870 m Höhe rechts ab und der Markierung 10 folgend (teils Steig, teils Höfezufahrt) in langer Hangquerung nordostwärts nach Pawigl. *HU ca. 550 m, 3 Std., für Gehgewohnte leicht und lohnend.*

893
Zur Guggenbergalm — 1705 m

Aussichtsreich gelegene, aber nicht mehr bewirtschaftete Alm nordwestlich hoch über St. Pankraz.

Von St. Pankraz der Markierung 3 und 10 folgend in Richtung Pawigl, beim Feldelehof links ab und auf Waldweg 2 hinauf zur Alm. *HU 969 m, 3 Std., für Gehgewohnte leicht, bedingt lohnend.*

897 — AUSGANGSORT
ST. WALBURG IN ULTEN — 1131 m

Dorf mit Hügelkirche (1192 m) im mittleren Ultental. Abzweigung der Sonnenberger Höhenstraße, die zahlreiche Höfe erschließt und dann nach St. Pankraz absteigt.

Die Spitzner Alm in Ulten

898
Zur Spitzner Alm — 1847 m

Schön auf einem Grasrücken gelegene Alm mit Ausschank südöstlich von St. Walburg.

a) Von St. Walburg auf schmaler Straße hinab zum Talbach (1031 m) und nach der Brücke stets der Markierung 22 folgend (teils Fußweg, teils Forststraße) durch Wald hinauf zur Alm. *HU 816 m, 2 ½ Std., leicht und lohnend.*

b) Von der Pfandlalm (R 899) auf Weg 23 im Bereich der Waldgrenze ostwärts die Hänge querend zur Spitzner Alm. *HU 60 m, ¾ Std., leicht und lohnend.*

899
Zur Pfandlalm — 1838 m

Waldumrahmte Alm südlich oberhalb St. Walburg.

a) Von St. Walburg auf schmaler Straße südwärts hinab zum Talbach (1031 m), nach der Brücke rechts zu Wegteilung, auf Weg 21 steil hinauf zur Almlichtung Holzschlag und westlich hinauf zur Pfandlalm. *HU 807 m, 2 ½ Std., leicht und lohnend.*

b) Rund 1,5 km westlich von St. Walburg von der Talstraße über den Damm des Zoggler-Stausees (1140 m), von seinem Südende auf Forstweg kurz ostwärts und dann rechts auf Waldsteig 27 steil hinauf zur Alm. *HU 698 m, knapp 2 Std., leicht, aber etwas mühsam.*

c) Von der Spitzner Alm (R 898) auf Weg 23 im Bereich der Waldgrenze westwärts die Hänge querend zur Pfandlalm. *HU 60 m, ¾ Std., leicht und lohnend.*

d) Von der Seegrubenalm (R 900) auf Steig 23 nordostwärts die steilen Waldhänge querend zur Pfandlalm. *HU 78 m, 1 Std., leicht und lohnend.*

900
Seegrubenalm — 1916 m

Schön gelegene Hochalm südwestlich von St. Walburg am Nörderberg im Bereich der Waldgrenze.

a) Rund 1,5 km westlich von St. Walburg über den Damm des Zoggler-Stausees (1140 m), von seinem Südende auf Güterweg ein Stück westwärts und dann auf Waldsteig 20 steil hinauf zur Alm.

HU 776 m, 2 ½ Std., für Gehgewohnte leicht und lohnend, aber etwas mühsam.
b) Von der Pfandlalm (R 899) auf Steig 23 westwärts die Waldhänge und einen Erlenhang querend zur Seegrubenalm. *HU 78 m, 1 Std., leicht und lohnend.*

901
Hochwartsee — 2193 m

Hübscher Bergsee oberhalb der Seegrubenalm unter der Ultner Hochwart.
Von der Seegrubenalm (R 1417) auf Steig 20 über Grashänge steil hinauf zum See. *HU 277 m, ¾ Std., leicht und lohnend.*

902
Ultner Hochwart — 2626 m

Beherrschender Gipfel südlich über St. Walburg.
a) Von der Seegrubenalm (R 900) auf Steig 20 hinauf zum Hochwartsee und auf markiertem Steig südostwärts steil empor zum Gipfel. *HU 710 m, gut 2 Std., für berggewohnte Geher unschwierig und lohnend.*
b) Von der Spitzner Alm (R 898) auf markierten Steigspuren (Nr. 22) süd- und südwestwärts hinauf zum Grat und rechts über ihn (markiert) zum Gipfel. *HU 779 m, gut 2 Std., für einigermaßen Geübte mit Bergerfahrung nicht schwierig, lohnend.*

903
St. Walburger Almenweg

Einheitlich mit Nr. 23 markierter Höhensteig, der am Nörderberg von Alm zu Alm führt. Die Teilstrecken sind unter R 898 bis 900 beschrieben.

904
Kofelraster Seen — 2407 m

Charakteristik: R 378.
Von St. Walburg stets der Markierung 4 folgend (anfangs teils Fahr-, teils Fußwege) durch Wald und an Höfen vorbei westwärts hinan zur Baumgrenze, durch die ostseitigen Hänge des kleinen Kofelraster Tals hinauf und zuletzt links empor zu den Seen. *HU 1215 m, 4 Std., für Gehgewohnte leicht und lohnend.*

905
Marschnellalm — 2213 m

Schön gelegene Alm mit Ausschank nordwestlich über St. Walburg.
Von St. Walburg der Markierung 10 folgend (anfangs teilweise Höfestraße, sonst Fußweg) nordwestlich hinauf zum Hof Gigglhirn, hinein ins steile Marschnelltal, durch dieses (stets Weg 10) hinauf zur Breitenberger Alm (2109 m) und links hinauf zur Marschnellalm. *HU 1021 m, 3 Std., für Gehgewohnte leicht und lohnend.*

906
Peilstein — 2542 m

Charakteristik: R 885.
a) Von der Marschnellalm (R 905) auf mit P markiertem Steig nordostwärts hinauf zu einem Jöchl und rechts über den Grat zum Gipfel. *HU 329 m, 1 Std., für Gehgewohnte leicht und lohnend.*
b) Von St. Walburg stets der Markierung 1 folgend zuerst auf der Sonnenberger Straße ein Stück nordostwärts, dann nordwärts größtenteils durch Wald ziemlich gerade und größtenteils steil hinauf zur Baumgrenze, weiter zum Ostgrat des Berges und über ihn, der Markierung 7 folgend und das Hochjoch (2376 m) überschreitend, zum Gipfel. *HU 1350 m, 4 ½ Std., für Gehtüchtige unschwierig und lohnend.*

910 — AUSGANGSORT
KUPPELWIES — 1153 m

Häusergruppe mit Kapelle zwischen St. Walburg und St. Nikolaus am Zogglerstausee. Unweit die Abzweigung der ins Schmiedhofertal (Skigebiet Schwemmalm, Kuppelwieser Alm, Arzkar-Stausee) führenden Straße.

Die Ilmenspitze von Osten

911
Einertalalm 1720 m

Von Wald umschlossene Alm im Einertal, das innerhalb Kuppelwies von Süden ins Ultental einmündet.
Von Kuppelwies auf der Talstraße kurz südwestwärts, dann links zum Hof Jaisten und auf Waldsteig 19 hinauf zur Alm.
HU 567 m, knapp 2 Std., leicht und lohnend.

912
Ultner Hochwart 2626 m

Charakteristik: R 902.
Von Kuppelwies wie bei R 911 zur Einertalalm, auf Steig 19 hinauf zur Maritscher Bergalm, links auf Steig 19 B empor zum Samerjoch (2195 m) und auf markierten Steigspuren in leichtem bis starkem Anstieg nordostwärts zum Gipfel.
HU 1473 m, 4 ½ – 5 Std., für Gehtüchtige und Geübte unschwierig und lohnend.

913
Ilmenspitze (Ilmspitze) 2656 m

Bedeutender Gipfel in dem das Ultental südseitig begrenzenden Kamm.
Von Kuppelwies auf der Talstraße kurz südwestwärts, dann links zum Gehöft Jaisten, auf Waldweg 19 hinauf zur Einertaler Alm (1720 m), weiter bergauf zur Brizner Alm am Maritscher Berg, bald rechts haltend hinauf zu einem Jöchl und auf markiertem Steig zuletzt steil empor zum Gipfel. *HU 1503 m, 4 ½ Std., für Gehtüchtige und Geübte unschwierig und lohnend.*

914
Nach St. Nikolaus 1256 m

Charakteristik: R 926.
Von Kuppelwies auf markierten Wegen (Beschilderung »Höfeweg«) stets durch Wiesen von Hof zu Hof talein nach St. Nikolaus. *HU 103 m, knapp 1 ½ Std., leicht und lohnend.*

ULTENTAL

915
Nach St. Moritz — 1635 m

Kleiner, schön gelegener Weiler mit Hügelkirche und Gaststätte nordwestlich oberhalb Kuppelwies. Hierher Fahrstraße von St. Nikolaus herauf.

a) Von Kuppelwies der Markierung 12 folgend auf Höfestraße zuerst kurz nordwärts hinauf, dann links teils auf der Höfestraße, teils auf dem alten Weg durch Wiesen und Wald mäßig steil zu einem Gehöft und nun rechts auf bezeichnetem Weg hinauf nach St. Moritz. *HU 482 m, 2 Std., leicht und lohnend.*

b) Von Kuppelwies wie bei a zuerst nordwärts hinan, dann rechts am Bach talauf zu weiterer Brücke und links auf dem Kreuzweg durch Wald und Wiesen hinauf nach Kuppelwies. *HU 482 m, 1½ Std., leicht und lohnend.*

916
Nach Breiteben — 1950 m

Gastbetrieb und Liftbergstation am Westhang des mittleren Schmiedhofertales nordwestlich von Kuppelwies. Im Winter Skigebiet (Schwemmalm); von der Kuppelwieser Straße (R 729) Sessellift herauf.
Von St. Moritz (R 915) auf markiertem Waldsteig westlich hinauf zu Weggabel und rechts weiter nach Breiteben. *HU 315 m, 1 Std., leicht, mäßig lohnend.*

917
Äußere Schwemmalm — 2142 m

Schön und aussichtsreich gelegene Alm mit Ausschank westlich über Kuppelwies.

a) Von Breiteben (R 916) auf markiertem Weg südwestlich zuerst durch Wald und dann durch die Almhänge leicht ansteigend zur Alm. *HU 192 m, ¾ Std., leicht und lohnend.*

b) Vom Gasthaus Moritzhöhe (1605 m) an der von St. Nikolaus nach St. Moritz führenden Straße stets den Wegweisern »Schwemmalm« folgend auf Höfestraße hinauf zum Oberschwaighof (1747 m), auf ungeteertem Fahrweg ein Stück weiter und dann links teils auf breitem Forstweg, teils auf abkürzendem Fußweg (markiert) großteils durch Wald hinauf zur Alm. *HU 537 m, knapp 2 Std., leicht und lohnend.*

918
Mutegg (Muteck) — 2658 m

Beliebter Gipfel westlich über Kuppelwies. Von der Äußeren Schwemmalm (R 917) auf Steig 13 A nordostwärts nur zu einem Gratrücken und über ihn auf Steig 6 westwärts mittelsteil hinauf zum Gipfel. *HU 516 m, 1½ Std., leicht und lohnend.*

919
Kuppelwieser Alm — 1906 m

Alm mit Ausschank im obersten Schmiedhofertal an der Werkstraße, die von Kuppelwies zum Arzkar-Stausee führt.
Von der Steinrastalm (R 920) der Markierung 11 folgend auf der genannten Werkstraße talein und hinauf zur Kuppelwieser Alm. *HU 183 m, knapp 1 Std., leicht, bedingt lohnend.*

920
Steinrastalm — 1723 m

Alm mit Gaststätte am Rand eines ebenen Talbodens an der zum Arzkar-Stausee führenden Werkstraße im Schmiedhofertal. Talstation einer nicht allgemein benützbaren Werkseilbahn.
Von St. Moritz (R 915) der Markierung 11 folgend nordwestwärts die Waldhänge querend nahezu eben zur Alm. *HU 88 m, 1 Std., bedingt lohnend.*

921
Kofelraster Seen — 2407 m

Charakteristik: R 378.
Von der Steinrastalm (R 920, Wegbeginn an der Zufahrt etwas unterhalb der Alm) auf Steig 4 B nordostwärts mäßig steil durch Wald und Almhänge zur Kofelraster Alm und auf Steig 4 weiter zu den Seen.

Das Gipfelkreuz auf dem Mutegg

HU 684 m, 2 Std., für Gehgewohnte leicht und lohnend.

922
Hoher Dieb — 2730 m

Zweigipfeliger Berg nordwestlich des Zoggler-Stausees im Kamm zwischen Ulten und Vinschgau.

Von der Steinrastalm wie bei R 921 zum südlichen Kofelraster See, von seinem Westufer auf markiertem Steig über die Bergflanke etwas steil empor zum Gipfel. *HU ca. 1020 m, 3 Std., für Gehgewohnte unschwierig, landschaftlich sehr lohnend.*

926 — AUSGANGSORT
ST. NIKOLAUS IN ULTEN — 1256 m

Dorf mit spitztürmiger Kirche und schönen Holzhäusern im inneren Ultental auf halber Strecke zwischen Kuppelwies und St. Gertraud. Abzweigung der zu den Höfen am Sonnenberg und nach St. Moritz (R 915) führenden Straßen.

927
Zur Auerbergalm — 1644 m

Idyllisch gelegene Alm mit Ausschank im mittleren Auerbergtal, das unweit von St. Nikolaus von Süden her ins Ultental mündet.

Ausgehend von der Talstraße unterhalb St. Nikolaus stets der Markierung 18 folgend zuerst über den Talbach und dann teils auf Fuß-, teils Wirtschaftsweg durch Waldhänge südwärts hinauf zur Alm. *HU 388 m, gut 1 Std., leicht und lohnend.*

928
Seefeldalm und -see — 2110 bzw. 2168 m

Schön gelegene Hochalm im obersten Auerbergtal; etwas höher der von Grasböden umgebene Seefeldsee.

Von St. Nikolaus wie bei R 927 zur Auerbergalm, auf Weg 18 hinauf zur Seefeldalm und in wenigen Minuten weiter zum Seefeldsee. *HU 912 m, 2 ½ Std., leicht und sehr lohnend.*

929
Ilmenspitze (Ilmspitze) 2656 m

Charakteristik: R 913.
Ausgehend von der Talstraße unterhalb St. Nikolaus wie bei R 927 und 928 zum Seefeldsee und auf markiertem Steig ostwärts über Steilhänge empor zum Gipfel. *HU 1400 m, 4 Std., für Geübte nicht schwierig, lohnend.*

930
Klapfbergalm 1944 m

Alm im oberen, innerhalb von St. Nikolaus südseitig abzweigenden Klapfbergtal.
Unterhalb St. Nikolaus über den Talbach, der Markierung 16 folgend (überwiegend Forstweg) südwestwärts durch Waldhänge ins Klapfbergtal und durch dieses hinauf zur Alm. *HU 688 m, 2 ½ Std., leicht und lohnend.*

931
Bichlalm 1975 m

Ostseitig über dem Klapfbergtal noch im Waldbereich gelegene Alm.
Etwas unterhalb der Klapfbergalm (R 930) vom Talweg ostseitig ab und nordostwärts die Waldhänge querend (markiert, großteils Forstweg) zur Alm. *HU gering, 1 Std., leicht, bedingt lohnend.*

932
Landeialm 2080 m

Westseitig über dem Klapfbergtal an der Waldgrenze gelegene Alm.
Von St. Nikolaus über den Talbach, der Markierung 16 folgend (überwiegend Forstweg) südwestwärts hinauf bis zur rechts abzweigenden Markierung 16 A und dieser folgend durch Wald hinauf zur Alm. *HU 824 m, 2 ½ Std., leicht und lohnend.*

933
Welscher Berg 2636 m

Bekannter Gipfel südlich über dem inneren Ultental zwischen dem Klapfbergtal und dem Kirchbergtal.
Von der Klapfbergalm (R 930) auf Steig 12/16 ein Stück talauf, dann rechts auf Steig 12 hinauf in eine Scharte und links über den etwas felsigen Grat empor zum Gipfel. *HU 672 m, 2 Std., für Geübte leicht und lohnend.*

934
Breitbühel 2287 m

Aussichtsreiche Bergkuppe mit Kreuz am Kammende zwischen Klapfbergtal und Kirchbergtal.
Von der Landeialm (R 932) auf Steig 15 durch die Almhänge in Serpentinen hinauf und dann rechts weniger steil weiter zum Ziel. *HU 207 m, gut ½ Std., leicht und lohnend.*

935
Nach St. Gertraud 1519 m

Charakteristik: R 942.
a) Von St. Nikolaus der Markierung 3 folgend auf der Sonnenseite teils auf Fuß-, teils auf Fahrwegen durch Wald und an Höfen vorbei talein nach St. Gertraud. *HU 263 m, 2 Std., leicht und lohnend.*
b) Von St. Nikolaus über den Talbach und dann an der orographisch rechten Talseite den Markierungen 2, 8 und 3 folgend von Hof zu Hof talein nach St. Gertraud. *HU 263 m, 2 Std., leicht und lohnend.*

936
Kaserfeldalm 1944 m

Am Ultner Sonnenhang westlich von St. Nikolaus gelegene Alm mit schöner Aussicht.
a) Von St. Nikolaus auf mit H markiertem Weg über die Höfe Zörnbrigl und Holz durch Wald westwärts mäßig ansteigend zur Alm. *HU 688 m, 2 Std., leicht und lohnend.*
b) Von St. Nikolaus der Markierung 3 folgend südwestwärts talein zum Weiler Gasteig und auf markiertem Waldsteig ziemlich gerade hinauf zu den Brunnwiesen und zur Alm. *HU 688 m, 2 Std., leicht und lohnend.*

Die Äußere Schwemmalm

937
Äußere Schwemmalm 2142 m

Aussichtsreich auf der Ultner Sonnenseite gelegene Alm mit Ausschank.

Von St. Nikolaus auf Weg und Steig 13 nordseitig durch Wiesen und Wald hinauf zu den Schwienhöfen und hinaus zu den Grubhöfen, ab nun der Markierung 13 A folgend westwärts hinauf zur Neuwiese, rechts durch Wald hinauf zur Inneren Schwemmalm (2093 m) und nahezu eben ostwärts weiter zu Äußeren Schwemmalm. *HU 837 m, gut 2½ Std., für Gehgewohnte leicht und lohnend.*

938
Mutegg 2659 m

Charakteristik: R 918.
Von der Äußeren Schwemmalm (R 937) wie bei R 918 zum Gipfel.

942 AUSGANGSORT
ST. GERTRAUD IN ULTEN 1519 m

Kleines Dorf mit Kirche und Gasthaus etwas erhöht in idyllischer Lage; auch im Talgrund und an den Hängen Häuser; letzte Ortschaft des Ultentales.

943
Nach St. Nikolaus

Wie R 935, in umgekehrter Richtung, annähernd gleiche Gehzeiten.

944
Breitbühel 2287 m

Charakteristik: R 934.
Von St. Gertraud (Talboden) auf Waldweg 15 hinauf zur Kufkeralm (1670 m; 1 Std.), auf Waldsteig 15 weiter empor ab und

schließlich auf mit K markierten Steigspuren ostwärts hinauf zum Breitbühel. *HU 768 m, gut 3 Std., für Gehgewohnte leicht und lohnend.*

945
Innere Alplahneralm 2245 m

Hochalm an der Ostflanke des von St. Gertraud südwestseitig hinaufziehenden Kirchbergtales.

Von St. Gertraud (Nähe Kirche, 1519 m) der Markierung 108 folgend durch das Kirchbergtal hinein, bei Wegweiser links ab und auf markiertem Steig durch Lärchenwald teilweise steil empor zur Baumgrenze und zur Alm. *HU 726 m, gut 2 Std., für Gehgewohnte leicht und lohnend.*

946
Alplahnersee 2387 m

Schöner Bergsee oberhalb der Inneren Alplahneralm im inneren Kirchbachtal.

Von St. Gertraud wie bei R 945 zur Inneren Alplahneralm und auf markiertem Steig südostwärts bergan zum See. *HU 868, ab St. Gertraud gut 2 ½ Std., für Gehgewohnte leicht und lohnend.*

947
Welscher Berg 2636 m

Charakteristik: R 933.

Von St. Gertraud wie bei R 945 zur Inneren Alplahneralm, auf markiertem Steig ostwärts hinauf in eine Kammscharte und rechts über den felsigen Grat empor zum Gipfel. *HU 868 m, 3 Std., für Gehgewohnte leicht und lohnend.*

948
Haselgruber Hütte 2425 m

Am Kirchbergjoch im Scheitel des gleichnamigen Ultner Seitentales gelegenes Schutzhaus (ital. Rif. Lago Corvo) mit Sommerbewirtschaftung.

Von St. Gertraud stets der Markierung 108 folgend in langer, großteils nur mäßig steiler Wanderung durch das Kirchbergtal südwestwärts hinauf zur Hütte. *HU 906 m, 3 Std., für Gehgewohnte leicht und lohnend.*

949
Karspitze 2752 m

Gipfel östlich über dem Kirchbergjoch.

Von der Haselgruber Hütte (R 948) auf Steig 12 dem Kammverlauf folgend ostwärts zum Gipfel. *HU 327 m, 1 ½ Std., für Geübte leicht und lohnend.*

950
Gleckspitze (Gleck) 2957 m

Zwischen dem Schwärzerjoch im Nordwesten und dem Kirchbergjoch im Osten frei aufragender Berg.

a) Von der Haselgruber Hütte (R 948) auf Steig 145 am unteren Haselgruber See vorbei westwärts hinauf zum Gipfel.
HU 532 m, 1 ½ Std., für Gehgewohnte leicht und lohnend.

b) Vom Weißbrunner Stausee wie bei R 955/a zum Langsee, auf Steig 107 talein zum Schwarzsee, links hinauf ins südliche Schwärzerjoch (2825 m) und scharf links auf Steig 145 empor zum Gipfel. *HU 1057 m, 3 ½ Std., für geh- und berggewohnte Wanderer leicht und lohnend.*

951
Haselgruber Seen 2544 m

Zwei größere und mehrere kleine Bergseen westlich des Kirchbergjochs.

Von der Haselgruber Hütte (R 948) auf Steig 145 westwärts hinauf zum unteren der beiden größeren Seen und weiter zum oberen See. *HU 119 m, knapp ½ Std., leicht und lohnend.*

952
Nagelstein 2469 m

Gipfel südwestlich über St. Gertraud.

Von St. Gertraud auf Steig 4 durch bewaldete Steilhänge in Serpentinen südwestwärts steil empor bis unter die Gonnewand und links der Markierung N folgend am

Auf der Fiechtalm

Kammrücken weiterhin steil empor zum Gipfel. *HU 950 m, 2 ½ Std., für Geübte leicht und lohnend.*

953
Fiechtalm (Fichtalm) 2034 m

Alm mit Ausschank in schöner Lage westsüdwestlich über St. Gertraud an der Waldgrenze; unweit davon der kleine Fiechtsee.

a) Von St. Gertraud auf Waldsteig 4 südwestlich in Serpentinen empor gegen die Gonnewand und dann rechts durch Wald hinüber zur Alm. *HU 515 m, 1 ½ Std., leicht und lohnend.*

b) Von St. Gertraud stets der Markierung 107 folgend zuerst nahezu eben westwärts und dann links durch die Waldhänge hinauf zur Alm. *HU 515 m, 1 ½ Std., leicht und lohnend.*

954
Weißbrunner Stausee 1900 m

Großer Speicher an der Stelle der früheren Unteren Weißbrunner Alm mit Autozufahrt und naher Gaststätte.

Vom Talboden unterhalb St. Gertraud auf der zum Stausee führenden Straße bis zur ersten Kehre, von da auf Weg 140 westlich talauf und zuletzt wieder kurz auf der Straße zum See. *HU 500 m, 2 ¼ Std., leicht, mäßig lohnend.*

955
Zum Langsee 2340 m

Stattlicher Almsee im Gebiet der Oberen Weißbrunner Alm. Gehört zu den Quellseen der Falschauer.

a) Vom Weißbrunner Stausee (R 954) auf Weg 140 südwestwärts zur Bachbrücke, links auf Steig 103 hinauf gegen den Fischersee und auf Steig 107 weiter zur

Oberen Weißbrunner Alm und zum Langsee. *HU 440 m, 1 ½ Std., leicht und lohnend.*
b) Von der Fiechtalm (R 953) auf Steig 107 westwärts die Waldhänge querend zum Fischersee und wie bei a weiter. *HU 306 m, knapp 1 ½ Std., leicht und lohnend.*

956
Zur Höchster Hütte 2561 m

Bewirtschaftetes Schutzhaus hoch über dem innersten Ultental am aufgestauten Grünsee.
a) Vom Weißbrunner Stausee (R 954) stets auf Weg 140 zuerst durch schüttere Baumbestände und dann durch freie Hänge meist mittelsteil hinauf zur Hütte. *HU 661 m, 2 Std., leicht und lohnend.*
b) Vom Weißbrunner Stausee wie bei R 955/a zum Langsee, auf Steig 12 nordseitig hinauf zu einer Hangschulter und nordwärts die Hänge querend zur Hütte. *HU 661 m, 3 ½ Std., für Gehgewohnte leicht und lohnend.*

957
Vordere Pilsbergalm 2128 m

Am Sonnenhang des innersten Ultentales hübsch und aussichtsreich gelegene Hochalm.
Oberhalb der Pilshöfe von der zum Weißbrunner Stausee führenden Straße (1736 m) auf Waldsteig 142 nordwestwärts hinauf zur Alm. *HU 392 m, 1 Std., leicht und lohnend.*

958
Tuferalm 2099 m

Sie liegt nordwestlich von St. Gertraud im kleinen Tufertal oberhalb der Waldgrenze.
In der Nähe der Pilshöfe von der zum Weißbrunner Stausee führenden Straße (1720 m) auf Weg 142/143 nordostwärts hinauf zu den Jochmairhöfen, hier links ab und auf Waldsteig 142 nordwestlich hinauf zur Alm. *HU 379 m, gut 1 Std., leicht und lohnend.*

959
Vordere Flatschbergalm 1905 m

Nordseitig über dem Ultner Talschluss im kleinen Flatschbergtal gelegene Alm mit Ausschank. Weiter talein liegt die Hintere Flatschbergalm (2210 m).
Vom Talboden unter St. Gertraud (1385 m) der Markierung 140 folgend hinauf zum Gehöft Stein, rechts auf Waldweg 143 hinauf zu den oberen Flatschhöfen (ca. 1780 m), auf breitem Weg 143 westwärts zum Flatschbergbach und rechts hinein zur Alm. *HU 520 m; 2 Std.; für Gehgewohnte leicht und lohnend.*

960
Zufrittspitze 3438 m

Prächtiger Hochgipfel nordnordwestlich über der Höchster Hütte.
Von der Höchster Hütte (R 956) auf Weg 140 talein zu Weggabel, rechts weiterhin auf Steig 140 über Geröll und Blockwerk steil hinauf zu einem vergletscherten Jöchl und rechts auf teilweise gesicherter Route über sehr steilen Fels empor zum Gipfel. *HU 877 m, 3 ½ Std., für erfahrene Hochalpinisten nicht schwierig, landschaftlich lohnend.*

961
Hasenöhrl (Hasenohr) 3256 m

Charakteristik: R 379.
Von der Vorderen Flatschbergalm (R 959) auf Weg 143 talein zur Hinteren Flatschbergalm (2110 m), weiterhin der Markierung 143 folgend nordwestlich talauf, in ca. 2500 m Höhe rechts ab, auf mit H markierten Steigspuren hinauf zum Westgrat des Berges (3010 m) und über ihn der Markierung folgend zum Gipfel. *HU 1351 m, 3 Std., für hochgebirgserfahrene Berggeher nicht schwierig, landschaftlich lohnend.*

DEUTSCHNONSBERG

Dieser Abschnitt umfasst das deutschsprachige Gebiet des oberen Nonsberges, dessen vier Dörfer den zu Südtirol gehörenden Deutschnonsberg bilden.

. **Unsere Liebe Frau im Walde**
R 966

. **St. Felix**
R 979

. **Proveis**
R 993

. **Laurein**
R 985

966 — AUSGANGSORT
UNSERE LIEBE FRAU IM WALDE — 1361 m

Kleines Dorf mit Wallfahrtskirche und Gaststätten zwei Kilometer südlich des Gampenpasses unweit der Gampenstraße.

967
Nach Laurein — 1148 m

Charakteristik: R 985.

Von Unsere Liebe Frau stets der Markierung 1 folgend zuerst auf Fahrstraße südwestwärts zu zwei Höfen, dann rechts auf Weg 1 hinan zu einem Sattel (1405 m), durch den Wald weiter leicht ansteigend zum Rabiola-Bach, südwärts über das »Großes Moos« (ca. 1570 m) und schließlich durch Wald und Wiesen (stets Weg 1) hinunter nach Laurein. *HU ca. 420 m, 4 Std., für Gehtüchtige leicht und lohnend.*

968
Nach Proveis — 1420 m

Charakteristik: R 993.

Von Unsere Liebe Frau im Walde zuerst kurz südwestlich auf der Straße bis zum zweiten Gehöft, auf Steig 3 zuerst hinauf und dann Waldhänge und einen Bach querend zu einem Fahrweg, kurz auf diesem westwärts (nun Markierung 157), dann links ab und wieder auf Steig 3 einen Waldrücken überquerend (1830 m) zur Laureiner Alm (1728 m). Nun auf Steig 3 westwärts hinab zum Weg 2 und auf diesem, an Höfen vorbei, nach Proveis. *HU 479 m, ca. 5 Std., für Ausdauernde unschwierig und lohnend.*

969
Zum Hofmahdsattel — 1813 m

Charakteristik: R 881.

Von Unsere Liebe Frau im Walde wie bei R 968 bis zu dem mit 157 markierten Güterweg und auf diesem nordwestwärts durch Wald und Wiesen großteils nur mäßig ansteigend zum Ziel. *HU 462 m, 3 Std., für Gehgewohnte unschwierig, bedingt lohnend.*

970
Zum Gampenpass — 1518 m

Lang gezogener Sattel mit Gasthaus 2 km nördlich von Unsere Liebe Frau im Walde. Straßenverbindung zwischen dem Nonsberg und dem Etschtal.

Von Unsere Liebe Frau im Walde auf Weg 64 nordwärts großteils durch Wiesen talauf und zuletzt auf der Passstraße zum Ziel. *HU 167 m, ¾ Std., leicht, mäßig lohnend.*

971
Zur Laugenalm — 1853 m

Hübsch gelegene Alm mit Ausschank nordwestlich oberhalb Unsere Liebe Frau im Walde.

a) Von Unsere Liebe Frau im Walde der Markierung 10 folgend (anfangs Sträßchen, dann Steig) nord- und westwärts zuerst durch Wiesen und dann durch Wald teilweise steil hinauf zur Alm. *HU 502 m, 1 ½ Std., leicht und lohnend.*

b) Vom Gampenpass (R 970) der Beschilderung »Laugenalm« folgend auf dem breiten Güterweg großteils durch Nadelwald leicht ansteigend zur Alm; *HU 335 m, gut 1 Std., leicht und lohnend.*

972
Laugensee — 2182 m

Hübscher Bergsee in einer Senke zwischen Großem und Kleinem Laugen.

Von der Laugenalm (R 971) auf Weg und Steig 10 hinauf zu einem begrasten Altmoränenbecken, dann rechts hinüber zu einem Jöchl und kurz ganz leicht absteigend zum See. *HU ca. 330 m, 1 Std., für Gehgewohnte leicht und lohnend.*

973
Großer Laugen (Große Laugenspitze)   2433 m

Charakteristik: R 789.

a) Vom Gampenpass (R 970) stets auf Steig 133 westwärts durch Wald und über freie Hänge teilweise steil hinauf zum Laugensee, kurz hinüber zum Fuß des Gipfelaufbaus und auf markiertem Felsenweg hinauf zum Gipfel. *HU 916 m, 2 ½ Std., für Gehgewohnte unschwierig und lohnend.*

b) Von der Laugenalm (R 971) auf Weg und Steig 10 hinauf zum Fuß des Gipfelaufbaus und wie bei a zum Gipfel.
HU 580 m, knapp 2 Std., für Gehgewohnte leicht und lohnend.

974
Schöneck   1778 m

Charakteristik: R 803.

Vom Gampenpass (R 970) wie bei R 803 zum Schöneck. *HU 260 m, 2 Std., leicht und lohnend.*

975
Nach St. Christoph   1289 m

Kirche mit Friedhof am alten Gampenweg zwischen Unsere Liebe Frau und St. Felix.

Von Unsere Liebe Frau kurz südostwärts in Richtung Gampenstraße, dann rechts ab und auf Fahrweg nahezu eben südwärts zur Kirche. *HU genug, ½ Std., leicht und hübsch.*

979   AUSGANGSORT
ST. FELIX   1265 m

Von Wiesen umgebenes Dorf mit spitztürmiger Kirche und Gaststätten nahe der Gampenstraße rund 3 km südlich von Unsere Liebe Frau.

980
Nach St. Christoph   1289 m

Charakteristik: R 975.

Von St. Felix auf Fahrweg ca. 20 Min. nordwestwärts durch Wiesenhänge, dann rechts ab und allmählich leicht ansteigend zur Kirche. *HU gering, ¾ Std., leicht und lohnend.*

981
Zum Felixer Weiher   1604 m

Hübscher Waldsee östlich oberhalb St. Felix; unweit davon Einkehrmöglichkeiten.

Von St. Felix stets auf Weg 9 durch Wiesen und Wald ostwärts mäßig ansteigend zum See. *HU 339 m, 1 Std., leicht und lohnend.*

985   AUSGANGSORT
LAUREIN   1148 m

Sonnig gelegenes, von Wiesen und Wald umgebenes Dorf im Westteil des Deutschnonsberges. Hauptzufahrt vom Ultental über Proveis, aber auch vom Gampen- bzw. Mendelpass über die Ortschaft Fondo erreichbar.

986
Zur Laureiner Alm   1728 m

Von Wald umrahmte Alm mit Ausschank nordwestlich von Laurein bzw. nordöstlich von Proveis.

Von Laurein auf der Zufahrtsstraße ca. 15 Min. nordostwärts hinan, auf Weg 1 links hinauf zum Forstweg, auf diesem nahezu eben westwärts durch die Waldhänge, auf Waldsteig 28 rechts leicht ansteigend zu Wegkreuzung und erneut rechts auf Waldsteig 27 zur Alm. *HU 580 m, 3 Std., für Gehgewohnte leicht und lohnend.*

987
Zum Hofmahdsattel   1813 m

Kammsenke zwischen Hochwartgruppe und Laugen. Unweit die Castrinalm (Ausschank).

Von der Laureiner Alm (R 986) kurz ostwärts hinauf zum Steig 114 und auf diesem

Der Felixer Weiher

nordwärts (zuletzt Markierung 157) über den Monte Sous (1863 m) zum Joch. *HU 322 m, 1 ½ Std., leicht und lohnend.*

988
Großer Laugen (Große Laugenspitze)   2433 m

Charakteristik: R 789.
Vom Hofmahdsattel (R 987) auf Steig 24/133 über den größteils begrasten Gratrücken nordostwärts mittelsteil hinauf zum Gipfel. *HU 620 m, knapp 2 Std., für Berg- und Gehgewohnte leicht und lohnend.*

989
Nach Unsere Liebe Frau im Walde   1351 m

Charakteristik: R 966.
Wie R 967, in umgekehrter Richtung. Ähnliche Gehzeit.

993   AUSGANGSORT
PROVEIS   1420 m

Westlichstes und höchstgelegenes Dorf des Deutschnonsberges, durch 5 km lange Straße mit Laurein verbunden. Hauptzufahrt von Ulten herauf.

994
Zur Stierbergalm 1850 m

Oberhalb der Waldgrenze im kleinen Gampertal nordwestlich von Proveis gelegene Alm.
Von Proveis auf Steig 19 kurz nordwärts zum Gamperbach, danach links ab und auf Weg bzw. Steig 19 durch Waldhänge mäßig bis stark ansteigend westwärts zur Alm. *HU 450 m, 1 ½ Std., leicht und lohnend.*

995
Hochwart 2626 m

Bedeutender Berg nordwestlich von Proveis.
Von Proveis wie bei R 994 zur Stierbergalm, auf Steig 19 nordwestlich über Grashänge hinauf ins Samerjoch und wie bei R 912 weiter. *HU 1206 m, 4 Std., für Geübte unschwierig und lohnend.*

996
Zum Hofmahdsattel 1813 m

Kammsenke zwischen Hochwartgruppe und Laugen. Unweit die Castrinalm (Ausschank).
a) Von Proveis auf der Zufahrtsstraße ein Stück nordwärts, dann links ab und stets der Markierung 2 folgend in langem, aber nur mäßig steilem Anstieg, durch Wald und Wiesen und an Höfen vorbei nordostwärts hinauf zum Joch. *HU 393 m, 2 Std., für Gehgewohnte leicht und lohnend.*
b) Von der Laureiner Alm: siehe R 987.

997
Proveiser Höhenweg

Landschaftlich schöner Höhensteig, der die Südostseite des Hochwartmassivs durchquert und Teil eines längeren, einheitlich markierten Weitwanderweges ist.
Von der Stierbergalm (R 994) hinauf zum querenden Höhensteig (2100 m), auf diesem stets der Markierung 133 folgend mehr oder weniger eben durch steile Berghänge zur Kesselalm, weiter zur Proveiser Alm (1894 m) und zum Hofmahdsattel (R 987; Abstieg von dort nach Proveis).
HU 680 m, 3 Std., für Gehgewohnte unschwierig und lohnend, zusammen mit Auf- und Abstieg jedoch lang!

998
Zur Laureiner Alm 1728 m

Charakteristik: R 986.
Von Proveis wie bei R 996 in Richtung Hofmahdsattel, oberhalb der letzten Höfe aber rechts ab, auf Steig 28 hinein zum Nörderbach und bald darauf links auf Steig 3 hinauf zur Alm. *HU 308 m, 1 ½ Std., leicht und lohnend.*

999
Laugenspitze (Großer Laugen) 2433 m

Charakteristik: R 789.
Vom Hofmahdsattel (R 996) wie bei R 988 zum Gipfel. *HU 620 m, knapp 2 Std., für Berg- und Gehgewohnte leicht und lohnend.*

1000
Mandlspitze 2396 m

Markanter, dem Hauptkamm vorgelagerter Gipfel nordwestlich über der Proveiser Gegend.
Von Proveis wie bei R 994 zur Stierbergalm, rechts auf Steig 12 hinauf zum Südwestgrat der Mandlspitze, steil über steiniges Grasgelände empor zum felsigen Schlussgrat und zum Gipfelkreuz. *HU 976 m, 3 Std., für Gehgewohnte unschwierig und lohnend.*

1004

ÜBERETSCH – UNTERLAND – REGGLBERG

Dieser Abschnitt umfasst den südlichsten Teil Südtirols mit der Etschtalsohle zwischen Bozen und Salurn, dem westseitig etwas erhöht gelegenen Überetsch sowie dem ostseitig und noch höher liegenden Plateau des Regglberges.

1005 — AUSGANGSORT
ST. PAULS — 389 m

Schönes Weindorf mit eindrucksvoller Pfarrkirche etwas abseits der Südtiroler Weinstraße im nördlichsten Teil des Überetsch. Mehrere Zufahrten. Nördlich von St. Pauls liegt Missian (388 m), ebenfalls ein günstiger Ausgangspunkt für Wanderungen.

1006
Nach Girlan — 435 m

Charakteristik: R 1026.
Von St. Pauls der Markierung 9 folgend stets südostwärts zunächst auf der Zufahrtsstraße und dann teils auf Fuß-, teils auf Fahrweg durch Weingüter hinüber nach Girlan. *HU gering, ¾ Std., leicht, bedingt lohnend.*

1007
Zur Burgruine Boymont — 580 m

Mächtige Anlage mit Einkehrmöglichkeit auf einem Hügel nordwestlich von St. Pauls. Darunter das als Gästehaus geführte Schloss Korb (444 m); hierher Autostraße.
Von St. Pauls auf schmaler Straße zum Schloss Korb, von da auf dem Sträßchen noch kurz weiter, dann links ab und auf Weg 9 B durch Laubgehölze empor zur Burgruine. *HU 191 m, 1 Std., leicht und lohnend.*

1008
Zum Schloss Hocheppan — 628 m

Charakteristik: R 827.
a) Von Schloss Boymont (R 1007) auf dem Zugangsweg kurz nordwärts, dann links auf Steig 9 A durch Buschhänge in leichtem Auf und Ab zum Rand einer Schlucht, über Holztreppen in diese hinab und jenseits problemlos hinauf zur Burg. *HU gering, ¾ Std., für Gehgewohnte leicht und sehr lohnend.*

b) Von Schloss Korb (R 1007) auf dem Sträßchen eben und leicht ansteigend nordwärts, schließlich links ab und auf gutem Weg durch Buschwald hinauf zur Burg. *HU 184 m, 1 Std., leicht und lohnend.*

1009
Nach Perdonig — 800 m

Charakteristik: R 839.
Vom Schloss Hocheppan (R 1008) auf Weg 9 nordwestwärts mäßig ansteigend nach Perdonig. *HU 172 m, ½ Std., leicht und lohnend.*

1010
Nach Buchwald — 950 m

Charakteristik: R 841.
Von St. Pauls westwärts hinauf zum Gasthaus Kreuzstein an der nach Perdonig führenden Straße (580 m) und der Markierung 536 folgend (Fahrweg und Steig) durch Wald empor nach Buchwald. *HU 524 m, 1 ½ Std., leicht und lohnend.*

1014 — AUSGANGSORT
ST. MICHAEL — 416 m

St. Michael, Hauptort der Gemeinde Eppan, ist ein stattliches Dorf im Überetsch mit historischen Bauten, Kirchen, Gasthöfen; Knotenpunkt eines verzweigten Straßennetzes: Südtiroler Weinstraße, Mendelstraße, Verbindungen mit Perdonig, St. Pauls, Bozen, Girlan, Montiggl und Kaltern.

1015
Nach Girlan — 435 m

Charakteristik: R 1026.
a) Von St. Michael nordostwärts zum Wallfahrtskirchlein Maria Rast und auf dem Maria-Rast-Weg nahezu eben nach Girlan. *HU gering, ¾ Std., leicht, lohnend.*
b) Von St. Michael der Markierung 6 folgend (anfangs Straße, später Flurweg) ostwärts zur Lammstraße, auf Weg 6 zum

Am Großen Montiggler See

Rungghof (Gasthaus) und der Markierung 2A folgend auf schmaler Straße nach Girlan. *HU gering, knapp 2 Std., leicht, bedingt lohnend.*

1016
Zu den Montiggler Seen ca. 500 m

Zwei schöne Waldseen (Großer und Kleiner See) im Südosten Eppans unweit des kleinen Weindorfes Montiggl (494 m). Gaststätten, Badebetrieb, Bootsverleih, in der Nähe Parkplätze.

a) Von St. Michael wie bei R 1015/b zum Rungghof und von da stets der Markierung M folgend auf Forstwegen durch den Montiggler Wald südwärts zu den Seen.
HU gering, 2 Std., leicht und lohnend.

b) Von St. Michael ein Stück auf der nach Montiggl führenden Straße südostwärts, dann rechts der Markierung 3A folgend (»Patersteig«) weitgehend eben durch Wald in Richtung Montiggl und links auf Weg 4 zum Großen See. *HU gering, 2 Std., leicht und lohnend.*

1017
Nach Kaltern 426 m

Charakteristik: R 1032.

a) Von St. Michael wie bei R 1015/b zum Gasthaus Rungghof und von da stets der Markierung 6 folgend in langer Waldquerung südsüdwestwärts nach Kaltern.
HU gering, 3 Std., für Gehgewohnte leicht und lohnend.

b) Von St. Michael auf der Südtiroler Weinstraße ca. 15 Min. südwärts bis Kreuzweg, links auf Weg 21 nahezu eben weiter und zuletzt auf Weg 4 über den Kalvarienberg hinan nach Kaltern. *HU gering, 2 Std., leicht und lohnend.*

Die Gleifkirche bei Eppan

1018
Zur Gleifkirche (Kalvarienberg) 555 m

Aussichtsreich gelegene, zweitürmige Hügelkirche westlich oberhalb Eppan; daneben sehenswerte Gletscherschliffe.
Vom westlichen Dorfrand von Eppan auf dem breiten Kreuzweg durch Buschwald und Rebgärten leicht ansteigend zur Kirche.
HU 139 m, ½ Std., leicht und lohnend.

1019
Zu den Eppaner Eislöchern 515 m

Kleine Höhlungen in einem Bergsturzgelände, die bis in den Sommer hinein mit Eis gefüllt sind und aus denen ein kalter Luftzug weht.
Von St. Michael südwestwärts zum Weiler Pigano, an den Schlössern Gandegg und Englar vorbei zum Gasthaus Stroblhof, bald darauf vom Sträßchen links ab und auf Steig 15 durch Buschwald nahezu eben zu den Eislöchern. *HU ca. 100 m, ¾ Std., leicht und lohnend.*

1020
Penegal 1737 m

Nördlich des Mendelpasses befindliche, ostseitig steil abfallende Erhebung mit Gastbetrieb und anderen Baulichkeiten. Herrliche Aussicht.
Vom Gasthaus Steinegger westlich oberhalb Eppan (614 m) auf Weg bzw. Steig 540 mit zunehmender Steilheit durch die Furglauer Schlucht empor zur gleichnamigen Scharte (1496 m) und auf Weg 512 südwärts leicht ansteigend zum Penegal.
HU 1123 m, 3 Std., nur einigermaßen Geübten anzuraten!

1021
Eppaner Höhenweg

Oberhalb Eppan steile Waldhänge querender Höhenweg (teilweise Forstwege), der von der 6. Kehre der Mendelstraße im Süden bis nach Perdonig im Norden führt. Wegen der Länge des Weges wird hier nur eine kürzere Runde beschrieben.

Vom Gasthaus Steinegger westlich oberhalb Eppan (614 m) auf Weg und Steig 540 hinauf zum Höhenweg (ca. 800 m), auf diesem mit Markierung 9 nahezu eben durch die Mischwälder nordwärts nach Buchwald (R 1010), von dort auf Steig 536 hinunter bis fast zum Gasthaus Kreuzstein (628 m) und auf breitem Waldweg 8 B nahezu eben südwärts zurück zum Ausgangspunkt. *HU ca. 300 m, 4 Std., für Gehgewohnte leicht und lohnend.*

1022
Nach Buchwald — 950 m

Von Wiesen umgebenes Höhengasthaus in aussichtsreicher Lage nordwestlich über Eppan.

a) Vom Gasthaus Kreuzstein im Weiler Eppan-Berg (628 m) auf Weg und Waldsteig 536 nordwestlich hinauf zum Gasthaus Buchwald. *HU 285 m, knapp 1 Std., leicht und lohnend.*

b) Zugang über den Eppaner Höhenweg: siehe R 1021.

1026 — AUSGANGSORT
GIRLAN — 434 m

Malerisches Weindorf auf dem Überetscher Plateau nordwestlich von Eppan. Autozufahrten von Bozen über Sigmundskron sowie von Eppan her.

1027
Zum Schloss Sigmundskron — 352 m

Eine der ausgedehntesten Burganlagen des Landes auf mächtigem Felssporn über der Etsch südwestlich von Bozen; seit 2006 beherbergt die Burg ein Bergmuseum Reinhold Messners.

Von Girlan der Markierung 2 A folgend ostwärts in Richtung Schreckbichl, dann links auf Fahrstraße (Markierung 1) durch Weingüter zum Gasthaus Marklhof und auf Waldweg 1 großteils leicht absteigend und eben zur Burg. *HU 82 m (abwärts), 1 1/2 Std., leicht und lohnend.*

1028
Zu den Montiggler Seen — ca. 500 m

Charakteristik: R 1016.

a) Von Girlan zuerst der Markierung 2 A folgend ostwärts ein Stück in Richtung Schreckbichl, dann rechts auf schmaler Straße südwärts zum Gasthaus Rungghof und von da stets der Markierung M folgend großteils auf breiten Waldwegen durch Mischwälder zu den Seen. *HU gering, 1 1/2 – 2 Std., leicht und lohnend.*

b) Von Girlan auf der Fahrstraße südostwärts zur Häusergruppe Schreckbichl (474 m) und dann stets der Markierung 1 folgend großteils auf breiten Waldwegen südwärts zu den Seen. *HU gering, 2 Std., leicht und lohnend.*

1032 — AUSGANGSORT
KALTERN — 426 m

Bekanntes Weindorf im Überetsch. Straßenverbindungen mit Eppan, Tramin und Auer. Standseilbahn sowie Straße zum Mendelpass. Westlich des Dorfes die Weiler St. Anton (523 m), Mitterdorf (493 m) und St. Nikolaus (567 m); zwischen Kaltern und Eppan die beiden kleinen Ortschaften Unterplanitzing (434 m) und Oberplanitzing (510 m).

1033
Nach Eppan — 416 m

Charakteristik: R 1014.
Wegverlauf wie R 1590, umgekehrte Richtung; ähnliche Gehzeiten.

1034
Nach Girlan 434 m

Charakteristik: R 1026.
Wegverlauf wie R 1611, umgekehrte Richtung; gleiche Gehzeit.

1035
Zu den Montiggler Seen ca. 500 m

Charakteristik: R 1016.
a) Von Kaltern nordostwärts zur Kirche auf dem Kalvarienberg und dann stets der Markierung 4 folgend großteils durch Mischwälder zu den Seen. *HU ca. 120 m, knapp 2 Std., leicht und lohnend.*
b) Von Kaltern stets der Markierung 5 folgend auf dem »Mazzoner Wanderweg« ostwärts hinab in ein Tälchen, dann durch Mischwälder mäßig steil hinauf nach Montiggl und kurz weiter zu den Seen. *HU ca. 200 m, 1 ½ Std., leicht und lohnend.*

1036
Frühlingstal

Weitgehend naturbelassenes Waldtälchen südlich von Montiggl mit besonders schöner Frühlingsflora.
Von Kaltern wie bei R 1035/b nach Montiggl (494 m), dann der Markierung 20 und den Wegweisern »Frühlingstal« folgend durch das Frühlingstal leicht absteigend hinab zum Kalterer See (216 m) und von dort auf Weg 3 leicht ansteigend zurück nach Kaltern. *HU 278 m, 3 Std., leicht und sehr lohnend.*

1037
Zum Kalterer See 216 m

Größter See Südtirols, südöstlich unterhalb Kaltern gelegen; Wassersport, im Süden Schilfgürtel, am West- und Nordufer Gastbetriebe; Zufahrt von der Südtiroler Weinstraße her.
Von Kaltern bzw. von der Umfahrungsstraße der Markierung 3 folgend auf dem »Wiesenwanderweg« durch Weingüter südostwärts leicht absteigend hinunter zum See. *HU ca. 200 m (abwärts), 1 Std., leicht und lohnend.*

1038
Ruine Leuchtenburg 575 m

Weithin sichtbare Burgruine auf einem Waldhügel östlich über dem Kalterer See.
Vom Kreithsattel (380 m; Straßenübergang zwischen Kaltern und Auer) auf Weg 13 B zuerst mäßig ansteigend südwärts, dann links ab und hinauf zur Ruine.
HU 195 m, ¾ Std., leicht und lohnend.

1039
Roßzähne 609 m

Auch als Mitterberg bezeichnete Erhebung südlich der Leuchtenburg mit bizarren Felsköpfen. Urzeitlich besiedeltes Gebiet.
Vom Kreithsattel (R 1038) auf Weg 13/B südwärts hinauf zur Wegteilung unter der Leuchtenburg und dann auf Weg bzw. Steig 13 C eben und leicht ansteigend durch Laubwald südwärts zu den Roßzähnen. *HU 229 m, 1 ½ Std., leicht und lohnend.*

1040
Nach Altenburg 615 m

Kleines Dorf mit Gasthaus und freskengeschmückter Kirche auf einer Hangterrasse hoch über dem Kalterer See; Straßenverbindung mit Kaltern und Tramin; etwas tiefer die Ruine einer frühchristlichen Peterskirche.
a) Von Kaltern südwestwärts hinauf nach St. Anton (523 m) und der Markierung 11 folgend (Straße, Steig) nahezu eben durch Wald südwärts nach Altenburg. *HU ca. 200 m, knapp 2 Std., leicht und lohnend.*
b) Von St. Josef am See (231 m, Nähe Kalterer See) auf Weg 14 durch das bewaldete Nussental westwärts hinauf und zuletzt rechts auf der Straße kurz nordwärts zum Ziel. *HU 384 m, knapp 1 ½ Std., leicht und lohnend.*

Der Kalterer See, darüber die Leuchtenburg

c) Von St. Josef am See (231 m, Nähe Kalterer See) kurz auf der Straße nordwärts, dann links auf Weg 13 zu Weggabel am Beginn der Rastenbachklamm und links abzweigend durch diese über Stege und Treppen hinauf nach Altenburg. *HU 384 m, 2 Std., leicht und sehr lohnend.*

d) Von St. Josef am See wie bei c zur Weggabel unter der Rastenbachklamm, rechts auf Weg bzw. Steig 13 durch das bewaldete Bärental hinauf zur Altenburger Straße und auf Steig und Weg 11 nahezu eben südwärts nach Altenburg. *HU 384 m, 2 ½ Std., leicht und lohnend.*

1041
Kalterer Höhenweg

Wanderweg, der in rund 800 m Höhe die Waldhänge zwischen Altenburg im Süden und der Mendelstraße im Norden durchquert (Markierung 9). Die Begehung kann beliebig abgekürzt werden.

Von Kaltern wie bei R 1040/a nach Altenburg, auf Weg 9 F westwärts hinauf zum Höhenweg, auf diesem in rund dreistündiger Wanderung nordwärts bis zur Mendelstraße und südostwärts zurück nach Kaltern. *HU ca. 380 m, 6 Std., für Gehgewohnte leicht und lohnend.*

1042
Zum Mendelpass   1363 m

Straßenübergang von Eppan bzw. Kaltern zum Nonsberg; Gastbetriebe. Von St. Anton oberhalb Kaltern Standseilbahn zum Pass.

Von St. Nikolaus bei Kaltern (569 m) auf Waldweg 521 südwestlich teilweise steil hinauf und dann teils auf der Mendelstraße, teils diese abkürzend empor zum Pass. *HU 794 m, 2 ½ Std., für Gehgewohnte leicht, bedingt lohnend.*

1043
Zur Halbweghütte   1594 m

Gaststätte südlich des Mendelpasses nahe der Kammhöhe. Von Norden herauf Sessellift.

Vom Mendelpass (R 1042) der Markierung 500 folgend südostwärts zur Enzianhütte (1420 m) und weiter zur Halbweghütte. *HU 231 m, 1 ½ Std., leicht und lohnend.*

1044
Roènalm (Romenoalm) — 1773 m

Hübsch gelegene Alm mit Kapelle südlich der Halbweghütte am Mendelkamm. Ausschank.
Von der Halbweghütte (R 1043) auf Waldweg 500 teils mittelsteil, teils fast eben zur Alm. *HU 179 m, ¾ Std., leicht und lohnend.*

1045
Überetscher Hütte — 1775 m

An der Westflanke des Roèn hoch über Tramin gelegene Schutzhütte mit Sommerbewirtschaftung.
a) Von der Halbweghütte (R 1043) wie bei R 1044 zur Roènalm und auf Weg 10 in ebener Waldwanderung zur Hütte. *HU 181 m, gut 1 Std., leicht und sehr lohnend.*
b) Von Altenburg (R 1040) auf Weg 9 F westwärts hinauf, dann stets der Markierung 523 folgend zuerst auf Forstweg, dann auf dem »Langen Steig« durch Wald empor zum Taurissattel (1506 m) und mäßig ansteigend südwestwärts zur Hütte. *HU 1160 m, 3 ½ Std., für Gehtüchtige leicht und lohnend, aber anstrengend.*

1046
Roèn — 2116 m

Ostseitig mit steiler Felsflanke abbrechender, westseitig weniger steiler Gipfel; höchster Berg des Mendelkammes.
a) Von der Halbweghütte wie bei R 1044 zur Roènalm und auf Weg 500 südseitig durch Wald und freies Gelände hinauf zum Gipfel. *HU 522 m, 1 ½ Std., leicht und sehr lohnend.*
b) Von der Überetscher Hütte (R 1045) auf gesichertem Klettersteig durch die Ostflanke des Berges zum Gipfel. *HU 341 m, 1 Std., für Schwindelfreie nicht schwierig, aber ausgesetzt.*

1047
Penegal — 1737 m

Charakteristik: R 1020.
Vom Mendelpass (R 1042) stets auf Steig 512 durch Wald nordseitig hinauf zum Kleinen Penegal (1554 m) und über den Kamm weiter zum Ziel. *HU 374 m, 1 Std., leicht und lohnend.*

1048
Zum Schloss Matschatsch — 881 m

Von Wald umschlossener, nur zeitweise bewohnter Adelssitz nordwestlich von Kaltern unweit der Mendelstraße.
Von Kaltern zuerst zum Ortsteil Mitterdorf, dann der Markierung 9 folgend nordwärts zur Mendelstraße, diese abkürzend (südlich das Gasthaus Kalterer Höhe) durch Wald hinauf und zum Ziel. *HU 455 m, 1 ½ Std., leicht, bedingt lohnend.*

1049
Nach Oberplanitzing — 504 m

Malerische kleine Ortschaft nördlich von Kaltern.
Von Kaltern stets der Markierung 15 folgend auf schmaler Flurstraße durch Weingüter nahezu eben nordwärts zum Ziel. *HU 78 m, 1 Std., leicht und lohnend.*

1050
St. Peter bei Altenburg — 589 m

Ruine einer frühchristlich-romanischen Kirche mit nahem Felsengrab und Schalenstein auf einer bewaldeten Kuppe nordöstlich unter Altenburg.
Von Altenburg (R 1040) auf Weg 1 und über eine Holztreppe hinunter in einen Felseinschnitt mit mittelalterlichem Brückenpfeiler und jenseits kurz hinauf zum Ziel. *HU ca. 60 m (abwärts), ¼ Std., leicht und lohnend.*

St. Peter bei Altenburg

1054 — AUSGANGSORT
TRAMIN — 276 m

Schönes, stattliches Wein- und Fremdendorf südlich von Kaltern am Westhang des Südtiroler Unterlandes bzw. Etschtales. Durch die Südtiroler Weinstraße mit Kaltern, Kurtatsch und Margreid verbunden.

1055
Nach Graun — 823 m

Charakteristik: R 1074.

a) Vom Südrand von Tramin auf Weg 5 (»Lochweg«) mäßig steil durch die Buschhänge und dann steil durch das Grauner Loch (kleine Felsschlucht) südwestwärts hinauf zur Grauner Hangterrasse und hinüber zum Dorf. *HU 547 m, 1 ½ Std., leicht und lohnend.*

b) Von Tramin nördlich hinauf nach St. Jakob auf Kastellaz (Kirche mit sehenswerten Fresken), auf markiertem Wanderweg hinauf zu Geländesattel und zu Wegkreuzung (hierher von der nach St. Jakob führenden Straße auch auf Weg 6), rechts auf Weg 6 steil bergan zum ehemaligen Zogglerhof (725 m, Ruine) und links auf breitem Weg (Markierung FZ) die Hänge südwärts querend nach Graun. *HU 547 m, knapp 2 ½ Std., leicht und lohnend.*

c) Von Tramin wie bei b zum Geländesattel, auf dem breiten Kastellazweg die Buschhänge querend südwärts zum Weg 5 und wie bei a weiter zum Ziel. *HU 547 m, 2 Std., leicht und lohnend.*

1056
Nach Kurtatsch — 332 m

Charakteristik: R 1063.

Von Tramin zuerst auf schmaler Straße oder über die Stufen des Kirchweges nach St. Jakob auf Kastellaz (Kirche mit sehenswerten Fresken), auf dem Wanderweg Kastellaz kurz hinauf zu Geländesattel (hierher auch von der nach St. Jakob führenden Straße auf Weg 6), und auf dem breiten Wanderweg Buschhänge querend südwärts nach Kurtatsch. *HU ca. 300 m, 2 Std., leicht und lohnend.*

1057
Roèn   2116 m

Charakteristik: R 1046.

a) Von Tramin stets der Markierung 6 folgend großteils durch Waldhänge in langem Aufstieg durchweg steil hinauf zur Kammhöhe und über sie, am Wetterkreuz vorbei und den Schwarzen Kopf überschreitend, zum Gipfel. *HU 1840 m, 5 Std., für Gehtüchtige mit Bergerfahrung leicht und lohnend.*

b) Von der Überetscher Hütte (R 1058) wie bei R 1046/b zum Gipfel.

c) Von der Überetscher Hütte (R 1058) auf Weg 10 nahezu eben nordwärts zur Roènalm und wie bei R 1046/a links empor zu Gipfel. *HU 343 m, 1 ¼ Std., leicht und lohnend.*

1058
Überetscher Hütte   1775 m

An der Westflanke des Roèn hoch über Tramin gelegene Schutzhütte mit Sommerbewirtschaftung.

Von Tramin in Richtung Söll zum Höllentalbach, von da stets der Markierung 10 folgend teilweise auf Fahrwegen hinauf zum Gummererhof, weiterhin auf Steig 10 durch Steilwald durchweg sehr steil hinauf zu dem von Altenburg kommenden Waldsteig 523 und auf diesem westwärts zur Hütte. *HU 1500 m, 4 Std., für Gehtüchtige leicht, aber mühsam.*

1059
Traminer Höhenweg

Eindrucksvoller Höhenweg, der die bewaldeten Steilhänge und den felsigen Höllentalgraben oberhalb Tramin durchquert.

Von Tramin wie bei R 1055/a nach Graun, mit Markierung 9 auf der Straße nordwärts zum Klabererhof, bald darauf links auf breitem Waldweg ca. 100 Höhenmeter hinauf, dann auf dem Höhenweg (zuerst Forstweg, dann Steig, stets Markierung 9) hinein ins Höllental (ca. 900 m), jenseits die Hänge querend bis oberhalb Altenburg, auf Weg 9 F rechts hinab zum Dorf und teils auf der Fahrstraße, teils abseits zurück nach Tramin. *HU ca. 620 m, 5 – 6 Std., für Gehtüchtige und Trittsichere leicht und lohnend.*

1063   AUSGANGSORT
KURTATSCH   332 m

Auf einer Hangterrasse westlich über dem Etschtal gelegenes Weindorf mit weithin sichtbarer Kirche. Straßenverbindung (Südtiroler Weinstraße) mit Tramin, Margreid und Neumarkt. Abzweigung der nach Graun und Fennberg führenden Straßen.

1064
Nach Fennberg (Unterfennberg)   1047 m

Charakteristik: R 1076.

Vom Weiler Entiklar südlich von Kurtatsch (256 m) zuerst auf Weg 3 A und dann stets auf Weg 3 südwärts teils mäßig, teils stark ansteigend durch die Waldhänge zur Hochfläche und nahezu eben westwärts zum Ziel. *HU ca. 720 m, 3 Std., für Gehgewohnte leicht und lohnend.*

1065
Nach Penon   605 m

Charakteristik: R 1075.

Von Kurtatsch der Markierung 2 folgend westwärts hinauf zur Häusergruppe Hofstatt (608 m) und auf Weg 5 südwärts die Hänge querend nach Penon. *HU 273 m, 1 Std., leicht und lohnend.*

Mammutbäume am Fennhals

1066
Nach Fennhals 1031 m

Hangterrasse mit Sommeransitz, Kapelle und mächtigen Mammutbäumen an der Fennberger Straße. Zehn Gehminuten in Richtung Fennberg die Waldschenke Boarenwald.

a) Von Kurtatsch stets der Markierung 2 folgend zur Häusergruppe Hofstatt (608 m) und auf dem »Römerweg« (Markierung 2) durch Waldhänge mittelsteil hinauf nach Fennhals. *HU 699 m, 2 Std., leicht und lohnend.*

b) Von Kurtatsch wie bei R 1065 nach Penon, auf Weg 2A nordwestlich hinauf zum Römerweg und wie bei a weiter.
HU und Anforderung wie a.

c) Von Kurtatsch wie bei R 1065 nach Penon und dann stets der Markierung 7 folgend großteils durch Wald hinauf nach Fennhals. *HU 699 m, 2 ½ Std., leicht und lohnend.*

1067
Roèn 2116 m

Charakteristik: R 1046.
Von Graun (R 1074) auf Weg 1 nordwärts zum Sternhof, auf Waldweg 6A leicht ansteigend zum Steig 6, auf diesem durch Waldhänge großteils steil hinauf zur Kammhöhe und über sie, am Wetterkreuz vorbei und den Schwarzen Kopf überschreitend, zum Gipfel. *HU 1293 m, 3 ½ Std., für Gehtüchtige leicht und lohnend.*

1068
Überetscher Hütte 1775 m

Charakteristik: R 1045.
Von Graun (R 1074) stets der Markierung 9 folgend nordwärts zum Klaberhof, bald darauf links auf dem Traminer Höhenweg (zuerst Forstweg, dann teilweise etwas ausgesetzter Steig) hinein ins felsige Höllental (ca. 900 m), jenseits die Hänge querend bis zu Wegteilung, auf Steig 10 durch Wald steil hinauf zum Steig 523 und auf diesem die Hänge querend zur Hütte.
HU 952 m, 3 Std., für Gehgewohnte leicht und lohnend.

1069
Nach Graun 823 m

Charakteristik: R 1074.
a) Von Kurtatsch auf der nach Graun und Fennberg führenden Straße ein Stück hinauf, dann rechts ab und auf geteertem Weg 1 nordwärts hinauf nach Graun.
HU 491 m, knapp 1 ½ Std., leicht und lohnend.

b) Von Kurtatsch auf schmaler Straße kurz in Richtung Rungg, dann links auf Steig 5A durch die Hänge nordwärts hinauf ins Grauner Loch (kleine Felsklamm) und hinüber nach Graun. *HU 491 m, 1 ½ Std., für Gehgewohnte leicht und lohnend.*

1070
Nach Tramin 276 m

Charakteristik: R 1054.
Wegverlauf wie R 1056, umgekehrte Richtung; ähnliche Gehzeit.

1074 AUSGANGSORT
GRAUN 823 m

Nordwestlich oberhalb Kurtatsch im Bereich einer Hangterrasse gelegenes kleines Dorf mit Einkehrmöglichkeit und naher Georgskirche. Von Kurtatsch herauf Autostraße.
Die Wanderungen in diesem Bereich sind unter Kurtatsch (R 1063 ff.) beschrieben.

1075 AUSGANGSORT
PENON 605 m

Weiler mit Kirche in schöner Lage südwestlich von Kurtatsch; von dort Autozufahrt hierher. Die Wanderungen in diesem Bereich sind unter Kurtatsch (R 1063 ff.) beschrieben.

1076 AUSGANGSORT
FENNBERG

Gestufte Hochfläche südwestlich von Kurtatsch und Margreid; Siedlungskerne sind Oberfennberg mit der Ulmburg (1163 m) und Unterfennberg (meist nur Fennberg genannt) mit See, Gaststätten und Leonhardskirche (1047 m). – Die Wanderungen in diesem Gebiet sind unter Kurtatsch (R 1063 ff.) und Margreid (R 1077 ff.) beschrieben.

1077 AUSGANGSORT
MARGREID 226 m
KURTINIG 212 m

Zwei malerische Dörfer südlich von Kurtatsch an der Südtiroler Weinstraße. Margreid liegt am westseitigen Bergfuß, Kurtinig mitten im flachen Talboden. Straßenverbindungen mit allen benachbarten Dörfern des Unterlandes.

1078
Nach Fennberg
(Unterfennberg) 1047 m

Charakteristik: R 1076.
a) Von Margreid stets auf Weg 3 mittelsteil durch Wald hinauf zur Hochfläche und nahezu eben westwärts zum Ziel.
HU 821 m, 2 ½ Std., leicht und lohnend.
b) Auf dem gut gesicherten, aber teilweise senkrechten Fennberger Klettersteig (Wegbeginn an der Südtiroler Landesgrenze ca. 3 km südlich von Margreid; 210 m, Wegweiser) in langem Aufstieg durch die Felsen empor zur Fennberger Hochfläche (ca. 1100 m) und auf markiertem Waldweg nach Fennberg. *HU 890 m, 3 Std., Klettersteigerfahrung und absolute Schwindelfreiheit notwendig, lohnend.*

1079
Nach Entiklar 256 m

Weiler zwischen Margreid und Kurtatsch mit dem bekannten Schlosspark des Ansitzes Turmhof.
Von Margreid auf Fahrweg 3 nordwärts hinauf bis zur Linkskehre (330 m), hier rechts ab und auf Weg 3A hinüber nach Entiklar. *HU ca. 100 m, ¾ Std., leicht und lohnend.*

1080
Nach Kurtatsch 332 m

Charakteristik: R 1063.
Von Margreid wie bei R 1079 nach Entiklar, auf schmaler Straße, Markierung 7, ein Stück bergan, dann rechts auf Feldweg teils aufwärts, teils eben zur Häusergruppe Rain (ca. 400 m) und auf der Straße (Markierung 2) nordostwärts hinab nach Kurtatsch. *HU ca. 170 m, knapp 1 ½ Std., leicht und lohnend.*

1081
Fennberger Klettersteig

Siehe R 1078/b.

Die Haderburg bei Salurn

1082
Nach Penon   605 m

Charakteristik: R 1075.
Von Margreid wie bei R 1079 nach Entiklar und auf schmaler Straße (Markierung 7) hinauf nach Penon. *HU 379 m, knapp 2 Std., leicht und lohnend.*

1086
SALURN   AUSGANGSORT   224 m

Stattliches Dorf im Etschtal am östlichen Bergfuß an der Staatsstraße. Südlichste Ortschaft Südtirols. Westseitig Abzweigung der Südtiroler Weinstraße, ostseitig der Straße nach Buchholz und Gfrill.

1087
Zur Haderburg   353 m

Eindrucksvolle Burgruine mit Ausschank in den Felsen südlich über Salurn.
Von Salurn ein Stück südwestwärts und auf beschilderter Wanderpromenade hinauf zur Burg. *HU 129 m, ½ Std., leicht, für Interessierte lohnend.*

1088
Zur Sauch-Hütte (Rifugio Sauch)   946 m

Von Wald und Wiesen umgebene Gaststätte mit Sommerbewirtschaftung südwestlich über Salurn.

a) Von Salurn stets der Markierung 409 folgend südlich hinauf und auf der Westseite des Titschbaches an Höfen vorbei und durch Wald hinauf zur Hütte.
HU 722 m, knapp 2 ½ Std., leicht und lohnend.

b) Von Salurn stets der Markierung 1 folgend zuerst ostwärts hinauf in Richtung Buchholz, dann scharf rechts auf der Buchholzer Straße und auf Weg 1 an Höfen vorbei und durch Wald zum Ziel. *HU 722 m, 2 ½ Std., leicht und lohnend, weniger steil als a.*

1089
Zum Heiligen See (Lago Santo) 1195 m

Schöner Waldsee auf den Höhen zwischen Etschtal und Cembratal im Süden von Salurn. Gastbetriebe.

a) Von der Sauch-Hütte (R 1088) kurz südwestwärts zum Sauchsattel und auf Weg 1 südostwärts größtenteils nur leicht ansteigend zum See. *HU 249 m, 1 Std., leicht und lohnend.*

b) Von Buchholz (R 1090) auf der Straße rund 500 m in Richtung Gfrill, dann rechts auf steilem Waldweg 427 empor zum Posmarsattel (1352 m) und der Markierung E5 (Europäischer Fernwanderweg) folgend in langer Waldwanderung südwestwärts zum See. *HU 789 m, 5 Std., für Gehtüchtige leicht und lohnend.*

1090
Nach Buchholz 563 m

Schön gelegenes kleines Dorf nordöstlich oberhalb Salurn. Von dort herauf Straße.

Von Salurn der Markierung 1 folgend nordostwärts durch die Hänge hinauf und nach Querung der Straße auf markiertem Weg in gleicher Richtung durch Mischwald weiter bergan nach Buchholz. *HU 339 m, 1 Std., leicht und lohnend.*

1091
Nach Gfrill 1328 m

Charakteristik: R 1095.
Von Buchholz (R 1090) auf der Straße ein Stück in Richtung Gfrill, dann rechts auf markiertem Waldsteig steil empor zu einer Senke im Kamm (1414 m) und der Markierung E5 folgend durch die Wälder nordwärts nach Gfrill. *HU ca. 900 m, 3 ½ Std., für Gehgewohnte leicht und lohnend.*

1095 AUSGANGSORT
GFRILL 1328 m

Kleines Bergdorf mit Gasthaus und Kirche nordöstlich hoch über Salurn. Von dort über Buchholz Straße herauf.

1096
Zum Heiligen See (Lago Santo) 1195 m

Charakteristik: R 1089.
Von Gfrill stets der Markierung E5 (Europäischer Fernwanderweg) folgend in weitgehend ebener Waldwanderung südwärts zu einer ersten Kammsenke (1414 m), südwestwärts weiter zum Posmarsattel (1352 m, alter Übergang ins Cembratal) und in langer Waldwanderung (stets Markierung E5) weiter zum See. *HU ca. 200 m, 5 Std., für Gehtüchtige leicht und lohnend.*

1097
Zur Königswiese 1622 m

Aussichtsreiche Bergwiese auf der Gipfelfläche einer bewaldeten Erhebung nordwestlich von Gfrill.

Von Gfrill auf Fahrweg nordwärts in Richtung Gfriller Sattel (1410 m) und auf mit K markiertem Waldsteig westwärts hinauf zur Königswiese. *HU 294 m, gut 1 Std., leicht und lohnend.*

1098
Zur Hornalm 1730 m

Schön gelegene Alm mit Ausschank unterm Trudner Horn nordöstlich von Gfrill.

Von Gfrill der Markierung 2, 4 und E 5 folgend (großteils Forstweg) zuerst südostwärts durch Wiesen und Wald hinauf, dann links abdrehend durch die Wälder zum Weißsee (Waldmoor, 1671 m) und auf Weg 3, 4 nahezu eben durch Bergwiesen und Wald nordostwärts zur Alm. *HU 402 m, gut 2 Std., leicht und lohnend.*

1102 AUSGANGSORT
LAAG 213 m

Kleines Dorf an der Staatsstraße zwischen Neumarkt und Salurn am Ostrand der Etschtalsohle.

Der Heilige See

1103
Nach Gfrill 1328 m

Charakteristik: R 1095.
Von Laag zuerst auf Flurstraße am Bergfuß ein Stück südostwärts, dann links der Markierung 7 folgend (teils Fahr-, teils Fußwege) hinan und hinein zum Laukusbach, nach der Steinbrücke links ab und weiterhin auf Weg 7 durch Wald und Wiesen und an einzelnen Höfen vorbei hinauf nach Gfrill. *HU 1115 m, 3 ½ Std., für Gehgewohnte leicht und lohnend.*

1104
Nach Neumarkt 214 m

Charakteristik: R 1107.
Von Laag stets auf Weg 8 zuerst ostwärts ein Stück bergan, dann in weitgehend ebener Querung der Buschhänge (immer Steig 8) nordwärts bis zu den Weinbergen von Mazon und mit Markierung 2/8 hinunter nach Neumarkt. *HU ca. 200 m, 2 ½ Std., leicht und lohnend.*

1107 AUSGANGSORT
NEUMARKT 214 m

Stattliches Dorf (Marktgemeinde) mit malerischem Ortskern (Lauben) südlich von Auer. Abzweigung der Straßen nach Tramin und Montan. Östlich oberhalb Neumarkt der Weiler Mazon (380 m, Straße hierher).

1108
Nach Laag 213 m

Charakteristik: R 1102.
Von Neumarkt auf Steig und Straße der Markierung 2/8 folgend südostwärts hinauf zu den Weinbergen von Mazon und dann auf Steig 8 die Buschhänge südostwärts querend nach Laag. *HU ca. 200 m, 2 ½ Std., leicht und lohnend.*

1109
Nach Gfrill 1328 m

Charakteristik: R 1095.
a) Von Neumarkt auf Steig und Straße 2/8 südostwärts hinauf zu den Weinbergen von Mazon und dann in langem Anstieg auf Weg und Steig 2 (»Banklsteig«) meist

mittelsteil durch Waldhänge und durch das felsige Aaltal hinauf nach Gfrill.
HU 1114 m, 3 ½ Std., für Gehtüchtige nicht schwierig, lohnend.

b) Von Neumarkt stets der Markierung 3 folgend (teils Forst-, teils Fußwege) nordostwärts zur Burgruine Kaldiff, dann, vorbei am Gsteigerhof (889 m, Gasthaus), südostwärts hinauf und hinein ins Gallwiesental, durch dieses hinauf zum Gfriller Sattel (1410 m) und südseitig leicht absteigend nach Gfrill. *HU 1196 m, 4 Std., für Gehtüchtige leicht und lohnend.*

1110
Zur Kanzel 970 m

Aussichtspunkt mit Kreuz hoch am Berghang südöstlich über Neumarkt.

a) Von Neumarkt auf Steig und Weg 2, 8 südostwärts hinauf, in ca. 450 m Höhe links ab und auf dem »Kanzelweg« (Forstweg) ostwärts hinauf zur Kanzel.
HU 756 m, 2 ½ Std., leicht und lohnend.

b) Von Neumarkt wie bei R 1111 zum Gsteigerhof, weiter in Richtung Gallwiesental, dann kurz rechts hinauf und auf dem »Kanzelweg« nahezu eben westwärts zur Kanzel. *HU 756 m, 2 ½ Std., leicht und lohnend.*

1111
Gsteigerhof (Gstoager) 889 m

Einsamer Berghof (Jausenstation) im Gallwiesental östlich von Neumarkt.
Von Neumarkt stets der Markierung 3 folgend (teils Forst-, teils Fußwege) nordostwärts zur Burgruine Kaldiff und weiter zum Gsteigerhof. *HU 675 m, 2 Std., leicht und lohnend.*

1112
Nach Gschnon 952 m

Weiler an den Osthängen des Gallwiesentales mit Sommerfrischkloster der Kapuziner. Gasthaus; Autozufahrten von Montan und Truden.
Von Neumarkt wie Bei R 1111 der Markierung 3 folgend zum Gsteiger- oder Gstoagerhof (889 m), dann hinein ins Gallwiesental und auf breitem Waldweg nordostwärts nach Gschnon. *HU 738 m, 2 ½ Std., leicht und lohnend.*

1113
Nach Glen (Oberglen) 618 m

Kleiner Streuweiler an der von Montan nach Truden führenden Straße.
Von Neumarkt in Richtung Montan zum Ortsteil Obere Vill, rechts auf Weg 1, 4, 5 ostwärts hinauf nach Unterglen und weiter nach Oberglen. *HU 334 m, 1 Std., leicht und lohnend.*

1114
Zur Cisloner (Zisloner) Alm 1251 m

Aussichtsreich gelegene Alm mit Gaststätte am Westhang des Cisloner Berges.
Von Glen (R 1113) auf der Straße kurz nordwestwärts, dann rechts ab und auf Weg 1 großteils durch Wald in Kehren hinauf zur Alm. *HU 633 m, knapp 2 Std., leicht und lohnend.*

1115
Zum Schloss Kaldiff (Caldiff) 360 m

Große Burgruine nordöstlich von Neumarkt.
Von Neumarkt stets der Markierung 3 folgend nordostwärts hinauf zur Burg.
HU 146 m, ½ Std., leicht und lohnend.

1116
Nach Pinzon 420 m

Kleines Dorf mit Weinhöfen und gotischer Kirche südwestlich von Montan in erhöhter Lage.
Von Neumarkt auf der nach Montan führenden Straße nordwärts, dann rechts ab und auf Weg 1/4/5 durch die Hänge hinauf nach Pinzon. *HU 206 m, 1 ½ Std., leicht und lohnend.*

Antiker Mauerrest (»Kuchelen«) auf Castelfeder

1120
AUER — AUSGANGSORT — **260 m**

Großes Dorf an der Staatsstraße nördlich von Neumarkt. Abzweigung der Straßen nach Tramin, Kaltern, ins Fleimstal und zu den Dörfern des Regglberges.

1121
Castelfeder — 405 m

Sehr archaisch wirkender Hügel mit Mauerresten frühgeschichtlicher und mittelalterlicher Baulichkeiten sowie einer romanischen Barbarakirche.

a) Von Auer auf der Fleimstaler Straße ein Stück südostwärts hinan, dann rechts ab und auf Steig 5 A empor zur Kuppenhöhe. *HU 145 m, ½ Std., leicht und lohnend.*

b) Von Auer wie bei a zur Abzweigung des Steiges 5 A, auf der Straße kurz weiter bis zur Kehre und von da auf Weg 5 B hinauf nach Castelfeder. *HU und Gehzeit wie a.*

1122
Nach Montan — 496 m

Charakteristik: R 1127.

a) Von Auer (Erholungszone) der Markierung 3 folgend auf Fußweg südostwärts großteils durch Gebüsch hinauf nach Montan. *HU 236 m, ¾ Std., leicht und lohnend.*

b) Von Auer zuerst der Markierung 4 und dann 4 A folgend durch Laubwald und Weinberge südostwärts hinauf nach Montan. *HU 236 m, knapp 1 Std., leicht und lohnend.*

1123
Nach Aldein — 1223 m

Charakteristik: R 1186.

Vom Ostrand von Auer der Markierung 2 folgend über die vielstufige »Katzenleiter« am Rand der Schwarzenbachschlucht empor, auf Waldweg 1 leicht ansteigend zum Gasthaus Sonne an der Aldeiner Straße (900 m, 2 Std.), auf dieser in Kehren hinauf und dann wieder auf Weg 1 durch Wald und Wiesen nach Aldein. *HU 963 m, 3 Std., für Gehgewohnte leicht und lohnend.*

1127 — AUSGANGSORT
MONTAN — 496 m

Schön gelegenes Dorf nahe der Fleimstaler Straße südöstlich oberhalb Auer. Oberhalb des Dorfes das gut erhaltene Schloss Enn. Südwestlich von Montan das kleine Dorf Pinzon und an der Trudner Straße der Weiler Glen.

1128
Zur Cisloner (Zisloner) Alm — 1251 m

Charakteristik: R 1114.
a) Von Montan ostwärts hinauf in Richtung Schloss Enn und auf Weg 3 hinauf zum Weg 4A, auf diesem südwärts zum Weg 1 und auf diesem in Kehren durch Wald hinauf zur Alm. *HU 755 m, 2 ½ Std., leicht und lohnend.*
b) Von Montan auf der nach Truden führenden Straße bis fast nach Glen und auf Weg 1 großteils durch Wald in Kehren hinauf zur Alm. *HU 755 m, 2 ½ Std., leicht und lohnend.*

1131
Nach Kaltenbrunn — 991 m

Charakteristik: R 1160.
Von Montan ostwärts hinauf in Richtung Schloss Enn, auf Weg 3 hinauf zur Trasse der einstigen Fleimser Bahn (Markierung S) und in langer Waldquerung nach Kaltenbrunn. *HU 495 m, 3 Std., leicht und lohnend.*

1135 — AUSGANGSORT
TRUDEN — 1127 m

Geschlossenes, sonniges Bergdorf auf den Höhen östlich von Neumarkt und Auer. Hauptzufahrt von Kaltenbrunn an der Fleimstaler Straße.

1136
Nach St. Lugan (San Lugano) — 1100 m

Charakteristik: R 1153.
Von Truden auf Weg 5 leicht ansteigend am Rand von Wiesen und durch Wald ost- und südostwärts zur so genannten Pera-Schupf (ca. 1350 m) und links der Markierung L folgend durch Wald nordostwärts nach St. Lugan. *HU ca. 250 m, 2 Std., leicht und lohnend.*

1137
Nach Altrei — 1222 m

Charakteristik: R 1144.
Von Truden wie bei R 1136 zur Pera-Schupf, auf Weg 5/L leicht ansteigend zu einem Wiesensattel (1470 m), südostwärts zum Hochmoor »Langes Moos« und auf Weg 5 hinunter nach Altrei. *HU aufwärts 343 m, abwärts 248 m, 2 ½ Std., leicht und lohnend.*

1138
Zur Krabesalm — 1540 m

Schön gelegene Alm mit Ausschank auf den Höhen zwischen Truden und Altrei.
a) Von Truden wie bei R 1136 und 1137 zum Hochmoor »Langes Moos« und rechts der Markierung K folgend leicht aufwärts zur Alm. *HU 413 m, 2 Std., leicht und lohnend.*
b) Von Truden stets der Markierung K folgend (teils Güterweg, teils Fußweg) südost- und südwärts ansteigend zu einem Wiesensattel (1605 m) und südostwärts die Hänge querend zum Ziel. *HU 478 m, knapp 2 Std., leicht und lohnend.*

1139
Zur Hornalm — 1710 m

Charakteristik: R 1098.
Von Truden stets der Markierung 4 und E5 folgend (großteils Güterweg, teilweise abkürzender Fußweg) durch Waldhänge südwestwärts zum Ziss-Sattel (1439 m) und rechts auf Waldweg 3/4 hinauf zur Alm. *HU 583 m, 2 ¼ Std., leicht und lohnend.*

Auf der Krabesalm

1140
Zur Cisloner (Zisloner) Alm   1251 m

Charakteristik: R 1114.
Von Truden der Markierung 1/5 folgend zuerst auf Güterweg und dann auf links abzweigendem Fußpfad leicht ansteigend und eben die Waldhänge westwärts querend zur Alm. *HU 124 m, knapp 1½ Std., leicht und lohnend.*

1144   AUSGANGSORT
ALTREI   1222 m

Sonnig gelegenes Dorf mit spitztürmiger Kirche und Gaststätten auf grüner Hangterrasse über dem Cembratal. Eine der südlichsten Ortschaften Südtirols. Bei St. Lugan von der Fleimstaler Straße abzweigende Autozufahrt.

1145
Zur Hornalm   1710 m

Charakteristik: R 1098.
Von Altrei auf der nach Capriana führenden Straße ein Stück westwärts, dann rechts der Markierung 3 folgend (Güterweg) quer durch die Waldhänge hinauf zum Ziss-Sattel (1439 m) und auf Waldweg 3/4 links hinauf zur Alm. *HU 488 m, 2 Std., leicht, bedingt lohnend.*

1146
Nach Truden   1127 m

Charakteristik: R 1135.
a) Von Altrei der Markierung 5 folgend großteils durch Wald hinauf zum Hochmoor »Langes Moos«, auf Weg 5/L nordwärts über den Wiesensattel mit der »Rigen-Schupf« (1470 m) zur Pera-Schupf

(ca. 1350 m; Schupf = Hütte) und auf Weg 5 leicht absteigend durch Wald und am Rand von Wiesen nach Truden. *HU aufwärts 248 m, abwärts 343 m, 2 ½ Std., leicht und lohnend.*
b) Von Altrei wie bei R 1834 zum Ziss-Sattel (1439 m) und auf Waldweg 4 nach Truden. *HU aufwärts 217 m, 312 m abwärts, 3 Std., für Gehgewohnte leicht und lohnend.*

1147
Zur Krabesalm 1540 m

Charakteristik: R 1138.
Von Altrei auf Weg 5/6 großteils durch Wald hinauf und bei Wegteilung links mit Markierung 6 zur Alm. *HU 318 m, 1 Std., leicht und lohnend.*

1148
Nach St. Lugan 1100 m

Charakteristik: R 1153.
a) Von Altrei wie bei R 1146 zur Pera-Schupf und rechts der Markierung L folgend durch Wald und Wiesen hinab nach St. Lugan. *HU im Aufstieg 248 m, im Abstieg 370 m, 2 Std., leicht und lohnend.*
b) Von Altrei auf der Zufahrtsstraße ca. 20 Min. nordostwärts, dann links der Markierung 9 folgend zum Zaierhof und die Waldhänge querend nach St. Lugan. *HU ca. 250 m, 2 Std., leicht und lohnend.*

1149
Schönblick 1358 m

Kleine Erhebung südöstlich von Altrei.
Von Altrei auf der Zufahrtsstraße kurz nordwärts, dann rechts auf dem zum Weiler Guggal führenden Sträßchen kurz ostwärts und auf markiertem Steig (bei Weggabel rechts) südostwärts leicht ansteigend zum Schönblick. *HU 136 m, ¾ Std., leicht und hübsch.*

1153 AUSGANGSORT
ST. LUGAN (S. LUGANO) 1100 m

Häusergruppe mit Kirchlein auf der Passhöhe an der von Auer ins Fleimstal führenden Straße. Abzweigung der Straße nach Altrei.

1154
Zur Krabesalm 1540 m

Charakteristik: R 1138.
Von St. Lugan auf Steig 9 süd- und südwestwärts zuerst ansteigend und dann eben durch die Waldhänge zum Zaierhof, kurz weiter zu Fahrweg, auf diesem südwestwärts zum Hochmoor »Langes Moos« und auf Weg K zur Alm. *HU 440 m, 2 Std., leicht und lohnend.*

1155
Nach Altrei 1222 m

Charakteristik: R 1144.
Von St. Lugan stets der Markierung L folgend durch Wald westwärts hinauf, dann durch flache Waldungen zur so genannten Pera-Schupf und zu einem Wiesensattel (1470 m; hier die Rigen-Schupf), auf Waldweg 5 zum Hochmoor »Langes Moos« und südseitig hinunter nach Altrei. *HU im Aufstieg 370 m, im Abstieg 248 m, 2 Std., leicht und lohnend.*

1156
Zur Hornalm 1710 m

Charakteristik: R 1098.
Von St. Lugan wie bei R 1154 zum »Langen Moos«, auf Weg 6 die Südhänge querend westwärts zum Ziss-Sattel und auf Waldweg 3/4 hinauf zur Alm. *HU 610 m, ca. 3 ½ Std., leicht und lohnend.*

1160 — AUSGANGSORT
KALTENBRUNN — 991 m

Siedlung an der von Auer ins Fleimstal führenden Straße. Abzweigung der nach Truden und Radein führenden Straßen.

1161
Nach Truden — 1127 m

Charakteristik: R 1135.
Von Kaltenbrunn der Markierung E5 folgend durch Wald und Wiesen zuerst ansteigend und dann eben zur Trudner Straße und auf dieser kurz südwärts nach Truden. *HU 136 m, gut 1 Std., leicht und lohnend.*

1162
Nach Radein (Oberradein) — 1562 m

Charakteristik: R 1176.
Von Kaltenbrunn stets der Markierung 9 folgend nordöstlich hinauf nach Unterradein (1100 m), weiterhin auf Waldweg 9 hinauf zum Wastlhof und südostwärts durch Wiesen nach Radein. *HU 571 m, 2 Std., leicht und lohnend.*

1163
Zur Unteren Kugelalm — 1806 m

Von Wald umrahmte Alm östlich von Kaltenbrunn bzw. südöstlich von Radein.
Von Kaltenbrunn auf Weg 7/8/9 nach Unterradein, von da zum Bachnerhof (1249 m) und rechts der Markierung K folgend durch das Waldtal des Schwarzenbaches hinauf zur Alm. *HU 815 m, 2 ½ Std., für Gehgewohnte leicht und lohnend.*

1164
Schwarzhorn — 2439 m

Frei aufragender Berg östlich von Kaltenbrunn bzw. südlich über dem Jochgrimm.
Von Kaltenbrunn wie bei R 1163 zur Unteren Kugelalm, auf markiertem Weg südostwärts hinauf ins Kugeljoch (1923 m) und ein Stück nordostwärts, dann rechts auf Steig 575 hinauf zum Südwestgrat und teilweise sehr steil empor zum Gipfel. *HU 1448 m, 4 ½ Std., für Gehtüchtige und Trittsichere nicht schwierig, lohnend.*

1165
Zum Jochgrimm — 1989 m

Charakteristik und weitere Zugänge: R 1178.
Von Kaltenbrunn wie bei R 1163 zur Unteren Kugelalm, auf breiterm Waldweg nordwärts zum Gasthaus Kalditscherwirt (1845 m) und nordöstlich auf Weg 7 zum Joch. *HU 998 m, 3 ½ Std., leicht und lohnend.*

1169 — AUSGANGSORT
HOLEN (HOHLEN) — 740 m

Häusergruppe mit Gasthaus im schluchtartigen Talgrund des Schwarzen- und Bletterbaches; Autozufahrt von der nach Aldein führenden Straße her.

1170
Nach Kaltenbrunn — 991 m

Charakteristik: R 1160.
Von Holen der Markierung 10 folgend im Tal des Schwarzenbaches an Höfen vorbei südostwärts leicht ansteigend nach Kaltenbrunn. *HU 251 m, 1 Std., leicht, bedingt lohnend.*

1171
Nach Aldein — 1223 m

Charakteristik: R 1186.
Von Holen auf Weg 10 im Waldtal des Gsalbenbaches nordwärts hinauf nach Aldein. *HU 483 m, knapp 1 ½ Std., leicht und lohnend.*

1172
Nach Unterradein — ca. 1100 m

Streusiedlung nordwestlich oberhalb Kaltenbrunn, an der Straße nach (Ober-)Radein; Gastbetriebe.
a) Von Holen auf Weg 10 ein Stück ostwärts hinauf, dann links auf markiertem

Das Schwarzhorn im Unterland

Steig durch Wald hinan zur Lourdeskapelle und weiter nach Unterradein. *HU ca. 360 m, gut 1 Std., leicht und lohnend.*

b) Von Holen der Markierung 10 folgend im Tal des Schwarzenbaches an Höfen vorbei südostwärts leicht ansteigend nach Kaltenbrunn, auf Waldweg 7/8/9 nordöstlich hinauf und zuletzt auf der Straße nach Unterradein. *HU ca. 360 m, 1 Std., leicht und lohnend.*

1176 — AUSGANGSORT
RADEIN (OBERRADEIN) 1562 m

Sonnig und aussichtsreich gelegener Streuweiler mit besonders schön gelegener Kirche im südlichsten Teil des Regglberges. Autostraße von Kaltenbrunn herauf.

1177
Zur Unteren Kugelalm 1806 m

Charakteristik und weitere Zugänge: R 1163.
Von Radein nordöstlich hinan zum Ortsteil »Stadt«, zuerst auf Weg 7 weiter und dann der rechts abzweigenden Markierung K folgend (teils Forstweg, teils Fußsteig) durch Waldhänge südostwärts zur Alm. *HU 244 m, 1 ½ Std., leicht und lohnend.*

1178
Zum Jochgrimm 1989 m

Wiesensattel mit Gaststätten östlich oberhalb Radein bzw. westlich vom Lavazèjoch zwischen Weißhorn und Schwarzhorn; von Lavazè her Autozufahrt.

a) Von Radein wie bei R 1177 zum Gasthaus Kalditscherwirt und auf Weg 7 ostwärts durch Wiesen zum Joch. *HU 427 m, 1 ½ Std., leicht und lohnend.*

b) Von Radein der Markierung 7 folgend nordöstlich hinan, dann auf dem links abzweigenden »Blauweg« (Markierung B) durch Wald mäßig ansteigend zur Gurndinalm (1952 m, Ausschank) und auf dem Fahrweg zum Joch. *HU 427 m, 1 ½ Std., leicht und lohnend.*

1179
Schwarzhorn 2439 m

Charakteristik: R 1164.
Vom Jochgrimm (R 1178) auf Steig 582 südwärts über den steinigen Bergrücken ziemlich gerade empor zum Gipfel. *HU 450 m, knapp 1 ½ Std., für Gehgewohnte leicht und lohnend.*

1180
Weißhorn 2317 m

Frei aufragender, im Gipfelbereich aus Dolomit aufgebauter Berg nördlich über dem Jochgrimm. Nordwestseitig große geologische Aufschlüsse.

a) Vom Jochgrimm (R 1178) auf markiertem Steig durch die Hänge nordwärts hinauf zum Gipfel. *HU 328 m, 1 Std., leicht und lohnend.*

b) Von Radein auf Waldweg 4 leicht ansteigend nordostwärts bis zum rechts abzweigenden »Zirmersteig« (Markierung W) und auf diesem ostwärts empor zum Gipfel. *HU 755 m, 2½ Std., für Gehgewohnte leicht und lohnend.*

1181
In die Gorz 1636 m

Großer Bergkessel unter der Weißhorn-Nordwestflanke. Quellgebiet des Bletterbaches.

Von Radein auf Waldweg 4 leicht ansteigend zum rechts abzweigenden »Zirmersteig« (Markierung W), nun auf diesem über den Waldrücken hinauf und dann links abzweigend auf Waldsteig 3 (»Gorzsteig«) steil hinab in den Grund des Bergkessels. *HU 213 m aufwärts, 139 m abwärts, 1 Std., für Gehgewohnte leicht, bedingt lohnend.*

1182
Zur Lahneralm 1583 m

Auf Aldeiner Seite schön gelegene Alm mit Ausschank.

a) Von Radein wie bei R 1181 in die Gorz, jenseits auf dem »Gorzsteig« hinauf, dann nahezu eben durch die Waldhänge hinaus zu einer Lichtung (Parkplatz) und rechts kurz hinauf zur Alm. *HU ca. 200 m, knapp 2 Std., für Gehgewohnte leicht und lohnend.*

b) Von Radein auf Waldweg 4 leicht ansteigend nordostwärts, an der Abzweigung des »Zirmersteiges« vorbei und kurz hinunter zum Bletterbach (1554 m, darunter das so genannte »Butterloch« mit einem Wasserfall), jenseits auf Steig 4 kurz hinauf zum Gorzsteig und links wie bei a weiter zum Ziel. *HU ca. 100 m, 1½ Std., leicht und lohnend.*

1186 AUSGANGSORT
ALDEIN 1223 m

Schön gelegenes Dorf mit Kirche und Gasthaus auf einer Anhöhe im Südteil des Regglberges, der Hochfläche östlich über dem Etschtal. Hauptzufahrt von Auer, Straßenverbindungen mit Kaltenbrunn und Petersberg. Abzweigung der Straße zum Streuweiler Lerch (Lärch; dort das Gasthaus Schlögler, 1454 m).

1187
Burgstallegg 1078 m

Südsüdwestlich von Aldein hoch über dem Etschtal befindliche Steinhalden und Mauerreste einer so genannten Wallburg.

Von Aldein auf der Zufahrtsstraße zum Gasthaus Schönblick, dann rechts der Markierung R folgend zwischen Häusern und durch Wald zu Weggabel, nun links ab und weiter der Markierung R folgend durch Wald zum Burgstallegg. *HU gering, gut 1 Std., leicht und lohnend.*

1188
Göllersee 1081 m

Naturbelassener Waldsee westlich von Aldein; unweit des Zugangsweges der »Hexenstein«, ein erratischer Block.

Von Aldein auf der Zufahrtsstraße zum Gasthaus Schönblick, rechts der Markierung R folgend zwischen Häusern und durch Wald leicht abwärts zu Weggabel und rechts bzw. geradeaus weiter zum See. *HU gering, ¾ Std., leicht und lohnend.*

Der Göllersee bei Aldein

1189
Rotwand   1072 m

Mit senkrechter Felswand zum Etschtal abbrechender Aussichtspunkt nordwestlich von Aldein.
Von Aldein wie bei R 1188 zum Göllersee und der Markierung R folgend durch Wald westwärts hinaus zur Rotwand. *HU gering, knapp 1 Std., leicht und lohnend.*

1190
Göller   1100 m

Bewaldete Kuppe mit nahem, »Setz« genanntem Aussichtspunkt nordwestlich von Aldein.
Von Aldein wie bei R 1188 zum Göllersee und auf markiertem Waldsteig nahezu eben nordwestwärts zum Göller.
HU gering, 1 ½ Std., leicht und lohnend.

1191
Nach Winkl   ca. 1200 m

Kleiner Streuweiler in schöner Lage nördlich von Aldein.
a) Von Aldein der Markierung T folgend nordwärts mit nur mäßigen Höhenunterschieden durch Wiesen und Wald und an Höfen vorbei nach Winkl (Höfe Matzneller und Mösl). *HU gering, gut 1 Std., leicht und lohnend.*
b) Von Aldein der Markierung A folgend nordnordostwärts, dann links ab und der Markierung T folgend nordwestwärts durch Wald zum Möslhof. *HU ca. 100 m, knapp 1 ½ Std., leicht und lohnend.*

1192
Nach Petersberg   1389 m

Charakteristik: R 1203.
Von Aldein stets der Markierung A folgend (großteils Fußwege) in langer Wanderung mit geringen Höhenunterschieden nordostwärts durch Wälder und Wiesen und an Höfen vorbei nach Petersberg. *HU ca. 180 m, knapp 1 ½ Std., leicht und lohnend.*

1193
Nach Maria Weißenstein   1520 m

Charakteristik: R 1205.
a) Von Aldein stets der Markierung 10 folgend nordostwärts durch Wald und Wiesen nur mäßig steil hinan zum Streuweiler Kronberg, weiter zu einer Geländeschulter (1610 m) und leicht abwärts nach Weißenstein. *HU 400 m, 2 Std., leicht und lohnend.*
b) Vom Gasthaus Schlögler im Weiler Lerch (1454 m; von Aldein Straße hierher, 3 km) auf Weg L nahezu eben nordwärts zum Weiler Kronberg und wie bei a weiter zum Ziel. *HU 156 m, gut 1 ½ Std., leicht und lohnend.*

1194
Zur Schmiederalm   1674 m

Alm bzw. Gasthaus am Rand schöner Lärchenwiesen ostnordöstlich von Aldein oberhalb Lerch.
a) Vom Eipererhof im Weiler Lerch (1453 m, Straße hierher, 3,5 km ab Aldein) auf Steig und Weg 2 nordwärts durch Wiesen und Wald hinauf zur Alm. *HU 221 m, ¾ Std., leicht und lohnend.*
b) Von der Lahneralm (R 1196) auf bezeichnetem Waldsteig eben und leicht ansteigend nordwestwärts zur Schmiederalm. *HU 91 m, ½ Std., leicht und lohnend.*

1195
Zur Schönraster Alm 1699 m

Schön gelegene Almrodung mit Gastwirtschaft zwischen Schmiederalm und Weißenstein.
Von der Schmiederalm (R 1194) auf mit S markiertem Waldweg nahezu eben nordostwärts zum Ziel. *HU gering, 20 Min., leicht und lohnend.*

1196
Zur Lahneralm 1583 m

Charakteristik: R 1182.
a) Vom Eipererhof in Lerch (R 1194/a) auf Fahrweg 3 nahezu eben ostwärts zu einer Waldlichtung (Parkplatz, 1550 m) und links in wenigen Minuten hinauf zur Alm.
HU 130 m, ¾ Std., leicht und lohnend.
b) Von der Schmiederalm (R 1194) auf bezeichnetem Waldsteig eben und leicht absteigend südostwärts zum Ziel. *HU 91 m (abwärts), ½ Std., leicht und hübsch.*

1197
In die Gorz 1636 m

Charakteristik: R 1181.
Von den östlichen Höfen von Lerch (Eiperer, R 1194/a) auf Fahrweg ostwärts zu einer Lichtung (Parkplatz), dem Wegweiser »Gorzsteig« folgend eben und leicht ansteigend talein zu einer Quelle, auf dem Gorzsteig weiter talein und zuletzt kurz hinab in den Grund des Kessels, Gorz genannt. *HU 183 m, 1 Std., für Gehgewohnte leicht, bedingt lohnend.*

1198
Weißhorn 2317 m

Charakteristik: R 1180.
Von Lerch wie bei R 1196/a zur Lahneralm, auf Steig 3 ein Stück nordwärts, dann rechts auf Steig 4 zum Waldsteig 5, auf diesem südostwärts hinauf zum Nordgrat des Berges und über ihn (markiert) steil empor zum Gipfel. *HU 864 m, 2 ½ Std., für Geübte nicht schwierig, lohnend.*

1202
Jochgrimm 1989 m

Charakteristik: R 1178.
Wanderungen in diesem Bereich siehe unter Radein (R 1176) und Aldein (R 1186).

1203
AUSGANGSORT
PETERSBERG 1389 m

Nordöstlich von Aldein schön gelegenes Dorf mit Hügelkirche. Straßenverbindungen mit Aldein, Deutschnofen und Maria Weißenstein.

1204
Nach Aldein 1223 m

Charakteristik: R 1186.
Wie R 1192, in umgekehrter Richtung; gleiche Gehzeiten.

1205
Nach Maria Weißenstein 1520 m

Bekannter und vielbesuchter Wallfahrtsort mit großer Kirche und angeschlossenem Kloster östlich oberhalb Petersberg. Gasthaus. Autozufahrt von Petersberg herauf.
a) Von Petersberg der Markierung 5 folgend durch Wiesen und Wald süd- und südostwärts hinauf zum Weg 10 (1610 m) und auf diesem links leicht absteigend nach Weißenstein. *HU 221 m, ¾ Std., leicht und lohnend.*
b) Von Petersberg auf der nach Weißenstein führenden Straße kurz ostwärts, dann links auf Fahrweg hinüber zum Ellerhof und zum Waldweg 1 und auf diesem leicht ansteigend nach Weißenstein.
HU 131 m, ½ Std., leicht, bedingt lohnend.

1206
Zur Schmiederalm 1674 m

Charakteristik: R 1194.
a) Von Petersberg wie bei R 1207 zur Schönraster Alm und eben weiter (stets Markierung S) zur Schmiederalm.

Die Schönraster Alm bei Aldein

HU 310 m, knapp 2 Std., leicht und lohnend.
b) Von Weißenstein (R 1205) auf Weg 8/10 leicht ansteigend südwestwärts zu einer Geländeschulter, links auf Steig 2/8 durch Wiesen und Wald nahezu eben südwestwärts und dann links abzweigend kurz hinauf zur Alm. *HU 154 m, 1 Std., leicht und lohnend.*

1207
Zur Schönraster Alm   1699 m

Charakteristik: R 1195.
Von Petersberg der Markierung 5 folgend durch Wiesen und Wald süd- und südostwärts hinauf zu Wegteilung (1610 m), auf breitem Waldweg kurz weiter und rechts (Markierung S) zur Schönraster Alm.
HU 310 m, 1 ½ Std., leicht und lohnend.

1208
Weißhorn   2317 m

Charakteristik: R 1180.
Von Petersberg stets der Markierung 5 folgend durch Wiesen und Wald süd- und südostwärts hinauf zur Baumgrenze und über den im oberen Teil felsigen Nordgrat des Berges (markiert) steil empor zum Gipfel. *HU 928 m, 3 ½ Std., für Gehtüchtige unschwierig und sehr lohnend.*

1209
Zum Petersberger Leger   1529 m

Schön gelegene Alm mit Ausschank südöstlich von Weißenstein.
Von Maria Weißenstein (R 1205) auf breitem Waldweg 2 nahezu eben südostwärts zur Alm. *HU gering, ¾ Std., leicht und lohnend.*

1213   AUSGANGSORT
DEUTSCHNOFEN   1357 m

Schön und sonnig gelegenes Dorf im nördlichen Teil des Regglberges. Straßenverbindung mit Petersberg und Birchabruck.

1214
Nach Maria Weißenstein   1520 m

Charakteristik: R 1205.
In Deutschnofen auf der Zufahrtsstraße kurz ostwärts, dann rechts der Markierung 2 und E5 folgend (zuerst Steig, dann Fahrweg) in mehr oder weniger ebener Wanderung durch Wiesen und Waldhänge südwärts und zuletzt in Kehren hinauf nach Weißenstein. *HU 193 m, gut 2 Std., leicht und lohnend.*

1215
Zur Laabalm — 1648 m

Schön gelegene Alm mit Gasthaus südsüdöstlich von Deutschnofen.
In Deutschnofen auf der Zufahrtsstraße kurz ostwärts, dann rechts der Markierung 2 und E5 folgend süd- und südostwärts, bald nach dem Haus »Kehr« links auf Steig 8 hinauf zu einem Geländesattel nahe dem Pichlhof und auf Waldweg 1 südwestwärts hinauf zur Alm. *HU ca. 300 m, 1½ Std., leicht und lohnend.*

1216
Nach St. Helena — 1439 m

Freskengeschmückte Hügelkirche östlich von Deutschnofen. Daneben Hofschenke.
Von Deutschnofen auf der Zufahrtsstraße ca. 2 km ostwärts, bald nach dem Gasthaus Pfösl links ab und auf Fahrweg nahezu eben großteils durch Wald nach St. Helena. *HU ca. 100 m, gut 1 Std., leicht und lohnend.*

1217
Nach St. Agatha — 1304 m

Romanisch-gotisches Waldkirchlein nordöstlich von Deutschnofen.
Von Deutschnofen der Markierung 5 folgend auf Fahrweg nordöstlich nahezu eben zu Wegteilung, hier rechts ab und auf Weg mit Markierung A, vorbei am Oberkoflerhof, großteils durch Wald ostwärts zum Kirchlein. *HU gering, knapp 1 Std., leicht und lohnend.*

1218
Zur Klausalm — 1528 m

Hübsche Alm mit Ausschank in aussichtsreicher Lage nordwestlich von Deutschnofen.
Von Deutschnofen der Markierung 1/2 folgend (zuerst schmale Straße, dann Fußweg) über gewelltes Wald- und Wiesengelände nordwestwärts in kurzem Auf- und Abstieg zum Wölflhof (1282 m, Jausenstation), auf Weg 1 weiterhin nordwest-

St. Helena bei Deutschnofen

wärts mit geringen Höhenunterschieden durch die Wälder und am Steinerhof vorbei zum »Toten Moos« (Moorweiher, 1472 m), bald darauf vom Weg 1 rechts ab und nordwärts kurz hinauf zur Alm. *HU 171 m, knapp 3 Std., für Gehgewohnte leicht und lohnend.*

1223 — AUSGANGSORT
BRANZOLL — 238 m
PFATTEN — 231 m

Branzoll ist ein mittelgroßes Dorf an der Staatsstraße südlich von Leifers am Ostrand der Etschtalsohle. Das kleinere Pfatten befindet sich nordwestlich von Branzoll am gegenüberliegenden Talrand und besitzt Straßenverbindung mit Branzoll und Leifers.

1224
Nach Aldein 1223 m

Charakteristik: R 1186.
Von Branzoll auf Weg 6 durch das enge Waldtal des Aldeiner Baches südostwärts hinauf nach Aldein. *HU 985 m, 3 Std., leicht, bedingt lohnend.*

1225
Zu den Montiggler Seen ca. 500 m

Charakteristik: R 1016.
a) Von Pfatten auf markiertem Weg durch Buschwald empor zur Hochfläche (567 m), eben und leicht absteigend durch Wald in Richtung Montiggl und zuletzt rechts zu den Seen. *HU 336 m, 1 ½ Std., leicht und lohnend.*
b) Von Pfatten auf schmaler Straße nordwärts zum Maierhof, auf markiertem Weg und Steig westwärts durch Buschwald empor zur Hochfläche (521 m) und nahezu eben hinüber zu den Seen. *HU 290 m, knapp 1 ½ Std., leicht und lohnend.*

1230 AUSGANGSORT
LEIFERS 258 m

Große Ortschaft (Stadtgemeinde) südlich von Bozen an der Staatsstraße am Ostrand der Etschtalsohle.

1231
Zum Peterskirchlein 438 m

Romanisches Kirchlein auf dem so genannten Peterköfele südöstlich über Leifers. Daneben spärliche Reste der Burg Lichtenstein.
Von Leifers auf der Brantentaler Straße zum Haus Emmaus (Krankenpflegeanstalt) und rechts auf Pflasterweg 1 (Weißensteiner Wallfahrerweg) hinauf zum Kirchlein. *HU 180 m, ½ Std., leicht und lohnend.*

1232
Nach Maria Weißenstein 1520 m

Charakteristik: R 1205.
a) Von Leifers wie bei R 1231 zum Peterskirchlein und auf Weg 1 (Wallfahrerweg) durch die Waldhänge des Brantentales hinauf zum Gasthaus Halbweg (996 m), weiter zur Gaststätte Dreiviertelweg (1322 m) und nach Querung Petersberger Straße (1350 m) schließlich hinauf nach Weißenstein. *HU 1262 m, 3 ½ Std., für Gehgewohnte leicht und lohnend, aber etwas mühsam.*
b) Von der Jausenstation Zur Mühle im Brantental (700 m; von Leifers Straße hierher, zu Fuß gut 1 Std.) auf mit H bezeichnetem Waldweg südwestwärts hinauf zum Gasthaus Halbweg und wie bei a weiter. *HU 820 m, knapp 3 Std., leicht und lohnend, aber etwas mühsam.*

1233
Nach Petersberg 1389 m

Charakteristik: R 1203.
a) Von Leifers wie bei R 1232 in Richtung Weißenstein zur querenden Petersberger Straße (1350 m) und auf dieser in 20 Min. rechts hinüber nach Petersberg. *HU 1131 m, gut 3 Std., leicht, aber etwas mühsam.*
b) Von der Jausenstation Zur Mühle im Brantental wie bei R 1232/b in Richtung Weißenstein bis zur querenden Petersberger Straße und auf dieser wie bei a hinüber nach Petersberg. *HU 689 m, 2 ½ Std., leicht und lohnend.*

1234
Nach Deutschnofen 1357 m

Charakteristik: R 1213.
Von der Jausenstation Zur Mühle (R 1232/b) auf dem Waldweg 5 durch das Brantental hinauf bis zu Weggabel unterm Hacklhof (1067 m) und links weiterhin auf Weg 5 hinauf nach Deutschnofen. *HU 657 m, gut 2 Std., leicht, bedingt lohnend.*

1235
Leiferer Höhenweg

Schöne, wenn auch stellenweise etwas ausgesetzte Route quer durch die von Leifers nordöstlich ansteigenden Hänge.
Rundwanderung: Von Leifers auf schmaler Straße durch das Brantental hinein zur Jausenstation Zur Mühle (700 m; gut 1 Std.), links auf Weg 12 nordseitig hinauf zum Schwabhof (795 m), auf dem Höhensteig (Markierung 12) leicht ansteigend und eben durch die Steilhänge teilweise ausgesetzt hinaus (gesicherte Stellen), dann nordwärts auf Weg 12 durch Wiesen und Wald zu den Steinerhöfen (741 m) und auf Weg 11 südwestwärts durch Buschwald hinunter nach Leifers. *HU 617 m, 3 ½ Std., für Gehgewohnte und Trittsichere leicht und lohnend.*

1240 AUSGANGSORT
SEIT 868 m

Sonnig gelegener Streuweiler mit Kirche und Gaststätten zwischen Leifers und Bozen an der östlichen Bergflanke hoch über dem Etschtal. Beim Dorf Steinmannwald beginnende Zufahrtsstraße.

1241
Nach Kohlern 1135 m

Charakteristik: R 1286.
Von Seit stets der Markierung 3 folgend (teils Fußweg, teils Straße) durch Wiesen und Wald hinauf gegen den Köhlhof (1193 m), dann die Waldhänge querend nordwärts (stets Markierung 3) und zuletzt leicht absteigend nach Kohlern. *HU ca. 310 m, 1 ½ Std., leicht und lohnend.*

1242
Zu den Schneiderwiesen 1372 m

Bergwiesen mit Gasthaus nordöstlich oberhalb Seit bzw. südlich von Bauernkohlern.
Von Seit stets der Markierung 3 folgend (teils Fußweg, teils Straße) hinauf zum Köhlhof und rechts auf Waldweg 3 A weiter bergan zu den Schneiderwiesen. *HU 504 m, 1 ½ Std., leicht und lohnend.*

1243
Nach Deutschnofen 1357 m

Charakteristik: R 1213.
Von Seit wie bei R 1242 hinauf zum Köhlhof, rechts auf Waldweg 3 A ansteigend zu den Schneiderwiesen (Gasthaus, 1372 m), südostwärts weiter zur Wegteilung (1560 m) nahe der Klausalm (oder zur Alm selbst), dann stets auf Waldweg 1 mit mäßigen Höhenunterschieden durch die Wälder zum Steiner- und zum Wölflhof (1282 m) und der Markierung 1/2 folgend durch Wald- und Wiesengelände in kurzem Auf- und Abstieg nach Deutschnofen. *HU 504 m, 4 ½ Std., für Gehtüchtige leicht und lohnend.*

1247

BOZEN UND UMGEBUNG

Dieser Abschnitt umfasst den unmittelbaren Stadtbereich von Bozen sowie die gegen den Tschögglberg, Ritten und Regglberg hinaufziehenden Hänge.

. *Glaning*
R 1270

. *Signat*
R 1278

. *Bozen*
R 1248

. *Kohlern*
R 1286

1248 — AUSGANGSORT
BOZEN — 262 m

Landeshauptstadt von Südtirol mit annähernd 100.000 Einwohnern im Mündungsbereich von Eisack und Talfer. Historischer Stadtkern mit schönen Laubengängen, gotischem Dom sowie zahlreichen anderen sehenswerten Sakral- und Profanbauten. Für den Wanderer wichtige Stadtteile sind Gries im Nordwesten, die Altstadt im Nordosten sowie das Virglgebiet und Haslach im Südosten.

1249
Guntschnapromenade

Schöner Serpentinenweg mit Zierpflanzen bei Gries.
Von der Alten Pfarrkirche in Gries auf der beschilderten Promenade mit nur geringer Steigung hinauf bis zum Ende des Spazierwegs beim ehemaligen Hotel Reichrieglerhof (460 m). *HU ca. 200 m, ¾ Std., leicht und lohnend.*

1250
Zur Burgruine Greifenstein — 745 m

Charakteristik: R 871.
Westlich des Stadtteils Moritzing von einem Bildstock an der Hauptstraße ausgehend auf Steig und Weg 11 hinauf zur Kirche St. Cosmas und Damian, weiter bergan zu einem kleinen Geländesattel und links auf querendem Steig zur Ruine. *HU 502 m, knapp 1½ Std., leicht, bedingt lohnend.*

1251
Nach Unterglaning — 760 m

Charakteristik: R 872.
a) Vom Stadtteil Moritzing (250 m; Wegbeginn 450 m westlich der Kirche) auf dem Weg mit der Markierung N durch steile Buschhänge empor zum Ziel. *HU 510 m, 1½ Std., leicht und lohnend, aber steil.*
b) Wie bei R 1250 hinauf zum kleinen Geländesattel und rechts weiter nach Unterglaning. *HU 510 m, knapp 2 Std., leicht und lohnend.*

1252
Nach Glaning — 764 m

Charakteristik: R 873.
Von der Alten Pfarrkirche von Gries stets der Markierung 9 folgend auf steilem Pflasterweg durch Buschhänge hinauf und zuletzt auf der Zufahrtsstraße nahezu eben westwärts nach Glaning. *HU 500 m, 1½ Std., leicht, bedingt lohnend.*

1253
Nach St. Georgen — 593 m

Höfegruppe mit Gasthaus und weithin sichtbarem Kirchlein über dem Stadtteil Gries bzw. Fagen.
a) Von der Sarntaler Straße am Nordostrand von Gries der Markierung 1 folgend auf steilem Sträßchen, am Gscheibten Turm vorbei, großteils durch Buschhänge nordwestwärts hinauf nach St. Georgen. *HU 300 m, knapp 1 Std., leicht, bedingt lohnend.*
b) Nahe der Talstation der Jenesier Seilbahn am Nordostrand von Gries von der Sarntaler Straße westseitig ab, auf steilem Fahrweg (Markierung 2) nordwärts durch Weinberge und Buschhänge hinauf gegen die Ruine Rafenstein und zuletzt links auf Fahrweg 1A nahezu eben nach St. Georgen. *HU ca. 370 m, 1½ Std., leicht, bedingt lohnend.*

1254
Zur Ruine Rafenstein — 686 m

Weithin sichtbare Burgruine (das Innere nicht zugänglich) westlich über dem Eingang ins Sarntal. In der Nähe Gasthaus.
a) Von der Sarntaler Straße wie bei R 1253 hinauf nach St. Georgen und rechts auf Fahrweg 1A nahezu eben zum Ziel. *HU 393 m, 1½ Std., leicht, bedingt lohnend.*

b) Nahe der Talstation der Jenesier Seilbahn von der Sarntaler Straße westseitig ab und auf steilem Fahrweg (Markierung 2) hinauf nach Rafenstein. *HU 386 m, gut 1 Std., leicht, bedingt lohnend.*

1255
Nach Jenesien   1087 m

Charakteristik: R 1296.

a) Von der Sarntaler Straße wie bei R 1253 hinauf nach St. Georgen, von dort zuerst noch auf der alten Jenesier Straße weiter und dann abseits derselben durch Wald und Wiesen hinauf nach Jenesien.
HU 794 m, knapp 2 ½ Std., leicht, bedingt lohnend.

b) Nahe der Talstation der Jenesier Seilbahn auf steilem Fahrweg (Markierung 2) hinauf gegen die Ruine Rafenstein und weiterhin auf Waldweg 2 weiter nach Jenesien. *HU 787 m, 2 ½ Std., leicht und lohnend.*

1256
Oswaldpromenade

Nordöstlich der Bozner Altstadt die Buschhänge querender, breiter Spazierweg.

Von der Talferbrücke in Bozen auf der Wassermauerpromenade nordwärts zum Stadtviertel St. Anton (300 m), auf der beschilderten Oswaldpromenade südostwärts leicht ansteigend und eben die Hänge querend zum Dörfchen St. Magdalena (375 m), auf der Zufahrt südwestlich hinab und durch die Bozner Altstadt zurück zum Ausgangspunkt. *HU ca. 140 m, 2 Std., leicht und lohnend.*

1257
Zum Gasthaus Peterploner   549 m

Beliebtes Ausflugsziel in schöner Lage nordöstlich über der Bozner Altstadt.

Vom Stadtviertel St. Oswald (300 m) im Nordosten der Altstadt auf Weg 2 hinauf zur Oswaldpromenade (R 1256) und auf dem markierten Fußweg weiter bergan zum Peterploner. *HU 250 m, ¾ Std., leicht und lohnend.*

1258
Nach Maria Himmelfahrt   1176 m

Charakteristik: R 1473.

a) Vom Stadtviertel St. Oswald wie bei R 1257 hinauf zum Peterploner, auf dem Waldweg 2 weiter empor gegen die Waldkuppe Krummeck und in flacherem Waldgelände zum Ziel. *HU 876 m, 2 ½ Std., leicht und lohnend.*

b) Vom Bozner Stadtviertel St. Anton (R 1256) auf Sträßchen nordöstlich hinauf zum Weiler St. Peter, der Markierung 3 folgend (Fahr- und Fußweg) nordöstlich großteils durch steilen Wald empor zum Weg 2 und wie bei a in flachem Waldgelände nach Maria Himmelfahrt.
HU 876 m, gut 2 ½ Std., leicht und lohnend.

1259
Nach Oberbozen   1220 m

Charakteristik: R 1471.

Von Bozen wie bei R 1258 nach Maria Himmelfahrt und auf breitem Spazierwege nahezu eben nordostwärts nach Oberbozen. *HU 920 m, knapp 3 ½ Std., leicht und lohnend.*

1260
Nach Signat   852 m

Charakteristik: R 1278.

Vom Gasthof Rentschnerhof im Bozner Vorort Rentsch (300 m) stets der Markierung 5 folgend teils auf der Rittner Straße, teils auf Fuß- und Fahrwegen nordöstlich durch Weinberge und Buschhänge hinauf nach Signat. *HU 552 m, 1 ½ Std., leicht, bedingt lohnend.*

1261
Nach Wolfsgruben   1204 m

Charakteristik: R 1462.

a) Von Rentsch wie bei R 1260 nach Signat und wie bei 1281/a weiter zum Ziel. *HU 904 m, knapp 3 Std., leicht und lohnend.*

Die Haselburg bei Bozen

b) Von Rentsch wie bei R 1260 nach Signat und wie bei 1281/b weiter zum Ziel.
HU 904 m, 3 ½ Std., leicht und lohnend.

1262
Nach Unterinn 904 m

Charakteristik: R 1454.
Von Rentsch wie bei R 1260 nach Signat und wie bei 1282 weiter zum Ziel.
HU 604 m, 3 Std., leicht und lohnend.

1263
Nach Kampenn 616 m

Weiler mit Annakirche und Hofschenke (Grafhof) südöstlich oberhalb Bozen.
In der Nähe das Schloss Kampenn.
Von Bozen herauf Autostraße.
Von der Bozner Altstadt zur Loretobrücke, auf der Trientstraße kurz südwärts, dann links auf dem Kalvarienweg und dem Virglweg hinauf zum Virgl (kleine Hochfläche mit Gaststätten, 450 m) und auf bezeichnetem Weg steile Waldhänge ostwärts querend nach Kampenn. *HU 372 m, 1 ½ Std., leicht und lohnend.*

1264
Nach Kohlern 1135 m

Charakteristik: R 1286.
a) Von der Bozner Altstadt wie bei R 1263 zum Virgl und dann stets auf Waldweg 4 durch steile Waldhänge empor nach Kohlern. *HU 873 m, 2 ½ Std., leicht und bedingt lohnend.*
b) Von Bad Isidor (922 m, Gasthaus an der Straße von Bozen nach Kohlern) auf Waldweg 1 mäßig ansteigend nach Kohlern.
HU 213 m, knapp 1 Std., leicht, bedingt lohnend.

1265
Zur Haselburg 406 m

Teilweise gut erhaltene und erneuerte Burg mit Gasthaus auf einem Steilfelsen über dem Südrand von Bozen. Sehenswerte Fresken.
Vom Bozner Stadtteil Haslach (275 m) der Markierung 3 folgend (teils schmale Straße, teils breiter Spazierweg) durch Buschhänge südwärts leicht ansteigend zur Burg. *HU 131 m, ¾ Std., leicht und lohnend.*

1266
Nach Seit — 868 m

Charakteristik: R 1240.
Vom Bozner Stadtteil Haslach wie bei R 1265 zur Haselburg und weiterhin auf Weg 3 (teilweise Pflasterweg) durch Laubwald und Felshänge südwärts hinauf nach Seit. *HU 593 m, 2 Std., leicht und lohnend.*

1270 — AUSGANGSORT
GLANING — 764 m

Hübsch gelegenes Dörfchen mit Martinskirche und Gasthaus nordwestlich über Bozen bzw. östlich über Siebeneich. Autozufahrt von der nach Jenesien führenden Straße her.

1271
Nach Unterglaning — 760 m

Charakteristik: R 872.
Von Glaning der Markierung 9 folgend auf schmaler Straße kurz westwärts, dann links ab und nach Unterglaning. *HU gering, ½ Std., leicht, bedingt lohnend.*

1272
Zur Burg Greifenstein — 745 m

Charakteristik: R 871.
Von Glaning wie bei R 1271 nach Unterglaning, auf breitem Weg 11 eben und kurz abwärts zu Wegteilung und rechts auf querendem Steig zur Ruine. *HU gering, ¾ Std., leicht und lohnend.*

1273
Nach Rumsein — 919 m

Höfegruppe mit schöner Aussicht nordwestlich von Glaning.
Von Glaning stets der Markierung 9 folgend auf schmaler Straße in langer Querung der Waldhänge teils eben, teils leicht ansteigend nach Rumsein. *HU 155 m, 1 ½ Std., leicht, bedingt lohnend.*

1274
Nach Oberglaning — 1047 m

Weiler mit zwei Gaststätten nordwestlich oberhalb Glaning.
Von Glaning der Markierung 5 folgend auf Fahrweg mittelsteil durch Wald hinauf nach Oberglaning. *HU 283 m, 1 Std., leicht und lohnend.*

1278 — AUSGANGSORT
SIGNAT — 852 m

Schön gelegener Weiler mit kleiner Kirche und Gaststätten nordöstlich von Bozen am Rittner Hang. Von der Rittner Straße bei St. Justina abzweigende Autozufahrt.

1279
Oberbozner Erdpyramiden

Schöne Erdpyramidengruppen im Graben des Rifelaun- oder Katzenbaches oberhalb Signat bzw. unterhalb Oberbozen.
Von Signat der Markierung 5 folgend auf schmaler Straße zum Königshof, auf Fahrweg weiter und bei Wegweiser »Erdpyramiden« links nahezu eben zu einer Stelle mit schönem Blick zu den Erdpyramiden (1025 m). *HU 173 m, ½ Std., leicht und hübsch.*

1280
Nach Oberbozen — 1220 m

Charakteristik: R 1471.
Von Signat auf schmaler Straße nordwärts zum Königshof und auf Forstweg 5 ein gutes Stück weiter bergan, dann auf Steig 23A links durch Wald und Wiesen und an einem Hof vorbei hinauf, zuletzt erneut links ein Tälchen querend zum Weg 23 und auf diesem hinauf nach Oberbozen. *HU 368 m, gut 1 Std., leicht und lohnend.*

1281
Nach Wolfsgruben — 1204 m

Charakteristik: R 1462.

Die Erdpyramiden von Oberbozen

a) Von Signat auf schmaler Straße zum Könighof und auf Forstweg nordostwärts hinauf nach Wolfsgruben. *HU 352 m, 1 Std., leicht und lohnend.*

b) Von Signat auf Weg 31A ostwärts zum Partschunerhof (996 m, Gaststätte), auf Waldweg 11 hinauf und zuletzt nahezu eben nach Wolfsgruben. *HU 352 m, 1 ½ Std., leicht und lohnend.*

1282
Nach Unterinn — 904 m

Von Signat auf Weg 31A (Signater Kirchsteig) ostwärts hinan zum Partschunerhof (996 m, Gaststätte) und weiter auf Weg 31A (Signater Kirchsteig) ostwärts teils absteigend, teils eben die Wald- und Wiesenhänge querend nach Unterinn. *HU gering, knapp 1 ½ Std., leicht und lohnend.*

1286 — AUSGANGSORT
KOHLERN — 1135 m

Vor allem als Sommerfrischort bekanntes Siedlungsgebiet südöstlich über Bozen, bestehend aus dem Weiler Bauernkohlern (meist einfach Kohlern genannt) mit Gaststätten, Kirchlein und der Bergstation der Kohlerer Bahn (1908 erbaut) sowie aus der nahen Häusergruppe Herrenkohlern. Von Bozen herauf auch schmale Straße.

1287
Zu den Schneiderwiesen 1372 m

Charakteristik: R 1242.
Von Bauernkohlern stets auf Waldweg 1 südwärts mäßig ansteigend zum Ziel.
HU 237 m, ¾ Std., leicht und lohnend.

1288
Zur Klausalm 1528 m

Hübsche Alm mit Ausschank in aussichtsreicher Lage südlich von Kohlern.
Charakteristik: R 1218.
a) Von Bauernkohlern wie Bei R 1288 zu den Schneiderwiesen (Gasthaus, 1372 m), südostwärts durch Wald mäßig ansteigend weiter zur Wegteilung (1560 m) und links kurz hinab zur Alm. *HU 425 m, 1 ½ Std., leicht und lohnend.*
b) Von Bauernkohlern der Markierung 4 folgend zuerst nahezu eben nach Herrenkohlern (1181 m), dann durch Wald über die Wolftalalm hinauf zum »Toten Moos« (Moorweiher, 1472 m), auf Weg 1 rechts zu Weggabel und wieder rechts zur Alm.
HU 393 m, 2 ½ Std., leicht und lohnend.

1289
Nach Herrenkohlern 1181 m

Kleine Gruppe von Sommerfrischhäusern mit Kirchlein östlich von Bauernkohlern.
Von Bauernkohlern auf Fahrweg 4 nahezu eben ostwärts zum Ziel. *HU 46 m, ½ Std., leicht, hübsch.*

1290
Zum Röllhof 944 m

Bergbauernhof und Gaststätte östlich unterhalb Herrenkohlern.
Von Bauernkohlern auf Fahrweg 4 nahezu eben ostwärts nach Herrenkohlern (1181 m) und auf mit R markiertem Waldweg ostwärts absteigend zum Röllhof.
HU 237 m (abwärts), gut 1 Std., leicht und lohnend.

1291
Nach Deutschnofen 1357 m

Charakteristik: R 1213.
Von Bauernkohlern (1135 m) stets auf Waldweg 1 hinan zu den Schneiderwiesen (Gasthaus, 1372 m) und zu Wegteilung (1560 m), hinunter zum »Toten Moos« (Moorweiher, 1472 m), mit geringen Höhenunterschieden, am Steinerhof vorbei, südostwärts zum Wölflhof (1282 m) und durch gewelltes Wald- und Wiesengelände südostwärts nach Deutschnofen. *HU 425 m, 4 Std., für Gehtüchtige leicht und lohnend.*

TSCHÖGGLBERG – SARNTAL – RITTEN

1295

Dieser Abschnitt umfasst die Hochfläche des Tschögglberges, das gesamte Sarntal sowie die Hochfläche des Rittens.

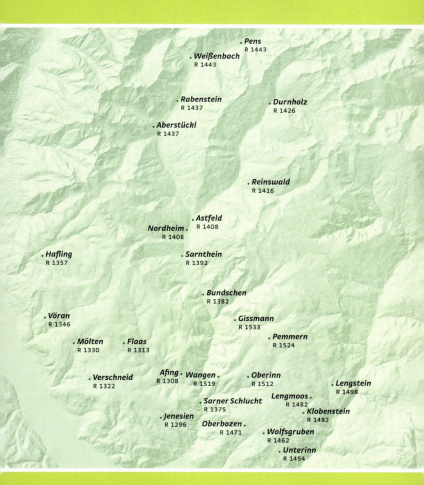

- Pens R 1443
- Weißenbach R 1443
- Rabenstein R 1437
- Durnholz R 1426
- Aberstückl R 1437
- Reinswald R 1416
- Astfeld R 1408
- Nordheim R 1408
- Hafling R 1357
- Sarnthein R 1392
- Bundschen R 1382
- Vöran R 1346
- Gissmann R 1533
- Pemmern R 1524
- Mölten R 1330
- Flaas R 1313
- Verschneid R 1322
- Afing R 1308
- Wangen R 1519
- Oberinn R 1512
- Lengstein R 1498
- Lengmoos R 1482
- Sarner Schlucht R 1375
- Klobenstein R 1482
- Jenesien R 1296
- Oberbozen R 1471
- Wolfsgruben R 1462
- Unterinn R 1454

1296 — AUSGANGSORT
JENESIEN — 1087 m

Aussichtsreich und sonnig gelegenes Dorf im Südteil des Tschögglberges. Von Bozen herauf Autostraße und Seilbahn.

1297
Zum Gasthaus Locher — 1271 m

Gasthaus in idyllischer Wald- und Wiesengegend am Südrand des Saltens.
a) Von Jenesien auf schmaler Straße ein Stück westwärts, dann rechts ab und auf Weg 2 teils eben, teils ansteigend durch Wald und an Höfen vorbei hinauf zum Ziel. *HU 183 m, 1 Std., leicht und lohnend.*
b) Von Jenesien auf schmaler Straße kurz westwärts, dann rechts ab und auf Weg und Steig L (verläuft höher als a) die Waldhänge querend zum Locher. *HU 183 m, knapp 1 ½ Std., leicht und lohnend.*

1298
Zum Wieserhof (Erdpyramiden) — 1386 m

Schön gelegener Hof (Jausenstation) nordwestlich von Jenesien; etwas tiefer die »Wieserlahn«, eine Erosionszone mit einigen Erdpyramiden.
Von Jenesien wie bei R 1297 zum Gasthaus Locher und auf Fahrweg 2 nordwestwärts leicht ansteigend zum Wieserhof. *HU 299 m, 1 ½ bzw. 2 Std., leicht und lohnend.*

1299
Nach Nobls (Vordernobls) — 1240 m

Einsamer Bergweiler mit Valentinskirche im Westen von Jenesien.
Von Jenesien wie bei R 1297 zum Gasthaus Locher, auf Fahrweg 2 leicht ansteigend zum Wieserhof (1386 m, Jausenstation) und bei Weggabel links auf Fahrweg durch Wald leicht absteigend nach Nobls.
HU ca. 280 m, 2 bzw. 2 ½ Std., leicht bedingt lohnend.

1300
Zum Tschaufenhaus — 1313 m

Charakteristik: R 1326.
Von Jenesien wie bei R 1297 zum Gasthaus Locher, stets der Markierung 2 folgend in leichtem Anstieg zum Wieserhof und, vorbei am Guggenhof, weiter zum Tschaufenhaus. *HU ca. 280 m, 2 ½ bzw. 3 Std., leicht und lohnend.*

1301
Zum Gasthaus Edelweiß — 1350 m

Gasthaus am Südrand des Saltens in schöner Lage nordwestlich von Jenesien.
Von Jenesien der Markierung E folgend großteils auf Waldweg nordwestwärts mäßig ansteigend zum Ziel. *HU 263 m, knapp 1 Std., leicht und lohnend.*

1302
Nach Mölten — 1140 m

Charakteristik: R 1330.
Von Jenesien wie bei R 1301 zum Gasthaus Edelweiß, auf Weg 1 über den Salten bis zum links abzweigenden Weg M (1463 m), auf diesem leicht absteigend durch Wald und Wiesen zum Weg 4 und auf diesem hinunter nach Mölten. *HU 376 m aufwärts, 323 m abwärts, 4 Std., für Gehgewohnte leicht und lohnend.*

1303
Nach Langfenn — 1525 m

Jakobskirchlein und Bauernhof mit Gaststätte auf einem Wiesenhügel im Norden des Saltens.
Von Jenesien wie bei R 1301 zum Gasthaus Edelweiß und dann stets auf Weg 1 in langer Wanderung durch Waldungen und über prächtige Lärchenwiesen mit geringen Höhenunterschieden nach Langfenn. *HU 438 m, 3 ½ Std., für Gehgewohnte leicht und sehr lohnend.*

Langfenn am Tschögglberg

1304
Nach Hinternobls 1328 m

Streuweiler in schöner Wald- und Wiesenlandschaft zwischen Jenesien und Flaas. Der Hof Tomanegger bietet Einkehrmöglichkeit.

Von Jenesien stets der Markierung T folgend (teils Straße, teils Fahr- und Fußweg) großteils nahezu eben durch Wiesen und Wälder und an Höfen vorbei nordwärts zum Tomanegger. *HU 241 m, 2 Std., leicht und lohnend.*

1308
AUSGANGSORT
AFING 871 m

Sonniges Dorf mit Nikolauskirche nordöstlich von Jenesien bzw. westlich über dem äußeren Sarntal. Von der Jenesier Straße abzweigende Autozufahrt.

1309
Nach Hinternobls (Tomanegger) 1328 m

Charakteristik: R 2116.

Von Afing auf der Straße westwärts zum Afinger Bach und zum Gasthaus Pockschin, dann rechts auf Weg T durch Steilwald empor zur Hochfläche von Hinternobls und weiterhin auf Weg T nordwestwärts zum Tomanegger. *HU 457 m, 2 Std., leicht und lohnend.*

1310
Zur Hauserbergalm 1767 m

Hochalm in schöner Lage auf den flachen Höhen westlich über dem Sarntal.

Von Afing stets auf mit P markiertem Weg nordwestlich durch Wiesen und Wald empor zum Perkmannhof (1348 m), dann weniger steil durch Wald zum Samerhöfl

(1486 m) und durch Wald und Bergwiesen weiter (stets Markierung P) zur Alm.
HU 896 m, 3 ½ Std., für Gehgewohnte leicht und lohnend.

1311
Zum Unterkoflerhof 845 m

Bauernhof mit Gastwirtschaft südlich von Afing in eindrucksvoller Lage über der Sarner Schlucht.
Von Afing auf der Straße kurz westwärts, dann auf Fahrweg hinunter zum Dornerhof (707 m), nach Überquerung des Afinger Baches auf Steig H zum Weiffnerhof, hinauf zum Hof Heigl an der Afinger Straße und bald links ab zum Unterkofler. *HU ca. 190 m, 1 ½ Std., leicht, bedingt lohnend.*

1313 AUSGANGSORT
FLAAS 1357 m

Bergdorf mit Kirchlein und Gasthaus in sonniger Höhenlage. Straßenverbindungen mit Jenesien und Mölten.

1314
Nach Langfenn (Lafenn) 1525 m

Charakteristik: R 1303.
Von Flaas auf der nach Mölten führenden Straße westwärts hinauf zum Sattel Schermoos (1449 m) und auf Weg 1 südwärts hinan nach Langfenn. *HU 168 m, ¾ Std., leicht und lohnend.*

1315
Nach Kampidell 1482 m

Kleine Häusergruppe mit Magdalenakirchlein inmitten sonniger Wiesenhänge nördlich von Flaas.
Von Flaas stets auf Weg 8 durch Wiesen nordwärts hinauf zu einem Jöchl (1520 m) und jenseits, am Hof und Gasthaus Lanzenschuster vorbei, zum Ziel. *HU 163 m, gut 1 Std., leicht und lohnend.*

1316
Zur Möltner Kaser 1763 m

Von Wiesen und Wald umrahmte Alm mit Ausschank nördlich von Flaas; Dolomitenblick.
a) Von Flaas auf der Straße westwärts hinauf zum Sattel Schermoos (1449 m), rechts der Markierung 4 folgend durch Wald und Bergwiesen hinauf zum Möltner Joch (1733 m) und auf Waldweg 4 nahezu eben zur Alm. *HU 417 m, gut 2 Std., leicht und lohnend.*
b) Von Flaas wie bei R 1317/a oder b zum Jenesier Jöchl und links, nordwestlich, auf markiertem Waldsteig nur leicht ansteigend zur Alm. *HU 417 m, gut 2 ½ Std., leicht und lohnend.*

1317
Jenesinger (Jenesier) Jöchlalm 1664 m

Malerische Alm (auch Jenesinger Kaser) an einem aussichtsreichen Bergrücken. Ausschank.
a) Von Flaas stets auf Weg 8 durch Wiesen nordwärts hinauf zu einem Jöchl (1520 m), links kurz hinüber zum Unterfarerhof und rechts auf Wald- und Wiesenweg 5 nahezu eben zum Ziel. *HU 307 m, gut 2 Std., leicht und lohnend.*
b) Von Flaas wie bei R 1315 nach Kampidell, auf dem Fahrweg nordwestwärts zur Einmündung des Weges 5 und wie bei a weiter. *HU 307 m, gut 2 Std., leicht und lohnend.*

1318
Große Reisch (Stoanerne Mandln) 2003 m

Bekannte Erhebung (auch Schöneck genannt) im Nordteil des Tschöggelberges mit Wetterkreuz und zahlreichen, aus Felsplatten aufgeschichteten Steinmännern.
Von der Möltner Kaser (R 1316) auf Waldweg 4 eben und leicht ansteigend bis fast zum Auenjoch (1926 m) und rechts auf

Die Große Reisch mit den Stoanernen Mandln

markiertem Steig hinauf zum Ziel.
HU 240 m, gut 1 Std., leicht und lohnend.

1322 — AUSGANGSORT
VERSCHNEID — 1104 m

Kleines Dorf in sonniger Lage auf der Südwestseite des Tschögglberges. Straßenverbindung mit Terlan und Mölten.

1323
Zum Kirchlein St. Georg — 1033 m

Auf einer Kuppe unweit von Verschneid gelegenes Kirchlein.
Von Verschneid auf Fahrweg leicht absteigend durch Wiesen westwärts hinüber zu kleiner Häusergruppe und zum Kirchlein. *HU gering, 20 Min., leicht und lohnend.*

1324
Nach Mölten — 1140 m

Charakteristik: R 1330.
Von Verschneid stets auf Waldweg 4 B teils ansteigend, teils eben nordwärts zum Weg 4 und kurz hinunter nach Mölten. *HU ca. 100 m, knapp 1 ½ Std., leicht und lohnend.*

1325
Nach Langfenn (Lafenn) — 1525 m

Charakteristik: R 1303.
Von Verschneid stets auf Weg und Steig L nord- und nordostwärts durch Wiesen und Wald hinauf zum Weg 1 und auf diesem links nach Langfenn. *HU 421 m, 1 ½ Std., leicht und lohnend.*

1326
Zum Tschaufenhaus — 1313 m

Bauernhof und Gastwirtschaft in schöner Umgebung unweit von Verschneid.
Von Verschneid auf Weg und Steig 2 durch Wiesen und Wald zuerst leicht und dann stärker ansteigend südost- und südwärts hinauf zum Ziel. *HU 209 m, ¾ Std., leicht und lohnend.*

Mölten, vom Weg nach St. Ulrich aus

1330 — AUSGANGSORT
MÖLTEN — 1140 m

Stattliches, von Wiesen und Wäldern umgebenes Dorf im südlichen Teil des Tschögglberges. Straßenverbindungen mit Terlan, Meran und Bozen. Zur nahen Ortschaft Schlaneid von Vilpian herauf Seilbahn.

1331
Nach Verschneid — 1104 m

Charakteristik: R 1322.
Wie R 1324, umgekehrte Richtung; ähnliche Gehzeit.

1332
Nach Schlaneid — 1146 m

Schön gelegenes Dorf südwestlich von Mölten. Etwas tiefer die Bergstation der von Vilpian heraufführenden Seilbahn.
Von Mölten der Markierung S folgend südwest- und südwärts nahezu eben durch Wald und Wiesen zum Ziel. *HU gering, knapp 1 Std., leicht und lohnend.*

1333
Nach St. Ulrich in Gschleier — 1344 m

Kirchlein und Gasthaus auf einer Anhöhe unweit von Mölten.
a) Von Mölten stets der Markierung U folgend kurz auf der nach Vöran führenden Straße und dann auf bergseitig abzweigendem Weg (später Höfezufahrt) hinauf zu einem bewaldeten Geländesattel (1290 m, »Hohlweg« genannt) und durch Wald weiter hinauf nach St. Ulrich.
HU 204 m, knapp 1 Std., leicht und lohnend.
b) Von Mölten wie bei R 1332 nach Schlaneid und auf Weg U nordwärts durch Wiesen und Wald hinauf zum Ziel.
HU 204 m, 1 ½ Std., leicht und lohnend.

1334
Nach Vöran — 1204 m

Charakteristik: R 1346.
Von Mölten wie bei R 1332 nach Schlaneid, auf dem mit V markierten Fahrweg teils eben, teils leicht absteigend durch Wiesen und Waldhänge zum Aschler Bach (nun Markierung 13) und jenseits eben und

leicht ansteigend nach Vöran. *HU 129 m, 3 Std., leicht, landschaftlich lohnend.*

1335
Nach Aschl 1279 m

Sonniger Streuweiler mit Kirchlein und Gaststätten zwischen Mölten und Vöran.

Von Mölten auf der nach Vöran führenden Straße kurz hinauf, dann rechts auf mit M markiertem Steig durch Wiesen ansteigend zum Wiesensattel »Kircheben« (1344 m) und nordwärts auf Weg M die Waldhänge eben und leicht abwärts querend nach Aschl. *HU 204 m, knapp 1 ½ Std., leicht und lohnend.*

1336
Zur Leadner Alm 1540 m

Aussichtsreich gelegene Gastwirtschaft (einst Bauernhof) zwischen Aschl und Hafling.

Von Mölten wie bei R 1335 nach Aschl, auf Fahrweg 16 A und 6 durch Wiesen und Wald nordwestlich hinauf zum Wiesensattel »Bruggen« und rechts kurz bergan zum Ziel. *HU 261 m, knapp 2 ½ Std., leicht und lohnend.*

1337
Zur Sattlerhütte 1609 m

Hübsch gelegene Einkehrstätte am Westhang des Möltner Jochs.

a) Von Mölten wie bei R 1335 nach Kircheben, vom Weg M rechts ab und stets auf breitem Waldweg K nordostwärts mäßig ansteigend zur Hütte. *HU 469 m, 1 ½ Std., leicht und lohnend.*

b) Von Aschl (R 1335) auf Waldsteig 1 südostwärts hinauf, nach Querung eines Forstweges zum Weg K und wie bei a weiter zur Hütte. *HU 330 m, 1 Std., leicht und lohnend.*

1338
Zur Möltner Kaser 1763 m

Charakteristik: R 1316.

Von Mölten stets der Markierung 4 folgend (anfangs teilweise Fahrweg) nordostwärts hinauf zum Sattel Schermoos (Straßenübergang Mölten-Flaas, 1449 m), links durch Wald und Bergwiesen hinauf zum Möltner Joch (1733 m) und weiterhin auf Waldweg 4 nahezu eben zur Alm.
HU 623 m, gut 2 ½ Std., leicht und lohnend.

1339
Nach Kampidell 1482 m

Charakteristik: R 1315.

Von Mölten wie bei R 1338 zum Sattel Schermoos, auf Fahrweg nordöstlich zum Unterfarerhof, nahezu eben nordostwärts zum Hof und Gasthaus Lanzenschuster und durch Wald und Wiesen nach Kampidell. *HU 388 m, 2 Std., leicht und lohnend.*

1340
Große Reisch (Stoanerne Mandlen) 2003 m

Charakteristik: R 1318.

Von der Möltner Kaser (R 1338) auf Waldweg 4 eben und leicht ansteigend bis fast zum Auenjoch (1926 m) und rechts auf markiertem Steig hinauf zum Ziel.
HU 240 m gut 1 Std., leicht und lohnend.

1341
Nach Langfenn 1525 m

Charakteristik: R 1303.

Von Mölten wie bei R 1338 zum Sattel Schermoos und auf Weg 1 südwärts hinan nach Langfenn. *HU 385 m, gut 1 Std., leicht und lohnend.*

1342
Zum Tschaufenhaus 1313 m

Charakteristik: R 1326.

Von Mölten der Markierung 4 folgend kurz hinauf bis zum rechts abzweigenden Waldweg 4 B, auf diesem südwärts nach Verschneid und wie bei R 1326 weiter zum Ziel. *HU 209 m, knapp 2 ½ Std., leicht und lohnend.*

1346 AUSGANGSORT
VÖRAN 1204 m

Stattliches Dorf am Westrand des Tschögglberges. Straßenverbindungen über Hafling nach Meran und über Mölten nach Terlan. Von Burgstall herauf Personenseilbahn.

1347
Rotsteinerknott 1465 m

Auffallender Tafelberg mit roten Porphyrwänden nordnordwestlich von Vöran; am aussichtsreichen Westrand Sitzbänke (»Knottenkino«).

a) Von Vöran stets der Markierung 12 folgend (Straße und Höfezufahrt) durch Wiesen nordwärts hinauf zum Sattel »Lenk« (1402 m) und auf beschildertem Weg links hinauf zur bewaldeten Hochfläche des Rotsteinerknotts. *HU 261 m, 1 Std., leicht, landschaftlich hübsch.*

b) Von Vöran auf Fahrweg 1 nordostwärts zum Gasthaus Grüner Baum (1322 m), links auf Waldweg 12 A (»Schützenbrünnlweg«) zum Sattel »Lenk« und wie bei a hinauf zum Ziel. *HU 261 m, knapp 2 Std., leicht und lohnend.*

1348
Nach Hafling 1290 m

Charakteristik: R 1357.
Von Vöran stets der Markierung 1 folgend (teilweise Höfezufahrt) in langer Wald- und Wiesenquerung nordwestwärts bis zur rechts abzweigenden Markierung 11 (ca. 1050 m), dieser folgend über den Knollhof bergan zum Gasthaus Reith und von da teils auf der Straße, teils abseits (Markierung 12) nahezu eben nach Hafling. *HU 240 m, 3 Std., für Gehgewohnte leicht, bedingt lohnend.*

1349
Zur Leadner Alm 1540 m

Charakteristik: R 1336.
Von Vöran wie bei R 1347/b zum Gasthaus Grüner Baum, auf Fahrweg 16 nordwärts durch Wald und Wiesen hinauf zum Sattel »Bruggen« (1455 m) und rechts kurz hinauf zum Ziel. *HU 336 m, gut 1 Std., leicht und lohnend.*

1350
Zur Vöraner Alm 1875 m

Aussichtsreich gelegene Alm mit Ausschank im Nordosten von Vöran bzw. östlich von Hafling.
Von der Leadner Alm (R 1349) auf Waldweg 11 ostwärts nur leicht ansteigend zum Salabach und links abzweigend auf Waldweg 11A hinauf zur Alm. *HU 335 m, knapp 1 ½ Std., leicht und lohnend.*

1351
Zur Möltner Kaser 1763 m

Charakteristik: R 1316.
Von der Leadner Alm (R 1349) auf Waldweg 11 gut ½ Std. leicht ansteigend ostwärts, dann rechts auf Weg K durch Wald und am Hof Oberkompatsch vorbei nahezu eben zum Aschler Bach, jenseits hinauf zum Waldrücken (1774 m) und zur nahen Alm. *HU 234 m, 2 ½ Std., leicht und lohnend.*

1352
Große Reisch (Stoanerne Mandlen) 2003 m

Charakteristik: R 1318.
Von der Leadner Alm wie bei R 1350 zur Vöraner Alm, auf Weg 2 nahezu eben ostwärts zum Auenjoch (1926 m) und auf markiertem Steig südostwärts zum Gipfel. *HU 463 m, knapp 3 Std., für Gehgewohnte leicht und lohnend.*

1353
Nach Mölten 1140 m

Charakteristik: R 1330.
Wie R 1334, in umgekehrter Richtung; ähnliche Gehzeiten.

Die Vöraner Alm

1357

AUSGANGSORT
HAFLING 1290 m

Ausgedehnte Ortschaft mit regem Fremdenverkehr im Nordwesten des Tschögglberges. Nahe der nach Meran führenden Straße 2 km nordwestlich von Hafling die Häusergruppe St. Kathrein mit schönem Kirchlein (1245 m). Zwischen Hafling und St. Kathrein Abzweigung der Straße nach Falzeben.

1358
Nach Falzeben 1621 m

Charakteristik: R 565.
a) Von der Abzweigung der Falzebner Straße zwischen Hafling und St. Kathrein (1260 m) den Markierungen 14 und 14 B folgend (teils Straße, teils Fußwege) durch Wiesen und an Höfen vorbei hinauf nach Falzeben. *HU 361 m, gut 1 Std., leicht und lohnend.*
b) Von St. Kathrein (R 1357) stets der Markierung 50 folgend durch flaches Waldgelände nordwärts zur Villa Friedheim, dann rechts leicht ansteigend zum Weg 14 und wie bei a nach Falzeben. *HU 376 m, 1 ½ Std., leicht und lohnend.*

1359
Zum Piffinger Köpfl (Meran 2000) 1900 m

Kuppe mit Gastbetrieb nordöstlich über Hafling bzw. Falzeben; Bergstation der Ifingerseilbahn (von Meran-Naif herauf) sowie der Umlaufbahn von Falzeben herauf. Etwas tiefer die Zuegghütte (1766 m) und die Rotwandhütte (1817 m), beide bewirtschaftet.
Von Falzeben (R 1358): siehe R 564.

1360
Nach Kuhleiten 2360 m

Charakteristik: R 643.
a) Vom Piffinger Köpfl (R 1359) auf Weg 3 nordostwärts hinauf zum Naifjoch (2030 m) und kurz weiter, dann links hinauf zum Oswaldkirchlein (2185 m) und über die Oswaldscharte nach Kuhleiten. *HU 460 m, 1 ½ Std., leicht und lohnend.*
b) Von der Meraner Hütte (R 1365) zum nahen Gasthaus Kirchsteiger Alm, auf Steig 19 nordwestwärts hinauf zum Oswaldkirchlein und wie bei a weiter zum Ziel. *HU 420 m, 1 ½ Std., leicht, bedingt lohnend.*

1361
Großer Ifinger 2581 m

Markanter und bekannter Felsberg nordöstlich über dem Meraner Talbecken. Östlich vorgelagert der Kleine Ifinger (2552 m).
Von Kuhleiten (R 1360) zuerst auf leichtem Steig und dann auf gesichertem, teilweise sehr ausgesetztem Klettersteig westwärts teils mäßig steil, teils steil über Granitfels zum Gipfel des Großen Ifinger. *HU 221 m, 1 Std., lohnend, aber nur Geübten mit Klettersteigerfahrung vorbehalten!*

1362
Kratzberger See 2119 m

Schöner, stattlicher Bergsee auf Sarntaler Seite unter der Verdinser Plattenspitze.
a) Vom Piffinger Köpfl (R 1359) stets auf Weg 3 großteils nur mäßig steil die Berghänge nordostwärts querend zum Missensteinjoch (2128 m) und auf Steig 4 nordwärts nahezu eben durch die Steilhänge zum See. *HU 228 m, knapp 2 Std., leicht und lohnend.*
b) Von der Meraner Hütte (R 1365) auf breitem Weg nordwärts zur Kirchsteiger Alm (1945 m, Gasthaus), auf Weg 4 nordostwärts hinauf zum Missensteinjoch und wie bei a zum See. *HU 188 m, knapp 1 ½ Std., leicht und lohnend.*

1363
Großer Mittager 2422 m

Breite Erhebung ostseitig über der Kirchsteiger Alm (Meran 2000); westlich vorgelagert die kleine, aber markante Windspitze und der Kleine Mittager.
Von der Meraner Hütte (R 1365) auf Steig 13 südost- und ostwärts hinauf zum Kleinen Mittager (Sesselliftbergstation, Gaststätte; 2260 m) und weiterhin auf Steig 13 nord- und ostwärts teils eben, teils mittelsteil meist über Grasgelände zum Gipfel. *HU 462 m, 1 ½ Std., leicht und lohnend.*

1364
Rund um den Mittager (»Panoramaweg«)

Hübsche Wanderroute, welche das kleine Massiv des Mittagers (R 1363) umrundet.
Von der Meraner Hütte (R 1365) nordwärts zur nahen Berggaststätte Kirchsteiger Alm, auf Steig 14 ostwärts empor zur Kesselbergscharte (etwas höher die bewirtschaftete Kesselberghütte), auf Steig 14 ostwärts hinunter zum kleinen Kesselbergsee (2005 m), südwärts eben und leicht ansteigend zum Südostgrat des Berges (2100 m) und die Süd- und Westhänge teils eben, teils auf und ab querend (stets Steig 14) zurück zum Ausgangspunkt.
HU 362 m, 3 Std., für Gehgewohnte leicht und lohnend.

1365
Meraner Hütte 1940 m

Bewirtschaftetes Schutzhaus (auch »Hermann-Gritsch-Haus«) im Gebiet der Kirchsteiger Alm (Meran 2000).
a) Vom Piffinger Köpfl (R 1359) auf mit W markiertem Weg eben und leicht ansteigend durch die Hänge zur Waidmannalm (Ausschank), leicht absteigend weiter zur Kirchsteiger Alm (1945 m, Gasthaus; hierher auch auf einem etwas tiefer verlaufenden Weg) und kurz südwärts zur Meraner Hütte. *HU gering, knapp 1 ½ Std., leicht und lohnend.*
b) Von der Rotwandhütte unterm Piffinger Köpfl (R 1359) auf Weg 14 nordostwärts durch Wald- und Grashänge leicht ansteigend zur Kirchsteiger Alm (1945 m, Gasthaus) und rechts zur nahen Meraner Hütte. *HU 128 m, 1 ½ Std., leicht, bedingt lohnend.*
c) Von der Maiser Alm (R 1366) auf Weg 17 nordwärts die Waldhänge querend bis zum rechts abzweigenden Steig M und auf diesem nordostwärts hinauf zur Hütte.
HU 157 m, knapp 1 Std., leicht und lohnend.

Auf dem Mittager, im Hintergrund der Ifinger

d) Von der Maiser Alm (R 1366) auf Weg 15 nordöstlich durch Wald und über Grasmatten hinauf zum Kreuzjöchl (1984 m) und auf Steig und Weg 4 über Almgelände nahezu eben nordwärts zur Hütte. *HU ca. 215 m, knapp 1 ½ Std., leicht und lohnend.*

1366
Maiser Alm 1783 m

Von Wald umgebene Alm mit Ausschank nordöstlich oberhalb Hafling.

a) Von Hafling-Dorf der Markierung 15 D folgend (teils Fahr-, teils Fußwege) nordostwärts durch Wiesen und Wald hinauf, im Tal des Sinichbaches hinein zu den letzten Höfen und auf Waldweg 15 hinauf zur Alm. *HU 493 m, 1 ½ Std., leicht und lohnend.*

b) Von Falzeben (R 1358) auf Waldweg 51 nahezu eben ostwärts zum Sinichbach, mäßig ansteigend zur Moschwaldalm (1742 m; Ausschank; ab Falzeben knapp 1 Std.) und weitgehend eben zur Maiser Alm. *HU ca. 210 m, 1 ½ Std., leicht und lohnend.*

1367
Wurzeralm 1707 m

Kleine, von Wald umrahmte Alm mit Ausschank östlich über Hafling.

a) Von Hafling-Dorf der Markierung 2/2 A folgend auf Fahrweg nordostwärts an Höfen vorbei hinauf zum Wald und auf Weg 2 mäßig steil weiter zur Alm. *HU 417 m, 1 ½ Std., leicht und lohnend.*

b) Von Hafling-Dorf wie bei a hinauf zum Wald und dann stets auf dem breiten Forstweg (Markierung 2 A) in Serpentinen zur Alm. *HU 417 m, gut 2 Std., etwas bequemer als a.*

1368
Zur Vöraner Alm 1875 m

Charakteristik: R 1350.
Von Hafling-Dorf wie bei R 1367 zur Wurzeralm und auf Waldweg 2 südostwärts mäßig steil zur Vöraner Alm. *HU 585 m, 2 bzw. 2 ½ Std., leicht und lohnend.*

1369
Kreuzjoch 2086 m

Flache, aber aussichtsreiche Erhebung nordöstlich der Vöraner Alm bzw. westlich hoch über Sarnthein.

a) Von der Vöraner Alm (R 1368) auf Weg 2 ein Stück ostwärts hinan, dann links ab und über den Höhenrücken nordostwärts zum Kreuzjoch. *HU 211 m, knapp 1 Std., leicht und lohnend.*

Der Johanneskofel im Sarntal

b) Von der Maiser Alm (R 1366) wie bei R 1365/d zum Kreuzjöchl und auf Weg 4 rechts nur leicht ansteigend zum Kreuzjoch. *HU 213 m, 1 ½ Std., leicht und lohnend.*

c) Von der Meraner Hütte (R 1365) stets auf Weg und Steig 4 in nahezu ebener Höhenwanderung südwärts zu Kreuzjoch. *HU 146 m, 1 ½ Std., leicht und lohnend.*

1370
Große Reisch (Stoanerne Mandlen) — 2003 m

Charakteristik: R 1318.
Von der Vöraner Alm (R 1368) auf Weg 2 ostwärts die Hänge querend zum Auenjoch (1926 m) und auf markiertem Steig südostwärts hinauf zum Ziel. *HU 128 m, knapp 1 ½ Std., leicht und sehr lohnend.*

1371
Zur Leadner Alm — 1540 m

Charakteristik: R 1336.
Von Hafling stets der Markierung 16 folgend auf Fahrstraße am Gasthaus Brunner und an Höfen vorbei durch Wiesen eben südostwärts zum Wald, dann rechts ab und nach überquerung des Baches hinauf zur Gaststätte. *HU 250 m, knapp 1 ½ Std., leicht und lohnend.*

1375 — AUSGANGSORT
SARNER SCHLUCHT

Äußerer, rund 10 km langer Abschnitt des Sarntales, der überwiegend aus einer schmalen, tiefen Felsschlucht gebildet wird. An der von Bozen durch die Schlucht in Richtung Sarnthein führenden Straße nur wenige Häuser.

1376
Johanneskofel — 658 m

Hoher Felspfeiler in der Sarner Schlucht mit Johanneskirchlein und Burgrest auf der Gipfelfläche. In der Nähe der Steinmannhof (Einkehrstätte).
Vom Südausgang des Tunnels 14 der Sarntaler Straße (5 km ab Bozen, ca. 470 m) auf Weg 4 ostwärts kurz hinab, auf langer Brücke über die Talfer und hinauf zu Wegteilung: von da rechts zum nahen Steinmannhof, links auf schmalem Felssteig zum Kirchlein. *HU ca. 200 m, ¾ Std., für Gehgewohnte leicht und lohnend.*

1377
Nach Wangen — 1064 m

Charakteristik: R 1519.
Wie bei R 1376 zum Steinmannhof und stets auf Waldweg 4 hinauf nach Wangen. *HU ca. 600 m, gut 1 ½ Std., leicht und lohnend.*

1378
Nach Afing 871 m

Charakteristik: R 1308.
Von Halbweg an der Sarntaler Straße (Häusergruppe und Gastwirtschaften; 600 m, ca. 8,5 km ab Bozen) auf mit H markiertem Weg südwestwärts in Kehren empor und dann die Hänge querend (Fahrweg) nach Afing. *HU 271 m, 1 ½ Std., leicht und lohnend.*

1382
AUSGANGSORT
BUNDSCHEN 923 m

Kleines Dorf mit Kirchlein und Gasthaus an der Sarntaler Straße südlich von Sarnthein.

1383
Nach Vormeswald ca. 1400 m

Sonnig gelegener Streuweiler südwestlich hoch über Bundschen. Autozufahrt.
Von Bundschen auf markiertem Weg westwärts hinab zum Talbach und talaus zum Stegerhof, rechts auf markiertem Waldweg südwestwärts hinauf zum Hof Stalln und auf der Autozufahrt nahezu eben zu den anderen Höfen. *HU ca. 475 m, 2 Std., leicht und lohnend.*

1384
Hauserbergalm 1767 m

Charakteristik: R 1309.
a) Vom Hof Stalln in Vormeswald (R 1383) auf breitem Waldweg nordwestwärts hinauf zur Alm. *HU ca. 370 m, 1 ½ Std., leicht und lohnend.*
b) Von Bad Schörgau wie bei R 1385 zum Putzenkreuz, auf markiertem Steig nahezu eben südwärts und auf gutem Waldweg (markiert) zuerst ansteigend und dann eben zur Alm. *HU 837 m, 2 ½ Std., leicht und lohnend.*

1385
Putzenkreuz 1622 m

Von Wald umgebenes Wallfahrtskirchlein mit naher Gastwirtschaft nordwestlich hoch über Bundschen bzw. südwestlich von Sarnthein.
Von Bad Schörgau (Gasthaus auf der westlichen Talseite ca. 1,5 km innerhalb Bundschen bzw. 2 km außerhalb Sarnthein; 930 m) auf Waldweg 21 westwärts steil empor gegen den Mittelberghof (1381 m), auf dem Fahrweg west- und nordwärts die Hänge querend zu den Putzenhöfen und auf Waldweg 5 hinauf nach Putzenkreuz. *HU 692 m, 2 ½ Std., leicht und lohnend.*

1386
Nach Riedelsberg ca. 1500 m

Charakteristik: R 1402.
Von Bundschen auf Waldweg 19 durch das Rettenbachtal hinan, dann links, nun Markierung 20, am Dorflerhof vorbei hinauf zum Schmidthof (1369 m) und auf Weg und Steig 20 Wald- und Wiesenhänge querend nordwärts hinüber nach Riedelsberg.
HU ca. 580 m, knapp 2 ½ Std., leicht und lohnend.

1387
Nach Windlahn ca. 1500 m

Einsamer Streuweiler im oberen Tanzbachtal östlich von Bundschen.
a) Von Bundschen stets auf Waldweg 19 durch das Rettenbachtal nordostwärts hinein, rechts hinauf zu einer Waldsenke (1512 m, unweit der Jöchlerhof) und ostwärts Waldhänge querend nach Windlahn (Hof Oberhiller, 1498 m). *HU ca. 590 m, 3 Std., für Gehgewohnte leicht und lohnend.*
b) Von Bundschen auf der Talstraße ca. 10 Min. talaus, dann links ab und auf schmaler Straße (Markierung 2) durch Waldhänge hinauf nach Windlahn.
HU 597 m, 2 ½ Std., leicht, bedingt lohnend.

TSCHÖGGLBERG – SARNTAL – RITTEN

1388
Nach Gissmann 1577 m

Charakteristik: R 1533.
Von Bundschen wie bei R 1387/b zu den unteren Windlahner Höfen, beim Heisler (1257 m) rechts ab, auf Fahrweg 2 südwärts durch Wald hinauf zum Eggerhof (1464 m) und Steilhänge leicht aufwärts querend weiter nach Gissmann. *HU 676 m, 3 ½ Std., leicht, bedingt lohnend.*

1392 AUSGANGSORT
SARNTHEIN 961 m

Stattliches Dorf im mittleren Sarntal, Hauptort des ganzen Tales. Im Dorf Kirchen, Gastbetriebe und alte Ansitze. Ostseitig am Berghang das gut erhaltene Schloss Reinegg.

1393
Putzenkreuz 1622 m

Charakteristik: R 1385.
In Sarnthein zum südwestlichen Dorfrand und dann stets auf Weg 5 südwestwärts teils leicht, teils stärker ansteigend durch Wald und Wiesen und an den Höfen von Putzen vorbei hinauf nach Putzenkreuz. *HU 661 m, knapp 2 Std., leicht und lohnend.*

1394
Zur Hauserbergalm 1767 m

Charakteristik: R 1309.
Von Sarnthein wie bei R 1393 nach Putzenkreuz und wie bei R 1384/b weiter zur Alm. *HU 807 m, 2 ½ Std., leicht und lohnend.*

1395
Große Reisch (Stoanerne Mandlen) 2003 m

Charakteristik: R 1318.
a) Von der Sarner Skihütte wie bei R 1398 zur Auenalm, weiterhin auf Steig 2 zum Auenjoch (1926 m) und links auf markiertem Steig hinauf zum Gipfel. *HU 385 m, gut 1 Std., leicht und lohnend.*

b) Vom Putzenkreuz (R 1393) kurz westwärts hinan, dann rechts auf Steig 5 hinauf zur freien Kammhöhe des Kaserbodens (ca. 1900 m), weiter zu einer Kammsenke (1895 m) und hinauf zum Gipfel. *HU 381 m, 1 ½ Std., leicht und lohnend.*

1396
Kreuzjoch 2086 m

Charakteristik: R 1369.
a) Von der Sarner Skihütte wie bei R 1398 zur Auenalm, weiter zum Auenjoch (1926 m) und auf Steig 4 nord- und nordwestwärts über die steinigen Hänge der Schwarzen Wand hinauf zum Gipfel.
HU 468 m, 1 ½ Std., leicht und lohnend.

b) Vom Hof Obermarchen in Öttenbach (R 1399) der Markierung 3/15 folgend ca. 20 Min. talein zu Weggabel, links auf Weg und Steig 15 eben zum Bach, über die Rasenhänge empor zum Kreuzjöchl (1980 m) und links auf Steig 4 in schöner Höhenwanderung zum Gipfel. *HU 448 m, 1 ½ Std., leicht und lohnend.*

1397
Sarner Skihütte, Auener Hof 1618 m

Gastbetriebe westnordwestlich oberhalb Sarnthein. Von Sarnthein herauf Autostraße.
Von Sarnthein stets auf Weg 2 nordwestwärts durch Wiesen und an Höfen vorbei hinauf und zuletzt durch Wald zum Ziel. *HU 657 m, knapp 2 Std., leicht und lohnend.*

1398
Zur Auenalm 1798 m

Sonnig gelegene Alm mit Ausschank oberhalb der Sarner Skihütte.
Von der Sarner Skihütte (R 1397) stets auf breitem Waldweg 2 zuerst nahezu eben zum Almbach und dann diesem folgend mäßig steil hinauf zur Alm. *HU 180 m, knapp ¾ Std., leicht und lohnend.*

Das Wallfahrtskirchlein Putzenkreuz >

1399
Nach Öttenbach 1638 m

Streuweiler im gleichnamigen, unweit von Sarnthein ausmündenden Bergtal. Obermarchen ist der höchstgelegene Hof des Weilers (1638 m).
Von Sarnthein auf Straße talein zum Öttenbach und nach seiner überquerung der Markierung 3/15 folgend teils auf Höfestraße, teils auf dem alten Weg durch Wald und Wiesen und an Höfen vorbei nordwestlich hinauf zum Hof Obermarchen.
HU 677 m, 2 Std., leicht und lohnend.

1400
Zur Meraner Hütte 1940 m

Charakteristik: R 1365.
a) Vom Hof Obermarchen in Öttenbach (R 1399) ca. 20 Min. talein zu Weggabel, rechts auf Weg und Steig 3 durch die Almhänge mäßig ansteigend zur Unteren Scharte (1964 m) und auf Weg 4 nahezu eben nordwärts zur Hütte. *HU 326 m, gut 1 Std., leicht und lohnend.*
b) Von der Sarner Skihütte wie bei R 1396/a zum Kreuzjoch und stets auf Steig 4 über den flachen Almkamm nordwärts zur Hütte. *HU 468 m, 3 Std., leicht und lohnend.*

1401
Schwarzseegruppe 2033 m

Drei landschaftlich schöne, mäßig tiefe Bergseen nordöstlich unter dem Villanderer Berg; in der Nähe Bergbaureste und Almen, östlich oberhalb die Kapelle »Am Toten«.
Von Sarnthein auf Weg 3/6 ostwärts hinauf, oberhalb der Burg Reinegg links ab, auf Weg 6 in langem Anstieg durch die Wälder hinauf zum Gschwendtjöchl (2083 m) und kurz hinab zu den Seen.
HU 1116 m, 3 ½ Std., für Gehtüchtige leicht und lohnend.

1402
Nach Riedelsberg ca. 1500 m

Ausgedehnter Streuweiler östlich über Sarnthein in schöner Lage. Oberhalb des Riedlerhofes (1503 m) die Tenglerhütte mit Ausschank (1628 m).
Von Sarnthein auf Weg 3/6 ostwärts hinauf zur Wegteilung oberhalb der Burg Reinegg und rechts bleibend auf Waldweg 3 ziemlich gerade hinauf zu den Höfen.
HU ca. 530 m, 1 ½ Std., leicht und lohnend.

1403
Sarner Scharte 2460 m

Westseitig steil abbrechende Erhebung mit Gipfelkreuz östlich über Sarnthein bzw. nordwestlich des Rittner Horns. Bildet zusammen mit dem nördlich vorgelagerten Villanderer Berg ein markantes Massiv.
Von Riedelsberg (R 1402; Ausgangspunkt ist der Riedlerhof, 1503 m) auf Weg 3 ostwärts durch Wiesen zur Tenglerhütte mit Ausschank (1628 m). dann durch Wald und steiles Berggelände empor zur Sarner Scharten-Hütte (2380 m, Biwakhütte) und links am Grat auf markierten Steigspuren hinauf zum Gipfelkreuz. *HU 957 m, knapp 3 Std., für Gehgewohnte leicht und lohnend.*

1404
Villanderer Berg (Villandersberg) 2509 m

Bedeutender Gipfel zwischen dem Sarntal und dem unteren Eisacktal; nord- und westseitig steile Porphyrwände. Bildet zusammen mit der Sarner Scharte einen wuchtigen Bergaufbau.
a) Von Riedelsberg wie bei R 1403 zum Gipfel der Sarner Scharte, kurz nordseitig hinunter in eine kleine Senke (hierher auch auf teilweise gesicherter Route) und nordostwärts auf markiertem Steig ansteigend zum Gipfel des Villanderer Berges.

Das Gipfelkreuz auf dem Villanderer Berg

HU 1006 m, 3 Std., für Gehtüchtige leicht und lohnend.

b) Von Sarnthein wie bei R 1401 zu den Schwarzseen, auf Steig 6/T hinauf zur Kapelle »Am Toten«, rechts der Markierung T folgend über Blockwerk und am Totensee vorbei hinauf zum Kamm und rechts leicht ansteigend zum Gipfel.
HU 1542 m, 5 Std., für Gehtüchtige leicht und lohnend.

1408 AUSGANGSORT
NORDHEIM 999 m
ASTFELD 1021 m

Zwei nur wenig voneinander getrennte Dörfer innerhalb Sarnthein an der Talstraße. In Astfeld Abzweigung der Straße nach Durnholz.

1409
Großer Mittager 2422 m

Charakteristik: R 1363.
Von Nordheim westwärts über den Talbach, auf Steig 18 talein und kurz hinauf zum Hof Plattl, links auf Weg 10 durch Wald und an Höfen vorbei hinauf zu den Bergweiden der Öttenbacher Alm, auf Weg 10 weiter hinauf zum Kleinen Mittager (2260 m, Sesselliftbergstation, Gaststätte) und auf Steig 13 nord- und ostwärts problemlos zum Gipfel. *HU 1423 m, 4 ½ Std., für Gehtüchtige leicht und lohnend.*

1410
Nach St. Valentin 1254 m

Hübsch gelegenes Kirchlein mit sehenswertem Inneren (Fresken, Altar) nördlich über Astfeld. Daneben der Mesnerhof mit Jausenstation.
Von Astfeld auf dem schönen Weg 17 (Kreuzweg) durch Wiesen hinauf zum Ziel.
HU 233 m, ¾ Std., leicht und lohnend.

1411
Zur Genteralm 2045 m

Sonnig gelegene Alm mit Ausschank am Südhang der Leiterspitze hoch über Astfeld.
Von Astfeld (1024 m) auf Weg 17 hinauf zum Kirchlein und Gasthaus St. Valentin (1254 m), dann weiterhin auf dem Weg 17 großteils durch Wald ziemlich steil hinauf und zuletzt weniger steil zur Alm.
HU 1021 m, 3 Std., für Gehgewohnte leicht und lohnend.

1412
Leiterspitze 2375 m

Ausgeprägter Gipfel nördlich über Astfeld.
Von Astfeld wie bei R 1411 hinauf zur Genteralm, weiterhin der Markierung 17 folgend rechts hinüber zum Südrücken der Leiterspitze und über ihn mittelsteil empor zum Gipfel (ab Alm 1 Std.). *HU 1351 m, knapp 4 Std., für gute Geher leicht und sehr lohnend.*

1416 — AUSGANGSORT
REINSWALD — 1492 m

Ostseitig über dem Durnholzer Tal liegendes Dorf. Autozufahrt von der Durnholzer Straße herauf. Umlaufbahn ins Gebiet der Pichlberg- und Pfnatschalm (im Winter Skibetrieb).

1417
Zur Latschenhütte — 2150 m

Gaststätte auf der weiten Pichlbergalm nordöstlich oberhalb Reinswald. Bergstation der Umlaufbahn von Reinswald herauf. Nördlich etwas tiefer die Pfnatschalm (2078 m; Ausschank).
Von der Abzweigung der nach Reinswald führenden Straße (Gasthaus Gufl, 1300 m) stets auf Weg bzw. Steig 11 nordöstlich durch Wiesen hinauf, oberhalb der letzten Höfe rechts durch Wald und Latschenhänge zur Pfnatschalm und hinauf zur Latschenhütte. *HU 850 m, 2 ½ Std., leicht und lohnend.*

1418
Zur Getrumalm — 2083 m

Schön gelegene Hochalm mit Ausschank im Getrumtal ostnordöstlich von Reinswald.
a) Von Reinswald stets der Markierung 7 folgend (zuerst schmale Straße, dann Güterweg) großteils nur mäßig ansteigend durch die sonnseitigen Wald- und Wiesenhänge des Getrumtales hinauf zur Alm. *HU 591 m, knapp 2 Std., leicht und lohnend.*
b) Von der Latschenhütte (R 1417) auf Steig 11 in nahezu ebener Höhenwanderung ostwärts zur Alm. *HU gering, 1 Std., leicht und lohnend.*

1419
Latzfonser Kreuz — 2300 m

Auf Eisacktaler Seite hoch am Bergmassiv der Kassiansspitze gelegene Wallfahrtskirche. Daneben Schutzhütte mit Sommerbewirtschaftung.
Von der Getrumalm (R 1418) auf Steig 7 durch die Berghänge leicht ansteigend zum »Lückl«, einer Gratsenke (2378 m), und jenseits in wenigen Minuten hinunter zu Kirche und Schutzhaus. *HU 295 m, gut 1 Std., leicht und sehr lohnend.*

1420
Kassiansspitze — 2581 m

Hauptgipfel eines kleinen Bergmassivs im Sarntaler Ostkamm nordöstlich von Reinswald.
Vom Latzfonser Kreuz (R 1419) kurz eben westwärts, dann rechts auf Steig 17 über Berghänge und am kleinen Kassiansee vorbei empor und zuletzt recht über den Schlussgrat zum Gipfel. *HU 281 m, 1 Std., für Gehgewohnte leicht und lohnend.*

1421
Schwarzseegruppe — 2033 m

Charakteristik: R 1401.
Von Reinswald der Markierung T folgend (anfangs Fahrweg) südostwärts hinein zum Getrumbach (1459 m), jenseits kurz hinaus zum Pinterhof, dann links (stets Weg mit Markierung T) durch Wald und an zwei Almen vorbei hinauf zum Gschwendtjöchl (2083 m) und kurz hinab zu den Seen. *HU 624 m, knapp 2 Std., leicht und lohnend.*

1422
Villanderer Berg — 2509 m

Charakteristik: R 1404.
Von Reinswald wie bei R 1421 zur Schwarzseegruppe, auf Steig 6/T hinauf zur Kapelle »Am Toten«, rechts der Markierung T folgend über Blockwerk und am Totensee vorbei hinauf zum Kamm und über ihn leicht ansteigend zum Gipfel. *HU 1050 m, 3 ½ Std., für Berg- und Gehgewohnte leicht und lohnend.*

Latzfonser Kreuz mit Dolomitenblick

1426
DURNHOLZ — AUSGANGSORT — **1558 m**

Kleines, schön gelegenes Dorf mit freskengeschmückter Kirche und Gaststätten im Durnholzer Tal nahe dem gleichnamigen See. In der Nähe Parkplatz (1540 m); Autostraße von Astfeld herein.

1427
Karnspitze — 2412 m

Felsiger Berggipfel nordwestlich über Durnholz.
Von Durnholz stets der Markierung 12 folgend zuerst auf Höfestraße und dann auf Fußweg durch Wiesen, Wald und Latschenhänge hinauf zum Durnholzer Jöchl (2235 m) und auf markierten Steigspuren westwärts über Geröll empor zum Gipfel. *HU 854 m, knapp 2 ½ Std., leicht und lohnend.*

1428
Marburger (Flaggerscharten-) Hütte — 2481 m

Nordöstlich von Durnholz nahe der Flaggerscharte gelegene Schutzhütte mit Sommerbewirtschaftung. Daneben der hübsche Flaggersee.
Vom Parkplatz unter Durnholz auf Fahrweg am Nordwestufer des Durnholzer Sees hinein, dann links auf Weg 16 durch das Seebbachtal und an Almen vorbei (die Seebalm bietet Einkehrmöglichkeit, 1803 m) hinauf zur Flaggerscharte (2436 m) und kurz weiter zur Hütte. *HU 941 m, knapp 3 Std., leicht und sehr lohnend.*

1429
Tagewaldhorn — 2708 m

Dem Eisacktal zugewandter, formschöner Felsgipfel nordöstlich der Marburger Hütte.
Von der Marburger Hütte (R 1428) auf Steig 15 kurz nordwärts, dann über kurzen Felssteig (Seilsicherung) hinab, bei Wegteilung rechts quer durch die Südflanke des Berges (nun Markierung 15 A) über Schutt und Geröll zum felsigen Ostgrat und über ihn unschwierig empor zum Gipfel.
HU ca. 260 m, 1 ½ Std., für Geübte leicht und sehr lohnend.

1430
Jakobsspitze — 2742 m

Höchster Gipfel des Sarntaler Ostkammes, südlich der Marburger Hütte zwischen dem Eisacktal im Osten und dem Sarntal im Westen aufragend.
Von der Marburger Hütte (R 1428) kurz südwärts zur Flaggerscharte und auf dem markiertem Steig über Geröll und Schrofen

südwärts hinauf zum Gipfel. *HU 261 m, 1 Std., Geh- und Berggewohnte leicht und sehr lohnend.*

1431
Schrotthorn — 2590 m

Schöne Berggestalt im Sarntaler Ostkamm zwischen Durnholz im Westen und Schalders im Osten.
Vom Parkplatz unter Durnholz zum See und auf dem Fahrweg zum Nordufer, dann rechts der Markierung 5 folgend an Höfen vorbei ostwärts hinauf und die Hänge querend bis zu Weggabel; nun links auf Weg 4 hinauf zur Schalderer Scharte (2324 m) und erneut links auf markiertem Steig über Geröll und Schrofen zum Gipfel.
HU 1050 m, 3 ½ Std., für Geh- und Berggewohnte leicht und sehr lohnend.

1432
Durnholzer Höhenweg

Sechs Kilometer langer Höhensteig, der ostseitig hoch über dem Durnholzer See die Berghänge durchquert. Mit Auf- und Abstieg als schöne Rundtour zu begehen.
Von Durnholz wie bei R 1428 bis fast zur Flaggerscharte (2436 m), auf dem rechts abzweigenden Höhensteig (Markierung Steig 13) zuerst zum Tellerjoch (2520 m) und dann abwärts und eben die teils steinigen, teils begrasten Hänge südwärts querend bis zu Wegkreuzung (2193 m; ab Flaggerscharte 3 Std.), auf Weg 4 rechts hinab zum Weg 5 und auf diesem hinaus und hinunter zum Ausgangspunkt.
HU 980 m, 8 Std., (ab Marburger Hütte 5 Std.), für Gehtüchtige leicht und lohnend.

1433
Zum Latzfonser Kreuz — 2300 m

Charakteristik: R 1419.
Von Durnholz wie bei R 1431 bis zur Wegteilung unter der Schalderer Scharte, rechts auf Weg 5 bleibend hinauf zur Fortschellscharte (2299 m) und rechts auf schmalem Steig die Steilhänge querend zum Latzfonser Kreuz. *HU 760 m, 4 Std., für Gehtüchtige leicht und lohnend.*

1434
Kassiansspitze — 2581 m

Charakteristik und Aufstieg ab Latzfonser Kreuz: R 1420.

1437 — AUSGANGSORT
ABERSTÜCKL — 1325 m
RABENSTEIN — 1253 m

Aberstückl ist eine kleine Häusergruppe mit Kirche etwas erhöht am Westhang des Sarntales innerhalb Astfeld; von der Talstraße Autozufahrt. Die Häusergruppe Rabenstein liegt zwei Kilometer innerhalb Aberstückl im Talgrund.

1438
Zum Kratzberger See — 2119 m

Schöner, stattlicher Bergsee unter der Verdinser Plattenspitze.
Von Aberstückl stets der Markierung 13 folgend (teils Hof- und Almzufahrt, teils Fußweg) durch Wiesen hinauf und hinein ins Sagbachtal, durch dieses hinauf zur Kaserwiesalm, von da rechts am Hang empor zur Kratzberger Alm (1926 m) und auf teilweise steilem Fußsteig empor zum See.
HU 803 m, 2 ½ Std., für Gehgewohnte leicht und lohnend.

1439
Hirzer — 2781 m

Höchster Gipfel der gesamten Sarntaler Alpen westlich über Aberstückl im Sarntal.
Von Aberstückl zunächst der Straße folgend hinauf zum Lanerhof (bis hierher Autozufahrt), dann auf Weg 7 hinauf und hinein zur Anteranalm (2053 m), kurz hinüber zum »Gebirgsjägersteig« (Markierung 4/7), auf diesem rechts über Gras und Geröll steil hinauf gegen die Hirzerscharte und erneut rechts auf Serpentinensteig

Das Sarntaler Weißhorn

steil empor zum Gipfel. *HU 1456 m, 4 Std., für Gehtüchtige unschwierig, sehr lohnend.*

1440
Radelspitze 2422 m

Ausgeprägter Berggipfel südöstlich über Rabenstein.

Von Rabenstein stets der Markierung R folgend ostwärts durch Wald und am Huberhof vorbei steil hinauf zur Almregion, nach Hangquerung (stets Markierung R) hinauf zum Kollmannjöchl (2226 m) und rechts am teilweise felsigen und steilen Nordgrat der Radelspitze (eine Stelle mit Fixseil) empor zum Gipfel. *HU 1169 m, 4 ½ Std., für Gehtüchtige und etwas Felsgeübte nicht schwierig, lohnend.*

1443 — AUSGANGSORT
WEISSENBACH 1338 m
PENS 1458 m

Zwei rund vier Kilometer auseinander liegende Dörfer im innersten Sarntal an der Talstraße, die ab Pens zum Penser Joch ansteigt.

1444
Sarntaler Weißhorn 2705 m

Besonders formschöner Felsgipfel zwischen dem innersten Sarntal im Süden und dem Jaufental im Norden.

a) Von Weißenbach auf Höfezufahrt (Markierung 8/9) nordwestwärts talein, dann rechts durch das Obernbergtal leicht ansteigend zur Obernbergalm, auf Steig 9 empor zum Gröllerjoch (2557 m) und links auf teilweise gesichertem Felssteig sehr steil hinauf zum Gipfel. *HU 1367 m, 4 Std., für Trittsichere und Schwindelfreie nicht schwierig, aber ausgesetzt; sehr lohnend.*

b) Vom Penser Joch (R 1447) stets auf Weg und Steig 12 A in langer Hangquerung teils eben, teils ansteigend zum Gröllerjoch und wie bei a weiter zum Gipfel. *HU 490 m, 2 ½ Std., für Trittsichere nicht schwierig (aber ausgesetzt) und sehr lohnend.*

1445
Karnspitze 2412 m

Felsiger Berggipfel südlich über Pens.

Von Pens stets der Markierung 12 folgend zuerst auf Fahrweg südostwärts zum Bergfuß, dann auf Waldweg und zuletzt über Schrofenhänge steil hinauf zum

Durnholzer Jöchl (2235 m) und rechts auf markierten Steigspuren über Geröll empor zum Gipfel. *HU 954 m, 3 Std., für Gehgewohnte unschwierig und lohnend.*

1446
Nach Asten 1515 m

Hübsche Höfegruppe innerhalb Pens; innerste und nördlichste Siedlung des Sarntales.
Von Pens auf schmaler Höfestraße durch Wiesen nahezu eben nordostwärts talein. *HU gering, knapp 1 Std., leicht, landschaftlich hübsch.*

1447
Zum Penser Joch 2215 m

Breite Kammsenke mit Gasthaus und Straßenübergang von Pens im Sarntal nach Sterzing im oberen Eisacktal.
Von Asten (R 1446) auf Fahrweg kurz nordostwärts und dann stets auf Steig 14 abseits der Passstraße mittelsteil über Almgelände hinauf zum Joch. *HU 700 m, gut 2 Std., leicht und lohnend.*

1448
Zinseler 2422 m

Charakteristik: R 2092.
Vom Penser Joch (R 1447) kurz auf der Straße nordwärts hinunter, dann links (Wegweiser,) wenige Schritte hinauf zum Seiterbergjöchl (2159 m) und auf Steig 14/15 teils über den Kamm, teils Steilhänge querend mäßig steil zum Gipfel. *HU ca. 265 m, gut 1 Std., leicht und lohnend.*

1449
Astenberg 2367 m

Mäßig ausgeprägte, aber aussichtsreiche Erhebung südöstlich des Penser Jochs.
Vom Penser Joch (R 1447) auf der Straße kurz südwärts zur Penser Alm (2158 m), hier links auf Steig 14 A mäßig steil hinauf zum Südwestrücken und erneut links weglos leicht ansteigend zum höchsten Punkt. *HU 209, knapp 1 Std., leicht und lohnend.*

1450
Tatschspitze 2526 m

Wuchtiger, unverwechselbarer Felsberg südöstlich des Penser Jochs.
Vom Penser Joch (R 1447) auf der Straße kurz südwärts zur Penser Alm (2158 m), nun stets auf Steig 14 A zuerst hinauf gegen den Astenberg, dem Kamm folgend ostwärts zum Fuß der Tatschspitze und über Blockwerk (markiert) empor zum Gipfel. *HU 368 m, 2 ½ Std., für Gehgewohnte leicht und lohnend.*

1451
Marburger (Flaggerscharten-) Hütte 2481 m

Charakteristik: R 1428.
Von Asten (R 1446) auf Waldweg 13 ostwärts hinauf zur Alpenhütte (1970 m), in Almgelände weiter hinauf zu Wegteilung, rechts auf Steig 15 südwärts hinauf zur Hörtlahnerscharte (2580 m) und mit kurzem Abstieg und etwas ausgesetztem Gegenanstieg (Fixseil) zur Hütte.
HU 1090 m, 3 ½ Std., für Gehtüchtige unschwierig und lohnend.

1454 AUSGANGSORT
UNTERINN 904 m

Schön gelegenes Dorf mit Gasthaus und spitztürmiger Kirche an der von Bozen auf den Ritten führenden Straße; Dolomitenblick.

1455
Nach Signat 852 m

Charakteristik: R 1278.
Von Unterinn kurz auf der Rittner Straße abwärts zum Kirchlein St. Sebastian auf der Weit (903 m), rechts auf Weg 31 A (»Signater Kirchsteig«) eben und ansteigend zum Partschunerhof (996 m; Ausschank) und leicht absteigend weiter nach Signat. *HU 93 m im Aufstieg, 144 im Abstieg, knapp 1 ½ Std., leicht und lohnend.*

TSCHÖGGLBERG – SARNTAL – RITTEN

Das Kirchlein von Wolfsgruben

1456
Nach Wolfsgruben 1204 m

Charakteristik: R 1462.

a) Von Unterinn der Markierung 25 folgend (großteils Höfestraße) durch Wiesen hinauf zur Oberbozner Straße und kurz westwärts nach Wolfsgruben. *HU 300 m, knapp 1 Std., leicht, bedingt lohnend.*

b) Von Unterinn wie bei R 1455 zum Partschunerhof, rechts auf Waldweg 11 hinauf und zuletzt nahezu eben nach Wolfsgruben. *HU 300 m, knapp 2 Std., leicht und lohnend.*

1457
Nach Siffian 998 m

Schön gelegenes kleines Dorf unterhalb Klobenstein.

Von Unterinn auf beschildertem Weg nahezu eben zu einem Graben (Erdpyramiden sichtbar), auf dem markierten Weg nordostwärts die Waldhänge querend zum Stegerbach, jenseits hinaus zu Wegteilung und der Markierung 11 folgend (teils Fußweg, teils Sträßchen; Abzweigung zum nahen Buschenschank Rielinger) durch Wald und Wiesen hinauf nach Siffian. *HU ca. 200 m, knapp 2 Std., leicht und lohnend.*

1458
Nach Klobenstein 1154 m

Charakteristik: R 1482.

Von Unterinn wie bei R 1457 nach Siffian und auf Steig 11 nordwärts durch Wald und Wiesen hinauf nach Klobenstein. *HU ca. 390 m, knapp 2 ½ Std., leicht und lohnend.*

1462 AUSGANGSORT
WOLFSGRUBEN 1204 m

Häusergruppe mit Kirchlein und Gastbetrieben an der nach Oberbozen führenden Straße nahe dem hübschen Wolfsgrubensee (1176 m); Haltestelle der Rittner Schmalspurbahn.

1463
Nach Oberbozen 1220 m

Charakteristik: R 1471.

Von Wolfsgruben auf dem nach Signat führenden Forstweg kurz westwärts, dann rechts auf Steig 23 B zum Steig 23 A, nun zum Weg 23 und auf diesem nach Oberbozen. *HU ca. 50 m, knapp 1 Std., leicht und lohnend.*

1464
Nach Oberinn — 1300 m

Charakteristik: R 1512.
Von Wolfsgruben stets der Markierung 5 folgend (zuerst Straße, später teilweise Fußweg) nordostwärts nach Lichtenstern (R 1485), nordwärts durch Wald und Wiesen nahezu eben zur Häusergruppe Riggermoos an der nach Oberinn führenden Straße (1320 m), kurz auf dieser nordwestwärts weiter, dann links auf Steig 9 nahezu eben zum Weberhof und auf Weg 16 weiter nach Oberinn. *HU ca. 115 m, 2 Std., leicht und lohnend.*

1465
Nach Tann — 1488 m

Von Wald und Lärchenwiesen umgebenes Gasthaus an der Straße nach Pemmern.
Von Wolfsgruben wie bei R 1464 zum Riggermoos und auf Waldweg 6 nur leicht ansteigend nordostwärts nach Tann.
HU 284 m, 2 Std., leicht und lohnend.

1466
Nach Klobenstein — 1154 m

Charakteristik: R 1482.
Von Wolfsgruben stets der Markierung 8 folgend zuerst ostwärts kurz hinauf, dann nahe der Bahntrasse zur Haltestelle Rappersbühl (1236 m), in gleicher Richtung weiter und schließlich durch Wiesen leicht abwärts nach Klobenstein. *HU gering, knapp 1 ½ Std., leicht und lohnend.*

1467
Zum Mitterstielersee — 1230 m

Kleiner Waldsee südlich von Wolfsgruben.
a) Vom Ostufer des Wolfsgrubensees auf Waldweg 12 zuerst südwestwärts leicht ansteigend und dann leicht absteigend zum See. *HU gering, knapp ½ Std., leicht und hübsch.*
b) Vom Westufer des Wolfsgrubensees auf Waldweg 11/13 leicht ansteigend zu Weggabel und links weiter zum See.
HU gering, ½ Std., leicht und lohnend.

1471 — AUSGANGSORT
OBERBOZEN — 1220 m

Aussichtsreich gelegenes Dorf mit Kirchen und Gastbetrieben im Südwestteil der Rittner Hochfläche. Haltestelle der Rittner Schmalspurbahn; Personenseilbahn von und nach Bozen.

1472
Oberbozner Erdpyramiden

Charakteristik: R 1279.
a) Von Oberbozen auf Waldweg 23 hinunter zu den Wiesen des Hofes Mair im Loch und ostwärts zum Rand des Katzenbachgrabens mit den Erdpyramiden (ca. 1000 m). *HU ca. 200 m (abwärts), knapp ½ Std., leicht und lohnend.*
b) Von Oberbozen der Markierung 6 folgend auf Fahrweg hinunter gegen das Kirchlein St. Georg und Jakob, links weiter bergab zum Hof Mair im Loch und wie bei a zum Ziel. *HU ca. 200 m (abwärts), ½ Std., leicht und lohnend.*

1473
Nach Maria Himmelfahrt — 1177 m

Häusergruppe (Sommerfrischort) mit Kirchlein und Gasthaus in schöner Lage südwestlich von Oberbozen. Westlicher Endpunkt der Rittner Schmalspurbahn.
a) Von Oberbozen auf Waldweg 4 (»Waldpromenade«) nahezu eben südwestwärts und zuletzt auf Weg 4 B kurz hinauf nach Maria Himmelfahrt. *HU gering, ½ Std., leicht und lohnend.*
b) Von Oberbozen der Markierung 3 folgend auf aussichtsreichem Spazierweg nahezu eben nach Maria Himmelfahrt.
HU gering, ½ Std., leicht und lohnend.

1474
Nach Wangen — 1064 m

Charakteristik: R 1519.
Von Oberbozen stets der Markierung 2 folgend auf Straße und Fahrweg durch Wald

In Maria Himmelfahrt am Ritten

und Wiesen zum Waldnerhof (1135 m, Einkehrmöglichkeit), weiterhin auf Weg 2 hinab zum Emmersbach (999 m) und dann schließlich durch Wald und an Höfen vorbei nach Wangen. *HU ca. 300 m, 2 ½ Std., leicht und bedingt lohnend.*

1475
Nach Oberinn   1300 m

Charakteristik: R 1512.
Von Oberbozen der Markierung 2 folgend auf schmaler Straße ca. 20 Min. nordwärts, dann auf Waldweg 16 rechts nahezu eben weiter, nahe dem Lobishof (1256 m, Gasthaus) links ab, auf Waldsteig 32 absteigend und eben zum Emmersbach (ca. 1200 m) und jenseits hinauf nach Oberinn.
HU ca. 100 m, 2 Std., leicht und lohnend.

1476
Nach Tann   1488 m

Charakteristik: R 1465.
Von Oberbozen stets der Markierung 6 folgend (zuerst kurz Straße, dann Fuß- und Forstweg) nordostwärts durch Wiesen und Wald leicht ansteigend und eben zum Riggermoos und weiter auf Waldweg 6 leicht ansteigend nach Tann. *HU 268 m, knapp 2 ½ Std., leicht und lohnend.*

1477
Nach Wolfsgruben   1204 m

Charakteristik: R 1462.
Von Oberbozen zuerst auf Weg 23 leicht absteigend zum Steig 23 A, dann auf diesem und auf Steig 23 B weiter und zuletzt auf dem von Signat kommenden Forstweg nach Wolfsgruben. *HU ca. 50 m, knapp 1 Std., leicht und lohnend.*

1478
Nach Klobenstein   1154 m

Charakteristik: R 1482.
Von Oberbozen nacheinander den Markierungen 23, 23 A und 23 B folgend leicht auf und ab nach Wolfsgruben, nun stets der Markierung 8 folgend zuerst kurz hinauf, dann nahe der Bahntrasse zur Haltestelle Rappersbühl (1236 m), in gleicher Richtung weiter und schließlich durch Wiesen leicht abwärts nach Klobenstein. *HU gering, gut 2 Std., leicht und lohnend.*

1482 — AUSGANGSORT
KLOBENSTEIN 1154 m
LENGMOOS 1164 m

Klobenstein ist der Hauptort des Rittens und östlicher Endpunkt der Rittner Schmalspurbahn; Autostraße von Bozen herauf, Straßenverbindung mit allen Dörfern des Rittens. Lengmoos mit schöner Kirche und dem Kommendehaus des Deutschen Ordens liegt unweit von Klobenstein an der nach Lengstein führenden Straße. In beiden Dörfern Gastbetriebe.

1483
Nach Wolfsgruben 1204 m

Charakteristik: R 1462.
Von Klobenstein stets der Markierung 8 folgend zuerst westwärts kurz hinauf, dann nahe der Bahntrasse zur Haltestelle Rappersbühl (1236 m), in gleicher Richtung weiter und schließlich leicht abwärts nach Wolfsgruben. *HU gering, knapp 1 ½ Std., leicht und lohnend.*

1484
Nach Oberbozen 1220 m

Charakteristik: R 1471.
a) Von Klobenstein stets der Markierung 8 folgend zuerst westwärts kurz hinauf, dann nahe der Bahntrasse und schließlich leicht abwärts nach Wolfsgruben; nun auf dem nach Signat führenden Forstweg kurz westwärts und dann rechts nacheinander den Markierungen 23 B, 23 A und 23 folgend nach Oberbozen. *HU gering, gut 2 Std., leicht und lohnend.*
b) Von Klobenstein wie bei R 1485 nach Lichtenstern und weiterhin der Markierung 1 folgend (Fahrweg und zuletzt Straße) nahezu eben westwärts nach Oberbozen. *HU ca. 120 m, 2 Std., leicht und lohnend.*

1485
Nach Lichtenstern 1275 m

Häusergruppe mit Kirchlein und Gasthaus westlich von Klobenstein.
Von Klobenstein der Markierung 1 folgend (Wegweiser »Promenade«) zuerst im Bereich der Häuser hinauf und dann höher als die Bahntrasse Wiesenhänge querend nach Lichtenstern. *HU 121 m, 1 Std., leicht und lohnend.*

1486
Nach Kematen 1322 m

Gasthaus, hübsches Kirchlein und nahe Seerosenweiher in aussichtsreicher Lage nordwestlich von Klobenstein.
Von Klobenstein der Markierung 1 folgend nordwestlich hinauf, dann links ab und auf Steig 29 westwärts nach Kematen.
HU 168 m, ½ Std., leicht und lohnend.

1487
Nach Oberinn 1300 m

Charakteristik: R 1512.
Von Klobenstein der Markierung 1 folgend zuerst im Bereich der Häuser hinauf, dann Wiesenhänge querend nach Lichtenstern (R 1485), auf Weg 5 nordwärts durch Wald und Wiesen nur leicht ansteigend nach Riggermoos und wie bei R 1464 weiter nach Unterinn. *HU 175 m, 3 Std., leicht und lohnend.*

1488
Nach Himmelreich 1388 m

Höfegruppe mit Gasthaus in schöner Lage an der von Klobenstein nach Pemmern führenden Straße.
Von Klobenstein ein Stück auf der nach Pemmern führenden Straße hinan, dann rechts auf Weg und Steig 33 A Wiesen- und Waldhänge querend zum Finsterbach (1260 m) und links der Markierung 33 folgend hinauf nach Himmelreich, *HU 234 m, 1 Std., leicht und lohnend.*

Kematen am Ritten

1489
Nach Tann 1488 m

Charakteristik: R 1465.
Von Klobenstein zum oberen Dorfrand, auf Weg 1 durch Lärchenwiesen und Wald und am Kleehof vorbei leicht ansteigend nordwestwärts zum Waldweg 6 und auf diesem nordwärts nach Tann. *HU 334 m, 1 ½ Std., leicht und lohnend.*

1490
Nach Bad Sieß (Bad Süß) 1434 m

Hof und Landgaststätte mit Kirchlein in aussichtsreicher Lage nördlich von Klobenstein; ehemaliges Heilbad.
a) Von Himmelreich (R 1488) stets der Markierung 3 A folgend nordostwärts durch Wiesen und Wald teils eben, teils leicht ansteigend nach Bad Sieß. *HU 46 m, knapp ¾ Std., leicht und lohnend.*
b) Von Tann (R 1476) auf Waldweg 8 nahezu eben ostwärts zum Ziel. *HU gering, knapp ½ Std., leicht und lohnend.*

1491
Rittner Horn 2260 m

Charakteristik: R 1527.

a) Von der Tann (R 1476) auf breitem Waldweg kurz nordostwärts, dann links stets der Markierung 1 folgend durch Wald und Bergwiesen hinauf zur Saltnerhütte (1690 m), über freie Hänge weiter hinauf zum Almgebiet »Auf der Schön« (Bildstock), rechts leicht ansteigend zum Unterhornhaus und auf Weg 1/4 hinauf zum Ziel. *HU 772 m, 2 ½ Std., leicht und lohnend.*
b) Von Bad Sieß (R 1490) auf Steig 3 A und später 1 nordwestwärts durch Wald und Wiesen hinauf zur Saltnerhütte und wie bei a weiter. *HU 826 m, gut 2 ½ Std., leicht und lohnend.*

1492
Mittelberger Erdpyramiden

Landschaftlich schönstes Erdpyramidenvorkommen Südtirols und eines der bekanntesten Europas.
Von Lengmoos kurz auf der Straße nordostwärts, dann rechts ab und auf breitem, beschildertem Weg zu ein paar Aussichtspunkten, die einen besonders eindrucksvolle Blicke auf die Pyramidenzonen bieten. *HU gering, 20 Min., leicht und lohnend.*

1493
Fennpromenade

Schöner Wanderweg rund um den Fennberg, eine bewaldete Kuppe bei Klobenstein bzw. Lengmoos.
Von Klobenstein auf breitem Waldweg weitgehend eben um die Süd- und Ostseite des Fennberges herum, an der Nordseite hinab nach Lengmoos und südwärts auf breitem Weg zurück nach Klobenstein.
HU ca. 50 m, knapp 1 Std., leicht und lohnend.

1494
Nach Maria Saal 1174 m

Hübsches Wallfahrtskirchlein im Streuweiler Mittelberg an der Straße zwischen Lengmoos und Lengstein. In der Nähe Gastbetriebe; etwas tiefer die schöne Nikolauskirche.
Von Lengmoos wie bei R 1492 zu den Aussichtspunkten auf die Mittelberger Erdpyramiden, weiter auf dem breiten Weg hinüber zu Wiesenhängen und kurz hinauf nach Maria Saal. *HU gering, ½ Std., leicht und lohnend.*

1498 AUSGANGSORT
LENGSTEIN 972 m

Stattliches Dorf mit schöner Kirche und historischem Gasthaus nordöstlich von Lengmoos in freundlicher Lage.

1499
Nach Maria Saal 1174 m

Charakteristik: R 1494.
Von Lengstein auf Weg 35 A nordwestlich hinauf, dann auf der Straße in gleicher Richtung kurz weiter zum Kolblbach und von da auf Stationenweg (Markierung 35) westwärts durch Wiesen hinauf nach Maria Saal. *HU 202 m, ¾ Std., leicht und lohnend.*

1500
Mittelberger Erdpyramiden

Charakteristik: R 1492.
Von Lengstein wie bei R 1499 nach Maria Saal und südwestlich darunter von der Straße auf breitem Weg kurz absteigend und dann eben hinüber zum Rand der Pyramidenzone. *HU 202 m, knapp 1 Std., leicht und lohnend.*

1501
Nach Klobenstein 1154 m

Charakteristik: R 1482.
Von Lengstein der Markierung 33 folgend durch Wiesen nordwestwärts teils ansteigend, teils eben zum Finsterbach (1260 m), jenseits auf Steig 33 A durch Wiesen und Wald zu der nach Pemmern führenden Straße und auf dieser kurz hinunter nach Klobenstein. *HU 288 m, 2 Std., leicht und lohnend.*

1502
Nach Bad Sieß 1434 m

Charakteristik: R 1490.
Von Lengstein wie bei R 1499 nach Maria Saal und stets der Markierung 8 folgend auf Höfezufahrt über den Schartnerhof (Einkehrmöglichkeit) durch Wiesen hinauf nach Bad Sieß. *HU 462 m, 1 ½ Std., leicht und lohnend.*

1503
Nach Himmelreich 1338 m

Charakteristik: R 1488.
Von Lengstein wie bei R 1499 nach Maria Saal, auf Fahrweg 8 hinauf bis zum links abzweigenden Weg 33 und auf diesem teils eben, teils ansteigend durch Wiesen und Wald westwärts hinauf nach Himmelreich. *HU 416 m, knapp 1 ½ Std., leicht und lohnend.*

1504
Nach Tann 1488 m

Charakteristik: R 1465.

Mittelberger Erdpyramiden gegen St. Nikolaus

Von Bad Sieß (R 1502) auf Waldweg 8 nahezu eben westwärts hinüber nach Tann. *HU gering, knapp ½ Std., leicht und lohnend.*

1505
Nach Pemmern   1538 m

Charakteristik: R 1524.
Von Bad Sieß (R 1502) auf Weg 9 nordwestwärts großteils durch Wald leicht ansteigend nach Pemmern. *HU 104 m, knapp ¾ Std., leicht und lohnend.*

1506
Rittner Horn   2260 m

Charakteristik: R 1527.
a) Von Maria Saal (R 1499) der Markierung 8 folgend auf Höfezufahrt hinauf nach Bad Sieß (R 1490), auf Weg 3A und später 1 durch Wald und Wiesen über die Saltnerhütte (1690 m) hinauf zum Almgebiet »Auf der Schön«, rechts leicht ansteigend zum Unterhornhaus und auf Weg 1/4 hinauf zum Ziel. *HU 1086 m, 3 Std., für Gehgewohnte leicht und lohnend.*
b) Von Maria Saal (R 1499) auf Weg 24 nordwärts leicht ansteigend zum Weg 34, auf diesem kurz ostwärts, dann links auf Weg 9 durch Wald und Latschenhänge hinauf zum Unterhornhaus und wie bei a zum Ziel. *HU 1086 m, 3 Std., für Gehgewohnte leicht und lohnend.*

1507
Nach St. Verena   896 m

überaus schön gelegene Hügelkirche über dem unteren Eisacktal nördlich von Lengstein.
a) Von Lengstein auf Fahrweg nordwärts durch Wiesen zum Weg 35 (1021 m), auf diesem rechts eben und abwärts durch Wiesen und Wald zum Penzlhof (850 m), weiter der Markierung 35 folgend zum Fuß des Kirchhügels und hinauf zum Kirchlein. *HU ca. 170 m, 1 ½ Std., leicht und lohnend.*

b) Von Antlas (R 1508) auf Weg 35 B eben und leicht ansteigend durch Wiesen und Wald zu der nach Barbian führenden Straße, auf dieser nordwärts zum Penzlhof und wie bei a weiter. *HU gering, 1 Std., leicht und lohnend.*

1508
Nach St. Andreas in Antlas 817 m

Schön gelegenes Hügelkirchlein im Weiler Antlas südöstlich unterhalb Lengstein; im nahen Zunerhof Einkehrmöglichkeit.

a) Von Lengstein der Markierung L und 35 B folgend teils auf Fahrweg, teils diesen abkürzend hinunter zum Zunerhof (ca. 790 m) und kurz hinauf zum Kirchlein. *HU ca. 180 m (abwärts), ¾ Std., leicht und lohnend.*

b) Von Lengstein auf der Straße ca. 10 Min. in Richtung Barbian, dann auf Höfezufahrt rechts zum Weg 35 B und auf diesem leicht absteigend und eben zum Ziel. *HU ca. 180 m (abwärts), 1 Std., leicht und lohnend.*

1512 AUSGANGSORT
OBERINN 1300 m

Sonnig und aussichtsreich gelegenes Kirchdorf mit Gaststätten an der von Klobenstein über Wangen ins Sarntal führenden Straße im nordwestlichen Teil des Rittens.

1513
Nach Pemmern 1538 m

Charakteristik: R 1524.
Von Oberinn auf der Straße in Richtung Klobenstein ca. 20 Min. zu einem Geländesattel (ca. 1370 m), links auf Weg 10 an Höfen vorbei hinauf und hinein zum Emmersbach und dann links auf Steig 9 durch Lärchenwiesen hinauf nach Pemmern. *HU 238 m, 1 Std., leicht und lohnend.*

1514
Nach Gissmann 1577 m

Charakteristik: R 1533.
Von Oberinn stets auf Weg 4 durch Wiesen und Wald und an Höfen vorbei nordwärts hinauf, dann nahezu eben durch Wald weiter zum Roßwagen (Sattel zwischen Pemmern und Gissmann, 1702 m) und links auf der Straße großteils durch Wiesen leicht absteigend und eben nach Gissmann. *HU 402 m aufwärts, 125 m abwärts, 2 Std., leicht und lohnend.*

1515
Rittner Horn 2260 m

Charakteristik: R 1527.
Von Oberinn wie bei R 1513 nach Pemmern, mit der Umlaufbahn zur Schwarzseespitze, auf breitem Weg nahezu eben zum Unterhornhaus und auf Weg 1/4 hinauf zum Gipfel. *HU 456 m, 2 Std., leicht und lohnend.*

1519 AUSGANGSORT
WANGEN 1064 m

Dem Sarntal zugewandtes, westlichstes Dorf des Rittens. Eine der beiden Kirchen auf einem Hügel gelegen. Autozufahrten sowohl von Oberinn als auch vom Sarntal her.

1520
Nach Oberinn 1300 m

Charakteristik: R 1512.
a) Von Wangen (R 1519) auf Weg 4 großteils nur mäßig ansteigend durch Wald- und Wiesenhänge ostwärts hinauf nach Oberinn. *HU 236 m, knapp 1 ½ Std., leicht und lohnend.*

b) Von Wangen (R 1519) stets auf Weg und Steig 32 zuerst hinauf und hinein zum Wangener Bach und dann teils aufwärts, teils nahezu eben durch Waldhänge ostwärts nach Oberinn. *HU 236 m, gut 1 ½ Std., leicht, bedingt lohnend.*

St. Andreas in Antlas gegen den Schlern

1524 — AUSGANGSORT
PEMMERN 1538 m

Häusergruppe mit Gastbetrieben und großem Parkplatz; Umlaufbahn zur Schwarzseespitze, dem Südsporn des Rittner Horns (2070 m; an der Bergstation Gaststätte). Im Winter Skigebiet.

1525
Nach Gissmann 1577 m

Charakteristik: R 1533.
Von Pemmern stets auf der Straße leicht ansteigend zum Roßwagen (Sattel zwischen Pemmern und Gissmann, 1702 m) und leicht absteigend und eben großteils durch Wiesen weiter nach Gissmann.
HU 164 m, 1½ Std., leicht, landschaftlich lohnend.

1526
Zum Unterhornhaus 2042 m

Berggasthaus zwischen Schwarzseespitze und Rittner Horn oberhalb der Waldgrenze. Im Winter Skigebiet.
a) Von Pemmern mit der Umlaufbahn zur Schwarzseespitze (R 1524) und auf breitem Weg nahezu eben zum Unterhornhaus. *HU gering, 20 Min., leicht und lohnend.*
b) Von Pemmern auf Weg 1A nordostwärts hinauf zur Saltnerhütte (1690 m), auf Weg 1 nordwestwärts großteils über freie Hänge hinauf zum Almgebiet »Auf der Schön« (Bildstock) und rechts auf breitem Weg zum Unterhornhaus. *HU 504 m, 1½ Std., leicht und lohnend.*

1527
Rittner Horn 2260 m

Hervorragender Aussichtsberg am Nordrand der Rittner Hochfläche. Am Gipfel das Rittner-Horn-Haus (bewirtschaftete Schutzhütte), an der Südseite Liftanlagen (im Winter Skigebiet).
Vom Unterhornhaus (R 1526) auf Weg 1/4 über freie Hänge nordwärts hinauf zum Gipfel. *HU 218 m, knapp ¾ Std., leicht und lohnend.*

1528
Villanderer Berg (Villandersberg) 2509 m

Charakteristik: R 1404.
a) Vom Rittner Horn (R 1527) auf Bergweg 1/3/7 nordwärts hinunter zum Gasteiger Sattel (2056 m), links der Markierung 3 folgend west- und nordwestwärts in langer, leicht ansteigender Querung steiniger Almhänge zur Sarner-Scharten-Hütte (2380 m, Biwakhütte), kurz hinauf zum Gipfel der Sarner Scharte (2460 m), nordseitig kurz hinab in einen Sattel und schließlich leicht ansteigend weiter zum Ziel. *HU 204 m abwärts, 453 m aufwärts, knapp 3 Std., für Gehgewohnte leicht und lohnend.*
b) Vom Rittner Horn wie bei a zum Gasteiger Sattel, auf Steig 1 durch sumpfige Wiesen eben und leicht ansteigend nordwestwärts zum Südostrücken des Berges (2151 m), hier vom Steig 1 links ab und auf markierten Steigspuren nordwärts mäßig steil hinauf zum Gipfel. *HU wie a, 2 ½ Std., für Gehgewohnte leicht und lohnend.*

1529
Zum Latzfonser Kreuz 2300 m

Charakteristik: R 1419.
Vom Rittner Horn wie bei R 1528 auf Steig 1 über den Gasteiger Sattel zum Südostrücken des Villanderer Berges, nordseitig kurz hinab, dann weiterhin auf Steig 1 über teilweise stark versumpfte Grasböden nordostwärts zu Wegkreuzung mit Bildstock (2107 m) und teils eben, teils leicht ansteigend stets auf Steig 1 nordwärts weiter zum Latzfonser Kreuz. *HU ca. 220 m, 4 Std., für Gehtüchtige mit wasserdichtem Schuhwerk leicht, landschaftlich lohnend.*

1533 AUSGANGSORT
GISSMANN 1577 m

Dörfchen mit Kirche und Gaststätten in schöner, dem Sarntal zugewandter Lage; höchstgelegene Ortschaft des Rittens. Von Pemmern Autozufahrt (im Sommer Durchfahrt nur für Anlieger).

1534
Zum Unterhornhaus 2042 m

Charakteristik: R 1526.
Von Gissmann auf Waldweg 2 hinauf zur Gissmannhütte (1860 m) und rechts auf markiertem Weg großteils an der Waldgrenze nahezu eben die Hänge querend zum Unterhornhaus. *HU 465 m, knapp 2 Std., leicht und lohnend.*

1535
Rittner Horn 2260 m

Charakteristik: R 1527.
a) Von Gissmann auf Waldweg 2 hinauf zur Gissmannhütte und stets auf Steig 2 über den breiten Almkamm großteils mäßig ansteigend nordostwärts zum Gipfel. *HU 683 m, 2 Std., leicht und sehr lohnend.*
b) Von Gissmann wie bei R 1534 zum Unterhornhaus und wie bei R 1527 weiter zum Ziel. *HU 683 m, 2 ½ Std., leicht und lohnend.*

UNTERES EISACKTAL

Dieser Abschnitt umfasst das untere Eisacktal von der Bozner Gegend im Süden bis zur so genannten Klamm, einer Talenge nördlich von Klausen, einschließlich der Seitenäste Eggental, Tierser Tal, Gröden und Villnöß. Die Reihung der Ortsgebiete erfolgt von der Talmündung in Richtung Talursprung.

1540 — AUSGANGSORT
KARDAUN — 281 m

Kleine Siedlung im untersten Eisacktal an der Mündung des Eggentales in das Eisacktal.

1541
Nach Blumau (Kuntersweg) — 231 m

Charakteristik: R 1609. Zwischen Blumau und Kardaun sind noch Reste des 1314 vom Bozner Kaufmann Heinrich Kunter erbauten Weges erhalten.
Von Kardaun der Markierung 2 folgend neben der Bahnlinie auf schmaler Straße ostwärts, dann links ab und auf dem bezeichneten »Kuntersweg« großteils durch Gebüschhänge teils eben, teils auf- und absteigend bis zur Steinegger Straße und kurz hinunter nach Blumau.
HU ca. 100 m, 2 Std.

1542
Nach Steinegg — 820 m

Charakteristik: R 1617.
Von Kardaun stets der Markierung 2 folgend zuerst auf schmaler Straße neben der Bahnlinie ostwärts, dann rechts auf breitem Weg durch Buschhänge hinauf zum Ebenhof (757 m) und die Hänge querend nach Steinegg. *HU 539 m, 2 Std., leicht und lohnend.*

1545 — AUSGANGSORT
GUMMER — 1115 m

Kleines, lagemäßig einzigartiges Dorf mit Kirche und Gasthaus auf schmalem Geländesporn nordseitig hoch über dem Eggental.

1546
Zum Kaserer Bild — 1278 m

Hübsches Kirchlein (alte Wallfahrtsstätte) in einem Waldsattel zwischen der Steinegger Gegend und dem Eggental.
Von Gummer auf der nach Steinegg führenden Straße hinauf, dann links der abzweigenden Markierung 1 folgend auf schmaler Straße nahezu eben zum Unterkaserhof (1185 m) und rechts hinauf zum Kirchlein. *HU 173 m, 2 Std., leicht, bedingt lohnend.*

1547
Nach Welschnofen — 1182 m

Charakteristik: R 1586.
Von Gummer auf der Straße ca. 20 Min. zum Viltunhof und rechts ein Stück in Richtung Zipperle, dann rechts auf Weg 2 A in Richtung Samerhof, bis erneut rechts der »Taufenweg« abzweigt; auf diesem nahezu eben durch Wald zum Hof Außerforcher (1365 m), auf Weg 2 F hinunter und zuletzt auf der Straße (Markierung 5) ostwärts nach Welschnofen. *HU ca. 350 m, knapp 2 ½ Std., leicht, bedingt lohnend.*

1548
Nach Obergummer — ca. 1360 m

Sonniger Weiler mit verstreuten Bauernhöfen und Gastbetrieben in leicht hügeligem Wald- und Wiesengelände zwischen Eggental und Tierser Tal.
Von Gummer auf der Straße hinauf (bei der ersten Straßengabel nicht rechts ab) und hinein ins Meßnertal, dann mit Markierung 3 rechts auf breitem Waldweg zu einer alten Säge und durch Wiesen kurz hinan zur Hochfläche von Obergummer (ca. 1360 m; im Ostbereich das Gasthaus Zipperle mit Kapelle, im Nordwesten das Gasthaus Lärchenwald); ab Gummer knapp 1 Std. *HU ca. 245 m, 1 Std., leicht und lohnend.*

Das Kirchlein in Obergummer

1551 — AUSGANGSORT
BIRCHABRUCK — 872 m

Kleine Ortschaft im inneren Eggental an der zum Karer Pass führenden Straße.

1552
Zur Liegalm — 1751 m

Schön gelegene Alm mit Einkehrmöglichkeit und Dolomitenblick im Südosten von Deutschnofen.

Von der scharfen Rechtskurve der Straße Birchabruck–Deutschnofen nur wenig oberhalb des Hotels Schwarzenbach (1271 m) auf Waldweg 9 mäßig ansteigend dem Schwarzenbach entlang hinein zur ehemaligen Bajerlsäge und zu Weggabel, hier links ab und nordwärts kurz hinauf zur Liegalm. *HU 480 m, knapp 2 Std., leicht und lohnend.*

1553
Nach Deutschnofen — 1357 m

Charakteristik: R 1213.

Von Birchabruck auf Weg 6 über den Steinerhof südwestwärts durch Waldhänge hinauf gegen die Häusergruppe Platten (ca. 1300 m), der Markierung 6 A folgend auf dem »Plattenbodenweg« (Markierung 6 A) leicht abwärts, eben und leicht ansteigend durch Wald zur Hauptstraße und auf dieser westwärts nach Deutschnofen.
HU 480 m, 2 ½ Std., leicht und lohnend.

1554
Nach Gummer — 1115 m

Charakteristik: R 1545.

Von Birchabruck zuerst der Markierung 3 und dann 3/5 folgend teils auf Fußweg, teils auf schmaler Straße nordwestwärts hinauf und Steilhänge querend an einer kleinen Erdpyramidengruppe vorbei nach

Gummer. *HU 243 m, 1 Std., leicht, bedingt lohnend.*

1555
Zur Häusleralm 1547 m

Von Wald umgebene Wiesenrodung auf dem Waldrücken östlich von Birchabruck bzw. Eggen.

Von Birchabruck auf Waldweg B südostwärts hinauf zu den Egghöfen und dann vom höchsten, dem Grotthof, auf mit S markiertem Weg bzw. Steig durch Wald ost- und südostwärts teils mäßig ansteigend, teils eben zur Alm. *HU 676 m, 2 ½ Std., leicht und lohnend.*

1559 AUSGANGSORT
EGGEN 1130 m

Schön gelegenes Dorf mit gotischer Nikolauskirche (deshalb auch St. Nikolaus genannt) im inneren Eggental südöstlich von Birchabruck.

1560
Nach Obereggen 1561 m

Charakteristik: R 1575.
Von Eggen stets der Markierung o folgend auf schmaler Straße südostwärts zur Häusergruppe Gerber und ca. 20 Min. talauf, dann rechts ab und auf breitem Waldweg hinauf nach Obereggen. *HU 431 m, 1 ½ Std., leicht und lohnend.*

1564 AUSGANGSORT
RAUTH 1276 m

Häusergruppe mit Gasthaus im obersten Eggental an der Straße von Birchabruck nach Lavazè. Abzweigung der Straße nach Obereggen.

1565
Zum Lavazèjoch 1807 m

Ausgedehnte Wiesenrodung mit Gasthöfen und kleinem Almsee am Straßenübergang vom Eggental ins Fleimstal.

a) Von Rauth stets auf Waldweg 7 großteils leicht ansteigend südwärts hinauf nach Lavazè. *HU 531 m, 1 ½ Std., leicht und lohnend.*

b) Von Rauth auf Waldweg 8 nahezu eben westwärts, vom Bereich des Gasthofs Schwarzenbach auf breitem Waldweg 9 hinauf und bei Wegteilung entweder auf Weg 9 mit kleinem Umweg über die Liegalm (1751 m; Ausschank) oder etwas kürzer auf Weg 9 A hinauf nach Lavazè.
HU ca. 540 m, 3 Std., für Gehgewohnte leicht und lohnend.

1566
Zum Auerleger 1872 m

Schön gelegene Alm mit Ausschank ostseitig unter dem Weißhorn.
Von Lavazè (R 1565) kurz auf der zum Jochgrimm führenden Straße und auf dem rechts abzweigenden Güterweg 2 durch Wiesen und Wald nahezu eben westwärts zur Alm. *HU gering, 1 Std., leicht und lohnend.*

1567
Zum Jochgrimm 1989 m

Westlich vom Lavazèjoch zwischen Schwarzhorn und Weißhorn eingesenkter Wiesensattel mit Gastbetrieben; Autozufahrt.
Von Lavazè wie bei R 1566 zum Auerleger (1872 m, Ausschank), auf Waldweg südwestwärts in ca. 15 Min. hinauf zur Straße und auf dieser kurz westwärts zum Joch. *HU 182 m, knapp 1 ½ Std., leicht und lohnend.*

Das Aldeiner Weißhorn

1568
Schwarzhorn — 2439 m

Aus Porphyr aufgebauter, frei aufragender Berg südlich von Jochgrimm und Weißhorn.
Vom Jochgrimm (R 1567) auf Steig 582 südwärts über den steinigen Bergrücken ziemlich gerade empor zum Gipfel.
HU 450 m, knapp 1½ Std., für Gehgewohnte leicht und lohnend.

1569
Weißhorn — 2317 m

Im Gipfelbereich aus Dolomit aufgebauter Berg nördlich von Jochgrimm und Schwarzhorn; westseitig bedeutende geologische Aufschlüsse.
Vom Jochgrimm (R 1567) auf markiertem Steig durch die Hänge nordwärts hinauf zum Gipfel. *HU 328 m, 1 Std., leicht und lohnend.*

1570
Zanggen (Zanggenberg) — 2488 m

Zwischen Lavazèjoch im Westen und Reiterjoch im Osten frei aufragender Berg.
Von Lavazè (R 1565) auf Steig 575 südostwärts nur leicht ansteigend durch die Waldhänge zum Südwestgrat des Berges und über ihn auf markiertem Steig nordostwärts empor zum Gipfel. *HU 681 m, 2 Std., für Gehgewohnte nicht schwierig, lohnend.*

1571
Zum Reiterjoch — 1996 m

Charakteristik: R 1580.
Von Lavazè (R 1565) auf Waldweg 9/504 teils eben, teils leicht auf und ab ostwärts zum Reiterjoch. *HU ca. 200 m, 1½ Std., leicht und lohnend.*

1575 — AUSGANGSORT
OBEREGGEN — 1561 m

Weiler mit hübschem St.-Florian-Kirchlein, einigen Höfen und Gastbetrieben in aussichtsreicher Lage südöstlich von Eggen. Im Winter Skibetrieb. Sessellift zur Bergflur Oberholz am Latemar (2150 m).

1576
Zum Karer See — 1519 m

Charakteristik: R 1596.

a) Von Obereggen auf der nach Eggen führenden Straße leicht abwärts und zuletzt auf Steig 9 rechts abzweigend in ½ Std. zum Bewallerhof (1491 m) und nun stets der Markierung 8 folgend auf dem »Temblweg« (Forstweg) zweimal Wiesen, sonst aber durchwegs den schönen Karer Wald querend zum See. *HU gering, 1 ¼ Std., leicht und lohnend.*

b) Wie bei a zum Bewallerhof, auf Steig 21 ein Stück ostwärts hinauf, dann links ab (1553 m), auf Steig und Forstweg 14 nahezu eben und später leicht absteigend durch die Waldhänge zum Forstweg 8 und auf diesem zum See. *HU ca. 50 m, 2 Std., leicht und lohnend.*

1577
Zum Karer Pass — 1745 m

Weiter Wiesensattel zwischen Rosengartengruppe und Latemargruppe; Straßenübergang vom Eggental ins Fassatal. Gastbetriebe.

Von Obereggen auf Waldsteig 21A nordostwärts ansteigend zum Steig 21 (1795 m) und nun stets dieser Markierung folgend (teils Steig, teils Forstwege) in mehrmaligem Auf und Ab durch Wald nordost- und ostwärts zum Karer Pass. *HU ca. 350 m, 3 ½ Std., für Gehgewohnte leicht und lohnend.*

1578
Epircher Laner — 1826 m

Alm mit Gaststätte in schöner Lage südöstlich von Obereggen. Im Winter Skigebiet mit Liftanlagen.

Von Obereggen auf breitem Forstweg 9 südost- und südwärts mäßig ansteigend zur Alm. *HU 265 m, ¾ Std., leicht und lohnend.*

1579
Meierlalm (Mairlalm) — 2037 m

Alm mit Jausenstation in aussichtsreicher Lage südsüdöstlich von Obereggen. Etwas tiefer die Weigler Schupf (ebenfalls Ausschank).

a) Von Oberholz (2150 m; Sessellift von Obereggen herauf) auf Weg 23 die Hänge südwärts querend zur Meierlalm. *HU gering, 20 Min., leicht und hübsch.*

b) Von der Alm Epircher Laner (R 1578) auf breitem Waldweg 9 durch Wald mäßig steil hinauf, schließlich links ab (Wegweiser) und hinauf zur Alm. *HU 211 m, ¾ Std., leicht und lohnend.*

1580
Zum Reiterjoch — 1996 m

Weiter Wiesensattel zwischen Latemargruppe und Zanggen. Wintersportgebiet. Südöstlich unweit des Jochs die Ganischger Alm und die Zischgalm (Gaststätten).

a) Von der Meierlalm (R 1579) auf breitem Waldweg 23 ganz leicht absteigend zum Joch; *knapp 20 Min., leicht und hübsch.*

b) Vom Epircher Laner (R 1578) auf breitem Waldweg 9 mäßig ansteigend zum Joch. *HU 170 m, knapp ¾ Std., leicht, bedingt lohnend.*

1581
Zanggen (Zanggenberg) — 2488 m

Charakteristik: R 1570.

Vom Reiterjoch (R 1580) auf Steig 574 durch Wald und freie Hänge westseitig großteils steil hinauf zum weniger steilen Gipfel-

Rosengartenblick vom Schillerhof aus

hang und über diesen zum Ziel. *HU 492 m, 1 ½ Std., leicht und lohnend.*

1582
Latemarhütte
(Rif. Torre di Pisa) 2671 m

Bewirtschaftete Schutzhütte am Gipfel der Cima Valbona in der südwestlichen Latemargruppe.

a) Von der Meierlalm (R 1579) auf markiertem Steig hinauf zum querenden Steig 22, auf diesem nach rechts die Hänge querend zum Südgrat der Cima Valbona und links auf Steig 516 hinauf zur Hütte.
HU 634 m, 2 Std., für Gehgewohnte unschwierig und lohnend.
b) Von der Zischgalm unweit des Reiterjochs (R 1580) auf Steig 50/521 südostwärts hinauf zum Satteljoch und links auf Steig 516 dem Grat nach zur Hütte. *HU 665 m, gut 2 Std., leicht und lohnend.*

1586 AUSGANGSORT
WELSCHNOFEN 1182 m

Ausgedehntes, sonnig gelegenes Dorf mit regem Fremdenverkehr an der Straße von Birchabruck im Eggental zum Karer Pass.

1587
Taufenweg.

Wegverlauf wie R 1547, umgekehrte Richtung.

1588
Zum Schillerhof (Zischglalm) 1555 m

Berghof und Gasthaus auf einer hoch gelegenen Wiesenrodung mit Prachtblick zu Rosengarten und Latemar.

a) Von Welschnofen der Markierung 5 folgend (anfangs Sträßchen, dann Fußweg) nordostwärts hinan, dann nordwestwärts durch Wald empor zum Wolfsgrubenjoch (1508 m) und auf breitem Waldweg 1 rechts kurz hinauf zum Schillerhof.
HU 373 m, gut 1 Std., leicht und lohnend.
b) Von Welschnofen stets der Markierung 4 folgend zuerst ein Stück bergan und rechts eben durch, dann links auf dem »Zischglweg« durch Wald bergan bis zur nächsten Wegteilung und rechts weiter durch Wald hinauf zum Schillerhof (1555 m); *ab Welschnofen gut 1 Std.*

1589
Zur Hagneralm 1556 m

Schön und aussichtsreich gelegene Alm mit Jausenstation nordöstlich oberhalb Welschnofen.

a) Von Welschnofen der Markierung 5 bzw. 4 folgend leicht ansteigend nordostwärts zum Forstweg 4 A und auf diesem hinauf zur Alm. *HU 374 m, gut 1 Std., leicht und lohnend.*
b) Von Welschnofen wie bei R 1590 zum Jocherhof und auf Steig und Weg 4 F nahezu eben nordwärts zur Alm. *HU 374 m, 1 ¼ Std., leicht und lohnend.*

1590
Zum Jocherhof 1551 m

Schön und aussichtsreich gelegenes Gehöft mit Jausenstation nordöstlich oberhalb Welschnofen.
Von Welschnofen der Markierung 5 bzw. 4 folgend leicht ansteigend nordostwärts zum Forstweg 4 A, auf diesem kurz ostwärts und links auf Waldsteig 4 C hinauf zum Hof. *HU 269 m, 1 Std., leicht und lohnend.*

1591
Zum Nigerpass 1688 m

Waldsenke mit Gasthaus und Straßenübergang (»Rosengartenstraße«) von Tiers zum Karer Pass.
Von Welschnofen wie bei R 1590 zum Jocherhof und zuerst auf Steig 4 B und später 1 N durch Wald und Almwiesen teils leicht ansteigend, teils eben nordostwärts zum Nigerpass. *HU 506 m, 2 ½ Std., leicht und lohnend.*

1592
Zur Frommeralm 1721 m

Gaststätte in aussichtsreicher Lage an der Straße südlich des Nigerpasses.
Von Welschnofen auf Weg 5 und später 40 nordostwärts hinauf und hinein zum Gasthaus Rosengarten nahe der Talstation des Laurin-Liftes (Heinzensäge, 1350 m; hierher auch mit Auto) und der Markierung 2 C folgend dem Frommerbach entlang großteils mäßig steil hinauf zur Alm. *HU 371 m, 2 Std., leicht und lohnend.*

1593
Zur Tscheinerhütte 1775 m

Gaststätte an der Straße zwischen Nigerpass und Karer Pass.
Von Welschnofen wie bei R 1592 zum Gasthaus Rosengarten, auf Weg 2 C ostwärts bis zu Weggabel und rechts auf Weg 2 T durch Wald und Wiesen hinauf zur Hütte. *HU 425 m, 1 ½ Std., leicht und lohnend.*

1594
Elisabethpromenade

Siehe R 1595.

1595
Zum Gasthaus Meierei 1552 m

Gaststätte am Sonnenhang des von Welschnofen zum Karer Pass ziehenden Tales.
a) Vom Gasthaus »Post« an der zum Karer Pass führenden Straße südöstlich von Welschnofen (1173 m) auf Waldweg 6 hinauf zum Sohlerhof (1556 m) und auf Fahrweg 6 (»Elisabethpromenade«, benannt nach der österreichischen Kaiserin, die in diesem Gebiet auf Erholung weilte) nahezu eben die Hänge querend südostwärts zum Gasthaus Meierei. *HU 383 m, gut 1 ½ Std., leicht und lohnend.*
b) Vom Gasthaus Post (R 2612/b) stets auf Weg 7 größtenteils leicht ansteigend durch die Waldhänge südostwärts zum Ziel. *HU 379 m, gut 1 Std., leicht und lohnend.*
c) Von Welschnofen auf Waldsteig 3 südwärts hinauf zur Lichtung des ehemaligen Zenayhofs (1560 m, hier kleines Denkmal für die Kaiserin Elisabeth), auf ebenem Waldsteig zum Sohlerhof und wie bei a zum Ziel. *HU 210 m, 1 ½ Std., leicht und lohnend.*

1596
Zum Karer See 1519 m

Bekannter, von den Latemarspitzen überragter Waldsee nahe der Straße von Welschnofen zum Karer Pass.

Spiegelbild im Karer See

Am unteren Dorfrand von Welschnofen von der Talstraße ostseitig ab (1100 m) uns auf Waldweg 10 A talauf zum See. *HU 419 m, knapp 1 ½ Std., leicht und lohnend.*

1597
Nach Obereggen   1561 m

Charakteristik: R 1575.

a) Von Welschnofen wie bei R 1596 zum Karer See (1519 m); nun stets der Markierung 8 folgend auf dem »Temblweg« (Forstweg) Wiesen und Wald querend zum Bewallerhof (1491 m) und der Markierung 9 folgend auf Weg und Straße südwestwärts nach Obereggen. *HU 461 m, knapp 3 ½ Std., leicht und lohnend.*

b) Von der Talstraße am unteren Dorfrand von Welschnofen auf Waldweg 27 südwest- und südwärts hinauf zum Hof Pircha (1381 m), rechts auf mit B markiertem Weg hinauf zum Weg 8 (»Temblweg«), rechts zum Bewallerhof und wie bei a zum Ziel. *HU 461 m, 2 Std., leicht und lohnend.*

1598
Zur Kölner Hütte
(Rosengartenhütte)   2339 m

Schutzhaus südwestlich unter der Rosengartenspitze. Unmittelbar daneben Berggaststätte und Bergstation des von Welschnofen heraufführenden Laurin-Sessellift.

a) Vom Nigerpass (R 1591) auf Weg 1 über Wald- und Wiesenhänge südostwärts hinauf zur Hütte. *HU 651 m, 2 Std., leicht und lohnend.*

b) Von der Frommeralm (R 1592) auf Steig 2 C und später 1 über Bergwiesen durchwegs steil ostwärts hinauf zur Hütte.
HU 618 m, knapp 2 Std., leicht und lohnend.

c) Von der Tscheinerhütte (R 1593) auf Steig 2 C über einen Grasrücken hinauf zum Weg 1 und weiter zur Hütte. *HU 564 m, gut 1 ½ Std., leicht und lohnend.*

d) Von der Paolinahütte (R 1601) auf größteils nahezu ebenem Höhensteig 552 und später 549 (»Hirzlweg«) nordwärts zur Hütte. *HU 214 m, 1 ½ Std., leicht und sehr lohnend.*

1599
Zur Santnerpasshütte   2734 m

Kleine Schutzhütte in einer Senke (Santnerpass) zwischen Laurinswand und Rosengartenspitze. Sommerbewirtschaftung.

Von der Kölner Hütte (R 1598) zuerst über Geröll und dann auf teilweise gesichertem Klettersteig (Markierung 542 S) nordostwärts in durchwegs sehr steilem Felsgelände hinauf zur Hütte. *HU 395 m, 2 Std., für Klettersteigerfahrene nicht schwierig, lohnend.*

1600
Gartlhütte   2621 m

Schutzhaus in einer felsumschlossenen Mulde (»Gartl«) nördlich unter der Rosengartenspitze. Großartig die nahen Vajolettürme.

Von der Santnerpasshütte (R 1599) auf markiertem Steig mäßig steil über Geröllhänge nordöstlich hinab. *HU 113 m (abwärts), 15 Min., leicht und lohnend.*

1601
Zur Paolinahütte   2125 m

Schön gelegene Berggaststätte nordöstlich über dem Karer Pass. Auch mit Sessellift erreichbar.

a) Von der Talstation des Sesselliftes (1620 m) auf markiertem Steig durch Wiesenhänge teilweise steil hinauf zur Hütte. *HU 505 m, 1½ Std., leicht, bedingt lohnend.*

b) Vom Karer Pass (R 1577) zuerst auf Weg 548 und dann links abzweigend auf Steig 552 über Steilhänge hinauf zur Hütte. *HU 380 m, gut 1 Std., leicht und lohnend.*

1602
Zur Ostertaghütte (Rotwandhütte)   2282 m

Bewirtschaftete Schutzhütte in schöner Lage auf der Ostseite des südlichen Rosengartenkammes. Italienisch Rifugio Roda di Vaèl.

a) Von der Paolinahütte (R 1601) auf Weg 536 durch Wiesenhänge ostwärts leicht ansteigend zum Steig 549 und auf diesem rechts nahezu eben zur Hütte. *HU 157 m, ¾ Std., leicht und lohnend.*

b) Von der Kölner Hütte auf Weg 549 die Hänge querend zu Wegteilung, nun entweder links weiterhin auf Steig 549 (»Hirzelweg«) oder rechts über die Paolinahütte südwärts weiter und nach Vereinigung der beiden Wege wie bei a zur Hütte. *HU 60 bzw. 130 m, 3 Std., leicht und lohnend.*

c) Vom Karer Pass (R 1577) stets auf Weg 548 nordostwärts hinauf und dann rechts durch die Wald- und Grashänge mäßig ansteigend zur Hütte. *HU 537 m, gut 1½ Std., leicht und lohnend.*

1603
Hirzelweg.

Höhenweg von der Kölner Hütte zur Ostertaghütte.
Wegverlauf siehe R 1598/d bzw. 1602/b.

1604
Rotwand   2806 m

Markanter Berg in der südlichen Rosengartengruppe mit senkrechter Westwand; auf Klettersteigen relativ leicht ersteigbar.

a) Von der Paolinahütte (R 1601) auf Steig 522 ca. ½ Std. nordwärts, dann rechts auf Steig 549 und auf dem abzweigenden Steig 551 über Blockwerk, Geröll und Felsstellen (eine Leiter) empor in den Vajolonpass (2560 m) und rechts auf gesichertem Felssteig hinauf zum Gipfel. *HU 681 m, 2½ Std., für Geübte mit Klettersteigerfahrung nicht schwierig, lohnend.*

b) Von der Ostertaghütte (R 1602) auf markierten Steigspuren nordwestwärts zu einer Schlucht südlich unter der Rotwand und auf gesichertem Klettersteig nordwärts (etwas schwieriger als a) empor zum Gipfel. *HU 524 m, knapp 2 Std., für Klettersteigerfahrene nicht schwierig, lohnend.*

1605
Östliche Latemarspitze   2800 m

Bedeutender Gipfel im Nordostteil der Latemargruppe.

Vom Grandhotel Karersee (1609 m) an der Straße zum Karer Pass auf Waldweg 18 süd- und südostwärts hinauf zur Waldgrenze, auf dem Steig 18 sehr steil empor zur Kleinen Latemarscharte (2526 m) und auf der Südseite durch die Steilhänge der Markierung folgend westwärts hinauf zu

Die Rotwand im Rosengarten

einer Scharte und zum Gipfel. *HU 1191 m, 4 Std., für Geübte und Trittsichere nicht schwierig, lohnend.*

1609 — AUSGANGSORT
BLUMAU — 331 m

Dorf mit Gastbetrieben und naher Kirche im unteren Eisacktal an der Mündung des Tierser Tales. Abzweigung der Straßen nach Breien, Steinegg und ins Schlerngebiet.

1610
Nach Kardaun (Kuntersweg) — 281 m

Charakteristik: R 1540 und 1541.
Wegverlauf wie R 1541, in umgekehrter Richtung; ähnliche Gehzeit.

1611
Nach Unterinn am Ritten — 904 m

Schön und aussichtsreich gelegenes Dorf mit spitztürmiger Kirche, von Wiesenhängen und Höfen umgeben.

a) Von Blumau auf der Talstraße ca. 20 Min. nordostwärts, nach der Eisackbrücke links ab (328 m) und stets der Markierung 0 folgend durch Buschhänge und an Höfen vorbei hinauf nach Unterinn. *HU 576 m, 1 ½ Std., leicht und lohnend.*

b) Von Steg (347 m, Häusergruppe mit Gasthaus 3 km nordöstlich von Blumau) auf Weg 11 durch Buschhänge und an Höfen vorbei steil hinauf zu Weggabel oberhalb der Burgruine Stein (ca. 750 m) und links auf markiertem Weg in anfangs aufsteigender, später weitgehend ebener Wanderung durch Wald und an einzelnen Höfen vorbei nach Unterinn. *HU 557 m, gut 2 ½ Std., für Gehgewohnte leicht und lohnend.*

1612
Nach Klobenstein am Ritten — 1154 m

Charakteristik: R 1482.
Von Steg wie bei R 1611/b hinauf zu Weggabel oberhalb der Ruine Stein, rechts weiterhin der Markierung 11 folgend auf Fuß- und Fahrwegen hinauf zum Weiler Siffian (998 m) und weiter bergan nach Klobenstein. *HU 807 m, 2 ½ Std., leicht und lohnend.*

1613
Nach Völs 880 m

Charakteristik: R 1644.
Von Steg (R 1611/b) auf der Brücke über den Eisack und dann stets auf Weg 1 in Kehren durch Buschhänge und Wiesen ostwärts hinauf nach Völs. *HU 533 m, gut 1 ½ Std., leicht und lohnend.*

1617 AUSGANGSORT
STEINEGG 820 m

In sonniger Hochlage befindliches, stattliches Dorf südöstlich über Blumau. Von dort Straße herauf.

1618
Nach Oberkarneid

Streuweiler mit mehreren Berghöfen südöstlich über Kardaun bzw. Karneid.

a) Von Steinegg auf dem zum Ebenhof führenden Fahrweg 2 bis zum links abzweigenden Weg W und auf diesem die Waldhänge querend zum Wiedenhof (Jausenstation, 966 m), einem der mittleren Höfe von Oberkarneid. *HU 146 m, 1 ½ Std., leicht und lohnend.*

b) Von Steinegg auf dem zum Ebenhof führenden Fahrweg 2 kurz süd- und westwärts, dann links stets auf mit Ö markiertem Waldweg hinauf und zuletzt eben zum Oberölgarthof (1204 m, Jausenstation). *HU 384 m, gut 1 ½ Std., leicht und lohnend.*

c) Wie bei a zum Wiedenhof und auf Weg 4 über den Unterölgarthof hinauf zum Oberölgartner. *HU 384 m, gut 2 Std., leicht und lohnend.*

1619
Zu den Steinegger Erdpyramiden ca. 1000 m

Schöne Erdpyramidengruppe südöstlich von Steinegg.

a) Von Steinegg auf der nach Gummer führenden Straße bis zur Kapelle Maria Hilf und bald danach links auf Weg 2 eben und leicht ansteigend zur Pyramidenzone. *HU ca. 180 m, knapp ¾ Std., leicht und lohnend.*

b) Von Steinegg auf dem zum Ebenhof führenden Fahrweg 2 süd- und westwärts, dann links auf Weg 2 A zum Hof Herrenwies an der nach Gummer führenden Straße (990 m) und auf Weg 2 A nordostwärts zu den Erdpyramiden. *HU ca. 180 m, 1 ½ Std., leicht und lohnend.*

1623 AUSGANGSORT
TIERS 1028 m

Stattliches, am Sonnenhang des inneren Tierser Tales gelegenes Dorf mit regem Fremdenverkehr. Prachtblick zur Rosengartengruppe über dem Talschluss.

1624
Nach St. Kathrein 878 m

Kleine Häusergruppe unterhalb der Tierser Straße mit freskengeschmückter Kirche.
Von Tiers auf der Straße westwärts bis zum links abzweigenden Weg 6 A und auf diesem die Hänge querend nach St. Kathrein. *HU gering, 1 ¼ Std., leicht und lohnend.*

1625
Nach Mungadoi (Mongadui) 1150 m

Weiler mit Gasthof in aussichtsreicher Lage an den Sonnenhängen zwischen Tiers und Ums.

a) Von Tiers der Markierung 6 P folgend auf Fahrweg in leichtem Anstieg nordwestwärts durch Wiesen und Wald zum Völsegger Hof (1208 m), kurz hinauf zu Weggabel bei einem Bildstock und links auf Waldweg 6/6 U eben und abwärts zum Ziel. *HU 222 m, 1 ½ Std., leicht und lohnend.*

b) Von Tiers auf Weg 4 hinauf zum que-

Die Erdpyramiden von Steinegg

renden Weg 6 U, auf diesem links durch die Waldhänge zu Weggabel bei Bildstock und wie bei a zum Ziel. *HU 222 m, gut 1 ½ Std., leicht und lohnend.*

1626
Zum Sebastiankirchlein   1266 m

Idyllisch auf einer Waldlichtung oberhalb Tiers gelegenes Kirchlein aus dem 17. Jahrhundert.

Von Tiers stets auf Weg 4 durch Wiesen und Wald ziemlich gerade hinauf zum Ziel. *HU 238 m, ¾ Std., leicht und lohnend.*

1627
Zur Tschafonhütte   1733 m

Bewirtschaftete Schutzhütte auf einer Waldlichtung nördlich oberhalb Tiers.

a) Von Tiers stets auf Weg 4, vorbei am Sebastiankirchlein, zuerst durch Wiesen und dann großteils durch Wald empor Hütte. *HU 705 m, gut 2 Std., leicht und lohnend.*

b) Von Weißlahnbad (Hotel 3 km innerhalb Tiers, 1173 m, unweit davon Touristenparkplatz) auf Fahrweg 6 U nahezu eben westwärts bis zu Weggabel, rechts der Markierung 4 A folgend mäßig steil bergan zum Weg 4 und auf diesem wie bei a zur Hütte. *HU 560 m, gut 1 ½ Std., leicht und lohnend.*

1628
Zum Kirchlein St. Zyprian (Cyprian)   1073 m

Hübsches Kirchlein im inneren Tierser Tal neben der Straße im Ortsteil St. Zyprian; im Hintergrund der Rosengarten.

Von Tiers der Markierung P 2 folgend auf Fahrweg durch Wiesen ostwärts leicht ansteigend zum querenden Weg 6 U (1140 m), auf diesem nahezu eben ostwärts zu Weggabel und rechts leicht absteigend nach St. Zyprian. *HU 112 m, knapp 1 Std., leicht und hübsch.*

1629
Tschafon (Völsegger Spitze) 1834 m

Frei aufragender, großteils bewaldeter Berg mit Wetterkreuz nördlich von Tiers bzw. südöstlich von Völs.
Von der Tschafonhütte (R 1627) auf markiertem Waldsteig zuerst eben und dann kurz ansteigend zum Gipfel. *HU 101 m, 20 Min., leicht und lohnend.*

1630
Hammerwand 2128 m

Unverkennbarer Gipfel nordöstlich über der Tschafonhütte. Westseitig senkrechte Felswände.
Von der Tschafonhütte (R 1627) auf Waldweg 9 zuerst eben und leicht absteigend ostwärts, dann (stets Steig 9) durch Wald und Legföhren steil hinauf zur Nigglbergscharte (2064 m) und links empor zum Gipfel. *HU 395 m, knapp 1 ½ Std., für Gehgewohnte leicht und lohnend, etwas mühsam.*

1631
Nigglberg 2164 m

Erhebung östlich der Hammerwand.
Von der Tschafonhütte wie bei 1630 zur Nigglbergscharte und rechts auf Steig 9 über einen latschenbestandenen Grashang zum höchsten Punkt. *HU 431 m, 1 ½ Std., für Gehgewohnte leicht und lohnend.*

1632
Schlernhaus 2457 m
Schlern 2564 m

Einer der unverwechselbarsten und meistbesuchten Berge der Südtiroler Dolomiten, östlich über dem unteren Eisacktal aufragend. Höchster Punkt ist der Petz (2564 m), eine felsige Erhebung über dem bekannten Schlernhaus (2457 m).
a) Von Weißlahnbad (R 1627/b) auf Bergweg 2 durch Wald und durch die Steilschlucht der Bärenfalle empor zum Tschafatschsattel (2069 m, 2 ½ Std.), weiterhin auf Weg 2 zuerst Waldhänge querend und dann über Grashänge ansteigend zum Schlernhaus und auf markiertem Weg über Blockwerk in 20 Min. zum Petz. *HU 1391 m, 4 ½ Std., für Gehtüchtige leicht und lohnend.*
b) Von der Tierser-Alpl-Hütte (R 1634) auf Weg 3/4 zuerst nahezu eben und dann ein Stück ansteigend quer durch die Südhänge der Roßzähne zum Westrücken der Roterdspitze und über die Grasböden des Schlernplateaus zum Ziel. *HU ca. 150 m, 2 ½ Std., leicht und lohnend.*

1633
Grasleitenhütte 2129 m

Bewirtschaftetes, schön gelegenes Schutzhaus im nördlichen Teil der Rosengartengruppe. Eindrucksvolle Gebirgsumrahmung.
Von Weißlahnbad (R 1627/b) bzw. vom Parkplatz nahe der Tschamin-Schwaige stets auf Weg 3 meist durch Wald im wildromantischen Tschamintal teils ansteigend, teils eben hinein zu Weggabel im Talschluss und rechts auf Weg 3A hinauf zur Hütte. *HU 956 m, 3 Std., für Gehgewohnte leicht, landschaftlich sehr lohnend.*

1634
Tierser-Alpl-Hütte 2440 m

Am Südfuß der Roßzähne schön gelegenes Schutzhaus mit Sommerbewirtschaftung.
a) Von Weißlahnbad wie bei R 1633 durch das Tschamintal zur Weggabel im inneren Tschamintal, links auf sehr steilem Steig 3 (Seilsicherungen) durch das so genannte Bärenloch empor und zuletzt auf Weg 3/4 rechts hinan zur Hütte. *HU 1267 m, 3 ½ Std., für Trittsichere und Gehtüchtige nicht schwierig, lohnend.*
b) Vom Schlernhaus (R 1632) kurz auf Weg 1 ostwärts, dann rechts auf Steig 3/4 nahezu eben zum Westrücken der Roterd-

Die Grasleitenhütte im innersten Tierser Tal

spitze, ein Stück in Serpentinen hinab und dann teils eben, teils leicht ansteigend zur Hütte. *HU ca. 100 m, 2 Std., leicht und lohnend.*

c) Von der Grasleitenhütte (R 1633) stets auf Steig 3A zuerst mäßig steil hinauf zu Weggabel, dann links in Serpentinen über steiles Geröll empor zum Molignonpass (2598 m) und jenseits hinunter zur Hütte. *HU 469 m im Aufstieg, 158 m im Abstieg, 1 ¾ Std., für Berggewohnte unschwierig, landschaftlich lohnend.*

1635
Roterdspitze 2655 m

Felsgipfel, der den westlichen Endpunkt des Roßzähnkammes bildet. Höchstpunkt des gesamten Schlernmassivs.

a) Vom Schlernhaus (R 1632) kurz auf Weg 1 ostwärts, dann rechts auf Steig 3/4 nahezu eben über den Ostteil des Schlernplateaus zum Westrücken der Roterdspitze und, links abzweigend, über ihn auf markiertem Steig mäßig steil zum Gipfel. *HU 198 m, 1 ½ Std., leicht und lohnend.*

b) Von der Tierser-Alpl-Hütte (R 1634) auf Weg 3/4 unter den Roßzähnen teils leicht abwärts, teils eben westwärts, dann in Serpentinen hinauf zum Westrücken der Roterdspitze und über ihn rechts wie bei a zum Gipfel. *HU ca. 240 m, gut 1 Std., leicht und lohnend.*

1636
Grasleitenpasshütte 2599 m

Kleine bewirtschaftete Schutzhütte in der nördlichen Rosengartengruppe am Grasleitenpass, dem Übergang vom Scheitel des Tierser Tales in das Vajolettal.

Von der Grasleitenhütte (R 1633) auf Steig 3A ostwärts mäßig steil hinauf zu Wegteilung und rechts auf Steig 554 über steiles Geröll empor zur Hütte. *HU 470 m, 1 ¼ Std., leicht, bedingt lohnend.*

1637
Kesselkogel 3004 m

Mächtiger Felsaufbau und einziger Dreitausender der Rosengartengruppe.

UNTERES EISACKTAL

Von der Grasleitenpasshütte (R 1636) zuerst auf Geröllsteiglein ostwärts gerade hinauf zum Einstieg des Klettersteiges und über ihn an der breiten Westflanke des Berges teilweise steil und ausgesetzt (Seilsicherungen, eine Leiter) zum scharfen Nordgrat und über ihn rechts zum Gipfel. *HU 405 m, 1 ½ Std., lohnend, aber nur erfahrenen Klettersteiggehern vorbehalten.*

1638
Zur Hanicker Schwaige 1904 m

Hübsche Alm in eindrucksvoller Lage westseitig unter den Vajolettürmen.

a) Von St. Zyprian (R 1628) auf der zum Nigerpass führenden Straße ostwärts bis zum links abzweigenden Weg 7 und auf diesem durch Wald und Bergwiesen teils mäßig, teils stärker ansteigend zur Alm. *HU 831 m, 2 ½ Std., leicht und lohnend.*

b) Vom Nigerpass (R 1639) stets auf Weg 7 durch Wald ostwärts hinauf zur Baumannschwaige (1826 m, Gaststätte) und nach kurzem Aufstieg nordwärts die Hänge querend zum Ziel. *HU 216 m, 1 Std., leicht und lohnend.*

1639
Zum Nigerpass 1688 m

Charakteristik: R 1591.
Von St. Zyprian (R 1628) stets der Markierung 1T folgend (teils Forst-, teils Fußwege) zuerst südwärts über den Breibach und dann in langer Waldwanderung leicht bis stärker ansteigend zum Nigerpass. *HU 615 m, 2 Std., leicht und lohnend.*

1640
Zur Kölner Hütte
(Rosengartenhütte) 2339 m

Charakteristik: R 1598.
Vom Nigerpass (R 1639) auf Weg 1 über Wald- und Wiesenhänge südostwärts hinauf zur Hütte. *HU 651 m, 2 Std., leicht und lohnend.*

1644 AUSGANGSORT
VÖLS 880 m

Stattliches, zu Füßen des Schlerns überaus schön gelegenes Dorf mit regem Fremdenverkehr auf der östlichen Hangterrasse des unteren Eisacktales. Drei Kirchen prägen das Dorfbild.

1645
Nach Prösels 878 m

Kleines Dorf mit Kirche, Gasthaus und nahem mittelalterlichem Turm. Unterhalb des Dorfes das besuchenswerte Schloss Prösels.

a) Von Völs auf Weg 5 durch Wiesenhänge südwärts hinunter ins Tälchen des Schlernbaches (650 m), jenseits hinauf und auf schmaler Straße zum Schloss und Dorf. *HU 230 m im Abstieg, 228 m im Aufstieg, ¾ Std., leicht und lohnend.*

b) Von Völs wie bei R 1647/a nach Ums und der Markierung 6 und 3 folgend nahezu eben westwärts nach Prösels. *HU gering, 1 ½ Std., leicht und lohnend.*

1646
Nach Völser Aicha 863 m

Sonnig gelegenes Dörfchen mit Kirche und Gasthaus über dem äußeren Tierser Tal.
Von Völs wie bei R 1645/a nach Prösels und auf Weg 6 südwestwärts weitgehend eben durch Wald und Wiesen nach Völser Aicha. *HU ca. 300 m, knapp 2 Std., leicht und lohnend.*

1647
Nach Ums 930 m

Dörfchen mit Kirche und Gasthaus südöstlich von Völs.

a) Von Völs stets der Markierung 6 folgend in weitgehend ebener Wanderung durch Wiesen und an Höfen vorbei südostwärts nach Ums. *HU gering, 1 Std., leicht und lohnend.*

Schloss Prösels bei Völs am Schlern

b) Von Völs wie bei R 1645/a nach Prösels und der Markierung 3 und 6 folgend nahezu eben ostwärts nach Ums.
HU 230 m im Abstieg, 280 m im Aufstieg, 1 ½ Std., leicht und lohnend.

1648
Nach Mungadoi — 1150 m

Charakteristik: R 1625.

a) Von Prösels (R 1645) auf Weg 5/6/7 südostwärts hinauf zum Schnaggenkreuz (1010 m) und links auf Waldweg 6/7 leicht ansteigend nach Mungadoi. *HU 272 m, knapp 1 Std., leicht und lohnend.*
b) Von Ums (R 1647) stets der Markierung 0 folgend auf Güterweg südostwärts zum Schlernbach und dann durch Waldhänge ansteigend nach Mungadoi. *HU 220 m, ¾ Std., leicht und lohnend.*

1649
Zur Tschafonhütte — 1733 m

Charakteristik: R 1627.
Von Ums (R 1647) stets der Markierung 4 folgend zuerst ostwärts durch Wiesenhänge zum Graben des Schlernbaches und dann in südlicher Richtung durch Wald hinauf zur Hütte. *HU 803 m, 2 Std., für Gehgewohnte leicht und lohnend.*

1650
Tschafon (Völsegger Spitze) — 1834 m

Charakteristik: R 1629.

Von der Tschafonhütte (R 1649) auf markiertem Waldsteig zuerst eben und dann kurz ansteigend zum Gipfel. *HU 101 m, 20 Min., leicht und lohnend.*

1651
Zum Hoferalpl — 1364 m

Kleine Alm in aussichtsreicher Lage östlich oberhalb Ums bzw. südöstlich von Völs.

a) Von Ums (R 1647) stets der Markierung 3 folgend teils mäßig, teils stark ansteigend durch Wiesen und Wald ostwärts empor zur Alm. *HU 434 m, knapp 1 ½ Std., leicht und lohnend.*
b) Vom Völser Weiher (R 1654) stets auf Weg 1 zuerst ostwärts hinauf zur Tuffalm (siehe auch R 1655) und durch die Waldhänge weiter, bis rechts der nummernlos markierte Steig weitgehend eben zum Ziel führt. *HU ca. 410 m, 1 ½ Std., leicht und lohnend.*

1652
Zur Sesselschwaige — 1940 m

Idyllisch gelegene Almhütte mit Ausschank im Tal des Schlernbaches mit interessantem Zugang; begrenzte Aussicht.

Von Ums oder vom Völser Weiher wie bei R 1651 zum Hoferalpl bzw. in seine Nähe, dann stets der Markierung 1 folgend zuerst durch Wald zum Wegkreuz »Peterfrag« und anschließend auf dem Prügelweg durch die wildromantische Schlernklamm mäßig ansteigend zur Alm. *HU 1010 m (ab Ums) bzw. 884 m (ab Völser Weiher), 2 ½ – 3 Std., leicht und lohnend.*

1653
Schlernhaus 2457 m
Schlern 2564 m

Charakteristik: R 1632.
a) Von Ums oder vom Völser Weiher wie bei R 1651 und 1652 zur Sesselschwaige (1940 m, Ausschank), auf Weg bzw. Steig 1 nordseitig über steile Almhänge hinauf zum Schlernhaus und auf markiertem Steig über Blockwerk in 20 Min. zum Petz. *HU 1634 m (ab Ums) bzw. 1508 m (ab Völser Weiher), ca. 4 – 5 Std., für Gehtüchtige leicht und lohnend.*
b) Wie bei a zum Wegkreuz »Peterfrag«, auf dem Schäufelesteig (Markierung 3) über felsdurchsetzte, im unteren Teil mit Zirben bestandene Grashänge teilweise sehr steil empor zur Schlernhochfläche, dann hinüber zum Schlernhaus und wie bei a zum Petz. *HU 1634 m (ab Ums) bzw. 1508 m (ab Völser Weiher), ca. 4 Std., für Gehtüchtige leicht und lohnend, aber anstrengender als a.*

1654
Zum Völser Weiher 1056 m

überaus malerischer Waldsee mit Schilfgürtel und Seerosen westseitig unter dem Schlern. Zwei Gastbetriebe, bis in die Nähe des Sees mautpflichtige Straße.
a) Von Völs stets der Markierung 1 folgend auf schmaler Straße durch Wiesen hinauf zum Ansitz Zimmerlehen und zuletzt durch Wald zum Weiher. *HU 176 m, ¾ Std., leicht und lohnend.*
b) Von Völs der Markierung 2 folgend zur Häusergruppe St. Anton und dann ostwärts durch Wiesen und Wald hinauf zum Weiher. *HU 176 m, ¾ Std., leicht und lohnend.*
c) Von Ums (R 1647) stets der Markierung 2 folgend mit geringen Höhenunterschieden durch Wiesen und Wald nordwärts die Hänge querend zum Weiher. *HU ca. 150 m, ¾ Std., leicht und lohnend.*

1655
Zur Tuffalm 1270 m

Schön und aussichtsreich unter dem Schlern gelegene Alm östlich oberhalb Völs; Ausschank.
Vom Völser Weiher (R 1654) auf Waldweg 1 südostwärts hinauf zur Alm. *HU 214 m, ¾ Std., leicht und lohnend.*

1656
Nach St. Konstantin 905 m

Streuweiler in leicht hügeligem Wiesengelände mit Gasthaus und zwiebeltürmiger Hügelkirche.
Von Völs der Beschilderung »St. Konstantin« folgend auf dem größtenteils abseits der Straße verlaufenden alten Fahrweg weitgehend eben durch Wiesen und Wald nach St. Konstantin. *HU gering, gut 1 Std., leicht und lohnend.*

1657
Nach Seis 997 m

Charakteristik: R 1661.
Von Völs wie bei R 1656 nach St. Konstantin und auf dem großteils unterhalb der heutigen Straße verlaufenden alten Fahrweg nahezu eben durch Wiesen und Wald weiter nach Seis. *HU 197 m, 2 ½ Std., leicht und lohnend.*

1661 AUSGANGSORT
SEIS AM SCHLERN 997 m

Stattliche Ortschaft mit regem Fremdenverkehr an der Straße zwischen Völs und Kastelruth. Beherrschend über dem Dorf das Schlernmassiv mit der Santnerspitze. Umlaufbahn zur Seiser Alm.

Der Völser Weiher

1662
Zum Völser Weiher   1056 m

Charakteristik: R 1654.

a) Von Seis auf der nach Völs führenden Straße kurz südwärts, dann der Markierung 2 folgend links hinan zum ehem. Hotel Salegg und auf Waldsteig 2 großteils nahezu eben südwärts zum Völser Weiher. *HU gering, 1 ½ Std., leicht und lohnend.*

b) Von Seis wie bei a auf der Straße ein Stück südwärts, dann rechts auf dem alten Fahrweg durch Wald und Wiesen bis zu Häusergruppe an der Straße und vorbei am Gasthaus Gschlieder durch Wiesen und Wald auf markiertem Weg hinauf zum Weiher. *HU 130 m, gut 1 ½ Std., leicht und lohnend.*

1663
Nach Völs   880 m

Charakteristik: R 1644.

Von Seis auf der nach Völs führenden Straße kurz südwärts, dann rechts auf dem alten Fahrweg unterhalb der heutigen Straße durch Wald und Wiesen eben südwestwärts bis zu Häusergruppe an der Straße, kurz weiter nach St. Konstantin und auf dem alten Fahrweg 3 durch Wiesen und Wald nahezu eben weiter nach Völs. *HU gering, knapp 2 ½ Std., leicht und lohnend.*

1664
Nach St. Oswald   750 m

Dem Eisacktal zugewandter Streuweiler unterhalb Seis mit etlichen Bauernhöfen, Gasthaus und romanisch-gotischer Oswaldkirche.

Von Seis auf der nach St. Oswald führenden Straße kurz westwärts, dann links auf Fahrweg (Markierung 7A) durch Wiesen und Wald und an Höfen vorbei leicht absteigend zur Burgruine Aichach (786 m) und weiterhin auf Weg 7A nahezu eben nach St. Oswald. *HU 247 m (abwärts), knapp 1 ½ Std., leicht und lohnend.*

1665
Zur Kirche St. Valentin   1114 m

Oberhalb Seis inmitten weiter Wiesen gelegene Kirche mit gotischen Fresken und barockem Zwiebelturm.

Von Seis der Markierung 7 folgend auf Wiesensteig nordöstlich mäßig steil hinauf zum Zatzerhof und kurz rechts hinüber zur Kirche. *HU 117 m, 20 Min., leicht und lohnend.*

1666
Nach Kastelruth 1060 m

Charakteristik: R 1688.
Von Seis stets auf Wiesenweg 7 nordnordöstlich an St. Valentin vorbei hinauf bis zur Wegteilung in 1159 m Höhe und links der Markierung 6 folgend durch Wiesen mäßig absteigend nach Kastelruth. *HU 172 m im Aufstieg, 109 m im Abstieg, 1 ¼ Std., leicht und lohnend.*

1667
Nach Marinzen 1486 m

Von Wald umrahmte Wiesenfläche nordöstlich über Seis bzw. südöstlich über Kastelruth. Bergstation eines von Kastelruth heraufführenden Sesselliftes.
Von Seis stets der Markierung 11 folgend zuerst lange durch Wiesen und an Höfen vorbei nordöstlich hinauf und zuletzt durch Wald nach Marinzen. *HU 489 m, 1 ½ Std., leicht und lohnend.*

1668
Zur Puflatschhütte 1950 m

Bewirtschaftete Schutzhütte des AVS in aussichtsreicher Lage am Südwestrand der Puflatsch-Hochfläche.
a) Von Seis zunächst ostwärts hinauf zur Villa Ibsen, dann stets der Markierung 4 folgend durch Wiesen und Wald hinauf zur Seiser-Alm-Straße und von da auf dem AVS-Steig großteils durch Wald teilweise steil empor zur Hütte. *HU 953 m, 2 ½ Std., für Gehtüchtige leicht und lohnend.*
b) Von Kompatsch (R 1670) auf bezeichnetem Güterweg zuerst nord- und dann nordwestwärts über Almhänge hinauf zur Hütte. *HU 106 m, 20 Min., leicht und lohnend.*

1669
Puflatsch 2176 m

Südseitig mäßig steil zur Hotelkolonie Kompatsch abdachender, auf den anderen Seiten hingegen steil abbrechender Tafelberg mit ausgedehnten Hochweiden. Am Westrand die so genannten »Hexenbänke«, eine thronartige Felsformation.
a) Von Marinzen (R 1667) auf Waldweg 9 nordostwärts querend zur Einkehrstätte Schafstall (1473 m), auf Steig 8 steil durch Wald und über Blockwerk empor zum Rand der Puflatsch-Hochfläche und zur Arnikahütte (Alm mit Ausschank, 2070 m) und auf Steig A am Rand der Hochfläche hinauf zum Höchstpunkt des Puflatsch. *HU 690 m, 2 Std., für Gehtüchtige leicht und lohnend, aber teilweise mühsam.*
b) Von Kompatsch (R 1670) wie bei R 1668/b zur Puflatschhütte, auf markiertem Weg über die Puflatsch-Hochfläche zur Arnikahütte und wie bei a weiter. *HU 332 m, 1 Std., leicht und lohnend.*
c) Von Kompatsch (R 1670) auf Fahrweg ein Stück nordwärts hinauf, dann rechts der Markierung PU folgend mäßig steil zum Berghaus Puflatsch (Sessellift-Bergstation, 2119 m), über die flachen Almböden nordnordostwärts (stets Markierung PU) zum Nordrand der Puflatsch-Hochfläche und links zum höchsten Punkt. *HU 332 m, gut 1 Std., leicht und lohnend.*
d) Von Kompatsch wie bei d zum Berghaus Puflatsch, auf Weg A über die Almböden nahezu eben nordwestwärts zur Arnikahütte und wie bei a zum Ziel. *HU 332 m, knapp 1 Std., leicht und lohnend.*

1670
Zur Seiser Alm (Kompatsch) 1844 m

Hotelsiedlung (auch Compatsch geschrieben) mit großen Parkplätzen am Westrand der Seiser Alm. Wichtiger Ausgangspunkt für viele Wanderungen und Bergtouren. Etwas höher die Bergstation der von Seis heraufführenden Umlaufbahn. Busverbindung mit Saltria (R 1671).
Von Seis stets der Markierung 4 folgend zuerst auf der Dorfstraße zur Villa Ibsen, dann auf Fußweg durch Wiesen und Wald empor zur Seiser-Alm-Straße und, vorbei an den Gasthäusern Gstatsch und Frommer,

Der Plattkofel mit dem gleichnamigen Schutzhaus

teils auf der Straße, teils abseits durch Wald und Almwiesen hinauf nach Kompatsch. *HU 847 m, 2 ½ Std., leicht und lohnend.*

1671
Nach Saltria — 1675 m

Weite Senke und touristischer Brennpunkt inmitten der Seiser Alm. Mehrere Gastbetriebe, Sessellift (Florianlift) südöstlich hinauf zur Alm Comun (2100 m); Busverbindungen mit Schlerngebiet und Gröden. Von Kompatsch (R 1670) stets der Markierung 3 folgend teilweise auf der Straße, größerenteils aber abseits auf Fußwegen zunächst nahezu eben und später mäßig absteigend durch ausgedehnte Wiesen und kleine Waldzonen ostwärts hinunter nach Saltria. *HU 169 m (abwärts), knapp 1 ½ Std., leicht und lohnend.*

1672
Zum Berghaus Zallinger — 2037 m

Berggasthaus mit Kapelle im südöstlichen Teil der Seiser Alm unter der Plattkofel-Westflanke. Bis in die Nähe Sessellift von Saltria herauf.

a) Von Saltria (R 1671) mit dem Florianlift südöstlich hinauf und von der Bergstation (2100 m) auf breitem Weg zum Berghaus Zallinger. *HU 63 m (abwärts), 5 Min., problemlos.*

b) Von Saltria (R 1671) auf Weg 3 ostwärts hinauf zur nahen Saltnerschwaige (1728 m) und dann stets auf Steig 7 A durch Wiesen und Wald südostwärts hinauf zum Berghaus Zallinger. *HU 362 m, gut 1 Std., leicht und lohnend.*

c) Von Saltria (R 1671) zuerst südwärts zum Almgasthaus Tirler (1741 m), bei der Weggabel links ab und nun stets auf dem Wirtschaftsweg 9 durch Wald und Wiesen hinauf zum Ziel. *HU 362 m, gut 1 Std., leicht und lohnend.*

1673
Zur Plattkofelhütte — 2300 m

Charakteristik: R 1804.

a) Vom Berghaus Zallinger (R 1672) auf Weg 9 über Grashänge südostwärts etwas steil hinauf zum Schutzhaus. *HU 263 m, ¾ Std., leicht und lohnend.*

b) Von der Mahlknechthütte (R 1676) auf Weg 7 südwärts hinauf zum Dialerhaus (2154 m; Berggasthaus), auf Steig 4/7 links hinauf zu einer Kammsenke (2199 m) und auf Weg 4/594 teils direkt über den Kamm (»Schneid«), teils südseitig steile Grashänge querend mit mäßigen Höhenunterschieden ostwärts zur Plattkofelhütte.

HU ca. 250 m, 2 ½ Std., für Gehgewohnte leicht und lohnend.

1674
Auf den Plattkofel — 2958 m

Mächtiger Berg mit breiter Südwestflanke und langem Gipfelgrat im westlichen Teil der Langkofelgruppe; einziger unschwierig ersteigbarer Berg dieses Massivs.

Von der Plattkofelhütte (R 1673) auf bezeichnetem Steig nordostwärts hinüber zum Fuß der Südwestflanke und über sie durchwegs steil größtenteils in felsigem Gelände empor zum Mittelgipfel.
HU 658 m, 2 Std., für Gehgewohnte mit Bergerfahrung unschwierig und lohnend, wenn auch etwas mühsam.

1675
Zum »Joch« — 2014 m

Aussichtsreiche Erhebung mit Gasthof Panorama, Ausgangspunkt verschiedener Wege; von Kompatsch herauf Sessellift.

Von Kompatsch (R 1670) auf breitem Weg 7 über Wiesenhänge südostwärts mäßig ansteigend zum Ziel. *HU 170 m, ½ Std., leicht und lohnend.*

1676
Zur Mahlknechthütte — 2053 m

Almgasthaus im Südteil der Seiser Alm unter dem Ostausläufer der Roßzähne.

a) Vom »Joch« (R 1675) zuerst auf Weg 2 und dann auf schmaler Straße (Markierung 7) in leichtem Auf und Ab über die Seiser Alm südostwärts in Richtung Hotel Goldknopf und bei Weggabel links weiter zur Mahlknechthütte. *HU gering, 1 ½ Std., leicht und lohnend.*

b) Von Saltria (R 1671) stets der Markierung 8 folgend zuerst südwärts zum Almgasthof Tirler und zu Wegteilung, rechts durch ein Wald- und Wiesentälchen leicht ansteigend zu weiterer Wegteilung und wieder rechts hinauf zum Ziel. *HU 378 m, 1 ½ Std., leicht und lohnend.*

c) Vom Berghaus Zallinger (R 1672) auf Steig 7 in langer Querung der von der »Schneid« herabziehenden Nordhänge westwärts zu einer Kammsenke nahe dem Mahlknechtjoch (2199 m), rechts hinab zum Dialerhaus und nordwärts weiter absteigend (stets Markierung 7) zur Mahlknechthütte. *HU ca. 150 m, 2 Std., leicht und lohnend.*

1677
Zum Dialerhaus — 2154 m

Berggasthaus (auch Seiser-Alpen-Haus genannt) südlich über der Mahlknechthütte inmitten von Wiesenhängen.

Von der Mahlknechthütte (R 1676) auf Fußweg 7 durch Wiesen und einen kleinen Bacheinschnitt auf guter Brücke querend südwärts hinauf zum Dialerhaus.
HU 101 m, ½ Std., leicht und lohnend.

1678
Zur Tierser-Alpl-Hütte — 2438 m

Charakteristik: R 1634.

a) Vom »Joch« wie bei R 1676/a zur Mahlknechthütte, auf Fußweg 7 hinauf zum Dialerhaus (Seiser-Alpen-Haus, 2145 m; Almgasthaus) und auf breitem Weg 4 westwärts hinauf zur Tierser-Alpl-Hütte. *HU 424 m, 3 Std., leicht und lohnend.*

b) Vom »Joch« stets auf Weg 2 über die Wiesen der Seiser Alm teils nahezu eben, teils mäßig ansteigend südwärts zum Fuß des Roßzähnkammes, in Serpentinen steil empor zur Roßzähnscharte (2499 m) und jenseits in wenigen Minuten hinüber zur Hütte. *HU 485 m, knapp 2 ½ Std., für Geh- und Berggewohnte leicht und lohnend.*

1679
Zum Spitzbühel — 1929 m

Aussichtsreiche Erhebung mit Gaststätte am Westrand der Seiser Alm. Vom Gasthaus Frommer an der Seiser-Alm-Straße herauf Sessellift.

Vom Gasthaus Frommer an der Seiser-Alm-Straße (1700 m) auf breitem Weg 5 über Almhänge südwärts hinauf zum Ziel. *HU 229 m, ¾ Std., leicht und lohnend.*

1680
Nach Bad Ratzes   1212 m

Hotel und ehemaliges Heilbad südöstlich von Seis im waldreichen Tal des Frötschbaches.

a) Von Seis auf der Dorfstraße ostwärts zur Villa Ibsen und dann der Markierung 6 folgend teils auf der schmalen Straße, teils abseits derselben durch Wiesen und Wald nach Bad Ratzes. *HU 215 m, ½ Std., leicht, bedingt lohnend.*

b) Von Seis auf der nach Völs führenden Straße kurz südwärts, links auf Fahrweg 2 zum ehemaligen Hotel Salegg und auf Weg 3, an der Ruine Hauenstein vorbei, in nahezu ebener Waldwanderung ostwärts nach Bad Ratzes. *HU 215 m, 1 Std., leicht und lohnend.*

1681
Zur Schlernbödelehütte
(Johann-Santner-Hütte)   1726 m

Bewirtschaftete Schutzhütte auf einer Wiesenrodung an der Nordostflanke des Schlerns.

Von Bad Ratzes (R 1680) auf Weg 1 durch steile Waldhänge südwärts hinauf zur Hütte. *HU 514 m, 1 ¼ Std., leicht und lohnend.*

1682
Schlernhaus   2457 m
Schlern   2564 m

Charakteristik: R 1632.

a) Von der Schlernbödelehütte (R 1681) auf Weg 1 (»Touristensteig«) nahezu eben steile Waldhänge querend zu Wegteilung, dann durch Latschenhänge (stets Weg 1) in Serpentinen hinauf zur Schlern-Hochfläche, nahezu eben zum Schlernhaus und auf markiertem Steig über Blockwerk in 20 Min. zum Petz. *HU 838 m, 3 Std., für Gehgewohnte leicht und lohnend.*

b) Von Bad Ratzes (R 1680) auf Weg 1 bis zu Wegteilung, dann links auf Waldweg 1 hinauf zur Proßlinerschwaige (1740 m, Alm mit Ausschank), weiterhin auf Weg 1 A hinein zum Frötschbach (1807 m, Brücke), jenseits hinauf zum Weg 1 und auf diesem wie bei a weiter zum Ziel. *HU 1352 m, 4 Std., für Gehtüchtige leicht und lohnend.*

c) Vom Spitzbühel (R 1679) stets auf Weg 5 über die Seiser Alm eben und leicht absteigend südwärts zur Saltnerhütte (Ausschank) und zum Frötschbach (1807 m, Brücke), weiter zum Weg 1 und wie bei a zum Ziel. *HU 757 m, knapp 3 ½ Std., für Gehgewohnte leicht und lohnend.*

d) Von Kompatsch (R 1670) der Markierung 10 folgend zuerst ein Stück südostwärts hinauf, dann über die Wiesen der Seiser Alm südwestwärts zum Weg 5, auf diesem wie bei c über die Saltnerhütte zum Weg 1 und wie bei a weiter. *HU 757 m, knapp 4 Std., für Gehtüchtige leicht und lohnend.*

1683
Zur Ruine Hauenstein   1201 m

Einen mächtigen Felsblock krönende Burgruine im Hauensteiner Wald südöstlich von Seis. Einst Wohnstätte Oswalds von Wolkenstein.

a) Von Bad Ratzes (R 1680) auf Waldweg 3 nahezu eben westwärts zum Fuß des Burgfelsens und auf kurzem Weg empor zur Ruine. *HU unbedeutend, 20 Min., leicht und lohnend.*

b) Von Seis auf Weg 1/8 südostwärts bis zu Wegteilung und dann auf Weg 8 rechts hinauf zur Ruine. *HU 204 m, ¾ Std., leicht und lohnend.*

c) Von Seis auf der nach Völs führenden Straße kurz südwärts, dann links auf Fahrweg 2 hinan zum ehemaligen Hotel Salegg und auf Waldweg 3 ostwärts zur Burgruine. *HU 204 m, knapp 1 Std., leicht und lohnend.*

Die Burgruine Hauenstein

1684
Zur Ruine Salegg   1106 m

Mittelalterliche Burgruine südlich von Seis auf einem leicht zugänglichen Geländesporn.

Von Seis auf der nach Völs führenden Straße kurz südwärts, dann links ab und auf Waldweg 3B mittelsteil hinauf zur Ruine. *HU 109 m, knapp ½ Std., leicht und für Interessierte lohnend.*

1688
AUSGANGSORT
KASTELRUTH   1060 m

Stattliche Ortschaft mit beherrschendem Zwiebelturm nördlich von Seis inmitten von Waldhügeln und Wiesenhängen; reger Fremdenverkehr. Sessellift zur Wiesenrodung Marinzen. Auf einem nahen Hügel, dem so genannten Kofel, Kalvarienbergkapellen und Bergfried einer einstigen Burg.

1689
Nach Seis   997 m

Charakteristik: R 1661.
Wegverlauf wie R 1666, umgekehrte Richtung; ähnliche Gehzeit.

1690
Die Laranzer Runde.

Rundwanderung südwestlich von Kastelruth im weiten Laranzer Wald.

Von Kastelruth stets der Markierung 5 folgend südostwärts zum Wegmacherhof und südwärts weiterhin durch Wiesen nahezu eben zum Telfner Sattel. Nun weiterhin mit Markierung 5 auf schmaler Straße und ab den Lanzinhöfen auf Waldweg west- und südwestwärts zur Königswarte (kleine Aussichtskanzel), dann weiter auf Waldweg 5 südostwärts zum Hof Laranz, auf dessen Zufahrt zum Telfner Sattel und zurück nach Kastelruth. Im Gebiet des Laranzer Hofes kann auch der Markierung 5A gefolgt oder der Weg über den Rungghof (Gasthaus) genommen werden. *HU ca. 100 m, 3 Std., leicht und lohnend.*

1691
Nach Tisens — 925 m

Tisens (Betonung auf der zweiten Silbe) ist ein sonnig gelegenes Dörfchen mit Nikolauskirche und Gasthaus nordwestlich unterhalb Kastelruth.

Von Kastelruth der Markierung 1 folgend auf Fahrweg durch Wiesenhänge leicht absteigend nordwärts zum Tisenser Baches und kurz weiter nach Tisens. *HU 135 m, knapp ¾ Std., leicht und lohnend.*

1692
Nach Tagusens — 932 m

Kleines Dorf mit Kirche und Gasthaus auf einer Wiesenterrasse über der Mündung des Grödentales.

Von Kastelruth der Markierung 1/2 folgend auf Fahrweg nordwärts hinunter zum Tisenser Bach (972 m), nun rechts der Markierung 2 folgend über die »Katzenleiter« durch Wald empor zum »Gostnerkreuz« in einer Waldsenke (1154 m) und jenseits durch Wald und Wiesen hinunter nach Tagusens. *HU 182 m im Aufstieg, 222 m im Abstieg, 1 ¼ Std., leicht und lohnend.*

1693
Nach St. Michael — 1282 m

Von Wiesen umrahmter Weiler mit Kirche und Gasthaus an der Straße, die von Kastelruth ins Grödental führt.

a) Von Kastelruth auf breitem Weg 0/2 großteils durch Wiesen nur leicht ansteigend nordostwärts zu den Höfen Lafogl und Schgagul, in gleicher Richtung, nun Markierung 0, durch Wiesen weiter und zuletzt kurz durch Wald steiler hinauf nach St. Michael. *HU 222 m, knapp 2 Std., leicht und lohnend.*

b) Von Kastelruth auf der nach Gröden führenden Straße kurz bis zur rechts abzweigenden Höfestraße (Tiosler Weg), dieser mit Markierung 7/8 folgend durch Wiesen zum Streuweiler Tiosels und zu Weggabel, auf Weg 7 links durch Wald und Wiesen weiter und zuletzt links hinab zur Straße und zum Ziel. *HU ca. 230 m, 2 Std., leicht und lohnend.*

1694
Zum Panider Sattel — 1437 m

Bewaldeter Geländesattel oberhalb St. Michael, Straßenübergang von Kastelruth nach Gröden. Unweit des Sattels Höfe und Gasthaus.

a) Von St. Michael (R 1693) der Markierung 0 folgend durch Wald leicht ansteigend zu den erwähnten Höfen, durch Wiesen hinüber zum Sattel und Gasthaus. *HU 155 m, knapp ¾ Std., leicht und lohnend.*

b) Von St. Michael (R 1693) kurz hinunter zum Bach, jenseits hinauf zum querenden Weg 7 und auf diesem durch Wald und Wiesen nur leicht ansteigend zum Ziel. *HU 155 m, gut 1 Std., leicht und lohnend.*

1695
Zu den »Hexenstühlen« bei Tiosels — 1380 m

Felsblock in der Form zweier Sitzstühle im Wald oberhalb Tiosels östlich von Kastelruth.

Von Kastelruth wie bei R 1693/b zum Streuweiler Tiosels, weiter zu Weggabel und rechts auf Weg bzw. Steig 8 (zuletzt auch Markierung H) durch Wald kurz hinauf zu den »Hexenstühlen«. *HU 320 m, knapp 1 Std., leicht und lohnend.*

1696
Nach Marinzen — 1486 m

Charakteristik: R 1667.

a) Von Kastelruth auf Steig 4 durch Wiesen ziemlich gerade südostwärts ansteigend zu den Höfen Gunz und Tusch (letzterer 1269 m, Ausschank) und auf Waldsteig 4 A (zuletzt Nr. 11) hinauf nach Marinzen. *HU 426 m, 1 ¼ Std., leicht und lohnend, aber etwas anstrengend.*

b) Von Kastelruth der Markierung 7/8 folgend auf schmaler Höfestraße durch

St. Michael bei Kastelruth

Wiesen ostwärts hinauf zum Streuweiler Tiosels und ein Stück weiter bergan zu Weggabel, auf Waldweg 8 großteils steil hinauf zur Einkehrstätte Schafstall (1473 m) und auf Steig 9 Waldhänge querend zum Ziel. *HU 426 m, 1 ½ Std., für Gehgewohnte leicht und lohnend.*

1697
Auf den Puflatsch   2176 m

Wuchtiger Tafelberg, ostseitig mit Steilflanken und Felswänden über Kastelruth aufragend. Weiteres siehe R 1669.

a) Von Marinzen (R 1696) wie bei R 1669/a auf den Puflatsch. *HU 690 m, 2 Std., für Geh- und Berggewohnte leicht und lohnend, aber etwas mühsam.*

b) Von Marinzen (R 1696) auf Steig 10 (»Wassersteig«) steile Waldhänge querend südwärts zum AVS-Steig, auf diesem großteils durch Wald steil hinauf zur Puflatschhütte (R 1668), und entweder am Westrand der weiten Puflatsch-Hochfläche oder weiter östlich (jeweils markierte und beschilderte Wege) über die Almböden ansteigend nordwärts zum höchsten Punkt. *HU 690 m, 3 Std., für Gehgewohnte leicht und lohnend.*

c) Von Marinzen auf Steig 10 (»Wassersteig«) steile Waldhänge querend südwärts zum AVS-Steig, auf diesem großteils durch Wald steil hinauf zur Puflatschhütte (R 1668) und entweder am Westrand der weiten Puflatsch-Hochfläche oder weiter östlich (jeweils markierte und beschilderte Wege) über die Almböden ansteigend nordwärts zum höchsten Punkt. *HU 690 m, 3 Std., für Gehgewohnte leicht und lohnend.*

d) Vom Panider Sattel (R 1694) auf mit P markiertem Steig in leichtem Anstieg südostwärts zum rechts abzweigenden »Schnürlsteig« (Markierung 13) und auf diesem über den sehr steilen Bergrücken empor zum Puflatsch. *HU ca. 750 m, knapp 2 Std., für gute Geher unschwierig und lohnend.*

1698
Zur Seiser Alm (Kompatsch) 1844 m

Charakteristik: R 1670. Die Wanderungen im Bereich Schlern und Seiser Alm sind ab R 1671 beschrieben.
Von Marinzen wie bei R 1697/c auf dem Wassersteig bis zur Kreuzung mit dem AVS-Steig, eben weiter zur Seiser-Alm-Straße und der Markierung 4 folgend teils auf der Straße, teils abseits hinauf nach Kompatsch. *HU 358 m, 1½ Std., leicht, bedingt lohnend.*

1702 — AUSGANGSORT
ATZWANG 373 m

Kleine Ortschaft im unteren Eisacktal an der Brennerstraße. Schöne historische Bauten (darunter das Gasthaus Alte Post).

1703
Nach Klobenstein am Ritten 1154 m

Charakteristik: R 1612.
Von Atzwang der Markierung 30 folgend auf Fahrweg zuerst westseitig hinauf, dann Querung der Hänge und Überschreitung eines kleinen Baches, hierauf durch Buschwald und an Höfen vorbei (nun Markierung 11) hinauf zum Dörfchen Siffian (998 m) und auf Weg 11 weiter empor nach Klobenstein. *HU 781 m, 2½ Std., für Gehgewohnte leicht, bedingt lohnend.*

1704
Nach St. Andreas in Antlas 817 m

Schön gelegenes Hügelkirchlein beim Streuweiler Antlas nordöstlich oberhalb Atzwang; im nahen Zunerhof Einkehrmöglichkeit.
Von Atzwang stets der Markierung L folgend zuerst auf Fahrweg nordwestlich ein Stück hinauf und dann rechts auf dem Fußweg durch Buschhänge und Wiesen empor zum Ziel. *HU 444 m, 1¼ Std., leicht und lohnend.*

1705
Nach Lengstein am Ritten 972 m

Stattliches Dorf mit schöner Kirche und historischem Gasthaus nördlich oberhalb Atzwang in aussichtsreicher Lage.
Von Atzwang wie bei R 1704 nach Antlas und auf Weg L/35 B durch Wald und Wiesen mäßig steil hinauf nach Lengstein. *HU 599 m, knapp 2 Std., für Gehgewohnte leicht und lohnend.*

1706
Nach Völs 880 m

Charakteristik: R 1644.
Von Atzwang auf der Brücke über den Eisack, auf Weg 2 durch Buschhänge südostwärts hinauf zu den verstreuten Höfen des Weilers Völser Ried und weiterhin auf Weg 2 durch Wiesenhänge ansteigend nach Völs. *HU 507 m, 1½ Std., leicht und lohnend.*

1710 — AUSGANGSORT
KOLLMANN 485 m

Kleine, aber historisch bedeutsame Ortschaft an der Brennerstraße mit zwei kleinen Kirchen, einstigem Zollhaus und Gastbetrieben.

1711
Nach Saubach 791 m

Von Wiesen umrahmter Weiler mit Gasthaus südwestlich oberhalb Kollmann an der Höhenstraße Lengstein-Barbian in aussichtsreicher Lage. In der Kirche gotische Flügelaltäre. Von Kollmann herauf schmale Straße.
Von Kollmann stets der Markierung 8 folgend zuerst am westseitigen Hang auf Fahrwegen südwärts, dann auf Fußweg durch Gebüschhänge und Wiesen hinauf und zuletzt rechts auf Weg 8 A nach Saubach. *HU 306 m, gut 1 Std., leicht und lohnend.*

Die Trostburg bei Waidbruck

1712
Nach Schritzenholz 1450 m

Flache Wiesenrodung mit einzelnen Sommerhütten hoch oberhalb Saubach. Einst Bauernhof.
Von Saubach (R 1711) auf markiertem Pflasterweg durch felsdurchsetzte Waldhänge empor zu Weggabel in 1350 m Höhe und links abzweigend nach Schritzenholz.
HU 659 m, knapp 2 Std., für Gehgewohnte leicht, bedingt lohnend.

1713
Rittner Horn 2260 m

Charakteristik: R 1527.
Von Saubach wie bei 1712 in Richtung Schritzenholz, bei Weggabel geradeaus weiter, mäßig steil hinauf zum Unterhornhaus (2042 m, Gaststätte) und auf Weg 1/4 über den freien Südhang hinauf zum Gipfel. *HU 1469 m, 4 Std., für Gehtüchtige leicht und lohnend.*

1714
Nach St. Verena 896 m

Sehr schön gelegene Hügelkirche westseitig über dem unteren Eisacktal.
Von Kollmann wie bei R 1711 in Richtung Saubach, zuletzt aber links (Markierung 8) hinauf zur querenden Höhenstraße, auf dieser etwa ½ Std. südwärts und bald nach dem Rotwandhof links auf bezeichnetem Waldweg empor zur Kirche.
HU 411 m, 2 Std., leicht und lohnend.

1718 AUSGANGSORT
WAIDBRUCK 469 m

Verkehrsmäßig wichtige Ortschaft im engen unteren Eisacktal an der Ausmündung des Grödentales. Beherrschend über dem Dorf die Trostburg.

1719
Zur Trostburg 627 m

Große, noch gut erhaltene mittelalterliche Burg mit nahem Rundturm südöstlich oberhalb Waidbruck; Besichtigung (Führungen) empfehlenswert.
Von Waidbruck der Markierung 1 folgend auf dem teilweise gepflasterten alten Burgweg durch Mischwald hinauf zur Burg. *HU 158 m, knapp ½ Std., leicht und lohnend.*

1720
Nach Tagusens 932 m

Charakteristik: R 1692.

UNTERES EISACKTAL

Von Waidbruck wie bei R 1719 zur Trostburg und auf Weg, später Steig 1 durch Wald und Wiesen ziemlich gerade hinauf nach Tagusens. *HU 463 m, knapp 1 1/2 Std., leicht und lohnend.*

1721
Nach Lajen — 1100 m

Charakteristik: R 1735.

a) Von Waidbruck auf der Lajener Straße kurz nordwärts, dann rechts auf Weg 35 durch Wiesen und an Höfen vorbei hinauf zum Streuweiler Lajener Ried, der vermutbaren Heimat Walthers von der Vogelweide (Katharinenkirche, Vogelweiderhöfe) und weiterhin auf Weg 35 durch Wald und Wiesen hinauf nach Lajen.
HU 631 m, gut 1 1/2 Std., leicht und lohnend.

b) Von Albions (R 1722) stets auf Weg 5 großteils durch schöne Wiesenhänge mäßig ansteigend hinauf nach Lajen.
HU 213 m, 3/4 Std., leicht und lohnend.

1722
Nach Albions — 887 m

Dorf mit gotischer Kirche auf einer Wiesenterrasse ostseitig über dem Eisacktal zwischen Waidbruck und Klausen.
Von Waidbruck wie bei R 1721/a zum Lajener Ried, oberhalb des Vogelweidhofes bei Weggabel links ab und auf markiertem Weg nahezu eben durch Wald und Wiesen nach Albions. *HU 418 m, knapp 2 Std., leicht und lohnend.*

1723
Nach Barbian — 830 m

Charakteristik: R 1727.
Von Waidbruck bzw. von der Brennerstraße stets der Markierung 3 folgend großteils auf Fußwegen über steile Wiesenhänge westwärts hinauf nach Barbian.
HU 361 m, 1 Std., leicht und lohnend.

1727 — AUSGANGSORT
BARBIAN — 830 m

Ausgedehntes, von Wiesenhängen umgebenes Dorf westlich oberhalb Waidbruck. Wahrzeichen ist der stark geneigte Kirchturm. Gastbetriebe, reger Fremdenverkehr.

1728
Zum Barbianer Wasserfall — ca. 1000 m

Beeindruckender, 85 m hoher Wasserfall des Ganderbaches südwestlich oberhalb Barbian.
Von Barbian auf der zum Ritten führenden Straße kurz südwärts, dann rechts auf Höfezufahrt hinauf zum Hof Oberganatscher und auf bezeichnetem Steig mäßig ansteigend weiter zum Wasserfall.
HU 170 m, knapp 3/4 Std., leicht und lohnend.

1729
Nach Schritzenholz — 1450 m

Charakteristik: R 1712.
Von Barbian der Markierung 3 folgend durch Wiesen und Wald hinauf zur Alm Kasserol (1288 m; einst Bauernhof), dann links der Rotpunkt-Markierung folgend hinab zum Ganderbach (265 m, Brücke), jenseits auf steilem Steig (Katzenleiter) empor und zuletzt mäßig steil zum Ziel.
HU 620 m, 2 Std., für Geübte leicht und lohnend.

1730
Rittner Horn — 2260 m

Charakteristik: R 1713.

a) Von Barbian stets der Markierung 3 folgend hinauf zur Alm Kasserol (1288 m; einst Bauernhof) und weiter zur Alm Pian (1629 m), rechts mäßig ansteigend zum Almgebiet »Sieben Brunnen« (stets Markierung 3) und empor zum Rittner Horn.
HU 1430 m, 4 Std., für Gehtüchtige leicht und lohnend.

Bad Dreikirchen bei Barbian

b) Von Barbian wie bei a zur Alm Pian, auf Weg 3A mäßig steil hinauf zum Unterhornhaus (2042 m, Berggasthaus) und auf Weg 4 über freie Hänge hinauf zum Gipfel. *HU 1430 m, 4 Std., für Gehtüchtige leicht und lohnend.*

c) Vom Parkplatz »Huberkreuz« oberhalb Barbian (1621 m, Bergstraße von Barbian herauf) auf bezeichnetem Forstweg die Waldhänge querend westwärts zur Alm Pian und wie bei a oder b weiter. *HU 639 m, 2 Std., leicht und lohnend.*

d) Vom Parkplatz »Huberkreuz« (siehe c) auf Waldweg 4 leicht ansteigend zur Neuhäusl-Hütte (1870 m, Ausschank), auf Weg 4 weiter zum Weg 3 und auf diesem über freie Hänge zum Gipfel. *HU 639 m, knapp 2 Std., leicht und lohnend.*

1731
Nach Bad Dreikirchen — 1120 m

Häusergruppe mit Gasthaus und drei kleinen Kirchen (darin gotische Altäre und Fresken) oberhalb Barbian.

a) Von Barbian auf der nach Villanders führenden Straße ein Stück nordwärts, dann links ab und auf breitem Waldweg 8A in mäßiger Steigung hinauf nach Dreikirchen. *HU 290 m, ¾ Std., leicht und lohnend.*

b) Von Barbian auf Weg 3 hinauf bis zu scharfer Linkskurve, nun rechts auf dem markierten »Touristensteig« leicht ansteigend durch Wald zum Weg 8A und auf diesem nach Dreikirchen. *HU 290 m, knapp 1 Std., leicht und lohnend.*

c) Von Barbian stets auf Weg 3 durch Wiesen und an Höfen vorbei hinauf und bei Weggabel rechts auf Weg 8 Waldhänge querend hinüber nach Dreikirchen. *HU 290 m, gut 1 Std., leicht und lohnend.*

1735
LAJEN — AUSGANGSORT — 1100 m

Schön gelegenes Dorf nordöstlich oberhalb Waidbruck mit großer klassizistischer Kirche und kleinem alten Gotteshaus; Fremdenverkehrsort. Östlich etwas höher der Weiler Tschöfas.

1736
Rund um den Wasserbühel

Dem Dorf Lajen sind nordwestlich zwei aussichtsreiche Anhöhen vorgelagert, der 1103 m hohe Wasserbühel und der Wetterkreuzbühel. Um sie herum führt ein Rundweg.

Vom Lajener Dorfplatz auf Weg 1/5 kurz nordwestwärts zum Förstnerhof, der Markierung 1 folgend im Linksbogen rund um die Anhöhe (mit Abstecher zum Kreuz auf dem Wasserbühel) und zurück nach Lajen. *HU gering, 3/4 Std., leicht und lohnend.*

1737
Auf die Außerraschötz — 2282 m

Die Außerraschötz (am höchsten Punkt Gipfelkreuz) ist der westlichste Teil des Bergkammes zwischen Gröden und Villnöß. Auf seiner Südseite Almhänge mit Einkehrmöglichkeiten und von St. Ulrich herauf führendem Sessellift; am Westrand Heiligkreuzkapelle, unweit davon die Raschötzhütte (letzthin schon seit Längerem geschlossen).

a) Von Lajen stets der Markierung 35 folgend durch Wiesen hinauf zum Hof Mooswiese, rechts in leicht ansteigender Waldwanderung zur Ramitzler Schwaige (Einkehrstätte, 1810 m, 2 Std. ab Lajen), durch Wald und Bergwiesen weiter zum Tschatterlinsattel (1973 m), steil empor zur Heiligkreuzkapelle (2199 m) und links auf markiertem Steig in 15 Min. hinauf zum Gipfelkreuz. *HU 1182 m, 3 1/2 Std., für Gehtüchtige leicht und lohnend.*

b) Von Lajen der Markierung P folgend ostwärts in 15 Min. zum Weiler Tschövas (1229 m), nun links auf Weg 35 (nicht identisch mit a) durch Wald und Wiesen und an Einzelhöfen vorbei meist leicht ansteigend zur Ramitzler Schwaige und wie bei a weiter. *HU 1182 m, 3 1/2 Std., für Gehtüchtige leicht, etwas abwechslungsreicher als a.*

1738
Nach St. Peter — 1210 m

Sonniges Dorf mit Kirche und Gasthaus über dem äußeren Grödental an der von Lajen nach Gröden führenden Straße. Rundherum Wiesen und Höfe.

Von Lajen stets der Markierung P (= Poststeig) folgend ostwärts zum Weiler Tschövas (1229 m), dann nahezu eben und kurz hinunter zu der von Lajen nach St. Peter führenden Straße, bald von dieser rechts ab und weiterhin auf Weg P durch Wald und an Häusern vorbei nach St. Peter. *HU 129 m, gut 1 Std., leicht und lohnend.*

1739
Nach St. Ulrich in Gröden — 1236 m

Charakteristik: R 1743.

Von Lajen wie bei R 1738 nach St. Peter, weiterhin der Markierung P (= Poststeig) folgend auf Straßen zum Gasthaus Pedrutscherhof, auf dem Weg P durch steile Waldhänge talein zum Ortsteil Außerwinkel und ins Dorf St. Ulrich. *HU 200 m, 3 Std., leicht und lohnend.*

1743
ST. ULRICH IN GRÖDEN — AUSGANGSORT — 1236 m

Großes Dorf und Hauptort des Grödentales; reger Fremdenverkehr mit entsprechenden Einrichtungen, darunter Seilbahnen zur Seiser Alm und auf die Seceda sowie Sessellift auf die Raschötz. Wahrzeichen ist der barocke Zwiebelturm der Pfarrkirche; in Dorfnähe als Denkmal eine Lokomotive der einstigen Grödner Schmalspurbahn.

Heiligkreuzkapelle auf der Raschötz

1744
Nach Lajen 1100 m

Charakteristik: R 1735.
Wie R 2866, in umgekehrter Richtung; ähnliche Gehzeiten.

1745
Auf die Außerraschötz 2282 m

Charakteristik: R 1737.
a) Von St. Ulrich mit dem Sessellift hinauf zur Bergstation (2107 m, Gastbetrieb), auf Weg 35 westwärts zur Raschötzhütte (2165 m) und zur Heiligkreuzkapelle (2199 m) und rechts auf markiertem Steig hinauf zum Gipfelkreuz. *HU ab Lift-Bergstation 175 m, ¾ Std., leicht und lohnend.*
b) Von St. Ulrich stets der Markierung 1 folgend nordseitig auf dem Stationenweg durch den Raschötzer Wald in Kehren hinauf zur Baumgrenze, weiter zur Raschötzhütte und wie bei a zum Gipfel. *HU 1046 m, 3 Std., für Gehgewohnte leicht und lohnend.*

1746
Auf die Seceda 2519 m

Nord- und westseitig mit gebänderten Felsabbrüchen, südseitig hingegen mit weiten Wiesenhängen (im Winter Skigebiet) abfallende Bergformation.
Bis nahe an den höchsten Punkt von St. Ulrich herauf Seilbahn.
Von St. Ulrich der Markierung 2/3 folgend auf Straße hinauf zum Ortsteil Oberwinkel (1475 m), auf Weg 2 in Wiesengelände und Wald empor zum Cuca-Sattel (2153 m) und auf Weg 6 über Bergwiesen nordwärts hinauf zur Seceda. *HU 1283 m, 3 ½ Std., für Gehgewohnte leicht, bedingt lohnend.*

1747
Auf den Pic-Berg 2365 m

Süd- und ostseitig begraster, westseitig von starker Erosion gekennzeichneter Gipfel auf der Grödner Nordseite.
a) Von St. Ulrich wie bei R 1746 zum Cuca-Sattel und auf Steig 6 südwärts über den Graskamm hinauf zum Gipfel. *HU 1129 m, 3 Std., für Gehgewohnte leicht und lohnend.*

b) Von der Alm Sëurasas (R 1748) auf bezeichnetem Steig über den Graskamm nordostwärts etwas steil empor zum Gipfel. *HU 190 m, ¾ Std., leicht und lohnend.*

1748
Zur Alm Sëurasas 2175 m

Charakteristik: R 1768.

a) Von St. Ulrich wie bei R 1749 zur Kirche St. Jakob, auf Waldweg 6 empor zum Aussichtspunkt Balest (1822 m, Kreuz) und auf Steig 6 durch Wald ostnordostwärts steil empor zum Ziel. *HU 149 m, 2 ½ Std., leicht und lohnend.*

b) Vom Weiler St. Jakob (R 1749) auf breitem Waldweg 4 ein Stück ostwärts und links auf Weg 20 A, später 20 durch Wald und über die kleine Wiesenrodung Lagustel (kleiner Weiher) empor zur Alm. *HU 101 m, 2 Std., leicht und lohnend.*

1749
Zur Kirche St. Jakob 1566 m

Spitztürmige Kirche auf einsamer Waldlichtung oberhalb des Weilers Sacun bzw. östlich über St. Ulrich.

a) Von St. Ulrich der Markierung 4 folgend auf schmaler Straße ostwärts zum Weiler Sacun (1474 m, Einkehrmöglichkeiten) und auf bezeichnetem Weg durch Wiesen und Wald mäßig steil hinauf zur Kirche. *HU 330 m, 1 Std., leicht und lohnend.*

b) Von St. Ulrich wie bei a kurz in Richtung Sacun, bald aber (Wegweiser) links hinauf zur Kuppe Col de Flam (1446 m) und ostwärts die Waldhänge querend zur Kirche. *HU 330 m, gut 1 Std., leicht und lohnend.*

1750
Nach St. Christina 1426 m

Charakteristik: R 1759.
Von St. Ulrich wie bei R 1749/a zum Weiler Sacun, dann auf bezeichnetem Weg bzw. Steig die Waldhänge leicht ansteigend und eben querend zum Gehöft Ulëta (1562 m)

St. Jakob in Gröden

und hinab nach St. Christina. *HU ca. 300 m, knapp 2 Std., leicht, bedingt lohnend.*

1751
Auf den Piz-Berg (Seiser Alm) 2108 m

Nördliche Randerhebung der Seiser Alm, gegen das Grödental steil abfallend. Von St. Ulrich Seilbahn hinauf zum Ostrücken des Berges (2000 m, Gasthaus). Südseitig Sessellift hinab zum Hotel Sonne (1858 m).

a) Von St. Ulrich mit der Seilbahn hinauf und westwärts über den Gras- und Waldrücken leicht ansteigend zum höchsten

Punkt. *HU ab Bergstation 108 m, 20 Min., leicht und wegen der Aussicht lohnend.*

b) Von St. Ulrich südwärts hinüber zum Weiler überwasser, der Markierung 6 folgend vom oberen Rand der Wiesen durch Wald und vorbei am Hof Pilat (1525 m) hinauf zum Rand der Seiser Alm (Hotel Sonne 1858 m), auf Weg 9 nordseitig hinauf zur Bergstation der Seilbahn und wie bei a zum Ziel. *HU 872 m, 2 ½ Std., für Gehgewohnte leicht, bedingt lohnend.*

1752
Nach Saltria 1675 m

Charakteristik: R 1671.
Von der Seilbahn-Bergstation am Piz-Berg (R 1751) über die Wiesen zuerst hinunter zum Hotel Sonne und dann auf Weg 9 über die Almwiesen großteils absteigend (nur einmal geht es auch kurz bergan) nach Saltria. *HU 183 m (abwärts), 1 Std., leicht und lohnend.*

1753
Nach Kompatsch 1844 m

Charakteristik: R 1670.
Von Pufels (R 1754) auf dem Fahrweg (Markierung 3) südwärts hinein in die Pufler Schlucht, hinauf zu Wegteilung (ca. 1750 m) und auf Weg 10 rechts durch Wald und Bergwiesen leicht ansteigend nach Kompatsch. *HU 363 m, 1 ½ Std., leicht und lohnend.*

1754
Nach Pufels 1481 m

Von Wiesenhängen umgebenes kleines Dorf mit Kirche und Gaststätten südwestlich hoch über St. Ulrich.
Von St. Ulrich bzw. von der Umfahrungsstraße hinaus zum Ortsteil Runggaditsch, stets der Markierung 3 folgend (teilweise Straße) durch Wald und Wiesen westwärts zum Pufler Bachgraben, links weiterhin auf Weg 3 talauf und schließlich rechts durch Wiesen empor nach Pufels.
HU 245 m, 2 Std., leicht und lohnend.

1755
Zum Panider Sattel 1437 m

Charakteristik: R 1694.
Von St. Ulrich bzw. von der Umfahrungsstraße hinaus zum Weiler Runggaditsch, dann der Markierung 7 folgend mit geringer Steigung an Höfen vorbei hinauf zum Wald und weiter zum Panider Sattel.
HU 200 m, 2 Std., leicht, bedingt lohnend.

1756
Auf den Puflatsch 2176 m

Nordwestlicher Randberg der Seiser Alm mit ausgedehnter, schwach geneigter Wiesenhochfläche.
Von Pufels der Markierung 24 folgend westwärts hinauf zum »Schnürlsteig« und auf diesem durch Wald und über den sehr steilen Nordostrücken des Berges empor zum Gipfel. *HU 695 m, 2 Std., für Gehtüchtige unschwierig und lohnend, aber teilweise mühsam.*

1759 AUSGANGSORT
ST. CHRISTINA IN GRÖDEN 1426 m

Ausgedehnter Fremdenverkehrsort zwischen St. Ulrich und Wolkenstein mit spitztürmiger Kirche und zahlreichen Gastbetrieben. Ausgangspunkt für Touren im Bereich der Langkofelgruppe und der Geislerspitzen. Bergbahnen bzw. Sesselifte führen zum Sporthotel Monte Pana, zum Mont de Sëura, auf die Höhen von Ciampinoi und zum Col Raiser. Südseitig gegenüber dem Dorf die Fischburg (17. Jh.).

1760
Nach Wolkenstein 1537 m

Charakteristik: R 1783.
a) Alter Bahnweg: Von der Kirche von St. Christina stets nahezu eben auf der zum Spazierweg umgestalteten Trasse der ehemaligen Grödner Schmalspurbahn durch die sonnseitigen Hänge ostwärts

nach Wolkenstein (von dort Fortsetzung des Bahnweges bis nach Plan de Gralba). *HU gering, 1 ½ Std., leicht und lohnend.*

b) Von der Talstation der Ciampinoi-Seilbahnstation im östlichen Ortsgebiet (1409 m) auf Weg 22 südostwärts hinauf gegen die Fischburg und auf beschildertem Weg weitgehend eben durch die Hänge ostwärts nach Wolkenstein.
HU ca. 130 m, 1 Std., leicht und lohnend.

1761
Zur Emilio-Comici-Hütte 2153 m

Von Liftanlagen umgebene Schutzhütte im Almgelände nordöstlich unter dem Langkofel.
Von Monte Pana (1636 m; Hotel, von St. Christina herauf Straße und Sessellift) auf Steig 528 durch Wiesen, Wald und steiniges Gelände südostwärts hinauf zur Hütte. *HU 517 m, 1 ½ Std., leicht und lohnend.*

1762
Zur Langkofelhütte 2252 m

Alpines, von gewaltigen Felsbergen überragtes Schutzhaus mit Sommerbewirtschaftung inmitten der Langkofelgruppe.
a) Von Monte Pana (R 1761) mit dem Sessellift hinauf zum Mont de Sëura (2025 m, Grasrücken nördlich unterm Langkofel), auf markiertem Steig nahezu eben südwestwärts zum Ciaulonch-Sattel, auf Steig 526 (»Stradalweg«) rechts unter dem Langkofel durch und hinauf zur Hütte.
HU 227 m, 1 ½ Std., für Gehgewohnte leicht und lohnend.

b) Von Monte Pana stets auf Steig 528 über Wiesen und durch das bewaldete Ampezzantälchen südostwärts hinauf bis zu Wegkreuzung, rechts auf Steig 526 leicht ansteigend zum Ciaulonch-Sattel und wie bei a zum Ziel. *HU 616 m, 2 Std., für Gehgewohnte leicht und lohnend.*

c) Von Monte Pana der Markierung 3/525 folgend auf Fahrweg durch Waldungen hinauf bis zum links abzweigenden Weg 525 (Santner-Weg), auf diesem bald über die Wiesen des Plan de Cunfin (Cunfinböden) zum Bergfuß und steil empor zur Hütte. *HU 616 m, 2 ½ Std., für Gehgewohnte leicht und lohnend.*

d) Von der Toni-Demetz-Hütte (R 1763) auf Steig 525 durch eine steile, oft schneegefüllte Geröllrinne und durch das steinige Langkofelkar hinunter zur Langkofelhütte. *HU 427 m (abwärts), ¾ Std., für Trittsichere leicht und lohnend.*

1763
Zur Toni-Demetz-Hütte 2679 m

Kleine bewirtschaftete Schutzhütte in der zwischen Langkofel und Fünffingerspitze eingeschnittenen Langkofelscharte. Vom Sellajoch-Haus herauf Gondelbahn.
a) Vom Sellajoch-Haus auf Steig 525 zuerst mäßig und dann sehr steil empor zur Hütte. *HU 499 m, 1 ½ Std., für Gehgewohnte leicht, bedingt lohnend.*

b) Von der Langkofelhütte (R 1762) auf Steig 525 über Geröll und oft Schnee steil empor zur Demetz-Hütte. *HU 427 m, 1 ¼ Std., für Gehgewohnte unschwierig, bedingt lohnend.*

1764
Zum Berghaus Zallinger 2037 m

Charakteristik: R 1672.
Von Monte Pana (R 1761) der Markierung 3/525 folgend auf Fahrweg eben und mäßig ansteigend südwestwärts durch Waldungen zum Beginn ausgedehnter Wiesen (1818 m) und links auf Weg 7 mäßig ansteigend zu einem Jöchl und zum Gasthaus. *HU 401 m, 2 Std., leicht und lohnend.*

1765
Nach Saltria (Seiser Alm) 1675 m

Charakteristik: R 1752.
Von Monte Pana (R 1761) stets der Markierung 3 (oder im ersten Abschnitt auch 3 A und dann 531) folgend auf Fahrweg durch Wald leicht ansteigend bis auf 1818 m

UNTERES EISACKTAL

Die Langkofelhütte

Höhe und dann leicht absteigend und eben weiter nach Saltria. *HU 182 m aufwärts, 143 m abwärts, 2 Std., leicht und lohnend.*

1766
Nach St. Jakob bei St. Ulrich 1566 m

Charakteristik: R 1749.
Von St. Christina (Kirche) immer auf bezeichnetem Weg nordwestlich hinauf zum Gehöft Ulëta (1562 m), dann Waldhänge querend westwärts zum Weiler St. Jakob (Sacun) und auf bezeichnetem Fußweg hinauf zur Kirche St. Jakob. *HU 140 m, knapp 1 ½ Std., leicht und lohnend.*

1767
Nach St. Ulrich 1236 m

Charakteristik: R 1743.
Von St. Christina wie bei R 1766 zum Weiler Sacun und auf der Zufahrtsstraße (Markierung 4) leicht absteigend nach St. Ulrich. *HU 326 m, knapp 2 Std., leicht, bedingt lohnend.*

1768
Zur Alm Sëurasas 2175 m

Nördlich oberhalb St. Christina bzw. nordöstlich von St. Ulrich gelegene Bergwiesen mit Heuhütten und schönem Bergkreuz.
Von St. Christina auf nummernlos markiertem Weg (teilweise auch auf Höfestraße) durch Wiesen und am Weiler Plesdinac vorbei hinauf zum Hof Rungaudie (1720 m, ¾ Std.), auf breitem Waldweg 4 kurz westwärts und rechts auf bezeichnetem Waldweg empor zu den Bergwiesen von Seurasas. *HU 749 m, knapp 2 ½ Std., für Gehgewohnte leicht und lohnend.*

1769
Auf den Pic-Berg 2365 m

Charakteristik: R 1747.
a) Von der Alm Seurasas (R 1768) auf bezeichnetem Steig über den Graskamm ostnordostwärts etwas steil empor zum Gipfel. *HU 190 m, ¾ Std., für Gehgewohnte leicht und lohnend.*

b) Vom Col Raiser (R 1772) wie bei R 1771/a zur Fermedahütte, weiter auf Weg 2 die Almhänge querend südwestwärts zum Cuca-Sattel (2153 m) und auf Steig 6 südwärts über den Graskamm hinauf zum Gipfel. *HU 265 m, 1 ½ Std., leicht und lohnend.*

1770
Auf die Seceda 2519 m

Charakteristik: R 1746.
a) Vom Col Raiser (R 1772) wie bei R 1771/a zur Fermedahütte und in Serpentinen über die Wiesenhänge empor zum Ziel.
HU 419 m, 1 ½ Std., leicht und lohnend.
b) Von der Regensburger Hütte (R 1773) stets auf Weg und Steig 1 über Almhänge nordwestlich hinauf bis unter die Panascharte und links nahezu eben zum Ziel. *HU 480 m, 1 ¼ Std., leicht und lohnend.*

1771
Zur Fermedahütte 2111 m

Almgaststätte am Südosthang der Seceda inmitten der weiten Bergwiesen der Aschgler Alm. In der Nähe Talstation des Seceda-Sessellifts.
a) Vom Col Raiser (R 1772) zuerst auf breitem Weg nordwärts zum querenden Weg 2 und auf diesem nahezu eben westwärts zur Hütte. *HU gering, 20 Min., leicht und lohnend.*
b) Von der Regensburger Hütte (R 1773) stets auf Steig 2 die Almhänge querend westwärts zur Fermedahütte. *HU 72 m, 35 Min., leicht und lohnend.*
c) Von St. Christina (Talstation der Col-Raiser-Bahn) auf breitem Weg 1 nordwärts talauf bis in 1800 m Höhe, auf markiertem Steig links hinauf zur Gamsbluthütte und weiter über die Almwiesen hinauf zur Fermedahütte. *HU ca. 600 m, knapp 2 Std., leicht und lohnend.*

1772
Zum Col Raiser 2100 m

Aussichtsreiche Anhöhe nordöstlich oberhalb St. Christina im Almgebiet unter den Geislerspitzen. Von St. Christina Umlaufbahn herauf, an der Bergstation Gaststätten.
a) Von St. Christina wie bei R 1771/c hinauf zur Gamsbluthütte und auf Steig 4 rechts empor zum Col Raiser. *HU 600 m, gut 1 ½ Std., leicht und lohnend.*
b) Von der Regensburger Hütte (R 1773) auf Weg 4 westwärts leicht ansteigend zum Col Raiser. *HU gering, 20 Min., leicht und hübsch.*

1773
Zur Regensburger Hütte 2039 m

Großes Schutzhaus mit Sommerbewirtschaftung in schöner Lage auf den Almhängen unterhalb der Geislerspitzen.
a) Vom Col Raiser (R 1772) auf Steig 4 ostwärts die Hänge leicht abwärts querend zur Hütte. *HU gering, 15 Min., leicht und lohnend.*
b) Von St. Christina (Talstation der Col-Raiser-Bahn) auf breitem Waldweg 1 großteils mäßig ansteigend talauf zur Hütte. *HU ca. 540 m, 1 ½ Std., leicht und lohnend.*

1774
Sas Rigais (Sass Rigais) 3025 m

Wuchtigster Gipfel der Geislergruppe mit zwei gesicherten Felsanstiegen.
a) über die Südwestseite: Von der Regensburger Hütte (R 1773) auf Steig 13 über die Almhänge hinauf zum Weideboden Plan Ciautier und zu Wegteilung (ca. 2250 m), links auf markiertem Steig am Hang und durch eine steile Schlucht empor zu Wegweiser »Sas Rigais« und rechts auf dem markierten und an heiklen Stellen gesicherten Klettersteig in langem Felsanstieg zum Gipfel. *HU 986 m, 3 Std., für Klettersteigerfahrene nicht schwierig; lohnend.*

b) Von der Regensburger Hütte wie bei a zum Plan Ciautier und zu Wegteilung, rechts auf bezeichnetem Steig die Hänge querend zum schutterfüllten Wasserrinnental (Val dla Salieres), durch dieses (manchmal über Schnee) empor zur Scharte zwischen Sas Rigais und Furchetta und links auf dem Klettersteig (zahlreiche Sicherungen) über teilweise senkrechte Felsen empor zum Gipfel. *HU 986 m, knapp 3 ½ Std., für Klettersteigerfahrene nicht schwierig und lohnend, aber etwas schwieriger als a.*

1775
Zur Franz-Schlüter-Hütte 2301 m

Charakteristik: R 1903.
Von der Regensburger Hütte (R 1773) der Markierung 3 folgend nordostwärts hinauf zur Roa-Scharte (Forcela de la Roa, 2616 m), jenseits ein Stück hinunter, dann Steilhänge querend und das Kreuzjoch (2293 m) überschreitend zum Kreuzkofeljoch (2340 m) und links kurz hinunter zur Hütte. *HU 577 m aufwärts, 315 m abwärts, 4 Std., für Bergerfahrene leicht und lohnend.*

1776
Piz Duleda (Piz Doledes) 2908 m

Westlichster und höchster Gipfel der Puezgruppe.
Von der Regensburger Hütte wie bei R 1775 bis fast zur Roa-Scharte, scharf rechts der Nr. 2 im Dreieck (Dolomitenhöhenweg 2) über Schutt und steile Felsen (hier kurzer gesicherter Klettersteig) südostwärts empor zum Nives-Sattel (Sela Nives, 2737 m) und schließlich links über den breiten Felsrücken problemlos empor zum Gipfel. *HU 869 m, 2 ½ Std., für Schwindelfreie und Trittsichere unschwierig, sehr lohnend.*

1777
Zur Puezhütte 2475 m

Charakteristik: R 1790.
Von der Regensburger Hütte (R 1773) auf Weg 2/3 leicht ansteigend nordostwärts zu Wegteilung, rechts auf Steig 2 über Geröll hinauf zur Sieles-Scharte (Forcela Forces de Sieles, 2505 m), auf dem teilweise gesicherten Steig 2 links hinauf und hinüber zu einem Gratrücken (2600), dann hinunter zu den Grasböden der Puezalpe und in ebener Wanderung zur Puezhütte.
HU 561 m aufwärts, 125 m abwärts, 3 Std., für Berggewohnte mit Trittsicherheit leicht und lohnend.

1778
Col dala Pieres 2751 m

Wuchtiger Berg mit teilweise steilen Felsflanken östlich der Regensburger Hütte.
a) Von der Regensburger Hütte wie bei R 1777 zur Sieles-Scharte und rechts auf markiertem Serpentinensteig über Geröll empor zum Gipfel. *HU 712 m, 2 Std., für Geübte mit Trittsicherheit unschwierig und lohnend.*
b) Von der Regensburger Hütte (R 1773) auf dem Zubringerweg kurz abwärts, dann links auf Steig 4 steil empor in die Piza-Scharte (2489 m), nordostwärts auf markiertem Steig Grashänge querend zu einer felsigen Wegstrecke (gesichert) und nach dieser über den flachen Gipfelhang zum Ziel. *HU ca. 800 m, 2 ½ Std., für Geübte mit Trittsicherheit leicht und lohnend.*
c) Von St. Christina wie bei R 1779 zur Stevia-Hütte, der Markierung 4 folgend nordwärts über Grashänge leicht ansteigend zur Piza-Scharte und wie bei b weiter. *HU 1251 m, 3 ½ – 4 Std., für Gehtüchtige leicht und lohnend.*

1779
Zur Stevia-Hütte 2312 m

Charakteristik: R 1787.
Von St. Christina auf Weg 1 in Richtung Regensburger Hütte bis zu einem kleinen Weiher, nun rechts auf Weg 3 leicht anstei-

Der Col dala Pieres

gend zur Juac-Hütte (1903 m, Ausschank), links auf Weg 4 durch Wald und felsige Steilhänge hinauf zur Silvesterscharte (2280 m) und in felsigem und begrastem Gelände weiter zur Hütte. *HU 812 m, 2 ½ Std., für Gehgewohnte leicht und lohnend.*

1783
WOLKENSTEIN IN GRÖDEN 1537 m AUSGANGSORT

Innerstes, letztes Dorf des Grödentales an der Mündung des einsamen Langentales. Spitztürmige Kirche sowie am Eingang ins Langental die Burgruine Wolkenstein. Mehrere Bergbahnen, weiter taleinwärts der Weiler Plan (1605 m) und im Talschluss Plan de Gralba mit Hotels und Bergbahnen.

1784
Nach St. Christina 1426 m

Charakteristik: R 1759.
Wegverlauf: Wie R 1760, umgekehrte Richtung; ähnliche Gehzeiten.

1785
Zur Burgruine Wolkenstein 1720 m

Sehr kühn in der Steviawand über dem Eingang ins Langental befindliche Burgruine, um 1200 erbaut; Stammburg der Herren von Wolkenstein.

Von Wolkenstein der Markierung 4 folgend nordostwärts ins äußere Langental und zum Kirchlein St. Silvester (1632 m), nun links auf dem Stationenweg nahezu eben bis unter die Burgruine und auf markiertem Weg in wenigen Minuten hinauf zum Ziel. *HU 183 m, ca. 1 Std., leicht und lohnend.*

1786
Zur Juac-Hütte 1903 m

Gaststätte in schöner Almgegend nordöstlich oberhalb Wolkenstein.

Von Wolkenstein (Kirche) nordwärts hinüber zum Berghang, der Markierung 3 folgend hinauf zum Ortsteil Burdegna (1670 m) und weiter hinauf zum Wiesenplateau mit der Hütte. *HU 366 m, 1 Std., leicht und lohnend.*

1787
Zur Stevia-Hütte 2312 m

Berggaststätte nördlich von Wolkenstein auf der ausgedehnten Stevia-Alm. Schöne und aussichtsreiche Lage.

a) Von Wolkenstein wie bei R 1786 zur Juac-Hütte, auf Weg 4 durch bewaldete und felsige Hänge hinauf zur Silvesterscharte (2280 m) und in Fels- und Grasgelände weiter zur Hütte. *HU 775 m, 2 ¼ Std., für Gehgewohnte leicht und lohnend.*

b) Von der Regensburger Hütte wie bei R 1778/b zur Piza-Scharte und rechts auf Steig 4 über Grashänge hinunter zur Hütte. *HU 450 m aufwärts, 177 m abwärts, gut 1 ½ Std., für Gehgewohnte unschwierig und lohnend.*

1788
Zur Regensburger Hütte 2039 m

Charakteristik: R 1773.
Von Wolkenstein wie bei R 1786 zur Juac-Hütte, auf Weg 3 leicht absteigend nordwärts hinein ins Cislestal und durch dieses auf dem breiten Weg 1 mäßig ansteigend zur Hütte. *HU 502 m, gut 1 ½ Std., leicht und lohnend.*

1789
Col da la Pieres 2751 m

Charakteristik: R 1778.
Von der Stevia-Hütte (R 1787) wie bei R 1778/b zum höchsten Punkt. *HU 439 m, 1 ½ Std., für Trittsichere leicht und lohnend.*

1790
Zur Puezhütte 2475 m

Hoch über dem innersten Langental in einer weiten Mulde gelegenes Schutzhaus mit Sommerbewirtschaftung.

a) Von Wolkenstein stets der Markierung 4 folgend (das erste Stück Straße und an ihrem Ende Parkplatz) zur Kapelle St. Silvester, dann durch das von Felswänden umschlossene Langental hinein, bei Wegteilung links auf Steig 16 mittelsteil hinauf zum querenden Weg 2/4 und auf diesem nahezu eben ostwärts zur Hütte. *HU 938 m, knapp 3 Std., für Gehgewohnte leicht und lohnend.*

b) Von Wolkenstein wie bei a durch das Langental hinein, bei der Wegteilung auf Weg 14 weiter talein zum Talschluss und von dort durchwegs steil empor zur Hütte. *HU 938 m, gut 3 Std., für Gehgewohnte leicht und lohnend.*

c) Vom Grödner Joch (R 1795) auf Weg bzw. Steig 2 über steinige Grashänge nordostwärts hinauf ins Cirjoch (2469 m), jenseits hinüber und hinauf zum Crespeinajoch (2528 m, Kreuz), nun hinunter gegen den Crespeinasee (2374 m) und dann über die Karstböden (stets Weg 2) nahezu eben zur Puezhütte. *HU 391 m, gut 3 Std., Anforderung wie e.*

1791
Zum Crespeinasee (Lech de Crëspeina) 2374 m

In einer Mulde der felsigen Crespeina-Hochfläche südöstlich hoch über dem Langental gelegener Bergsee.
Von der Puezhütte (R 1790) stets der Markierung 2 folgend auf nahezu ebenem Höhenweg über die Karstflächen der Gardenacia und Crespeina südwärts und zuletzt rechts kurz weglos zum See. *HU gering, knapp 1 Std., leicht und lohnend.*

1792
Auf den Puezkofel 2723 m

Hausberg der Puezhütte, zwischen ihr und den eigentlichen Puezspitzen frei aufragend.
Von der Puezhütte (R 1790) auf bezeichnetem Steig westwärts hinauf zu einer Senke zwischen Puezkofel und Östlicher Puezspitze (2630 m), hier rechts ab und über den Hang zum Gipfel. *HU 248 m, 1 Std., für Gehgewohnte unschwierig und lohnend.*

Der Crespeinasee

1793
Östliche Puezspitze 2913 m

Wuchtiger Felsberg nordöstlich der Puezhütte bzw. des Puezkofels; bildet zusammen mit der Westlichen Puezspitze einen frei aufragenden Doppelhöcker.

Von der Puezhütte wie bei R 1792 zur flachen Senke zwischen Puezkofel und östlicher Puezspitze und auf dem Serpentinensteig mit zunehmender Steilheit über Geröll und Schrofen nordwestwärts empor zum Gipfel. *HU 438 m, knapp 1 ½ Std., für Trittsichere leicht und lohnend.*

1794
Große Cirspitze (Gran Cir) 2592 m

Höchster und am leichtesten ersteigbarer Gipfel der nördlich über dem Grödner Joch aufragenden Cirspitzen.

Vom Grödner Joch (R 1795) kurz auf schmaler Straße und dann auf bezeichnetem Steig über Grasgelände nördlich hinauf zur westlich der Großen Cirspitze herabziehenden Schlucht, durch diese ein Stück hinauf (markierter Steig), dann rechts auf gesichertem Felssteig teilweise ausgesetzt hinauf zur Gipfelflanke und über sie auf markierten Steigspuren zum Gipfel. *HU 455 m, gut 1 ½ Std., für Trittsichere und Schwindelfreie nicht schwierig, sehr lohnend.*

1795
Zum Grödner Joch 2137 m

Straßenübergang zwischen Gröden im Westen und Gadertal im Osten; Gastbetriebe, Wintersportanlagen. Nordseitig die Cirspitzen, im Süden das Sellamassiv.

a) Von Wolkenstein kurz ostwärts zur Talstation der Dantercepiesbahn, auf markiertem Steig durch Wiesen und Wald im Dantercepiestal mäßig steil hinauf zur Gaststätte »Panorama« (2130 m) und zu einem Almsattel (2210 m) und jenseits über die Wiesen leicht absteigend zum Grödner Joch. *HU 673 m, 2 Std., leicht und lohnend.*

b) Von Wolkenstein auf der Trasse der einstigen Schmalspurbahn (»Alter Bahnweg«) talein zur Häusergruppe Plan (1605 m) und auf Weg 654 durch Wald und Wiesen im Frea-Tal hinauf zum Grödner Joch. *HU 600 m, knapp 2 Std., leicht und lohnend.*

1796
Pisciadùhütte 2585 m

Charakteristik: R 2649.
Vom Grödner Joch (R 1795) stets auf Steig 666 über einen Grasrücken südwärts hinauf, dann Steilhänge südostwärts querend hinein ins schluchtartige Val Setus und durch dieses über Geröll und seilgesicherte Felsen steil empor zur Hütte. *HU 473 m, 1½ Std., für Berggewohnte und Trittsichere leicht und lohnend.*

1797
Sas dala Luesa (Rodelheilspitze) 2614 m

Südlich über dem Grödner Joch senkrecht aufragender Felspfeiler mit nur mäßig ausgeprägter Gipfelbildung; von der Pisciadùhütte her leicht erreichbarer Aussichtspunkt.
Von der Pisciadùhütte (R 1796) auf Steig 666 westwärts kurz hinan, dann links auf bezeichnetem Steig über das Terrassenband kurz westwärts weiter und nordwärts abdrehend hinaus zum Kulminationspunkt. *HU gering, ½ Std., leicht und hübsch.*

1798
Boèhütte (Bamberger Hütte) 2871 m

Bewirtschaftetes Schutzhaus auf der Hochfläche des Sellastocks am Nordwestfuß des Piz Boè.

a) Von der Pisciadùhütte (R 1796) auf Steig 666 südwärts über Geröll und eine felsige Strecke (gesichert) empor zum Rand der Hochfläche (2960 m), nun über felsige Böden bis auf 2840 m hinab, dann wieder ansteigend zum Zwischenkofel (L'Antersas, 2907 m) und über dessen Südrücken zur Hütte. *HU 375 m, 2 Std., für Berggewohnte und Trittsichere leicht und lohnend.*

b) Vom Sellajoch wie bei R 1800 auf dem Pößnecker Klettersteig zum Piz Selva, auf Steig 649 am Nordwestrand der Sellahochfläche in mehr oder minder ebener Wanderung nordostwärts zur Gamsscharte (2957 m, Forcela dei Ciamorces) und zum Pisciadùsattel (2908, Sela de Pisciadù), rechts auf Steig 649 eben bzw. leicht absteigend weiter zum Steig 666 und wie bei a über den Zwischenkofel zur Hütte. *HU 500 m, ca. 6 Std., großartige Tour, aber nur tüchtigen Bergsteigern mit Klettersteigerfahrung vorbehalten!*

1799
Piz Boè (Boèspitze) 3152 m

Höchster Gipfel des Sellamassivs. Auf dem Gipfel die Capanna Fassa, eine bewirtschaftete Schutzhütte, sowie ein großer Telefonreflektor.

a) Von der Boèhütte (R 1798) auf Steig 638 über Geröll und Felsen (eine Stelle seilgesichert) südostwärts empor zum Nordgrat und über ihn problemlos zum Gipfel. *HU 280 m, ¾ Std., für Geübte mit Trittsicherheit leicht und lohnend.*

b) Von der Boèhütte auf Weg 627 nahezu eben südwärts in Richtung Pordoischarte bis zur Abzweigung des Steiges 638 und auf diesem links über den Südwestrücken des Berges hinauf zum Gipfel. *HU 280 m, 1½ Std., für Geübte leicht und lohnend, etwas leichter als a.*

1800
Pößnecker Klettersteig

Von der einstigen DÖAV-Sektion Pößneck angelegter, nicht leichter Klettersteig vom Sellajoch hinauf zum Piz Selva (2941 m) am Rand des Sella-Hochplateaus. Von dort führen unschwierige Steige zur Boèhütte (R 1798).
Vom Sellajoch (R 1801) auf Steig 649 unter den Sellatürmen über nahezu eben nordostwärts zum Beginn des Klettersteiges, nun der Markierung und den Sicherungen folgend durch einen Kamin und über eine große Felswand (Klammern, Leitern und Drahtseile) empor zur Geröllterrasse und

Die Rodelheilspitze

nach deren Überquerung wieder auf dem Klettersteig durch eine Schlucht und über Schrofen zum Gipfel des Piz Selva.
HU 701 m, 3–3 ½ Std., lohnend, aber nur absolut Trittsicheren und Schwindelfreien mit Klettersteigerfahrung vorbehalten!

1801
Sellajoch-Haus   2180 m
Sellajoch   2250 m

Das Sellajoch-Haus, ein großes Berggasthaus, steht unterhalb des Sellajochs an der Passstraße. Von dort Umlaufbahn zur Langkofelscharte. – Das Sellajoch mit dem Hotel Maria Flora bildet den Straßenübergang vom Grödental ins Fassatal. – Prachtblicke auf Langkofelgruppe und Sellatürme.

a) Von Plan de Gralba (R 1803) stets auf Weg 657 durch Wiesen und Wald mäßig steil hinauf zum Sellajoch-Haus und ostwärts durch die Almhänge in 15 Min. weiter zum Joch. *HU 451 m, 1 ½ Std., leicht und lohnend.*

b) Von der Comici-Hütte (R 1802) auf Weg 526/528 unter dem Langkofel nahezu eben südwärts zur »Steinernen Stadt« (Bergsturzgelände), zum Sellajoch-Haus (¾ Std.) und wie bei a zum Joch. *HU 87 m, 1 Std., leicht und lohnend.*

1802
Zur Emilio-Comici-Hütte   2153 m

Charakteristik: R 1761.

a) Von Wolkenstein mit der Seilbahn auf den Ciampinoi (2254 m), auf bezeichnetem Steig durch die Grashänge südwestwärts hinab zum Tiesa-Sattel (2127 m) und nahezu eben weiter zur Hütte. *HU 127 m (abwärts), ½ Std., leicht und lohnend.*

b) Vom Sellajoch-Haus auf Weg 526/528 durch die »Steinerne Stadt« (Bergsturzgelände) und unter dem Langkofel nahezu eben nordwärts zur Hütte. *HU gering, ¾ Std., leicht und lohnend.*

1803
Nach Plan de Gralba   1789 m

Hotelsiedlung im eigentlichen Grödner Talschluss an der Straße zum Grödner bzw. Sellajoch. Talstation der Bergbahnen auf den Piz Sela und den Piz Seteur.

a) Von Wolkenstein wie bei R 1795/b nach Plan, auf der Straße kurz weiter zur Linkskehre und auf markiertem Waldweg südwärts leicht ansteigend nach Plan de Gralba. *HU 252 m, 1 Std., leicht und lohnend.*

b) Von Wolkenstein stets auf der westlichen Seite des Grödner Baches zuerst auf schmaler Straße und dann auf bezeichnetem Wanderweg talein nach Plan de Gralba. *HU 252 m, knapp 1 Std., leicht und lohnend.*

1804
Zur Plattkofelhütte 2300 m

Schutzhaus mit Sommerbewirtschaftung in schöner Lage unter der mächtigen Südwestflanke des Plattkofels.
Vom Sellajoch-Haus (R 1801) kurz auf die Passstraße hinauf, dann rechts ab und auf dem Friedrich-August-Weg (Markierung 4/594) steile Grashänge querend unter der Langkofelgruppe zum Ziel; am Weg Einkehrstätten. *HU gering, knapp 2 Std., leicht und lohnend.*

1805
Zur Toni-Demetz-Hütte 2679 m

Charakteristik und Zugänge: siehe R 1763.

1806
Friedrich-August-Weg

Siehe R 1804.

1808 AUSGANGSORT
KLAUSEN 523 m

Mittelalterliches Städtchen im unteren Eisacktal mit malerischer alter Hauptgasse, Kirchen und Gaststätten. Nur wenig höher die Burg Branzoll und darüber auf einem mächtigen Felssporn die Burg-, Kirchen- und Klosteranlage von Säben.

1809
Nach Villanders 880 m

Charakteristik: R 1823.
Von Klausen stets der Markierung 4 folgend auf kurze Strecken der nach Villanders führenden Straße nach, großteils aber auf dem alten Weg durch Wiesenhänge und an Höfen vorbei hinauf nach Villanders. *HU 357 m, 1 Std., leicht und lohnend.*

1810
Nach Säben 729 m

Die auf einem senkrecht abbrechenden Felssporn thronende Anlage von Säben umfasst Teile der einstigen bischöflichen Burg, ein Nonnenkloster sowie drei Kirchen. Am Hang die kleine Burg Branzoll.
a) Von Klausen der Markierung 1 folgend über Steinstufen hinauf zur Burg Branzoll (kein Zutritt) und auf dem gepflasterten Wallfahrerweg empor zu den Säbener Baulichkeiten und zur sehenswerten Heiligkreuzkirche am höchsten Punkt.
HU 206 m, 45 Min., leicht und lohnend.
b) Wie bei a zur Burg Branzoll, rechts auf breitem Weg zur Säbener Promenade, auf dieser in Serpentinen durch Buschhänge hinauf zu kleinem Geländesattel und links zum Ziel. *HU 206 m, ¾ Std., leicht und sehr lohnend.*

1811
Nach Verdings 961 m

Schön gelegener Weiler mit sehenswerter Kirche nördlich oberhalb Klausen.
Von Klausen wie bei R 1810 nach Säben, auf dem Fahrweg hinüber zum Weiler Pardell (Gasthaus) und links auf etwas steilem Weg (markiert und beschildert) hinauf nach Verdings. *HU 438 m, knapp 1 ½ Std., leicht und lohnend.*

1812
Nach Latzfons 1160 m

Charakteristik: R 1839.
Von Klausen wie bei R 1811 nach Verdings, auf Weg 1 abseits der Straße durch Wiesen leicht ansteigend zu Wegteilung und wieder links auf Weg 1A durch Wiesen hinauf nach Latzfons. *HU 637 m, 2 Std., leicht und lohnend.*

1813
Nach Garn 1177 m

Sonnig und aussichtsreich gelegener Weiler mit Kirche oberhalb Verdings.

Säben bei Klausen

Von Klausen wie bei R 1811 nach Verdings und der Markierung 10 folgend teils auf Straßen, teils diese abkürzend durch Wiesen hinauf nach Garn. *HU 654 m, knapp 2 Std., leicht und lohnend.*

1814
Nach Feldthurns 851 m

Charakteristik: R 1850.
Von Klausen wie bei R 1810 nach Säben, auf dem Fahrweg hinüber zum Weiler Pardell (Gasthaus) und der Markierung 12 folgend auf Fahr- und Fußwegen die Wiesenhänge querend hinüber nach Feldthurns. *HU 328 m, 1 ½ Std., leicht und lohnend.*

1815
Nach Gufidaun 720 m

Charakteristik: R 1863.
a) Von Klausen (Stadtteil Griesbruck) auf der zur Autobahneinfahrt führenden Straße bis zur rechts abzweigenden Markierung 7 und dieser folgend (teils Fußweg, teils Straße) durch Wald und Wiesen und an Höfen vorbei hinauf nach Gufidaun. *HU 197 m, 1 ¼ Std., leicht und lohnend.*
b) Vom Gasthaus Weißes Rössl an der Villnösser Talmündung (542 m, 3 km nördlich von Klausen) auf dem bezeichneten »Kuratensteig« durch steile Waldhänge südostwärts hinauf nach Gufidaun.
HU 178 m, gut ½ Std., leicht, bedingt lohnend.

1816
Nach Fonteklaus 897 m

Schön gelegener Ansitz und Gasthof mit St.-Rochus-Kapelle östlich oberhalb Klausen.
In Klausen über den Eisack hinüber zum Stadtteil Griesbruck, von dort der Markierung 10 folgend teils auf dem nach Fonteklaus führenden Sträßchen, teils auf abseits davon verlaufenden Wegen zuerst zwischen Häusern und dann durch Wald und Wiesen empor zum Ansitz. *HU 374 m, knapp 1 ½ Std., leicht und lohnend.*

1817
Nach Freins — 1104 m

Streuweiler in steilem Wiesengelände mit Gasthaus und kleiner Kirche südöstlich oberhalb Klausen. Aussichtsreiche Lage.
Von Klausen wie bei R 1816 nach Fonteklaus und auf Weg 6A südwärts mäßig ansteigend durch Wald und Wiesen hinauf nach Freins. *HU 581 m, ca. 2 Std., leicht und lohnend.*

1818
Nach Albions — 887 m

Charakteristik: R 1722.
Von Klausen (Stadtteil Griesbruck jenseits des Eisacks) stets der Markierung 5 folgend durch Wald und Wiesen und vorbei am Lagederhof hinauf nach Albions. *HU 364 m, 1 Std., leicht und lohnend.*

1819
Nach Lajen — 1100 m

Charakteristik: R 1735.
Von Albions (R 1818) auf Weg 5 großteils durch schöne Wiesenhänge südostwärts mäßig ansteigend nach Lajen. *HU 213 m, ¾ Std., leicht und lohnend.*

1823 AUSGANGSORT
VILLANDERS — 880 m

Sonnig gelegenes, von Wiesenhängen umgebenes Dorf mit spitztürmiger Kirche und Gastbetrieben. In der Umgebung Höfe, Ansitze, Kirchen und Weiler. Bergstraße bis hinauf in die Almregion (Gasserhütte).

1824
Nach Bad Dreikirchen — 1120 m

Charakteristik: R 1731.
Von Villanders stets der Markierung 4 folgend zuerst kurz auf der Straße, dann von dieser abzweigend südwestwärts durch Wiesen hinauf zum Weiler Stofels, leicht ansteigend zum Zargenbach und hinauf nach Dreikirchen. *HU 240 m, 1 ¼ Std., leicht und lohnend.*

1825
Auf das Rittner Horn — 2260 m

Charakteristik: R 1713.
a) Von Villanders wie bei R 1824 nach Bad Dreikirchen, von dort auf Weg 4 südwärts hinauf zum Gästehaus Briol, auf Weg 4 weiter durch Steilwald hinauf zur Alm Huberkreuz nahe dem gleichnamigen Parkplatz und wie bei R 1730/c oder d weiter zum Ziel. *HU 1380 m, 4 – 4 ½ Std., für Gehtüchtige leicht und lohnend.*
b) Hinter der Gasserhütte (R 1826) auf dem links abzweigenden Waldweg kurz westwärts zum Weg 7, auf diesem durch Wald und Almhänge hinauf zum Gasteiger Sattel (2056 m) und links auf Weg 1/3/7 südwärts über teilweise steiniges Gelände hinauf zum Gipfel. *HU 516 m, 2 Std., leicht und lohnend.*

1826
Zur Gasserhütte (Villanderer Alm) — 1744 m

Berggaststätte hoch oberhalb Villanders am Rand der Villanderer Almen. Von Villanders auch mit dem Auto erreichbar (Parkplätze).
Von Villanders stets der Markierung 7 folgend durch Wiesenhänge und vorbei an Höfen ziemlich gerade empor zum Pfroderhof (1227 m) und dann in mäßig steiler Waldquerung und an ein paar Höfen vorbei hinauf zum Ziel. *HU 864 m, 2 ½ Std., für Gehgewohnte leicht und lohnend.*

1827
Villanderer Berg (Villandersberg) — 2509 m

Charakteristik: R 1404.
a) Von der Gasserhütte (R 1826) wie bei R 1825/b zum Gasteiger Sattel, auf Steig 1 rechts über sumpfige Almböden leicht ansteigend zu einem Bildstock (2100 m), hier vom Steig 1 links ab und über den brei-

Der Totensee auf den Villanderer Höhen

ten Bergrücken mäßig ansteigend zum Gipfel. *HU 765 m, 2 ½ Std., für berggewohnte Wanderer unschwierig und lohnend.*

b) Von der Gasserhütte wie bei R 1829 zur Kapelle Am Toten, links der Markierung T folgend zum Totensee, steil hinauf zum breiten Kammrücken und wie bei b zum Gipfel. *HU 765 m, 2 ½ Std., für Gehgewohnte unschwierig und lohnend.*

1828
Zur Alm Moar in Plun   1860 m

Alm mit Ausschank im unteren Teil der Villanderer Almen, schön und aussichtsreich gelegen.
Von der Gasserhütte (R 1826) auf bezeichnetem Wirtschaftsweg leicht ansteigend zur Hütte. *HU 116 m, knapp ½ Std., hübscher Spaziergang.*

1829
Zur Kapelle Am Toten   2186 m

Kirchlein nordöstlich unterm Villanderer Berg auf dem Kamm zwischen Sarntal und Eisacktal; schöne Aussicht. Unweit des Zugangsweges Einkehrmöglichkeit.
Von der Gasserhütte (R 1826) auf bezeichnetem Wirtschaftsweg zu Wegteilung unweit der Almhütte Moar in Plun, dann auf breitem Kreuzweg über Almhänge hinauf und zuletzt steil empor zur Kapelle. *HU 442 m, 1 ½ Std., leicht und lohnend.*

1830
Zum Totensee   2208 m

Einsamer Bergsee in einem Kar unterm Villanderer unweit der Kapelle Am Toten.
Von der Gasserhütte wie bei R 1829 zur Kapelle Am Toten und links der Markierung T folgend nahezu eben südostwärts zum See. *HU 344 m, 1 ¾ Std., leicht und lohnend.*

1831
Zur Stöfflhütte 2057 m

Berggaststätte inmitten der ausgedehnten Villanderer und Latzfonser Almen in aussichtsreicher Lage.

Von der Gasserhütte wie bei R 1829 zur Wegteilung unweit der Hütte Moar in Plun, nun rechts auf bezeichnetem Wirtschaftsweg eben zum Thinnebach und dann über die Almböden leicht ansteigend nordwärts zur Hütte. *HU 313 m, 1 ½ Std., leicht und lohnend.*

1832
Zum Latzfonser Kreuz 2300 m

Charakteristik: R 1841.

Von der Gasserhütte wie bei R 1831 zur Stöfflhütte, auf bezeichnetem Steig nordwärts hinan zur Gfolleralm und zum Steig 1, auf diesem nordostwärts leicht ansteigend zum Ostrücken des Jocherer Berges und hinüber zum Ziel. *HU 556 m, 3 Std., für Gehgewohnte leicht und lohnend.*

1833
Kassiansspitze 2581 m

Charakteristik: R 1842.

Vom Latzfonser Kreuz (R 1832) kurz eben westwärts, dann rechts ab und auf Steig 17 über Berghänge und am kleinen Kassiansee vorbei empor zum Gipfel. *HU 281 m, knapp 1 Std., für Gehgewohnte leicht und lohnend.*

1834
Nach St. Anna in Rotlahn 1134 m

Knappenkirchlein aus dem 18. Jh. auf einer einsamen Waldlichtung nördlich oberhalb Villanders. Etwas tiefer befinden sich auch Reste des ehemaligen Pfunderer Bergwerks mit einem Schaustollen.

Von Villanders stets der Markierung 3 folgend zuerst auf der Villanderer Almstraße, dann auf Höfezufahrt und schließlich auf Forstweg durch Wiesen und Wald großteils nur mäßig steil zur Kirche. *HU 254 m, 1 ½ Std., leicht, bedingt lohnend.*

1839 — AUSGANGSORT
LATZFONS 1160 m

Nordwestlich hoch oberhalb Klausen sonnig und aussichtsreich gelegenes, von Wiesenhängen und Einzelgehöften umgebenes Kirchdorf.

1840
Zur Klausner Hütte 1919 m

Bewirtschaftetes Schutzhaus mit Dolomitenblick im Westteil der Latzfonser Almen nahe der Waldgrenze oberhalb Latzfons.

a) Von Latzfons stets der Markierung 2 folgend zuerst auf Höfestraße und dann auf Fußweg durch Wiesen und steilen Wald hinauf zur Hütte. *HU 759 m, 2 ¼ Std., leicht, bedingt lohnend.*

b) Von Villanders stets der Markierung 1A folgend großteils auf Fußwegen durch Wiesen und Wald und an Höfen vorbei hinauf zum Weg 1/17 und auf diesem in leicht ansteigender Wald- und Wiesenquerung zur Hütte. *HU 759 m, 2 ½ Std., für Gehgewohnte leicht und lohnend.*

c) Vom Kühhof hoch oberhalb Latzfons (1550 m, in der Nähe Touristenparkplatz) auf breitem Weg 1/17 in ebener bis mäßig ansteigender Wald- und Wiesenquerung zur Hütte. *HU 369 m, knapp 1 ½ Std., leicht und lohnend, bequemster Zugang.*

1841
Zum Latzfonser Kreuz 2300 m

Nordwestlich hoch über Latzfons an einem Berggrat des Kassiansspitze-Massivs gelegene Wallfahrtskirche; nahebei die bewirtschaftete Latzfonser-Kreuz-Hütte.

Von der Klausner Hütte (R 1840) stets auf Weg 1/17 westwärts hinauf und hinein zum Getrumgraben und links am Berghang hinauf zum Ziel. *HU 381 m, 1 Std., leicht und lohnend.*

Der Gipfel der Kassiansspitze

1842
Kassiansspitze   2581 m

Nordwestlich von Latzfons frei aufragender Berg im Sarntaler Ostkamm. Am Südhang der kleine Kassiansee.

Vom Latzfonser Kreuz (R 1841) wie bei R 1420 zum Gipfel.

1843
Zum Rittner Horn   2260 m

Charakteristik: R 1713.

Vom Latzfonser Kreuz (R 1841) stets auf Steig 1 in langer Wanderung durch die Hänge des Jocherer Berges und über die Latzfonser Almen zu den Villanderer Almen, bald quer durch ausgedehnte Hochmoore bis hin zur Kreuzung mit Weg 6 (etwas höher die Pfroderalm); dann weiterhin auf Steig 1 hinauf zum Südostrücken des Villanderer Berges, leicht absteigend zum weiten Gasteiger Sattel (2056 m) und schließlich hinauf zum Rittner Horn mit dem Schutzhaus. *HU ca. 220 m, 4 Std., für Gehtüchtige leicht und lohnend.*

1844
Zum Radlseehaus   2284 m

Schutzhaus mit Sommerbewirtschaftung nahe dem hübschen Radlsee; Dolomitenblick.

a) Vom Weiler Garn (R 1846) stets der Markierung 10 folgend teils auf Fußwegen, teils auf Forstwegen durch Wiesen, Wald und Almgelände hinauf zum querenden Steig 8/10 und auf diesem rechts hinüber zum Ziel. *HU 1107 m, knapp 3 ½ Std., für Gehtüchtige leicht und lohnend.*

b) Von der Klausner Hütte (R 1840) stets auf Steig 8 zuerst durch Zirbenwald und über Grashänge nordostwärts hinauf und dann weite Almhänge querend ostwärts zum Ziel. *HU 365 m, knapp 2 ½ Std., leicht und lohnend.*

1845
Königsangerspitze 2439 m

Bekannter Gipfel westseitig hoch über dem Brixner Becken. Etwas tiefer der Radlsee und die gleichnamige Schutzhütte.

a) Von der Klausner Hütte (R 1840) zuerst auf Steig 8 und dann diesen links verlassend auf Steig 5 nordostwärts hinauf in die Lorenzischarte (2198 m) und rechts auf Steig 7 mäßig steil zum Gipfel. *HU 520 m, gut 1½ Std., für Gehgewohnte leicht und lohnend.*

b) Vom Radlseehaus (R 1844) auf bezeichnetem Steig nordwestwärts hinauf zum Gipfel. *HU 155 m, ½ Std., leicht und lohnend.*

1846
Nach Garn 1177 m

Charakteristik: R 1813.
Von Latzfons auf der Zufahrtsstraße etwa 20 Min. ostwärts, dann links ab und auf bezeichnetem Weg die Hänge querend nach Garn. *HU gering, ¾ Std., leicht, bedingt lohnend.*

1850   AUSGANGSORT
FELDTHURNS 851 m

Nördlich von Klausen erhöht auf einer sonnigen Wiesenterrasse gelegenes Dorf mit Gasthöfen, dem besuchenswerten Schloss Velthurns (Führungen) und der etwas tiefer stehenden Pfarrkirche.

1851
Nach Verdings 961 m

Charakteristik: R 1811.
Von Feldthurns der Markierung E folgend (teils Fuß-, teils Fahrwege) in großteils ebener Wanderung (nur im mittleren Teil kurzer Anstieg) durch Wiesen und Wald südwestwärts nach Verdings. *HU 110 m, 1 Std., leicht und lohnend.*

1852
Nach Säben 729 m

Charakteristik: R 1810.
Von Feldthurns zuerst wie bei R 1851 in Richtung Verdings, dann links auf Weg 12 zum Hof Mair (Moar) zu Viersch und über den Weiler Pardell absteigend nach Säben. *HU 122 m (großteils abwärts), 1 Std., leicht und lohnend.*

1853
Nach Schnauders 1035 m

Schön gelegenes Dörfchen mit Hügelkirche und Einkehrmöglichkeit nördlich oberhalb Feldthurns.
Von Feldthurns kurz auf der nach Schnauders führenden Straße bergan, dann links ab und auf markiertem Weg durch ein Tälchen hinauf nach Schnauders. *HU 184 m, ½ Std., leicht, hübsch.*

1854
Nach Garn 1177 m

Charakteristik: R 1813.
a) Von Schnauders (R 1853) auf Waldweg 17 hinauf bis zu Wegteilung und links auf bezeichnetem Weg nahezu eben durch Wald und Wiesen nach Garn. *HU 142 m, ¾ Std., leicht und lohnend.*

b) Von Verdings (R 1851) der Markierung 10 folgend (teils Straßen, teils Abkürzungsweg) nordwärts durch Wiesen hinauf nach Garn. *HU 216 m, knapp ¾ Std., leicht und lohnend.*

1855
Nach Latzfons 1160 m

Charakteristik: R 1839.
a) Von Garn (R 1854) auf bezeichnetem Weg nahezu eben durch Wiesen und Wald westwärts und zuletzt auf der Straße weiter nach Latzfons. *HU gering, ¾ Std., leicht, bedingt lohnend.*

b) Von Verdings (R 1851) auf Weg 1 abseits der Straße durch Wiesen leicht ansteigend bis zu Wegteilung und links auf Weg 1A durch Wiesen hinauf nach Latzfons.

Tils bei Brixen

HU 199 m, knapp ¾ Std., leicht und lohnend.

1856 Zur Klausner Hütte 1919 m

Charakteristik: R 1840.
Von Schnauders (R 1853) stets der Markierung 17 folgend teils auf Fußweg, teils auf Güterweg in langem, mäßig steilem Anstieg durch Wald und Wiesen hinauf zum Schutzhaus. *HU 884 m, 3 Std., für Gehgewohnte leicht und lohnend.*

1857 Zum Radlseehaus 2284 m

Charakteristik: R 1844.
a) Vom Föskirchl in Oberschnauders (1130 m; hierher Straße von Feldthurns über Schnauders; zu Fuß ab Schnauders 15 Min.) stets der Markierung 18 folgend durch Wiesen und Wald empor zur Baumgrenze und zum Ziel. *HU 1154 m, 3 ½ Std., für Gehtüchtige leicht und lohnend.*
b) Von Schnauders (R 1853) auf Waldweg 17 westwärts mäßig ansteigend zum Weg 10, auf diesem durch Wald und Wiesen hinauf zum querenden Steig 8 und auf diesem rechts zum Ziel. *HU 1249 m, gut 3 ½ Std., für Gehtüchtige leicht und lohnend.*

1858 Königsangerspitze 2439 m

Charakteristik: R 1845.
a) Vom Radlseehaus (R 1857) auf bezeichnetem Steig nordwestwärts über steiniges Gelände problemlos hinauf zum Gipfel.
HU 155 m, ½ Std., leicht und lohnend.
b) Von der Klausner Hütte (R 1856): siehe R 1845/a.

1859 Nach Tils 886 m

Charakteristik: R 1938.
Von Feldthurns der Markierung 11 folgend oberhalb der nach Brixen führenden Straße quer durch Wiesenhänge bis zur links abzweigenden Markierung 11A, nun dieser folgend durch Wald zum Weiler Tötschling und auf schmaler Straße großteils Wiesenhänge querend nach Tils.
HU gering, 2 ½ Std., leicht, aussichtsmäßig lohnend.

1863 — AUSGANGSORT
GUFIDAUN — 720 m

Südseitig über der Mündung des Villnößtales in das Eisacktal gelegenes Dorf, dessen Gesamtbild vom Ansitz Hohenhaus, der gotischen Kirche und dem Schloss Summersberg bestimmt wird.

1864
Gnollhof — 1146 m
Stammer — 1163 m

Zwei von Wiesen und Wald umrahmte Alpengasthöfe südseitig über dem äußeren Villnößtal.
Von Gufidaun auf Waldweg 7 mäßig steil hinauf zum Hotel Gnollhof und, nun Markierung 7A, in nahezu ebener Waldquerung ostwärts zum Gasthof Stammer.
HU ca. 430 m, 1 bzw. 1 ½ Std., leicht und lohnend.

1865
Auf die Außerraschötz — 2282 m

Charakteristik: R 1737.
Vom Gnollhof (R 1864) stets der Markierung 7 folgend (Fuß- und Forstwege) durch nordseitige Waldhänge hinauf zum Tschatterlinsattel (1973 m), auf Weg 35 empor zur Heiligkreuzkapelle (2199 m) und links problemlos zum Gipfelkreuz.
HU 1136 m, knapp 3 ½ Std., für Gehgewohnte leicht und lohnend.

1866
Nach Fonteklaus — 897 m

Charakteristik: R 1816.
Von Gufidaun zuerst kurz auf der zum Gnollhof führenden Straße hinan, dann rechts (Wegweiser) den Zickergraben überquerend durch Wald hinauf zur Autozufahrt und auf dieser zum Gasthaus.
HU 177 m, knapp ¾ Std., leicht und lohnend.

1867
Nach Freins — 1104 m

Charakteristik: R 1817.
Von Gufidaun wie bei R 1866 nach Fonteklaus und auf Waldweg 6A leicht ansteigend südwärts hinauf nach Freins.
HU 384 m, 1 Std., leicht und lohnend.

1871 — AUSGANGSORT
TEIS — 962 m

Sonnig und aussichtsreich gelegenes Dorf nordöstlich über der Mündung des Villnößtales in das Eisacktal.

1872
Nach Nafen — 797 m

Streuweiler westlich unterhalb Teis mit sehenswerter gotischer Bartolomäuskirche.
a) Von Teis auf Weg 11 durch Wiesenhänge und an Höfen vorbei nur mäßig steil hinunter nach Nafen. *HU 165 m (abwärts), 20 Min., leicht und hübsch.*
b) Von Teis der Markierung 6 folgend auf Fahrweg nordwärts durch Wiesen leicht absteigend zum Koflerhof (898 m) und links abdrehend auf Weg 3 durch Wiesen und Wald in leichtem Abstieg nach Nafen. *HU 165 m (abwärts), knapp 1 Std., leicht und lohnend.*

1873
Rundweg Nr. 7

Rundwanderung, die zu den Höfen von Hinterteis und hinauf zu den Bergwiesen am Gratschenberg führt.
Von Teis der Markierung 7 folgend auf der Hofzufahrt nahezu eben durch Wiesen und Wald zum Hof Gnell (1042 m), rechts durch Wald hinauf zu einer Bergwiese (ca. 1230 m), wieder rechts die Waldhänge und Lichtungen querend zum Quellgebiet des Schneckenbaches und westwärts leicht absteigend zurück nach Teis. *HU ca. 270 m,*

Schloss Summersberg in Gufidaun

knapp 2 ½ Std., für Gehgewohnte leicht und lohnend.

1874
Zu den Jochhöfen — 1320 m

Weiler östlich hoch über Teis bzw. nordwestlich von St. Peter in Villnöß. Am Moarhof Einkehrmöglichkeit.

a) Von Teis stets der Markierung 30A folgend durch Wiesen und Wald nordöstlich hinauf zu einem Wiesensattel (Jochkreuz, 1340 m) und kurz südostwärts zum Ziel. *HU 378 m, 1 Std., leicht und lohnend.*

b) Von Teis der Markierung 11 folgend etwa 20 Min. nahezu eben in Richtung St. Peter, nach dem Gostnergraben links ab und auf markiertem Waldsteig hinauf zum Ziel. *HU 358 m, 1 ¼ Std., leicht und lohnend.*

1875
Nach St. Jakob — 1280 m

Charakteristik: R 1882.

Von Teis auf nahezu ebenem Weg 11 durch Wald ostwärts zum Miglanzhof (1083 m), auf der Hofzufahrt (weiterhin Markierung 11) Wiesen und Wald querend und an Höfen vorbei zum Weiler St. Valentin (1156 m) und auf dem alten Fußweg durch Wiesen und Wald empor zur Kirche St. Jakob. *HU 318 m, knapp 2 Std., leicht und lohnend.*

1876
Nach St. Peter in Villnöß — 1150 m

Charakteristik: R 1880.

Von Teis wie bei R 1875 nach St. Valentin und auf der schmalen Straße nahezu eben ostwärts weiter nach St. Peter. *HU 194 m, 2 Std., leicht und landschaftlich lohnend.*

1880 — AUSGANGSORT
ST. PETER IN VILLNÖSS — 1150 m

Stattliches, sonnig gelegenes Dorf im mittleren Villnößtal mit beherrschender Kirche. Hauptort des Villnößtales, reger Tourismus. Etwas tiefer an der Talstraße der Ortsteil Pitzak (1100 m). Abzweigung der Straße, die zur Brixner Dolomitenstraße und mit dieser ins Gadertal führt.

1881
Nach St. Valentin 1156 m

Kleine Häusergruppe mit kunsthistorisch kostbarer Kirche westlich von St. Peter.
Von St. Peter auf der schmalen Zufahrtsstraße (Markierung 11) nahezu eben durch Wiesenhänge und an Höfen vorbei westwärts nach St. Valentin. *HU gering, 20 Min.*

1882
Nach St. Jakob 1280 m

Weiler und Kirchlein (auch St. Jakob am Joch) mit gotischem Flügelaltar auf einer aussichtsreichen Wiesenterrasse oberhalb St. Peter.

a) Von St. Peter auf der Straße kurz westwärts und rechts auf dem Stationenweg (Markierung 30) durch Wald und Wiesen mäßig steil hinauf zum Kirchlein.
HU 130 m, 1 ½ Std., leicht und lohnend.

b) Von St. Peter wie bei R 1881 nach St. Valentin und auf dem alten Fußweg durch Wald und Wiesen hinauf nach St. Jakob.
HU 130 m, ¾ Std., leicht und lohnend.

1883
Nach Teis 962 m

Charakteristik: R 1871.
Von St. Peter wie bei R 1881 nach St. Valentin, auf der Höfestraße (Markierung 11) Wald- und Wiesenhänge querend zum Miglanzhof und auf Waldweg 11 nahezu eben weiter nach Teis. *HU gering, knapp 2 Std., leicht und lohnend.*

1884
Zu den Jochhöfen 1320 m

Charakteristik: R 1874.

a) Von St. Peter wie bei R 1882/a nach St. Jakob und größtenteils auf der Höfestraße in größtenteils leicht ansteigender Wiesen- und Waldquerung zur Höfegruppe.
HU 170 m, knapp 1 ½ Std., leicht, landschaftlich lohnend.

b) Von St. Peter wie bei R 1883 in Richtung Teis, etwa 20 Min. nach dem Miglanzhof (kurz vor dem Gostnergraben) rechts ab

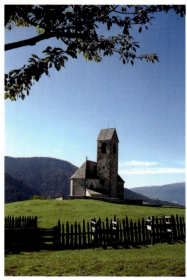

St. Jakob in Villnöß

und auf markiertem Waldweg hinauf zum Ziel. *HU 220 m, gut 2 Std., für Gehgewohnte leicht, bedingt lohnend.*

1885
Nach St. Magdalena 1339 m

Charakteristik: R 1894.
Von St. Peter stets der Markierung 32 folgend (anfangs kurz Straße, dann Fahrweg) größtenteils eben durch Wiesenhänge und an Höfen vorbei talein nach St. Magdalena. *HU 189 m, gut 1 Std., leicht, landschaftlich lohnend.*

1886
Zum Flitzer Wasserfall 1120 m

Nahe dem Streuweiler Flitz befindlicher, 45 m hoher Wasserfall.
Von Pitzak der Markierung 31 folgend teils auf der Höfestraße, teils abseits derselben durch Wiesen und Wald hinauf zu den Flitzer Wiesen, bei Wegweiser »Wasserfall« (ca. 1200 m) rechts ab und auf markiertem

Waldsteig eben und leicht abwärts zum Wasserfall. *HU ca. 120 m, gut 1½ Std., leicht und lohnend.*

1887
Zur Flitzer Eisenquelle 1550 m

Starke Quelle mit eisenhaltigem Mineralwasser in wildromantischer Waldlage oberhalb des Bergweilers Flitz. Vom Eisenoxyd rostrot gefärbt.

Von Pitzak wie bei R 1886/a zu den unteren Wiesen von Flitz, auf der Straße weiter bergan zum Parkplatz in Oberflitz (1400 m; zu Fuß 1½ Std.), dem Wegweiser »Zur Eisenquelle« folgend auf Steig 31A durch Steilhänge eben hinein in die Bachschlucht und auf markiertem Steig hinauf zur Quelle. *HU 450 m, 2½ Std. (ab Parkplatz 1 Std.), unschwierig, für Interessierte lohnend; teilweise abschüssiges Gelände.*

1888
Auf die Außerraschötz 2282 m

Charakteristik: R 1737.
Vom Parkplatz in Oberflitz (siehe R 1887) auf Weg 31 südostwärts durch die Waldhänge steil hinauf in die Flitzer Scharte (2108 m; ab Oberflitz 2 Std.), weiterhin auf Weg 31 rechts zu den Almhängen der Außerraschötz, über diese zur Raschötzhütte (2165 m) und auf Steigspuren in ca. 20 Min. problemlos hinauf zum Gipfel.
HU 882 m, 3½ Std., für Gehgewohnte leicht und lohnend, aber im ersten Abschnitt steil.

1889
Günther-Messner-Steig

Nach einem 1970 am Nanga Parbat ums Leben gekommenen Villnösser Bergsteiger benannte Route über die Aferer Geiseln. Markiert und teilweise gesichert. Interessante, alpine Rundtour.

Vom Russis-Kreuz an der von St. Peter zum Würzjoch führenden Straße (1729 m, ca. 6,5 km ab St. Peter, Wegweiser) der Markierung GM folgend südseitig steil hinauf zum Steig 32A, auf diesem zu Wegteilung an der Südseite (ca. 2250 m), nun links weiter der Markierung GM folgend über steinige Grashänge hinauf zu den Felsen (ab nun Steigspuren, gesicherte Stellen, weiterhin Markierung), über sie sehr steil empor zur Kammhöhe, im Auf und Ab dem Kammverlauf folgend in ca. 2600 m Höhe ostwärts, schließlich hinunter zum querenden Steig 4, auf diesem links zur Peitlerscharte (2357 m) und nordseitig auf Steig 4 hinab, bis der Günther-Messner-Steig den Weg 4 links verlässt; nun am Nordfuß der Aferer Geiseln die Hänge querend westwärts zurück zum Russis-Kreuz. *HU ca. 870 m im Aufstieg, ebenso viel im Abstieg, insgesamt 7–8 Std., nur tüchtigen, trittsicheren und schwindelfreien Berggehern vorbehalten; landschaftlich sehr lohnend!*

1890
Peitlerkofel 2875 m

Mächtiger, frei aufragender und stark besuchter Berg östlich der Aferer Geiseln.

Ein Stück östlich vom Halsl von der zum Würzjoch führenden Straße südseitig ab (1850 m, ca. 11 km ab St. Peter), auf Steig 4 empor zur Peitlerscharte (2357 m), auf markiertem Steig in Serpentinen am Südhang hinauf und zuletzt über Felsen (gesichert) zum Gipfel. *HU 1025 m, 3 Std., für Gehtüchtige und Trittsichere nicht schwierig, lohnend.*

1894 AUSGANGSORT
ST. MAGDALENA IN VILLNÖSS 1339 m

Streuweiler im inneren Villnößtal mit schön gelegener Kirche und verstreuten Höfen. Neubauten und Hotels bilden in Straßennähe eine Art Ortskern (ca. 1250 m). Die Talstraße führt von St. Magdalena weiter talein bis Zans (1680 m; Parkplätze, Gaststätten).

UNTERES EISACKTAL

1895
Nach St. Peter 1150 m

Charakteristik: R 1880.
Wie R 1885, in umgekehrter Richtung; gleiche Gehzeit.

1896
Unterer Herrensteig zu Kofelwiese

Markierter Steig, der die Waldhänge an der Südseite der Aferer Geiseln durchquert und zur waldumrahmten Kofelwiese am Westabfall der Aferer Geiseln führt.
Von Zans (R 1899) auf Weg 33 nordostwärts ein Stück hinan, dann links auf Waldsteig 32 A steil empor zu Wegteilung (1960 m), hier links ab und auf dem unteren Herrensteig (Markierung 32) in langer Waldquerung zur Kofelwiese (1952 m).
HU ca. 290 m, 2 ½ Std., für Gehgewohnte leicht und lohnend.

1897
Oberer Herrensteig zur Kofelwiese

Markierter Steig, der die Südseite der Aferer Geiseln teils im Wald, teils oberhalb der Waldgrenze durchquert.
Von Zans wie bei R 1896 hinauf zu Wegteilung (1960 m), mit Markierung 32 A weiter bergauf, dann links abdrehend auf dem oberen Herrensteig teils eben, teils ansteigend westwärts durch Wald und Grashänge hinauf bis auf 2250 m; nun eben und leicht abwärts weiter zu Wegteilung an der Westseite des Berges (ca. 2100 m) und links auf Steig 32 A etwas steil hinunter zur Kofelwiese (1952 m; siehe R 1896).
HU 570 m aufwärts, 298 m abwärts, knapp 3 Std., für Gehgewohnte leicht und lohnend.

1898
Nach Zans (Zanser Alm) 1680 m

Von Wald umrahmtes Almgebiet (einst zwei Höfe) im innersten Villnößtal. Ende der Talstraße, Gastbetriebe, große Parkplätze, umzäuntes Wildgehege.
Vom Hotel Ranuimüller südöstlich von St. Magdalena nahe der Talstraße (1346 m) auf dem Waldweg 33 orographisch links nur leicht ansteigend talein nach Zans.
HU 434 m, 1 ½ Std., leicht und lohnend.

1899
Günther-Messner-Steig

Charakteristik: R 1889. Die nachfolgend beschriebene Rundtour stellt eine etwas lohnendere Alternative zu der unter R 1889 beschriebenen Route dar.
Von Zans (R 1898) wie bei R 1897 hinauf in die Almregion, wo der Günther-Messner-Steig rechts abzweigt (ca. 2250 m, Wegweiser; ab Zans knapp 2 Std.), auf diesem nun wie bei R 1889 hinauf zu den Felsen und über den Kamm der Aferer Geiseln ostwärts; schließlich hinab zum Steig 4, auf diesem südwärts zum Kreuzkofeljoch, kurz rechts hinab zur Schlüterhütte (R 1903; ab Beginn des Günther-Messner-Steiges 3 Std.) und auf Weg 33 hinunter nach Zans. *HU ca. 900 m, ca. 7 Std., lohnend, aber nur ausdauernden, trittsicheren und schwindelfreien Berggehern vorbehalten.*

1900
Auf den Tullen 2652 m

Höchster Gipfel der Aferer Geiseln. Der Gipfel kann auch im Zuge der Begehung des Günther-Messner-Steiges erstiegen werden.
Von Zans wie bei R 1897 hinauf zur Abzweigung des Günther-Messner-Steiges (Markierung GM), auf diesem rechts über steinige Grashänge und Geröll hinauf zu Weggabel, nun links hinauf zu einer Kammscharte und wieder links unschwierig empor zum Gipfel. *HU 972 m, 3 Std., für Gehgewohnte nicht schwierig, lohnend.*

1901
Peitlerkofel 2874 m

Charakteristik: R 1890.

Der Tullen in den Aferer Geislern

Von der Schlüterhütte (R 1903) ostwärts kurz hinauf zum Kreuzkofeljoch und links auf Steig 4 hinüber zur Peitlerscharte (2357 m), nun rechts auf markiertem Steig in vielen Serpentinen hinauf und zuletzt über Felsen (gesichert) zum Gipfel.
HU 573 m, knapp 2 Std., für gehgewohnte und trittsichere Berggeher unschwierig und lohnend.

1902
Zur Gampenalm 2063 m

Alm mit Ausschank im innersten Villnößtal oberhalb der Waldgrenze am Weg zur Schlüterhütte.

a) Von Zans (Wegbeginn einige Schritte außerhalb der Parkplätze) auf Waldweg 33 nordostwärts dem Kaserillbach entlang mäßig ansteigend zu den Bergwiesen und rechts abdrehend über Almhänge hinauf zur Gampenalm. *HU 383 m, 1 Std., leicht und lohnend.*

b) Von Zans auf dem Güterweg 33 südostwärts durch die Waldhänge leicht ansteigend hinein bis unter die Alm Tschantschenon und dann nordöstlich weiterhin leicht ansteigend hinauf zur Alm. *HU 383 m, 1 ½ Std., leicht und lohnend.*

1903
Zur Franz-Schlüter-Hütte 2301 m

Schön gelegenes Schutzhaus mit Sommerbewirtschaftung im Scheitel des Villnößtales nahe dem Kreuzkofeljoch.
Von Zans wie bei R 1902 zur Gampenalm und entweder rechts auf bequemerem Güterweg oder links auf steilerem Fußpfad hinauf zur Hütte. *HU 621 m, 2 – 2 ½ Std., leicht und lohnend.*

1904
Adolf-Munkel-Weg

Schöner Höhenweg, der im Bereich der Waldgrenze und zu Füßen der Geislerspitzen die Broglesalm mit der Gampenalm verbindet.
Von Ranui zunächst wie bei R 1908/a in Richtung Broglesalm bis zum links abzweigenden Adolf-Munkel-Weg (Wegweiser; ab Ranui 2 Std.). Auf diesem nun (Markierung 35, guter Steig) in großteils ebener Wanderung ostwärts bis zu breitem Forstweg und auf diesem zur Gampenalm (2063 m, Gaststätte); ab Broglesalm gut 2 ½ Std. – Abstieg: Auf Weg 32/33 durch Wiesen und Wald hinaus nach Zans und auf dem Waldweg 33 orographisch links

talaus zum Ausgangspunkt. *HU ca. 550 m, insgesamt 6–7 Std., für Gehtüchtige leicht und lohnend.*

1905
Zur Dusleralm (Dussleralm)   1782 m

In eindrucksvoller Lage unter der Geislergruppe befindliche Alm mit Ausschank.
Vom südlichen Parkplatz in Zans stets der Beschilderung »Dusleralm« folgend auf breitem Forstweg zunächst ein gutes leicht absteigendes westwärts zu Weggabel, links auf dem breiten Waldweg mit mäßiger Steigung in Serpentinen hinauf zu weiterer Wegteilung und wieder links zur Alm.
HU ca. 300 m, 1 Std., leicht und lohnend.

1906
Zur Glatschalm   1902 m

Eindrucksvoll unter den Geislerspitzen gelegene Alm mit Gaststätte und kleiner Kapelle.
a) Von Zans (R 1898) auf dem Güterweg 33 etwa 10 Min. südostwärts bis zu Weggabel und rechts (Wegweiser) auf breitem Waldweg hinauf zum Ziel. *HU 222 m, ¾ Std., leicht und lohnend.*
b) Von der Gschnagenhardtalm (R 1907) über die Wiesen und kurz durch Wald südwärts hinauf zum Adolf-Munkel-Weg (ca. 2000 m), auf diesem nahezu eben ostwärts, dann links ab (Wegweiser) und in wenigen Minuten hinunter zur Glatschalm.
HU gering, 1 Std., leicht und lohnend.

1907
Zur Gschnagenhardtalm   1996 m

Eindrucksvoll unter den Geislerspitzen gelegene Doppelalm mit zwei Einkehrmöglichkeiten.
a) Von Ranui wie bei R 1898 in Richtung Zans, nach etwa 1 Std. bei Wegweiser rechts ab und auf Waldweg 34 in Kehren hinauf zur Alm. *HU 650 m, 2 Std., leicht und lohnend.*
b) Von Ranui wie bei R 1908/a fast zur Broglesalm, auf dem Adolf-Munkel-Weg (R 1904) durch Wald ostwärts und bei Wegweiser links kurz hinab zur Alm.
HU ca. 650 m, 2 ½ Std., leicht und lohnend.

1908
Zur Broglesalm   2045 m

Schön gelegene Alm mit Berggaststätte südlich über dem innersten Villnößtal am Fuß der Geislerspitzen.
Von Ranui (Hotel Ranuimüller, R 1898) auf dem Forstweg 33 ½ Std. talein und dann rechts auf Waldweg 28 hinauf zur Alm.
HU 699 m, 2 Std., leicht und lohnend.

1909
Zur Regensburger Hütte   2039 m

Bewirtschaftetes Schutzhaus auf Grödner Seite unter den Geislerspitzen.
Von der Brogleshütte (R 1908) auf Steig 6 über steiles Geröll und durch eine felsige Rinne (gesicherte Stellen, manchmal Schnee) sehr steil empor zur Panascharte (2447 m, 1 ¼ Std.) und jenseits auf Steig 1 über Almhänge hinunter zur Hütte.
HU 402 m aufwärts, 408 m abwärts, 2 ½ Std., für Trittsichere nicht schwierig, landschaftlich lohnend.

1910
Sas Rigais   3025 m

Charakteristik: R 1774.
Von der Brogleshütte (R 1908) auf dem etwas tiefer vom Zugangsweg abzweigenden Adolf-Munkel-Weg (Markierung 35) etwa 10–15 Min. ostwärts, dann rechts in Serpentinen über Geröll steil empor zur Mittagsscharte (2597 m), jenseits auf Felspfad steile Hänge querend zu dem von der Regensburger Hütte heraufkommenden Klettersteig (siehe auch R 1774) und auf diesem über die Südwestflanke zum Gipfel.
HU ca. 1000 m, knapp 3 ½ Std., für Klettersteigerfahrene nicht schwierig; lohnend.

1914

BRIXEN UND UMGEBUNG – MITTLERES EISACKTAL

Dieser Abschnitt umfasst das mittlere Eisacktal mit dem Zentrum Brixen von der Klamm, einer Talenge nördlich von Klausen, bis zur ehemaligen Brixner Klause im Gebiet des heutigen Stausees von Franzensfeste einschließlich der Täler Schalders und Lüsen.

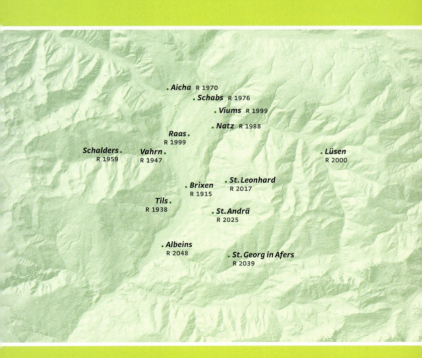

1915 AUSGANGSORT
BRIXEN 560 m

In neuerer Zeit stark angewachsene Kleinstadt mit weiter Umgebung, in der Kastanienhaine und Weinberge das günstige Klima verraten. Im mittelalterlichen Stadtkern mit seinen Lauben und dem Weißen Turm erinnern der mächtige Dom und die Hofburg daran, dass Brixen vom 10. Jh. bis 1964 Bischofssitz war.

1916
Nach Tschötsch 710 m

Südwestlich von Brixen erhöht am Hang liegendes Dörfchen mit weit übers Land schauender Kirche.
Von Brixen stets der Markierung 11 folgend teils auf der Feldthurnser Straße, teils auf Fußwegen durch Wald hinauf und zuletzt auf der Tschötscher Zufahrt leicht abwärts nach Tschötsch. *HU ca. 150 m, gut 1 Std., leicht, bedingt lohnend.*

1917
Nach Feldthurns 851 m

Charakteristik: R 1850.
Von Brixen wie bei R 1916 nach Tschötsch, weiterhin der Markierung 11 folgend auf Hofzufahrten zur Feldthurnser Straße und dann oberhalb derselben die Wald- und Wiesenhänge querend weiter nach Feldthurns. *HU ca. 300 m, gut 2 ½ Std., leicht, bedingt lohnend.*

1918
Nach Tötschling 920 m

Streuweiler mit zwei kleinen Kirchen südwestlich oberhalb Brixen in schöner Lage mit Blick zu den Geislerspitzen.
a) Von Tschötsch (R 1916) stets der Markierung 10 folgend teils auf Fahrweg, teils abseits durch Wald und Wiesen mäßig steil hinauf nach Tötschling. *HU 210 m, knapp ¾ Std., leicht und lohnend.*
b) Von Tils (R 1921) auf der Zufahrtsstraße kurz südwärts, dann rechts ab und auf schmaler Höfestraße (Markierung 10) Wiesen durchquerend südwärts nach Tötschling. *HU gering, knapp 1 Std., leicht, landschaftlich lohnend.*

1919
Zu den Felsbildern von Tschötsch 710 m

Felsgravierungen unbestimmten Alters (»Mühlespiele«, Quadrate, Schalen und anderen Figuren) auf der so genannten Tschötscher Heide nahe der nach Feldthurns führenden Straße im Bereich zweier Kehren.
Von Brixen der Markierung 11 folgend teils auf der Feldthurnser Straße, teils auf alten Wegen hinauf zu den beiden erwähnten Straßenkehren, in deren Bereich man die Felszeichnungen findet. *HU ca. 150 m, knapp ¾ Std., leicht und für Interessierte lohnend.*

1920
Nach Pinzagen 805 m

Dörfchen mit Kirche und Gasthaus südwestlich oberhalb Brixen bzw. unterhalb Tils.
Von Brixen stets der Markierung 20 folgend zuerst auf der nach Feldthurns führenden Straße und dann von dieser rechts abzweigend durch Wiesen und Wald mäßig steil hinauf nach Pinzagen.
HU 245 m, ¾ Std., leicht und lohnend.

1921
Nach Tils 886 m

Charakteristik: R 1938.
a) Von Brixen wie bei R 1920 nach Pinzagen, auf Weg 20 durch Wiesenhänge weiter bergan und zuletzt auf der Zufahrtsstraße nach Tils. *HU 326 m, 1 Std., leicht und lohnend.*
b) Von Brixen wie bei R 1922/a nach St. Cyrill und auf bezeichnetem Pflaster-

Wanderweg bei Pinzagen

weg weiter bergan nach Tils. *HU 326 m, 1 Std., leicht und lohnend.*

c) Von Brixen wie bei R 1922/b auf dem Cyrillusweg nach St. Cyrill und weiter wie bei b. *HU 326 m, gut 2 Std., leicht und lohnend.*

1922
Zum Kirchlein St. Cyrill — 827 m

Nordöstlich unter Tils auf schmaler Kuppe stehendes, freskengeschmücktes Hügelkirchlein.

a) Von Brixen der Markierung 8/10 folgend kurz auf der Feldthurnser Straße und dann rechts abzweigend (anfangs Straße, dann Fahrweg) zuerst am Kinderdorf vorbei und dann durch ein Waldtälchen ansteigend zum Kirchlein. *HU 267 m, gut ¾ Std., leicht und lohnend.*

b) Von der Brixner Altstadt zuerst zum Bezirkskrankenhaus im Nordteil der Stadt, auf Fahrweg 2 zu Weggabel nach der Autobahn- und Eisenbahnunterführung und links auf dem »Cyrillusweg« stets der Markierung 2 folgend durch Wald und Wiesen und an einzelnen Höfen vorbei nach St. Cyrill. *HU 267 m, 2 Std., für Gehgewohnte leicht und lohnend.*

1923
Nach Vahrn — 675 m

Charakteristik: R 1947.
In Brixen zuerst zum Bezirkskrankenhaus, auf Fahrweg 2 zu Weggabel nach der Autobahnunterführung und rechts der Markierung 2 folgend mit nur geringen Steigungen durch Wald und Wiesen nordwärts nach Vahrn. *HU 115 m, knapp 1 ½ Std., leicht und lohnend.*

1924
Nach Neustift — 594 m

Klosteranlage unter anderem mit barock ausgestalteter Stiftskirche, romanischem Turm, gotischem Kreuzgang und Einkehrstätten.

Von der Brixner Altstadt (Adlerbrücke) stets der Markierung 16 folgend großteils neben dem Eisack auf breitem Weg in ebener Wanderung nordwärts nach Neustift. *HU gering, knapp 1 Std., leicht und lohnend.*

1925
Nach Elvas 814 m

Nordöstlich oberhalb Brixen sehr schön gelegenes Dorf mit weithin sichtbarer Kirche; Gastbetriebe.

a) Von Brixen (Adlerbrücke) stets der Markierung 1 folgend (anfangs Straße, dann alter Weg) durch Wald und Obstgüter mäßig steil hinauf nach Elvas. *HU 254 m, 1 Std., leicht und lohnend.*

b) Von Brixen (Adlerbrücke) stets der Markierung 2 folgend teils auf der nach Elvas führenden Straße, teils dieser ausweichend hinauf nach Elvas. *HU 254 m, 1 Std., leicht, kaum lohnend.*

1926
Auf den Pinatzer Kopf (Elvaser Hügel) 853 m

Aussichtsreiche Kuppe mit Wetterkreuz südlich von Elvas. Am höchsten Punkt ein Schalenstein.

Von Brixen wie bei R 1925/a in Richtung Elvas, zuletzt aber nicht eben zum Dorf, sondern zuerst links auf breitem Weg kurz hinüber (in der Nähe der »Bildstein von Elvas«) und dann rechts auf markiertem Waldsteig am Südhang hinauf zum Ziel. *HU 293 m, gut 1 Std., leicht und lohnend.*

1927
Zum Bildstein von Elvas 800 m

Einer der reichhaltigsten Schalensteine Europas mit rund 400 Schalen und zahlreichen eingravierten Rillen. Er befindet sich am Südwesthang des Pinatzer Kopfes (R 1926).

a) Von Brixen wie bei R 1925/a in Richtung Elvas, zuletzt aber nicht eben zum Dorf, sondern zuerst links auf breitem Weg kurz hinüber zum Bildstein. *HU 240 m, knapp 1 Std., leicht und für Interessierte lohnend.*

b) Von Elvas (R 1925) auf Weg 1 einige Minuten südwärts, dann rechts ab und wie bei a zum Stein. *HU gering, 10 Min., leicht und für Interessierte lohnend.*

1928
Nach Schabs 772 m

Charakteristik: R 1976.

a) Von Neustift (R 1924) auf Weg 8 in dem von Steilhängen gesäumten Talboden des Eisacks, Rigge genannt, zuerst eben durch Felder und an Höfen vorbei nordwärts (rechts überm Weg bizarre Sandpyramiden), dann durch bewaldete Hänge (Steig 8) nordostwärts empor zur Schabser Hochfläche und weiter nach Schabs. *HU 178 m, 1 ½ Std., leicht und lohnend.*

b) Von Neustift (R 1924) zuerst südöstlich kurz hinauf zur Pustertaler Straße, nach deren Unterquerung links der Markierung 8 folgend durch freie Hänge aufwärts und schließlich in ebener Waldwanderung nordwärts nach Schabs. *HU ca. 200 m, knapp 1 ½ Std., leicht und lohnend.*

1929
Nach St. Leonhard 1095 m

Charakteristik: R 2017.

a) Von Brixen wie bei R 1930 nach Karnol, auf Weg 6 durch Wiesen weiter bergan und zuletzt auf der Straße nach St. Leonhard. *HU 535 m, 1 ½ Std., leicht und lohnend.*

b) Von St. Andrä auf dem »Waldweg« (beschildert und markiert) abseits der Straße nahezu eben bis unter St. Leonhard und zuletzt auf der Straße hinauf ins Dorf. *HU gering, 1 Std., leicht und lohnend.*

1930
Nach St. Johann in Karnol 925 m

Hügelkirchlein mit gotischen Fresken nahe der Höfegruppe Oberkarnol östlich oberhalb Brixen.

Von Brixen (Adlerbrücke) über die Unterdrittelgasse zur Lüsner Straße, auf dieser kurz links weiter, dann rechts ab und auf Weg 6 durch Wald und Wiesen und an Höfen vorbei empor nach Karnol und zum Kirchlein. *HU 365 m, 1 Std., leicht und lohnend.*

St. Johann in Karnol

1931
Nach St. Andrä 960 m

Charakteristik: R 2025.
a) Von Brixen (Adlerbrücke) über die Unterdrittelgasse zur Lüsner Straße, auf dieser kurz links weiter und dann rechts stets auf Weg 4/5 durch Wald und Wiesen und an Höfen vorbei mittelsteil hinauf nach St. Andrä. *HU 400 m, knapp 1 ½ Std., leicht und lohnend.*
b) Von Brixen wie bei R 1930 nach Karnol, auf Weg 6 durch Wiesen hinauf zu der nach St. Leonhard führenden Straße und dann rechts großteils auf einem bezeichneten Waldweg nahezu eben nach St. Andrä. *HU ca. 480 m, 2 Std., leicht und lohnend.*
c) Von Brixen bzw. Milland wie bei R 1932/a nach Mellaun und der Markierung 12 folgend teils auf Fußwegen, teils auf der Straße durch Wiesen nordostwärts nach St. Andrä. *HU 390 m, knapp 1 ½ Std., leicht und lohnend.*

1932
Nach Mellaun (Melaun) 895 m

Weiler mit sehenswerter Kirche in schöner Lage südöstlich oberhalb Brixen bzw. südlich von St. Andrä.

a) Von Milland (Dorf südöstlich von Brixen, 570 m) der Markierung 7/8 folgend an der alten Millander Kirche vorbei bergan bis zu Weggabel und links auf Weg 7 durch Wiesen hinauf nach Mellaun. *HU 325 m, 1 Std., leicht und lohnend.*
b) Von Milland wie bei a bis zur Weggabel, nun rechts der Markierung 8 folgend nach Klerant (R 1933) und auf Weg 12 Wiesenhänge querend nordostwärts nach Mellaun. *HU 325 m, 1 ½ Std., leicht und lohnend.*

1933
Nach Klerant 856 m

Weiler mit sehenswerter Kirche in schöner Lage südöstlich oberhalb Brixen.
Von Milland wie bei R 1932/a auf Weg 7/8 bis zu Wegteilung und rechts der Markierung 8 folgend (zuletzt Straße) südwärts hinauf nach Klerant. *HU 286 m, knapp 1 Std., leicht und lohnend.*

1934
Wanderungen an der Plose

Siehe R 2031 ff.

1938 — AUSGANGSORT
TILS — 886 m

Westlich oberhalb Brixen schön gelegenes Dorf mit Kirche und Gasthaus.

1939
Zum Kirchlein St. Cyrill — 827 m

Charakteristik: R 1922.
Von Tils auf Weg 8/10 nordostwärts durch Wiesen mäßig steil hinunter zum Kirchlein. *HU ca. 80 m (abwärts), 10 Min., leicht und lohnend.*

1940
Nach Gereut — ca. 1350 m

Entlegener Streuweiler (auch Gereuth geschrieben) mit mehreren Berghöfen südwestlich hoch über Tils. In 1362 m Höhe das Gasthaus Feichter.

a) Von Tils zu den obersten Häusern, links auf Weg 8A durch Wald und Wiesen und an Höfen vorbei (am Weg das Gasthaus Ploner) hinauf nach Gereut und zuletzt auf Weg 8/9 nahezu eben nordwärts zum Gasthaus Feichter. *HU 476 m, gut 1½ Std., leicht und lohnend.*

b) Von Tils zu den obersten Häusern und rechts stets auf Waldweg 8 hinauf zum Gasthaus Feichter. *HU 476 m, knapp 1½ Std., leicht und lohnend.*

1941
Zum Radlseehaus — 2284 m

Charakteristik: R 1844.
Vom Perlungerhof in Gereut (1390 m; in der Nähe Parkplatz, etwas weiter nördlich das Gasthaus Feichter) stets der Markierung 8 folgend durch Wald und zuletzt über Almgelände hinauf zum Ziel. *HU 894 m, 2½ Std., für Gehgewohnte leicht und lohnend.*

1942
Königsangerspitze — 2439 m

Lohnender Berg über dem Radlsee. Vom Radlseehaus (R 1941) auf bezeichnetem Steig problemlos hinauf zum Gipfel. *HU 155 m, ½ Std., leicht und lohnend.*

1943
Zur Klausner Hütte (Latzfonser Höhenweg) — 1919 m

Charakteristik: R 1840.
Vom Radlseehaus (R 1941) stets auf Weg 8 um den Südrücken der Königsangerspitze herum, in weitgehend ebener Querung der Almhänge westwärts und zuletzt durch Zirbenwald leicht absteigend zur Hütte. *HU 365 m, knapp 2½ Std., leicht und lohnend.*

1947 — AUSGANGSORT
VAHRN — 675 m

An der Mündung des Schalderer Tales nordwestlich von Brixen etwas erhöht liegendes Dorf mit spitztürmiger Kirche und mehreren Adelssitzen. Oberhalb Vahrn die Burgruine Salern.

1948
Nach Tils — 886 m

Charakteristik: R 1938.
Von Vahrn wie bei R 1949 nach St. Cyrill und auf Weg 8/10 hinauf nach Tils. *HU ca. 275 m, 2 Std., leicht und lohnend.*

1949
Zum Kirchlein St. Cyrill — 827 m

Charakteristik: R 1922.
Von Vahrn auf Weg 2 durch Wiesen und Wald eben und leicht absteigend südwärts bis zu Wegteilung nach der Eisenbahnunterführung und rechts auf dem »Cyrillusweg« stets der Markierung 2 folgend durch Wald und Wiesen und an einzelnen Höfen vorbei nach St. Cyrill. *HU ca. 215 m, knapp 2 Std., leicht und lohnend.*

1950
Nach Schalders — 1167 m

Charakteristik: R 1959.

Von Vahrn stets der Markierung 5 folgend auf dem alten Schalderer Talweg (Georgspromenade) großteils durch Wald mit mäßiger Steigung talein nach Schalders. *HU 492 m, knapp 1 ½ Std., leicht und lohnend.*

1951
Nach Spiluck ca. 1350 m

Steil, aber sonnig gelegener Bergweiler mit verstreuten Höfen, kleiner Kirche und Gastbetrieben nordwestlich oberhalb Vahrn.

Von Vahrn stets der Markierung 2 folgend zuerst kurz auf der Schalderer Straße und dann auf dem alten Spilucker Weg durch Wald und an einzelnen Höfen vorbei großteils steil hinauf nach Spiluck. *HU ca. 780 m, 2 Std., für Gehgewohnte leicht und lohnend.*

1952
Zur Zirmaitalm 1891 m

Hübsch gelegene Alm mit Ausschank oberhalb Spiluck.

Von Spiluck (R 1951) stets auf Weg 2 bergan zur Steinwiesalm und durch steilen Wald weiter hinauf zur Zirmaitalm. *HU ca. 540 m, 1 ½ Std., leicht und lohnend.*

1953
Karspitze 2517 m

Markanter Berg nordwestlich über Vahrn bzw. südwestlich über Franzensfeste.

Von Spiluck (R 1951) stets der Markierung 2 folgend zuerst hinauf zur Zirmaitalm (1891 m), dann im Linksbogen hinauf zum Südostrücken der Karspitze und über ihn mittelsteil zum Gipfel. *HU ca. 1160 m, 3 – 3 ½ Std., für berggewohnte Geher leicht und lohnend.*

1954
Zum Vahrner See 678 m

Von Wald umgebener See nördlich von Vahrn. In der Nähe zwei Gaststätten.

Die Burgruine Salern bei Vahrn

Von Vahrn der Markierung 1 folgend zuerst zum Nordrand des Dorfes und zu Wegteilung und dann beliebig auf dem oberen oder unteren Weg zum See. *HU gering, 1 Std., leicht und lohnend.*

1955
Zur Ruine Salern 788 m

Mittelalterliche Burgruine mit hoch aufragendem Turmrest auf einem Waldhügel nordwestlich oberhalb Vahrn.

a) Von Vahrn der Markierung 2 und der Beschilderung »Carl-Toldt-Weg« folgend zuerst ca. 20 Min. hinauf in Richtung

Spiluck und dann links auf nahezu ebenem Waldweg kurz hinüber zur Ruine.
HU 113 m, knapp ½ Std., leicht und lohnend.
b) Von Vahrn der Markierung 5 folgend zu einer Kneippanlage und der Beschilderung »Carl-Toldt-Weg« folgend in Serpentinen durch Wald hinauf zum Wiesengelände und zur Ruine. – *HU 113 m, knapp ¾ Std., leicht und lohnend.*

1959
SCHALDERS AUSGANGSORT **1167 m**

In dem bei Vahrn in das Eisacktal ausmündenden Schalderer Tal gelegenes Kirchdorf. In der Umgebung zahlreiche verstreute Höfe, unterhalb des Dorfes nahe dem Talbach das ehemalige Bad Schalders (1098 m).

1960
Zum Radlseehaus 2284 m

Charakteristik: R 1844.
Vom ehem. Schalderer Bad stets der Markierung 18 folgend durch steile Waldhänge und in freiem Gelände südwärts empor gegen den Hundskopf und diesen südseitig umrundend zum Ziel. *HU 1186 m, 3 ½ Std., für Gehgewohnte leicht und lohnend, aber steil.*

1961
Königsangerspitze 2439 m

Charakteristik: R 1942.
Von den Schrüttenseen (R 1962) auf Waldsteig 7 westwärts über den Kuhberg (2100 m) hinauf zur Lorenzischarte (2198 m) und ostwärts (stets Markierung 7) mäßig ansteigend zum Gipfel. *HU 482 m, knapp 2 Std., für Gehgewohnte leicht und lohnend.*

1962
Zu den Schrüttenseen ca. 1960 m

Zwei schöne Waldseen (Großer und Kleiner See) südlich über dem Schalderer Talschluss.
a) Von Schalders der Markierung 4A folgend teils auf Höfezufahrten, teils auf dem alten Weg die Hänge westwärts querend talein zum Steinwendhof (1542 m) und weiter zum Talbach, dort links ab und auf Waldweg 13 südwärts hinauf zu den Seen. *HU ca. 800 m, 2 ½ Std., für Gehgewohnte leicht und lohnend.*
b) Vom ehem. Schalderer Bad auf dem breiten Weg 4 talein bis zum links abzweigenden Waldsteig 7 und auf diesem hinauf zu den Seen. *HU ca. 860 m, 2 ½ Std., leicht und lohnend.*

1963
Schrotthorn 2590 m

Mächtiger, über dem Schalderer Talschluss aufragender Gipfel.
Von Schalders der Markierung 4A folgend teils auf Höfezufahrten, teils auf dem alten Weg die Hänge westwärts querend talein zu den letzten Höfen und zu dem im Tal ansteigenden Weg 4, auf diesem durch Wald und über freies Berggelände hinauf zur Schalderer Scharte (2324 m) und rechts auf markiertem Steig empor zum Gipfel. *HU 1423 m, 4 ½ Std., für Gehtüchtige leicht und lohnend.*

1964
Karspitze 2517 m

Charakteristik: R 1953.
a) Von Schalders-Dorf stets auf Weg 2 an Höfen vorbei und durch Wald nordwestwärts teils mäßig, teils stark ansteigend zur Äußeren Kaseralm (2068 m), weiterhin auf Steig 2 rechts die Almhänge querend zum Südostrücken des Berges und über ihn problemlos hinauf zum Gipfel.
HU 1350 m, knapp 4 Std., für Gehtüchtige leicht und lohnend.

Der Große Schrüttensee in Schalders

b) Von der Zirmaitalm (R 1965), auf Steig 2 im Linksbogen hinauf zum Südostrücken der Karspitze und über ihn wie bei a zum Gipfel. *HU 626 m, 2 Std., für berggewohnte Geher leicht und lohnend.*

1965
Zur Zirmaitalm 1891 m

Charakteristik: R 1952.
Von Schalders-Dorf der Markierung 3/3A folgend zuerst ein Stück auf der Höfestraße und dann links abzweigend auf Weg 3 durch Wiesen und an Höfen vorbei hinauf, schließlich die Waldhänge querend zum Steig 2 und auf diesem hinauf zur Alm. *HU 724 m, 2 ½ Std., leicht und lohnend.*

1970 AUSGANGSORT
AICHA 732 m

Kleines Dorf in hübscher Lage südöstlich von Franzensfeste auf der orographisch linken Seite der Eisackschlucht.

1971
Nach Spinges 1100 m

Charakteristik: R 2295.
a) Von Aicha stets der Markierung 7 A folgend teils auf Straße, teils auf altem Waldweg steil hinauf und durch Wiesen ins Dorf. *HU 368 m, 1 Std., leicht und lohnend.*
b) Von Aicha der Markierung 9 A folgend (teils alter Weg, teils Straße) quer durch Waldhänge ostwärts zum Weg 9, auf diesem durch Wald und über die »Katzleiter« hinauf zum Vogelbühel und vorbei am großen Granitkreuz (erinnert an die Schlacht von 1797) hinüber nach Spinges. *HU 368 m, 1 ½ Std., leicht und lohnend.*

1972
Nach Mühlbach 758 m

Charakteristik: R 2284.
Von Aicha wie bei R 1971/b zum Weg 9, nun der Beschilderung »Mühlbach« folgend in leichtem Abstieg durch die Waldhänge nordwärts zur Stöcklvaterkapelle und auf dem Fahrweg weiter nach Mühlbach.
HU ca. 100 m, 1 ½ Std., leicht und lohnend.

1976 — AUSGANGSORT
SCHABS — 772 m

Geschlossenes Dorf nahe der vom Eisacktal ins Pustertal führenden Straßen am Nordrand der Hochfläche von Natz-Schabs. Im Dorf spitztürmige Kirche.

1977
Nach Viums — 896 m

Kleines, schön gelegenes Dorf mit sehenswerter Hügelkirche im Nordteil der Hochfläche Natz-Schabs.
Von Schabs auf der nach Viums führenden Straße kurz ostwärts, dann der blau-weißen Markierung und der Beschilderung »Viums« folgend auf ebenem Waldweg südostwärts zu Weggabel und rechts hinauf nach Viums. *HU gering, ¾ Std., leicht und lohnend.*

1978
Zur Burg Rodenegg — 868 m

Ausgedehnte, gut erhaltene Burganlage jenseits der Rienzschlucht auf einem mächtigen Felssporn nahe der Ortschaft Vill im Gemeindegebiet von Rodeneck. Romanischer Freskenzyklus der Iwein-Sage. Regelmäßige Führungen.
Von Schabs auf der nach Viums führenden Straße kurz ostwärts, dann stets auf Weg 1 hinunter zum Rundlhof und zur Brücke über die Rienz (ca. 630 m) und jenseits durch steilen Wald empor zur Burg. *HU ca. 240 m, knapp 1 ½ Std., leicht und lohnend.*

1979
Nach Natz — 889 m

Charakteristik: R 1988.
Von Schabs wie bei R 1977 bis zur Weggabel in der Nähe von Viums, geradeaus der Beschilderung »Dörferrunde« folgend stets auf breitem Waldweg ostwärts, dann kurz empor zu einer Waldkuppe, nahezu eben westwärts zum Waldrand und links durch Wald und Wiesen nahezu eben nach Natz. *HU ca. 135 m, 1 ½ Std., leicht und lohnend.*

1980
Zum Flötscher Weiher — 854 m

Hübscher, von Wiesen und Wald umrahmter Weiher südlich von Schabs unweit des Gasthofs Flötscher.
Von Schabs der Markierung 2 folgend südostwärts zuerst leicht ansteigend und dann eben zum Weiher. *HU 82 m, ½ Std., leicht und lohnend.*

1981
Nach Raas — 820 m

Schön gelegenes Dorf mit spitztürmiger Kirche und Gastbetrieben am Südwestrand der Hochfläche Natz-Schabs.
Von Schabs wie bei R 1980 zum Flötscher Weiher und weiterhin der Markierung 2 sowie der Beschilderung »Dörferrunde« folgend zwischen Feldern und kleinen Waldhügeln südwärts nach Raas. *HU ca. 90 m, knapp 1 Std., leicht und lohnend.*

1982
Dörferrunde

Durchgehend mit Wegweisern »Dörferrunde« ausgeschildert führt eine Wanderroute großteils eben durch Wald und Wiesen fast kreisförmig über die Hochfläche von Natz-Schabs und verbindet die Dörfer Schabs, Viums, Natz und Raas miteinander. *HU gering, insgesamt ca. 3–4 Std., leicht und lohnend.*

1983
Nach Spinges — 1100 m

Charakteristik: R 2295.
Von Schabs auf der Pustertaler Straße kurz nordwärts zum Gasthaus Sonneck, auf Weg 9 (im oberen Teil »Katzleiter« genannt) durch steile Waldhänge hinauf zum Vogelbühel und über die Wiesen hinüber nach Spinges. *HU 328 m, gut 1 Std., leicht und lohnend, aber teilweise steil.*

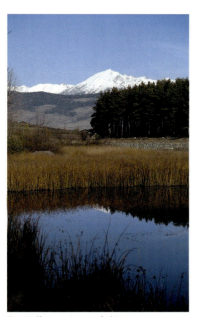

Der Weiher am Laugen bei Natz

1984
Nach Mühlbach 758 m

Charakteristik: R 2284.
Von Schabs auf der nach Viums führenden Straße kurz ostwärts zu Bildstock, links der Beschilderung »Mühlbach« folgend nordwärts, nach überquerung von Bahn und Straße kurz hinauf zum Hof Nußbaumer und auf Fahrweg nahezu eben, vorbei an der Stöcklvaterkapelle, weiter nach Schabs. *HU gering, knapp 1 ½ Std., leicht und lohnend.*

1988
AUSGANGSORT
NATZ 889 m

Bedeutendste Ortschaft der Hochfläche Natz-Schabs. Das Dorf mit zwiebeltürmiger Kirche liegt sonnig im Ostteil des Plateaus.

1989
Zum Laugen 875 m

Kleiner Weiher südwestlich von Natz. Prähistorische Fundstelle und Namengeber für die »Laugener Kultur« aus der Bronzezeit.
Von Natz kurz auf der nach Elvas führenden Straße südwärts, dann links ab und auf markiertem Weg (Teil der »Dörferrunde«) durch Obstgüter und Wald nahezu eben zum Ziel. *HU gering, gut ½ Std., leicht und hübsch.*

1990
Nach Elvas 814 m

Charakteristik: R 1925.
Von Natz wie bei R 1989 zum Laugen, auf der nahen Straße (Markierung 1) durch Wiesen leicht absteigend in Richtung Elvas und zuletzt auf dem links abzweigendem »Pinatzweg« ins Dorf. *HU 75 m (abwärts), knapp 1 Std., leicht und lohnend.*

1991
Nach Raas 820 m

Charakteristik: R 1981.
Von Natz wie bei R 1989 zum Laugen und nach überquerung der nahen Straße der Beschilderung »Dörferrunde« folgend nordwestwärts durch Felder und Wald hinüber nach Raas. *HU gering, 1 ¼ Std., leicht und lohnend.*

1992
Nach Viums 896 m

Charakteristik: R 1977.
Von Natz der Beschilderung »Dörferrunde« folgend in zuerst ebener und dann leicht ansteigend durch Felder, Wald und Wiesen nordostwärts zu Wegteilung östlich von Viums und links ins Dorf. *HU gering, ¾ Std., leicht und lohnend.*

1993
Nach Schabs 772 m

Charakteristik: R 1976.

Von Natz wie bei R 1992 nach Viums, nordwärts kurz hinab zu querendem Waldweg (markiert) und auf diesem links nahezu eben nach Schabs. *HU gering, 1 ¼ Std., leicht und lohnend.*

1994
Dörferrunde

Siehe R 1982.

1995
Zur Burg Rodenegg 868 m

Charakteristik: R 1978.
Von Natz wie bei R 1992 nach Viums, der Beschilderung »Dörferrunde« folgend zuerst kurz nordwärts hinunter zu Wegkreuz und links zu kleinem Waldboden (Wegweiser), rechts auf Steig 1 durch Steilwald hinunter zum Rundlhof und zur Brücke über die Rienz (ca. 630 m) und jenseits durch steilen Wald empor zur Burg. *HU ca. 270 m (Abstieg und Gegenanstieg), 2 ½ Std., leicht und lohnend.*

1999 AUSGANGSORT
RAAS 820 m
VIUMS 896 m

Die beiden Dörfer auf der Hochfläche von Natz-Schabs sind unter R 1981 und 1977 charakterisiert. Die Wanderwege in diesen Bereichen finden sich unter Schabs (R 1976) und Natz (R 1988).

2000 AUSGANGSORT
LÜSEN 981 m

Dorf im gleichnamigen Bergtal, das nördlich von Brixen in die Rienzschlucht mündet, aber zum Eisacktal gerechnet wird. Von Brixen herein Autostraße. Vor allem an den sonnseitigen Hängen zahlreiche Berghöfe.

2001
Nach Lüsen-Berg ca. 1630 m

Ausgedehnter Streuweiler mit Gasthof, bestehend aus einer Reihe von Berghöfen nordwestlich hoch oberhalb Lüsen-Dorf.
Von Lüsen stets der Markierung 14 folgend teils auf dem alten Weg, teils auf der Fahrstraße durch steile Wiesen- und Waldhänge und an Höfen vorbei nordwestlich hinauf und zuletzt rechts weiter zum Tulperhof (1625 m; Gasthaus). *HU 644 m, knapp 2 Std., für Gehgewohnte leicht und lohnend.*

2002
Zur Ronerhütte 1832 m

Almhütte mit Ausschank im westlichen Bereich der ausgedehnten, weitgehend flachen Lüsner und Rodenecker Almen. Naturnahe Wald- und Wiesenlandschaft.
a) Von Lüsen-Berg (Gasthaus Tulper, siehe R 2001) stets der Markierung 14 folgend auf Waldweg oberhalb der Straße die Wald- und Wiesenhänge westwärts querend zum Gschlorhof und nordwärts auf Weg 14 durch Wald und über Almhänge hinauf zur Ronerhütte. *HU 207 m, knapp 1 ½ Std., leicht und lohnend.*
b) Von Lüsen-Berg wie bei R 2003/a zur Starkenfeldhütte und auf Weg 2 eben und leicht fallend westwärts zur Ronerhütte. *HU ca. 310 m, gut 2 Std., leicht und lohnend.*

2003
Rastnerhütte 1931 m
Starkenfeldhütte 1936 m

Wenige Minuten auseinander liegende Almgaststätten inmitten der weiten Rodenecker und Lüsner Almen.
a) Von Lüsen-Berg (Gasthaus Tulper, siehe R 2001) auf Weg 3 nordostwärts durch Wiesen, Wald und Almflächen größtenteils nur mäßig ansteigend zum Ziel.
HU 311 m, knapp 1 Std., leicht und sehr lohnend.

Das Astjoch (Burgstall) über der gleichnamigen Alm

b) Von Lüsen-Berg wie bei R 2002/a zur Ronerhütte und auf breitem Weg 2 durch Wald und Almböden ostwärts leicht ansteigend und eben zu den Hütten.
HU 311 m, 2 ½ Std., leicht und lohnend.
c) Von der Kreuzwiesenhütte (R 2005) der Markierung 2A folgend in nahezu ebener Querung der Almen Rufreit und Steiner nordwestwärts zum Weg 2 und auf diesem zum Ziel. *HU gering, knapp 1 ½ Std., leicht und lohnend.*

2004
Astjoch (Burgstall)   2196 m

Frei aufragender Gipfel nordöstlich von Lüsen.

Von der Starkenfeldhütte (R 2003) auf dem breiten Weg 2 nahezu eben durch die Almhänge südostwärts bis zur Abzweigung des Steiges 67 und auf diesem über die Westflanke hinauf zum Gipfel. *HU 260 m, ¾ Std., leicht und lohnend.*

2005
Zur Kreuzwiesenhütte   1924 m

Almschenke in einer großen flachen Bergwiese nordöstlich über Lüsen-Dorf.

a) Vom Weiler Flitt (R 2012) auf Waldweg 2/10 hinauf zum Parkplatz »Schwaiger Böden« (1720 m, hierher auch mit Kfz möglich; zu Fuß gut 1 Std.) und stets den Wegweisern »Kreuzwiesenhütte« folgend teils auf Forstweg, teils auf Fußpfad durch Wald zum Ziel. *HU 587 m, 2 Std. (ab Parkplatz 1 Std.), leicht und lohnend.*
b) Von der Starkenfeldhütte (R 2003) auf Güterweg 2 ostwärts zu Wegteilung und rechts der Markierung 2A folgend nahezu eben zum Ziel. *HU gering, 1 ¼ Std., leicht und sehr lohnend.*

2006
Auf den Gampill (Campill)   2190 m

Mäßig ausgeprägte Erhebung im Lüsner Kamm südöstlich des Astjoches.

a) Von der Kreuzwiesenhütte (R 2005) auf Weg 2A kurz ostwärts hinein ins Tälchen des Pitzbaches, links hinauf und über den Westhang der Erhebung zum höchsten Punkt. *HU 266 m, ¾ Std., leicht und lohnend.*
b) Vom Jakobsstöckl (R 2007) der Markierung 2 folgend (Markierungspflöcke) über den Rücken nordwestwärts hinauf zum Ziel. *HU 164 m, ½ Std., leicht und lohnend.*

2007
Zum Jakobsstöckl 2026 m

Legendenumwobener Bildstock und erratischer Felsblock in einer Senke des östlichen Lüsner Kammes.

Von Flitt wie bei R 2005/a zu den Gampillwiesen, rechts der Markierung 2 folgend über die Bergwiesen hinauf zur Genaideralm und weiter empor zum Jakobsstöckl. *HU 689 m, knapp 2 Std., leicht und lohnend.*

2008
Zur Turnaretscher Hütte 2050 m

Bewirtschaftete Schutzhütte über dem inneren Lüsner Tal; nur wenig höher die kleinen Glittnerseen.

a) Von Flitt (R 2012) auf Waldweg 2/10 hinauf zur Wegteilung (1647 m), rechts auf Weg 10 die Waldhänge querend hinein zum Planer Bach, jenseits durch Wald empor zu den Glittnerställen (1980 m) und nahezu eben ostwärts zur Hütte. *HU 713 m, 2 ½ Std., für Gehgewohnte leicht und lohnend.*

b) Von Petschied (R 2013) kurz auf der Straße talein, dann links der Markierung 13 folgend (zuerst Höfezufahrt, dann rechts abzweigender Weg) durch Wald und Almhänge hinauf zum Lüsner Joch (2008 m) und scharf links auf Weg 11S hinüber zur Hütte. *HU 944 m, knapp 3 Std., für Gehgewohnte leicht und lohnend.*

2009
Maurerberg 2332 m

Südlichster und höchster Berg des Lüsner Kammes, zwischen dem innersten Lüsental und dem Gadertal als wuchtige Erhebung aufragend.

a) Von Petschied wie bei R 2008/b zum Lüsner Joch und rechts der Markierung 1 folgend über den Gratrücken (Schrofen- und Grasgelände) steil hinauf zum Gipfelkreuz. *HU 1226 m, 3 ½ Std., für Gehtüchtige leicht und lohnend.*

b) Von Flitt wie bei R 2008/a zur Turnaretscher Hütte, auf Weg 11S eben hinüber zum Lüsner Joch und wie bei a zum Gipfel. *HU 995 m, knapp 4 Std., für Gehtüchtige leicht und lohnend.*

2010
Peitlerkofel 2875 m

Charakteristik: R 1890.

Vom kleinen Talkessel Gunggan über dem Lüsner Talschluss (ca. 1800 m, Straßenteilung Lüsen-Villnöss-Würzjoch, Parkplatz) auf Steig 1 (zuletzt Nr. 4) gerade empor zur Peitlerscharte (2357 m) und wie bei R 1901 weiter zum Gipfel. *HU ca. 1075 m, 3 Std., für Gehtüchtige und Trittsichere nicht schwierig, lohnend.*

2011
Auf die Plose (Plosehütte) 2447 m

Charakteristik: R 2021.

Im Gunggan, einer Mulde über dem Lüsner Talschluss, noch ein gutes Stück unterhalb der Straßenteilung Lüsen-Villnöss-Würzjoch westwärts ab (ca. 1750), auf Weg 8 hinan zum Halsl (R 2044), auf Waldweg 4/8 nordwärts kurz hinauf, dann links Almwiesen querend zur Schatzerhütte und von dort stets der Markierung 4 folgend über Almwiesen und Berghänge in großteils mäßig steilem Anstieg nordwestwärts hinauf zur Plosehütte. *HU 697 m, knapp 2 ½ Std., für Gehgewohnte leicht und lohnend.*

2012
Nach Flitt 1337 m

Östlich über Lüsen schön gelegene Höfegruppe mit Kirchlein, Gasthaus und etwas höher gelegenem Parkplatz; Prachtblick zum Peitlerkofel. Von Lüsen herauf Straße. Von Lüsen auf der nach Petschied führenden Straße kurz talein bis zum links abzweigenden Waldpfad (Wegweiser) und auf diesem hinauf nach Flitt. *HU 356 m, 1 Std., für Gehgewohnte leicht, hübsch.*

2013
Nach Petschied   1106 m

Höfegruppe rund 2,5 km innerhalb Lüsen mit Gasthaus und etwas erhöht stehender Nikolauskirche. Von Lüsen herein Straße.
Von Lüsen auf dem in Bachnähe (tiefer als die Straße) verlaufenden und am Sportplatz vorbeiführenden Fahrweg talein und zuletzt kurz auf der Straße zum Ziel.
HU 125 m, ¾ Std., leicht, bedingt lohnend.

2014
Nach Rodeneck   ca. 900 m

Charakteristik: R 2317.
Von Lüsen zuerst ein Stück auf der Zufahrtsstraße hinunter, dann rechts ab und stets der Markierung 1 folgend teilweise auf Höfezufahrten durch Waldhänge und vorbei an Bauernhöfen westwärts hinaus zu einem Waldrücken und nordwärts nach Vill, dem Hauptort der Gemeinde Rodeneck. *HU ca. 100 m, 4 Std., für Gehtüchtige leicht, bedingt lohnend.*

2017   AUSGANGSORT
ST. LEONHARD   1095 m

Schön gelegenes Bergdorf mit spitztürmiger Leonhardskirche und Gasthaus östlich oberhalb Brixen. Autozufahrt von Brixen herauf.

2018
Zum Ackerboden   1753 m

Von Wald umrahmte Bergwiese mit Almhütten und Ausschank.
Von St. Leonhard stets der Markierung 6 folgend (anfangs teilweise Höfezufahrt, dann Fußweg) durch Wiesen, an Höfen vorbei und durch Wald hinauf zur Alm.
HU 658 m, gut 1 ½ Std., leicht und lohnend.

2019
Zur Ochsenalm   2085 m

Oberhalb der Waldgrenze gelegene Alm mit prachtvoller Aussicht. Ausschank.
Von St. Leonhard wie bei R 2018 zum Ackerboden und dann weiterhin auf Waldweg 6 hinauf zur Alm. *HU 990 m, gut 2 ½ Std., leicht und lohnend.*

2020
Brixner Höhenweg (Zirmweg)

Schöner, nicht allzu langer Höhensteig, der im Bereich der Baumgrenze die Westhänge der Plose zwischen Kreuztal im Süden und Ochsenalm bzw. Ackerboden im Norden durchquert.
Wegverlauf siehe R 2028.

2021
Auf die Plose (Plosehütte)   2447 m

Brixner Hausberg mit lang gezogenem, in mehreren Erhebungen (Telegraph 2504 m, Großer Pfannberg 2547 m, Großer Gabler 2574 m) kulminierendem Gipfelgrat. Wintersportgebiet, im Gratverlauf außer anderen Baulichkeiten die Plosehütte (Schutzhaus 2447 m).
Von der Ochsenalm (R 2019) auf Steig 6 zuerst hinauf zum großen St.-Leonhard-Kreuz, am Grat teilweise steil hinauf zum Telegraph (Militärbauten) und nahezu eben südwärts zur Plosehütte. *HU 362 m, knapp 1 ½ Std., für gehgewohnte Bergwanderer unschwierig und lohnend.*

2025   AUSGANGSORT
ST. ANDRÄ   960 m

Stattliches Höhendorf südöstlich oberhalb Brixen; spitztürmige Kirche, Gastbetriebe. In der Nähe die Talstation der Plose-Seilbahn (Umlaufbahn mit Bergstation Kreuztal, 2040 m).

2026
Nach St. Leonhard   1095 m

Charakteristik: R 2017.
Von St. Andrä auf dem »Waldweg« (beschildert und markiert) abseits der Straße großteils durch Wald in nahezu ebener

Die Ochsenalm am Brixner Höhenweg

Wanderung bis unter St. Leonhard und zuletzt kurz auf der Straße hinauf ins Dorf. *HU gering, 1 Std., leicht und lohnend.*

2027
Nach St. Johann in Karnol 925 m

Charakteristik: R 1930.
Von St. Andrä wie bei R 2026 bis unter St. Leonhard und auf dem links abzweigenden Weg 6 durch Wiesen kurz hinunter nach Karnol bzw. St. Johann. *HU gering, 1 Std., leicht und lohnend.*

2028
Zur Ochsenalm 2085 m

Charakteristik: R 2019.
a) Von St. Andrä der Markierung 4 folgend teils durch Wiesen und an Höfen vorbei, teils durch steilen Wald hinauf zum Brixner Höhenweg (Markierung 30) und auf diesem die Hänge querend nordwärts zur Alm. *HU 1125 m, 4 Std., für Gehgewohnte leicht und lohnend.*
b) Von Kreuztal (R 2029) stets der Markierung 30 folgend auf dem Brixner Höhenweg im Bereich der Baumgrenze (schöne Zirben, daher auch »Zirmweg«) in nahezu ebener Hangquerung nordwärts zur Alm. *HU gering, knapp 2 Std., leicht und lohnend.*

2029
Nach Kreuztal 2040 m

Noch im Waldbereich liegender Bergsattel im Südwestkamm der Plose. Ende der von St. Andrä heraufführenden Straße, Bergstation der Plose-Seilbahn.
a) Von St. Andrä auf Waldweg 5 hinauf, bei Weggabel in ca. 1500 m Höhe links ab und auf Waldweg 17 weiter empor zum Ziel. *HU 1080 m, 3 Std., für Gehgewohnte leicht, bedingt lohnend.*
b) Von St. Andrä wie bei R 2034 nach Mariahilf und auf Waldweg 3 ansteigend nach Kreuztal. *HU 1080 m, 3 ½ Std., für Gehgewohnte leicht und lohnend.*

2030
Brixner Höhenweg

Siehe R 2020 und 1028.

2031
Auf die Plose 2504 m
(Plosehütte 2447 m)

Charakteristik: R 2021.
Von Kreuztal (R 2029) auf Weg 3/7 im Bereich von Liftanlagen über den Südwestrücken der Plose mäßig steil hinauf zur Plosehütte. *HU 407 m, knapp 1½ Std., leicht, bedingt lohnend.*

2032
Pfannspitze
(Großer Pfannberg) 2547 m

Erhebung im Mittelteil des Plosestockes.
Von Kreuztal (R 2029) wie bei R 2031 zur Plosehütte, auf Steig 4 am Kamm ostwärts hinüber zur Lüsner Scharte (2371 m) und auf Steig 7 über den Kammrücken ostwärts hinauf zum Gipfel. *HU 507 m, 2 Std., für Gehgewohnte leicht und lohnend.*

2033
Großer Gabler 2574 m

Östlichster und höchster Gipfel des Plosestockes, südseitig mäßig ansteigend, nordseitig steil abbrechend. In Gipfelnähe eine Biwakhütte.
Von der Pfannspitze (R 2032) auf markierten Steigspuren am Kamm im Auf und Ab mit nur mäßigen Höhenunterschieden (steile Gratstelle seilgesichert) südostwärts hinüber und hinauf zum Gipfel.
HU ca. 100 m, 1 Std., für Gehgewohnte leicht und lohnend.

2034
Mariahilf am Freienbühel 1770 m

Südöstlich hoch über St. Andrä bzw. nordwestlich über Afers auf einem Waldhügel stehendes Wallfahrtskirchlein.
Von St. Andrä stets der Markierung 5 folgend durch Wiesen und Wald und an Höfen vorbei hinauf zum Kirchlein. *HU 810 m, knapp 2½ Std., leicht und lohnend.*

2039 — AUSGANGSORT
ST. GEORG IN AFERS 1503 m

Sonnig gelegenes Dorf mit barocker Kirche an der von Brixen ins Gadertal führenden Brixner Dolomitenstraße.

2040
Nach Mariahilf am Freienbühel 1770 m

Charakteristik: R 2034.
Von St. Georg der Markierung 5 folgend durch Wiesen und Wald etwas steil hinauf nach Mariahilf. *HU 267 m, ¾ Std., leicht und lohnend.*

2041
Nach Kreuztal 2040 m

Charakteristik: R 2029.
a) Von St. Georg wie bei R 2040 zum Kirchlein Mariahilf und auf Waldweg 3 großteils nur mäßig ansteigend nach Kreuztal. *HU 537 m, 1½ Std., leicht und lohnend.*
b) Von St. Georg stets auf Weg bzw. Steig 7 zuerst durch Wiesen und dann durch Wald hinauf nach Palmschoß und weiter nach Kreuztal. *HU 537 m, 1½ Std., leicht und lohnend.*

2042
Auf die Plose (Plosehütte) 2447 m

Charakteristik: R 2021.
a) Von Kreuztal (R 2041) auf Weg 3 im Bereich von Liftanlagen über den freien Bergrücken mäßig steil hinauf zur Plosehütte. *HU 407 m, knapp 1½ Std., leicht, bedingt lohnend.*
b) Von der Schatzerhütte (R 2043) stets auf Steig 4 über die zunächst zirbenbestandenen Almhänge hinauf in die Lüsner Scharte und am Gratrücken westwärts zur Plosehütte. *HU 443 m, 1½ Std., leicht, aussichtsmäßig lohnend.*

Am Halsl, dahinter der Peitlerkofel

2043
Zur Schatzerhütte 2004 m

Bewirtschaftete Schutzhütte am Südosthang der Plose in schöner Lage. Ein Stück weiter östlich die ebenfalls bewirtschaftete Enzianhütte.

a) Von St. Georg in Afers auf Weg 7 durch Wiesen und Wald hinauf nach Palmschoß, dann rechts abzweigend und der Markierung 8 folgend (Straße) ostwärts hinüber zur Hotelsiedlung »Skihütte« (bis hierher auch mit Auto) und auf breitem Weg nahezu eben Wald- und Almhänge querend in schöner Wanderung zur Schatzerhütte. *HU 501 m, gut 2 ½ Std., leicht und lohnend.*

b) Vom Halsl (R 2044) auf Waldweg 4/8 kurz hinauf und dann links Almwiesen querend zum Ziel. *HU 138 m, ¾ Std., leicht und lohnend.*

2044
Zum Halsl (Halslhütte) 1866 m

Flacher Sattel (auf Kofeljoch genannt) zwischen Plosestock und Aferer Geiseln; wird von der »Brixner Dolomitenstraße« überquert; nahe dem Joch die Halslhütte (Berggasthaus).

a) Von St. Georg in Afers auf Weg 5 hinunter bzw. hinein zum Sadebach (Aferer Bach), auf Weg 10 durch Wiesen und Wald in leichtem Anstieg talein und zuletzt kurz auf der Straße zum Halsl. *HU ca. 200 m im Abstieg und ca. 500 m im Anstieg, 3 Std., leicht und lohnend.*

b) Von der Schatzerhütte wie R 2043/b in umgekehrter Richtung; Gehzeit etwas kürzer.

2048 — AUSGANGSORT
ALBEINS — 600 m

Zwischen Brixen und Klausen an der Mündung des Aferer Tales gelegenes Dorf mit spitztürmiger Kirche. Von der Staatsstraße her kurze Autozufahrt.

2049
Nach Sarns — 603 m

Kleine Ortschaft mit gotischer Kirche zwei Kilometer nordöstlich von Albeins; in der Nähe die Schlösser bzw. Ansitze Pallaus, Kampan und Ratzötz.
Vom unteren Dorfrand von Albeins (Abzweigung der nach Sarns führenden Straße) in der Nähe des Eisacks auf breitem Weg in ebener Wanderung nach Sarns. *HU gering, ¾ Std., leicht und lohnend.*

2050
Nach Klerant — 856 m

Charakteristik: R 1933.
a) Von Albeins stets der Markierung 12 folgend durch Wald und Wiesen und an Höfen vorbei großteils nur mäßig steil hinauf nach Klerant. *HU 256 m, knapp 1 Std., leicht und lohnend.*
b) Von Albeins wie bei R 2049 nach Sarns und auf Weg 18 durch Wiesen und Wald ziemlich steil empor nach Klerant. *HU 256 m, 1 ½ Std., leicht, bedingt lohnend.*

2051
Nach St. Georg in Afers — 1503 m

Charakteristik: R 2039.
Von Klerant (R 2050) stets der Markierung 8 folgend durch Wiesen und Wald teils mäßig, teils stärker ansteigend nach St. Jakob in Afers (1343 m) und auf Weg 7/8 in leichtem Anstieg die Wald- und Wiesenhänge ostwärts querend nach St. Georg. *HU 641 m, gut 2 Std., leicht und lohnend.*

2052
Nach St. Andrä — 960 m

Charakteristik: R 2025.
Von Klerant (R 2050) stets der Markierung 12 folgend die Wiesenhänge teilweise in leichtem Anstieg querend zum Weiler Mellaun (R 1932) und weiter nach St. Andrä. *HU 104 m, knapp 1 Std., leicht und lohnend.*

2053
Nach Teis — 962 m

Charakteristik: R 1871.
Von Albeins stets der Markierung 9 folgend durch Wiesen und Wald und an zwei Höfen vorbei in großteils leichtem Anstieg südwärts hinauf nach Teis. *HU 362 m, knapp 1 ½ Std., leicht und lohnend.*

OBERES EISACKTAL (SÜDLICHES WIPPTAL)

Dieser Abschnitt umfasst das obere Eisacktal (auch südliches Wipptal oder nur Wipptal genannt) vom Brenner im Norden bis zum Stausee von Franzensfeste (ehemals Brixner Klause) im Süden einschließlich der Seitentäler Pflersch, Ridnaun und Pfitsch. Die Reihung der Ortschaften erfolgt im Haupttal von Süd nach Nord.

2058 — AUSGANGSORT
FRANZENSFESTE — 747 m

Südlichstes Dorf des oberen Eisacktals oder südlichen Wipptals, von Steilhängen umschlossen und von Verkehrsadern geprägt. Südwärts füllt der Franzensfester Stausee mit der mächtigen Franzensfestung die Talfurche aus.

2059
Nach Spinges — 1100 m

Charakteristik: R 2295.
Von Franzensfeste auf Weg 7 durch steile Waldhänge ostwärts bis auf ca. 1300 m hinauf und dann durch Wald und Wiesen hinunter nach Spinges. *HU ca. 550 m, 2 Std., leicht und lohnend.*

2060
Nach Spiluck — ca. 1350 m

Charakteristik: R 1951.
Von Franzensfeste (Wegbeginn bei Eisenbahnunterführung am südlichen Dorfende) auf Weg 3/3A westwärts hinauf bis zu Wegteilung und links der Markierung 3A folgend in langem, großteils mäßig steilem Waldanstieg hinauf nach Spiluck. *HU ca. 600 m, 2 Std., für Gehgewohnte leicht und lohnend.*

2061
Zur Zirmaitalm — 1891 m

Charakteristik: R 1952.
a) Von Spiluck (R 2060) wie bei R 1952 hinauf zur Alm.
b) Von Franzensfeste (Wegbeginn bei Eisenbahnunterführung am südlichen Dorfende) stets auf Waldweg 3 empor zum Weiler Riol, weiterhin auf Waldweg 3 steil hinauf zum Spilucker Sattel (1794 m) und auf Weg 2A die Hänge aufwärts querend zur Alm. *HU 1144 m, 3½ Std., für Gehtüchtige leicht und lohnend.*

2062
Karspitze — 2517 m

Charakteristik: R 1953.
Von der Zirmaitalm (R 2061) auf Steig 2 im Linksbogen hinauf zum Südostrücken der Karspitze und über ihn (stets Markierung 2) mäßig bis stark ansteigend empor zum Gipfel. *HU 626 m, knapp 2 Std., für berggewohnte Geher leicht und lohnend.*

2066 — AUSGANGSORT
MITTEWALD — 801 m

Geschlossenes Dorf rund 4 km nordwestlich von Franzensfeste; stattliche, spitztürmige Kirche, Gastbetriebe.

2067
Zur Inneren Flaggeralm — 1939 m

Hochalm in dem von Mittewald südwestwärts ziehenden Flaggertal.
Von Mittewald stets der Markierung 16 folgend südwärts hinein ins Flaggertal und durch dieses, vorbei an der Unteren und Oberen Flaggeralm sowie an einem schönen Wasserfall, in langem Anstieg hinauf zur Alm. *HU 1138 m, 3½ Std., für Gehgewohnte leicht und lohnend.*

2068
Zur Marburger Hütte — 2481 m

Schön gelegene Schutzhütte (auch Flaggerscharftenhütte) mit Sommerbewirtschaftung hoch oben im Flaggertal neben dem Flaggersee.
Von Mittewald wie bei R 2067 zur Inneren Flaggeralm und weiterhin auf Weg 16 empor zur Hütte. *HU 1680 m, 5 Std., für Gehtüchtige leicht und lohnend.*

2069
Tagewaldhorn — 2708 m

Charakteristik: R 1429.
Von der Marburger Hütte (R 2068) auf Steig 15 (Felsstelle mit Seilgeländer) nordwärts zu Wegteilung, von da rechts die

Der Puntleider See

Südflanke des Berges (Markierung 15 A) querend über Schutt zum felsigen Ostgrat und über ihn zum Gipfel. *HU ca. 260 m, 1 ½ Std., für Geübte unschwierig und lohnend.*

2070
Jakobsspitze 2742 m

Charakteristik: R 1430.
Von der Marburger Hütte (R 2068) kurz südwärts zur Flaggerscharte und auf dem markierten Steig, die Lorenzspitze umgehend, über Geröll und Schrofen südwärts hinauf zum Gipfel. *HU 261 m, 1 Std., für Gehgewohnte leicht und lohnend.*

2071
Zur Mittewalder Alm 1675 m

Von Waldhängen und Felsgipfeln umrahmte Alm südwestlich von Mittewald. Etwas höher die Taleralm (1695 m).
Von Mittewald der Markierung 21 folgend zuerst auf der Westseite des Bahnkörpers eben durch und dann durch steile Waldhänge südwestwärts hinauf zur Alm. *HU 874 m, knapp 2 ½ Std., leicht und lohnend.*

2075 AUSGANGSORT
GRASSSTEIN 846 m

Häusergruppe am westlichen Bergfuß zwischen Mittewald und Mauls. In der Nähe die von den Tiroler Freiheitskämpfen her bekannte Sachsenklemme mit Denkmal und Gaststätten.

2076
Zum Puntleider See 1847 m

Stattlicher Bergsee mit Wald- und Felsumrahmung und Ausblick auf die Pfunderer Berge.
Von Graßstein auf Weg 14/15 durch Wald und an den Puntleider Höfen vorbei hinauf zu Wegteilung, rechts auf Waldweg 14 steil empor zur Puntleider Alm (1780 m) und südwärts hinüber zum See. *HU 1001 m, 3 Std., für Gehgewohnte leicht und sehr lohnend.*

2080 AUSGANGSORT
MAULS 945 m

Zwischen Freienfeld und Mittewald gelegenes Dorf mit spitztürmiger Kirche und zum Teil historischen Gaststätten. Nordwestlich die Burg Welfenstein an der Straße. Am westlichen Bergfuß die Weiler Pfulters und Niederried.

2081
Nach Trens 987 m

Charakteristik: R 2089.
Von Mauls (oberer Dorfbereich) auf dem alten Talweg (neuerdings »Römerweg« getauft) in Richtung Schloss Welfenstein und zur Staatsstraße, auf dieser ein Stück nordwärts, dann rechts auf breitem Flurweg hinauf nach Valgenäun und auf Weg 2A in ebener Wanderung hinüber nach Trens. *HU ca. 100 m, knapp 2 Std., leicht und lohnend.*

2082
Nach Niederflans 1288 m

Höfegruppe in schöner Lage nördlich oberhalb Mauls. Zufahrt von Valgenäun herauf.

a) Von Mauls auf der Ritzailer Straße ein Stück ostwärts hinan, dann links der Markierung 2 folgend durch die Felsenge des »Himmelreichs« hinauf und zuletzt durch Wiesen nach Niederflans. *HU 343 m, 1 Std., leicht und lohnend.*

b) Von Mauls auf altem Weg (Wegweiser »Römerweg«) in Richtung Schloss Welfenstein und zur Staatsstraße, auf dieser ein Stück nordwärts, dann rechts auf breitem Flurweg durch Wiesen hinauf nach Valgenäun (R 2098) und rechts der Markierung 2A folgend nach Niederflans.
HU 343 m, gut 1 ½ Std., leicht und lohnend.

2083
Nach Ritzail 1498 m

Auf der Sonnenseite des inneren Maulser Tales gelegener Streuweiler mit Kirchlein und Gasthaus.
Von Mauls zuerst ein gutes Stück auf der nach Ritzail führenden Straße talein und dann teils auf dem alten Weg (Nr. 10), teils auf der Straße durch Wald und Wiesen hinauf nach Ritzail. *HU 553, 1 ½ Std., leicht und lohnend.*

2084
Steinermannl 2135 m

Höchstpunkt einer flachen, sich südlich des Valser oder Valler Joches erhebenden Anhöhe.
Von Ritzail (R 2083) auf Weg 10 durch Wiesen und steilen Wald ostwärts hinauf zum Valser (Valler) Joch (1920 m) und, den Hinterberg ostseitig umrundend, südwärts zum Ziel. *HU 637 m, 2 Std., leicht und lohnend.*

2085
Zur Planer Alm 1938 m

Schön gelegene Alm südöstlich hoch über Mauls.
Von Mauls auf der Staatsstraße oder in deren Nähe ca. ½ Std., südwärts, dann links ab (868 m), auf dem Fahrweg (Markierung 11) durch die Waldhänge empor zum unteren Planhof (ca. 1340 m) und weiterhin auf Weg 11 steil empor zur Alm.
HU 1070 m, 3 ½ Std., für Gehgewohnte leicht und lohnend.

2089 AUSGANGSORT
STILFES 962 m
TRENS 987 m

Zwei sich gegenüberliegende Dörfer der Gemeinde Freienfeld mit Gaststätten und spitztürmigen Kirchen zwischen Sterzing und Mauls. Stilfes liegt am westlichen Bergfuß, Trens (auch Maria Trens), ein bekannter Marienwallfahrtsort, liegt am östlichen.

Gipfelkreuz auf dem Zinseler

2090
Nach Egg — 1498 m

Sonniger Streuweiler mit kleiner Kirche und Gastbetrieben südlich oberhalb Stilfes nahe der Penser-Joch-Straße.
Von Stilfes stets der Markierung 15 folgend auf Stationenweg durch Waldhänge und zuletzt durch Wiesen hinauf nach Egg. *HU 536 m, 1½ Std., leicht und lohnend.*

2091
Zum Penser Joch — 2215 m

Breite Kammsenke zwischen dem oberen Eisacktal und dem innersten Sarntal, Straßenübergang von Sterzing nach Pens; Gasthaus.
a) Von Egg (R 2090) südwestwärts auf schmaler Straße hinein zu den innersten Höfen, auf dem alten Weg durch das Egger Obertal hinauf zu den Almen und über sie zuletzt steil empor zum Penser Joch. *HU 717 m, 2 Std., leicht und lohnend.*
b) Von Egg auf Weg 15 zuerst hinauf zur Penser-Joch-Straße und dann großteils auf dieser zum Penser Joch. *HU 717 m, knapp 2½ Std., leicht, kaum lohnend.*

2092
Zinseler — 2422 m

Dem Eisacktal zugewandter, breiter Berg nördlich des Penser Joches.
a) Vom Penser Joch (R 2091) kurz auf der Straße nordwärts hinunter, dann links wenige Schritte hinauf zum Seiterbergjöchl (2159 m) und auf Steig 14/15 teils über den Kamm, teils Steilhänge querend und das Gospeneider Jöchl passierend nord-nordostwärts zum Gipfel. *HU ca. 265 m, gut 1 Std., leicht und lohnend.*

Schloss Reifenstein, dahinter Elzenbaum

b) Von Stilfes stets der Markierung 14 A folgend zuerst kurz durch Wiesen und dann durch steilen Wald in langem Anstieg empor zur Baumgrenze und über den zum Ostgrat des Berges (Weiße Wand) zum Gipfel. *HU 1460 m, gut 4 Std., für Gehtüchtige leicht und lohnend.*

2093
Nach Elzenbaum 975 m

Baulich zum Teil sehenswerte Siedlung nordwestlich von Stilfes am Bergfuß; Einkehrmöglichkeit im malerischen Ansitz Senftenburg. Unweit ein mittelalterlicher Wohnturm sowie das Schloss Reifenstein.

a) Von Stilfes der Markierung 20 B folgend auf Wiesenwegen nahezu zum kleinen Weiler Weihern und weiter nach Elzenbaum. *HU gering, gut 1 Std., leicht und lohnend.*

b) Von Stilfes dem Wegweiser »Schaitach« folgend durch Wald in mäßiger Steigung hinauf zum Weiler Schaitach (1221 m) und, wieder durch Wald, hinunter nach Elzenbaum. *HU 259 m aufwärts, 246 m abwärts, knapp 1 ½ Std., leicht und lohnend.*

2094
Zum Schloss Reifenstein 982 m

Gut erhaltene mittelalterliche Burg mit sehenswertem Inneren (regelmäßige Führungen) und nahem Kirchlein auf einem länglichen Felshügel unweit von Elzenbaum.

Von Elzenbaum (R 2093) auf der die Talsohle überquerenden Straße leicht abwärts zum Fuß des Burghügels und auf dessen Ostseite auf Serpentinenweg hinauf zur Burg. *HU ca. 50 m, 20 Min., leicht und lohnend.*

2095
Zum Schloss Sprechenstein   1071 m

Auf Halbweg zwischen Trens und Sterzing auf der östlichen Talseite gelegene Burg mit rundem Bergfried. Das Innere nicht zugänglich.

Von Trens auf Weg 24 zuerst an Höfen vorbei und dann steile Waldhänge querend in zuerst leicht ansteigender und dann nahezu ebener Wanderung nordwestwärts zur Burg. *HU 84 m, 1 Std., leicht und lohnend.*

2096
Nach Wiesen   948 m

Charakteristik: R 2208.

Von Trens wie bei R 2095 zum Schloss Sprechenstein und weiterhin der Markierung 24 folgend auf breitem Weg durch Waldhänge und am Wendelhof vorbei in teils ebener, teils leicht absteigender Querung nach Wiesen. *HU 123 m, 2 Std., leicht und lohnend.*

2097
Nach Partinges   1384 m

Höfegruppe in schöner Lage nordöstlich oberhalb Trens.

Von Trens stets auf Weg 5 zuerst durch Wiesen und dann durch steilen Wald nordöstlich hinauf nach Partinges. *HU 397 m, gut 1 Std., leicht und lohnend.*

2098
Nach Valgenäun   1109 m

Streuweiler südwestlich von Trens; auf einer spitzen Kuppe das weithin sichtbare Valentinskirchlein.

Von Trens auf Weg 2 A nahezu eben durch Wald und Wiesen südostwärts hinüber zu den Höfen von Valgenäun (1053 m) und kurz hinauf zum Kirchlein. *HU 122 m, knapp 1 Std., leicht und lohnend.*

2099
Nach Niederflans   1288 m

Charakteristik: R 2082.

a) Von Trens wie bei R 2098 nach Valgenäun und weiterhin der Markierung 2 A folgend teils auf dem alten Weg, teils auf der Autozufahrt leicht ansteigend nach Niederflans. *HU 301 m, 1 ½ Std., leicht und lohnend.*

b) Von Trens wie bei R 2097 nach Partinges (Moarhof), dann auf bez. Höhensteig steile Waldhänge querend südostwärts und zuletzt teilweise absteigend nach Niederflans. *HU 397 m aufwärts, 146 m abwärts, 2 ½ Std., leicht und lohnend.*

2100
Höllenkragen   2387 m

Wuchtiger, auch im Gipfelbereich noch begrünter Berg nordöstlich über dem Gebiet von Freienfeld.

Von Trens wie bei R 2097 hinauf nach Weiler Partinges, stets auf Weg 5 durch Wald hinauf zu Bergwiesen, auf Steig 5 weiter empor zum Jägerschartl und links am Grat hinauf zum Gipfel. *HU 1400 m, 4 Std., für Gehtüchtige leicht und lohnend.*

2101
Wilder See   2538 m

Charakteristik: R 2308.

Von Niederflans (R 2099) auf Weg 2 A ostwärts hinein ins Sengestal, durch dieses auf Weg 2 hinauf zu den Sengesalmen (1579 bzw. 1670 m), auf Steig 2 weiter empor zum Sengesjöchel (2616 m) und jenseits kurz hinab zum See.

2102
Wilde Kreuzspitze   3135 m

Unvergletscherter, zweigipfeliger Berg zwischen Eisacktal, Pfitschtal und Valser Tal.

Von Niederflans wie bei R 2101 zum Wilden See, auf Steig 20 nordostwärts hinauf in die Rauhtalscharte (2808 m) und auf Steig 18 steil empor zum Gipfel. *HU 1847 m, 5–6 Std., für Bergerfahrene und sehr Gehtüchtige unschwierig und lohnend.*

2106 STERZING — AUSGANGSORT — 948 m

Städtchen mit schönem historischem Kern im Nordteil des sagenumwobenen Sterzinger Mooses, einer ausgedehnten ebenen Wiesenfläche. Wahrzeichen ist der als Stadtturm einzigartige Zwölferturm. Umlaufbahn auf den Roßkopf. Rund um den Sterzinger Talkessel einige schön gelegene Dörfer, Kirchen und Burgen.

2107 Nach Thuins — 1070 m

Westlich über Sterzing gelegenes Dorf mit spitztürmiger Kirche und Gastbetrieben.
Von Sterzing der Markierung 18 (und 20 B) folgend auf Fahrweg durch Wiesenhänge und die Autobahn unterquerend hinauf nach Thuins. *HU 122 m, 20 Min. leicht, hübsch.*

2108 Nach Telfes — 1250 m

Sonnig gelegenes Doppeldorf (Obertelfes 1250 m, Untertelfes 1233 m) mit zwiebeltürmigen Kirchen westlich von Sterzing über dem äußeren Ridnauntal. Gaststätten.
Von Sterzing wie bei R 2107 nach Thuins und auf Weg 18 abseits der Straße durch Wiesen hinauf nach Telfes. *HU 302 m, knapp 1 ½ Std., leicht und lohnend.*

2109 Roßkopf (Köpfl) — 2189 m

Begraster Berg schwach nordwestlich von Sterzing. Am Südosthang Gastbetriebe, Wintersportanlagen und Bergstation der von Sterzing heraufführenden Umlaufbahn (1900 m).
a) Von der Bergstation der Seilbahn bzw. von den nahen Gastbetrieben auf Weg 19 nordwärts über Almgelände zur Kastellacke, einem Almseelein, und links über den Gratrücken hinauf zum Gipfel (»Köpfl« genannt). *HU 289 m, 1 Std., leicht und lohnend.*
b) Von Sterzing (Nordparkplatz) stets auf Waldweg 23 in ca. 3 Std. hinauf zur Bergstation der Seilbahn und wie bei a weiter zum Ziel. *HU 1241 m, knapp 4 Std., leicht und lohnend.*
c) Von Sterzing stets der Markierung 19 folgend über den Streuweiler Raminges und durch Wald hinauf zu den Gastbetrieben und wie bei a weiter. *HU 1241 m, 3 ½ Std., leicht und lohnend.*

2110 Zur Vallmingalm — 1813 m

Kleines Almdorf mit Ausschank im obersten Vallmingtal nordseitig unter dem Roßkopf. Sonnige Lage.
Von der Seilbahnbergstation am Roßkopf (R 2109) auf Weg 19 über Almgelände nordwärts zur Kastellacke, einem Almseelein (1920 m), und jenseits auf bezeichnetem Steig in etwa 10 Min. hinunter zur Alm.
HU ca. 100 m, knapp 1 Std., leicht und lohnend.

2111 Telfer Weißen — 2588 m

Mehrgipfeliger Bergaufbau aus hellem Dolomit westlich des Roßkopfs bzw. zwischen Ridnaun und Pflersch.
a) Von der Seilbahn-Bergstation am Roßkopf (R 2109) auf Weg 23 westwärts bis in die Nähe der Kuhalm, rechts auf Steig 23 über steinige Grashänge empor zum Südostgrat der Telfer Weißen, über die felsige Ostflanke problemlos zum Ostgipfel (2566 m), durch einen kurzen Felskamin (Halteseil) hinab in eine kleine Scharte und auf leicht ausgesetztem Steiglein zur Spitze. *HU 688 m, 2 ½ Std., bis zum Ostgipfel leicht, der Hauptgipfel bleibt Geübten vorbehalten.*
b) Variante zu Route a: Von der Kuhalm auf dem ebenen Höhenweg weiter zur

OBERES EISACKTAL (SÜDLICHES WIPPTAL)

Thuins bei Sterzing

Ochsenalm, erst hier rechts ab, auf Steig 23 A über steinige Grashänge steil hinauf zum Steig 23 und wie bei a weiter zum Ziel. Anforderung und Gehzeit in etwa wie a.

2112
Ridnauner Höhenweg

Großartiger Höhenweg, der vom Roßkopf oberhalb Sterzing bis zur Prischeralm über dem Ridnauner Talschluss führt.

Von der Seilbahnbergstation am Roßkopf (1900 m; R 2109) auf breitem Weg 23 und 23 A die Almhänge querend westwärts zur Ochsenalm (1905 m, Ausschank), wenig später, nun Markierung 23 B, auf schmalem Steig ein gutes Stück aufwärts und dann in langer Querung steiler Grashänge und einiger kleiner, sehr steiler Bachgräben (Vorsicht!) zur Prischeralm (2160 m, Ausschank; von dort auf Weg 27 in 1 ½ Std. hinab nach Maiern). *HU ca. 400 m, 4 Std., für Berg- und Gehgewohnte mit etwas Trittsicherheit unschwierig, sehr lohnend.*

2113
Nach Ried   1016 m

Zwischen Sterzing und Gossensaß ostseitig gelegenes Dorf mit Gasthaus, zwiebeltürmiger Kirche und verstreuten Höfen. Oberhalb Ried die Burg Straßberg.

Von der Häusergruppe Maibad am Nordrand von Sterzing zuerst durch die Eisenbahnunterführung und dann auf Waldweg 21 in weitgehend ebener Wanderung nach Ried. *HU gering, 1 Std., leicht und lohnend.*

2114
Nach Gossensaß   1098 m

Charakteristik: R 2242.

Von Ried (R 2113) stets der Markierung 21 folgend zuerst auf Höfestraße über den Ortsteil Oberried zur Burg Straßberg (1155 m), auf weitgehend ebenem Waldweg durch die Hänge nordwärts und zuletzt auf Höfestraße kurz hinunter nach Gossensaß. *HU ca. 150 m, gut 1 Std., leicht und lohnend.*

2115
Nach Flains   1030 m

Schön gelegenes Dorf mit Kirche und Gasthaus östlich über Sterzing.

Von Sterzing (Bahnhofstraße) der Markierung 3 folgend auf schmaler Straße durch Wiesenhänge ostwärts hinauf nach Flains. *HU 82 m, 20 Min., leicht und hübsch.*

2116
Nach Schmuders — 1346 m

Sonnig gelegener Streuweiler östlich über Sterzing. Beim Braunhof Einkehrmöglichkeit.
Von Sterzing wie bei R 2115 nach Flains und weiterhin der Markierung 3 folgend teils abseits der Höfestraße, teils auf dieser hinauf nach Schmuders. *HU ca. 350 m, 1 Std., leicht und lohnend.*

2117
Zur Prantneralm — 1800 m

Oberhalb Ried noch im Waldbereich liegende Almhütte mit Ausschank. Schöne Aussicht.
Von Schmuders (R 2116) der Markierung 3 folgend teils auf der alten Militärstraße, teils auf Fußweg in großteils nur leicht ansteigender Waldquerung nordwärts zur Alm. *HU ca. 500 m, 1 ½ Std., leicht und lohnend.*

2118
Zur Hühnerspielhütte — 1868 m

Charakteristik: R 2243.
Von Schmuders wie bei R 2117 zur Prantneralm, auf breitem Weg 3 leicht ansteigend zur Riedbergalm (1947 m) und auf Weg 11 weiter die Hänge querend über die Platzalm zur Hühnerspielhütte. *HU ca. 650 m, 3 Std., leicht und sehr lohnend.*

2119
Weißspitze — 2716 m

Heller Dolomitgipfel nordöstlich von Sterzing.
Von Schmuders (R 2116) wie bei R 2118 zur Riedbergalm (1947 m), hier rechts ab und der Markierung 3 folgend über Almgelände und Blockwerk hinauf zum Gipfel. *HU ca. 1400 m, 4 Std., für Gehtüchtige leicht und sehr lohnend.*

2120
Zum Schloss Sprechenstein — 1071 m

Charakteristik: R 2095.

Die Weißspitze über der Riedbergalm

Von Sterzing (Bahnhofstraße) zuerst auf dem linken und dann auf dem rechten Damm des Eisacks in ebener Wanderung südwärts bis zur Staatsstraße, auf dieser kurz weiter zum Gasthaus Burgfrieden und auf Serpentinenweg am Grashang hinauf zur Burg. *HU 123 m, 1 ½ Std., leicht und lohnend.*

2121
Nach Trens — 987 m

Charakteristik: R 2089.
Von Sterzing wie bei R 2120 zum Gasthaus Burgfrieden und auf dem »Besinnungsweg« zuerst eben und zuletzt leicht ansteigend nach Trens. *HU 39 m, 2 Std., leicht und lohnend.*

2122
Zum Schloss Reifenstein — 982 m

Charakteristik: R 2094.
Von Sterzing wie bei R 2120 neben dem Eisack südwärts bis zur Staatsstraße, kurz rechts zu der nach Elzenbaum führenden Straße, auf dieser westwärts zum Ostfuß des Reifensteiner Burghügels und auf Serpentinenweg hinauf zur Burg. *HU gering, 1 ½ Std., leicht und lohnend.*

2123
Nach Stilfes 962 m

Charakteristik: R 2089.
Von Sterzing wie bei R 2122 bis unter den Burghügel von Schloss Reifenstein, auf der Straße kurz weiter nach Elzenbaum und der Markierung 20 B folgend auf Wiesenwegen in weitgehend ebener Wanderung, am Gehöft Weihern vorbei, südostwärts nach Stilfes. *HU gering, 2 ½ Std., leicht und lohnend.*

2124
Zinseler 2422 m

Charakteristik: R 2092.
Von der Sterzinger Pfarrkirche zunächst ca. 15 Min. der Straße nach in Richtung Penser Joch bis zum Bergfuß, nun stets der Markierung 14 folgend durch Wald und über den Streuweiler Außer-Rust hinauf zum Bergweiler Gupp (1465 m), auf Waldweg 14 weiter empor zur Baumgrenze und schließlich über den langen Nordgrat des Berges unschwierig zum Gipfel. *HU 1474 m, gut 4 Std., für Gehtüchtige leicht und lohnend.*

2125
Sarntaler Weißhorn 2705 m

Besonders formschöner Felsgipfel westlich des Penser Joches.
Vom Penser Joch (R 2091) stets auf Weg bzw. Steig 12 A teils eben, teils ansteigend quer durch die Berghänge zum Gröllerjoch und auf teilweise gesichertem Felssteig sehr steil empor zum Gipfel. *HU 490 m, 2 ½ Std.; für Trittsichere und Schwindelfreie nicht schwierig; lohnend.*

2126
Tatschspitze 2526 m

Wuchtiger Granitberg südöstlich des Penser Jochs im Sarntaler Ostkamm.
Vom Penser Joch (R 2091) auf der Straße südseitig kurz abwärts zur Penser Alm (2158 m), links nun stets auf Steig 14 A zuerst hinauf gegen den Astner Berg, dann mit geringen Höhenunterschieden dem Kamm folgend ostwärts zum Fuß der Südwestflanke des Berges und über Blockwerk (markiert) empor zum Gipfel. *HU 368 m, 2 ½ Std., für Gehgewohnte unschwierig und sehr lohnend.*

2127
Nach Gasteig 968 m

Charakteristik: R 2131.
Von der Sterzinger Pfarrkirche zunächst ca. 15 Min. der Straße nach in Richtung Penser Joch bis zum Bergfuß, hier rechts ab und dem Wegweiser »Gasteig« folgend großteils durch Wald und vorbei an der Einsiedel-Kapelle in ebener Wanderung westwärts nach Gasteig. *HU gering, gut 1 Std., leicht und lohnend.*

2131 AUSGANGSORT
GASTEIG 968 m

Erstes Dorf an der Straße von Sterzing ins Ridnauntal am Beginn der Straße über den Jaufenpass. Abzweigung auch der Straße ins Jaufental. Gastbetriebe, kleine Kirche.

2132
Zinseler 2422 m

Charakteristik: R 2092.
Von der Häusergruppe Außerthal im Jaufental (1082 m) auf Waldweg 15 A südostwärts hinauf zum Weiler Gospeneid (1469 m), auf Weg und Steig 15 durch Wald und Almhänge hinauf zum Gospeneider Jöchl (2306 m) und links über den Kamm zum Gipfel. *HU 1340 m, knapp 4 Std., für Gehtüchtige leicht und lohnend.*

2133
Zum Penser Joch 2215 m

Charakteristik: R 2091.
Von Sennhof im Jaufental (1090 m; zwischen Außerthal und Mitterthal) auf Weg 15 B durch das Seiterbergtal in langem

Aufstieg hinauf ins Seiterbergjöchl (2159 m) und auf der Straße in 15 Min. zum Penser Joch. *HU 1125 m, knapp 3 ½ Std., für Gehtüchtige leicht und lohnend.*

2134
Zum Jaufenpass — 2099 m

Straßenübergang von Sterzing im Wipptal nach St. Leonhard in Passeier. Unterhalb der Passhöhe das Sterzinger Jaufenhaus (1993 m, Gasthaus), auf der Passhöhe kleine Gaststätten. Schöne Aussicht.

a) Von Mitterthal (1148 m, Hauptort des Jaufentales) auf der Straße hinein nach Oberthal und hinauf zum Weiler Schluppes (1475 m), auf Weg 12 weiter über Grashänge hinauf zum Sterzinger Jaufenhaus (ab Mitterthal 2 ½ Std., ab Schluppes 1 ½ Std.) und teils auf der Straße, teils diese abkürzend hinauf zum Jaufenpass. *HU 951 m, knapp 3 Std., leicht und lohnend.*

b) Von Gasteig der Markierung 17 A folgend großteils durch Wald hinauf zum Gostjöchl (flache Erhebung, auch Platschjoch genannt, 1799 m), über den Waldrücken weitgehend eben zum Sterzinger Jaufenhaus und wie bei a zum Pass. *HU 1131 m, 4 Std., für Gehtüchtige leicht und lohnend.*

c) Von Gasteig stets der Markierung 11 folgend großteils auf dem alten Jaufenweg durch die Waldhänge und am Weiler Kalch vorbei hinauf zum Jaufenhaus und wie bei a zum Pass. *HU 1131 m, knapp 3 ½ Std., für Gehgewohnte leicht und lohnend.*

2135
Plattspitze (Hochplatte) — 2546 m

Markanter, frei aufragender Felsgipfel über dem innersten Jaufental bzw. südöstlich der Jaufenspitze.

Vom Jaufenhaus (R 2134) auf Steig 12 südseitig kurz hinab zu Wegteilung, rechts der Markierung 12 B folgend über steiniges Almgelände hinauf zu den Gipfelfelsen, über sie in kurzer Felsturnerei empor zum Nordostgrat und über ihn (stets markiert) zum Gipfel. *HU ca. 600 m, 2 ½ Std., für Trittsichere mit Bergerfahrung nicht schwierig, lohnend.*

2136
Jaufenspitze — 2481 m

Von Norden gesehen sehr schöne Felsspitze südöstlich über dem Jaufenpass.

Vom Jaufenpass (R 2134) der Markierung 11 folgend südseitig hinüber zu einer Scharte und dann teils über den Felsgrat (an ausgesetzten Stellen Seilsicherungen), teils in der linken oder rechten Flanke steil empor zum Gipfel. *HU 382 m, gut 1 Std., für Trittsichere mit etwas Felserfahrung unschwierig und lohnend.*

2137
Saxner — 2358 m

Verhältnismäßig ausgeprägter Gipfel in dem vom Jaufenpass westwärts ziehenden Kamm.

Vom Jaufenpass (R 2134) auf der Passstraße kurz hinauf zur Linkskehre, rechts auf Weg 12 die Hänge querend zum Rinnersattel; nun auf markierten Steigspuren entweder unmittelbar über den Kammverlauf oder aber südseitig auf breitem Weg zur Flecknerhütte (Schutzhütte, 2100 m), auf dem guten Weg noch ein Stück weiter und erst dann (markiert) hinauf zum Grat und links zum Saxner. *HU 365 m, 2 Std., für Gehgewohnte leicht und lohnend.*

2138
Glaitner Spitze (Glaitner Hochjoch) — 2390 m

Ausgeprägter Gipfel in dem vom Jaufen westwärts ziehenden Kamm.

Vom Jaufenhaus (R 2134) wie bei R 2137 zum Rinnersattel und südseitig zur Flecknerhütte, dann die Südhänge querend auf markiertem Weg bzw. Steig zum Glaitner Joch und hinauf zum Gipfel. *HU 397 m, 3 Std., für etwas Geübte leicht und lohnend.*

Die Gilfenklamm bei Stange

2139
Nach Kalch 1443 m

Von Wiesen umgebene Höfegruppe mit Gastbetrieben an der Jaufenstraße ungefähr auf Halbweg zwischen Gasteig und Jaufen. Hübsche Aussicht.
Von Gasteig stets der Markierung 11 folgend großteils auf dem alten Jaufenweg abseits der Straße vorwiegend durch Wald hinauf nach Kalch. *HU 475 m, knapp 1 ½ Std., leicht und lohnend.*

2143 — AUSGANGSORT
STANGE 970 m

An der Mündung des Ratschinger Tales in das äußere Ridnauntal zwischen Gasteig und Mareit gelegenes Dorf, Sitz der Gemeindeverwaltung Ratschings. Gastbetriebe, Abzweigung der Straße ins Ratschinger Tal.

2144
Zur Ruine Reifenegg 1151 m

Aus dem mächtigen Bergfried mit Trautsonwappen und wenigen Mauerresten bestehende mittelalterliche Burgruine südlich über Stange.
Von Stange auf bezeichnetem Weg in Serpentinen durch steilen Wald hinauf zur Burg. *HU 181 m, 20 Min., leicht und burgenkundlich lohnend.*

2145
Gilfenklamm

Rund einen Kilometer lange, in weißes Marmorgestein geschnittene Felsschlucht mit Wasserfällen und kühner Weganlage (Begehung gebührenpflichtig); beeindruckendste Felsklamm Südtirols.
Von Stange den Wegweisern folgend zuerst am Ratschinger Bach nahezu eben talein und dann über Stege und Treppen durch die Klamm teils eben, teils stärker ansteigend nach Jaufensteg an der Ratschinger Talstraße (1149 m, Gasthaus).
HU 179 m, knapp 1 Std., leicht und äußerst lohnend.

2146
Nach Kalch 1443 m

Charakteristik: R 2139.
Von Stange wie bei R 2145 durch die Gilfenklamm nach Jaufensteg und auf Weg 11 A durch Wiesen und Wald südwärts empor nach Kalch. *HU 473 m, knapp 2 Std., leicht und lohnend.*

2147
Zum Jaufenhaus bzw. Jaufenpass

Charakteristik: R 2134. Touren vom Jaufen aus: R 2135 ff.
Von Kalch (R 2146) stets der Markierung 11 folgend großteils auf dem alten Jaufenweg abseits der Straße durch Wald und Bergwiesen hinauf zum Jaufenhaus (1993 m, gut 1 ½ Std.) und weiter zum Jaufenpass. *HU 656 m, knapp 2 Std., leicht und lohnend.*

2148
Mareiter Stein   2192 m

Gedrungene Berggestalt aus Ratschinger Marmor, im Winkel zwischen Ratschings und Ridnaun aufragend.
a) Vom Weiler Pardaun oberhalb Stange (1143 m) stets auf Weg 25, vorbei am Platzhof (1351 m), durch Wald hinauf zu Weggabel (1565 m), nun auf Steig 25 A hinauf zur Waldgrenze und über den Bergrücken zum höchsten Punkt. *HU 1049 m, gut 3 Std., für Berggewohnte leicht und lohnend.*
b) Von Pardaun wie bei a zur Abzweigung der Markierung 25 A oberhalb des Platzhofes, auf dem Fahrweg 25 bleibend zur Äußeren Wurzeralm (1821 m) und auf Steig 25 über freie Hänge hinauf zum Gipfel. *HU 1049 m, gut 3 ½ Std., für Gehgewohnte leicht und lohnend.*

2149
Zu den Wurzeralmen   1821–1863 m

Die Äußere Wurzeralm (1821 m) liegt unter der felsigen Nordflanke des Mareiter Steins (Marmorbruch); die Innere Alm befindet sich ein Stück weiter westlich. Beide mit Ausschank.
Von Pardaun wie bei 2148/a zu Weggabel (1565 m), auf dem Fahrweg 25 bleibend zur Äußeren Wurzeralm (1821 m) und nahezu eben weiter zur Inneren Wurzeralm (1863 m). *HU 720 m, knapp 2 ½ Std., leicht, bedingt lohnend.*

2150
Nach Mareit   1039 m

Charakteristik: R 2175.
Vom Stange stets den Wegweisern »Mareit« und der Markierung 10 folgend zuerst hinüber zum Wald und zum Talbach und auf schönem Waldweg hinein nach Mareit. *HU gering, knapp 1 ½ Std., leicht und lohnend.*

2154   AUSGANGSORT
BICHL (INNERRATSCHINGS)   1280 m

Hauptort des Ratschinger Tales, das bei Stange vom äußeren Ridnauntal abzweigt. Spitztürmige Hügelkirche, Gastbetriebe, südseitig Sessellift ins Gebiet der Rinneralm (im Winter Skigebiet). Im Talschluss der Weiler Flading (1482 m).

2155
Zur Rinneralm   1890 m

Südlich von Bichl oberhalb der Waldgrenze gelegene Alm; bis wenige Gehminuten unterhalb der Alm von Bichl heraus Sessellift (Bergstation 1840 m).
a) Von Bichl über den Talbach und dann der Markierung 13 B folgend großteils durch Wald hinauf zur Bergstation des Lifts und weiter zur Alm. *HU 580 m, gut 1 ½ Std., leicht und lohnend.*
b) Von der Inneren Wumblsalm (R 2162) auf Steig 15 in weitgehend ebener Hangquerung über die Äußere Wumblsalm und die Wasserfallalm ostwärts zur Rinneralm. *HU gering, 2 Std., leicht und lohnend.*

2156
Zum Sterzinger Jaufenhaus   1993 m

Charakteristik: R 2134.
Von der Rinneralm (R 2155) auf bezeichnetem Weg über die Almhänge südostwärts hinauf zum Jaufenhaus. *HU 103 m, 20 Min., leicht und lohnend.*

2157
Zum Jaufenpass 2099 m

Charakteristik: R 2134.
Von der Rinneralm wie bei R 2156 zum Sterzinger Jaufenhaus und der Markierung 11 folgend über Almgelände hinauf zum Pass. *HU 209 m, ¾ Std., leicht und lohnend.*

2158
Jaufenspitze 2481 m

Siehe R 2136.

2159
Flecknerhütte 2100 m

Aussichtsreich gelegene Schutzhütte an der Südseite des Kammes, der das Ratschinger Tal südseitig begrenzt.

a) Von der Rinneralm (R 2155) auf Weg 15 westwärts zur Landler- oder Wasserfallalm, auf Steig 13 B südwärts über die Almhänge hinauf zum Rinnersattel (2064 m), kurz südwärts hinab und rechts auf breitem Weg durch die Südhänge westwärts zur Hütte. *HU 210 m, 1 Std., leicht und lohnend.*

b) Vom Jaufenhaus (R 2156) der Markierung 11 und teilweise der Passstraße folgend hinauf zur letzten Linkskehre der Straße, nun rechts auf Weg 12 westwärts zum Rinnersattel und wie bei a weiter zur Hütte. *HU 107 m, 1 Std., leicht und lohnend.*

2160
Flecknerspitze 2331 m

Gipfel südwestlich über Bichl in dem vom Jaufen westwärts streichenden Kamm.

a) Von der Rinneralm wie bei R 2159/a zum Rinnersattel und der Markierung 12 folgend auf Steigspuren über den Gratrücken westwärts hinauf zum Gipfel. *HU 441 m, 1 ½ Std., für Berggewohnte unschwierig und lohnend.*

b) Von der Flecknerhütte (R 2159) auf breitem Weg kurz westwärts, dann (Wegweiser) über felsige Steilhänge empor in eine Scharte und rechts kurz zum Gipfel. *HU 231 m, ¾ Std., für Gehgewohnte nicht schwierig, lohnend.*

2161
Saxner 2358 m

Ausgeprägter Gipfel südlich über dem inneren Ratschingstal in dem vom Jaufen westwärts streichenden Kamm.

a) Von der Flecknerspitze (R 2160) der Markierung 12 folgend westwärts kurz hinab in eine Scharte und jenseits hinauf zum Gipfel. *HU gering, 20 Min., unschwierig und lohnend.*

b) Von der Glaitner Spitze (R 2165) auf markiertem Steig südöstlich durch steile Grashänge hinab ins Glaitner Joch (2249 m) und ostwärts auf Steig 12 über den Kammrücken hinauf zum Saxner. *HU 141 m, ½ Std., unschwierig und lohnend.*

2162
Innere Wumblsalm 1906 m

Hübsche Alm oberhalb der Waldgrenze südlich über dem inneren Ratschingstal.

a) Bald nach dem Pulverer-Hof zwischen Bichl und Flading (1384 m, 3,5 km innerhalb Bichl) auf Weg 10 zuerst über den Bach (Brücke) und dann durch Wald großteils steil hinauf zur Alm. *HU 522 m, 1 ½ Std., leicht und lohnend.*

b) Von der Äußeren Wumblsalm (R 2167) auf Steig 15 in nahezu ebener Hangquerung westwärts zum Ziel. *HU gering, knapp 1 Std., leicht und lohnend.*

2163
Klammalm 1925 m

Westlich über dem Ratschinger Talschluss gelegene Alm mit Ausschank in schöner Umgebung.

Vom Weiler Flading im innersten Ratschingstal (1482 m) auf Weg 12 westwärts durch Wald und über Almhänge mittelsteil hinauf zur Alm. *HU 443 m, knapp 1 ½ Std., leicht und lohnend.*

Die Klammalm in Ratschings

2164
Kleine Kreuzspitze 2518 m

Felsgipfel südwestlich über Flading.

Von der Inneren Wumblsalm (R 2162) auf Steig 10 über die Almhänge hinauf zum Schlattacher Joch (2264 m), auf Steig 12 westwärts zum Übelsee (R 2166), weiterhin auf Steig 12 an der südseitigen Grasflanke empor zu einem Jöchl und rechts kurz zum Gipfel. *HU 612 m, knapp 2 Std., für Gehgewohnte nicht schwierig, lohnend.*

2165
Glaitner Spitze
(Glaitner Hochjoch) 2390 m

Charakteristik: R 2138.

Von der Inneren Wumblsalm wie bei R 2164 hinauf ins Schlattacher Joch (2264 m) und auf Steig 12 links, südöstlich, über den Kammrücken empor zum Gipfel. *HU 484 m, 1 ½ Std., leicht und lohnend.*

2166
Übelseen 2313 m

Unter der Kleinen Kreuzspitze auf Passeirer Seite gelegene Seengruppe mit stattlichem Hauptsee.

Von der Inneren Wumblsalm wie bei R 2164 zum Schlattacher Joch und auf Steig 12 kurz westwärts zum Ziel. *HU 407 m, 1 ¼ Std., leicht und lohnend.*

2167
Äußere Wumblsalm 1865 m

Aussichtsreiche Alm südwestlich von Bichl oberhalb der Waldgrenze.

a) Von der Bergstation des Sessellifts (1840 m) auf breitem Weg südwestwärts zur Wasserfall- oder Landleralm und auf Steig 15 A in nahezu ebener Hangquerung zum Ziel. *HU gering, knapp 1 ½ Std., leicht und lohnend.*

b) Von Bichl auf der Talstraße kurz westwärts zum links abzweigenden Waldweg 15 und auf diesem, vorbei an der Kaserlichtalm (1717 m), südseitig hinauf zum Ziel. *HU 585 m, knapp 2 Std., leicht und lohnend, aber steil.*

c) Von der Inneren Wumblsalm (R 2162) auf Steig 15 in nahezu ebener Hangquerung ostwärts zum Ziel. *HU gering, knapp 1 Std., leicht und lohnend.*

2168
Hohe Kreuzspitze 2746 m

Prächtige, aus weißem Marmor aufgebaute Berggestalt südwestlich über dem Ratschinger Talschluss.

a) Von der Klammalm (R 2163) stets der Markierung 12 folgend über Grasgelände südwestwärts hinauf über kleinen Butzsee, dann über Grasstufen und Geröll empor zur felsigen Gipfelzone und zum höchsten Punkt mit dem Kreuz. *HU 821 m, knapp 2 ½ Std., für Gehgewohnte nicht schwierig, lohnend.*

b) Von der Inneren Wumblsalm (R 2162) wie bei R 2164 zur Kleinen Kreuzspitze und weiterhin der Markierung 12 folgend über den teilweise scharfen und steilen Grat westwärts zum Gipfel der Hohen Kreuzspitze. *HU 840 m, 2 ½ Std., für Bergerfahrene nicht schwierig, aber Trittsicherheit und Schwindelfreiheit erforderlich; lohnend.*

2169
Hohe Ferse 2669 m

Ausgeprägter Gipfel nördlich über Flading bzw. südwestlich über Ridnaun.

Zwischen Bichl und Flading (2,5 km innerhalb Bichl, 1370 m) bei Wegweiser »Großwand« von der Straße rechts ab, auf Steig 14 A nordwestlich hinauf zu den Bergwiesen, steil empor zur Großwand (2359 m) und links großteils dem Grat ausweichend in teilweise sehr steilem Grasgelände zum Gipfel der Hohen Ferse. *HU 1299 m, 3 ½ Std., nicht schwierig, aber Gehtüchtigkeit und Bergerfahrung notwendig.*

2170
Mareiter Stein 2192 m

Wuchtiger Berg aus weißem Marmorgestein (an den Hängen Steinbrüche) zwischen Ratschings und Ridnaun.

Von Bichl kurz talein, dann rechts auf Weg bzw. Steig 14 großteils steil durch Wald und Grasflanken empor zum Kamm und wieder rechts über den Grat zum Gipfelkreuz. *HU 912 m, 2 ½ Std., für Gehtüchtige unschwierig und lohnend.*

2171
Nach Jaufensteg 1149 m

Häusergruppe mit Kapelle und Gasthaus an der Ratschinger Talstraße bzw. am oberen Ende der Gilfenklamm.

Von Bichl stets der Markierung 13 folgend auf der alten Talstraße nahezu eben talaus nach Jaufensteg. *HU gering, 1 ½ Std., leicht und lohnend.*

2175 AUSGANGSORT
MAREIT 1032 m

Stattliches Dorf mit spitztürmiger Kirche und Gastbetrieben im mittleren Ridnauntal am Fuß des Burghügels mit dem beherrschenden Barockschloss Wolfsthurn (1070 m, Jagd- und Fischereimuseum).

2176
Mareiter Stein 2192 m

Charakteristik: R 2170.

Von Mareit stets der Markierung 25 A folgend durch die anfangs steilen, später weniger steilen Waldhänge südwärts hinauf zum Ostkamm des Berges und über ihn mäßig ansteigend zum höchsten Punkt. *HU 1160 m, 3 ½ Std., für Gehgewohnte leicht und lohnend.*

2177
Zu den Wurzeralmen 1821 bzw. 1863 m

Charakteristik: R 2149.

Von Mareit der Markierung 25 A folgend durch steile Waldhänge südwärts hinauf zum querenden Fahrweg 25 (1567 m) und auf diesem rechts leicht ansteigend zur Äußeren und Inneren Alm. *HU 831 m, 3 – 3 ½ Std., leicht und lohnend.*

2178
Hochspitze 2424 m

Westlich des Mareiter Steins aufragender Gipfel.

St. Magdalena in Ridnaun

Von der Äußeren Wurzeralm (R 2177) auf Steig 25 A über die freien Hänge hinauf bis zur Abzweigung der Markierung 14, dieser folgend rechts zum Steig 14 A und auf diesem westwärts, die Wurzeralpenspitze überschreitend, zur Hochspitze. *HU 602 m, 2 Std., für Gehgewohnte unschwierig und lohnend.*

2179
Zur Knappenkirche St. Magdalena 1414 m

Unweit von Ridnaun stehende, kunsthistorisch wertvolle Hügelkirche mit Blick zu den Ridnauner Hochgipfeln.

Von Mareit auf der nach Ridnaun führenden Talstraße kurz hinauf, dann rechts ab (Schild »Hofmannsteg«), auf schmaler Höfestraße durch Wiesen und an Höfen vorbei westwärts hinauf und zuletzt rechts abbiegend (Wegweiser »St. Magdalena«) durch Wald weiter empor zum Kirchlein. *HU 382 m, 1 ½ Std., leicht und lohnend.*

2180
Nach Ridnaun 1342 m

Charakteristik: R 2186.

Von Mareit wie bei R 2179 in Richtung St. Magdalena, zuletzt aber auf Weg 9 geradeaus weiter hinauf zur Häusergruppe Gasse und auf dem hübschen alten Talweg hinein nach Ridnaun. *HU 320 m, 1 ½ Std., leicht und lohnend.*

2181
Nach Telfes 1250 m

Charakteristik: R 2108.

Von Mareit auf dem nach Unterackern führenden Sträßchen kurz talaus, dann links ab und auf schmaler Höfestraße (Markierung 18) durch Wiesenhänge hinauf nach Unter- und Obertelfes. *HU 218 m, knapp 1 Std., leicht und lohnend.*

2182
Roßkopf 2189 m

Charakteristik: R 2109.

Von Obertelfes (R 2181) auf dem bezeichneten, die alte Militärstraße abkürzenden Weg zuerst kurz durch Wiesenhänge und dann im Wald nordostwärts ansteigend zum Weg 23, auf diesem zur Bergstation der Umlaufbahn (1900 m; ab Telfes knapp 2 Std.) und wie bei R 2109/a weiter zum Roßkopf-Gipfel. *HU 939 m, 3 Std., für Gehgewohnte leicht und lohnend.*

2186 — AUSGANGSORT
RIDNAUN — 1342 m

Kleines Dorf mit barocker Kirche und Gastbetrieben im inneren Ridnauntal; schöner Blick zu den Gletscherbergen der zentralen Stubaier Alpen. Die Talstraße führt von der Ortschaft Ridnaun noch 3 km talein zur Häusergruppe Maiern (1372 m, Gastbetriebe) und zum Talschluss mit der Erzaufbereitung des ehemaligen Bergwerks (1417 m, Bergbaumuseum, Gaststätte).

2187
Zur Knappenkirche St. Magdalena — 1414 m

Charakteristik: R 2179.
Von Ridnaun auf dem alten Talweg (Markierung 9) talaus zur Häusergruppe Gasse (hier nach dem Schlüssel fragen) und links auf breitem Weg hinan zum Kirchlein. *HU knapp 100 m, ¾ Std., leicht und lohnend.*

2188
Zu den Wurzeralmen — 1821 bzw. 1863 m

Charakteristik: R 2149.
a) Vom Weiler Gasse (1357 m; 1 km außerhalb Ridnaun, Gastbetriebe) auf schmaler Straße südwestwärts leicht ansteigend zum Weiler Entholz, dann auf Waldweg 25 A großteils steil empor zur Inneren Wurzeralm (1863 m: die Äußere Wurzeralm liegt 20 Min. weiter westlich) und rechts auf Fahrweg nahezu eben in 20 Min. zur Äußeren Alm. *HU 506 m, knapp ½ Std., leicht und lohnend.*
b) Vom Weiler Gasse (siehe a) auf der Straße kurz hinaus, dann rechts auf Waldweg 25 großteils mäßig steil hinauf zur Äußeren Wurzeralm (1821 m) und rechts auf dem Fahrweg in 20 Min. nahezu eben zur Inneren Alm. *HU 506 m, knapp 2 Std., leicht und lohnend, weniger steil als a.*

2189
Mareiter Stein — 2192 m

Charakteristik: R 2170.
Vom Weiler Gasse wie bei R 2188/b zur Äußeren Wurzeralm und der Markierung 25 folgend über die Grashänge und zuletzt über den Westgrat zum Gipfel. *HU 835 m, 2 ½–3 Std., für Gehgewohnte leicht und lohnend.*

2190
Hochspitze — 2424 m

Charakteristik: R 2178.
a) Vom Weiler Gasse wie bei R 2188/b zur Äußeren Wurzeralm und wie bei R 2178 weiter zum Gipfel. *HU 1067 m, 3 ½ Std., für Gehgewohnte unschwierig und lohnend.*
b) Von Ridnaun der Markierung 26 folgend westwärts hinein ins Valtigltal, durch dieses und über die Hänge der Entholzer Alm empor ins Entholzjoch (2296 m) und über den Grat ostwärts zum Gipfel. *HU 1082 m, 3 ½ Std., für Gehgewohnte unschwierig und lohnend.*

2191
Hohe Ferse — 2669 m

Charakteristik: R 2169.
Von Ridnaun stets der Markierung 26 folgend durch das Valtigltal hinauf zur Almregion, weiter hinauf zum Entholzjoch (2296 m) und westwärts, die Großwand umgehend, weiterhin mit Markierung 26 in sehr steilem Grasgelände zum Gipfel. *HU 1327 m, 4 Std., für tüchtige, bergerfahrene Geher nicht schwierig, lohnend.*

2192
Zur ehemaligen Erzaufbereitung im Talschluss — 1417 m

Das gesamte Erzabbaugebiet des Schneebergs ist heute eine Art Freilichtmuseum. Dazu gehört auch die ehemalige Erzstraße von Ridnaun hinein zur ehemaligen Erzaufbereitung; dort Bergwerksmuseum, Einkehrmöglichkeit und Parkplätze.

Ehemalige Erzaufbereitung und Bergbaumuseum in Ridnaun

Vom Ridnauner Kulturhaus (Wegweiser) auf der einstigen Schienentrasse (heute Wanderweg) in ebener Wanderung durch die westseitigen Hänge hinein zum Talschluss. *HU gering, 1 ½ Std., leicht und lohnend.*

2193
Nach St. Martin am Schneeberg — 2355 m

Charakteristik: R 750; St. Martin liegt jenseits der Schneebergscharte auf Passeirer Seite.

Vom Ridnauner Talschluss (R 2192) stets der Markierung 28 oder der neuen Bergwerksmarkierung (Wappen der Bergleute) folgend durch das Lazzacher Tal südwestlich hinauf zur Lazzacher Alm (2113 m) westwärts steil empor (stets Nr. 28) zur Schneebergscharte (2726 m; ab Erzaufbereitung 4 Std.) und jenseits auf dem markierten Weg hinunter nach St. Martin am Schneeberg. *HU 1309 m aufwärts, 371 m abwärts, 4 ½ Std., für Gehtüchtige leicht und lohnend, bergbaukundlich interessant.*

2194
Sieben-Seen-Runde

Lange Rundtour, die an den Senner und Moarer Egetseen sowie am Trüben See vorbeiführt.

Vom Ridnauner Talschluss wie bei R 2193 zur Lazzacher Alm, weiter zur Abzweigung der Markierung 33, nun dieser folgend rechts hinauf zum Mittleren Moarer Egetsee und zum Egetjoch (2693 m; gut 3 ½ Std.). Dann nordseitig kurz hinab zum Hinteren Senner Egetsee, mit Markierung 33A über die Vorderen Senner Egetseen hinab zum Trüben See (2344 m), auf Steig 33 hinunter zur Brücke über den Fernerbach (2118 m), jenseits kurz empor zur Grohmannhütte (2254 m, Sommerbewirtschaftung) und auf Weg 9 talab zum Ausgangspunkt. *HU 1276 m aufwärts, 1276 m abwärts, ca. 8 Std., unschwierig, aber nur sehr Gehtüchtigen vorbehalten; landschaftlich lohnend.*

2195
Zur Aglsbodenalm 1720 m

Hübsche Alm mit Ausschank am flachen Aglsboden über dem Ridnauner Talschluss.

Vom Ridnauner Talschluss (R 2192) auf Weg 9 (oder auf einem der gegenüberliegenden Wege) talauf zur alten Staumauer am Aglsboden und links über den Boden hinein zur Almhütte. *HU 300 m, 1 ½ Std., leicht und lohnend.*

2196
Zur Aglsalm 2004 m

Aussichtsreich gelegene Hochalm mit Blick auf die Gletscherwelt der zentralen Stubaier Alpen, nordwestlich hoch über dem Ridnauner Talschluss gelegen.

Vom Ridnauner Talschluss wie bei R 2195 zum Aglsboden und rechts abzweigend auf Steig 9 A über Grashänge steil empor zur Aglsalm. *HU 587 m, gut 2 Std., leicht und lohnend.*

2197
Zum Pfurnsee 2456 m

Stattlicher Bergsee nordwestlich hoch über dem Ridnauner Talschluss mit Prachtblick zu den zentralen Stubaier Alpen.

a) Vom Ridnauner Talschluss (Bergwerksmuseum) wie bei R 2196 zur Aglsalm und auf Steig 9 A teilweise steil und leicht ausgesetzt weiter empor zum See. *HU 1039 m, 3 Std., für Gehgewohnte unschwierig und lohnend.*

b) Von der Teplitzer Hütte (R 2199) auf markiertem Steig die teilweise felsigen Steilhänge ostwärts querend zum See. *HU gering, knapp 1 Std., für Berggewohnte leicht und lohnend.*

2198
Zur Grohmannhütte 2254 m

Hübsch gelegene Schutzhütte mit Sommerbewirtschaftung über dem Ridnauner Talschluss zwischen Aglsboden und Teplitzer Hütte.

Vom Ridnauner Talschluss (R 2192) stets auf Weg 9 talauf zum Aglsboden und weiter bergan zur Grohmannhütte. *HU 837 m, 2 ½ Std., für Gehgewohnte leicht und lohnend.*

2199
Zur Teplitzer Hütte 2586 m

Aussichtsreich gelegenes Schutzhaus mit Sommerbewirtschaftung hoch über dem Ridnauner Talschluss am Weg zu Becherhaus und Müllerhütte.

a) Vom Ridnauner Talschluss wie bei R 2198 zur Grohmannhütte und auf Weg 9 steil empor zur Teplitzer Hütte. *HU 1168 m, 3 ½ Std., für Gehgewohnte leicht und lohnend.*

b) Vom Ridnauner Talschluss wie bei R 2197 zum Pfurnsee und auf markiertem Steig die Hänge westwärts querend zum Schutzhaus. *HU 1168 m, 4 Std., für Gehtüchtige und Gehgewohnte unschwierig und lohnend.*

2200
Zum Becherhaus 3195 m

Bewirtschaftetes Schutzhaus in herrlicher Lage auf der Spitze des gleichnamigen Berges über dem Übeltalferner. Höchstgelegene Schutzhütte Südtirols, im Innern Marienkapelle.

Vom Ridnauner Talschluss (R 2192) wie bei R 2199 zur Teplitzer Hütte, weiterhin auf Steig 9 zu einem feinen Arm des Übeltalferners, ihn querend (u.U. Leichtsteigeisen notwendig) zum Fuß des Becherfelsens und auf seilgesichertem Felspfad steil empor zum Becherhaus (ab Teplitzer Hütte 2 ½ Std.). *HU 1778 m, 6 Std., für ausdau-*

Prischeralm und Wetterspitze in Ridnaun

ernde und bergerfahrene Geher nicht schwierig, landschaftlich sehr lohnend.

2201
Müllerhütte — 3145 m

Bewirtschaftete Schutzhütte westlich des Becherhauses, von diesem durch den übeltalferner getrennt. Prächtige Lage in Gletschernähe.

a) Vom Becherhaus kurz über Fels nordseitig hinab zum Gletscher und diesen nahezu eben westwärts querend (angeseilt) hinüber zur Müllerhütte. *HU gering, knapp ½ Std., bei guten Gletscherverhältnissen leicht und lohnend.*

b) Unterhalb des Becherhauses zweigt von dessen Anstiegsweg eine direkte Route zur Müllerhütte ab, die aber größere Gletschererfahrung erfordert.

2202
Zur Prischeralm — 2160 m

Aussichtsreiche Hochalm mit Ausschank nordöstlich über Maiern oberhalb der Waldgrenze gelegen.

Von Maiern im inneren Ridnauntal (1372 m) zuerst über den Talbach und dann auf Weg 27 durch steile Waldhänge und Bergwiesen empor zur Alm. *HU 788 m, knapp 2 ½ Std., für Gehgewohnte leicht und lohnend.*

2203
Wetterspitze — 2709 m

Ausgeprägter Berggipfel nordöstlich über Maiern bzw. südwestlich über dem Pflerschtal.

Von Maiern wie bei R 2202 zur Prischeralm, auf Weg 27 weiter empor zur Maurerscharte (2511 m) und rechts über den felsigen Gratrücken empor zum Gipfel.
HU 1337 m, knapp 4 Std., für Gehtüchtige unschwierig und lohnend.

2204
Ridnauner Höhenweg

Charakteristik: R 2112.
Wegverlauf: Von wie R 2112, in umgekehrter Richtung.

2208 — AUSGANGSORT
WIESEN — 948 m

Östlich von Sterzing am Ausgang des Pfitschtales gelegenes Dorf an der Pfitscher Talstraße. In der Umgebung die Weiler Schmuders und Tulfer.

2209
Nach Tulfer — 1229 m

Streuweiler mit Kirchlein, etlichen Höfen und Gasthaus östlich von Wiesen an der südseitigen Tallehne.
Von Wiesen auf der Talstraße kurz talein zur Brücke über den Pfitscher Bach, rechts auf dem alten Tulferer Weg der Markierung folgend und zuletzt auf der Höfestraße durch Wald und Wiesen leicht ansteigend nach Tulfer. *HU 281 m, 1 Std., leicht, bedingt lohnend.*

2210
Zum Schloss Sprechenstein — 1071 m

Charakteristik: R 2095.
Von Wiesen der Markierung 24 folgend auf breitem Fahrweg zuerst über den Talbach und dann in nur leicht ansteigender Querung der Waldhänge, vorbei am Wendelhof, südwärts zur Burg. *HU 123 m, 1 Std., leicht und lohnend.*

2211
Nach Flains — 1030 m

Charakteristik: R 2115.
a) Von Wiesen durch eine Allee (Trautsonstraße) westwärts hinüber zum Schloss Moos und auf Weg 24 durch Wiesen hinauf nach Flains. *HU 82 m, ½ Std., leicht und hübsch.*
b) Von Wiesen auf der zum E-Werk führenden Straße talein zum links abzweigenden »Roanderweg« und auf diesem nach kurzem Aufstieg in weitgehend ebener Hangquerung westwärts nach Flains. *HU 82 m, 1 ½ Std., leicht und lohnend.*

2212
Nach Sterzing — 948 m

Charakteristik: R 2106.
Von Wiesen wie bei R 2211 nach Flains und auf schmaler Straße ostwärts mäßig steil hinunter nach Sterzing. *HU 82 m, 1 ½ Std., leicht und lohnend.*

2213
Nach Schmuders — ca. 1300 m

Charakteristik: R 2116.
Von Flains (R 2211) stets der Markierung 3 folgend auf dem alten Schmuderer Weg durch Wiesen und Wald hinauf nach Schmuders. *HU 270 m, knapp 1 Std., leicht, bedingt lohnend.*

2214
Weißspitze — 2716 m

Charakteristik: R 2119.
Wegverlauf von Schmuders über die Prantneralm: siehe R 2119.

2215
Höllenkragen — 2387 m

Wuchtiger, auch im Gipfelbereich noch begrünter Berg südöstlich über Tulfer.
Von Tulfer (R 2209) auf Weg 5 zuerst kurz durch Wiesen und dann durch steile Waldhänge zur Baumgrenze, über steiles Berggelände empor zum Trenser Joch (2213 m) und rechts über den Gratrücken hinauf zum Gipfel. *HU 1158 m, 3 ½ Std., für Gehtüchtige unschwierig und lohnend.*

2219 — AUSGANGSORT
KEMATEN IN PFITSCH — 1440 m

Sonnig gelegenes Dorf an der alten Pfitscher Talstraße mit spitztürmiger Kirche und Gaststätten. Ausgangspunkte für die Touren im Bereich von Kematen sind auch die etwas weiter talauswärts liegenden Weiler Fußendraß und Burgum.

Die Sterzinger Hütte im Pfitschtal

2220
Rollspitze (Ralsspitze) 2800 m

Ausgeprägter, mit felsigen Steilflanken gegen das Pfitschtal abfallender Gipfel südwestlich über Kematen. Name vom Ralshof in Pfitsch.

Von Kematen auf Weg 4 durch Wald und über Grashänge westwärts hinauf ins Schlüsseljoch (2209 m), nun links stets auf Steig 3 hinüber zum Stangenjoch (2265 m) und steil über Felsschrofen und Geröll empor zur Ralsspitze. *HU 1360 m, 4 Std., für Gehtüchtige nicht schwierig, landschaftlich lohnend.*

2221
Flatschspitze 2566 m

Berggipfel nordwestlich über Kematen.

a) Von Kematen wie bei R 2220 zum Schlüsseljoch (2209 m) und rechts auf Steig 3 über den begrasten Gratrücken hinauf zum Gipfel. *HU 1126 m, 3 ½ Std., für Gehgewohnte leicht und lohnend.*

b) Von Kematen auf Weg 5 vorwiegend durch Wald nordwärts hinauf zur Grubbergalm (2002 m, Ausschank), durch freie Berghänge weiter hinauf zum Flatschjöchl (2395 m) und links auf Steig 3 steil empor zum Gipfel. *HU 1126 m, 3 ½ Std., für Gehtüchtige leicht und lohnend.*

2222
Wolfendorn 2776 m

Formschöner, frei aufragender Felsberg nördlich über Kematen bzw. südöstlich über der Brennergegend.

Von Kematen wie bei R 2221/b hinauf zum Flatschjöchl und rechts auf Weg 3 empor zum Gipfel. *HU 1336 m, gut 4 Std., für Gehtüchtige leicht und lohnend.*

2223
Zur Sterzinger Hütte 2344 m

Bewirtschaftete, schön gelegene Schutzhütte mit Sommerbewirtschaftung in dem vom Pfitschtal abzweigenden Burgumer Tal.

Vom Weiler Burgum (1373 m, knapp 3 km außerhalb Kematen) stets auf Weg 2 durch das bewaldete Burgumer Tal mäßig steil hinauf zur Burgumer Alm und über Grashänge weiter bergan zur Hütte. *HU 971 m, knapp 3 Std., für Gehgewohnte leicht und lohnend.*

2224
Wilde Kreuzspitze 3135 m

Unvergletscherter, zweigipfeliger Berg zwischen Eisacktal, Pfitschtal und Valser Tal.

Von der Sterzinger Hütte (R 2223) stets auf Steig 2 zunächst über alpinen Rasen und dann über Blockwerk und Schutt (oft auch Schnee) im Rechtsbogen hinauf zum Südwestgrat und über Schrofen empor zum Gipfel. *HU 791 m, knapp 2 ½ Std., für bergerfahrene Geher unschwierig und lohnend.*

2228 AUSGANGSORT
ST. JAKOB IN PFITSCH — 1446 m

Innerstes Dorf des Pfitschtales, von steilen Berghängen umrahmt. Gastbetriebe, zwei Kirchen, Höfegruppen in der Umgebung, darunter im Talschluss der Weiler Stein mit Gasthaus.

2229
Zur Landshuter (Europa-) Hütte — 2693 m

Nordseitig hoch über St. Jakob auf der Kammschneide gelegenes bewirtschaftetes Schutzhaus.

a) Von der 4. Kehre der Pfitscher-Joch-Straße (1806 m, Parkmöglichkeit; bis hierher allgemein befahrbar) auf beschildertem und markiertem Steig durch Wald und freie Berghänge nordwestwärts hinauf zum querenden Höhenweg 3 und auf diesem links zuerst eben und dann in Serpentinen ansteigend zur Hütte. *HU 887 m, 2 ½ Std., leicht und lohnend.*

b) Vom Weiler Platz (1435 m, 1,5 km außerhalb St. Jakob) auf Weg 3 A in zahlreichen Serpentinen durch Wald und über Grashänge und Blockwerk nordwärts gerade empor zur Hütte. *HU 1258 m, 3 ½ Std., für gute Geher leicht und lohnend.*

c) Vom Pfitscher Joch (R 2234) stets der Markierung 3 folgend auf dem Landshuter Höhenweg teils eben, teils ganz leicht abwärts durch steile Berghänge westwärts und zuletzt in Serpentinen hinauf zur Hütte. *HU 443 m, 3 Std., leicht und lohnend.*

2230
Wildseespitze — 2733 m

Felsiger Gipfel im Kamm zwischen Wolfendorn und Landshuter Hütte.

Von der Landshuter Hütte (R 2229) der Markierung 3 folgend westwärts zum Gipfelaufbau (eine kurze Steilstrecke seilgesichert), dann die Südflanke querend zum Westhang und über diesen rechts kurz hinauf zum Gipfel. *HU ca. 100 m, ¾ Std., für Trittsichere nicht schwierig, lohnend.*

2231
Kraxentrager — 2998 m

Hochgipfel nordöstlich über der Landshuter Hütte.

Von der Landshuter Hütte (R 2229) auf markierter Route über Blockwerk nordostwärts hinauf zum Südwestgrat, über ihn ein Stück hinauf, dann kurz zuerst nord- und dann südseitig steil hinab (Seilsicherungen) und schließlich über Schrofen und Blockwerk (und manchmal steilen Schnee) steil empor zum Gipfel. *HU 305 m, gut 1 ½ Std., für Trittsichere mit Bergerfahrung nicht schwierig, lohnend.*

2232
Pfitscher Höhenweg

Von der Landshuter Hütte im Osten zum Schlüsseljoch im Westen führender Höhenweg, der teilweise erhebliche Höhenunterschiede überwindet.

Von der Landshuter Hütte (R 2229) stets der Markierung 3 folgend zuerst wie bei R 2230 zum Westhang der Wildseespitze, dann über den Kamm weiter und unter der Gipfelflanke des Wolfendorn zum Flatschjöchl (2395 m), empor auf die Flatschspitze (siehe R 2221) und über den Graskamm hinunter ins Schlüsseljoch (2209 m; von dort Abstieg nach Kematen auf Weg 4 in 1 ½ Std.). *HU ca. 490 m (auf den Höhenweg bezogen), 4–5 Std., für Gehtüchtige und Bergerfahrene unschwierig, landschaftlich sehr lohnend.*

2233
Landshuter Höhenweg

Bekannter Wanderweg mit prächtiger Aussicht, der die Landshuter Hütte mit dem Pfitscher Joch verbindet.

Von der Landshuter (Europa-) Hütte (R 2229) stets der Markierung 3 folgend

Der Landshuter Höhenweg gegen das Hochfernermassiv

zuerst kurz nordostwärts zu einem kleinen Jöchl, dann in Serpentinen ein Stück hinunter und ab da eben und in ganz leichtem Auf und Ab weite Kare querend hinüber zum Pfitscher Joch (R 2234). *HU 443 m (abwärts), 3 Std., leicht und lohnend.*

2234
Zum Pfitscher Joch 2250 m

Ausgeprägtes Joch im Scheitel des Pfitschtales, Übergang ins Zillertal. Auf naher Anhöhe das bewirtschaftete Pfitscher-Joch-Schutzhaus (2275 m).

a) Von der 4. Kehre der Pfitscher-Joch-Straße (1806 m, Parkmöglichkeit; bis hierher allgemein befahrbar) entweder auf dem direkt bei der Kehre beginnenden Fußweg der Beschilderung »Pfitscher Joch« folgend oder auf dem etwas östlich der Kehre ansteigenden Weg 3 durch freie Berghänge hinauf zum Ziel. *HU 444 m, 1 ½ Std., für Gehgewohnte leicht und lohnend.*

b) Vom Weiler Stein (1555 m, knapp 3 km innerhalb St. Jakob) stets der Markierung 3 folgend auf dem alten Pfitscher-Joch-Weg durch Wald und über freie Berghänge nordostwärts hinauf zum Joch und zum Schutzhaus. *HU 720 m, 2 ½ Std., für Gehgewohnte leicht und lohnend.*

2235
Rotbachspitze (Rotbachler) 2895 m

Aus rötlichem Gestein aufgebauter Berg östlich über dem Pfitscher Joch.

Vom Pfitscher-Joch-Haus (R 2234) kurz südwärts hinauf zum Kamm und nun auf Bergsteig zuerst mäßig über Bergrasen und dann stark über Geröll ansteigend hinauf zum Gipfel. *HU 620 m, knapp 2 Std., für Berggewohnte leicht und lohnend.*

2236
Zur Hochfeilerhütte 2710 m

Stattliches Schutzhaus mit Sommerbewirtschaftung in prächtiger Hochgebirgslage am Weg zum Hochfeiler.

a) Von der 3. Kehre der Pfitscher-Joch-Straße (1718 m, Parkmöglichkeit) stets der Markierung 1 folgend hinauf zur Waldgrenze und dann teils stark, teils mäßig ansteigend durch die Hänge des Unter-

bergtales hinauf zur Hütte. *HU 992 m, gut 2 ½ Std., für Geh- und Berggewohnte leicht und lohnend.*
b) Vom Weiler Stein (1555 m, knapp 3 km innerhalb St. Jakob) stets der Markierung 1 folgend teils auf der Pfitscher-Joch-Straße, teils diese abkürzend zur dritten Kehre der Straße (1718 m, ab Stein ¾ Std.) und wie bei a weiter zum Ziel. *HU 1155 m, gut 3 ½ Std., für Geh- und Berggewohnte leicht und lohnend.*

2237
Hochfeiler 3510 m

Höchster Gipfel der gesamten Zillertaler Alpen und des Sterzinger Raumes, formschöne Pyramide.
Von der Hochfeilerhütte (R 2236) auf markiertem, im ersten Teil gesichertem Steig über Schrofen, Blockwerk und ein Schneefeld hinauf zum Gipfelaufbau und über steiles Blockwerk empor zum Gipfel.
HU 800 m, 2 ½ Std., für erfahrene Alpinisten nicht schwierig, sehr lohnend.

2238
Grabspitze 3058 m

Wuchtiger Felsberg südlich über St. Jakob.
Vom Weiler Platz (1435 m, 1,5 km außerhalb St. Jakob) der Markierung 1A folgend hinüber zum Weiler überwasser, dann durch Wald steil hinauf zur Baumgrenze (stets Steig 1A), bald über steiniges und felsiges Steilgelände empor zum Nordwestgrat des Berges und über ihn zum Gipfel. *HU 1623 m, 4 – 5 Std., für tüchtige Berggeher unschwierig und lohnend.*

2242 AUSGANGSORT
GOSSENSASS 1080 m

Stattliches Dorf mit Gastbetrieben und erhöht stehender Kirche zwischen Sterzing und Brenner an der Mündung des westwärts streichenden Pflerschtales.

2243
Zur Hühnerspielhütte 1868 m

Private bewirtschaftete Schutzhütte an der Waldgrenze östlich oberhalb Gossensaß. Schöne Aussicht zu den Pflerscher Bergen.
Von Gossensaß stets der Markierung 22 folgend ostwärts in Serpentinen großteils durch Wald hinauf zur Hütte. *HU 788 m, knapp 2 ½ Std., leicht und lohnend.*

2244
Zur Ziroger Alm 1762 m

Charakteristik: R 2275.
Von der Hühnerspielhütte (R 2243) auf Steig 11 in teils ebener, teils auf und ab verlaufender Querung steiler Waldhänge nordwärts nach Zirog. *HU ca. 200 m, 2 Std., für Gehgewohnte leicht und lohnend.*

2245
Hühnerspielspitze
(Amthorspitze) 2749 m

Berg mit breitem Westrücken östlich über Gossensaß. Nahe dem Gipfel verschiedene Baulichkeiten.
Von der Hühnerspielhütte (R 2243) auf Weg 22 über den freien Bergrücken in Serpentinen hinauf zum Gipfel. *HU 881 m, 2 ½ Std., unschwierig und lohnend.*

2246
Rollspitze (Ralsspitze) 2800 m

Ausgeprägter Felsgipfel nordöstlich der Hühnerspielspitze. Name vom Ralshof in Pfitsch.
a) Von der Hühnerspielspitze (R 2245) auf Steig 3 am scharfen Grat kurz hinunter und jenseits hinauf zum Gipfel. *HU knapp 100 m, ½ Std., für Trittsichere leicht und lohnend.*
b) Von der Ziroger Alm (R 2244) auf Weg 4 über die Almhänge hinauf ins Schlüsseljoch (2209 m) und wie bei R 2220 weiter zur Rollspitze. *HU 1038 m, 3 Std., für Gehtüchtige und Trittsichere nicht schwierig, landschaftlich lohnend.*

Burg Straßberg zwischen Sterzing und Gossensaß

2247
Weißspitze 2716 m

Auffallender, aus Dolomitgestein aufgebauter Gipfel östlich über Gossensaß.

a) Von der Hühnerspielspitze (R 2245) südostwärts über Hängebrücke und hangquerenden Steig hinab in die Scharte zwischen beiden Gipfeln (2623 m) und südwärts über Blockwerk empor zum Ziel.
HU ca. 100 m, ½ Std., unschwierig und lohnend.

b) Von der Hühnerspielhütte (R 2243) auf breitem Weg die Hänge südwärts querend zur Platzalm und weiter zur Riedbergalm (1947 m), hier links ab und auf Steig 3 über den Almrücken und zuletzt über Blockwerk hinauf zum Gipfel. *HU 848 m, 2 ½ Std., leicht und lohnend.*

2248
Zur Ruine Straßberg 1155 m

Mittelalterliche Burgruine mit hohem Bergfried in schöner Lage südöstlich von Gossensaß.

Von Gossensaß stets der Markierung 21 folgend zuerst auf Fahrweg kurz südostwärts hinauf zum Platzhof und dann auf Fußweg Waldhänge querend südwärts zur Burg. *HU 75 m, knapp 1 Std., leicht und lohnend.*

2249
Nach Sterzing 948 m

Charakteristik: R 2106.

Von Gossensaß wie bei R 2248 zur Ruine Straßberg, auf breitem Weg leicht absteigend nach Ried (1016 m, Gasthaus) und auf Weg 21 in weitgehend ebener Waldwanderung südwärts nach Sterzing. *HU ca. 80 m aufwärts, 205 m abwärts, 2 – 2 ½ Std., leicht und lohnend.*

2250
Zur Vallmingalm 1813 m

Kleines Almdorf mit Ausschank in dem vom äußeren Pflerschtal südseitig abzweigenden Vallmingtal.

Vom unteren Ortsrand von Gossensaß stets der Markierung 19 A folgend kurz dem Pflerscher Bach entlang westwärts, dann links durch die Waldhänge hinauf und durch das Vallmingtal hinein zur Alm. *HU 733 m, 3 Std., für Gehgewohnte leicht und lohnend.*

2251
Telfer Weißen 2588 m

Charakteristik: R 2111.
Von Gossensaß wie bei R 2250 zur Vallmingalm, auf markiertem Steig westwärts über Grashänge und später über einen steinigen Berghang empor zum Ostgipfel und, nach kurzem Abstieg in eine kleine Scharte (hier Seilsicherung), zum Hauptgipfel. *HU 1508 m, 5 Std., für Gehtüchtige und Bergerfahrene nicht schwierig, der Übergang zum Hauptgipfel leicht ausgesetzt; landschaftlich lohnend.*

2252
Zur Ladurnser Alm 1724 m

Almgebiet an der Südseite des mittleren Pflerschtales, für den Skisport durch Liftanlagen und Gaststätten erschlossen.
Vom Tal herauf Sessellbahn.
Von Gossensaß wie bei R 2250 ins Vallmingtal, nun rechts auf Weg 34 die Waldhänge nahezu eben westwärts querend zum Schleyergraben (1503 m) und hinauf nach Ladurns. *HU 644 m, knapp 3 Std., für Gehgewohnte leicht und lohnend.*

2253
Uferpromenade am Pflerscher Bach

Hübscher und schattiger Spazierweg entlang dem äußersten Abschnitt des Pflerscher Baches.
Vom Südrand von Gossensaß auf dem nach Steckholz führenden Sträßchen kurz hinab zum Bach und auf der Promenade westwärts bis zur so genannten Naßtalbrücke in Außerpflersch. *HU gering, hin und zurück 1 ½ Std., leicht und lohnend.*

2254
Gottschalkweg

Nach Robert von Gottschalk (erster Präsident der Kurverwaltung Gossensaß) benannter Wanderweg südwestlich von Gossensaß.
Vom Südrand von Gossensaß auf schmaler Straße kurz hinunter zum Talbach und leicht ansteigend bis fast zum Weiler Steckholz (1140 m), kurz vorher rechts ab, auf dem beschilderten Gottschalkweg (Forstweg) in hübscher Waldquerung zu dem nach Vallming führenden Weg 34/19 A, auf diesem hinunter zur Bachpromenade und zurück nach Gossensaß.
HU ca. 220 m, insgesamt 3 Std., leicht und lohnend.

2258 AUSGANGSORT
ST. ANTON IN PFLERSCH 1245 m

St. Anton, auch Boden oder Hinterpflersch genannt, ist der Hauptort des von Gossensaß westwärts ziehenden Pflerschtales. Dorf mit Kirche und Gaststätten. Weiter talein der Weiler Stein (1418 m). Rund 3,5 km außerhalb St. Anton unweit des Weilers Ast die Talstation der Sesselbahn Ladurns mit Gastbetrieben (1137 m).

2259
Zur Ladurnser Alm 1724 m

Charakteristik: R 2252.
Von der Talstation der Ladurnser Sesselbahn (1137 m) auf Weg 35 A durch die Waldhänge hinauf zur Alm. *HU 587 m, 1 ½ Std., leicht, landschaftlich lohnend.*

2260
Zur Edelweißhütte 1982 m

Schutzhütte am Teißjöchl oberhalb der Ladurnser Alm. In unmittelbarer Nähe das aussichtsreiche Wastlegg (2027 m).

Blick vom Gottschalkweg auf Gossensaß

Von der Ladurnser Alm (R 2259) auf Steig 35 A südwestwärts über die Almhänge hinauf zur Hütte. *HU 258 m, ¾ Std., leicht und lohnend.*

2261
Alrißalm (Allriss) 1534 m

Teilweise von Wald umrahmte Alm mit Ausschank südlich oberhalb St. Anton in Pflersch. Prachtblick zum Tribulaun.

Vom Talboden in St. Anton (1225 m) der Markierung 27 folgend auf Brücke über den Talbach und durch den Wald hinauf zur Alm. *HU 309 m, 1 Std., leicht und lohnend.*

2262
Wetterspitze 2709 m

Charakteristik: R 2203.

Von St. Anton wie bei R 2261 hinauf zur Alrißalm, durch das gleichnamige Almtal (stets Weg 27) empor zur Maurerscharte (2511 m) und links über den felsigen Grat (markiert) zum Gipfel. *HU 1484 m, 4 Std., für Gehtüchtige unschwierig und lohnend.*

2263
Zum Wasserfall in der »Hölle« 1400 m

Wasserreicher, 46 m hoher Wasserfall des Pflerscher Baches unweit des Weilers Stein.

Vom Talboden in St. Anton (1225 m) auf Brücke über den Talbach, auf Höfestraße durch die Waldhänge leicht ansteigend talein bis fast zur Brücke bei Stein, links auf dem Fahrweg weiter zu kleinem Parkplatz (ca. 1500 m, hierher zeitlich begrenzt auch mit dem Auto möglich) und auf beschilderter kurzer Weganlage hinunter zu kleiner Aussichtskanzel mit Blick zum Wasserfall. *HU ca. 275 m, 1 Std., bedingt lohnend.*

2264
Zur Ochsenalm 1682 m

Im Pflerscher Talschluss gelegene Alm mit Ausschank unweit des zur Magdeburger Hütte führenden Weges.

Von St. Anton (Talboden, 1225 m) wie bei R 2263 zum Parkplatz in der »Hölle« (ca.

1500 m); nun der Markierung 6 (anfangs auch 8) folgend zuerst auf guter Brücke über den Talbach, dann auf Fußweg durch Wald und Wiesen talein und zuletzt links abzweigend (Wegweiser) zur Alm.
HU 457 m, 2 Std., leicht und lohnend (auch der schattseitig zur Alm führende Güterweg kann empfohlen werden).

2265
Zur Magdeburger Hütte 2423 m

Bewirtschaftete Schutzhütte in prächtiger Lage hoch über dem Pflerscher Talschluss.
Vom Parkplatz unweit des Hölle-Wasserfalls (R 2263) zuerst auf Brücke über den Talbach und dann stets auf Weg 6 zuerst mäßig, dann stark ansteigend durch Wald und über felsdurchsetzte Grashänge hinauf zur Hütte. *HU ca. 925 m, knapp 3 Std., für Gehgewohnte leicht und lohnend.*

2266
Weißwandspitze 3016 m

Auffallender Berg mit heller Gipfelpyramide über dem Pflerscher Talschluss; leichtester der Pflerscher Hochgipfel.
Von der Magdeburger Hütte (R 2265) auf Steig 7 zuerst nahezu eben und dann stark ansteigend über begrastes und felsiges Steilgelände (einzelne Stellen seilgesichert) nordostwärts hinauf zum Ansatz der aus Dolomit aufgebauten Gipfelzone (2870 m) und über Blockwerk auf mit Steinmännchen bezeichneter Route in 20 Min. empor zum Gipfel. *HU 593 m, 2 Std., für Bergerfahrene und Gehgewohnte nicht schwierig, sehr lohnend.*

2267
Zur Tribulaunhütte 2368 m

Schutzhütte mit Sommerbewirtschaftung nordwestlich oberhalb St. Anton neben dem Sandessee, überragt vom Pflerscher Tribulaun.
a) Vom Parkplatz unweit des Hölle-Wasserfalls (R 2263) zuerst auf Brücke über den Talbach, auf Weg 6 kurz talein und dann rechts auf Weg 8 über Gebüsch- und Grashänge teilweise in Serpentinen empor zur Hütte. *HU ca. 870 m, knapp 3 Std., für Gehgewohnte leicht und sehr lohnend.*
b) Von St. Anton stets der Markierung 7 folgend zuerst durch Wald und dann größtenteils über sehr steile Grashänge nordseitig empor zum Südfuß des Pflerscher Tribulauns und zuletzt auf Weg 6 mit geringerer Steigung zur Hütte. *HU 1123 m, 3 Std., für Gehgewohnte leicht, aber anstrengender als a.*

2268
Kleiner Pflerscher Höhenweg

Übergang von der Magdeburger Hütte zur Tribulaunhütte (oder umgekehrt), der über 500 Höhenmeter überwindet und bis auf über 2900 m ansteigt. Ostwärts schließt sich der Große Pflerscher Höhenweg an (R 2269).
Von der Magdeburger Hütte auf Steig 7 wie bei R 2266 hinauf zum Dolomitaufbau der Weißwandspitze (2870 m), auf einem abschüssigen Querband unter der Gipfelwand waagrecht hinüber (stets Steig 7, bei Schnee oder Eis gefährlich bis unbegehbar) zum Fuß des Ostgrates, kurz empor auf den Hohen Zahn (2924 m) und weiterhin auf Steig 7 über Blockwerk und Grasstufen hinunter zur Tribulaunhütte (R 2267). *HU 501 m aufwärts, 556 m abwärts, 3 Std., für Bergerfahrene und absolut Trittsichere bei guten Verhältnissen nicht schwierig, landschaftlich sehr lohnend.*

2269
Großer Pflerscher Höhenweg

Höhenroute, die von der Tribulaunhütte im Westen bis zum Portjoch im Osten die Südabstürze der Tribulaungruppe in Dolomitgestein durchquert. Ausgesetzte und heikle Stellen sind seilgesichert.
Von der Tribulaunhütte (R 2267) auf dem Zugangsweg hinunter zu Weggabel, nun

Blauer Speik am Kleinen Pflerscher Höhenweg

links auf Steig 7 weiter hinunter bis zur links abzweigenden Markierung 32 A, nun immer dieser folgend zunächst teilweise aufsteigend und dann weitgehend eben auf dem an verschiedenen Stellen gesicherten und großteils in steilem bis senkrechtem Felsgelände verlaufenden Steig ostwärts bis zum Portjoch nördlich über dem mittleren Pflerschtal (2110 m); ab Tribulaunhütte 4 Std. Abstieg: Auf schottrigem Weg 32 in Serpentinen durch Bergwiesen und Wald hinunter zum Weiler Ast und zum Gasthaus Ladurns an der Talstraße (1130 m); ab Portjoch 2 Std. *HU ca. 200 m entlang des Höhenweges, 980 m im Abstieg, Gehzeit insgesamt ab Tribulaunhütte 6 Std.; für trittsichere, schwindelfreie und bergerfahrene Geher unschwierig, landschaftlich sehr lohnend.*

2273 AUSGANGSORT
BRENNERBAD — 1308 m
BRENNER — 1370 m

Die Häusergruppe Brennerbad mit Gasthöfen und Thermalbad liegt 3 km südlich des Brenners an der Staatsstraße. – Brenner heißt sowohl der Passübergang (italienisch-österreichische Staatsgrenze) als auch die Siedlung mit zwei Kirchen, Gastbetrieben und Einkaufsläden.

2274
Zur Steinalm — 1743 m

In einer Mulde gelegene Alm südwestlich über dem Brenner.

a) Von der Ortschaft Brenner auf Steig 1 südwestwärts durch felsdurchsetzte Wald-

hänge steil empor bis zu Wegteilung und links abzweigend nur mäßig steil zur Alm. *HU 373 m, 1 Std., leicht, bedingt lohnend.*
b) Etwas südlich der Ortschaft Brenner die Hauptstraße westseitig verlassend auf beschildertem Forstweg in angenehmen Kehren durch steile Waldhänge hinauf zur Alm. *HU 373 m, knapp 1 ½ Std., leicht und lohnend.*

2275
Ziroger Alm, Enzianhütte — 1762 bzw. 1903 m

Zirog ist ein kleines Almdorf mit weiten Bergwiesen südöstlich über Brennerbad. Einkehrmöglichkeit. Etwas höher die bewirtschaftete Enzianhütte mit prächtiger Aussicht.

a) Von Brennerbad auf Weg 4 durch die Waldhänge ostseitig gerade hinauf zur Alm (1 ½ Std.) und weiter zur Enzianhütte. *HU 595 m, 2 Std., leicht und lohnend.*
b) Von der Autobahnunterführung zwischen Brennerbad und Brenner (1350 m) auf schmaler Straße kurz hinauf zum Gasthaus Wolf, auf breitem Forstweg hinauf zur Lueger Alm (1601 m) und südwärts auf Weg 11 durch Waldhänge und freies Gelände größtenteils leicht ansteigend zur Leiteralm und zur Enzianhütte (1903 m). *HU 553 m, 2 Std., leicht und lohnend.*

2276
Wolfendorn — 2776 m

Charakteristik: R 2222.

a) Von der Autobahnunterführung 2 km südlich der Ortschaft Brenner zuerst auf einem Sträßchen östlich neben der Autobahn nordwärts, nun stets der Markierung 5 folgend durch Wald und vorbei an der Postalm (1679 m) teilweise steil hinauf zur Baumgrenze, über freies Berggelände weiter zur Südwestflanke und über sie in Serpentinen zum Gipfel. *HU 1405 m, 4 ½ Std., für Gehtüchtige leicht und lohnend.*
b) Von der Autobahnunterführung wie bei R 2275 zur Lueger Alm (1601 m), auf Weg 12 großteils in Serpentinen über Almgelände hinauf zum Flatschjöchl (2395 m), links auf Weg 3 zur Südwestflanke des Berges und in Serpentinen empor zum Gipfel. *HU 1405 m, 4 ½ Std., für Gehtüchtige leicht und lohnend, weniger anstrengend als a.*

2277
Flatschspitze — 2566 m

Gern besuchter Gipfel gerade über der Ziroger Alm. Unterhalb des Gipfels eine Funkantenne.

a) Von Zirog (R 2275) auf Weg 4 über Almhänge hinauf zum Schlüsseljoch (2209 m) und links auf Steig 3 über den Grasrücken weiter zum Gipfel. *HU 804 m, knapp 2 ½ Std., leicht und lohnend.*
b) Von der Autobahnunterführung südlich des Brenners wie bei R 2276/b zum Flatschjöchl und auf Steig 3 rechts über steiles Grasgelände empor zum Gipfel. *HU 1258 m, 3 ½ Std., für Gehgewohnte leicht und lohnend.*

2278
Rollspitze (Ralsspitze) — 2800 m

Ausgeprägter Doppelgipfel südwestlich hoch über dem Schlüsseljoch.

Von Zirog (R 2275) auf Weg 4 über Almhänge hinauf ins Schlüsseljoch (2209 m) und wie bei R 2220 hinauf zum Gipfel. *HU 1038 m, 3 Std., für Gehtüchtige und Trittsichere nicht schwierig; landschaftlich lohnend.*

2279
Zur Hühnerspielhütte — 1868 m

Charakteristik: R 2243.
Von Zirog (R 2275) auf Weg und Steig 11 in teils ebener, teils auf und ab führender Querung steiler Waldhänge südwärts zur Hühnerspielhütte. *HU ca. 200 m, für etwas geübte Wanderer leicht und lohnend.*

UNTERES PUSTERTAL

Dieser Abschnitt umfasst das Haupttal des unteren Pustertales zwischen der Gegend von Schabs/Spinges im Westen und dem Kniepass (Talenge zwischen Kiens und St. Lorenzen) im Osten einschließlich der Seitentäler Vals und Pfunders sowie der Hochterrasse von Terenten/Pfalzen. Das Brunecker Becken wird in einem eigenen Abschnitt behandelt, ebenso das Gadertal, das Tauferer-Ahrntal und das obere Pustertal.

2284 AUSGANGSORT
MÜHLBACH 775 m

An der Mündung des Valser Tales in das Pustertal gelegenes Dorf (Marktgemeinde) mit malerischen Gassen, verschiedenen Gasthöfen und sehenswerter Kirche. Talstation der Seilbahn nach Meransen, Abzweigung der Straße nach Rodeneck.

2285
Nach Schabs 772 m

Charakteristik: R 1976.
Wegverlauf wie R 1984, umgekehrte Richtung; gleiche Gehzeit.

2286
Nach Spinges 1100 m

Charakteristik: R 2295.
a) Von Mühlbach der Markierung 7 folgend westseitig hinauf zum Ansitz Straßhof (Gasthaus) und dann durch Wald und Wiesen hinauf nach Spinges. *HU 325 m, 1 Std., leicht und lohnend.*
b) Von Mühlbach der Markierung 9 folgend auf nahezu ebenem, ein Stück oberhalb der Staatsstraße verlaufenden Fahrweg südwestwärts zur Stöcklvaterkapelle, weiter zur so genannten Ballgrube, nun rechts durch Wald hinauf zum Denkmalbühel (Granitkreuz) und kurz eben hinüber nach Spinges. *HU 325 m, 1 ½ Std., leicht und lohnend.*

2287
Nach Meransen 1414 m

Charakteristik: R 2327.
Von Mühlbach zuerst hinauf zum oberen Dorfrand und dann auf dem alten Meransner Pflasterweg der Markierung 12 folgend größtenteils durch steilen, felsdurchsetzten Wald hinauf zum Rand der Wiesenhänge und ins Dorf. *HU 639 m, knapp 2 Std., für Gehgewohnte leicht und lohnend.*

2288
Zur Mühlbacher Klause 750 m

Eindrucksvolle Zoll- und Grenzfestung aus dem 15. Jh. zwischen Mühlbach und Vintl an der Staatsstraße.
Von Mühlbach zuerst auf der nach Meransen führenden Straße ein Stück hinauf, dann bei Wegweiser rechts ab und die Waldhänge querend ostwärts hinüber zur Klause (Vorsicht beim Überqueren der Eisenbahn!). *HU gering, ¾ Std., leicht und für Interessierte lohnend.*

2289
Nach Niedervintl 756 m

Charakteristik: R 2338.
Von Mühlbach wie bei R 2288 zur Mühlbacher Klause, dort aber, ohne die Eisenbahn und die Straße zu überqueren, auf dem beschilderten Wanderweg in nahezu ebener Hangquerung ostwärts weiter nach Niedervintl. *HU gering, 2 Std., leicht und lohnend.*

2290
Seefeldseen

Dieses und andere Wanderziele in den Bergen nördlich von Mühlbach siehe unter »Meransen« (R 2327 ff.).

2291
Nach Rodeneck 884 m

Charakteristik: R 2317.
Von Mühlbach auf der nach Rodeneck führenden Straße hinunter zur Brücke über die Rienz (729 m), jenseits kurz hinauf bis zur Linkskehre der Straße, nun rechts der Markierung 7 folgend (schmale Höfestraße) nahezu eben durch Wiesen und Wald südwärts und zuletzt auf Waldsteig 1 hinauf zum Ziel. *HU 155 m, gut 1 Std., leicht und lohnend.*

Auf der Hochfläche von Spinges

2295 — AUSGANGSORT
SPINGES — 1100 m

Nordwestlich oberhalb Mühlbach auf einer sonnigen Hochfläche gelegenes Dorf mit spitztürmiger Kirche, Gasthäusern und umliegenden Bauernhöfen. Ein nahes Granitkreuz erinnert an Katharina Lanz (»das Mädchen von Spinges«) und ihren Einsatz beim Kampf gegen die Franzosen 1797.

2296
Zum Bild-Wetterkreuz — 1347 m

Aussichtspunkt (auch »beim Bild« genannt) am oberen Wiesenrand der Höfelandschaft, die von Spinges ansteigt. Endpunkt der Höfestraße, kleiner Parkplatz, Wegkreuz.
Von Spinges stets auf Weg 9 durch Wiesen und an mehreren Höfen vorbei hinauf zum Ziel. *HU 247 m, ¾ Std., leicht und lohnend.*

2297
Zur Anratter-Hütte — 1814 m

Nordwestlich hoch über Spinges auf den so genannten Hinterbergwiesen gelegene Einkehrstätte.
Vom Bild-Wetterkreuz (R 2296) stets auf dem Forstweg (Markierung 9) größtenteils nur leicht ansteigend durch Bergwiesen und weite Waldungen nordwärts zur Hütte. *HU 467 m, 2–2 ½ Std., leicht und lohnend.*

2298
Zum Jochtalhaus — 2008 m

Charakteristik: R 2304. Weitere Wanderungen in diesem Gebiet siehe unter Vals (R 2303).
Vom Bild-Wetterkreuz wie bei R 2297 zur Anratter-Hütte und auf dem Forstweg 9 weiter zum Jochtalhaus. *HU 661 m, gut 2 Std., leicht und lohnend.*

2303 — AUSGANGSORT
VALS — 1354 m

Von ausgedehnten Wiesen umrahmtes Dorf mit spitztürmiger Kirche, Gastbetrieben und Bauernhöfen in dem von Mühlbach nordwärts abzweigenden Valser Tal. Von Mühlbach herein gute Straße; Kabinenbahn im Skigebiet Jochtal westlich von Vals.

2304
Zum Jochtalhaus — 2008 m

Restaurant an der Bergstation der von Vals heraufführenden Jochtal-Umlaufbahn.

Von Vals kurz talein zur Talstation der Jochtal-Umlaufbahn, dann auf Waldweg 10 durch das steile Jochtal westwärts hinauf zum Valler Jöchl (Valser Joch; 1920 m), und scharf links auf Steig 9 hinüber zum Jochtalhaus. *HU 654 m, knapp 2 Std., leicht und lohnend.*

2305
Zum Steinermanndl — 2135 m

Charakteristik: R 2299.
Vom Jochtalhaus (R 2298) zuerst über den Kamm westwärts hinan zum Hinterberg (2101 m) und dann im Linksbogen (markierte Steige) über den leicht eingesenkten Höhenrücken südwärts zum Steinermanndl. *HU 127 m, ¾ Std., leicht und lohnend.*

2306
Zur Fane-Alm — 1739 m

Malerisches Almdorf mit Kirchlein, zahlreichen Blockhütten und zwei Einkehrstätten in einer weiten Mulde des obersten Valser Tales. Bis in die Nähe der Alm von Vals herauf schmale Straße, die aber tagsüber gesperrt ist.

a) Von Vals stets dem erwähnten Sträßchen nach talein, dann auf markiertem Fußweg hinauf zum Parkplatz beim so genannten Ochsensprung und nahezu eben hinein zur Alm. *HU 385 m, 1 Std., leicht und lohnend.*

b) Von der Bergstation der Jochtal-Umlaufbahn (R 2304) stets der Markierung 9 folgend auf Fußweg zuerst hinüber zum Valler Jöchl (1920 m), dann steile Grashänge querend zur Rotensteinalm (2107 m), in teilweise ausgesetzter Querung abschüssiger Hänge (stellenweise gesichert) weiter zu einer Gratsenke (2201 m) und über die Weidehänge der Ochsenalm hinunter zur Fane-Alm. *HU ca. 250 m aufwärts, ca. 510 m abwärts, 2 ½ Std., für trittsichere und schwindelfreie Bergwanderer nicht schwierig, landschaftlich lohnend.*

2307
Zur Brixner Hütte — 2300 m

überaus schön in Almgelände gelegene Schutzhütte mit Sommerbewirtschaftung mit Sommerbewirtschaftung im obersten Valser Tal.

Von der Fane-Alm (R 2306) stets der Markierung 17 folgend zuerst auf breitem Wanderweg durch eine Felsschlucht (»Schramme«) zu Wegteilung und hier geradeaus weiter durch Grashänge größteils mäßig steil hinauf zur Hütte. *HU 561 m, gut 1 ½ Std., leicht und sehr lohnend.*

2308
Zum Wilden See — 2538 m

Großer, am Südfuß der Wilden Kreuzspitze gelegener, von steilen Bergflanken umschlossener Bergsee.

Von der Fane-Alm (R 2306) auf Weg 17 durch eine Felsschlucht (»Schramme«) leicht ansteigend bis zu Wegteilung, links auf Weg 18 weiterhin leicht ansteigend zur Labisebenalm (2138 m, 1 Std. ab Fane), auf Steig 18 zuerst mäßig steil talein und dann rechts abdrehend sehr steil empor zum

Die Fane-Alm über dem innersten Valser Tal

See. *HU 799 m, 2 ½ Std., für Gehgewohnte mit Bergerfahrung leicht und lohnend.*

2309
Wilde Kreuzspitze 3134 m

Höchster Berg der zu den Zillertaler Alpen gehörenden Pfunderer Berge, westlich der Brixner Hütte aufragend.

a) Von der Brixner Hütte (R 2307) auf Steig 18/20 zuerst nordwärts talein, dann links abdrehend durch das steile Rauhtal (hier ein kleiner Gletscherrest!) empor in die Rauhtalscharte (2808 m) und auf Steig 18 über Gesteinsschutt und Schrofen empor zum Gipfel. *HU 834 m, 2 ½–3 Std., für bergerfahrene Alpinisten nicht schwierig, lohnend.*

b) Von der Fane-Alm wie bei R 2308 über die Labisebenalm zum Wilden See, ostseitig auf Steig 18/20 hinauf zur Rauhtalscharte (2808 m) und wie bei a weiter zum Gipfel. *HU 1395 m, für bergerfahrene und gehtüchtige Alpinisten nicht schwierig, landschaftlich lohnend.*

2310
Wurmaulspitze 3022 m

Frei aufragender Berg im Kamm östlich über der Brixner Hütte.

Von der Brixner Hütte (R 2307) auf markiertem Steig durch steile und felsdurchsetzte Grashänge südostwärts empor zur Südflanke des Berges, über diese hinauf und zuletzt am kurzen Grat etwas ausgesetzt (Halteseil) zum Gipfelkreuz. *HU 722 m, 2 ½ Std., für Gehtüchtige und Bergerfahrene nicht schwierig.*

2311
Zur Stinalm 2116 m

Schwach südöstlich über der Fane-Alm gelegene Hochalm in einem weiten Becken.

Von Vals auf der zur Fane führenden Straße talein und hinauf bis zur ersten Linkskehre (ca. 1600 m), hier rechts ab und auf dem steilen Almweg (Markierung 15) über teils bewaldete, teils freie Hänge empor zur Alm. – *HU 762 m, 2 ½ Std., für Gehgewohnte unschwierig und lohnend.*

2312
Gaisjochspitze 2641 m

Markanter, zwischen dem Valser Tal und dem Altfaßtal frei aufragender Berg; der Nordostgipfel ist die 2581 m hohe Gurnatschspitze.

Von Vals kurz talein und rechts auf Weg 10 hinauf zum Angererhof (1455 m) und zum bewaldeten Südrücken der Gaisjochspitze (ca. 1820 m), nun ein Stück links hinauf, oberhalb der Baumgrenze nach rechts steile Grashänge querend zur aufgelassenen Waldejochalm (2155 m), am Südgrat der Gurnatschspitze (stets markiert) empor bis zu deren Gipfelbereich (2581 m) und links über den Grat zum Gipfel der Gaisjochspitze. *HU 1287 m, 4 Std., für Gehtüchtige leicht und lohnend.*

2313
Nach Meransen — 1414 m

Charakteristik: R 2327.
Von Vals auf der Talstraße 2,5 km talaus zum ehemaligen Valler Bad (1180 m), nun links auf Weg 11 durch steile Waldhänge südostwärts hinauf zur Hochterrasse von Meransen und hinüber ins Dorf. *HU 234 m, knapp 2 Std., für etwas geübte Wanderer leicht und lohnend.*

2317 — AUSGANGSORT
VILL (RODENECK) — 884 m

Das Dorf Vill (884 m) mit Kirche, Gastbetrieben und der nahen Burg Rodenegg ist der Hauptort des weiten Gemeindegebietes Rodeneck südöstlich von Mühlbach. Die anderen Rodenecker Dörfer sind St. Pauls (860 m), Nauders (985 m) und Gifen (982 m), jeweils rund einen Kilometer voneinander entfernt.

2318
Nach Schabs — 772 m

Charakteristik: R 1976.
Von Vill bis fast zum nahen Schloss Rodenegg, auf Waldweg 1 hinunter zur Brücke über die Rienz (ca. 630 m), jenseits kurz ansteigend zum Rundlhof, rechts auf dem Zufahrtsweg (Markierung 1) durch Wald hinauf und zuletzt kurz auf der Straße westwärts nach Schabs. *HU 254 m abwärts, 142 m aufwärts, knapp 1½ Std., leicht, bedingt lohnend.*

2319
Nach Nauders — 985 m

Schönes Dorf mit teilweise beachtenswerten Höfen auf einer kleinen Hochfläche nördlich von Vill.
Von Vill kurz auf der nach Gifen führenden Straße ostwärts, dann bei einem Hof links ab und der Markierung 2 folgend in kaum merklicher Steigung durch die weiten Wiesen nordwärts nach Nauders. *HU 101 m, ½ Std., leicht und lohnend.*

2320
Zum Schloss Rodenegg — 868 m

Ausgedehnte Burg unweit von Vill auf einem steil zur Rienzschlucht abfallenden Sporn. Hauptsehenswürdigkeit ist ein romanischer Freskenzyklus der Iweinsage; regelmäßige Führungen.
Von Vill auf schmaler Straße nahezu eben südwestwärts hinüber zur Burg.
HU gering, Gehzeit nur wenige Minuten, die Burgbesichtigung überaus lohnend.

2321
Zur Ronerhütte — 1832 m

Charakteristik: R 2002.
Von Vill (R 2319) stets der Markierung 2 folgend (anfangs auf der Höfestraße, dann abseits derselben) in langem, großteils mäßig steilem Anstieg durch Wiesen, an Höfen vorbei und durch Wald hinauf zum Ahnerhof (1344 m; Jausenstation), auf Waldweg 2 weiter zum Zumis-Parkplatz am Rand der Rodenecker Almen (1725 m, hierher auch mit dem Auto möglich) und auf dem Wirtschaftsweg oder auf einem parallel verlaufenden Fußweg (Confinweg) in nahezu ebener Wanderung zur Ronerhütte. *HU 847 m, 3 Std., für Gehgewohnte leicht und lohnend.*

2322
Rastnerhütte — 1931 m
Starkenfeldhütte — 1936 m

Charakteristik: R 2003.

UNTERES PUSTERTAL

Der Große Seefeldsee

Von der Ronerhütte (R 2321) auf dem breiten Wirtschaftsweg (Markierung 2) zuerst durch Wald leicht ansteigend und dann in ebener Almwanderung ostwärts zur Starkenfeldhütte. *HU 104 m, gut 1 Std., leicht und lohnend.*

2323
Nach Lüsen 981 m

Charakteristik: R 2000.
Wegverlauf wie R 2014, umgekehrte Richtung; ähnliche Gehzeit.

2327 AUSGANGSORT
MERANSEN 1414 m

Schön und sonnig nördlich über Mühlbach gelegenes Höhendorf mit Kirche, Gastbetrieben und zahlreichen Bauernhöfen in der Umgebung. Reger Sommer- und Wintertourismus (Skigebiet Gitschberg). Von Mühlbach herauf Straße und Seilbahn.

2328
Zur Großberghütte 1640 m

Im äußeren Altfaßtal gelegenes Berggasthaus, von Wiesen und Wald umrahmt.
Einst kleiner Berghof.
Von Meransen stets der Markierung 14/15 folgend zuerst durch Wiesenhänge und an Höfen vorbei hinauf zu den Walderhöfen (1530 m), dann auf breitem Weg nahezu eben durch Wiesen und Wald hinein ins Altfaßtal und zum Ziel. *HU 226 m, 1 Std., leicht und lohnend.*

2329
Zu den Seefeldseen 2271–2514 m

Schöne Seengruppe nördlich von Meransen im obersten Altfaßtal.
a) Von Meransen wie bei R 2328 zum Großberghaus, auf Weg 14/15 durch das Altfaßtal hinein zu den hintersten Almen (ca. 1850, Ausschank) und weiterhin auf Weg 14/15 steil empor zum Hauptsee (2271 m; die beiden kleineren Seen liegen

ca. ¾ Std. höher). *HU 857 m, 3 ½ Std., für Gehgewohnte leicht und lohnend.*
b) Von Meransen wie bei R 2332 zur Moseralm, auf Steig 6 dem Kammrücken (Kleinberg) folgend zu einem Sattel (Ochsenboden, 2198 m; hierher auch von der Bergstation der Umlaufbahn) und kurz weiter zur Oberen Weißenalm (2177 m); nun auf Steig 6 in langer Querung steiler Gras- und Schrofenhänge (eine Stelle gesichert) nordwestwärts zur Seefeldalm (2340 m), von wo in 10 Min. zum Großen See abgestiegen oder in ½ Std. zu den oberen Seen aufgestiegen werden kann. *HU ca. 1000 m, 5 Std.; für Gehtüchtige und Trittsichere leicht und lohnend.*

2330
Gaisjochspitze 2641 m

Charakteristik: R 2312.
Von Meransen wie bei R 2328 zur Großberghütte (Berggasthaus), von da auf markiertem Steig im Wald gerade empor zu einem Waldjöchl und ein Stück hinauf, dann rechts steile Grashänge querend zur aufgelassenen Waldejochalm und wie bei R 2312 weiter zum Gipfel. *HU 1227 m, 4–5 Std., für Gehtüchtige leicht und lohnend.*

2331
Seefeldspitze 2717 m

Südseitig graswachsener, aber dennoch ausgeprägter Gipfel über dem Becken der Seefeldseen.
Von Meransen wie bei R 2329/a oder b zum obersten Seefeldsee, auf Steig 6 am steilen Grashang empor und schließlich über den Ostgrat zum Gipfel. *HU 1303 m, knapp 4 ½ Std., für Gehtüchtige leicht und lohnend.*

2332
Zur Moserhütte 1936 m

Am Kleinberg nördlich von Meransen knapp oberhalb der Waldgrenze liegende Almhütte mit Ausschank. Schöne Aussicht.

a) Vom Parkplatz oberhalb der Walderhöfe (ca. 1620 m; Straße von Meransen herauf) den Wegweisern »Moseralm« folgend auf breiten Forstwegen nur leicht ansteigend zur Alm. *HU 316 m, knapp 1 ½ Std., leicht und lohnend.*
b) Von Meransen der Markierung 6 folgend zuerst durch Wiesenhänge hinauf zum Platzerhof, kurz darauf bei Wegteilung rechts weiter (stets Markierung 6, zuletzt auch 12 A) und auf gutem Waldweg mäßig ansteigend zur Alm. *HU 522 m, gut 1 ½ Std., leicht und lohnend.*

2333
Gitsch 2510 m

Kuppenförmiger Berg nordnordöstlich von Meransen bzw. westlich über dem äußeren Pfunderer Tal. Die Südhänge durch Liftanlagen für den Skisport erschlossen.
Von Meransen mit der Umlaufbahn hinauf zum Südrücken des Gitsch (2060 m, Bergrestaurant), über den Grasrücken zur Huberhütte und nun auf Steig 12 steiler hinauf zum Gipfel. *HU 450 m, 1 ½ Std., leicht, bedingt lohnend.*

2334
Kienerscharte 1741 m

Waldsattel, den die Straße von Meransen nach Weitental überquert. Gastbetrieb, Skisportanlagen, Almgelände (Kieneralm).
Von Meransen immer in nordöstlicher Richtung teils auf der Straße, teils auf dem bezeichneten alten Jochweg durch Wiesen und Wald hinauf zur Scharte. *HU 327 m, 1 ½ Std., leicht, bedingt lohnend.*

2338 AUSGANGSORT
NIEDERVINTL 756 m

An der Pustertaler Hauptstraße am Ausgang des Pfunderer Tales gelegenes Dorf mit Gaststätten und großer Kirche. Sitz der Gemeinde Vintl.

2339
Nach Meransen 1414 m

Charakteristik: R 2327.
Von Niedervintl stets der Markierung 11 folgend zuerst nord- und dann westwärts teils auf dem alten Weg, teils auf der Höfestraße hinauf zum Streuweiler Untersergs, westwärts noch ein gutes Stück weiter bergan und dann in großteils ebener Waldquerung, vorbei an den unteren Höfen von Obersergs, westwärts hinüber nach Meransen. *HU 658 m, 3 ½ Std., für Gehtüchtige leicht und lohnend.*

2340
Nach Weitental 882 m

Charakteristik: R 2356.
Von Niedervintl stets der Markierung 4 A folgend auf der westlichen Seite des Pfunderer Baches talein nach Weitental.
HU 126 m, 1 ¼ Std., leicht und lohnend.

2341
Nach Margen 1322 m

Charakteristik: R 2384.
a) Von Niedervintl auf Weg 16 hinauf zum Streuweiler Pein (ca. 1250 m), links auf Weg 1A weitgehend eben durch Wald und Wiesen zum Weiler Hohenbühel (1351 m; Gasthaus) und kurz abwärts nach Margen. *HU 595 m, knapp 2 Std., leicht und lohnend.*
b) Von Niedervintl wie bei R 2340 nach Weitental und von dort auf Weg 13 durch Wald und Wiesen ostseitig hinauf nach Margen. *HU 566 m, gut 2 ½ Std., leicht und lohnend.*

2342
Nach Terenten 1210 m

Charakteristik: R 2382.
Von Niedervintl auf Waldweg 16 hinauf zur Hochfläche des Streuweilers Pein (ca. 1250 m), auf der Höfezufahrt (Markierung 1) ein Stück ostwärts, dann auf Waldweg 6 rechts zu der nach Terenten führenden Straße und auf dieser ins Dorf. *HU ca. 495 m, knapp 2 ½ Std., leicht und lohnend.*

Auf den Almhöhen von Rodeneck und Lüsen

2343
Zur Ronerhütte (Rodenecker Alm) 1832 m

Almgaststätte in schöner Lage südöstlich hoch über Vintl im Rodenecker (und Lüsner) Almgebiet auf dem flachen Kamm, der das untere Pustertal südseitig begrenzt.
Von Niedervintl auf kurzer Straße südwärts zum Streuweiler Priel am Bergfuß, stets der Markierung 14 folgend durch die Nadelwälder südostwärts hinauf zur Moarkaser (Lechenalm, 1451 m) und weiterhin auf Weg 14 in teilweise steilem Waldanstieg hinauf zur Ronerhütte.
HU 1090 m, 3 ½ Std., für Gehtüchtige leicht und lohnend.

2347 — AUSGANGSORT
OBERVINTL — 749 m

Rund 2,5 km östlich von Niedervintl an der Pustertalstraße gelegene Ortschaft mit schöner Kirche, Gasthäusern und Adelssitzen. Etwas weiter östlich, ebenfalls an der Talstraße, die Häusergruppe Dörfl (763 m).

2348
Nach Niedervintl — 756 m

Charakteristik: R 2338.
Von den sonnseitig etwas erhöht liegenden Häusern von Obervintl der Markierung 1 folgend nahezu eben westwärts nach Niedervintl. *HU gering, knapp 1 Std., leicht.*

2349
Zum Obervintler Wasserfall

Unweit der Häusergruppe Dörfl in einer kurzen Felsschlucht befindlicher Wasserfall von über 40 m Höhe.
Vom oberen Ortsbereich von Obervintl auf Weg 1 nahezu eben ostwärts zu den obersten Häusern des Dörfls und auf gutem Weg in wenigen Minuten durch die Schlucht hinein zum Fuß des Wasserfalls (805 m). *HU gering, ½ Std., leicht und lohnend.*

2350
Nach Ilstern — 762 m

Charakteristik: R 2425.
Von Obervintl auf Weg 2 süd- und ostwärts durch die ebenen Fluren zum Südrand des Weilers Dörfl, dort über die Rienz und den Bahnkörper, nun auf Weg 8 am Bergfuß ostwärts zum Weiler Ilstern und zum etwas höher liegenden Kirchlein.
HU gering, 1 ½ Std., leicht und lohnend.

2351
Zur Ronerhütte (Rodenecker Alm) — 1832 m

Charakteristik: R 2343.
Von Obervintl wie bei R 2350 zur Rienzbrücke, dann stets der Markierung 14 A folgend zuerst teilweise auf Höfezufahrt hinauf zum Tanzhof, dann durch Wald hinauf zur Moarkaser (Leachenalm, 1451 m) und weiter auf Waldweg 14 hinauf zur Ronerhütte. *HU 1087 m, gut 3 Std., für Gehgewohnte leicht und lohnend.*

2352
Rastnerhütte — 1931 m
Starkenfeldhütte — 1936 m

Charakteristik: R 2003.
a) Von der Ronerhütte (R 2351) auf breitem Weg 2 eben bis leicht ansteigend kurz durch Wald und dann über die weiten Almböden ostwärts zur Starkenfeldhütte.
HU 104 m, gut 1 Std., leicht und lohnend.
b) Von Obervintl wie bei R 2350 zur Rienzbrücke beim Dörfl, auf bezeichneten Wegen durch die Waldhänge südostwärts hinauf zu den Höfen von Getzenberg, rechts auf Waldweg 68 A hinauf zur Rastnerhütte und kurz weiter zur Starkenfeldhütte. *HU 1187 m, 3 ½ Std., für Gehtüchtige leicht und lohnend; schattige Waldtour.*

2356 — AUSGANGSORT
WEITENTAL — 882 m

Drei Kilometer nördlich von Niedervintl im äußeren Pfunderer Tal gelegenes Dorf mit spitztürmiger Kirche und Gaststätten.

2357
Nach Niedervintl — 756 m

Charakteristik: R 2338.
Von Weitental auf Weg 4 A rechts des Pfunderer Baches nahezu eben bzw. nur leicht absteigend talaus nach Niedervintl. *HU 126 m (abwärts), gut 1 Std., leicht und lohnend.*

2358
Zur Kienerscharte — 1741 m

Charakteristik: R 2334.

Margen bei Terenten

Von Weitental teils auf der nach Meransen führenden Straße, teils abseits derselben auf Weg 20 A in langem Anstieg durch Wald und Wiesen und vorbei an Höfen westwärts hinauf zur Scharte. *HU 859 m, 2 ½ Std., für Gehgewohnte leicht und lohnend.*

2359
Nach Meransen 1414 m

Charakteristik: R 2327.
Von Weitental wie bei R 2357 in Richtung Niedervintl bis zur Abzweigung des Weges 11 und auf diesem wie bei R 2339 über die Höfe von Sergs hinauf nach Meransen.
HU ca. 630 m, knapp 4 Std., für Gehtüchtige leicht und lohnend.

2360
Gitsch 2510 m

Charakteristik: R 2333.
Von der Kienerscharte (R 2358) auf dem zur Zasslerhütte führenden Steig nordwestwärts hinan zum Südrücken des Gitsch und dann entweder über den begrasten Kamm oder mit kleinem Umweg über die genannte Alm hinauf zum Gipfel. *HU 769 m, gut 2 Std., für Gehgewohnte leicht, bedingt lohnend.*

2361
Zum Großen Seefeldsee 2271 m

Charakteristik: R 2329.
Von der Kienerscharte (R 2358) auf bezeichnetem Steig nordwestwärts hinein zur Zassleralm (2064 m, Ausschank), auf Steig 12 A über Grashänge hinauf zur Oberen Weißenalm, dann auf Steig 6 in langer Querung steiler Gras- und Schrofenhänge (eine Stelle gesichert) nordwestwärts zur Seefeldalm (2340 m) und links kurz hinunter zum See (die beiden oberen Seen liegen ca. ¾ Std. höher). *HU ca. 600 m, 2 ½ Std., für Bergerfahrene nicht schwierig, aber teilweise etwas ausgesetzt; landschaftlich lohnend.*

2362
Nach Margen 1322 m

Charakteristik: R 2384.
Von Weitental stets der Markierung 13 folgend am ostseitigen Talhang durch Wald und Wiesen und an Höfen vorbei mäßig bis stark ansteigend nach Margen. *HU 440 m, 1 ½ Std., leicht und lohnend.*

2367 — AUSGANGSORT
PFUNDERS — 1158 m

Im inneren Pfunderer Tal gelegene Ortschaft mit zwiebeltürmiger Barockkirche, Gastbetrieben und weit verstreuten Bauernhöfen inmitten ausgedehnter Wiesenhänge. Knapp 4 km weiter talein (Höfezufahrt) der Streuweiler Dun (ca. 1500 m; auch Dan).

2368
Nach Dun (Dan) — ca. 1500 m

Hinterster Weiler des Pfunderer Tales mit etlichen Bergbauernhöfen (unterste Häuser 1468 m, der Walder als höchster Hof 1608 m); auch mit Auto erreichbar.
Von Pfunders auf der 4 km langen Höfezufahrt (Markierung 13) durch die Duner Klamm hinein zum Weiler. *HU 310 m, knapp 1 ½ Std., leicht, landschaftlich lohnend.*

2369
Zur Weitenbergalm (Weidenhütte) — 1958 m

Almhütte und ausgedehnte Bergweiden in dem von Dun nordwestlich hinaufziehenden Hochtal.
Von Dun (R 2368) stets der Markierung 19 folgend (bei erster Weggabel links) auf breitem Wirtschaftsweg mäßig steil durch die Felswände der Duner Klamm, einer tiefen Schlucht, und später in Almgelände hinauf zur Alm. *HU 458 m, 1 ½ Std., leicht und lohnend.*

2370
Zum Weitenbergsee — 2479 m

Nur seichter, aber schön gelegener Bergsee nordöstlich über der Weitenbergalm.
Von Dun (R 2368) wie bei R 2369 zur Weidenhütte, weiter zur Wegteilung, rechts auf Weg 17A noch ein Stück bergan und dann der rechts abzweigenden Markierung 20 folgend über Grashänge teilweise steil hinauf zum See. *HU 979 m, 3 Std., für Gehgewohnte leicht und lohnend.*

2371
Zum Grindlersee — 2485 m

Einsamer, aber schöner Bergsee oberhalb der Engbergalm, von steilen Bergflanken umschlossen.
Von Dun auf dem breiten Weg 19 durch die Duner Klamm etwa eine knappe Stunde hinauf, dann rechts ab, der Markierung 20 folgend über den Bach (Brücke) und über Grasflanken empor zur Oberen Engbergalm (2123 m) und weiterhin über Grashänge hinauf zum See. *HU 985 m, knapp 3 Std., für Gehtüchtige leicht und lohnend.*

2372
Zum Eisbruggsee — 2351 m

Stattlicher Bergsee in urweltlicher Hochgebirgslage im obersten Eisbruggtal am Weg zur Edelrauthütte.
Von Dun (R 2368) stets der Markierung 13 folgend zuerst auf der Hofzufahrt hinauf zum Walderhof, dann auf dem Fußweg mit abwechselnder Steilheit hinauf zur Eisbruggalm (2154 m) und weiterhin auf Weg 13 über steiniges Almgelände hinauf zum See. *HU 851 m, 2 ½ Std., leicht und lohnend.*

2373
Zur Edelrauthütte (Eisbruggjochhütte) — 2545 m

Bewirtschaftete Schutzhütte am Eisbruggjoch, dem nördlichsten Übergang von Pfunders nach Lappach. Ausgangspunkt für mehrere Hochgebirgstouren, schöne Bergumrahmung.
Von Dun wie bei R 2372 zum Eisbruggsee und weiterhin auf Weg 13 problemlos hinauf zur Hütte. *HU 1045 m, 3 Std., für Gehgewohnte leicht und sehr lohnend.*

Der Eisbruggsee mit dem Kleinen Weißzint

2374
Napfspitze — 2888 m

Breiter Felsaufbau südlich über der Edelrauthütte.

Von der Edelrauthütte (R 2373) auf markiertem Steig über Blockwerk und Schrofen südwärts steil empor zum Gipfelgrat und über ihn südwestwärts kurz zum höchsten Punkt. *HU 343 m, 1 Std., für Trittsichere unschwierig und lohnend.*

2375
Höhenweg Edelrauthütte – Weitenbergalm

Schöne markierte Höhenroute (Teil des »Pfunderer Höhenweges«) hoch über dem innersten Pfunderer Tal.

Von der Edelrauthütte (R 2373) stets der Punktmarkierung des Pfunderer Höhenweges folgend zuerst abwärts und dann nahezu eben westwärts, schließlich kurz, aber steil an Fixseil empor zum Gaisschartl (2720 m), westwärts durch Kare und Grashänge zur Dannelscharte (2437 m), weiter die Hänge querend zur Kellerscharte (2439 m) und schließlich zum obersten Boden der Weitenbergalm (2260 m; Abstieg nach Dun in 2 Std.). *HU 450 m, 4 Std., für Gehtüchtige nicht schwierig, aber Trittsicherheit notwendig; landschaftlich sehr lohnend.*

2376
Zur Gampesalm — 2223 m

Östlich hoch über Pfunders gelegene Alm; Stützpunkt am »Pfunderer Höhenweg«.

Von Pfunders stets der Markierung 21 folgend am östlichen Talhang durch Wald mäßig steil hinauf zur Baumgrenze und über die Ast- und Weißsteineralm steiler hinauf zur Gampesalm. *HU 1065 m, 3 Std., für Gehgewohnte leicht, bedingt lohnend.*

2377
Eidechsspitze — 2738 m

Markanter, auf der Ostseite des Pfunderer Tales bzw. nordwestlich von Terenten aufragender Berg mit breiter Westflanke.

Von Pfunders auf Weg 21 südostwärts hinauf zur Waldgrenze und über die Astalm ein Stück weiter, dann rechts auf markiertem Steig empor in die Gratsenke zwischen Donnerschlagspitze und Eidechsspitze (2552 m) und auf bezeichnetem Steig mäßig steil zum Gipfel. *HU 1580 m, 4½ Std., für Gehtüchtige mit Bergerfahrung unschwierig und lohnend.*

UNTERES PUSTERTAL

2382 AUSGANGSORT
TERENTEN — 1210 m

Nordöstlich über Vintl im Westteil der bis Pfalzen ziehenden Hangterrasse gelegenes Dorf mit spitztürmiger Kirche, Gastbetrieben und umliegenden Bauernhöfen. In der weiteren Umgebung die Weiler Margen (1322 m), Ast (1234 m) und Pein (1203 m).

2383
Zum St.-Zeno-Kirchlein — 1108 m

Hügelkirchlein an prähistorischer Siedelstätte südwestlich unterhalb Terenten. In der Nähe der Zienerhof.
Von Terenten zuerst ein Stück auf der nach Vintl führenden Straße hinunter, dann links auf Fahrweg (Markierung 6 A) leicht absteigend zum Zienerhof und kurz hinauf zum Kirchlein. *HU ca. 130 m (abwärts), knapp ½ Std., leicht und hübsch.*

2384
Nach Margen — 1322 m

In einer weiten Wiesensenke im Nordwesten von Terenten gelegener Weiler mit gotischer Kirche. Einkehrmöglichkeit.
Von Terenten der Markierung 1 A folgend teils auf der Straße, teils dieser ausweichend westwärts hinauf zur Höfegruppe Hohenbühel (1351 m, Gasthaus) und jenseits kurz hinunter nach Margen. *HU ca. 140 m, knapp 1 Std., leicht und lohnend.*

2385
Erdpyramiden und Mühlenweg

Kleine Gruppe von Erdpyramiden nördlich oberhalb Terenten, dem Jenneweinhof (Hofschenke) gegenüber. Der Besuch lässt sich gut mit der Begehung des »Mühlenweges« verbinden, der einige höher befindliche Mühlen erschließt.
Von Terenten der Beschilderung »Erdpyramiden« bzw. »Mühlenweg« und der Markierung 2 folgend hinein zum Ternerbach und hinauf zum Jenneweinhof (1330 m; Jausenstation; Blick auf die Erdpyramiden), weiter auf Weg 2 bergan und vorbei an Kornmühlen zu Bachbrücke (ca. 1440 m), jenseits hinaus zum Flitschhof und auf breitem Weg durch Wiesen hinunter nach Terenten. *HU ca. 200 m, 2 Std., leicht und lohnend.*

2386
Zur Englalm — 1826 m

Schön gelegene Alm mit Ausschank im oberen Terenten- oder Terner Tal.
Von Terenten stets auf Weg 22 zuerst kurz nordwestwärts zum Terner Bach und dann durch Wiesen und Wald auf der Westseite des Tales großteils mittelsteil hinauf zur Alm. *HU 616 m, 2 Std., leicht und lohnend.*

2387
Eidechsspitze — 2738 m

Charakteristik: R 2377.
a) Von der Englalm (R 2387) stets auf Steig 22 nordwestwärts über steinige Hänge empor zum Gipfel. *HU 912 m, 2 ½ Std., für Gehtüchtige mit Bergerfahrung leicht und lohnend.*
b) Von der Tiefrastenhütte (R 2390) auf Steig 22/23 südwestwärts zuerst fast eben und dann stärker ansteigend zu einer Gratsenke (2552 m) und westwärts mäßig steil zum Gipfel. *HU 430 m, 1 ½ Std., für Bergerfahrene leicht und lohnend.*

2388
Zum Kompfoßsee — 2442 m

Einsamer Hochgebirgssee zwischen Eidechsspitze und Kompfoßspitze.
Von der Englalm (R 2387) auf Steig 22 empor zur Kompfoßalm (2181 m) und auf Steig 8 K rechts über steiniges Gelände zum See. *HU 616 m, gut 1 ½ Std., für gehgewohnte Wanderer leicht und lohnend.*

2389
Zum Gols — 1744 m

Nordöstlich über Terenten gelegene flache Rodung mit der Perchner Alm.

Die Englalm bei Terenten

a) Von Terenten der Markierung 2 folgend auf der östlichen Seite des Terner Baches durch Wiesen hinauf bis zur rechts abzweigenden Markierung 8 A und nun dieser folgend durch die Waldhänge empor zum Gols. *HU 534 m, 1 ½ Std., leicht und lohnend.*
b) Von der Englalm (R 2386) zuerst ostwärts über den Bach und dann auf Steig 8 in weitgehend ebener Querung der Waldhänge südostwärts hinaus zum Gols.
HU gering, ¾ Std., leicht und lohnend.

2390
Tiefrastenhütte und -see 2308 m

Im obersten Kessel des Winnebachtales gelegenes Schutzhaus mit Sommerbewirtschaftung; daneben der Tiefrastensee.

Von Terenten der Markierung 5 folgend auf schmaler Straße nordostwärts hinein ins Winnebachtal, durch dieses (Markierung 23, schmale Straße) talein zu einem Parkplatz (ca. 1550 m; hierher auch mit Auto möglich) und dann stets auf Weg 23, vorbei an der Astnerbergalm (Ausschank), über Almhänge und steiniges Gelände hinauf zum Ziel. *HU 1098 m, 3 ½ Std. (ab erwähntem Parkplatz knapp 2 ½ Std.), leicht und lohnend.*

2391
Hochgrubachspitze 2810 m

Formschöner und touristisch bedeutender Berg inmitten der Pfunderer Berge; der Name nicht von einem Bach, sondern von der Bergflur Grubach (= Gebiet mit Gruben).

Von der Tiefrastenhütte (R 2390) auf Steig 21/24 nordwärts hinauf in Richtung Hochsägescharte bis zu Wegteilung und links der Markierung 24 folgend auf Steigspuren über Geröll und einen steilen Blockgrat empor zum Gipfel. *HU 502 m, 1 ½ Std., für bergerfahrene und trittsichere Geher unschwierig und lohnend.*

2392
Kempspitze 2704 m

Östlich über der Tiefrastenhütte aufragender Felsberg.

Von der Tiefrastenhütte (R 2390) auf bezeichneten Steigspuren zunächst mäßig steil nordostwärts zum felsigen Gipfelaufschwung und nun steil und teilweise etwas ausgesetzt empor zum Gipfel.
HU 396 m, gut 1 Std., für Geübte nicht schwierig, aber Trittsicherheit notwendig; landschaftlich lohnend.

2393
Zum Hexenstein 1515 m

Im Winnebachtal gelegener, sagenumwobener Schalenstein mit zahlreichen Grübchen (»Schalen«).
Von Terenten wie bei R 2390/a in Richtung Parkplatz zu dem ostseitig nur wenige Meter vom Fahrweg entfernten Felsblock. *HU 305 m, gut 1 Std., leicht und für Interessierte lohnend.*

2394
Zur Hofalm 2092 m

Sonnige Hochalm mit Ausschank in einem östlichen Seitenast des oberen Winnebachtales.
Von Terenten wie bei R 2390/a in Richtung Tiefrastenhütte bis zur rechts abzweigenden Markierung 29 und nun dieser folgend teils auf dem alten Steig, teils auf dem Wirtschaftsweg nordostwärts hinauf zur Alm. *HU 882 m, 2 ½ Std. (ab Parkplatz im Winnebachtal 1 ½ Std.), leicht und lohnend.*

2395
Zur Unteren Pertingeralm ca. 1870 m

Aussichtsreiche Bergwiesen mit Almschenke nordöstlich von Terenten auf südexponiertem Berghang.
Von Terenten der Markierung 5 folgend nordostwärts hinein ins Winnebachtal, dann rechts weiterhin auf Weg 5 hinauf zum Hof Nunewieser oder Nunnewieser (1536 m, Gasthaus) und von da auf Waldweg 5A zur Unteren Pertingeralm. *HU ca. 660 m, gut 2 Std., leicht und lohnend.*

2396
Zum Grünbachsee 2258 m

Schöner, von Hochweiden umrahmter Bergsee hoch über dem Weiler Hofern.
Von Hofern (1120 m, Streuweiler zwischen Terenten und Pfalzen) stets der Markierung 65 folgend teils auf Höfestraße, teils dieser ausweichend durch Wiesen und Wald hinauf zum Parkplatz »Gelenke« (ca. 1590 m; hierher auch mit Auto möglich; zu

Der Grünbachsee

Fuß knapp 1 ½ Std.). Nun auf Waldweg 65 hinauf zur Moarhofalm (1883 m, Ausschank) und weiterhin auf Weg 65, vorbei an der Grünbachalm, über Almhänge empor zum See. *HU 1138 m, knapp 3 ½ Std., (ab Oberhaus knapp 2 ½ Std.), für Gehgewohnte leicht und lohnend.*

2397
Putzenhöhe 2438 m

Schöner Gipfel nordöstlich über dem Grünbachsee aufragend.
Von Hofern wie bei R 2396 zum Grünbachsee, über gestufte Grashänge nordwärts kurz hinauf zum Westgrat der Putzenhöhe und rechts über den Grat (Punktmarkierung) unschwierig zum Gipfel. *HU 1318 m, knapp 4 Std. (ab Parkplatz 2 ½ Std.), für Gehtüchtige leicht und lohnend.*

2401 AUSGANGSORT
ISSING 986 m

Auf der Unterpustertaler Hangterrasse gelegenes Dorf knapp 1 km westlich von Pfalzen. Gastbetriebe, spitztürmige Kirche; unweit des Dorfes der Issinger Weiher, ein kleiner Badesee; in der nordwestlichen Umgebung das Schloss Schöneck.

2402
Zur Säulenfichte von Issing

Unweit von Issing beim Weiler Mühlen stehende, einzigartige Fichte mit eng am Stamm anliegenden Ästen; äußerst seltenes Naturdenkmal.

Von Issing auf der nach Terenten führenden Straße westwärts hinein in das Tal des Mühl- und Grünbaches, wo der säulenförmige Baum unterhalb der Straße steht. *HU gering, etwa 20 Min., leicht, naturkundlich interessant.*

2403
Zum Schloss Schöneck — 1058 m

Burg mit stattlichem Bergfried nordwestlich von Issing, vermutlicher Geburtsort Oswalds von Wolkenstein. Das Innere nicht allgemein zugänglich.

a) Von Issing bzw. von der nahen Umfahrungsstraße der Markierung 7 folgend zuerst nordwestwärts nach Hasenried (einst Wallfahrtsort und Quellheiligtum), auf breitem Weg 7 in gleicher Richtung zum Mühlbach und westwärts kurz hinan zur Burg. *HU 72 m, ½ Std., leicht und lohnend.*

b) Von Issing wie bei R 2402 zur Säulenfichte, auf Fahrweg ostseitig des Mühlbaches kurz bergan und links (Weg 7) weiter zur Burg. *HU und Gehzeit wie a, leicht und lohnend.*

2404
Nach Hofern — 1120 m

Streuweiler an der Höhenstraße zwischen Issing und Terenten mit Gasthaus (1120 m) und Hügelkirche St. Martin (1173 m).

Von Issing zur nahen Umfahrungsstraße, stets der Markierung 7 folgend nach Hasenried (Gehöft mit Kirche, einst Wallfahrtsort und Quellheiligtum), in der bisherigen Richtung, bald den Mühlbach überquerend, westwärts zur Burg Schöneck (1058 m) und weiterhin auf Weg 7, den Grünbachgraben und Wiesenhänge querend, westwärts nach Hofern. *HU 134 m, knapp 1 Std., leicht und lohnend.*

2405
Nach Platten — ca. 1590 m

Aussichtsreicher Bergweiler mit Gasthaus (Lechner, 1586 m) und einigen Höfen hoch über Issing bzw. Pfalzen.

Von Issing wie bei R 2404 über Hasenried zum Baustadlhof, nun rechts auf Weg 19 A durch Wiesen und an Höfen vorbei hinauf zum Forchnerhof (1286 m) und weiter hinauf nach Platten. *HU 604 m, 2 Std., leicht und lohnend.*

2406
Nach Kofl — ca. 1490 m

Charakteristik: R 2419.

Von Platten (R 2405) auf Weg 18 in nahezu ebener Querung steiler Waldhänge und einiger Bachgräben ostwärts nach Kofl. *HU gering, 1 Std., leicht und lohnend.*

2407
Nach Pfalzen — 1022 m

Charakteristik: R 2414.

a) Von Issing bzw. von der etwas höher querenden Umfahrungsstraße der Markierung 7 folgend nordwestwärts zum nahen Weiler Hasenried, bei Wegweiser scharf rechts ab und auf bezeichneten Feldwegen in ebener Wanderung ostwärts nach Pfalzen. *HU gering, ¾ Std., leicht und lohnend.*

b) Von Issing der Markierung 6 A folgend auf Fahrweg kurz südwärts zum querenden Waldweg 5, auf diesem nahezu eben ostwärts zum Sportplatz von Pfalzen und links kurz hinan ins Dorf. *HU gering, gut 1 Std., leicht und lohnend.*

2408
Zum Irenberger Hof — 1031 m

Südlich von Issing über der Talsohle des Pustertales inmitten flacher Wiesen gelegenes Gehöft mit Gasthaus; schöne Aussicht.

Von Issing der Markierung 6 A folgend durch Wiesen südwärts zum breiten Waldweg 6 und auf diesem links zunächst leicht ansteigend und später nahezu eben zum Irenberger Hof. *HU gering, ¾ Std., leicht und lohnend.*

2414 — AUSGANGSORT
PFALZEN — 1022 m

Sehr schön im östlichen Teil der Sonnenterrasse des unteren Pustertales nordwestlich über Bruneck gelegenes, stattliches und von flachen Wiesen und Feldern umgebenes Dorf mit Kirche, Gastbetrieben und Ansitzen.

2415
Nach Issing — 986 m

Charakteristik: R 2401.

a) Von Pfalzen auf beschildertem und markiertem Feldweg in ebener Wanderung westwärts nach Issing. *HU gering, gut ½ Std., leicht und lohnend.*

b) Von Pfalzen auf der Straße südwärts zum Sportplatz, auf Waldweg 5 nahezu eben westwärts bis zur rechts abzweigenden Markierung 6 A und dieser folgend durch Wiesen nordwärts nach Issing. *HU gering, gut 1 Std., leicht und lohnend.*

2416
Zum Issinger Weiher — 912 m

Beliebter kleiner Badesee in idyllischer Wald- und Wiesenlandschaft unweit von Issing. Daneben Gastbetriebe.

a) Von Pfalzen wie bei R 2415/b in Richtung Issing und südlich des Dorfes auf Weg 5 geradeaus zum Issinger Weiher. *HU 110 m (abwärts), gut 1 Std., leicht und lohnend.*

b) Von Pfalzen wie bei R 2415/a nach Issing und der Markierung 5 folgend in leichtem Abstieg zum See. *HU 110 m (abwärts), ¾ Std., leicht und lohnend.*

2417
Nach Platten — ca. 1590 m

Charakteristik: R 2405.

a) In Pfalzen zuerst hinauf zum Oberdorf, dann auf Waldweg 19 großteils steil hinauf zu Wiesen und weiter zu den Höfen. *HU 564 m, gut 1 ½ Std., für Gehgewohnte leicht und lohnend.*

b) Von Pfalzen wie bei R 2419/a nach Kofl, auf Weg 18 zuerst ein Stück aufwärts und dann steile Waldhänge querend westwärts nach Platten. *HU 564 m, knapp 2 ½ Std., für Gehgewohnte leicht und lohnend.*

2418
Sambock — 2396 m

Markanter Gipfel nördlich über Pfalzen.

a) Von Platten (R 2405) ein Stück nordwestwärts hinan, rechts auf Weg 66 A mäßig steil hinauf zur Baumgrenze und zum Steig 66, auf diesem über Grashänge hinauf zur Kammhöhe »Auf der Platte« (2175 m) und über den Gratrücken mäßig steil zum Gipfel. *HU 821 m, knapp 2 ½ Std., für gehgewohnte Bergwanderer leicht und lohnend.*

b) Von Kofl (R 2419) stets auf Waldweg 66 nordwestwärts hinauf zur Baumgrenze und wie bei a weiter zum Gipfel. *HU 909 m, gut 2 ½ Std., für gehgewohnte Bergwanderer leicht und lohnend.*

2419
Nach Kofl — ca. 1490 m

Nordöstlich über Pfalzen bzw. nordwestlich hoch über St. Georgen liegende Höfegruppe mit Gasthaus.

a) Von Pfalzen zuerst hinauf zum Oberdorf und dann stets auf Weg 17 großteils durch die Waldhänge nordostwärts hinauf zum Ziel. *HU 465 m, knapp 1 ½ Std., leicht und lohnend.*

b) Von Pfalzen wie bei R 2417/a nach Platten und auf Weg 18 steilen Wald querend

ostwärts nach Kofl. *HU 564 m, knapp 2 ½ Std., für gehgewohnte Wanderer leicht und lohnend.*

2420
Zur Plankensteineralm 1873 m

Im oberen Bereich des gegen St. Georgen hinabziehenden Hirschbrunngrabens gelegene Alm.
Von Kofl (R 2419) zuerst auf Weg 66 hinauf und dann rechts auf Weg 66A Waldhänge querend hinein zur Alm. *HU 383 m, gut 1 Std., leicht und lohnend.*

2421
Pfunderer Höhenweg

Der zwischen Bruneck und Sterzing verlaufende Höhenweg (einheitliche Punktmarkierung, Gesamtgehzeit mehrere Tage) beginnt, sieht man vom Aufstieg ab, am Sambock oberhalb von Pfalzen (R 2418). Er führt zur Tiefrastenhütte oberhalb von Terenten, quert dann bald die Hänge des inneren Pfunderer Tales, berührt anschließend die Brixner Hütte im innersten Valser Tal und erreicht schließlich den Sterzinger Raum.

2425 AUSGANGSORT
ST. SIGMUND 782 m

Zwischen Obervintl und Kiens gelegenes Dorf mit gotischer Kirche. Am gegenüberliegenden Bergfuß der kleine Weiler Ilstern mit ehemaligem Heilbad und Waldkirchlein (803 m).

2426
Nach Terenten 1210 m

Charakteristik: R 2381.
Von St. Sigmund stets der Markierung 7 folgend westwärts durch die Waldhänge und am Schiffereggerhof vorbei hinauf zum Langlaichnerhof (Longloachner), durch Wald auf der Höfezufahrt weiter bergan zum Weiler Ast und links hinüber nach Terenten. *HU 428 m, 1 ½ Std., leicht und lohnend.*

2427
Nach Hofern 1120 m

Charakteristik: R 2404.
Von St. Sigmund der Markierung 9 folgend auf schmaler Straße ostwärts zum Kahlerhof, kurz hinab zur Brücke, jenseits der Markierung 2/4/6 folgend durch Wiesen und Wald und an Höfen vorbei hinauf und zuletzt auf Waldweg 7A nordostwärts weiter nach Hofern bzw. zur Martinskirche (1173 m). *HU 391 m, gut 1 Std., leicht und lohnend.*

2428
Nach Kiens 835 m

Charakteristik: R 2434.
Von St. Sigmund auf schmaler Straße ostwärts zum Kahlerhof, kurz hinab zur Brücke über den Gruipbach und dann stets der Markierung 2 folgend durch Wiesen und Wald ostwärts nach Kiens. *HU ca. 100 m, gut 1 Std., leicht und lohnend.*

2429
Zur Ronerhütte (Rodenecker Alm) 1832 m

Charakteristik: R 2343.
Vom Eggerhof am Getzenberg (1180 m, siehe R 2443) auf Weg 13 nahezu eben westwärts und dann auf Waldweg 68 hinauf zur Hirschleitenalm und zur nahen Ronerhütte. *HU 652 m, knapp 2 Std., für gehgewohnte Wanderer leicht und lohnend.*

2430
Rastnerhütte 1931 m
und Starkenfeldhütte 1936 m

Charakteristik: R 2003.
Vom Eggerhof am Getzenberg stets der Markierung 68A folgend zuerst durch Wiesen und Wald hinauf zum Weg 2 und

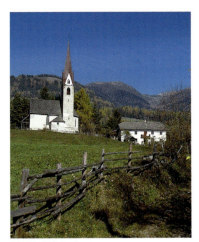

St. Martin in Hofern

auf ihm ostwärts zu den Hütten. *HU ca. 760 m, gut 2 ½ Std., für Gehgewohnte leicht und lohnend.*

2434 — AUSGANGSORT
KIENS — 835 m

Stattliches Dorf auf halber Strecke zwischen Vintl und Bruneck, bestehend aus einem unteren (ca. 780 m) und oberen Ortsbereich. Im Ersteren Gastbetriebe, Geschäfte, Ämter, im Letzteren die große Kirche (835 m).

2435
Nach St. Sigmund — 782 m

Charakteristik: R 2425.
Von Kiens stets der Markierung 2 folgend zuerst nordwestwärts hinauf zum Gatscherhof (945 m), dann die Waldhänge querend westwärts zum Rasteinerhof (822 m) und zum Gruipbach, kurz hinan zum Kahlerhof und westwärts hinüber nach St. Sigmund. *HU ca. 100 m, gut 1 Std., leicht und lohnend.*

2436
Nach Hofern — 1120 m

Nordwestlich oberhalb Kiens an der Höhenstraße Terenten-Pfalzen gelegener Streuweiler mit Gasthaus (1120 m) und Hügelkirche St. Martin (1173 m).
Von Kiens (Oberdorf) auf Waldweg 7A nordwestwärts hinauf zum Nellerhof (1015 m), noch ein Stück in gleicher Richtung weiter, dann rechts abbiegend durch Wald und Wiesen hinan zu den Häusern von Hofern und links zur Martinskirche (1173 m). *HU 285 m, knapp 1 Std., leicht und lohnend.*

2437
Nach Issing — 986 m

Charakteristik: R 2401.
Von Kiens (Oberdorf) auf beschildertem und markiertem Weg durch ein kleines Waldtal hinauf zum Issinger Weiher (Badesee, 912 m) und auf dem alten Verbindungsweg nordostwärts weiter nach Issing. *HU 151 m, knapp 1 Std., leicht und lohnend.*

2438
Nach Pfalzen — 1022 m

Charakteristik: R 2414.
Von Kiens wie bei R 2437 zum Issinger Weiher, auf Waldsteig 5 nahezu eben ostwärts zum Sportplatz von Pfalzen und nordwärts ins Dorf. *HU 187 m, gut 1 ½ Std., leicht und lohnend.*

2443 — AUSGANGSORT
EHRENBURG — 806 m

Südlich von Kiens gelegenes Dorf. Beherrschend darüber das teilweise barocke Schloss Ehrenburg sowie die Dorfkirche, eine viel besuchte Wallfahrt (»Kornmutter«). In weiterer Umgebung liegen die verstreuten Berghöfe von Getzenberg im Westen und Kienberg im Osten.

2444
Kienberg 1222 m

Länglicher Hügel mit mehreren Höfen und teilweise gerodeter Gipfelfläche südöstlich von Ehrenburg.
Von Ehrenburg stets der Markierung 10 B folgend (großteils Höfezufahrt) durch Wald und Wiesen und an Höfen vorbei hinauf zur Gipfelfläche. *HU 416 m, 1½ Std., leicht, bedingt lohnend.*

2445
Nach Montal 863 m

Charakteristik: R 2521.
Von Ehrenburg auf schmaler Straße (Markierung 9) durch das Marbachtal südostwärts leicht ansteigend zu flachem Wiesensattel (910 m) und jenseits hinunter nach Montal. *HU 104 m aufwärts, 47 m abwärts, 1 Std., leicht, landschaftlich lohnend.*

2446
Nach Ellen 1362 m

Südlich oberhalb Ehrenburg bzw. westlich über Montal an steilen Wiesenhängen gelegener Weiler mit spitztürmiger Kirche und Gasthaus.
a) Von Ehrenburg stets auf Weg 11 durch Wald und Wiesen und vorbei an Höfen südwärts hinauf und dann die Hänge südostwärts querend teilweise eben nach Ellen. *HU 556 m, gut 1½ Std., leicht und lohnend.*
b) Von Ehrenburg der Markierung 67 folgend südwestwärts durch Wald und Wiesen und an Höfen vorbei hinauf zum Kühlechnerhof (heute Alm, 1468 m) und links auf Weg 67 A Waldhänge querend nach Ellen. *HU ca. 690 m, 2½ Std., für Gehgewohnte leicht und lohnend.*

2447
Nach Hörschwang 1424 m

Charakteristik: R 2525.
Von Ellen (R 2446) auf der nach Hörschwang führenden Straße ein Stück südwärts, dann rechts abzweigend auf Weg 11 A durch die steilen Waldhänge zu den Wiesen von Hörschwang und hinunter zum Kirchlein. *HU ca. 200 m aufwärts, ca. 120 m abwärts, gut 1 Std., leicht und lohnend.*

2448
Astjoch (Burgstall) 2196 m

Frei aufragender Gipfel im so genannten Lüsner Kamm.
a) Von Ellen (R 2446) stets der Markierung 67 folgend zuerst auf Höfezufahrt durch Wiesen hinauf zum Kreuznerhof (ca. 1550 m; hierher auch mit Auto möglich), weiter hinauf zur Baumgrenze und über den Bergrücken empor zum Gipfel. *HU 834 m, knapp 2½ Std., für Gehgewohnte leicht und lohnend.*
b) Von Ellen wie bei a hinauf zum Kreuznerhof, dann stets der Markierung 67 B folgend auf der Forststraße durch Wald mäßig ansteigend an zwei Almrodungen vorbei hinauf zu einer Kammsenke mit der Astalm, kurz südostwärts und über den breiten Bergrücken (Markierung 67) hinauf zum Gipfel. *HU 834 m, knapp 3 Std., für Gehgewohnte leicht und lohnend.*

2449
Rastnerhütte 1931 m
und Starkenfeldhütte 1936 m

Charakteristik: R 2003.
a) Von Ehrenburg wie bei R 2446/b hinauf zum Kühlechnerhof, auf Weg 67 durch Wald und vorbei an einer kleinen Alm empor zur Rastnerhütte und kurz weiter zur Starkenfeldhütte. *HU 1130 m, 3½ Std., für Gehtüchtige leicht und lohnend.*
b) Von Ellen (R 2446) wie bei R 2448/b hinauf zur Astalm und auf querendem Wirtschaftsweg nahezu eben westwärts zum Ziel. *HU 574 m, knapp 2½ Std., für Gehgewohnte leicht und lohnend.*

2453

BRUNECK UND UMGEBUNG

Dieser Abschnitt umfasst das ausgedehnte Brunecker Becken mit der Stadt Bruneck, den umliegenden Dörfern in der Talsohle und der südseitig erhöht liegenden Terrasse von Reischach.

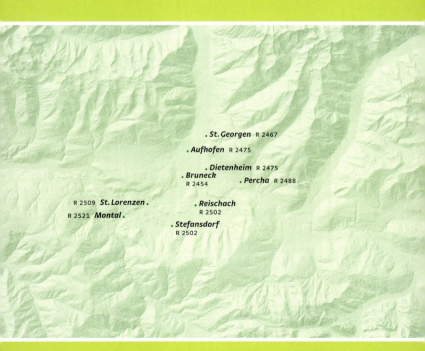

. *St. Georgen* R 2467
. *Aufhofen* R 2475
. *Dietenheim* R 2475
. *Bruneck* R 2454
. *Percha* R 2488
R 2509 *St. Lorenzen* .
R 2521 *Montal* .
. *Reischach* R 2502
. *Stefansdorf* R 2502

2454 AUSGANGSORT
BRUNECK — 835 m

In den letzten Jahrzehnten stark angewachsenes Städtchen an der Rienz im Mündungsgebiet des Tauferer-Ahrntales. Mittelalterlicher Stadtkern mit malerischen Häuserreihen, teilweise erhaltener Ringmauer und Stadttoren, südlich über Bruneck die Rainkirche und das Schloss Bruneck. Das Dorf Stegen (821 m, gotische Kirche nahe der Ahrbrücke) im Westen von Bruneck ist heute mit der Stadt zusammengewachsen.

2455
Nach Pfalzen — 1022 m

Charakteristik: R 2414.
Von Stegen (R 2454) zuerst auf der Holzbrücke über die Ahr, nach Querung der Pfalzner Straße auf Weg 7 durch Wald und Wiesen hinauf zum Hof Breitenberg, weiterhin auf Weg 7 in leichtem Auf und Ab Waldungen und kleinere Wiesen durchquerend zur Valentinskirche in Greinwalden und kurz weiter nach Pfalzen.
HU 201 m, 2 Std., leicht und lohnend.

2456
Nach Dietenheim — 865 m

Charakteristik: R 2475.
Von Bruneck (Kapuzinerplatz) die Dietenheimer Straße entlang (Markierung 1, Gehsteige) nordostwärts durch die Felder nach Dietenheim. *HU gering, ½ Std., leicht, bedingt lohnend.*

2457
Nach Percha — 973 m

Charakteristik: R 2488.
In Bruneck zunächst die Staatsstraße entlang zum östlichen Stadtrand (ausgeprägte Rechtskurve), nun links auf dem alten Pustertaler Hauptweg (Markierung 1A) durch Wiesen und Felder ostwärts leicht ansteigend zu Wegteilung, links weiterhin auf Weg 1A zum Weiler Luns (958 m) und südostwärts auf einem Flurweg eben hinüber nach Percha. *HU 138 m, 1 ¼ Std., leicht, bedingt lohnend.*

2458
Zur Lamprechtsburg — 950 m

Südöstlich von Bruneck bzw. nordöstlich von Reischach befindliche mittelalterliche Burg mit Kapelle. Schöne Lage, das Innere aber nicht zugänglich.
Von der Rienzbrücke in Bruneck der Markierung 13/14/15 folgend zum Ostrand der Stadt, in der Waldschlucht der Rienz nahezu eben weiter bis unter den Burghügel und durch ein Waldtälchen hinauf zur Burg. *HU 115 m, 1 Std., leicht, bedingt lohnend.*

2459
Nach Reischach — 953 m

Charakteristik: R 2502.
Von Bruneck wie bei R 2458 zur Lamprechtsburg, südwärts hinüber zum Hof Mairkircher und auf dem Reischacher Wiesenweg (Markierung W) südwestwärts durch Wiesen und Felder leicht ansteigend nach Reischach. *HU 118 m, gut 1 ½ Std., leicht und lohnend.*

2460
Nach Stefansdorf — 964 m

Charakteristik: R 2502.
Von Bruneck (Abzweigung der Reischacher Straße im Westteil der Stadt) der Markierung 9/12 folgend südwestwärts durch Wald und Wiesen teils eben, teils leicht ansteigend bis zu der von St. Lorenzen heraufführenden Straße und auf dieser links in etwa 10 Min. nach Stefansdorf.
HU 129 m, gut 1 Std., leicht und lohnend.

2461
Nach St. Martin — 860 m

Charakteristik: R 2513.
Von Bruneck wie bei R 2460 bis zu der von St. Lorenzen nach Stefansdorf führenden

Pfalzen, rechts die Kirche St. Valentin

Straße und weiterhin auf Weg 9/12 teils eben, teils leicht auf und ab durch Wald und Wiesen westwärts nach St. Martin.
HU gering, 1 ½ Std., leicht und lohnend.

2462
Zum Schloss Bruneck — 886 m

Gut erhaltenes, im 13. Jh. vom Brixner Bischof Bruno erbautes Schloss südlich über Bruneck; das Innere nicht allgemein zugänglich.

Vom Oberragentor im Ostteil der Altstadt oder vom Ursulinerinnentor im Westteil über Stufen und auf breiten Wegen hinauf zur Rainkirche und im Lärchenwald weiter hinauf zur Burg. *HU 51 m, 20 Min., leicht und hübsch.*

2463
Waldfriedhof und Kühbergl — 1013 m

Das Kühbergl (1013 m), ein bewaldeter Hügel, erhebt sich südwestlich über Bruneck. An seinem Ostfuß liegt der stimmungsvolle Waldfriedhof mit Kriegsgefallenen. Am Gipfel des Kühbergls ein Obelisk zur Erinnerung an den Besuch des österreichischen Kaisers Franz Joseph.

Auf der im Westteil der Stadt nahe der Ursulinenkirche beginnenden Reischacher Straße in wenigen Minuten hinauf zum Waldfriedhof (hierher auch vom Schloss Bruneck über eine Fußgängerbrücke), von wo aus auf bezeichneten Spazierwegen eine hübsche Erholungszone und der Höchstpunkt des Kühbergls erwandert werden können. *HU 178 m, etwa 1 Std., leichter und hübsch.*

2467 — AUSGANGSORT
ST. GEORGEN — 822 m

Stattliches Dorf an der Ahrntaler Straße zwei Kilometer nördlich von Bruneck. Gotische Kirche, Ansitze, Gastbetriebe.

2468
Nach Pfalzen — 1022 m

Charakteristik: R 2414.

Von St. Georgen stets der Markierung 17A folgend großteils auf breitem Fußweg südwestwärts zwischen Wiesen und Wald leicht ansteigend nach Greinwalden

(951 m; unweit des Weges die sehenswerte gotische Valentinskirche) und eben hinüber nach Pfalzen. *HU 200 m, 1½ Std., leicht und lohnend.*

2469
Nach Kofl ca. 1490 m

Charakteristik: R 2419.

a) Von St. Georgen der Markierung 17 A folgend großteils auf breitem Fußweg südwestwärts zwischen Wiesen und Wald hinauf in Richtung Pfalzen bis zum rechts abzweigenden Weg 18 und auf diesem durch Wald und Wiesen und an Höfen vorbei hinauf nach Kofl. *HU ca. 670 m, 2 Std., leicht und lohnend.*

b) Von St. Georgen stets der Markierung 66 folgend hinauf zu einer Kapelle (»Mariahilfstöckl«), dann im steilen Wald empor zu den Kehrerhöfen (1306 m) und teils auf der Straße, teils diese abkürzend hinauf nach Kofl. *HU ca. 670 m, knapp 2 Std., für Gehgewohnte leicht und lohnend.*

2470
Sambock 2396 m

Charakteristik: R 2418.

Von Kofl (R 2419) der Markierung 66 folgend durch die Waldhänge nordwestwärts hinauf zur Baumgrenze, über Grashänge weiter zur Kammhöhe »Auf der Platte« (2175 m) und über den Gratrücken mäßig steil zum Gipfel. *HU 909 m, gut 2½ Std., für gehgewohnte Bergwanderer leicht und lohnend.*

2471
Nach Gais 836 m

Charakteristik: R 2663.

Von St. Georgen kurz auf der nach Gais führenden Straße nordwärts, dann links ab und auf dem Damm der einstigen Tauferer Bahn in der Nähe der Ahr nordwärts nach Gais. *HU unbedeutend, knapp 1 Std., leicht und lohnend.*

2475 AUSGANGSORT
AUFHOFEN 851 m
DIETENHEIM 865 m

Zwei schön gelegene, 1,5 km voneinander entfernte Dörfer mit sehenswerten Kirchen, Adelssitzen und Gaststätten. In Dietenheim das besuchenswerte Südtiroler Volkskundemuseum.

2476
Nach Gais 836 m

Charakteristik: R 2663.

Von Aufhofen der Markierung 2 folgend (schmale Straße) mäßig ansteigend zum Bärentalhof (966 m) und von dort auf breitem Flurweg 5 durch die Felder des ausgedehnten Schwemmkegels leicht absteigend nach Gais. *HU 115 m aufwärts, 130 m abwärts, knapp 1 Std., leicht und lohnend.*

2477
Zur Kehlburg 1187 m

Ostseitig über dem Tal thronendes, in neuerer Zeit dem Verfall preisgegebenes Schloss; das Innere nicht zugänglich.

Von Aufhofen stets der Markierung 2 folgend auf schmaler Straße nordostwärts hinauf zum Bärentalhof (966 m), rechts durch das bewaldete Bärental hinauf zu Wegteilung und links hinauf zum Schloss. *HU 336 m, 1 Std., leicht, bedingt lohnend.*

2478
Nach Amaten (Ameten) 1260 m

Weiler mit Gastbetrieben in schöner Lage östlich über Aufhofen bzw. nordöstlich über Dietenheim. Von Percha herauf Straße.

a) Von Aufhofen der Markierung 2 folgend nordostwärts hinauf zum Bärentalhof, durch das Waldtal hinauf bis zu Wegteilung, rechts auf breitem Waldweg 5 hinauf zu weiterer Wegteilung und links kurz weiter nach Amaten. *HU 409 m, 1¼ Std., leicht und lohnend.*

Weg mit altem Zaun bei Tesselberg

b) Von Dietenheim stets der Markierung 4 folgend (anfangs Höfezufahrt, dann Fußweg) nordostwärts großteils durch Wald ziemlich gerade empor nach Amaten.
HU 395 m, gut 1 Std., leicht und lohnend.

c) Von Dietenheim anfangs wie bei b bergan, dann die Markierung 4 nach links verlassend und auf der Höfezufahrt bleibend (nun Markierung 4 A) hinauf zum Hof Huber unterm Berg (1007 m), auf Steig 4 A durch die Waldhänge nordwärts weiter bergan zum Forstweg 5 und auf diesem scharf rechts leicht ansteigend nach Amaten. *HU 395 m, 1½ Std., leicht und lohnend, weniger steil als b.*

2479
Nach Tesselberg 1473 m

Schöner Bergweiler mit Kirche und Gasthaus nordöstlich über Aufhofen und Dietenheim bzw. östlich über Gais.

a) Von Aufhofen wie bei R 2477 bis fast zur Kehlburg und weiterhin der Markierung 2 folgend (großteils Forststraße) durch Wald und zuletzt durch Wiesen nordostwärts mäßig ansteigend nach Tesselberg.
HU 622 m, knapp 2 Std., leicht und lohnend.

b) Von Amaten (R 2478) stets der Markierung 4 folgend auf dem so genannten »Bettelsteig« teilweise steile Waldhänge nordostwärts querend nach Tesselberg.
HU 213 m, 1 Std., leicht und lohnend.

2480
Zur Tesselberger Alm 2128 m

Oberhalb der Waldgrenze sonnig und aussichtsreich gelegene Hochalm mit Ausschank.

Von Tesselberg (R 2479) auf dem breiten Waldweg 7 A dem Tesselberger Bach entlang mäßig ansteigend zur Alm. *HU 655 m, knapp 2 Std., leicht und lohnend.*

2481
Auf die Geige 2200 m

Kleine Erhebung nordöstlich über Tesselberg im dort ansteigenden Berggrat.
Von der Tesselberger Alm (R 2480) auf Steig 7 die Grashänge nahe der Waldgrenze querend westwärts hinaus und zuletzt kurz rechts hinauf zur Geige. *HU 72 m, ½ Std., leicht und lohnend.*

2482
Schönbichl 2452 m

Felsiger, nordöstlich über der Tesselberger Alm aufragender Gipfel.
Von Tesselberg (R 2479) wie bei R 2480 zur Tesselberger Alm, auf Steig 7 A ostwärts bis unter den Schönbichl und auf markierten Steigspuren nordostwärts steil empor zum Gipfel. *HU 979 m, knapp 3 Std., für Gehgewohnte mit Bergerfahrung leicht und lohnend.*

2483
Nach Oberwielenbach 1355 m

Charakteristik: R 2489.
a) Von Amaten (R 2478) auf Steig 5 schwach südostwärts die Waldhänge querend zum Hof Oberhaidacher (1300 m), auf Weg 5/1 weiterhin in nahezu ebener Waldquerung nordostwärts zum Lärcherhof und auf der Straße kurz weiter nach Oberwielenbach. *HU 95 m, 1 ½ Std., leicht und lohnend.*
b) Von Dietenheim stets der Markierung 1 folgend ostwärts durch Wiesen und Wald hinauf zum Hof Unterhaidacher, weiter zum Oberhaidacher und wie bei a zum Ziel. *HU 490 m, gut 1 ½ Std., leicht und lohnend.*

2484
Zur Haidacheralm 1883 m

Im oberen Wielenbachtal gelegene, teilweise von schütterem Bergwald umgebene Alm.
Von Oberwielenbach auf der nach Platten führenden Straße talein zum Bach und dann auf dem Wirtschaftsweg (Markierung 1/6) leicht ansteigend zur Alm. *HU 528 m, gut 2 Std., leicht und lohnend.*

2488 AUSGANGSORT
PERCHA 973 m

Sonnig an der Pustertaler Hauptstraße rund 5 km östlich von Bruneck gelegenes Dorf mit gotischer Kirche und Gaststätten. Nordöstlich oberhalb Percha liegt am Wiesenhang das Dorf Wielenberg (1138 m), knapp 2 km östlich von Percha etwas oberhalb der Straße das Dörfchen Nasen (1027 m); unter der Straße schließlich noch die Häusergruppen Unter (Nieder)-Wielenbach und Litschbach.

2489
Nach Oberwielenbach 1355 m

Bergdorf mit Kirche und Gasthaus nordöstlich über der Brunecker Talweitung in dem bei Percha in das Haupttal mündenden Wielenbachtal.
Von Percha zuerst auf der Talstraße kurz ostwärts bis zur abzweigenden Markierung 16, nun stets dieser folgend zuerst hinauf nach Wielenberg und dann durch die ostseitigen Wald- und Wiesenhänge des Wielenbachtales auf breitem Wirtschaftsweg hinauf zu Ziel. *HU 382 m, gut 1 Std., leicht und lohnend.*

2490
Nach Tesselberg 1473 m

Charakteristik: R 2479.
Von Oberwielenbach stets der Markierung 2 folgend zuerst durch Wiesen und Wald westwärts hinauf zu den Höfen Unterwolfsgruber und Eder (1567 m) und dann in ebener bis leicht absteigender Waldquerung nordwärts (zuletzt kurz auf der Straße) nach Tesselberg. *HU 212 m aufwärts, 94 m abwärts, knapp 1 ½ Std., leicht und lohnend.*

St. Christophorus an der Kirche in Oberwielenbach >

Die Erdpyramiden von Platten

2491
Zur Haidacheralm 1883 m

Siehe R 2484.

2492
Nach Platten 1413 m

Sonnig und aussichtsreich gelegener Bergweiler mit Gasthaus nordöstlich oberhalb Percha.

a) Von Percha wie bei R 2489 nach Wielenberg, nach dem obersten Gehöft rechts ab und auf Weg 1A durch Wald und Wiesen in Kehren hinauf nach Platten. *HU 440 m, 1 ½ Std., leicht und lohnend.*

b) Von Oberwielenbach (R 2489) der Markierung 1 folgend hinein zum Wielenbach und jenseits Wiesen und Wald querend hinaus nach Platten. *HU gering, ¾ Std., leicht und lohnend.*

2493
Zu den Erdpyramiden von Platten ca. 1540 m

Eindrucksvolle Erdpyramiden im Litschbachgraben nordöstlich oberhalb Percha; das bedeutendste derartige Vorkommen im Pustertal.

Von dem zwischen Oberwielenbach und Platten befindlichen zweiten Pyramiden-Parkplatz (ca. 1430 m) der Markierung P folgend auf Waldweg meist nur mäßig ansteigend bis unter den Höllerhof und Wegweisern folgend auf kurzem Wiesen- und Waldweg hinüber zum Rand der Erdpyramidenzone. *HU ca. 100 m, ¾ Std., leicht und naturkundlich lohnend.*

2494
Nach Aschbach 1336 m

Sonnig gelegener Bergweiler mit Gaststätte nordöstlich oberhalb Nasen.

Von Nasen (R 2488) stets der Markierung 22 folgend auf dem großteils abseits der Autozufahrt verlaufenden Weg durch Wiesenhänge mäßig bis stark ansteigend hinauf nach Aschbach. *HU 309 m, knapp 1 Std., leicht und lohnend.*

2495
Nach Redensberg 1379 m

Östlich von Aschbach bzw. westlich von Oberrasen gelegene Höfegruppe inmitten sonniger Wiesenhänge.
Von Nasen (R 2488) bzw. vom östlich davon talwärts fließenden Nasner Bach auf Waldsteig 19 durchwegs mäßig steil nordostwärts hinauf zum Ziel. *HU 352 m, 1 Std., leicht und lohnend.*

2496
Zur Aschbacher Alm 1931 m

Von Waldhängen umrahmte Alm nordöstlich oberhalb Aschbach in einer Talverflachung des Nasner Bachgrabens.
Von Aschbach (R 2494) stets der Markierung 4 A folgend durch Wiesen hinauf zu den oberen Höfen und dann durch die Waldhänge nordostwärts hinauf zur Alm. *HU 595 m, gut 1 ½ Std., leicht und lohnend.*

2497
Auf den Hochnoll (Hochnall) 2231 m

Südlichster Punkt des Rammelsteinkammes nordöstlich über dem Gebiet von Percha bzw. westlich über dem äußeren Antholzer Tal.
Von der Aschbacher Alm (R 2496) auf Steig 4 zuerst im Waldbereich und dann über Grashänge nordwärts hinauf zum Hochnoll (Kreuz). *HU 300 m, knapp 1 Std., leicht und lohnend.*

2498
Rammelstein 2483 m

Markanter Gipfel in dem das äußere Antholzer Tal westseitig begrenzenden Kamm.
Von dem zwischen Oberwielenbach und Platten an der Straße befindlichen zweiten Pyramiden-Parkplatz (ca. 1430 m) der Markierung P folgend auf Waldweg hinauf zum Höllerhof (1564 m), nun stets der Markierung 6 folgend auf Forst- und Fußweg zur Genneralm (1975 m, Ausschank) und weiterhin auf Steig 6 über teilweise flaches Almgelände zum Gipfel. *HU 1050 m, gut 3 Std., für Gehgewohnte leicht und lohnend.*

2502 AUSGANGSORT
REISCHACH 953 m
STEFANSDORF 964 m

Die beiden Dörfer liegen, 2,5 km voneinander entfernt, südlich über Bruneck auf einer vorwiegend von Wiesen und Feldern gekennzeichneten Terrasse. Reischach ist touristisch der Hauptort des Gebietes. Westliche Randsiedlungen der Hochfläche sind St. Martin, Moos und Saalen. Von Reischach Umlaufbahn auf den Kronplatz.

2503
Zur Lamprechtsburg 950 m

Charakteristik: R 2458.
Vom Ostrand von Reischach der Markierung W folgend abseits des zur Burg führenden Sträßchens in weitgehend ebener Wiesenwanderung nordostwärts zum Hof Mairkircher und zur Lamprechtsburg (das Innere nicht allgemein zugänglich).
HU gering, ¾ Std., leicht, landschaftlich lohnend.

2504
Auf den Kronplatz 2277 m

Bis zum baumfreien Gipfelbereich großteils bewaldeter Bergaufbau zwischen Enneberg, Olang und Bruneck. Durch verschiedene Seilbahnen erschlossen (im Winter Skigebiet), auf dem Gipfelplateau Berggasthäuser, Kapelle und andere Baulichkeiten.

a) Von Reischach immer der Markierung 1 folgend zuerst südostwärts durch Wiesen zum Wald, in langem Anstieg teilweise steil hinauf zur Ochsenalm (1888 m), weiter zur Baumgrenze und empor zum Gipfelbereich. *HU 1324 m, gut 3 ½ Std., für*

Gehtüchtige unschwierig, bedingt lohnend.
b) Von Stefansdorf der Markierung 4/12 folgend hinauf zum Haidenberger Hof (1280 m, Gasthaus; hierher auch mit Pkw möglich), weiterhin auf Weg 4 über die Stefansdorfer Alm (1674 m) hinauf zu einer Waldsenke im Kronplatz-Westkamm, über diesen leicht ansteigend zur Baumgrenze und zum Gipfel. *HU 1313 m, 4 Std. (ab Haidenberger Hof 3 Std.), für Gehtüchtige leicht, bedingt lohnend.*

2505
Nach Maria Saalen — 978 m

Charakteristik: R 2515.
Von Stefansdorf der Markierung 12 A folgend auf Höfezufahrten durch Wiesen und Felder westwärts teils eben, teils leicht absteigend zum Weiler Moos (908 m), hier links ab und der Markierung 8 folgend in nahezu ebener Waldwanderung westwärts weiter nach Maria Saalen.
HU gering, 1 ½ Std., leicht und lohnend.

2509 — AUSGANGSORT
ST. LORENZEN — 810 m

Bedeutendes Dorf und Sitz der gleichnamigen Marktgemeinde gut drei Kilometer südwestlich von Bruneck im Mündungsbereich des Gadertales. Große Pfarrkirche, Gastbetriebe und Einkaufsläden, schöne Häuserreihen. Im Bereich der Rienz Mauerreste des Römerlagers Sebatum, westlich darüber die Sonnenburg.

2510
Nach Sonnenburg — 864 m

Der Name Sonnenburg bezeichnet im engeren Sinne jene einstige Kloster-, Kirchen- und Burganlage, die bei St. Lorenzen einen felsigen Hügel krönt (864 m) und heute einen Gastbetrieb enthält. – Im weiteren Sinne umfasst Sonnenburg auch die umliegenden Häuser und den Ansitz Glurnhör (827 m).
Von St. Lorenzen auf der westlichen Ortseinfahrt hinüber zur Rienzbrücke und nach überquerung des Flusses und der Talstraße auf markiertem Weg hinauf zum Weiler Sonnenburg und zur ehemaligen Klosteranlage. *HU 54 m, 10 Min., leicht und lohnend.*

2511
Nach Pfalzen — 1022 m

Charakteristik: R 2414.
Von St. Lorenzen westwärts zur Holzbrücke über die Rienz, nach überquerung des Flusses und der Staatsstraße stets der Markierung 17 folgend durch Wiesengelände hinauf zum Weiler Fassing (890 m), weiter zum Weiler Lothen (961 m) und dann durch Wiesen und Wald nahezu eben nordwärts nach Pfalzen. *HU 212 m, gut 1 ½ Std., leicht und lohnend.*

2512
Nach Stefansdorf — 964 m

Charakteristik: R 2502.
a) Von St. Lorenzen kurz südwärts, dann links der Markierung 9/12 folgend in einem Wiesentälchen südostwärts leicht ansteigend zum Hausstetterhof und nach Stefansdorf. *HU 154 m, knapp 1 Std., leicht und lohnend.*
b) Von St. Lorenzen (Bahnhof) stets der Markierung 1 folgend nach St. Martin, hier links ab und der Markierung 12 A folgend in teils leicht ansteigender, teils ebener Wanderung durch Wiesen südost- und ostwärts nach Stefansdorf. *HU 154 m, 1 ½ Std., leicht und lohnend.*

2513
Nach St. Martin — 860 m

Im Südwesten von St. Lorenzen inmitten von Wiesen gelegener Weiler mit Kirche und Gasthaus; unweit die Michelsburg (nicht allgemein zugänglich) sowie der Weiler Moos (905 m).

Die Sonnenburg bei St. Lorenzen

Von St. Lorenzen der Markierung 1 folgend südwärts in leichtem Anstieg nach St. Martin. *HU 50 m, ¾ Std., leicht und hübsch.*

2514
Zum Haidenberger Hof　1280 m

Südlich über Stefansdorf in aussichtsreicher Lage befindlicher Einzelhof mit Kapelle und Gasthaus.

Von Stefansdorf (R 2512) der Markierung 4/12 folgend zuerst durch Wiesen zum Wald und durch diesen (nun Markierung 12) teils auf dem alten Weg, teils auf der Zufahrt empor zum Hof. *HU 316 m, knapp 1 Std., leicht und lohnend.*

2515
Nach Maria Saalen　978 m

Weiler mit Kirche (Wallfahrt), Gasthaus und einigen Häusern im Südwesten von St. Lorenzen bzw. südöstlich über Montal.

a) Von St. Lorenzen der Markierung 1 folgend südwestwärts hinauf zum Weiler Moos und, zuletzt nahezu eben durch Wald, weiter nach Maria Saalen. *HU 168 m, 1 ½ Std., leicht und lohnend.*

b) Von Stefansdorf (R 2512) der Markierung 12 A folgend durch Wiesen und Felder nahezu eben westwärts zum Weiler Moos und von da auf Weg 1 wie bei a zum Ziel. *HU gering, 1 ½ Std., leicht und lohnend.*

2516
Nach Montal　863 m

Charakteristik: R 2521.

Von St. Lorenzen kurz westwärts zur Gadertaler Straße und links bis zur Brücke über die Gader bei Pflaurenz, nun links auf Weg 6 hinein zum Schrafflhof, weiter auf Weg 6 zur Gader und, nach Überquerung des Baches und der Talstraße, westwärts kurz nach Montal. *HU gering, knapp 1 ½ Std., leicht und lohnend.*

2517
Nach Ehrenburg　806 m

Charakteristik: R 2443.

Von St. Lorenzen westwärts zur Gadertaler Straße, links talein nach Pflaurenz, weiter bis zur rechts abzweigenden Markierung 10 A und nun stets dieser folgend in großteils weitgehend ebener Waldwanderung zuerst durch ein Tälchen und dann die zur Rienz abfallenden Hänge querend westwärts nach Ehrenburg. *HU gering, 2 ½ Std., leicht und lohnend.*

2521 AUSGANGSORT
MONTAL — 863 m

Südwestlich von St. Lorenzen im äußersten Gadertal gelegenes Dorf mit spitztürmiger Kirche, Gastbetrieben und Bauernhöfen inmitten flacher Wiesen.

2522
Nach Maria Saalen — 978 m

Charakteristik: R 2515.
Von Montal stets der Markierung 9 folgend kurz durch Wiesen leicht absteigend südostwärts zur Straßenbrücke über die Gader (820 m) und jenseits durch den steilen Waldhang empor nach Maria Saalen. *HU 158 m, ¾ Std., leicht und lohnend.*

2523
Nach Stefansdorf — 964 m

Charakteristik: R 2502.
Von Montal auf der Zufahrt nordöstlich zur Gadertaler Straße, nach Überquerung derselben und der Gader (Brücke) auf Weg 6 ostwärts hinüber zum Schrafflhof, bald danach rechts durch Wiesen leicht ansteigend zum Weiler Moos (905 m) und der Markierung 12A folgend eben bis leicht ansteigend durch Wiesen und Felder ostwärts nach Stefansdorf. *HU ca. 150 m, gut 2 Std., leicht und lohnend.*

2524
Nach Onach — 1144 m

Häusergruppe mit Kirche und Gaststätten am westlichen Steilhang des äußeren Gadertales, knapp 3 km südlich oberhalb Montal. In der Umgebung zahlreiche Höfe.
Von Montal stets der Markierung 11 (anfangs auch Nr. 2) folgend teils auf Höfezufahrt, teils auf dem alten Waldweg südwärts hinauf zum Hörschwanger Bach (1148 m) und dann nahezu eben durch Wald und Wiesen weiter nach Onach. *HU 281 m, knapp 1 ½ Std., leicht und lohnend.*

2525
Nach Hörschwang — 1424 m

Einsamer Bergweiler südwestlich hoch über Montal mit einigen Höfen und hübsch gelegenem Kirchlein.
a) Von Montal stets der Markierung 2 folgend teils auf Höfezufahrt, teils auf dem alten Weg durch steilen Wald südwestwärts empor zu den Hörschwanger Wiesen und zum Kirchlein. *HU 561 m, 1 ½ Std., leicht und lohnend.*
b) Von Onach (R 2524) der Markierung 11 folgend zunächst auf Höfestraße und dann auf Fußweg durch die Waldhänge in mäßiger Steigung nordwestwärts zum Ziel. *HU 280 m, gut 1 Std., leicht, bedingt lohnend.*

2526
Nach Ellen — 1362 m

Charakteristik: R 2446.
Von Montal stets der Markierung 10 folgend teils auf Höfestraße, teils auf dem alten Waldweg westwärts mäßig ansteigend zum Marbach und dann am steilen Wiesenhang empor nach Ellen. *HU 499 m, gut 1 ½ Std., leicht und lohnend.*

GADERTAL

Dieser Abschnitt umfasst das ladinischsprachige Gadertal einschließlich seiner Seitentäler. Der äußerste, deutschsprachige Talbereich ist unter dem Hauptabschnitt »Bruneck und Umgebung« behandelt. Die Reihung der Ortschaften (Ausgangspunkte) erfolgt von Nord nach Süd.

R 2531 *Zwischenwasser*
Enneberg R 2569
Welschellen R 2531
St. Vigil R 2569
Untermoi R 2539
Piccolein R 2550
St. Martin in Thurn R 2550
Campill R 2557
Pederoa R 2591
Wengen R 2591
Pedraces R 2602
St. Leonhard R 2602
Stern R 2614
St. Kassian R 2624
Kolfuschg R 2640
Corvara R 2640

2531 — AUSGANGSORT
ZWISCHENWASSER — 1005 m
WELSCHELLEN — 1432 m

Zwischenwasser (ladinisch Lungega) ist eine kleine Siedlung mit Gasthaus an der Mündung des St. Vigiler Tales in das Gadertal. Das Bergdorf Welschellen (ladinisch Rina) mit Kirche und Gaststätten befindet sich in schöner Lage südwestlich oberhalb Zwischenwasser.

2532
Nach Enneberg — 1284 m

Charakteristik; R 2569.
Von Zwischenwasser der Markierung 2 folgend zuerst auf der nach St. Vigil führenden Straße talein, dann links ab und durch Wiesenhänge, vorbei an Höfen, ostwärts hinauf nach Enneberg. *HU 279 m, knapp 1 Std., leicht und lohnend.*

2533
Zum Col dal Lè — 2175 m

Im Kamm zwischen Gadertal und Lüsner Tal westlich hoch über Welschellen bzw. schwach nordwestlich von Untermoi befindliche Erhebung.
Von Welschellen stets der Markierung 11 S folgend zuerst kurz durch Wiesen und dann in langem Waldanstieg hinauf zur Welschellner Alm (1947 m), weiter bis zur rechts abzweigenden Markierung 20 B (2066 m) und dieser folgend über den Bergrücken hinauf zum Gipfelkreuz.
HU 743 m, gut 2 Std., für Gehgewohnte leicht und lohnend.

2534
Zur Turnaretscher Hütte — 2050 m

Schutzhütte auf Eisacktaler Seite unweit des Lüsner Jochs in sonniger Almgegend; Blick zum Peitlerkofel. Nur wenig höher die kleinen Glittnerseen (2151 m).
Von Welschellen wie bei 2533 zur Welschellner Alm (1947 m), weiter zum Lüsner Joch (2008 m) und auf Lüsner Seite eben weiter zur Turnaretscher Hütte. *HU 618 m, knapp 2 ½ Std., für Gehgewohnte leicht und lohnend.*

2535
Maurerberg — 2332 m

Charakteristik: R 2009.
Von Welschellen wie bei R 2534 zum Lüsner Joch (2008 m) und links, südwestwärts, der Markierung 1 folgend über den Gratrücken (Schrofen und Grasgelände) teils leicht, teils stärker ansteigend zum Gipfel.
HU 900 m, knapp 3 Std., für Gehgewohnte mit Bergerfahrung leicht und lohnend.

2539 — AUSGANGSORT
UNTERMOI — 1514 m

Von Wiesen umgebenes Höhendorf (ladinisch Antermëia) am Sonnenhang des gleichnamigen Tales südwestlich von Zwischenwasser; spitztürmige Kirche, Gastbetriebe, reger Fremdenverkehr; Bauernhöfe in der Umgebung. Prachtblick zum Peitlerkofel.

2540
Zum Gömajoch — 2111 m

Flacher Almsattel südlich von Untermoi in dem vom Peitlerkofel ostwärts ziehenden Kammausläufer.
Vom Col dal Ermo (Waldsattel an der Straße zwischen St. Martin und Untermoi, 1550 m) stets auf Waldweg 35 teils leicht, teils stärker ansteigend südwestwärts zum Steig 8 B und auf diesem links kurz hinauf zum Gömajoch. *HU 711 m, 2 ½ Std., für Gehgewohnte leicht und lohnend.*

2541
Zum Würzjoch — 2007 m

Wiesensattel zwischen dem Maurerberg im Norden und dem Peitlerkofel im Süden, Straßenübergang von Untermoi ins

Bergwiesen am Würzjoch mit dem Peitlerkofel

mittlere Eisacktal. Gaststätten, schöne Aussicht.
Von Untermoi stets der Markierung 8 folgend zuerst auf einem Sträßchen nahezu eben südwestwärts zu den letzten Häusern und dann auf dem alten Jochweg in großteils mäßiger Steigung durch Wald südwestwärts hinauf zum Würzjoch.
HU 493 m, gut 1½ Std., leicht und lohnend.

2542
Rund um den Peitlerkofel

Landschaftlich schöne Tour, bei welcher der Peitlerkofel großteils über Almböden, stellenweise aber auch in leicht ausgesetztem Felsgelände umrundet wird.

Vom Würzjoch (R 2541) auf Weg 8A südwärts hinauf zu den flachen Kompatschwiesen (2060 m), links auf Steig 8B die Hänge querend hinüber zu den Peitlerwiesen und zuletzt kurz hinauf zum Gömajoch (2111 m, 1½ Std.), nun auf Steig 35 die südseitigen Almhänge querend bis in das Tälchen des Seresbaches (2140 m), rechts hinauf zur Peitlerscharte (2357 m), jenseits auf Steig 4 ein Stück hinab zum rechts abzweigenden Steig 8A (ca. 2100 m), auf diesem zuerst leicht ausgesetzt (eine Stelle gesichert) einen brüchigen Felshang und dann schöne Almböden nordostwärts querend zu den Kompatschwiesen und kurz hinunter zum Würzjoch. *HU 350 m, 5 Std., für Gehtüchtige mit Bergerfahrung und etwas Trittsicherheit unschwierig und lohnend.*

2543
Peitlerkofel   2874 m

Mächtiger, frei aufragender Felsberg (ladinisch Sas de Pütia) südwestlich von Untermoi bzw. nordwestlich über Campill.
Vom Würzjoch (R 2541) stets auf Weg 8A südwärts hinauf zu Wegteilung, rechts

über die Kompatschwiesen (2060 m) und quer durch einen felsigen Steilhang (eine Stelle gesichert) zum Steig 4 (ca. 2100 m), auf diesem über Geröll empor zur Peitlerscharte (2357 m; ab Würzjoch 1½ Std.) und wie bei R 1901 weiter zum Gipfel.
HU 867 m, knapp 3 Std., für geübte und trittsichere Berggeher nicht schwierig, lohnend.

2544
Maurerberg 2332 m

Charakteristik: R 2009.
Von Pe de Börz (Parkplatz an der Würzjochstraße, 1860 m) stets der Markierung 1 folgend (anfangs Forststraße) durch Wald hinauf zur Baumgrenze, am Grashang weiter zur Maurerberghütte (bewirtschaftete Schutzhütte, 2156 m) und über Grasgelände und den abschließenden Gratrücken leicht ansteigend zum Gipfel.
HU 818 m, 2½ Std., für Gehgewohnte leicht und lohnend.

2545
Zur Turnaretscher Hütte 2050 m

Charakteristik: R 2534.
Von Untermoi der Markierung 20 A folgend hinüber zur Häusergruppe Colac und links kurz hinauf zum Weiler Alfarei (1656 m), nun auf Waldweg 20 B großteils mäßig steil hinauf zum Lüsner Joch (2008 m) und jenseits nahezu eben nordwestwärts hinüber zur Hütte. *HU 536 m, knapp 2 Std., leicht und lohnend.*

2546
Zum Col dal Lè 2175 m

Charakteristik: R 2533.
Von Untermoi wie bei R 2545 hinauf zum Lüsner Joch (2008 m), rechts auf Steig 11 S kurz hinan zur links abzweigenden Markierung 20 B und nun dieser folgend über den Bergrücken problemlos hinauf zum Gipfelkreuz. *HU 661 m, 2 Std., für Gehgewohnte leicht und lohnend.*

2550 — AUSGANGSORT
PICCOLEIN 1113 m
ST. MARTIN IN THURN 1127 m

Gut vier Kilometer südlich von Zwischenwasser im Gadertal gelegene Dörfer; Piccolein mit alten Ansitzen liegt nahe der Talstraße, St. Martin mit spitztürmiger Kirche am gegenüberliegenden Talhang. Oberhalb St. Martin die mittelalterliche Burg Thurn an der Gader (1238 m, Museum).

2551
Zum Gömajoch 2111 m

Flacher Almsattel in dem vom Peitlerkofel ostwärts ziehenden Kammausläufer.
Vom Col dal Ermo (Waldsattel an der Straße zwischen St. Martin und Untermoi, 1550 m) stets auf Waldweg 35 teils leicht, teils stärker ansteigend südwestwärts zum Steig 8 B und auf diesem links kurz hinauf zum Gömajoch. *HU 561 m, knapp 2 Std., leicht und lohnend.*

2552
Rund um den Peitlerkofel

Charakteristik und Wegverlauf: R 2542.
Als Ausgangspunkt für die Rundtour kann statt des Würzjoches auch das Gömajoch (R 2551) gewählt werden.

2553
Peitlerkofel 2874 m

Charakteristik: R 2543.
Vom Gömajoch (R 2551) auf Steig 35 die Almhänge südwestwärts querend bis in das Tälchen des Seresbaches, hinauf zur Peitlerscharte (2357 m), dann rechts auf bezeichnetem Steig am Südhang des Berges empor und zuletzt auf gesichertem Felssteig zum Gipfel. *HU 764 m, gut 3 Std., für gehtüchtige und trittsichere Bergsteiger nicht schwierig, lohnend.*

Die Puezhütte in Gröden

2557 AUSGANGSORT
CAMPILL (LUNGIARÜ) 1398 m

Im gleichnamigen, bei St. Martin in Thurn westseitig abzweigenden Seitental gelegenes Dorf mit spitztürmiger Kirche, Gastbetrieben und schönen Weilern (ladinisch Viles) in der Umgebung. Von St. Martin herein Straße. Von Campill führt eine schmale Bergstraße über das Juvel-Joch (1725 m) nach Pedraces im Gadertal.

2558
Zur Antersasc-Alm
(Zwischenkofelalm) 2085 m

Von Felsaufschwüngen überragte Hochalm in einem Gebirgskessel der Puezgruppe südwestlich über Campill.
Von Campill teils auf der zum Juvel-Joch führenden Straße, teils auf einem abkürzenden Weg südwestwärts hinauf zum rechts abzweigenden Weg 6 (ca. 1600 m) und auf diesem durch das Zwischenkofeltal teils im Wald, teils über Grasgelände hinauf zur Alm. *HU 687 m, gut 2 Std., für Gehgewohnte leicht und lohnend.*

2559
Antersasc (Zwischenkofel) 2384 m

Nordseitig felsiger, südseitig grasbewachsener Gipfel südwestlich über Campill.
Von der Zwischenkofelalm (R 2558) der Markierung 6A folgend über teilweise steile Grashänge nordostwärts hinauf zu einer Scharte und rechts über den Grasrücken problemlos zum Gipfel. *HU 299 m, gut 1 Std., bei etwas Bergerfahrung leicht und lohnend.*

2560
Zur Puezhütte 2475 m

Südwestlich hoch über Campill in einer gegen Gröden absinkenden Bergmulde des Puezmassivs gelegenes Schutzhaus mit Sommerbewirtschaftung.
Von der Zwischenkofelalm (R 2558) auf Steig 6 durch ein Bergtälchen und zuletzt durch eine steile Rinne (bei Schneelage oder Vereisung Vorsicht!) südwestwärts hinauf zum Puezjoch (2513 m) und südseitig leicht absteigend (stets Steig 6) zur Hütte. *HU 428 m, gut 1 ½ Std., für einigermaßen Geübte mit Bergerfahrung nicht schwierig, landschaftlich lohnend.*

2561
Puezkofel 2723 m

Nordwestlich über der Puezhütte (R 2560) aufragender, gern besuchter Berg.
Wegverlauf ab Puezhütte: R 1792.

2562
Zur Schlüterhütte 2301 m

Charakteristik: R 1903.
Von Campill kurz talein, dann rechts stets der Markierung 4 folgend auf Höfezufahrt und Güterweg durch Wiesen hinan, im Taleinschnitt des Seresbaches sehr steil empor zur Baumgrenze, über Almgelände weniger steil westwärts zum Kreuzkofeljoch (2340 m) und jenseits kurz hinab zum Schutzhaus. *HU 942 m, knapp 3 Std., für Gehgewohnte leicht und lohnend.*

2563
Zum Gömajoch 2111 m

Flacher Almsattel nordwestlich über Campill Ostfuß des Peitlerkofels.
Von Campill stets der Markierung 9 folgend (Höfezufahrt, Wirtschaftsweg, Fußweg) nordostwärts durch Wiesen und lichten Wald hinauf zur Baumgrenze und über Almhänge empor zum Gömajoch.
HU 713 m, gut 2 Std., leicht, bedingt lohnend.

2564
Rund um den Peitlerkofel

Charakteristik und Wegverlauf: R 2542; als Ausgangspunkt für die Rundtour bietet sich auf Campiller Seite besonders das Gömajoch (R 2563) an.

2565
Peitlerkofel 2874 m

Charakteristik: R 2543.
Von Campill wie bei R 2562 im Serestal hinauf zu Wegteilung (Nr. 4 geht links weiter), auf bezeichnetem Steig im kleinen Serestal empor zur Peitlerscharte (2357 m) und wie bei R 2553 weiter zum Gipfel.
HU 1416 m, knapp 4 ½ Std., Bergerfahrene nicht schwierig, aber Trittsicherheit und Schwindelfreiheit notwendig! Landschaftlich lohnend.

2569 — AUSGANGSORT
ST. VIGIL 1192 m
ENNEBERG 1284 m

St. Vigil in Enneberg (ladinisch Al Plan de Mareo) ist ein bekannter Fremdenverkehrsort mit sehenswerter Barockkirche und touristischen Infrastrukturen (Hotels, Skigebiete). Von St. Vigil führt eine Straße talein zum Gasthaus Pederü im Talschluss (1545 m), eine andere über den Furkelsattel (1759 m) ins obere Pustertal.
Das Dorf Enneberg (ladinisch Mareo) mit spitztürmiger Wallfahrtskirche liegt nördlich von St. Vigil inmitten sonniger Wiesenhänge hoch über dem Tal.

2570
Kronplatz 2277 m

Charakteristik: R 2504.
Vom Furkelsattel (R 2571) stets der Markierung 1/9 folgend (teilweise Güterweg) durch Wald und Bergwiesen nordseitig hinauf zur Baumgrenze und über Grashänge weiter empor zum Gipfelbereich. *HU 518 m, 1 ½ Std., leicht und lohnend.*

2571
Zum Furkelsattel 1759 m

Straßenübergang von St. Vigil nach Olang, zwischen Kronplatz und Enneberger Dolomiten. Unweit der Passhöhe Gaststätten, Talstation einer Kronplatzbahn.
a) Von Enneberg auf der Zufahrtsstraße ostwärts zur Furkelstraße und dann der ostseitig abzweigenden Markierung 13 folgend großteils mäßig steil durch Wald hinauf zum Furkelsattel. *HU 475 m, gut 1 ½ Std., leicht und lohnend.*
b) Von St. Vigil stets der Markierung 1 folgend ostseitig am Wiesenhang hinauf zum Weiler Torpei (Tolpeit, 1359 m), dann Wald

und Wiesen querend hinein zum Bach Rü de Val, jenseits durch Wiesen zum Curt-Bach, wieder durch Wiesen und Wald weiter bergan und zuletzt nahezu eben zum Ziel. *HU 567 m, knapp 2 Std., leicht und lohnend.*

2572
Piz da Peres 2507 m

Markanter, südöstlich über dem Furkelsattel aufragender Gipfel.

Vom Furkelsattel (R 2571) stets auf Weg bzw. Steig 3 ostwärts steile Waldhänge querend zum Fuß einer Schuttrinne, durch diese hinauf in die Dreifingerscharte (2330 m) und rechts über den Grasrücken empor zum Gipfel. *HU 748 m, knapp 2 ½ Std., für Geh- und Berggewohnte leicht und lohnend.*

2573
Dreifingerspitze 2479 m

Östlich des Piz da Peres aufragender, gespaltener Gipfel mit steilen Felsabstürzen im Norden und weniger steiler Grasflanke im Süden.

Vom Furkelsattel wie bei R 2572 zur Dreifingerscharte (2330 m) und links, ostwärts, am steilen Grasrücken problemlos empor zum Gipfel. *HU 720 m, knapp 2 ½ Std., für Gehgewohnte mit etwas Bergerfahrung leicht und lohnend.*

2574
Zum Hochalpensee 2252 m

Östlich über St. Vigil im Bereich der hohen Übergänge nach Olang und Prags gelegener Bergsee.

a) Von St. Vigil stets der Markierung 19 folgend (anfangs Höfezufahrt und Forstweg) durch das einsame Fojedöratal hinauf zum Kreuzjoch (2283 m) und links einen Grasrücken (2300 m) überquerend zum See. *HU 1108 m, gut 3 Std., für Gehgewohnte leicht und lohnend.*

b) Vom Furkelsattel wie bei R 2572 zur Dreifingerscharte (2330 m) und weiterhin auf Steig 3 durch steile Grashänge etwa 10 Min. hinunter zum See. *HU 571 m aufwärts, 78 m abwärts, knapp 2 Std., für Gehgewohnte leicht und lohnend.*

2575
Monte Sella di Sennes 2787 m

Frei aufragender Gipfel über dem Rautal bzw. nordöstlich über der Hochfläche von Sennes.

a) Von der Sennesalm (R 2577) stets der Markierung 24 folgend auf Weg bzw. Steig nordwestwärts mäßig ansteigend in Richtung Sennesscharte, vorher aber links ab und auf markiertem Steig am Südostrücken des Berges empor zum Gipfel.

HU 671 m, knapp 2 ½ Std., für Gehgewohnte mit Bergerfahrung unschwierig und lohnend.

b) Variante zu a: Zum Fuß des Südostrückens kann man auch über die Munt-de-Sennes-Hütte (2176 m, Ausschank) gelangen, deren Zugang oberhalb der Sennesalm links abzweigt. *Gehzeit und Anforderung ähnlich wie a.*

2576
Nach Pederü 1545 m

Gasthaus auf einem großen, von beeindruckenden Felsflanken umrahmten Grasboden im innersten Vigiler Tal (ab St. Vigil Rautal genannt). Hierher Straße. Pederü ist Ausgangspunkt prächtiger Wanderungen.

Von St. Vigil auf beschilderten und markierten Wegrouten entweder links oder rechts des Talbaches hinein zum Kreidesee mit gleichnamigem Gasthaus und weiterhin auf markiertem Weg weiter talein zum Ziel. *HU 353 m, 3 Std., leicht und lohnend.*

2577
Zur Sennesalm (Senneshütte) 2116 m

Nordöstlich über Pederü auf den ausgedehnten Hochweiden von Sennes gelegenes Hüttendorf mit Schutzhaus (Senneshütte).

Von Pederü auf breitem Weg 7/9 in steilen Kehren ostwärts empor zu Weggabel, nun links auf Weg 7 durch Wald hinauf und später nahezu eben zur Sennesalm.
HU 571 m, 2 Std., für Gehgewohnte leicht und lohnend.

2578
Zur Alm Fodara Vedla — 1972 m

Östlich über Pederü im Bereich der Waldgrenze am Fahrweg zur Sennesalm gelegenes Almdorf mit gleichnamigem Schutzhaus.

Von Pederü auf dem breiten Weg 7/9 in steilen Kehren ostwärts empor zu Wegteilung und rechts (Markierung 9) nach Fodara Vedla. *HU 427 m, 1 ½ Std., leicht und lohnend.*

2579
Zur Seekofelhütte (Egerer Hütte) — 2327 m

Im Nordostteil der Sennes-Hochfläche bzw. südlich hoch über dem Pragser Wildsee gelegenes Schutzhaus mit Sommerbewirtschaftung.

Von der Sennesalm (R 2577) stets auf Weg 6 nahezu ebener oder nur leicht ansteigend durch Grashänge und über steinige Böden in nordöstlicher Richtung zum Schutzhaus. *HU 211 m, 1 ½ Std., leicht und lohnend.*

2580
Seekofel (Pragser Seekofel) — 2810 m

Eindrucksvoller Felsberg nordöstlich über der Sennes-Hochfläche bzw. südwestlich des Pragser Wildsees. Tiefblick auf den Pragser Wildsee.

Von der Seekofelhütte (R 2579) auf Steig 1 nordwärts hinauf zum Törl, einer Gratsenke mit Bildstock (2388 m), links auf markiertem und seilgesichertem Steig über den felsigen Südostrücken des Berges steil empor und dann weniger steil zum Gipfel. *HU 483 m, 1 ½ Std., für trittsichere Geher unschwierig und lohnend.*

Grünsee und Eisengabelspitze auf Klein-Fanes

2581
Nach Klein-Fanes — ca. 2040 m

Weiter Alm- und Bergkessel südwestlich oberhalb Pederü; hier Bergkapelle, Almhütten, der malerischen Grünsee sowie die Faneshütte (2060 m) und die Lavarellahütte (2042 m), zwei bewirtschaftete Schutzhäuser.

Von Pederü stets der Markierung 7 folgend teils auf Fußweg, teils auf breitem Schotterweg (oder zur Gänze auf diesem) durch das Valon Rudo, ein teilweise schütter bewaldetes Fels- und Gerölltal, teils steil, teils eben hinauf zum Ziel. *HU 495 m, knapp 2 Std., leicht und lohnend.*

2582
Zum Limosee — 2159 m

Stattlicher, im Spätsommer allerdings meist stark zurückgehender Bergsee am Limojoch zwischen Klein- und Groß-Fanes.

Von Klein-Fanes (R 2581) auf breitem Schotterweg in Kehren südostwärts hinauf zum Limojoch (2172 m) und zum nahen See. *HU 119 m, knapp ½ Std., leicht und hübsch.*

2583
Pareispitze
(Col Bechei dessora) 2794 m

Schöner Berggipfel südöstlich über Klein-Fanes.

Von Klein-Fanes (R 2581) wie bei R 2582 zum Limosee, auf bezeichnetem Steig ostwärts über teilweise begraste Hänge hinauf zu einer grünen Hangschulter und nordostwärts über steinige Hänge empor zum Gipfel. *HU 754 m, gut 2 Std., für Gehgewohnte mit Bergerfahrung unschwierig und lohnend.*

2584
Furcia Rossa III
(mit »Friedensweg«) 2791 m

Die Furcia Rossa III ist die höchste der Furcia-Rossa-Spitzen im Südosten von Groß-Fanes. Frontwege aus dem Ersten Weltkrieg bilden heute die so genannten »Friedenswege« (Klettersteige). Die hier beschriebene Route ist ein leichterer Abschnitt dieser Weganlagen.

Von der Alm Klein-Fanes wie bei R 2582 zum Limosee, auf Weg 11 südwärts hinunter zur Alm Groß-Fanes (2104 m, Ausschank), bald darauf bei Wegteilung links der Markierung 17 folgend mäßig steil hinauf zu weiterer Wegteilung am Nordfuß des zur Furcia Rossa III hinaufziehenden Rückens und rechts kurz zum Westfuß dieses Rückens (ca. 2300 m); nun durch eine drahtseilgesicherte Rinne empor zum Rücken und über diesen der Markierung folgend unschwierig hinauf zum Gipfel. *HU 751 m, 2 ½ Std., für Bergerfahrene nicht schwierig, aber Trittsicherheit und Schwindelfreiheit notwendig; landschaftlich lohnend.*

2585
Monte Cavallo 2912 m

Ausgeprägter, im Süden von Groß-Fanes befindlicher Gipfel. Der Anstieg – Teil der unter R 2584 genannten »Friedenswege« – berührt den Monte Castello, einen auffallenden Felsklotz.

Von Klein-Fanes wie bei R 2582 zum Limosee, auf Weg 11 hinunter zur Alm Groß-Fanes (2104 m, Ausschank) und zu naher Wegteilung, links der Markierung 17 folgend hinauf zu weiterer Weggabel, rechts hinauf zum Monte Castello (am Fuß des Felsklotzes eine Biwakhütte, 2760 m; ab Klein-Fanes 2 ½ Std.) und auf dem bezeichneten Steig über die Casale-Scharte hinauf zum Monte Cavallo.
HU 872 m, 3 ½ Std., für berggewohnte Geher nicht schwierig, lohnend.

2586
Heiligkreuzkofel (L'Ciaval) 2908 m

Bedeutender Gipfel im Bergkranz rund um Klein-Fanes. Gegen das Gadertal abbrechenden Felswände.

Von Klein-Fanes (R 2581) auf Steig 12 und später 7 durch teils baumbestandenes, teils freies Gelände westwärts mäßig steil hinauf zur Kreuzkofelscharte (2609 m), nun rechts auf markiertem Steig zur steinigen Gipfelflanke und über sie in Serpentinen hinauf zum Ziel. *HU 868 m, 3 Std., für Gehgewohnte mit etwas Bergerfahrung leicht und sehr lohnend.*

2587
Antonispitze 2654 m

Nördlich von Klein-Fanes bzw. nordöstlich über dem Fanesjoch aufragender, gerundeter Berg.

Von Klein-Fanes der Markierung 13 folgend nordwärts über begraste Felsstufen und Geröll hinauf zum Fanesjoch (2466 m, auch Antonijoch) und am Kamm nordostwärts unschwierig empor zum Gipfel.
HU 614 m, 2 Std., für Gehgewohnte mit Bergerfahrung leicht und lohnend.

2591 AUSGANGSORT
PEDEROA 1152 m
WENGEN 1352 m

Pederoa ist eine kleine Häusergruppe mit Kirchlein und Gasthaus im inneren Gadertal an der Mündung des Wengentales. – Wengen (ladinisch La Val), ein Bergdorf mit Kirche und Gaststätten, liegt über Pederoa inmitten sonniger Wiesen mit verstreuten Weilern (ladinisch Viles). Oberhalb des Dorfes der gotische Turm der alten Wengener Kirche sowie das schön gelegene Barbarakirchlein. Eine Straße führt in den Wengener Talschluss zum einst berühmten Bad Rumestlungs (Gasthaus) und zu einem Parkplatz in 1528 m Höhe; unweit davon am Sonnenhang der Weiler Spëcia.

2592
Kreuzspitze (Crusc da Rit) 2021 m

St. Barbara bei Wengen

Teilweise felsiger kleiner Gipfel mit Kreuz nordöstlich über Wengen.

Von Wengen stets der Markierung 6 folgend durch Wiesenhänge und Waldinseln hinauf zum Ritjoch (1863 m, Waldsattel), auf Weg 13/15 rechts durch Wald ansteigend zu den Ritwiesen (ca. 2000 m) und rechts kurz hinaus zum Gipfelkreuz.
HU 669 m, 2 Std., für Gehgewohnte leicht und lohnend.

2593
Pares-Berg 2397 m

Östlich von Wengen im Kamm, der die Täler von Wengen und St. Vigil trennt, frei aufragender Gipfel.

Von Wengen wie bei R 2592 hinauf zu den Ritwiesen (ca. 2000 m), diese nahezu eben querend (stets Steig 13/15) zur Abzweigung des zum Pares-Berg führenden Steiges 15 B (2035 m, Wegweiser), auf diesem durch die steile Bergflanke empor zu einer Kammsenke (2296 m) und links am Südosthang des Berges durch Krummholz und über freies Gras- und Schrofengelände hinauf zum Gipfel. *HU 1045 m, 3 ½ Std., für Gehgewohnte mit Bergerfahrung unschwierig und lohnend.*

2594
Zum Kirchlein St. Barbara 1500 m

Nordöstlich über Wengen weithin sichtbar an einem steilen Wiesenrücken stehendes, 1490 erbautes Kirchlein; kunsthistorisch sehenswert.

a) Von Wengen teilweise auf neu angelegtem Wanderweg durch Wiesenhänge und Waldinseln hinauf zum Kirchlein.
HU 138 m, ¾ Std., leicht und lohnend.

b) Von Wengen auf der Höfestraße in Kehren durch Wiesenhänge hinauf zum Weiler Tolpei (1516 m, hier der Spitzturm der alten Wengener Kirche) und links kurz hinaus zum Kirchlein. *HU 161 m, ¾ Std., landschaftlich lohnend, bequemer als a, aber großteils Straße.*

c) Von Wengen auf Höfestraße nordwestwärts hinauf zum Weiler Cians (Einkehrmöglichkeit) und auf schönem Wiesenweg ostwärts hinüber zum Kirchlein.

2595
Antonispitze — 2654 m

Charakteristik: R 2587.
Vom Parkplatz im Wengener Talschluss (R 2591) der Markierung 13 folgend im Fanestal mit zunehmender Steigung hinauf zum Fanesjoch (2466 m, auch Antonijoch) und links am Kamm empor zum Gipfel. *HU 1126 m, 3 Std., für Gehgewohnte mit Bergerfahrung unschwierig und lohnend.*

2596
Nach Klein-Fanes — ca. 2040 m

Charakteristik: R 2581.
Von Spëscia wie bei R 2595 zum Fanesjoch und jenseits auf Steig 13 über Geröll und begraste Felsstufen hinunter nach Klein-Fanes. *HU 871 m aufwärts, ca. 426 m abwärts, 3 ½ Std., für Gehgewohnte mit Bergerfahrung leicht und lohnend.*

2597
Nach Heiligkreuz (La Crusc) — 2045 m

Charakteristik: R 2607.
Vom Parkplatz im Wengener Talschluss (R 2591) auf Weg 15 großteils durch Wald südwestwärts hinauf zu den Armentara-Wiesen, über diese südwärts hinauf und zuletzt eben nach Heiligkreuz. *HU 545 m, 2 Std., leicht und lohnend.*

2598
Heiligkreuzkofel — 2908 m

Charakteristik: R 2586.
Von Heiligkreuz (R 2597) stets der Markierung 7 folgend durch Wald und über Geröll südostwärts hinauf zu den Felsen (ca. 2100 m), dann durch diese in langem, teilweise querendem, teilweise sehr steilem Anstieg auf teilweise gesichertem Steig empor zur Kreuzkofelscharte (2609 m), hier links ab und wie bei R 2586 (letzter Wegteil) zum Gipfel. *HU 863 m, knapp 3 Std., für Bergerfahrene und Trittsichere nicht schwierig, landschaftlich lohnend.*

2602 — AUSGANGSORT
PEDRACES — 1325 m
ST. LEONHARD — 1371 m

Zwei stattliche Dörfer im inneren Gadertal. Pedraces liegt an der Talstraße, St. Leonhard (schöne Kirche) am westseitigen Talhang. Prächtige Bergumrahmung, reger Tourismus. Von St. Leonhard bis unter Heiligkreuz hinauf Sessellift.

2603
Zum Sompuntsee — 1491 m

Südlich von Pedraces bzw. nördlich von Stern gelegener, von Wald umrahmter Waldsee mit Autozufahrt und Gastbetrieb.
Von Pedraces der zum See weisenden Beschilderung folgend (Höfezufahrt) über die Häusergruppen Caminades und Paracia leicht ansteigend südwärts zum See. *HU 166 m, ½ Std., leicht und hübsch.*

2604
Zur Gardenaciahütte (Gardenazzahütte) — 2045 m

Charakteristik: R 2617.
Von Pedraces wie bei R 2603 zum Sompuntsee, rechts der Markierung 5 folgend durch Waldhänge und zuletzt in teilweise felsdurchsetztem Gelände südwestwärts hinauf zum Schutzhaus. *HU 720 m, knapp 2 ½ Std., für Gehgewohnte leicht und lohnend.*

2605
Zur Puezhütte — 2475 m

Charakteristik: R 1790.
a) Von Pedraces stets der Markierung 1 folgend durch Waldhänge südwestlich hinauf, dann durch ein felsumschlossenes Tälchen empor zu einem flachen Kessel (ca. 2260 m), aus ihm empor zum Rand der

Der Sompuntsee zwischen Pedraces und Stern

Gardenacia-Hochfläche (2663 m) und westseitig über die felsigen Böden teilweise leicht absteigend zur Puezhütte.
HU 1338 m aufwärts, 188 m abwärts, gut 4 Std., für Gehtüchtige mit Bergerfahrung nicht schwierig; landschaftlich eindrucksvoll.
b) Von der Gardenaciahütte (R 2604): siehe R 2618.

2606
Zum Lalungsee 1537 m

Kleiner Waldsee nordwestlich oberhalb Pedraces.
Von Pedraces der Markierung 2 folgend auf Höfezufahrt hinauf zu den Runggböfen und dann auf beschildertem Waldweg zum Seelein. *HU 212 m, knapp ¾ Std., leicht und hübsch.*

2607
Nach Heiligkreuz (La Crusc) 2045 m

Östlich über St. Leonhard im Bereich der Waldgrenze und am Fuß der mächtigen Kreuzkofelwände liegende Wallfahrtskirche mit nahem Gasthaus.
a) Von der Bergstation des von St. Leonhard in Richtung Heiligkreuz führenden Sesselliftes (1820 m) auf Weg 7 durch Wald und Wiesen hinauf zum Ziel. *HU 225 m, ½ Std., leicht und lohnend.*
b) Von St. Leonhard stets auf Weg 7 teils durch Wiesen und an Höfen vorbei, teils durch Wald mittelsteil hinauf zum Ziel.
HU 674 m, knapp 2 Std., für Gehgewohnte leicht und lohnend.

2608
Heiligkreuzkofel 2908 m

Charakteristik: R 2586.
Aufstieg von Heiligkreuz (R 2607): siehe R 2598.

2609
Nach Klein-Fanes ca. 2040 m

Charakteristik: R 2581.
Von Heiligkreuz (R 2607) wie bei R 2598 hinauf zur Kreuzkofelscharte (2609 m) und jenseits auf Steig 7 und später Steig 12 leicht absteigend nach Klein-Fanes.
HU 564 m aufwärts, ca. 570 m abwärts, 3 ½ Std., für Gehtüchtige mit Bergerfahrung nicht schwierig, aber Trittsicherheit und Schwindelfreiheit notwendig.

2610
Weitere Touren im Fanes-Gebiet

Siehe R 2586 ff.

2614 AUSGANGSORT
STERN (LA ILA) 1477 m

Drei Kilometer innerhalb Pedraces am westlichen Wiesenhang gelegenes Dorf mit spitztürmiger Kirche und dem Schloss Stern (Ciastel Colz), in dem sich ein Gastbetrieb befindet. Unterhalb des Dorfes an der Talstraße Hotelsiedlung (Weiler Altin, 1421 m), an dessen Südende Talstation der Seilbahn auf den Piz La Ila (2078 m); außerdem Abzweigung der Straße nach St. Kassian.

2615
Nach Corvara 1555 m

Charakteristik: R 2640.
Von Stern (Talstraße) immer auf beschildertem Weg durch Wiesen, Wald und neben dem Talbach talein nach Corvara. *HU ca. 150 m, gut 1 ½ Std., leicht und lohnend, schattige Lage.*

2616
Sassongher 2665 m

Südwestlich von Stern bzw. nördlich von Corvara aufragender, turmförmiger Felsberg.
Von Stern stets der Markierung 7 folgend südwestwärts durch Wiesen, Wald und über einen Felsriegel (Steig gesichert) hinauf ins felsumschlossene Val de Juel (auch Val Scura), durch dieses empor zur Forcela Sassongher (2435 m) und links auf markierter Route über Schutt und steile Felsen (hier Seilsicherungen) zum Gipfel.
HU 1188 m, 3 ½ Std., für Gehtüchtige mit Bergerfahrung nicht schwierig, aber teilweise ausgesetzt.

2617
Zur Gardenaciahütte 2045 m

Westlich oberhalb Stern auf einer grünen Hangverflachung gelegenes Schutzhaus mit Sommerbewirtschaftung; schöner Dolomitenblick.

Der Sassongher über Corvara

a) Von Stern stets auf Weg 11 zuerst kurz im Wiesenbereich und dann im Wald großteils mittelsteil, im oberen Abschnitt sehr steil empor zum Schutzhaus. *HU 568 m, 1 ¼ Std., für Gehgewohnte leicht und lohnend.*

b) Von Stern auf Weg 15 zuerst im Wiesenbereich und dann im Wald nordwestwärts hinauf zu dem vom Sompuntsee kommenden Steig 5 und auf diesem teilweise in steilem Felsgelände südwestwärts empor zum Schutzhaus. *HU 568 m, 2 Std., für Gehgewohnte unschwierig und lohnend.*

2618
Zur Puezhütte 2475 m

Charakteristik: R 1790.
Von der Gardenaciahütte (R 2617) auf Steig 11 westwärts hinauf bis zum links abzweigenden Steig 15 (ca. 2300 m), nun auf diesem mittelsteil hinauf ins Gardenacia-Joch (2543 m) und dann weiterhin der Markierung 15 folgend über die ausgedehnte Felsböden der Gardenacia (auf die Markierung achten!) nordwestwärts hinüber zur Puezhütte. *HU 498 m, 2 ½ Std., für Gehgewohnte mit Bergerfahrung unschwierig.*

2619
Nach St. Kassian 1536 m

Charakteristik: R 2624.
Von der Talstraße unterhalb Stern (Hotelsiedlung) kurz hinunter zur Brücke über den Talbach, dann auf dem breiten Waldweg 11 orographisch links des St. Kassianer Baches talein, später über den Bach und nach St. Kassian. *HU ca. 160 m, gut 1 Std., schattiger Spaziergang.*

2620
Piz La Ila 2078 m

Aussichtsreiche Bergkuppe mit Gaststätten und Wintersporterschließung südlich über Stern. Von dort herauf Seilbahn.
Von der Hotelsiedlung unterhalb Stern führt Weg 2 auf der Westseite und Weg 4 auf der Ostseite auf den Piz La Ila. Beide Wege verlaufen durch steile Waldhänge und zuletzt über Bergwiesen. *HU 700 m, jeweils 2 Std., für Gehgewohnte leicht, bedingt lohnend.*

2621
Zum Sompuntsee 1491 m

Charakteristik: R 2603.
Von Stern (Kirche) stets der Markierung C 1 folgend durch Wiesen und Wald auf breitem Wanderweg zum Gehöft Sotsas und auf dessen Zufahrtssträßchen zum See. *HU gering, ¾ Std., leicht und lohnend.*

2624 AUSGANGSORT
ST. KASSIAN (SAN CIASCIAN) 1536 m

In dem vom Haupttal bei Stern südostwärts abzweigenden Tal gelegenes Dorf mit zwiebeltürmiger Kirche und zahlreichen Gastbetrieben. Sessellift zum Piz Sorega (2002 m, Skigebiet). Die Talstraße führt von St. Kassian zum Valparolapass und zur »Großen Dolomitenstraße« (Bozen – Cortina).

2625
Nach Heiligkreuz 2045 m

Charakteristik: R 2607.
Von St. Kassian stets der Markierung 15 folgend (anfangs Höfezufahrt, dann Fußweg) in langer, teils ansteigender, teils ebener Querung ausgedehnter Wiesen und Wälder nordwärts nach Heiligkreuz. *HU 509 m, 2 ½ Std., für Gehgewohnte leicht und lohnend.*

2626
Zur Alm Groß-Fanes 2104 m

Stattliche Almhütte mit Ausschank im gleichnamigen Almgebiet südseitig unter dem Limojoch.
Rund 3 km innerhalb St. Kassian zweigt ostseitig ein Sträßchen ab und führt zur Gaststätte Capanna Alpina (1726 m; Parkplatz), Ausgangspunkt vieler Wanderungen. Von da nun stets auf Weg 11 ostwärts hinauf zum Col de Locia (2096 m), dann weniger steil zum Tadega-Joch (2153 m, auch Ju da l'Ega) und durch das Fanestal weitgehend eben zur Almhütte von Groß-Fanes. *HU 378 m, knapp 3 Std., für Gehgewohnte leicht und lohnend.*

2627
Zur Alm Klein-Fanes ca. 2040 m

Charakteristik: R 2581.
a) Von der Capanna Alpina wie bei R 2626 auf Weg 11 zur Alm Groß-Fanes (2104 m), auf breitem Weg weiter zum Limojoch (2172 m) und jenseits hinunter nach Klein-Fanes. *HU 540 m aufwärts, ca. 180 m abwärts, 5 Std., für gehtüchtige Bergwanderer leicht und lohnend.*
b) Von St. Kassian der Markierung 15 folgend an Höfen vorbei hinauf zum Wald und zur Kreuzung mit Steig 12 (ca. 1740 m), nun auf diesem rechts empor zum Varela- oder Medesc-Sattel (2533 m) und jenseits weiterhin auf Steig 12 leicht absteigend nach Klein-Fanes. *HU 997 m aufwärts, ca.*

490 m abwärts, 4 ½ Std., für Gehtüchtige mit Bergerfahrung leicht und lohnend.

2628
Cunturinesspitze
(Piz dles Cunturines) 3064 m

Mächtiger Felsberg östlich über dem inneren Tal von St. Kassian.
Von der Capanna Alpina wie bei R 2627/a hinauf zum Tadega-Joch (Ju da l'Ega, 2153 m), bald darauf links auf markiertem Steiglein durch das hochalpine Lavares- oder Cunturinestal, vorbei am kleinen Cunturinessee, westwärts hinauf zur Lavarelascharte (2885 m) und erneut links am felsigen Gipfelaufbau auf gesicherter Felsroute (Fixseile, zwei Leitern) empor zum Gipfel. *HU 1338 m, 4 Std., Hochtour nur für tüchtige und schwindelfreie Bergsteiger!*

2629
Lavarela (Lavarella)-Spitze 3055 m

Nordöstlich über St. Kassian aufragender Gipfel, bildet mit der Cunturinesspitze einen mächtigen Felsberg.
Von der Capanna Alpina (siehe R 2626) wie bei R 2628 hinauf zur Lavarelascharte (2885 m), rechts auf bezeichnetem Steig über Geröll, ein ausgesetztes Felsband und durch eine Rinne empor zum Gipfelgrat (links teilweise ausgesetzt zum Westgipfel) und rechts über Felsstufen unschwierig hinauf zum Gipfel. *HU 1329 m, 4 Std., für tüchtige Berggeher nicht schwierig, lohnend.*

2630
Zur Scotonihütte 1985 m

Bewirtschaftete Schutzhütte auf der Lagazuoialm südöstlich über dem St. Kassianer Talschluss. Prächtige Bergumrahmung.
Von der Capanna Alpina (R 2626) auf Weg 20 durch ein steiles Hochtälchen südostwärts mittelsteil hinauf zur Hütte.
HU 259 m, knapp 1 Std., leicht und lohnend.

Gipfelkreuz auf der Lavarela-Spitze

2631
Zum Lagazuoisee 2182 m

Kleiner, aber schön gelegener Dolomitensee oberhalb der Scotonihütte.
Von der Capanna Alpina wie bei R 2630 hinauf zur Scotonihütte und auf Steig 20 weiter empor zum See. *HU 456 m, 1 ½ Std., für Gehgewohnte leicht und lohnend.*

2632
Kleiner Lagazuoi 2750 m

Südlich über der Lagazuoialm befindlicher Felsberg mit Gaststätte am Gipfel.
Vom Falzaregopass herauf Seilbahn.
Von der Scotonihütte (R 2630) stets der Markierung 20 folgend in langem Anstieg über die steinigen und felsigen Hochweiden von Lagazuoi größtenteils mittelsteil hinauf gegen die Lagazuoischarte und zum Gipfel. *HU 765 m, knapp 2 ½ Std., für Gehgewohnte unschwierig und lohnend.*

2633
Zum Störes (Stueres) 2181 m

Südlich von St. Kassian bzw. im Südosten von Corvara über dem Almgebiet von Prelunge (Pralongia) befindlicher Aussichtspunkt mit Kreuz.

a) Vom Piz Sorega (R 2635) auf Steig 2 über einen Almrücken südwestwärts zum Steig 23, nun stets auf diesem weiter zum Rif. Pralongia (2109 m, Berggasthaus) und über Almgelände empor zum Störes.
HU ca. 185 m, knapp 1½ Std., leicht und lohnend.

b) Von der Talstation des Sorega-Liftes stets der Markierung 22 folgend durch Wiesen und Wald meist mäßig steil hinauf zur Pralongia und wie bei a weiter.
HU 645 m, gut 2 Std., leicht und lohnend.

2634
Setsas 2571 m

Ausgeprägter, westlich des Valporalapasses frei aufragender Felsberg mit langem Gipfelgrat.

Vom Störes (R 2633) auf Steig 23 über den Almkamm ostwärts zu Wegteilung, nun links auf Steig 24 ein Stück hinauf und dann rechts dem Wegweiser »Setsas« folgend auf markierter Route empor zum Gipfel. *HU 390 m, knapp 2 Std., für Gehgewohnte mit Bergerfahrung leicht und lohnend.*

2635
Piz Sorega 2003 m

Begraste Erhebung südwestlich über St. Kassian. Von St. Kassian herauf Sessellift, am Gipfel Gaststätte.

Von der Talstation des Sessellifts auf mittelsteilem Fußpfad durch Wald und Wiesen hinauf. *HU 467 m, 1½ Std., leicht, bedingt lohnend.*

2636
Piz La Ila 2078 m

Charakteristik: R 2620.

Vom Piz Sorega (R 2635) stets über Grasgelände zuerst auf Steig 2 südwestwärts zum Steig 23 (2075 m), auf diesem rechts bis zum Steig 4 (2033 m) und auf diesem zu einem Jöchl (2000 m) und zum Ziel.
HU ca. 80 m im Auf und Ab, knapp 1½ Std., leichte Almwanderung.

2640 AUSGANGSORT
| CORVARA | 1555 m |
| KOLFUSCHG | 1645 m |

Zwei rund 1,5 km voneinander entfernt liegende Dörfer mit regem Fremdenverkehr (zahlreiche Hotels) im innersten Gadertal. Corvara besitzt zwei Kirchen und liegt am Beginn der zum Campolongopass führenden Straße; nördlich von Corvara liegt der Weiler Pescosta. – Kolfuschg (ladinisch Colfosch) mit seiner zwiebeltürmigen Kirche liegt an der zum Grödner Joch führenden Passstraße.

2641
Zum Col Alt 1980 m

Auch mit Sessellift erreichbare Kuppe mit Gaststätte östlich über Corvara.

Von Corvara führen mehrere bezeichnete Wege bzw. Steige auf den Col Alt. *HU 425 m, 1 – 1½ Std., leicht, bedingt lohnend.*

2642
Auf den Störes (Stueres) 2181 m

Charakteristik: R 2633.

Vom Col Alt (R 2641) stets der Markierung 23 folgend in langer Kammwanderung über Almhöhen südwärts zur Pralongia (ca. 2100 m; Berggasthaus, Liftanlagen) und über Almgelände südostwärts hinauf zum Störes. *HU ca. 280 m, 2½ Std., für Gehgewohnte leicht und lohnend.*

2643
Höhenweg zum Campolongopass

Vom Col Alt zur Pralongia und von dort zum Campolongopass zieht ein langer, teils von Bergwiesen, teils von Wald geprägter, teilweise für den Skisport erschlossener Kamm; über ihn führt ein aussichtsreicher Höhenweg.

Vom Col Alt wie bei R 2642 zur Pralongia, hier rechts auf Steig 3 am Almhang hinunter ins Incisa-Joch (Jü d'Inzija, 1938 m) und auf der Nordseite des Kammes die Hänge eben querend (stets Weg 3) westwärts zum Campolongpass (1850 m).
HU ca. 220 m, 3 ½ Std., für Gehgewohnte leicht und lohnend.

2644
Zum Crep de Munt 2152 m

Begraste Geländeschulter südwestlich oberhalb Corvara. Etwas höher (2198 m) Gaststätte sowie Bergstation der von Corvara heraufführenden Boè-Umlaufbahn. Das Gebiet für den Skilauf erschlossen.

Von Corvara (Talstation der Boè-Umlaufbahn) stets der Markierung 639 folgend durch Wald- und Grashänge in langem Anstieg hinauf Ziel. *HU 591 m, knapp 2 Std., für Gehgewohnte leicht und lohnend.*

2645
Zum Boè-See 2282 m

Südwestlich über Corvara in einem Fels- und Schuttkessel des Sellastockes liegender, fast kreisrunder Bergsee.

Vom Crep de Munt (R 2644) auf Weg 638 in steinigem Gelände westwärts hinauf zum See. *HU 84 m, 15 Min., leicht und hübsch.*

2646
Zur Vallonhütte
(Franz-Kostner-Hütte) 2541 m

Südwestlich hoch über Corvara am Sellastock gelegenes Schutzhaus mit herrlicher Aussicht.

a) Von der Bergstation des Vallon-Sessellifts (2537 m; Talstation am Crep de Munt, R 2644) in nahezu ebener Querung der steinigen Hänge südwärts zum Ziel.
HU gering, 15 Min., leicht.

b) Vom Crep de Munt (R 2644) auf Steig 638 teilweise unter dem Sessellift und über eine planierte Skipiste südwestwärts hinauf zum Ziel. *HU 343 m, 1 Std., leicht, bedingt lohnend.*

2647
Boèseekofel
(Piz da Lech de Boè) 2911 m

Wuchtiger Gipfel im Sellamassiv südwestlich über Corvara.

a) Von der Bergstation des Vallon-Sesselliftes (R 2646/a) auf bezeichnetem Steig über Geröll und Fels (zwei Stellen seilgesichert) hinauf zum Ostrücken des Berges, bald an einer 15 m hohen Felswand über Eisenklammern empor und dann problemlos zum Gipfel. *HU 314 m, 1 ½ Std., für Geübte mit Bergerfahrung nicht schwierig, landschaftlich lohnend.*

b) Klettersteig (»Ferrata Piz da Lech«): Von der Bergstation des Vallon-Sesselliftes wie bei a bis zu Wegteilung, hier links ab (ca. 2550 m) und bald auf dem nicht schwierigen, aber ausgesetzten Klettersteig empor zum Gipfel. *HU 314 m (Klettersteig rund 200 m), 1 ½ Std., für Klettersteigerfahrene nicht schwierig.*

2648
Piz Boè (Boèspitze) 3152 m

Charakteristik: R 1799.

a) Von der Vallonhütte (R 2646) stets der Markierung 638 folgend südwärts unter Felswänden durch, dann rechts durch eine oft schneegefüllte Rinne (u.U. Eispickel vorteilhaft) sehr steil zu den Verflachungen mit dem Eissee (2833 m) und schließlich steil, aber unschwierig empor zum Gipfel. *HU 611 m, 2 ½ Std., für geübte und erfahrene Bergsteiger nicht schwierig, lohnend.*

Die Pisciadùhütte

b) Von der Boèhütte (R 2651) auf Steig 638 südostwärts zuerst über Geröll hinauf, dann über teilweise mit Sicherungen versehene Felsen steil hinauf zur Jägerscharte (Forc. dai Ciamorces, 3110 m) und problemlos weiter zum Gipfel. *HU 281 m, knapp 1 Std., für Trittsichere mit Bergerfahrung leicht und lohnend.*

2649
Zur Pisciadùhütte — 2585 m

Schutzhaus mit Sommerbewirtschaftung südwestlich über Kolfuschg auf einer Verflachung des Sellamassivs; in der Nähe der hübsche Pisciadùsee.

a) Zugang ab Grödner Joch: R 1796.

b) Pisciadù-Klettersteig: Von der elften Kehre der Grödner-Joch-Straße (1956 m, Parkplatz) auf dem viel begangenen, aber äußerst ausgesetzten Klettersteig über streckenweise senkrechten Fels empor zu Wegteilung und entweder links auf leichtem Fußpfad oder rechts weiterhin teilweise senkrecht über den Klettersteig und eine Hängebrücke zur Hütte. *HU 629 m, 2 ½ Std., landschaftlich beeindruckend, aber nur guten Bergsteigern mit Klettersteigerfahrung vorbehalten!*

c) Von Kolfuschg (westlicher Dorfrand, 1675 m) auf Weg 651 das Tal querend hinüber zum Eingang ins Mittagstal (Val de Mesdì, Wasserfälle; hierher auch von Corvara auf Wanderweg möglich), weiterhin der Markierung 651 folgend durch das felsumschlossene Mittagstal hinauf, dann rechts (2150 m) der abzweigenden Markierung 676 folgend über Geröll und Fels (eine Stelle seilgesichert) hinauf zum großen Terrassenband und zur Hütte. *HU 910 m, 3 Std., für Trittsichere und Berggewohnte unschwierig und lohnend.*

2650
Pisciadùspitze — 2985 m

Mächtiger Berg mit senkrechten Felswänden südöstlich über der Pisciadùhütte. Von der Pisciadùhütte (R 2649) auf Steig 666 über Geröll und Fels (seilgesichert) hinauf zur Südseite des Berges, nun links auf dem markierten Gipfelsteig kurz hinauf in die Sela di Val de Tita (2816 m, Bamberger Sattel) und links, nordwärts, über Geröll (markierte Steigspuren) unschwierig zum Gipfel. *HU 400 m, 1 ½ Std., für einigermaßen Trittsichere und Berggewohnte unschwierig und lohnend.*

2651
Boèhütte (Bamberger Hütte) 2871 m

Charakteristik: R 1798.

a) Zugang ab Pisciadùhütte (R 2649): R 1798/a.

b) Durch das Mittagstal: Von Kolfuschg wie bei R 2649/c zum Eingang ins Mittagstal und stets auf Steig 651 in langem und anstrengendem Aufstieg durch das beeindruckende Felsental großteils über Geröll (oder teilweise Schnee) hinauf zur Hütte. *HU ca. 1200 m, 3 ½ – 4 Std., für Gehtüchtige und Bergerfahrene unschwierig, aber steil; bei Schneelage u.U. heikel (aber meist Tritte vorhanden), bei Vereisung schwierig bis unbegehbar.*

2652
Zum Grödner Joch 2137 m

Charakteristik: R 1795.

Von Kolfuschg auf Weg 4 nordwärts hinauf zu Wegteilung, links auf markiertem Steig weiter zur Furceles (Kammschulter mit Skihütte, 2101 m) und dann auf markiertem Steig (Kolfuschger Höhenweg) großteils nahezu eben durch Bergwiesen zum Grödner Joch. *HU 492 m, 2 ½ Std., leicht und lohnend.*

2653
Kolfuschger Höhenweg

Siehe R 2652.

2654
Große Cirspitze 2592 m

Charakteristik und Anstieg: R 1794.

2655
Zum Crespeinasee 2374 m

Charakteristik: R 1791.

Von Kolfuschg stets auf Weg 4 durch das Edelweißtal hinauf zum verlandenden Ciampeisee (2173 m) und zum gleichnamigen Joch (2366 m), links auf Steig 2 nahezu eben bis in Seenähe und recht kurz absteigend zum See. *HU 780 m, 2 ½ Std., für Gehgewohnte leicht und lohnend.*

2656
Zur Puezhütte 2475 m

Charakteristik: R 1790.

a) Von Kolfuschg wie bei R 2655 hinauf zum Ciampeijoch (2366 m), hier rechts ab und auf Steig 2 über felsige Böden nahezu eben nordwestwärts zur Hütte. *HU 830 m, knapp 3 Std., für Gehgewohnte leicht und lohnend.*

b) Vom Grödner Joch (R 2652) stets auf Steig 2 zuerst durch Wiesen und dann über Geröll zwischen bizarren Felsgestalten nordostwärts hinauf zum Cirjoch (2469 m), jenseits hinein in den Kessel des obersten Chedultales und empor zum Crespeinajoch (2528 m), von dort hinunter zur felsigen Crespeina-Hochfläche, über diese nahezu eben zum Ciampeijoch und wie bei a weiter zur Hütte. *HU 391 m, gut 3 Std., für Gehgewohnte leicht und lohnend.*

2657
Touren im Bereich der Puezhütte

Siehe R 1792 und 1793.

2658
Sassongher 2665 m

Charakteristik: R 2616.

Von Kolfuschg auf Weg 4 nordwärts durch das Edelweißtal, vorbei an der Edelweißhütte (1822 m, Einkehrstätte), mittelsteil bergan, bei Weggabel in 2100 m rechts auf Steig 7 durch Steilhänge ostwärts hinauf zur Forcela Sassongher (Sassongher-Scharte, 2435 m) und über Geröll und steile Felsen (Seilsicherungen) empor zum Gipfel. *HU 1020 m, 3 Std., für Trittsichere mit Bergerfahrung unschwierig, sehr lohnend.*

2662

TAUFERER-AHRNTAL

Dieser Abschnitt umfasst das Tauferer Tal vom Brunecker Raum bis Sand in Taufers einschließlich des westseitigen Mühlwalder Tales und des ostseitigen Reintales sowie das eigentliche Ahrntal von der Burg Taufers bis zum Scheitel des Tales an der Birnlücke einschließlich des von Westen her einmündenden Weißenbachtales. Die im südlichsten Talabschnitt gelegenen Ortschaften St. Georgen, Aufhofen und Dietenheim werden unter »Bruneck und Umgebung« behandelt.

2663 — AUSGANGSORT
GAIS — 836 m

Stattliches Dorf im äußeren Tauferer Tal auf der Ostseite der Ahr, 4 km nördlich von Bruneck. Bedeutende romanische Kirche. In der Umgebung die Burg Neuhaus und die Kehlburg.

2664
Zur Burg Neuhaus — 947 m

In gutem Zustand befindliche Burg nordwestlich von Gais; kleine Kirche sowie Burgschenke.
Von Gais zuerst auf der Zufahrtsstraße über die Ahr hinüber zur Talstraße und von dort auf Weg 5 großteils durch Wald leicht ansteigend nordostwärts hinauf zur Burg. *HU 111 m, ¾ Std., leicht und Lohnend.*

2665
Nach Uttenheim — 837 m

Charakteristik: R 2676.
Von Gais stets der Markierung 1 folgend im Talboden teilweise neben der Ahr in hübscher Wanderung eben hinein nach Uttenheim. *HU gering, knapp 1 ½ Std., leicht und lohnend.*

2666
Nach Mühlbach — 1462 m

Kleines Bergdorf mit Kirche und Gasthaus am sonnigen, aber steilen nordöstlich oberhalb Gais.
Von Gais zuerst auf der zu den Mitterberghöfen führenden Straße ostwärts bergan, dann links auf Weg 2 im Grund des Mühlbachtales mittelsteil hinauf zur Mühlbacher Straße und kurz auf der Sonnenseite hinaus ins Dorf. *HU 626 m, 2 Std., leicht und lohnend.*

2667
Schwarze Wand — 3105 m

Südseitig eisfreier, nordseitig vergletscherter Hochgipfel im Südteil der Rieserfernergruppe.
Von Mühlbach (R 2666) auf breitem Weg 2 zum Gasthaus Mühlbacher Badl, dann im bewaldeten Tal meist leicht ansteigend hinein und hinauf zur Oberen Wangeralm (2027 m; ab Mühlbach 2 Std.), nun rechts auf Steig 2 über Grashänge und Geröll empor ins Mühlbacher Joch (2983 m) und rechts am felsigen Grat auf markiertem Steig (eine Stelle etwas ausgesetzt) empor zum Gipfel. *HU 1643 m, 5 – 6 Std., für ausdauernde Geher mit Hochgebirgserfahrung nicht schwierig, lohnend.*

2668
Auf die Geige — 2200 m

Charakteristik: R 2481.
Von Mühlbach (R 2666) auf schmaler Straße im Mühlbacher Tal ein Stück ostwärts leicht ansteigend hinein bis zum Wegweiser »Geige«, rechts der Markierung folgend durch Wald hinauf zur Baumgrenze und kurz weiter zum Ziel. *HU 738 m, knapp 2 ½ Std., für Gehgewohnte leicht und lohnend.*

2669
Gaiser Waalweg

Hübscher Wanderweg, der neben einem aufgelassenen Waal (Bewässerungskanal) südöstlich von Gais die Waldhänge durchquert.
Von Gais zunächst auf breitem Weg 5 durch Wiesen und Felder südostwärts mäßig ansteigend bis fast zum Bärentalhof (966 m), dann auf dem guten Waalweg dem entsprechenden Wegweiser folgend weitgehend eben durch die Waldhänge nordwärts bis zur Mitterbergstraße (ca. 950 m) und auf dieser links hinunter nach Gais. *HU 120 m, knapp 1 ½ Std., leicht und lohnend.*

2670
Nach Amaten — 1260 m

Charakteristik: R 2478.

Der Gaiser Waalweg

Von Gais wie bei R 2669 zum Bärentalhof und wie bei R 2478/a weiter nach Amaten. *HU 424 m, gut 1 ½ Std.*

2671
Nach Tesselberg — 1473 m

Charakteristik: R 2479.
Von der Kehlburg (R 2477) auf Waldweg 2 nordostwärts in großteils mäßiger Steigung zu den Tesselberger Wiesen und ins Dorf. *HU 286 m, 1 Std., leicht und lohnend.*

2672
Zur Tesselberger Alm — 2128 m

Charakteristik und Zugang: R 2480.

2676 — AUSGANGSORT
UTTENHEIM — 817 m

Stattliches Dorf im mittleren Tauferer Tal 3 km innerhalb Gais an der Talstraße. Barocke Kirche und Adelssitz im Dorf, hoch darüber die kleine Burg Uttenheim.

2677
Nach Gais — 836 m

Charakteristik: R 2663.

Wanderrouten wie R 2665, umgekehrte Richtung; ähnliche Gehzeiten.

2678
Nach Lanebach — ca. 1530 m

Steil und einsam gelegene Höfegruppe (Egger, Mair und Lercher) südwestlich hoch über Uttenheim.
Von Uttenheim der Markierung 6 folgend hinauf zum Bauhof (1004 m, Einkehrmöglichkeit), dann links auf Waldsteig 17 sehr steil empor zum Hof Breitrieser (1392 m) und weiter zu den oberen Höfen.
HU ca. 700 m, gut 2 Std., beschwerlich, aber höfekundlich interessant.

2679
Zur Burg Uttenheim (Schlösslberg) — 1149 m

Mittelalterliche Burgruine mit Kapelle in den Steilfelsen oberhalb Uttenheim.
Von Uttenheim stets der Markierung 6 folgend zuerst hinauf zum Bauhof (1004 m, Einkehrmöglichkeit) und rechts durch Wald und Gebüsch empor zur Burgruine.
HU 319 m, 1 Std., für Gehgewohnte leicht und lohnend.

2680
Zu den ostseitigen Berghöfen

An der östlichen Tauferer Talflanke befinden sich eine Reihe von Berghöfen mit schöner Aussicht.

Von Uttenheim auf der Mühlbacher Straße hinüber zum Bergfuß, von dort auf Weg 3 hinauf bis zur links abzweigenden Markierung 3 B (ca. 1200 m) und nun dieser folgend durch Wald und vorbei an Berghöfen hinauf zum Unteregelsbacher, dem höchsten bewohnten Hof in diesem Bereich (1451 m, Jausenstation). *HU 614 m, 2 ½ Std., für Gehgewohnte leicht und lohnend.*

2681
Bloßberg — 2619 m

Endpunkt eines Kammausläufers der westlichen Rieserfernergruppe.

Vom Hof Unteregelsbach (R 2680) auf der Hofzufahrt hinauf bis zum links abzweigenden Weg 3, nun stets dieser Markierung folgend durch Wald hinauf zur Baumgrenze und teilweise über Geröll zum Kreuz auf dem Bloßberg. *HU 1168 m, gut 3 ½ Std., für Gehtüchtige leicht und lohnend.*

2685 — AUSGANGSORT
MÜHLEN — 862 m
KEMATEN — 857 m

Das größere, in letzter Zeit stark angewachsene Dorf Mühlen liegt im Mündungsbereich des Mühlwalder Tales zwei Kilometer südlich von Sand in Taufers. – Das kleinere Dorf Kematen mit spitztürmiger Kirche liegt gegenüber am östlichen Bergfuß.

2686
Zu den Reinbachfällen

Charakteristik: R 2708.

Von Kematen am Bergfuß die Straße entlang nordostwärts nach Bad Winkel (Gasthof), weiterhin am Bergfuß auf dem Sträßchen zur Mündung des Reintales (nahe der Häusergruppe Winkel) und der bisherigen Markierung 2 weiter folgend wie bei R 2708 zu den Wasserfällen und zum Gasthaus Toblhof« (1054 m).
HU 197 m, knapp 2 Std., leicht und lohnend.

2687
Nach St. Walburg — 1020 m

Reizendes Hügelkirchlein südlich oberhalb Kematen an der Stelle einer einstigen Burg.

Von Kematen stets der Markierung 3 folgend auf Höfezufahrt südwärts bis unter den Kirchhügel und links auf gutem Fußweg kurz empor zum Ziel. *HU 163 m, gut ½ Std., leicht und lohnend.*

2688
Zu den ostseitigen Berghöfen

Charakteristik: R 2680.

Von Kematen stets der Markierung 3 folgend auf Höfezufahrt südwärts bis unter den Kirchhügel von St. Walburg, weiterhin auf der Höfezufahrt die Waldhänge südwärts querend zu den Haslerhöfen (1023 m, Einkehrmöglichkeit) und auf Steig 3 durch steilen Wald südostwärts empor zum Hof Unteregelsbach (1451 m, Einkehrmöglichkeit). *HU 594 m, knapp 2 Std., für Gehgewohnte leicht und lohnend, im letzten Teil steil.*

2692 — AUSGANGSORT
SAND IN TAUFERS — 878 m

Größte und bedeutendste Ortschaft des ganzen Tauferer-Ahrntales, 14 km nördlich von Bruneck gelegen; reger Fremdenverkehr. Über dem Dorf die mächtige Burg Taufers, im Talboden der stattliche Ansitz Neumelans. Abzweigung der Straße ins Reintal. Schwach südöstlich von Sand in Taufers die Häusergruppe Winkel, südwestlich jene von Taufers mit der Pfarrkirche des ganzen Gebietes.

2693
Nach Taufers 858 m

Häusergruppe mit Gasthaus an der Straße zwischen Mühlen und Sand in Taufers. Gotische Pfarrkirche mit sehenswertem neugotischem Altar.
Vom Südrand des Dorfes der Markierung 9 folgend auf Flurwegen im Talboden südwärts zu querender Straße und rechts kurz hinüber nach Taufers. *HU unbedeutend, knapp ¾ Std., leicht und hübsch.*

2694
Speikboden 2517 m

Häufig besuchter Gipfel am Ende des zwischen Mühlwald und Weißenbach aufragenden Kammes.
Von der Bergstation der Michlreis-Umlaufbahn (Innere Michlreiser Alm, 1960 m; die Talstation liegt 2 km innerhalb Sand an der Talstraße) auf Weg 27 über steiles Berggelände hinauf zu einer Kammschulter und rechts zum höchsten Punkt. *HU 557 m, gut 1 ½ Std., für Gehgewohnte leicht und lohnend.*

2695
Kellerbauerweg

Rund 12 km langer, um 1900 von der DÖAV-Sektion Chemnitz erbauter und nach ihrem Sektionsvorstand benannter Höhenweg, der von der Chemnitzer Hütte im Westen zum Speikbodengebiet im Osten über den zwischen Mühlwalder Tal und Weißenbachtal aufragenden Kamm verläuft.
Wegverlauf ab Chemnitzer Hütte: R 2736.

2696
Zum Pojer Wasserfall 967 m

Ostseitig zwischen Sand in Taufers und Luttach befindlicher, 76 m hoher Wasserfall des Pojer Baches.
Von Sand in Taufers der Markierung 4 folgend auf breitem Weg zuerst am westseitigen und dann am ostseitigen Ufer der Ahr talein und bei Wegweiser kurz rechts hinauf zum Wasserfall. *HU gering, ¾ Std., leicht und lohnend.*

Gipfelkreuz auf dem Speikboden

2697
Nach Luttach 962 m

Charakteristik: R 2759.
Von Sand in Taufers wie bei R 2696 in Richtung Pojer Wasserfall, auf dem breiten Weg in Flussnähe durch Wald und Wiesen weiter talein und zuletzt die Ahr überquerend nach Luttach. *HU gering, knapp 1 ½ Std., leicht und lohnend.*

2698
Nach Pojen ca. 1550 m

Bergweiler mit verstreuten Bauernhöfen nördlich von Sand in Taufers bzw. südöstlich von Luttach hoch über der Talsohle.
Von Sand in Taufers stets der Markierung 33 folgend zuerst nordwärts hinauf zur Burg Taufers, durch Wald weiter zum Aschbacherhof (1069 m) und auf dem Pojer Weg durch steile Waldhänge hinauf zum Ziel. *HU ca. 670 m, 2 Std., für Gehgewohnte leicht und lohnend.*

2699
Zur Pojer Alm 2038 m

Nordöstlich über Pojen im gleichnamigen Hochtal gelegene Almgegend mit mehreren Hütten.
Von Pojen (R 2698) auf Weg 33 durch das Pojental durch Wiesen und Wald hinauf zur Alm. *HU ca. 490 m, 1 ½ Std., für Gehgewohnte leicht und lohnend.*

2700
Zum Schreinsee 2325 m

Einsam gelegener Bergsee, unterster der Pojenseen.
Von der Pojer Alm (R 2699) auf Steig 33 nordwärts hinauf zum querenden Steig 10 C, kurz auf diesem westwärts und dann rechts auf Steig 33 über steinige Grashänge hinauf zum See. *HU 287 m, ¾ Std., leicht und lohnend.*

2701
Zum Obersteinerholm 2395 m

Aussichtsreiche Bergkuppe nördlich von Sand in Taufers bzw. östlich von Luttach.
a) Von der Pojer Alm (R 2699) auf Steig 33 kurz hinauf zum querenden Steig 10 C und auf diesem westwärts mäßig ansteigend zum Ziel. *HU 357 m, 1 Std., leicht und lohnend.*
b) Von Pojen (R 2698) auf Weg 33 hinauf zu einer ersten Almhütte (1852 m) und links auf nummernlos markiertem Steig durch Wald und Grashänge sehr steil empor zum Ziel. *HU 845 m, knapp 2 ½ Std., leicht, aber mühsam.*

2702
Rauchkofel 2658 m

Markanter Felsgipfel im westlichen Teil der Durreckgruppe.
a) Von der Pojer Alm (R 2699) wie bei R 2701/a zum Obersteinerholm und dann stets auf Steig 10 C in langer Kamm- und Gratwanderung ostnordostwärts zu einem Vorgipfel (2617 m) und zum Gipfel. *HU 620 m, 2 ½ Std., für bergerfahrene und trittsichere Geher unschwierig und lohnend.*
b) Von der Pojer Alm (R 2699) wie bei R 2700 zum Schreinsee, dann größtenteils über Blockwerk auf markierter Route hinauf und zuletzt über gestuften Fels steil empor zum Gipfel. *HU 620 m, 2 Std., für Bergerfahrene unschwierig und lohnend.*

2703
Großer Moosstock 3059 m

Nordöstlich über Sand in Taufers frei und beherrschend aufragende Berggestalt. Südlichster Hochgipfel der Durreckgruppe.
Von Ahornach (R 2706) der Markierung 10 B folgend hinauf zum oberen Schlafhaus (oberste Almhütte auf steiler Bergwiese, 2010 m; knapp 2 Std.), weiterhin auf dem markiertem Steig durch Zirbenwald und über freie Hänge mit zunehmender Steilheit (eine etwas heikle Felsstelle mit Fixseil) empor zu einer kleinen Hochfläche (2774 m), nun zu einem Jöchl und über den Gipfelgrat der Markierung folgend teilweise in leichter Kletterei empor zum Gipfel. *HU 1725 m, 5 Std., trotz mäßiger Schwierigkeiten nur tüchtigen Berggehern vorbehalten; landschaftlich lohnend.*

2704
Durreck-Höhenweg

Lange Höhenroute, auf der man teilweise mit erheblichen Höhenunterschieden die Durreckgruppe umrundet. Die Begehung ist eine sehr lange, wenn auch unschwierige und landschaftlich lohnende Tour. Verschiedene Zwischenzustiege und -abstiege ermöglichen allerdings auch die Begehung von Teilstrecken.
In Stichworten skizzierter Routenverlauf (von West nach Ost): Von Steinhaus zum Klaussee, empor auf den Rauchkofel, in leicht absteigender Kammwanderung zum Obersteinerholm, die Pojenalm querend

zum oberen Schlafhaus, auf dem »Vegetationsweg« und Reiner Höhenweg zur Durraalm, empor zur Weißen Wand (Fuldaer Weg) und jenseits durch das Hasental hinunter nach St. Peter im Ahrntal. *HU rund 1000 m im Aufstieg und ebenso viel im Abstieg, ca. 15–16 Std., unschwierig, doch nur sehr Gehtüchtigen mit Bergerfahrung als Zweitagestour (Nächtigung am besten in Rein) zu empfehlen; landschaftlich und aussichtsmäßig großartig.*

2705
Pojer Höhenweg

Rund 5 km langer Höhensteig (Teil des Durreck-Höhenweges, R 2704), der oberhalb der Waldgrenze die so genannten Schlafhäuser im Osten (Almhütten in einer Wiesenrodung) mit dem Obersteinerholm im Westen verbindet.

Vom oberen Schlafhaus (R 2703/a) stets auf Steig 10 C die Hänge westwärts querend zum Kleinen Jöchl (2250 m), jenseits in leichtem Abstieg zu den oberen Böden der Pojenalm (ca. 2130 m) und westwärts mäßig ansteigend zum Obersteinerholm (R 2701; von da auf markiertem Fußpfad hinab nach Pojen und auf der Straße in 1 Std. zurück nach Ahornach). *HU 385 m, knapp 2 Std., leicht und lohnend.*

2706
Nach Ahornach 1334 m

Bergdorf mit Gastbetrieben und spitztürmiger Kirche inmitten ausgedehnter Wiesen nordöstlich oberhalb Sand in Taufers; weiter westlich der Weiler Pojen (R 2698).

Vom Ostrand von Sand in Taufers auf dem Weg 10 nordostwärts durch Wald und Wiesen und vorbei an mehreren Höfen mittelsteil hinauf nach Ahornach.
HU 456 m, 1 ½ Std., leicht und lohnend.

Dritter Reinbach-Wasserfall bei Sand in Taufers

2707
Nach Rein 1598 m

Charakteristik: R 2740.

Von Ahornach (R 2706) der Markierung 10 B folgend durch Wald und Wiesen hinauf bis zur rechts abzweigenden Markierung 10, dieser folgend auf Höfezufahrt zuerst zum Stockerhof (1640 m), dann weiterhin teils eben, teils leicht ansteigend durch Waldhänge ostwärts bis zu einigen Heuhütten (»Lobiser Schupfen«, 1959 m) und auf Weg 10/1A durch Wald und Wiesen hinunter nach Rein. *HU 625 m aufwärts, 361 m abwärts, 3 ½ Std., für Gehgewohnte leicht und lohnend.*

2708
Reinbachfälle

Durch eine Weganlage erschlossene Wasserfälle östlich von Sand in Taufers in der Felsschlucht des Reinbaches. Unweit des dritten und höchsten Wasserfalles (42 m) das Gasthaus Toblhof sowie die Kofelburg (R 2709).

Von der Häusergruppe Winkel östlich von Sand in Taufers (862 m) stets auf Weg 2 auf der östlichen Talseite mit Blick zu den Wasserfällen hinauf zu einer die Schlucht überquerenden Brücke und kurz hinauf zum Gasthaus Toblhof an der Reintalstraße (1054 m, 2,5 km von Sand entfernt). *HU 192 m, knapp 1 Std., leicht und lohnend.*

2709
Zur Kofelburg (Toblburg)   1172 m

Mittelalterliche Burgruine mit Kapelle auf einem bewaldeten Felshügel über der Schlucht des Reinbaches.

Vom Gasthaus Toblhof an der Reintalstraße (1054 m, siehe R 2708) auf dem beschilderten »Franziskusweg« ostwärts durch Wald mittelsteil hinauf zur Ruine. *HU 118 m, 20 Min., leicht und lohnend.*

2710
Zur Burg Taufers   950 m

Mächtige mittelalterliche Burg auf einem Felssporn nordwestlich von Sand in Taufers mit sehenswertem Inneren (regelmäßige Führungen).

Vom Ostrand von Sand in Taufers (Ortsteil St. Moritzen) der Markierung 2A folgend auf Fahrweg zuerst am Hang hinauf und dann links abdrehend zur Burg. *HU 72 m, knapp ½ Std., leicht und lohnend.*

2714   AUSGANGSORT
MÜHLWALD   1220 m

Auf der Sonnenseite des gleichnamigen, bei Mühlen westseitig abzweigenden Tales gelegenes Dorf mit Gastbetrieben und weithin sichtbarer, spitztürmiger Kirche. In der Umgebung zahlreiche Bauernhöfe; 2 km östlich des Dorfes die Häusergruppe Außermühlwald. Die Talstraße setzt sich nach Lappach im Talinneren fort.

2715
Zum Wengsee   1881 m

Idyllischer Waldsee südöstlich über Mühlwald.

Von Mühlwald talaus nach Außermühlwald, rechts hinunter zur Talstraße, auf Brücke den Bach überquerend zum Hof Oberstocker (1115 m), auf Waldweg 66 steil hinauf zur Wengalm (1769 m) und rechts kurz weiter zum See. *HU 780 m, 2 ½ Std., für Gehgewohnte leicht und lohnend.*

2716
Zur Kaseralm   1879 m

Südöstlich über Mühlwald auf einer Hangverflachung gelegene, von Wald umrahmte Alm.

Von der Talstraße bei der Mühlwalder Dorfeinfahrt zuerst auf Brücke den Bach überquerend hinüber zum Hof Knapp (1160 m) und dann auf Steig 2 durch steilen Wald hinauf zur Kaseralm. *HU ca. 670 m, 2 Std., leicht, landschaftlich hübsch.*

2717
Tiefrastenhütte und -see   2308 m

Charakteristik: R 2390.

Von Mühlwald knapp 1 km talein bis zur links abzweigenden Markierung 29, nun dieser folgend über den Bach (Brücke, 1202 m) und durch Wald empor zur Wosalm (1760 m), dann über freies Berggelände steil empor zur Scharte Kleines

Tor (2374 m), jenseits kurz hinab, dann rechts zum Weg 23 (2052 m) und auf diesem hinauf zum Ziel. *HU 1172 m aufwärts, 322 m abwärts, ca. 5 Std., für Gehtüchtige unschwierig, landschaftlich lohnend.*

2718
Gipfeltouren im Tiefrastengebiet

Siehe R 2391, 2392.

2719
Auf den Gornerberg — 2475 m

Breite, bis zum Gipfel begraste Erhebung nördlich über Mühlwald.

Von Mühlwald (Dorf, 1220 m) der Markierung 25 B folgend nordwestwärts hinauf zum Steinerhof (1630 m), auf Waldweg 25 empor zur Gorneralm (1993 m), auf Weg 25 A durch Wald und vorbei an der Foreralm zum Gornerjoch (2277 m) und über den Grashang hinauf zum Gipfel. *HU 1255 m, 3–4 Std.*

2720
Zur Weizgruberalm — 2032 m

Aussichtsreich an der Baumgrenze gelegene Almschenke sonnseitig hoch über Mühlwald.

Von Mühlwald zuerst talaus zur Häusergruppe Außermühlwald (1126 m), nun stets auf Weg 28 A durch Wiesen und Wald hinauf zum Holzerhof (1549 m, bis in dessen Nähe auf mit Auto möglich), auf dem Fußweg (oder teilweise auf dem breiten Forstweg) durch Wald hinauf zu ersten Almhütten und kurz weiter zum Ziel.
HU 812 m, 2 ½ Std., (ab Holzerhof knapp 1 ½ Std.), für Gehgewohnte leicht und lohnend.

2721
Speikboden — 2517 m

Charakteristik: R 2694.

Von Mühlwald wie bei R 2720 über den Holzerhof hinauf zur Weizgruberalm, nordwestwärts durch Grashänge hinauf zum Mühlwalder Joch (2342 m), auf Weg 27 (Kellerbauerweg) ostwärts zum links abzweigenden Gipfelweg und über ihn kurz und unschwierig zum Ziel.
HU 1122 m, knapp 4 Std., (ab Holzerhof knapp 2 ½ Std.), für Gehgewohnte leicht und lohnend.

2725 — AUSGANGSORT
LAPPACH — 1439 m

Sonniges Dorf im inneren Mühlwalder Tal mit Kirche und Gastbetrieben. Die Talstraße setzt sich bis zum Neves-Stausee fort (1860 m). Kurz vor Lappach die Höfe von Unterlappach (1312 m), bald danach jene von Oberlappach (1525 m).

2726
Zur Passenalm — 1886 m

Südwestlich über Lappach auf einem Begrenzungsrücken des Passentales gelegene Alm mit hübscher Aussicht.

a) Von Unterlappach (R 2725) der Markierung 31 folgend zuerst über den Talbach (Brücke, 1290 m) und dann großteils steil durch Wald und Wiesen westwärts empor zur Alm. *HU 596 m, gut 1 ½ Std., leicht und lohnend.*

b) Vom Berghof Zösmair im Weiler Zösen nordwestlich von Lappach (1700 m, hierher Höfezufahrt) kurz westwärts talein, dann links auf Brücke über den Bach und auf breitem Waldweg 31 B weitgehend eben südostwärts zur Alm. *HU 236 m, knapp 1 Std., leicht und lohnend.*

2727
Zu den Passenseen — 2408 m

Kleine Seengruppe mit stattlichem Hauptsee in einsamer Hochgebirgslage.

Von der Passenalm (R 2726) auf Bergsteig 31 durch das Passental zuerst im Almbereich und dann in steinigem Gelände südwestwärts empor zum Passenjoch (Übergang nach Pfunders, 2408 m), hier

Mühlwald im gleichnamigen Tal

oder etwas vorher links ab und in der steinigen Gebirgsmulde in wenigen Minuten südostwärts zum Hauptsee. *HU 522 m, gut 1½ Std., für Gehgewohnte leicht und lohnend.*

2728
Hochgrubachspitze 2810 m

Charakteristik: R 2391.
Von der Passenalm (R 2726) auf Bergsteig 31 südwestwärts empor zum Passenjoch (Übergänge nach Pfunders, 2408 m), nun links auf markiertem Steig (Punktmarkierung) teilweise steil empor in die Hochsägescharte (2642 m), jenseits kurz hinab und auf dem rechts abzweigenden Gipfelsteig (markiert) steil empor zum Ziel.
HU (ab Alm) 924 m, 3 Std., für trittsichere und bergerfahrene Geher nicht schwierig, landschaftlich lohnend.

2729
Tiefrastenhütte und -see 2308 m

Charakteristik: R 2390.
Von der Passenalm wie bei R 2728 zur Hochsägescharte (2642 m) und jenseits auf markiertem Steig hinunter zu Schutzhaus und See. *HU 756 m aufwärts, 334 m abwärts, 3 Std., für Gehgewohnte mit Bergerfahrung unschwierig und lohnend.*

2730
Zu den Seetalseen (Bödenseen) 2420 m

Mehrere kleine Bergseen in einer obersten Mulde des von Lappach westwärts hinaufziehenden Zösentales.
Vom Zösmairhof (R 2726/b) zunächst auf dem Güterweg westwärts talein bis zum rechts abzweigenden Steig 6, nun diesem folgend durch die Hänge hinauf und im kleinen Seetal hinein zu den Seen.
HU 720 m, knapp 2½ Std., für Gehgewohnte leicht und lohnend.

2731
Zur Edelrauthütte 2545 m

Charakteristik: R 2373.
a) Vom Neves-Stausee (1860 m, hierher schmale Mautstraße von Lappach herauf; zu Fuß gut 1 Std.) auf Weg 26 westwärts durch Wald, Grasgelände und Blockwerk hinauf zur Hütte. *HU 685 m, gut 2 Std., für Gehgewohnte leicht und lohnend.*
b) Von der Chemnitzer Hütte über den Neveser Höhenweg: siehe R 2734.

2732
Napfspitze 2888 m

Charakteristik und Aufstieg ab Edelrauthütte (R 2731): siehe R 2374.

2733
Zur Chemnitzer Hütte (Nevesjochhütte) 2419 m

Schutzhaus mit Sommerbewirtschaftung nahe dem Nevesjoch. Schöner Gletscherblick.
Vom Nordufer des Neves-Stausees (R 2731/a) stets auf Waldweg 24 steil ostwärts empor zur Oberen Nevesalm (2134 m) und dann über Almgelände weniger steil zur Hütte. *HU 559 m, gut 1½ Std., leicht und lohnend.*

2734
Neveser Höhenweg

Acht Kilometer langer Höhenweg, der hoch über dem Neves-Stausee von der Chemnitzer Hütte zur Edelrauthütte führt. Großartige Hochgebirgsszenerie.
Von der Chemnitzer Hütte (R 2733) stets der Markierung 1 folgend zunächst nordwestwärts zum starken Abfluss des Östlichen Nevesferner (Steg) und dann großteils nahezu eben, an einer Stelle auch ein Stück aufwärts, in langer Hangquerung zur Edelrauthütte; eine felsige Stelle gesichert, mehrmals Querung von Bächen.
HU ca. 200 m, 3 Std., für Bergerfahrene leicht und lohnend, das Übersetzen der Bäche manchmal heikel.

2735
Zur Rinsbacheralm 2014 m

Nördlich über Lappach an der Waldgrenze gelegene Alm mit schöner Aussicht.
Von Lappach kurz auf der Straße nordwärts zu einer Häusergruppe (Gastbetriebe), hier rechts ab und auf Steig 22 durch Wiesen und steilen Lärchenwald empor zur Alm. *HU 575 m, 1½ Std., leicht, aber steil; landschaftlich hübsch.*

2736
Kellerbauerweg

Charakteristik: R 2695.
Von der Chemnitzer Hütte immer auf Weg 27 zunächst zum Tristensee, dann meist steile Grashänge querend zum Gornerjoch, weiter auf dem Höhenweg, vorbei am Mühlwalder Joch, zum Südostgrat des Speikbodens und hinunter zur Inneren Michlreiser Alm (Sessellift-Bergstation, siehe R 2694). *HU im Ganzen gering, wiederholt jedoch leicht auf und ab, zuletzt ca. 430 Höhenmeter bergab; ca. 5 Std., für Gehtüchtige leicht und sehr lohnend.*

2740   AUSGANGSORT
REIN 1598 m

überaus schön gelegenes Dorf mit spitztürmiger Kirche und Gastbetrieben in dem bei Sand in Taufers ostseitig abzweigenden Reintal. Prachtblick zu den Gletscherbergen der Rieserfernergruppe (Naturpark). Bei Rein gabelt sich das Tal in das nordostwärts verlaufende Knuttental und das ostwärts verlaufende Bachertal.

2741
Nach Ahornach 1334 m

Charakteristik: R 2706.
Wanderrouten wie R 2707, in umgekehrter Richtung; ähnliche Gehzeiten.

2742
Reiner Höhenweg

Oberhalb von Rein von Alm zu Alm führender Höhenweg, dessen Begehung zusammen mit Auf- und Abstieg eine geschlossene Rundwanderung ergibt.
Von Rein auf Weg 10/1A durch Wald und Wiesen hinauf zu mehreren Heuhütten (»Lobiser Schupfen«, 1959 m), nun auf dem Höhenweg (Markierung 1A) die freien Hänge querend und vorbei an einigen Almhütten bis zur Durralm (R 2743). Von dort

Die Durraalm bei Rein

Abstieg auf Weg 1 ins Knuttental und zurück nach Rein. *HU 613 m (Höhenweg allein 252 m), gut 4 Std., für Gehgewohnte leicht und sehr lohnend.*

2743
Zur Durraalm 2096 m

Westseitig über dem äußeren Knuttental gelegene Alm mit Ausschank.
Vom großen Parkplatz bei Rein im äußersten Knuttental (1690 m) auf Weg 1 (Fuldaer Weg) durch schütteren Wald mäßig steil hinauf zur Alm (2096 m). *HU 406 m, leicht und lohnend.*

2744
Zur Knuttenalm 1869 m

Kleines Almdorf mit Ausschank auf einer Anhöhe im inneren Knuttental.
Vom großen Parkplatz 1,5 km hinter Rein im äußersten Knuttental (1690 m) auf dem ungeteerten Güterweg eben bis leicht ansteigend talein zur Alm. *HU 179 m, gut 1 Std., leicht und lohnend.*

2745
Klammlsee 2243 m

Hübscher Almsee im obersten Knuttental, von Berghängen umschlossen. Unweit davon das 2294 m hohe Klammljoch (Übergang ins Defereggental); im Gebiet alte Baulichkeiten der Zollwache.
Von Rein wie bei R 2744 zur Knuttenalm und großteils auf dem Güterweg (Markierung 9) mäßig steil hinauf zum See. *HU 553 m, 2 ½ Std., leicht und lohnend.*

2746
Zur Oberen Kofleralm 2192 m

Schön gelegene Alm östlich von Rein mit Prachtblick zu den Gletschergipfeln der Rieserfernergruppe.
Vom großen Parkplatz 1,5 km hinter Rein (1690 m) der Markierung 8 A folgend (zuerst Höfezufahrt, dann abzweigender Fußweg) durch Wiesen und Wald ostwärts hinauf zur Unteren Kofleralm (2034 m) und durch Wald weiter zur Oberen Alm.
HU 502 m, knapp 2 Std., leicht und lohnend.

2747
Zu den Koflerseen 2439 m

Einsame, von Hochweiden umgebene Seengruppe mit stattlichem Hauptsee nordöstlich von Rein.
Von Rein wie bei R 2746 zur Oberen Kofleralm und auf Steig 9 A nordostwärts über steinige Grashänge mittelsteil hinauf zum Hauptsee. *HU 749 m, 2 ½ Std., für Gehgewohnte leicht und lohnend.*

TAUFERER-AHRNTAL

2748
Dreieckspitze 3031 m

Hochgipfel ostnordöstlich von Rein im Grenzkamm.
Von Rein wie bei R 2746 und 2747 zu den Koflerseen, auf Steig 9 A über Blockwerk hinauf zur Bärenluegscharte (2848 m), rechts Steinmännchen folgend zu einem Jöchl und links über Blockwerk empor zum Gipfel. *HU 1433 m, 4 Std., für Gehtüchtige mit Hochgebirgserfahrung nicht schwierig, lohnend.*

2749
Zur Ursprungalm 2396 m

Östlich von Rein über dem inneren Bachertal sehr schön gelegene Alm mit Ausschank.
a) Von Rein wie bei R 2746 zur Oberen Kofleralm und dann immer auf Weg 8 A die Almhänge querend zur Brunnerhütte (2322 m) und zur Ursprungalm. *HU 798 m, 3 Std., für Gehgewohnte leicht und lohnend.*
b) Von Rein wie bei R 2750 zur Kasseler Hütte, dann auf Weg 8 (Arthur-Hartdegen-Weg) großteils nahezu eben zuerst das Moränengelände sowie mehrere Bäche querend und dann nordwärts die Felsflanken des Riesernocks umrundend (an ausgesetzten Stellen Halteseile) bis zu Wegteilung gegenüber der Ursprungalm (2350 m, Steig 8 geht rechts ab) und auf Steig 8 A mit kurzem Abstieg und Aufstieg hinüber zur Alm. *HU 860 m, 4 ½ Std., für Gehgewohnte mit Bergerfahrung leicht und lohnend.*

2750
Zur Kasseler Hütte 2276 m

Bewirtschaftetes Schutzhaus südöstlich hoch über Rein unter den Hochgipfeln der zentralen Rieserfernergruppe.
a) Vom Talboden unter Rein (1536 m) stets auf Weg 1 mäßig bis stark ansteigend durch Wald und vorbei an zwei Almen hinauf zur Hütte. *HU 740 m, 2 ½ Std., für Gehgewohnte leicht und lohnend.*
b) Von der Ursprungalm (R 2749) auf Steig 8 A südostwärts zum Weg 8 (Arthur-Hartdegen-Weg) und auf diesem geradeaus die Felsflanken des Riesernocks umrundend (Seilsicherungen) und das Moränengelände des Rieserferners querend zum Schutzhaus. *HU gering, 2 Std., für Gehtüchtige und Trittsichere leicht und lohnend.*

2751
Der Arthur-Hartdegen-Weg

Um 1910 von der DÖAV-Sektion Kassel erbauter Weg, der von der Kasseler Hütte zu der auf Defregger Seite liegenden Barmer Hütte führt und im ersten Teil einen schönen Höhenweg im Anblick der Rieserferner bildet; der Name wird neuerdings auch für die ganze Bachertalumrundung (R 2749/a und 2750/b) gebraucht.

2752
Zum Malersee 2501 m

Einsamer Bergsee südwestlich über der Kasseler Hütte in aussichtsreicher Lage.
Von der Kasseler Hütte (R 2750) auf dem zum Schneebigen Nock führenden Steig 1/4 etwa ¾ Std. hinauf und dann rechts in wenigen Minuten abwärts zum See.
HU 285 m, knapp 1 Std., leicht und lohnend.

2753
Zur Inneren Gelltalalm 2070 m

Hochalm mit schöner Bergumrahmung in dem vom Reintal ostseitig abzweigenden Gelttal am Weg zur Rieserfernerhütte.
Knapp 3 km außerhalb Rein von der Talstraße ostseitig ab (1523 m, Parkplatz), auf Weg 3 (»Erlanger Weg«) an der Putzeralm vorbei und durch Wald empor zur Äußeren Gelltalalm (1995 m) und nur leicht ansteigend talein zur Inneren Alm. *HU 547 m, gut 1 ½ Std., leicht und lohnend.*

Der Gänsebichlsee nahe der Rieserfernerhütte

2754
Zur Rieserfernerhütte (Hanns-Forcher-Mayr-Hütte) 2791 m

Stattliches Schutzhaus mit Sommerbewirtschaftung in eindrucksvoller Hochgebirgslage nahe dem Gänsebichljoch, einem hohen Übergang zwischen Reintal und Antholzer Tal. Unweit davon der hübsche Gänsebichlsee.

Vom Reintal wie bei R 2753 zur Inneren Gelttalalm und weiterhin auf Weg 3 allmählich stärker ansteigend teilweise in Serpentinen hinauf zum Schutzhaus.
HU 1268 m, 3 ½ Std., für Gehgewohnte leicht und sehr lohnend.

2759 AUSGANGSORT
LUTTACH 962 m

Ausgedehntes Dorf im äußeren Ahrntal, bestehend aus den Ortsteilen Luttach (962 m) und Oberluttach (967 m). Innerhalb Oberluttach die Häusergruppe Gisse. Westseitig Abzweigung des Weißenbachtales. Zahlreiche Bauernhöfe (z.T. Gastbetriebe) in der Umgebung.

2760
Nach Sand in Taufers 878 m

Charakteristik: R 2692.
Von Luttach stets der Markierung 4 folgend zuerst über die Ahr, dann durch Wiesen und Wald in Flussnähe talaus bis unter den Pojer Wasserfall und weiter talaus nach Sand. *HU gering, knapp 1 ½ Std., leicht und lohnend.*

2761
Zum Pojer Wasserfall 967 m

Charakteristik: R 2696.
Von Luttach der Markierung 4 folgend zunächst über die Ahr, dann in Flussnähe auf breitem Weg durch Wiesen und Wald talaus bis zum Hinweisschild »Wasserfall« und links kurz hinan zum Ziel. *HU gering, ¾ Std., leicht und lohnend.*

2762
Speikboden 2517 m

Charakteristik: R 2694.
Von Luttach stets der Markierung 27 C folgend westwärts zum Wald, dann in großteils mäßig ansteigender Querung steiler Waldhänge südwärts hinan zur Mittelstation des Speikboden-Sessellifts (1398 m,

ab Luttach 1½ Std.), auf Waldweg 27 B zum Weg 27 (»Daimerweg«), auf diesem hinauf zur Inneren Michlreiser Alm (hierher auch Lift) und wie bei R 2694 zum Gipfel. *HU 1555 m, 5 Std., für Gehtüchtige mit Bergerfahrung nicht schwierig, lohnend.*

2763
Zum Schönberg 2273 m

Kleiner, aber gern besuchter Gipfel mit Kreuz nordwestlich über Luttach bzw. nordöstlich über Weißenbach.

Von Oberluttach auf Weg 26 hinauf zur Linkskehre der Weißenbacher Straße, auf Waldsteig 5 steil empor zur Schönbergalm (1792 m, Ausschank), weiter auf Steig 5 hinauf zu einer Gratsenke und am kurzen, seilgesicherten Felsgrat unschwierig zum Gipfel. *HU 1306 m, 3½ Std., für Gehgewohnte unschwierig und lohnend.*

2764
Zum Luttacher Wasserfall

Zwanzig Meter hoher Wasserfall des Schwarzenbaches nordwestlich von Oberluttach.

Von Luttach auf Waldweg 23 nordwestwärts zu einer Brücke über den Schwarzenbach und bald in kurzer Schlucht auf abgesichertem Weg zum Wasserfall (1062 m). *HU 100 m, 20 Min., leicht und lohnend.*

2765
Zur Daimerhütte 1872 m

Am Weg zur Schwarzensteinhütte im Rotbachtal gelegene Almschenke. 1884 als Schutzhütte adaptiert und nach Josef Daimer, dem Alpenvereinsvorstand der Sektion Taufers, benannt. Etwas tiefer die Schöllberghütte (1740 m), ebenfalls Einkehrstätte.

Von Luttach stets der Markierung 23 folgend hinauf zu den Brunnberghöfen (ca. 1200 m, Einkehrmöglichkeit), durch Wald und Wiesen hinein ins Rotbachtal (stets Weg 23), durch dieses hinauf und an der Schöllberghütte vorbei empor zur Daimerhütte. *HU 910 m, 3 Std., für Gehgewohnte leicht und lohnend.*

2766
Zur Schwarzensteinhütte 2922 m

Besonders eindrucksvoll und aussichtsreich hoch über der Gegend von Luttach und St. Johann auf der Trippach-Schneide gelegenes Schutzhaus mit Sommerbewirtschaftung.

a) Zugang über den »Kamin«: Von Luttach wie bei R 2765 zur Daimerhütte, auf Weg 23 über steinige Grashänge empor zu Wegteilung im Moränengelände (2680 m, Wegweiser), rechts zum Beginn des markierten Klettersteiges, an Seilen und über Leitern in einer Art Felskamin rund 100 Höhenmeter sehr steil empor und über Blockwerk zur Hütte. *HU 1960 m, ca. 5 Std., für gehtüchtige und schwindelfreie Bergsteiger nicht schwierig, lohnend.*

b) Zugang über den »Gletscherweg«: Wie bei a zur Wegteilung im Moränengelände, geradeaus über Blockwerk und meist auch Schnee hinein in den Hintergrund des Bergkessels (hier bis vor Kurzem eine kleiner Gletscher) und rechts an Fixseilen über Felsen empor zum Schutzhaus. *HU 1960 m, 5–6 Std., für Gehtüchtige mit Bergerfahrung nicht schwierig; weniger ausgesetzt als die Kaminroute, aber länger und mühsamer.*

2767
Wolfskofel (Wolfeskofel) 2050 m

Aus Kalkfels aufgebauter Gipfel nordwestlich über Luttach. Im Gipfelbereich Klettersteig.

Von Luttach wie bei R 2765 hinauf zu den Brunnberghöfen, weiterhin auf Weg 23 durch Wald hinauf bis zum links abzweigenden Steig 32 (1349 m), auf diesem steil im Wald bergan und zuletzt auf dem mit Halteseilen gesicherten Felspfad empor zum Gipfel. *HU 1088 m, 3 Std., für trittsichere und schwindelfreie Geher nicht schwierig, landschaftlich lohnend.*

2768
Nach St. Johann in Ahrn   1020 m

Charakteristik: R 2786.
Von Oberluttach zuerst auf Brücke über den Talbach und dann stets der Markierung 30 folgend durch Wiesen und Wald von Hof zu Hof talein nach St. Johann.
HU ca. 150 m, knapp 1½ Std., leicht, landschaftlich hübsch.

2769
Zu den Steinerhöfen   1444 m

Zwei stattliche Einzelgehöfte östlich über Luttach mit Prachtblick zur westseitigen Ahrntaler Gebirgswelt.
Von Luttach (Nähe Hallenbad) über den Talbach, dann auf Waldweg 10 A steil hinauf zu den Wiesen und vorbei am Untersteiner (1362 m) weiter zum Obersteiner (1444 m, Jausenstation). *HU 482 m, knapp 1½ Std., leicht und lohnend.*

2770
Nach Pojen   ca. 1550 m

Charakteristik: R 2698.
Von Luttach wie bei R 2769 hinauf zum Obersteinerhof, auf breitem Weg 10 A zuerst in leicht ansteigender Waldquerung südostwärts zu den Wiesen von Oberpojen (ca. 1600 m) und dann leicht abwärts nach Pojen. *HU ca. 650 m, 2½ Std., für Gehgewohnte leicht und lohnend.*

2771
Zum Obersteinerholm   2395 m

Charakteristik: R 2701.
Von Luttach wie bei R 2769 hinauf zum Obersteinerhof und dann stets auf Steig 17 in langem Anstieg durch Wald und freies Gelände hinauf zum Obersteinerholm.
HU ca. 1450 m, gut 4 Std., für Gehtüchtige leicht und lohnend.

Die Schwarzensteinhütte hoch über Luttach

2775   AUSGANGSORT
WEISSENBACH   1334 m

In dem von Luttach westwärts streichenden Weißenbachtal gelegenes Dorf inmitten ausgedehnter Wiesenhänge. Spitztürmige Kirche, Gastbetriebe.

2776
Speikboden   2517 m

Charakteristik: R 2694.
Von Weißenbach stets auf Waldsteig 28 hinauf zur Mitterberger Alm, auf dem Steig 28 zuletzt steil empor zum Mühlwalder Joch und wie bei R 2721 weiter zum Gipfel. *HU 1193 m, gut 3½ Std., für Gehtüchtige mit Bergerfahrung unschwierig und lohnend.*

2777
Zur Mitterberger Alm ca. 1970 m

Aussichtsreiche Almgegend mit mehreren Heuhütten (Mühlwalder Hütten genannt) südlich über Weißenbach.

Von Weißenbach stets auf Steig 28 zuerst südwestwärts und dann durch das Mitterberger Tal großteils durch Wald südwärts hinauf zu den Hütten. *HU 636 m. knapp 2 Std., leicht und lohnend.*

2778
Zur Chemnitzer Hütte 2419 m

Charakteristik: R 2733.
Vom Parkplatz innerhalb Weißenbach (1380 m) stets der Markierung 24 folgend im Trattenbachtal durch Wiesen und Wald mäßig steil hinauf zur Tratteralm (1852 m) und über die Gögealm (2027 m) hinauf zur Hütte. *HU 1039 m, 3 Std., für Gehgewohnte leicht und lohnend.*

2779
Zum Tristensee 2344 m

Westlich hoch über Weißenbach gelegener Bergsee, von Gras- und Felsgelände umgeben, in der Nähe die aufgelassene Tristenalm.
Von Weißenbach wie bei R 2778 zur Chemnitzer Hütte und auf Weg 27 (Kellerbauerweg) die Hänge teilweise im Abstieg querend zum See. *HU 1039 m, 4 Std., für Gehgewohnte leicht und lohnend.*

2780
Kellerbauerweg

Charakteristik: R 2695.
Gesamter Weg ab Chemnitzer Hütte: R 2736.

2781
Schönberg 2273 m

Charakteristik: R 2763.
Von Weißenbach der Markierung 5 folgend auf Höfezufahrt am Sonnenhang ostwärts zum Bruggerhof, auf Waldweg hinauf zur Schönbergalm (1792 m; Ausschank, ab Weißenbach etwa 1½ Std.) und wie bei R 2763 zum Gipfel (2273 m). *HU 939 m, 3 Std., für Gehgewohnte leicht und lohnend.*

2782
Hans-Stabeler-Höhenweg (Stabelerweg)

Hochalpiner, rund 12 km langer Höhensteig, der von der Chemnitzer Hütte bis zum Moränengelände unterhalb der Schwarzensteinhütte führt und mehrere scharfe Grate und Hochtäler quert; nach dem Bergsteiger Johann Niederwieser, vulgo Stabeler Hansl, benannt. Durchgehend mit Nr. 24 A markiert, an heiklen Stellen gesichert. Die Begehung erfolgt in mehrmaligem Auf und Ab.

Begehung von West nach Ost: Von der Chemnitzer Hütte (R 2778) auf Weg 24 ostseitig ein Stück abwärts (bis ca. 2300 m), dann links auf Steig 24 A hinauf in die Gelenkscharte (2724 m), jenseits am Stahlseil hinunter, Querung des Sandrains (ca. 2450 m) und hinauf ins Schwarzenbachtörl (2554 m), dann an Drahtseilen kurz hinab und längerer Aufstieg zur Scharte »Zu Törla« (2704 m) und schließlich über Blockwerk und Fels (Drahtseil) hinunter und hinüber zum Weg, der zur Schwarzensteinhütte führt (2620 m; siehe R 2766). *HU aufwärts insgesamt ca. 830 m, abwärts insgesamt 630 m, 5–6 Std., für Gehtüchtige und Trittsichere nicht schwierig, landschaftlich eindrucksvoll.*

2786 AUSGANGSORT
ST. JOHANN IN AHRN 1020 m

An der Ahrntaler Straße gelegenes Dorf mit Barockkirche, Gastbetrieben und an den Talflanken verstreuten Bauernhöfen. Etwas außerhalb des Dorfes die gotische Martinskirche, weiter talein die Siedlung Mühlegg mit gleichnamigem Ansitz (Bergrichterhaus).

Steinmann am Stabeler-Höhenweg

2787
Zur Daimerhütte 1872 m

Charakteristik: R 2765.
Von St. Johann stets der Markierung 23 A folgend teils auf dem alten Weg, teils auf Höfezufahrt zuerst nordwestlich hinan zum Tripbach, dann hinauf zu den obersten Höfen und zum Hof und Gasthaus Stalliler (Stallila, 1472 m; hierher auch mit Auto möglich) und stets auf Weg 23 durch Wald und freies Gelände, vorbei an der Schöllbergalm (1650 m, Ausschank), hinauf zur Daimerhütte. *HU 852 m, gut 2½ Std. (ab Stalliler 1¼ Std.), für Gehgewohnte leicht und lohnend.*

2788
Zur Schwarzensteinhütte 2922 m

Charakteristik: R 2766.
a) Von der Daimerhütte wie bei R 2766 zum Schutzhaus. *HU 1050 m, 3 Std., nur schwindelfreien und trittsicheren Gehern vorbehalten!*
b) Von St. Johann stets der Markierung 19 folgend hinauf und hinein ins Tripbachtal, nach überquerung des Baches durch Wald und Bergwiesen hinauf zur Keglgasslalm (2100 m, Ausschank), dann steil hinauf zur Gratscharte Großes Tor (2668 m), jenseits zum Steig 23 (ca. 2620 m) und wie bei R 2766 weiter zur Hütte. *HU 1902 m, 5–6 Std., Anforderung wie a; landschaftlich interessanter Anstieg.*

2789
Zum Platterhof 1200 m

Berghof und Gasthaus in schöner Lage am sonnseitigen Berghang nördlich von St. Johann. In der Nähe interessanten Felsgravierungen (Steinböcke, Jäger u.a.).
Von St. Johann auf der Straße kurz talein bis zur links abzweigenden Markierung 12 und dieser folgend an Höfen vorbei durch die Hänge hinauf zum Platterhof.
HU 180 m, ¾ Std., leicht und lohnend.

2790
Zur Hochlärcheralm 2031 m

Nördlich von St. Johann oberhalb der Waldgrenze auf einer Geländeschulter gelegene Alm mit schöner Aussicht.
Von St. Johann wie bei R 2789 zum Platterhof (hierher auch mit Pkw möglich), dann auf Waldweg 12 hinauf zum Hochlärcherhof (1360 m) und weiterhin der Markierung 12 folgend durch Wald empor zur Alm.
HU 1011 m, 3 Std., für Gehgewohnte leicht und lohnend.

2791
Zum Mühlegger Wasserfall (Frankbach-Fall)

Oberhalb Mühlegg befindlicher, 23 m hoher Wasserfall des Frankbaches in einer Schlucht mit kurzer Hängebrücke.

a) Von Mühlegg der Beschilderung »Wasserfall« folgend auf Weg 18 nordwestwärts hinauf zum Wasserfall (1130 m). *HU ca. 100 m, 20 Min., leicht und lohnend.*

b) Von St. Johann der Markierung 12 folgend meist auf schönem Wanderweg durch die sonnseitigen Wiesenhänge leicht ansteigend talaus zum Wasserfall. *HU gut 100 m, etwa ¾ Std., leicht und lohnend.*

2792
Zur Pizathütte 1460 m

Hoch oberhalb von Mühlegg im einsamen Frankbachtal gelegene Almhütte mit Ausschank.

Von Mühlegg (1020 m) stets der Markierung 18 folgend (anfangs Höfezufahrt, dann Fußweg) durch das Frankbachtal hinauf zur Pizathütte. *HU 440 m, 1 ½ Std., leicht und lohnend.*

2793
Nach Steinhaus 1050 m

Charakteristik: R 2802.

a) Von St. Johann stets der Markierung 12 folgend (teils Höfezufahrten, teils Fußwege) quer durch die sonnseitigen Wiesenhänge von Hof zu Hof talein nach Steinhaus. *HU etwa 100 m, 1 ½ Std., leicht, landschaftlich lohnend.*

b) Von St. Johann zuerst über den Talbach und dann stets der Markierung 11A folgend (streckenweise auch Variante 11B möglich) teils auf Höfestraßen, teils auf Fußwegen talein nach Steinhaus. *HU gering, knapp 1 ½ Std., leicht, bedingt lohnend.*

2794
Zum Klaussee 2162 m

Charakteristik: R 2809.

Von St. Johann zuerst über den Talbach und der Markierung 11A folgend talein, bis rechts Weg 33A abzweigt, nun diesem folgend durch Wiesen und Wald hinauf in Richtung Bachmairalm, dann links in langer Waldquerung hinein ins Kleinklausental und zur Bergstation der Klausbergbahn (1602 m; Gastbetrieb) und schließlich wie bei R 2809 hinauf zum Klaussee. *HU 1142 m, 3 ½ Std., für Gehtüchtige leicht und lohnend.*

2795
Rauchkofel 2658 m

Charakteristik: R 2702.

Von St. Johann wie bei R 2794 zur Bergstation der Klausbergbahn und wie bei R 2810 zum Gipfel. *HU 1638 m, 4 ½ – 5 Std. (ab Seilbahn 3 Std.), für Gehtüchtige leicht und lohnend.*

2796
Zur Niederhofalm 1603 m

Südöstlich über St. Johann und oberhalb des Weilers Gföllberg gelegene Alm mit Ausschank.

Von St. Johann zuerst über den Talbach, dann stets der Markierung 6 folgend teils auf Höfezufahrt, teils auf Fußweg größteils durch Wiesen über den Streuweiler Gföllberg in südöstlicher Richtung hinauf zum Oberhof (1463 m) und weiterhin auf Weg 6 am teilweise schütter bewaldeten Grashang empor zur Alm. *HU 583 m, gut 1 ½ Std., leicht und lohnend.*

2797
Zum Obersteinerholm 2395 m

Charakteristik: R 2701.

Von St. Johann wie bei R 2796 zur Niederhofalm, dann auf Steig 6 hinauf zur Gruberalm (1839 m), in der bisherigen Richtung weiter empor zur Baumgrenze und über steinige Grashänge hinauf zum Ziel. *HU 1735 m, 4 Std., für ausdauernde Geher leicht und lohnend.*

Die Niederhofalm am Gföllberg

2798
Zum Faden — 2136 m

Kleiner, etwas felsiger Gipfel im Bereich der Waldgrenze südöstlich über St. Johann.
Von St. Johann wie bei R 2796 zur Niederhofalm, auf Steig 6 über die Gruberalm bergan zu Weggabel (Wegweiser) und links auf markiertem Steig empor zum Gipfel. *HU 1116 m, gut 3 Std., für Gehgewohnte leicht und lohnend.*

2802 AUSGANGSORT
STEINHAUS — 1050 m

Knapp 4 km innerhalb von St. Johann gelegenes, stattliches Dorf mit regem Sommer- und Winterfremdenverkehr. Die Pfarrkirche und Bergwerkshäuser (Bergbaumuseum) bestimmen das Ortsbild. Das südseitig hinaufziehende Kleinklausental durch Seilbahnanlagen erschlossen.

2803
Zur Pizathütte — 1460 m

über Mühlegg im einsamen Frankbachtal gelegene Almhütte mit Ausschank.
Von Steinhaus der Markierung 12 folgend teils auf Fußwegen, teils auf Höfezufahrten zuerst westwärts leicht ansteigend durch Wiesen und an Höfen vorbei hinaus zum Frankbach, nach der Brücke auf Weg 18 rechts ab und durch das Tal hinauf zur Pizathütte. *HU 410 m, knapp 2 Std., für Gehgewohnte leicht, landschaftlich lohnend.*

2804
Zur Holzeralm — 1897 m

Nordwestlich über Steinhaus auf einem Höhenrücken gelegene Alm mit umfassender Aussicht.
Von Steinhaus stets der Markierung 6 folgend nordwestwärts durch Wiesen und Wald empor zum Golshof (1353 m), dann kurz auf der Höfezufahrt westwärts weiter zum Rieserhof (1398 m) und rechts durch Wald hinauf zur Alm. *HU 847 m, 2 ½ Std., für Gehgewohnte leicht, landschaftlich lohnend.*

TAUFERER-AHRNTAL

2805
Kellerkopf 2124 m

In der Gipfelzone felsige, sonst großteils bewaldete Aussichtswarte nördlich über Steinhaus.

Von Steinhaus (inneres Dorfende) auf markiertem Weg nordwärts hinauf zu den Koflhöfen (1215 m), von durch Wiesen und Wald auf dem markierten Steig in langem Aufstieg empor zum Gipfel. *HU 1074 m, 3 Std., für Gehgewohnte mit etwas Bergerfahrung unschwierig und lohnend.*

2806
Nach St. Jakob 1180 m

Charakteristik: R 2816.

a) Von Steinhaus der Markierung 4 folgend kurz hinauf zum querenden Weg 12 und nun stets dieser Markierung ostwärts folgend (teilweise Höfezufahrt) durch Wiesenhänge talein nach St. Jakob. *HU ca. 200 m, knapp 1 ½ Std., leicht, landschaftlich lohnend.*

b) Von Steinhaus zuerst über den Bach und dann stets der Markierung 13 folgend durch Wiesen und Wald talein und zuletzt wieder über den Bach und, kurz hinauf nach St. Jakob. *HU 130 m, gut 1 Std., leicht und lohnend.*

2807
Nach Großklausen 1583 m

Südöstlich über Steinhaus befindliches Bergtal mit Wiesen und Almen (ehemals Berghöfe). Blick zum Zillertaler Hauptkamm.

a) Von Steinhaus (östlicher Dorfbereich) zuerst über den Bach, dann der Markierung 13 folgend ostwärts zum Großklausenbach, jenseits weiter zum Weg 2 und auf diesem durch Wiesenhänge hinauf zu den Baulichkeiten von Unterklausen und Großklausen. *HU 533 m, gut 1 ½ Std., leicht und lohnend.*

b) Von Kleinklausen (R 2808) auf Güterweg die Waldhänge querend ostwärts nach Großklausen. *HU gering, ¾ Std., leicht und lohnend.*

2808
Nach Kleinklausen 1602 m

Südlich über Steinhaus befindliches Bergtal, heute durch Kabinen-Umlaufbahn (Bergstation 1602 m), Fastbetriebe und andere Infrastrukturen touristisch erschlossen (im Winter Skigebiet).

a) Von der Talstation der Klausbergbahn in Steinhaus hinüber auf die Westseite des Kleinklausenbaches und auf Weg 33 A durch Wald und vorbei am Hochrainerhof hinauf nach Kleinklausen. *HU 552 m, gut 1 ½ Std., schattiger Waldanstieg.*

b) Von der Talstation der Klausbergbahn stets auf Weg 33 etwas weniger steil als bei a hinauf zu den Wiesen und durch diese weiter bergan zum Ziel. *HU 552 m, 1 ½ Std., Wald- und Wiesenanstieg.*

c) Von Steinhaus wie bei R 2807/a nach Großklausen und auf Fahrweg die Waldhänge querend nach Kleinklausen. *HU 552 m, knapp 2 ½ Std., leicht und lohnend.*

2809
Zum Klaussee 2162 m

Südlich hoch über Steinhaus gelegener Bergsee mit Prachtblick zum Zillertaler Hauptkamm.

Von Kleinklausen (R 2808, mit Kabinenbahn erreichbar) auf Weg 33 am freien Berghang und vorbei an ein paar Berghütten (Ausschank) hinauf zum See. *HU 560 m, 1 ½ Std., leicht und lohnend.*

2810
Rauchkofel 2658 m

Charakteristik: R 2702.

Von Kleinklausen wie bei R 2809 hinauf zum Klaussee, auf Steig 33 über steiles Geröll empor zur Klausenscharte (2579 m) und westwärts über gestuften, grasdurchsetzten Fels in etwa 15 Min. empor zum Gipfel. *HU 1056 m, 3 Std., für berggeübte Geher unschwierig und lohnend.*

Die Wollbachalm

2811
Durreck-Höhenweg

Charakteristik: R 2704.
Von Steinhaus aus empfiehlt sich besonders der westlichste Abschnitt der Höhenroute: Von der Klausenscharte (R 2810) stets der Markierung 10 C folgend großteils leicht absteigend über den anfangs felsigen, später begrasten Kamm zum Obersteinerholm (R 2797; von dort Abstieg am besten nach St. Johann). *HU 184 m abwärts, 2 Std., für bergerfahrene Geher unschwierig, landschaftlich lohnend.*

2812
Zu den Pojenseen　　　　2514, 2551 m

Im Südosten von Steinhaus hinter der Klausenscharte im obersten Pojental gelegene Bergseen (Schlossbergsee und Schwarzsee) in urweltlicher Gebirgslandschaft.

Von Kleinklausen wie bei R 2809 und 2810 über den Klaussee hinauf in die Klausenscharte (2579 m), südseitig kurz hinunter zum kleinen Schlossbergsee (2514 m) und ostwärts über Blockwerk in etwa 15 Min. nahezu eben hinüber zum stattlichen Schwarzsee (2551 m). *HU 977 m aufwärts, 65 m abwärts, gut 3 Std., für berggewohnte Geher leicht und lohnend.*

2816　　　　　　　　　　AUSGANGSORT
ST. JAKOB　　　　　　　　　　**1180 m**

Drei Kilometer innerhalb Steinhaus etwas erhöht liegendes Dorf mit spitztürmiger Kirche und Gasthaus. In der Umgebung Wiesen und Höfe, unterhalb des Dorfes die Häusergruppe Gatter.

2817
Nach Steinhaus　　　　　　1050 m

Charakteristik: R 2802.
Wanderrouten wie R 2806, umgekehrte Richtung; ähnliche Gehzeiten.

2818
Zur Wollbachalm　　　　　　1628 m

Im schönen, westlich von St. Jakob hinaufziehenden Wollbachtal gelegene Almgegend mit mehreren Hütten (Ausschank). Schöne Bergumrahmung.

Von St. Jakob (Kirchhügel) zuerst auf dem zum Unterberghof führenden Sträßchen ein Stück hinauf, dann auf dem abkürzenden Waldsteig 5 empor zu Fahrweg und auf diesem hinein zur Alm. *HU 448 m, 1 ½ Std., leicht und lohnend.*

2819
Zur Hühnerspielalm — 1910 m

Nordwestlich hoch über St. Jakob noch im Waldbereich gelegene kleine Rodung mit einigen Hütten auf nahezu flacher Wiese.
Von St. Jakob (Kirchhügel) zunächst auf Höfezufahrt (Markierung 1/17) hinauf zum Unterberghof (1389 m), dann auf Weg 1/17 nordostwärts durch Wald und Wiesen mäßig steil hinauf zur Flur »Fuchskuchl« (Bildstock, 1628 m), hier links ab und auf Waldsteig 1 teilweise steil hinauf zur Alm. *HU 730 m, 2 Std., leicht und lohnend.*

2820
Zu den Bärentalalmen — 1837 m

Südsüdöstlich von St. Jakob im Bärental gelegene, ausgedehnte Almgegend mit mehreren Einzelalmen; in der Hochfeldalm (1837 m) Ausschank; etwas höher eine Almkapelle.
Von der Talstraße unter St. Jakob zuerst über den Talbach (Brücke, ca. 1120 m), auf der Zufahrt hinauf zu den Höfen Kerschbaumer und Matzeler und von da stets auf Waldweg 7 hinauf zur Hochfeldalm.
HU 747 m, gut 2 Std., für Gehgewohnte leicht und lohnend.

2821
Hochfeld — 2296 m

Markanter, südlich über St. Jakob befindlicher Gipfel am Endpunkt des zwischen Bärental und Großklausental aufragenden Kammes.
Von der Talstraße unter St. Jakob wie bei R 2820 hinauf zur Hochfeldalm, auf Steig 7A durch steilen Wald westwärts empor zum Nordwestrücken des Berges und über ihn (stets Markierung 7A) empor zum Gipfel. *HU 1177 m, 3 ½ Std., für Gehtüchtige mit Bergerfahrung nicht schwierig, lohnend.*

2822
Nach Großklausen — 1583 m

Charakteristik: R 2807.
Von der Häusergruppe Gatter südwestlich unter St. Jakob (1118 m) auf der Talstraße über die Ahr, dann stets der Markierung 2 folgend südwestwärts durch Waldhänge und Wiesen hinein ins Großklausental und an Unterklausen vorbei hinauf zum Ziel. *HU 465 m, 1 ½ Std., leicht und lohnend.*

2823
Nach Kleinklausen — 1602 m

Charakteristik: R 2808.
Von der Talstraße unter St. Jakob wie bei R 2822 nach Großklausen und auf dem die Waldhänge querenden Güterweg nahezu eben westwärts nach Kleinklausen (Umlaufbahn-Bergstation). *HU 484 m, gut 2 Std., leicht, bedingt lohnend.*

2827 — AUSGANGSORT
ST. PETER — 1350 m

Vier Kilometer innerhalb St. Jakob gelegene Ortschaft mit erhöht liegender Kirche; rund 1 km weiter talaus die Siedlung »In der Marche«.

2828
Zu den Almen im Walcherbachtal — ca. 2000 m

Muldenförmige Almgegend in dem östlich von Marche hinaufziehenden Hochtal.
In 1925 m Höhe liegt die Feichtenbergerhütte. Blick zur Durreckgruppe.
Von St. Peter auf Weg 12 am sonnseitigen Hang talaus zum Griesbach und zum Obgrieshof, auf Steig 17/19 hinauf zum Feichtenbergerhof (1513 m) und auf Steig 17A durch steilen Wald hinauf zur Feich-

Der Waldnersee hoch über Prettau

tenbergeralm. *HU ca. 650 m, ca. 2 Std., leicht und lohnend.*

2829
Zum Waldnersee 2338 m

Charakteristik: R 2840.
Von St. Peter (Kirche) kurz talein zum Pileggerhof, dann stets auf Waldweg 16 hinauf zu den Bergwiesen, in langem Anstieg über Grashänge und steiniges Gelände in Richtung Hundskehljoch, ein gutes Stück unter dem Sattel rechts ab und in etwa 15 Min. hinüber zum See.
HU ca. 1000 m, 3 ½ Std., für Gehgewohnte leicht, landschaftlich lohnend.

2830
Zur Stegeralm 1973 m

Am schattseitigen Berghang zwischen St. Peter und Prettau auf einer Geländeschulter über dem kleinen Alprechtal gelegene Alm.
Von St. Peter (Kirche) der Markierung 30 folgend (großteils Höfestraße) talein zur Höfegruppe Außerbichl (ca. 1440 m), hier überquerung der Talstraße und des Talbaches (Stegerbrücke), auf markiertem Waldweg südwärts hinauf ins Alprechtal und nach einigen Hütten links bergan zur Stegeralm. *HU 623 m, 2 ½ Std., für Gehgewohnte leicht und lohnend.*

2831
Zur Hasentalalm 2146 m

Von ausgedehnten Grashängen umgebene Hochalm südöstlich von St. Peter im oberen Hasental. Ausschank, Rastpunkt am Fuldaer Weg.
Von St. Peter (Kirchhügel) auf Weg 12 am Hang talein zur Talstraße, auf Brücke über den Bach (ca. 1320 m) talein zu Höfegruppe, auf Weg 1 (Fuldaer Weg) hinauf zum Hasenbachfall und durch Wald und Bergwiesen hinauf zur Alm. *HU ca. 500 m, knapp 2 Std., für Gehgewohnte leicht, landschaftlich lohnend.*

2832
Fuldaer Weg

Von der DÖAV-Sektion Fulda um 1900 finanzierte Weganlage, die das innere Ahrntal über den Kamm der Durreckgruppe hinweg mit dem inneren Reintal verbindet.

Von St. Peter wie bei R 2831 zur Hasentalalm, auf Weg 1 weiter bergan zur Weißen Wand, eine das Tal sperrende Dolomitflanke, und über sie auf steilem Pfad hinauf zur Bretterscharte (2517 m, Wegkreuz; ab St. Peter gut 3 ½ Std.). Nun auf Weg 1 teilweise in Kehren durch Grashänge hinunter zur Durraalm (2096 m), weiterhin auf Weg 1 hinunter ins Knuttental und hinaus nach Rein (ab Bretterscharte gut 2 Std.). *HU 1190 m aufwärts, 919 m abwärts, 5 ½ – 6 Std., für Gehtüchtige mit Bergerfahrung unschwierig, landschaftlich lohnend.*

2837 AUSGANGSORT
PRETTAU	1475 m
KASERN	1595 m

Prettau, die bedeutendste Ortschaft im inneren Ahrntal, liegt 4,5 Kilometer innerhalb St. Peter an der Talstraße; spitztürmige Kirche, Gastbetriebe. In der Umgebung Zeugnisse des einstigen Kupferbergbaus (dazu ein so genannter Klimastollen).

Kasern liegt zwei Kilometer innerhalb Prettau; letzter größerer Weiler des Ahrntales; Gasthäuser, am gegenüberliegenden Rötberg mehrere Stollen und andere Zeugen des einstigen Bergbaus. Ende der eigentlichen Talstraße, Parkplatz. Ein Stück innerhalb von Kasern bewirtschaftete Almhütten und das einsame Heiliggeistkirchlein.

2838
Zur Waldneralm   2068 m

Aussichtsreiche Alm mit Ausschank auf einem Rücken nordwestlich über Prettau am Weg zum gleichnamigen See.
Von Prettau stets der Markierung 16 B folgend teils auf Güterwegen, teils auf dem alten Fußweg durch Wiesen und Wald empor zur Baumgrenze und links auf dem Güterweg durch Grashänge zur Alm.
HU 593 m, knapp 2 Std., leicht und lohnend.

2839
Zum Hundskehljoch   2607 m

Altbekannter Jochübergang im Zillertaler Hauptkamm vom inneren Ahrntal ins Zillertal. Westlicher Endpunkt des Lausitzer Höhenweges (R 2843).
Von Prettau wie bei R 2838 zur Waldneralm, stets auf Steig 16 B zuerst über den Almrücken nordwestwärts hinauf und dann links (rechts Abzweigung zum Waldnersee) mäßig ansteigend zum Joch.
HU 1132 m, 3 ½ Std., für Gehgewohnte leicht, bedingt lohnend.

2840
Zum Waldnersee   2338 m

Einer der größeren Bergseen Südtirols nordwestlich hoch über Prettau.
a) Von Prettau wie bei R 2838 zur Waldneralm, auf Steig 16 B über einen Almrücken nordwestwärts hinauf und zuletzt den Jochweg nach rechts verlassend zum See. *HU 863 m, 2 ½ Std., für Gehgewohnte leicht und lohnend.*
b) Von Kasern auf Waldweg 15 nordwärts hinauf zur Almregion, links der Markierung 15 A folgend über steinige Grashänge nordwestlich weiter und zuletzt die Hänge querend zum See. *HU 774 m, gut 3 Std., für Gehgewohnte leicht und lohnend.*

2841
Zur Birnlückenhütte   2441 m

Hoch über dem Talschluss des Ahrntales prächtig gelegenes Schutzhaus mit Sommerbewirtschaftung. Nordöstlich darüber die Birnlücke (2667 m), ein alter Übergang in den Pinzgau.
Von Kasern wie bei R 2844 talein nach Prastmann, auf dem breiten Weg 13 weiter talein zur Trinksteinalm (Einkehrmöglichkeiten), nun stärker ansteigend zur Lahner-

Lausitzer Höhenweg gegen die Dreiherrenspitze

alm (1979 m, Jausenstation) und zuletzt in Serpentinen empor zur Schutzhütte.
HU 846 m, 3 Std., für Gehgewohnte leicht und lohnend.

2842
Klockerkarkopf 2912 m

Nur schwach ausgeprägter Felsgipfel nordwestlich der Birnlückenhütte.
Am Gipfel die Mauerreste der einstigen Lausitzer Hütte.
Von der Birnlückenhütte (R 2841) auf dem Lausitzer Höhenweg (Markierung 13) westwärts bis zur Abzweigung der Gipfelmarkierung und dieser folgend teilweise etwas ausgesetzt über Blockwerk und steile Felspartien empor zum höchsten Punkt. *HU 471 m, 2 Std., für Bergerfahrene nicht schwierig, landschaftlich lohnend.*

2843
Der Lausitzer Höhenweg

Der rund 13 km lange, um 1903 von der DÖAV-Sektion Lausitz angelegte Höhenweg durchquert zwischen dem Hundskehljoch im Westen und der Birnlückenhütte im Osten die sonnseitigen Ahrntaler Berghänge. Einheitliche Markierung, hochalpines Gelände (Blockwerk, Geröll, gesicherte Felspassagen). Dank guter Zwischenabstiege sind auch Teilbegehungen gut möglich.

Die Route von Ost nach West: Von der Birnlückenhütte (R 2841) auf dem Höhenweg (stets Markierung 13) westwärts zur Pfaffenschneide (2525 m), über die »Teufelsstiege« kurz hinab und das Kerrachkar querend zur Neugersdorfer Hütte (nicht bewirtschaftet, 2523 m), die Hänge querend weiter zur Schöntalschneide (2495 m), dann Querung des Schöntalkares und hinauf zur Geiereggschneide (ca. 2550 m; teilweise gesichert), jenseits nahezu eben zu einem weiteren felsigen Grat (überquerung teilweise gesichert, ca. 2600 m) und schließlich quer durch die Berghänge zum Hundskehljoch (2607 m, siehe R 2839; von da Abstieg nach Prettau in 2 ½ Std.). *HU ca. 200 m (zwischen tiefstem und höchstem Punkt), Gehzeit ca. 7 Std., nur bergerfahrenen, trittsicheren und ausdauernden Gehern zu empfehlen, landschaftlich sehr lohnend.*

2844
Nach Prastmann und Heiliggeist 1621 m

Rund einen Kilometer innerhalb von Kasern liegender Weiler (heute Alm mit Einkehrmöglichkeiten) und auf der gegenüberliegenden Seite das reizende Heiliggeistkirchlein.

Von Kasern nicht auf dem Sträßchen, sondern auf dem etwas tiefer verlaufenden alten Weg (Kreuzweg) durch Wiesenhänge talein zum Ziel. *HU gering, ½ Std., leicht und lohnend.*

2845
Zur Lenkjöchlhütte 2590 m

Schön gelegenes Schutzhaus mit Sommerbewirtschaftung unter der vergletscherten Rötspitze am Lenkjöchl, dem Übergang vom Röttal ins Windtal.

a) Von Kasern wie bei R 2846 zur Rötalm und durch das unbewaldete Röttal eben und mäßig ansteigend zur Hütte.
HU 1015 m, gut 3 Std., für Gehgewohnte leicht und sehr lohnend.

b) Von Kasern wie bei R 2844 talein nach Heiliggeist, dann rechts auf Weg 12 durch Wiesen nordostwärts hinan zur Alm Labeseu (1757 m), durch das Windtal mäßig ansteigend bis in den Talschluss und rechts steil empor zur Hütte. *HU 995 m, 3 ½ Std., für Gehgewohnte leicht und lohnend.*

2846
Rötalm 2116 m

Südöstlich über Kasern am Eingang ins Röttal gelegene Alm mit Einkehrmöglichkeit.

a) Von Kasern stets auf Weg 11 zuerst über den Talbach, dann kurz talaus, im Wald mittelsteil hinauf (am Weg Stolleneingänge des ehem. Bergwerks) zum so genannten Rötkreuz und kurz weiter zur Alm; *HU ca. 540 m, 1 ½ Std., leicht und lohnend.*

b) Von Kasern wie bei a in Richtung Rötalm bis zu Weggabel, rechts auf markiertem Waldsteig hinauf zur Bruggeralm (1940 m, Ausschank; ab Kasern gut 1 Std.) und links auf markiertem Steig hinauf zur Rötalm. *HU ca. 540 m, 2 Std., leicht und lohnend.*

HOCHPUSTERTAL

2850

Dieser Abschnitt umfasst das Pustertal vom Olanger Becken im Westen bis Winnebach im Osten sowie die Seitentäler von Antholz, Gsies, Prags und Sexten. Autostraßen führen von Olang ins Gadertal, von Antholz nach Defereggen, von Toblach nach Cortina d'Ampezzo, von Sexten nach Comelico und von Winnebach in das osttirolische Pustertal.

2851 — AUSGANGSORT

OLANG	1047 m
GEISELSBERG	1344 m

Auf der Südseite des Beckens von Olang-Rasen gelegener Siedlungsbereich mit den drei Dörfern Mitterolang (1047 m), Niederolang (1024 m) und Oberolang (1083 m). Jedes der Dörfer hat spitztürmige Kirche und Gastbetriebe.
Das Bergdorf Geiselsberg mit ebenfalls spitztürmiger Kirche liegt am Ostabhang des Kronplatzes an der zum Furkelsattel und weiter ins Gadertal führenden Straße.

2852
Nach Saller — 1239 m

Höfegruppe mit Gasthaus und Kapelle östlich von Olang in schöner und aussichtsreicher Lage.
Von Oberolang stets der Markierung 39 folgend durch Wiesen und Wald ostwärts in leichtem Anstieg hinauf nach Saller.
HU 276 m, 1 Std., leicht, landschaftlich lohnend.

2853
Zur Brunstalm — 1889 m

Hübsche, von Wald umrahmte Alm mit Ausschank südöstlich oberhalb Oberolang mit Blick zu den »Olanger Dolomiten«.
a) Von Oberolang stets der Markierung 20 folgend zuerst auf Höfezufahrt und Güterweg südsüdostwärts hinauf bis zum links abzweigenden alten Waldsteig (weiterhin Markierung 20) und auf diesem großteils steil empor zur Alm. *HU 806 m, 2 ½ Std., für Gehgewohnte leicht und lohnend.*
b) Die Begehung des zur Alm führenden Güterweges ist bequemer, aber erheblich länger.

2854
Auf den Kühwiesenkopf — 2140 m

Zwischen Olang und Prags befindliche Erhebung mit Lärchenwiesen; um 1900 »Franz-Josefs-Höhe« getauft.
Von Oberolang wie bei R 2853 zur Brunstalm, weiter der Markierung 20 folgend in mäßig ansteigender Waldquerung südwärts hinauf zum bewaldeten Kamm und über ihn rechts empor zum Gipfel.
HU 1057 m, knapp 3 ½ Std., für Gehgewohnte unschwierig und lohnend.

2855
Zur Lanzwiese — 1823 m

Südlich über Mitterolang gelegene Alm mit Ausschank im Anblick der Olanger Dolomiten.
a) Von Mitterolang stets der Markierung 6 folgend durch Wiesen südwärts hinan zum Wald, durch diesen hinauf gegen die Angereralm (1401 m, Gaststätte) und weiterhin durch Wald hinauf zur Lanzwiese.
HU 776 m, gut 2 Std., leicht und lohnend.
b) Von Bad Bergfall (R 2857) bzw. von der darunter befindlichen Bachbrücke (1303 m) auf Waldsteig 6 A ostwärts hinauf zur Alm.
HU 520 m, 1 ½ Std., leicht und lohnend.

2856
Maurerkopf — 2569 m

Zweigipfeliger Berg im Ostteil des Hochalpenkammes, der als felsige Gipfelreihe südlich über Olang aufragt und südseitig mit grünen Hängen in das Pragser Gebiet abfällt.
Von Mitterolang wie bei R 2855 zur Lanzwiese, auf Steig 6 südwärts hinauf zur Baumgrenze, dann über Geröll und Schrofen empor zur Flatsch-Scharte (2223 m) und ostwärts über steinige Grashänge hinauf zum Ziel. *HU 1522 m, 4 ½ Std., für Gehtüchtige mit Bergerfahrung leicht und lohnend.*

Die Lanzwiese bei Olang

2857
Nach Bad Bergfall 1320 m

Gasthof und Schwefelheilbad mit Kapelle im Tälchen des Furkelbaches südwestlich von Olang.
Von Mitterolang stets der Markierung 32 folgend teils auf der zur Furkel führenden Straße, teils auf einer Nebenstraße südwestwärts hinan zur Häusergruppe Gassl und weiter talauf nach Bad Bergfall.
HU 273 m, 1 ½ Std., leicht und lohnend.

2858
Zum Furkelsattel 1759 m

Charakteristik: R 2571.
Von Bad Bergfall (R 2857) auf Weg 3/14 westwärts durch Wiesen hinauf zur Furkelstraße und dann teils dieser, teils dem alten Jochweg folgend (stets Markierung 3/14) durch Wiesen und Wald hinauf zum Ziel. *HU 439 m, gut 1 ½ Std., leicht, bedingt lohnend.*

2859
Zum Hochalpensee 2252 m

Einsamer Bergsee südwestlich der Olanger Gegend hinter der markanten Dreifingerspitze.
Von Bad Bergfall auf Steig 32 durch ein steiles Waldtälchen und durch eine Geröllrinne steil empor zur Lapedurscharte (2210 m), nun rechts auf Steig 6 die Hänge querend zu einem Tälchen und durch dieses kurz hinauf zum See. *HU 932 m, 3 Std., für Gehgewohnte mit etwas Bergerfahrung unschwierig und lohnend.*

2860
Dreifingerspitze 2479 m

Südlich über Olang aufragender Berg mit gespaltenen Felsabstürzen im Norden und steiler Grasflanke im Süden.
a) Von Bad Bergfall auf Steig 32 kurz hinauf zu Wegteilung, nun rechts auf Waldsteig 32 A steil hinauf zum Steig 3, auf

diesem links durch Wald und durch eine Geröllrinne empor zur Dreifingerscharte (2330 m) und wieder links am steilen Grasrücken empor zum Gipfel. *HU 1159 m, 3 ½ Std., für Gehgewohnte und Bergerfahrene unschwierig und lohnend.*

b) Vom Furkelsattel (R 2858) auf Weg bzw. Steig 3 steile Waldhänge ostwärts querend zu der bei a genannten Geröllrinne und wie dort beschrieben über die Dreifingerscharte zum Gipfel. *HU 720 m, knapp 2 ½ Std., für Gehgewohnte mit etwas Bergerfahrung unschwierig und lohnend.*

2861
Piz da Peres — 2507 m

Westlichster Berg der über Olang aufragenden Gipfelreihe (Olanger Dolomiten genannt).

a) Von Bad Bergfall wie bei R 2860/a zur Dreifingerscharte und nordwestwärts über den Grasrücken hinauf zum Gipfel. *HU 1187 m, 3 ½ bzw. 4 Std., für Gehgewohnte mit Bergerfahrung unschwierig und lohnend.*

b) Vom Furkelsattel (R 2858) wie bei R 2860/b zur Dreifingerscharte und rechts wie bei a zum Gipfel. *HU 748 m, knapp 2 ½ Std., für Gehgewohnte mit Bergerfahrung leicht und lohnend.*

2862
Kronplatz — 2277 m

Charakteristik: 2504.
Von Geiselsberg stets der Markierung 3 folgend zuerst auf Höfezufahrt durch Wiesenhänge hinauf, dann durch Wald im Bereich einer Skipiste weiter zur Baumgrenze und über freies Gelände zum Gipfelbereich. *HU 933 m, knapp 3 Std., für Gehgewohnte leicht, bedingt lohnend.*

2867
Percha — 973 m

Siehe R 2488.

2868 — AUSGANGSORT
NIEDERRASEN — 1030 m
OBERRASEN — 1078 m

Zwei stattliche, gut 1 km voneinander entfernte Dörfer mit spitztürmigen Kirchen, Gastbetrieben und bemerkenswerten Bauten, am Eingang ins Antholzer Tal gelegen. Bei Oberrasen das Biotop der »Rasner Möser«.

2869
Zur Burgruine Neurasen — 1360 m

Mittelalterliche Burgruine auf einer Kuppe auf der westlichen Talseite.
Von Oberrasen zuerst zum Ansitz Heufler an der Antholzer Talstraße, auf Fahrweg durch die Felder westwärts mäßig steil hinauf zum Hof Burgfrieden, noch ein Stück bergan und dann links (stets markiert) hinaus zur Burgruine. *HU 282 m, knapp 1 Std., leicht und hübsch.*

2870
Nach Raut und Redensberg — ca. 1380 m

Die Rauthöfe liegen westlich hoch über Niederrasen, die Redensberger Höfe ein Stück weiter nördlich. Waldwege verbinden die beiden Höfegruppen.

a) Von Niederrasen zuerst zu den Pfaffinger Höfen an der Antholzer Straße, von da nordwestwärts auf dem Rauter Kirchsteig (Markierung 8) durch Felder und Wald hinauf zu den Rauthöfen (Oberraut 1369 m) und rechts um den bewaldeten Rauter Kopf herum zu den Redensberger Höfen (1379 m). *HU 349 m, knapp 1 ½ Std., leicht und hübsch.*

b) Vom Weiler Neunhäusern an der Pustertaler Hauptstraße (1006 m, 1,5 km westlich der Antholzer Straßenabzweigung) auf Waldweg 22 nordwärts mittelsteil hinauf zu den Rauthöfen und wie bei a weiter zum Ziel. *HU 373 m, 1 ½ Std., leicht und lohnend.*

Die Burgruine Neurasen

2871
Zur Aschbacher Alm — 1931 m

Charakteristik: R 2496.
Von Oberrasen wie bei R 2869 zum Hof Burgfrieden (1269 m), auf Weg 4 durch ein Tälchen hinauf, dann rechts durch sehr steile Waldflanken lange empor und schließlich einen flachen Waldrücken querend hinein zur Alm. *HU 853 m, ca. 3 Std., für Gehgewohnte unschwierig und lohnend, teilweise aber mühsam.*

2872
Rammelstein — 2483 m

Charakteristik: R 2498.
Gut 1 km innerhalb Oberrasen von der Talstraße links ab (1080 m), stets der Markierung 4 folgend (anfangs Güterweg, dann Fußweg) durch steilen Wald hinauf zur Unterhüttenalm (1671 m) und zur Laneralm (1829 m), nun hinan zum felsigen Ostrücken des Rammelsteins und über ihn (stets Markierung 4) zum Gipfel. *HU 1403 m, 4 Std., für Gehtüchtige mit Bergerfahrung nicht schwierig und lohnend.*

2873
Zur Taistner Hinteralm — 1955 m

Charakteristik: R 2892.
Von Oberrasen der Markierung 5/20 folgend auf Höfezufahrt südostwärts hinan zu den beiden Oberstaller Höfen (1214 m, hierher auch von Niederrasen möglich), dann auf Waldweg 5 hinauf zur kleinen Rautalm (1643 m), auf Steig 31 weiter zum querenden Forstweg 31 B (1861 m) und auf diesem in langer Waldquerung nordostwärts zur Alm. *HU 877 m, 3 ½ Std., für Gehgewohnte leichte Waldwanderung.*

2874
Lutterkopf — 2145 m

Waldfreie, gerundete Erhebung nordöstlich über Rasen bzw. nordwestlich über Taisten-Welsberg.

Von Oberrasen wie bei R 2873 zur kleinen Rautalm und zum querenden Forstweg und weiterhin auf Waldsteig 31 ostwärts empor zum Lutterkopf. *HU 1067 m, gut 3 Std., für Gehgewohnte leicht und lohnend.*

2875
Durakopf (Salomon) 2275 m

Charakteristik: R 2894.
Von Oberrasen wie bei R 2874 zum Lutterkopf und auf Steig 31 über den langen Verbindungsrücken zum Ziel. *HU 1197 m, 4 Std. (ab Lutterkopf ca. 1 Std.), für Ausdauernde leicht, bedingt lohnend.*

2876
Zum Mudlerhof 1584 m

Bauernhof mit Jausenstation in aussichtsreicher Lage östlich über Rasen bzw. nordwestlich von Taisten.
Von Oberrasen (1078 m) der Markierung 5/20 folgend auf Höfezufahrt südostwärts zu den beiden Oberstaller-Höfen (1214 m; hierher auch von Niederrasen möglich) und auf Waldweg 56 ostwärts mittelsteil hinauf zum Mudler. *HU ca. 530 m, gut 1 ½ Std., leicht und lohnend.*

2877
Zur Burgruine Altrasen 1180 m

Östlich über Niederrasen im Wald befindliche, mittelalterliche Burgruine.
Von Niederrasen auf dem zu den Oberstaller-Höfen führenden Sträßchen kurz nordostwärts bis zur Abzweigung des Burgweges (markiert, Wegweiser) und auf diesem problemlos durch Wald hinauf zur Ruine. *HU 150 m, 20 Min., leicht und lohnend.*

2878
Zur Alten Goste 1134 m

Kleine Häusergruppe mit Gasthaus am alten Pustertaler Hauptweg (heute Seitensträßchen) schwach südöstlich von Niederrasen am sonnseitigen Talhang.
Von Niederrasen auf breitem Feldweg zwischen dem Waldhang und flachen Wiesen nahezu eben südostwärts zu schmaler Straße und auf dieser durch Wald leicht ansteigend zum Ziel. *HU 104 m, ¾ Std., leicht und hübsch.*

2879
Nach Obergoste 1323 m

Südöstlich über Niederrasen am Wiesenhang gelegene Höfegruppe.
Von Niederrasen der Markierung 21 folgend auf dem zur Alten Goste führenden Wirtschaftsweg südostwärts zum Waldrand und dann links auf mittelsteilem Waldsteig (stets Markierung 21) hinauf zum Weiler Obergoste. *HU 293 m, knapp 1 Std., leicht und lohnend.*

2880 AUSGANGSORT
ANTHOLZ-NIEDERTAL 1124 m
ANTHOLZ-MITTERTAL 1241 m

Die beiden stattlichen Dörfer mit je einer spitztürmigen Kirche liegen, rund 3 km voneinander entfernt, im Talboden des mittleren, bei Rasen vom Pustertal abzweigenden Antholzer Tales. Die Talstraße setzt sich taleinwärts zu den verstreuten Häusern und Höfen von Antholz-Obertal, weiter zum Antholzer See und steil hinauf zum Stallersattel (2052 m, Straßenübergang ins Defereggental) fort.

2881
Zur Grentenalm (Gräntenalm) 2002 m

Nordwestlich hoch über Antholz-Niedertal gelegene, aussichtsreiche Alm mit Ausschank.
Von Antholz-Mittertal rund 500 m auf der Straße talaus zu Häusergruppe, dann rechts auf schmaler Höfestraße (Markierung 6) hinauf zu einem kleinen Parkplatz (1482 m; knapp 1 Std.; hierher auch mit Auto möglich); nun auf Waldweg 6 gerade

Die Grentenalm in Antholz

hinauf zu einer Wiese mit Hütte und nach kurzer Verfolgung eines Güterweges wieder auf Steig 6 hinauf zur Alm (2002 m).
HU 770 m, gut 2 ½ Std., für Gehgewohnte leicht und lohnend, teilweise steil.

2882
Rammelstein — 2483 m

Charakteristik: R 2498.
Von der Grentenalm (R 2881) auf Steig 6 die Almhänge teils ansteigend, teils nahezu eben querend hinan zum felsigen Nordgrat des Berges und über ihn teilweise steil (Fixseile) südwärts empor zum Gipfel. *HU 481 m, 1 ½ Std., für Geübte mit Bergerfahrung nicht schwierig, landschaftlich lohnend.*

2883
Mittertaler Höhenweg

Ein nur teilweise eben verlaufender Höhensteig, der nordwestlich hoch über Antholz-Mittertal steile Waldhänge quert. Am nördlichen Ende des Höhenweges die Schwörzalm.

Von Antholz-Mittertal stets der Markierung 12 folgend nordwestwärts durch Wiesen hinauf gegen den Hof Außerkumpfler (1325 m) und auf dem Forstweg zur nächsten Linkskehre, dann auf dem Mittertaler Höhenweg (Markierung 12) durch Wald zum Eggerbach und steil empor zur so genannten Heuriese (ca. 1850 m); nun teils eben, teils leicht absteigend durch die größtenteils bewaldeten Hänge hinab zu einem Forstweg und auf diesem links zur Schwörzalm (R 2884). Von dort auf dem steilen Fußpfad 3 durch die Wiese und durch Wald hinunter und zurück nach Antholz-Mittertal. *HU ca. 600 m, 4 Std., für Gehgewohnte unschwierig und lohnend.*

2884
Zur Schwörzalm — 1658 m

Weithin sichtbare Alm mit Ausschank innerhalb Antholz-Mittertal an der westlichen Bergflanke.

a) Von Antholz-Mittertal kurz auf der Talstraße hinein, dann links auf Höfezufahrt (Markierung 4) links hinauf zu den Eggerhöfen (1348 m), rechts auf dem breiten Waldweg mäßig ansteigend hinauf zur Berger- und Brennalm (1623 bzw. 1657 m) und rechts hinüber zur Schwörzalm.
HU ca. 400 m, gut 1 ½ Std., leicht, landschaftlich lohnend.

HOCHPUSTERTAL

b) Von der Josefskapelle (Steinzgerstöckl) in Antholz-Obertal (1415 m, 3 km innerhalb Antholz-Mittertal) hinüber zum Steinzgerhof und auf Waldweg 10 A großteils mäßig ansteigend zur Alm. *HU 243 m, knapp 1 Std., leicht und lohnend.*

2885
Zur Rieserfernerhütte 2791 m

Charakteristik: R 2754.
Von der Schwörzalm (R 2884) stets der Markierung 3 folgend zuerst durch Wald, dann über steile Grashänge und schließlich in vielen Serpentinen über steiniges und felsiges Gelände (teilweise Holzstege) durchwegs steil hinauf zum Gänsebichljoch und zum Schutzhaus. *HU 1134 m, gut 3 Std. (ab Schwörzalm), für Gehtüchtige unschwierig, aber mühsam.*

2886
Zum Antholzer See 1642 m

Drittgrößter See Südtirols, im oberen Antholzer Tal gelegen. Von Wald umrahmt und eindrucksvollen Bergen überragt. In Seenähe Gaststätten.
Von Antholz-Mittertal 1 km talein zum Wieserhof, links durch die westseitigen Talhänge auf dem so genannten Seeweg (Markierung 10, später 6) großteils nur mäßig ansteigend zum Ausfluss des Sees und entweder westseitig oder ostseitig auf schönen Waldwegen zum nordöstlichen Seeufer (Gaststätten). *HU 401 m, 2 ½ Std., für gehgewohnte Wanderer leicht und lohnend.*

2887
Stallersattel und Obersee 2050 bzw. 2016 m

Straßenübergang mit Ausschank vom Antholzer See ins nordseitig gelegene Defereggental. Unweit des Sattels der schöne Obersee mit Gaststätte (Oberseehütte).
Vom Nordostende des Antholzer Sees (R 2886) stets der Markierung 6 folgend teils auf der Straße, teils auf dem alten Jochweg anfangs mäßig, dann stärker ansteigend durch Wald und Grasgelände empor zum Sattel und jenseits kurz hinunter zum See. *HU 408 m, 1 ½ Std., für Gehgewohnte leicht, landschaftlich lohnend.*

2888
Rotwand 2818 m

Bedeutender, südöstlich über dem Antholzer See aufragender Gipfel, höchste Erhebung im Kamm zwischen dem Antholzer und dem Gsieser Tal.
Vom Stallersattel (R 2887) stets der Markierung 7 folgend südwärts über Almhänge im Agsttal hinauf zu Wegteilung und rechts (stets Markierung 7) über Grashänge und steiniges Gelände zum Gipfel. *HU 768 m, 2 ½ Std., für Gehgewohnte mit Bergerfahrung unschwierig und lohnend.*

2889
Zur Steinzgeralm 1891 m

Östlich über dem Antholzer See noch im Waldbereich gelegene Alm mit Ausschank (eigentlich untere Steinzgeralm, auch Montalalm) mit schöner Aussicht.
Vom Nordostende des Antholzer Sees kurz auf der Straße bergan, dann nahe der Enzianhütte rechts ab und auf Serpentinenweg im Wald südostwärts empor zur Alm. *HU 249 m, knapp 1 Std., leicht und lohnend.*

2890
Zur Grüblalm 2038 m

Östlich über Antholz-Mittertal gelegene Hochalm (auch Müllergrüblalm genannt) mit Blick zur Rieserfernergruppe.
Knapp 2 km innerhalb Antholz-Mittertal beim Weiler Mühle von der Straße ostseitig ab (1325 m), stets der Markierung 9 folgend zuerst hinüber zum Berghang und dann in Serpentinen durch die Waldhänge hinauf zur Alm. *HU 713 m, 2 Std., für Gehgewohnte leicht und lohnend.*

Der Antholzer See

2891
Amperspitze 2687 m

Pyramidenförmiger, bedeutender Berg im Kamm zwischen Antholzer und Gsieser Tal.

a) Von Antholz-Niedertal wie bei R 2892 bis zu Wegteilung (1673 m), links der Markierung 36 folgend hinauf zur Baumgrenze, über Almgelände weiter zum Ampertörl (2413 m, Übergang nach Gsies) und südwärts der Markierung folgend über felsdurchsetztes Geröll empor zum Gipfel. *HU 1563 m, 4 ½ – 5 Std., für Gehtüchtige nicht schwierig, lohnend.*

b) Von Antholz-Niedertal wie bei R 2892 zur Taistner Hinteralm (1955 m), links auf Weg 38 hinauf zum Höhenrücken (2124 m), dann im Bogen (stets Steig 38) bis unter den Bergaufbau und am begrasten Südkamm mittelsteil hinauf zum Gipfel.
HU 1563 m, gut 5 Std., für Gehtüchtige unschwierig und lohnend.

2892
Zur Taistner Hinteralm 1955 m

Südöstlich von Antholz-Niedertal in einem hohen Waldtal gelegene Alm.

Von Antholz-Niedertal ostwärts über die Rauterhöfe (1295 m) hinauf zur Buttermilchalm (1475 m), dann auf breitem Waldweg zu Wegteilung (1673 m), rechts (Markierung 31 B) zur Siebenteralm und teils eben, teils leicht ansteigend zur Taistner Hinteralm (1955 m). *HU 831 m, gut 3 Std., für Gehgewohnte leicht und lohnend.*

2893
Zur Langegger Alm 1672 m

In dem bei Bad Salomonsbrunn ostseitig ins Hauptal mündenden Langegger Tal gelegene, von Wäldern umrahmte Almrodung.

Von Antholz-Niedertal schwach südostwärts durch Wald zu den Walderhöfen (1123 m) und nun stets auf Steig 31 zuerst durch Wiesen und Wald südostwärts hinauf zur Alm. *HU 548 m, knapp 2 Std., für Gehgewohnte leicht, als Waldwanderung lohnend.*

2894
Zum Durakopf 2275 m

Im Bereich der Taistner Almen östlich über dem äußeren Antholzer Tal befindliche Erhebung.

Von Antholz-Niedertal wie bei R 2892 zur Taistner Hinteralm, auf Steig 38 hinauf zu einem flachen Sattel (2186 m) und rechts am Grasrücken kurz hinauf zum Ziel.
HU 1151 m, 4 Std., für Gehgewohnte leicht, landschaftlich lohnend.

2898 AUSGANGSORT
WELSBERG 1087 m
TAISTEN 1203 m

Zwei rund 1,5 km voneinander entfernte Ortschaften im Bereich der Mündung des Gsieser Tales in das Pusterer Haupttal. Welsberg mit sehenswerter Kirche und verschiedenen Gastbetrieben liegt in der Talsohle an der Hauptstraße und ist eines der wichtigsten Dörfer des oberen Pustertales. – Das Höhendorf Taisten mit spitztürmiger Kirche liegt schwach nordöstlich oberhalb Welsberg auf einer sonnigen Hangterrasse.

2899
Zum Schloss Welsberg 1150 m

Gut erhaltene Burg mit hohem Bergfried, nordöstlich von Welsberg über dem Gsieser Bach gelegen.

Von der Ortsmitte in Welsberg zuerst zwischen den Häusern hinauf zum Dorfrand, kurz weiter zu Wegteilung und links in kurzem Spaziergang zur Burg. *HU 63 m, 20 Min., leicht, für Interessierte hübsch.*

2900
Nach Unterplanken 1223 m

Charakteristik: R 2913.

Von Welsberg wie bei R 2899 bis in die Nähe von Schloss Welsberg und dann immer auf der östlichen Talseite bleibend durch Wald und Wiesen auf dem alten Gsieser Talweg weitgehend eben nach Unterplanken. *HU 136 m, 2 ½ Std., für Gehgewohnte leicht, landschaftlich hübsch.*

2901
Römerweg

über den Waldrücken, der sich nordseitig zwischen Welsberg und Toblach erstreckt, großteils eben verlaufender Waldweg, den man »Römerweg« getauft hat.

Von Welsberg wie bei R 2899 in Richtung Schloss Welsberg, bei der Weggabel rechts der Markierung 41 folgend auf Höfestraße hinauf zum Höhenrücken, auf dem breiten Waldweg in langer Wanderung ostwärts und schließlich hinab zur Häusergruppe Radsberg nordwestlich oberhalb Toblach (R 2997). *HU ca. 700 m, 5 Std., für ausdauernde Geher leicht und lohnend.*

2902
Zum Gailerhof 1231 m

Südöstlich von Welsberg auf einer aussichtsreichen Kuppe gelegenes Gehöft und Gasthaus.

Von Welsberg zuerst in die Nähe des Bahnhofs und dann stets der Markierung 2 folgend großteils durch Wald südostwärts hinauf zum Gailerhof. *HU 144 m, ¾ Std., hübscher Spaziergang.*

2903
Zum Hof Walde 1405 m

Hof und Gasthaus südwestlich über Welsberg; einer der höchstgelegenen Berghöfe auf der Schattenseite des Pustertales.

a) Von Welsberg nach überquerung der Rienz südwestwärts hinauf zum Weiler Ried (1144 m), auf Waldweg 57 hinauf zu den Plunhöfen und weiter nach Walde. *HU 318 m, knapp 1 ½ Std., leicht und lohnend.*

Die Taistner Vorderalm

b) Von Welsberg wie bei R 2902 zum Gailerhof und auf Weg 39 in leicht ansteigender Querung der Waldhänge westwärts nach Walde. *HU 318 m, 2 Std., leicht und lohnend.*

2904
Nach Saller — 1239 m

Charakteristik: R 2852.
Von Welsberg zuerst über die Rienz und dann stets der Markierung 39 folgend teils durch Wiesen, teils durch Wald am schattseitigen Berghang westwärts zum Ziel. *HU 152 m, 1 ½ Std., leicht und lohnend.*

2905
Zum Mudlerhof — 1584 m

Charakteristik: R 2876.
Von Taisten stets der Markierung 31 folgend nordwestwärts durch Wiesenhänge hinauf zum Gehöft Guggenberg (1407 m), durch Waldung leicht ansteigend weiter und zuletzt auf der Höfestraße zum Ziel. *HU 381 m, gut 1 Std., leicht und lohnend.*

2906
Lutterkopf — 2145 m

Charakteristik: R 2874.

Vom Mudlerhof (R 2905) der Markierung 31/56 folgend zuerst auf breitem Waldweg in Kehren hinauf in Richtung Brunnerwiesen und rechts auf dem abzweigenden Steig 31 empor zum Lutterkopf. *HU 561 m, gut 1 ½ Std., leicht und lohnend.*

2907
Zur Taistner Vorderalm — 1992 m

Nördlich des Raumes Taisten/Welsberg an der Waldgrenze gelegene Alm mit Ausschank.

a) Vom Mudlerhof (R 2905) auf der nordostwärts führenden Almzufahrt (Markierung 38 A) in leicht ansteigender Querung der Waldhänge hinein ins Tälchen des Taistner Baches und kurz hinauf zur Alm. *HU 408 m, knapp 1 ½ Std., leicht und lohnend.*

b) Vom östlichen Dorfbereich in Taisten stets der Markierung 38 folgend auf Höfezufahrt über das Gehöft Maraberg zum Oberhauser (auch Oberhäusl, 1510 m) und dann auf Waldweg weiter hinauf zur Alm. *HU 789 m, knapp 2 ½ Std., leicht, steiler als a.*

2908
Durakopf (Salomon) 2275 m

Charakteristik: R 2894.
Von der Taistner Vorderalm (R 2907) auf Weg 38 nordostwärts über Almgelände hinauf zum Klenkboden, einem flachen Sattel (2186 m), und links über den Jägersteig am Ostrücken (Markierung 31) hinauf zum Gipfel. *HU 283 m, knapp 1 Std., leicht und lohnend.*

2909
Rudlhorn 2448 m

Nordöstlich über dem Raum Welsberg/Taisten aufragender, das Landschaftsbild bestimmender Berg mit ausgeprägten Graten.
Von der Taistner Vorderalm (R 2907) auf Weg 38 ein Stück nordostwärts bergan, dann rechts auf markiertem Steig über Grasgelände und einen steilen Hang hinauf in die Gratsenke (2388 m) zwischen Rudlhorn und Eisatz und rechts, südwestwärts, über den Grat zum Gipfel. *HU 456 m, gut 1½ Std., für berggewohnte Geher unschwierig und lohnend.*

2913 AUSGANGSORT
PICHL 1260 m
UNTERPLANKEN 1223 m

Zwei sich gegenüberliegende Dörfer im äußeren Gsieser Tal. Von Wiesen mit Bauernhöfen umgeben. Die spitztürmige Kirche von Pichl weithin sichtbar; im Gebiet mehrere Gasthöfe.

2914
Zur Kämpfealm 2076 m

Charakteristik: R 2925.
Von Innerpichl (1232 m) stets der Markierung 32 folgend durch Steilwald hinauf, bei Weggabel rechts zur Laxiedenalm (1876 m) und weiter zur Kämpfealm. *HU 844 m, 3 Std., für Gehgewohnte unschwierig und lohnend.*

2915
Nach Oberplanken 1243 m

Charakteristik: R 2923.
Von Unterplanken auf der alten Talstraße (Beschilderung »Talblickweg« und Punktmarkierung) durch Wiesen und Wald nahezu eben talein nach Oberplanken.
HU gering, knapp 1 Std., leicht und lohnend.

2916
Nach St. Martin in Gsies 1276 m

Charakteristik: R 2923.
Von Unterplanken wie bei R 2915 nach Oberplanken und hinein zur Höfegruppe Preindl, weiter talein zur Außermair-Kapelle (»Marakirchl«) und zuletzt kurz auf der Talstraße nach St. Martin.
HU gering, 2 Std., leicht und lohnend.

2917
Zur Stacherbergalm 1809 m

Östlich von Oberplanken gelegene, von Wald umrahmte Alm mit begrenzter Aussicht.
Von Unterplanken auf Weg 91 durch steilen Wald hinauf zum Weg 43, auf diesem in leicht ansteigender Waldquerung nord- und ostwärts zum Graben des Stacherbaches und jenseits eben hinaus zur Alm.
HU 586 m, knapp 2½ Std., für Gehgewohnte leicht und lohnend.

2918
Hochhorn 2623 m

Charakteristik: R 2954.
a) Von Unterplanken wie bei R 2917 zur Stacherbergalm, auf Steig 43 über Wald- und Wiesenhänge hinauf zum Weg 24, auf diesem steil hinauf zum Golfen und zuletzt auf markierten Steigspuren unschwierig empor zum Gipfel. *HU 1400 m, 4½ Std., für Gehtüchtige unschwierig und lohnend.*
b) Von Unterplanken wie bei R 2919 nach Frondeigen und wie bei R 3002 in langem Anstieg weiter zum Gipfel. *HU 1400 m, 4 Std., für Gehtüchtige leicht und lohnend.*

Gipfelkreuz auf dem Hochhorn

2919
Nach Frondeigen 1627 m

Charakteristik: R 3000.
Von Unterplanken auf Weg 91 zuerst durch steilen Wald und später durch Wiesen südostwärts hinauf zum Frondeigensattel (ca. 1625 m) und jenseits in kurzem Ab- und Aufstieg zum Ziel. *HU 404 m, 1½ Std., leicht und lohnend.*

2923 AUSGANGSORT
ST. MARTIN 1276 m
ST. MAGDALENA IN GSIES 1398 m

Diese beiden Hauptdörfer des inneren Gsieser Tales liegen 2,5 km voneinander entfernt. Spitztürmige Kirchen, Gasthöfe, teilweise schöne alte Bauernhöfe. Bei der Talschlusshütte 1 km innerhalb St. Magdalena (Gaststätte, Parkplatz) endet die allgemein befahrbare Gsieser Talstraße. Von St. Martin 2,5 km talauswärts liegt der Weiler Oberplanken.

2924
Zur Laxiedenalm 1876 m

An der Westseite des äußeren Karbachtales noch im Wald gelegene, ziemlich ausgedehnte Alm mit mehreren Hütten.
Von der Talstraße bei St. Martin der Markierung 36 folgend westseitig hinauf zum Karbachhof (1440 m, Einkehrmöglichkeit; hierher auch mit dem Auto möglich), auf dem Güterweg im Karbachtal hinein und dann links auf Waldweg 32 steil hinauf zur Alm. *HU 600 m, gut 2 Std. (ab Karbachhof knapp 1½ Std.), für Gehgewohnte leicht und lohnend.*

2925
Zur Kämpfealm 2076 m

Oberhalb der Waldgrenze an der Westseite des äußeren Karbachtales gelegene Alm.
Von St. Martin wie bei R 2924 zur Laxiedenalm und weiterhin auf Steig 32 einen Rücken überschreitend zur Kämpfealm.

HU 800 m, 3 Std., für Gehgewohnte unschwierig und lohnend.

2926
Frisiberger und Sameralm ca. 2040 m

Zwei nur wenig voneinander entfernt liegende Almen oberhalb der Waldgrenze an der Westseite des Karbachtales.

Von St. Martin wie bei R 2924 hinauf zum Karbachhof, durch das gleichnamige Tal auf dem breiten Weg hinein bis zum links abzweigenden Steig 51 (1600 m), auf diesem hinauf zur Stützealm (1992 m) und links hinaus zum Ziel. *HU 766 m, 2 ½ Std., für Gehgewohnte leicht und lohnend.*

2927
Frisiberger Kragen 2569 m

Bedeutender Gipfel westlich über dem inneren Karbachtal. In seinem Südgrat die Erhebung mit dem Namen Million (2438 m).

Von den Frisiberger Almen (R 2926) auf Steig 17 über die weiten Almhänge und später in Serpentinen über steiles Berggelände empor zum Gipfel. *HU 530 m, gut 1 ½ Std., für bergerfahrene Geher unschwierig und lohnend.*

2928
Amperspitze 2687 m

Charakteristik: R 2891.

a) Von den Frisiberger Almen (R 2926) auf Steig 51 zu einer Senke im Kamm zwischen Gsies und Antholz (2334 m), nun auf Antholzer Seite rechts hinüber zum Südgrat und über ihn mittelsteil hinauf zum Gipfel. *HU 650 m, 2 ½ Std., für Bergerfahrene und Gehtüchtige nicht schwierig, landschaftlich lohnend.*

b) Von St. Martin wie bei R 2924 hinauf zum Karbachhof, durch das gleichnamige Tal hinein zum Talschluss, dann der Markierung 36 folgend über die Samburgalm (1946 m) hinauf zum Ampertörl (2413 m; Übergang von Gsies nach Antholz) und links der Markierung folgend über Geröll und Schrofen empor zum Gipfel. *HU 1411 m, 4 ½ – 5 Std., für ausdauernde und bergerfahrene Geher nicht schwierig, landschaftlich lohnend.*

2929
Zur Ochsenfeldalm 2014 m

Innerste Alm des Karbachtales mit mehreren Hütten in hübscher Lage.

Von St. Martin wie bei R 2924 hinauf zum Karbachhof, auf dem breiten Wirtschaftsweg hinein ins innere Karbachtal und auf dem Güterweg stets der Markierung 42 folgend weiter zur Alm. *HU 738 m, 3 Std., für Gehgewohnte leicht und lohnend.*

2930
Zu den Ochsenfeldseen 2555 m

Zwei einsame Bergseen über der Ochsenfeldalm.

Von der Ochsenfeldalm (R 2929) auf Weg 42 nordwestwärts über die Almhänge hinauf zur Grüblscharte (2394 m) und rechts der Markierung 9 folgend in teils ebener, teils leicht ansteigender Querung der Hochweiden zu den Seen (der direkte Anstieg von der Alm ist wesentlich steiler). *HU 541 m, gut 1 ½ Std., für Gehgewohnte leicht und lohnend.*

2931
Karbacher Berg (Fellhorn) 2518 m

Nordwestlich von St. Martin bzw. westlich von St. Magdalena befindlicher, von ausgedehnten Grashängen geprägter Berg.

Von der Talstraße bei St. Martin der Markierung 36 folgend westseitig hinauf zum Karbachhof (1440 m, Einkehrmöglichkeit; hierher auch mit dem Auto möglich), wie bei R 2932 zur Kammsenke hinter dem Hörneggele (ca. 2100 m) und links über den begrasten Bergrücken mäßig steil zum Gipfel. *HU 1242 m, 3 ½ Std., für Gehgewohnte leicht und lohnend.*

Einer der Ochsenfeldseen in Gsies

2932
Hörneggele (Hörneckele) 2127 m

Westlich von St. Martin in Gsies knapp über der Waldgrenze aufragende kleine Graskuppe mit Kreuz; hübscher Aussichtspunkt.

a) Von St. Martin hinauf zum Karbachhof (siehe R 2931), im Karbachtal hinein und rechts auf Weg 52 durch Wald- und Almhänge hinauf zum Hörneggele. *HU 851 m, 2 ½ Std., leicht und lohnend.*

b) Von St. Magdalena wie bei R 2933 zur Ragotzalm, weiter auf Steig 52 die Almhänge westwärts querend zu kleiner Kammsenke und links zum Ziel. *HU 729 m, 2 Std., leicht und lohnend.*

2933
Zur Ragotzalm 2014 m

Nordwestlich über St. Martin bzw. südwestlich über St. Magdalena an der Waldgrenze gelegene Alm mit schöner Aussicht.

Von St. Magdalena entweder kurz talaus und auf dem steilen Steig 52 oder kurz talein und auf dem weniger steilen Waldweg 52 B hinauf zur Pramstallalm (1814 m) und von auf Weg 52 durch Wald weiter zur Ragotzalm. *HU 616 m, 2 Std., leicht und lohnend.*

2934
Astalm ca. 1900 m

Nordwestlich von St. Magdalena gelegene Alm mit Ausschank.

Von St. Magdalena stets der Markierung 10 folgend zuerst auf schmaler Höfestraße nordwärts durch Wiesen hinauf zu letzten Höfen und dann durch die steilen Waldhänge westwärts hinauf zur Alm.
HU ca. 500 m, 1 ½ Std., leicht und lohnend.

2935
Zur Weißbachalm 2120 m

Westseitig über dem innersten Gsieser Tal gelegene Alm mit schöner Aussicht; Ausschank. An der Alm vorbei führt der Gsieser Almweg 2000.

Von St. Magdalena bzw. von der Talschlusshütte stets der Markierung 53 und den Wegweisern »Hinterbergkofel« folgend (anfangs Höfestraße, dann größteils breiter Forstweg) durch Wiesen und Wald hinauf zur Hinterbergkofelalm (1867 m) und weiterhin auf Weg 53 durch Wald und Bergwiesen hinauf zur Weißbachalm.
HU 722 m, 2 ½ Std., für Gehgewohnte leicht und lohnend.

2936
Hinterbergkofel 2726 m

Ausgeprägter Gipfel westseitig über dem innersten Gsieser Tal.

Von St. Magdalena bzw. von der Talschlusshütte wie bei R 2935 zur Weißbachalm (2120 m), weiterhin der Markierung 53 folgend zunächst über Grashänge und zuletzt mit zunehmender Steilheit über Geröll empor in eine Gratsenke (2656 m) und rechts über den felsigen Südgrat hinauf zum Gipfel. *HU 1328 m, 4 Std., für Gehtüchtige mit Bergerfahrung nicht schwierig, lohnend.*

2937
Zu den Pidigalmen ca. 1700 m

Im innersten Gsieser Tal in der Bergflur Pidig gelegene Almen, die zum Teil Einkehrmöglichkeit bieten (Mesnerhütte, Kradorfer Hütte). Ein gutes Stück höher liegt schließlich auch noch die Oberbergalm (1975 m, ebenfalls mit Ausschank).
Von St. Magdalena auf der Straße hinein zur Talschlusshütte und zu den innersten Höfen, bald danach entweder auf der schmalen Waldstraße bleibend oder auf markiertem Fußweg rechts ab, über den Bach und ostseitig talein zu den Almen.
HU ca. 300 m, 1 Std. (zur Oberbergalm 1 ½ Std.), für Gehgewohnte leicht und lohnend.

2938
Zur Uwaldalm 2042 m

Weithin sichtbare Alm mit Ausschank nordöstlich über St. Magdalena.
Von St. Magdalena auf der Straße kurz talein, nach rechts über den Bach und dann auf dem Güterweg (Markierung 12) in mäßig steilen Serpentinen hinauf zur Alm. *HU 644 m, gut 2 Std., leicht und lohnend.*

2939
Hochkreuzspitze 2741 m

Nordöstlich von St. Magdalena befindlicher, den Gsieser Talschluss beherrschender Berg, einer der bedeutendsten Gipfel im Gsieser Ostkamm.
Von St. Magdalena wie bei R 2938/a oder b zur Uwaldalm, weiterhin der Markierung 12 folgend über den Almhang hinauf zur Kammschulter »Platte« (ca. 2260 m), dann über den langen, teils begrasten, teils felsigen Südgrat zum Vorgipfel (2702 m) und über den Schlussgrat zum Hauptgipfel.
HU 1343 m, gut 4 Std., für Gehtüchtige mit Bergerfahrung unschwierig und lohnend.

2940
Hellbödenspitze 2710 m

Breiter Berg nordöstlich von St. Magdalena im Hintergrund des Pfoitales, scheidet die Täler Gsies, Defereggen und Villgraten.
Von St. Magdalena kurz talein, dann rechts über den Bach, auf dem breiten Waldweg 12, später 13 hinauf zu den Pfoialmen und weiter bergan, schließlich rechts empor in die Hintere Gsieser Lenke (eine Kammscharte, 2539 m) und auf Steig 10 nordwärts mittelsteil hinauf zum Gipfel.
HU 1312 m, 4 Std., für Gehtüchtige mit Bergerfahrung unschwierig und lohnend.

2941
Zum Schwarzsee 2455 m

Einsamer Bergsee nordöstlich von St. Magdalena nur wenig unter dem Gsieser Ostkamm auf Villgrater Seite gelegen.
Von St. Magdalena wie bei R 2940 zur Hinteren Gsieser Lenke (2539 m) und jenseits auf Steig 15 in wenigen Minuten hinunter zum See. *HU 1141 m aufwärts, 84 m abwärts, knapp 3 ½ Std., für berggewohnte Geher unschwierig und lohnend.*

2942
Zur Kaseralm 2076 m

Nordöstlich von St. Magdalena am Gsieser »Almweg 2000« gelegene Alm mit schöner Aussicht.
a) Von St. Magdalena wie bei R 2943 zur Stumpfalm und links, nordostwärts, auf dem Zubringerweg im Almgelände weiter zur Kaseralm. *HU 678 m, 2 Std., leicht und lohnend.*
b) Von St. Magdalena auf der Straße kurz talein, nach rechts über den Bach und auf dem Güterweg (Markierung 12) durch das Pfoital hinauf, bei Wegteilung geradeaus weiter talauf in Richtung Pfoialm bis zum rechts abzweigenden Gsieser Almweg 2000

Das Pfoital, vom Weg zur Uwaldalm aus >

und auf diesem kurz südwärts zur Kaseralm. *HU 678 m, 2 Std., leicht und lohnend.*

2943
Zur Stumpfalm   2003 m

Almrodung mit ausgedehnten Bergwiesen und Gastschenke nordöstlich von St. Magdalena.

Von der Talschlusshütte innerhalb St. Magdalena rechts auf Brücke über den Bach und stets der Markierung 47 folgend auf Güterweg in Kehren südostwärts durch Wald hinauf zu Wegteilung und links weiter zur Alm. *HU 605 m, knapp 2 1/2 Std., leicht und lohnend.*

2944
Riepenspitze   2774 m

Höchster Gipfel des Gsieser Ostkammes, bildet zusammen mit seinen Nachbargipfeln ein schroffes, felsiges Bergmassiv östlich von St. Magdalena.

Von St. Magdalena wie bei R 2943 zur Stumpfalm, dann weiterhin der Markierung 47 folgend teils auf Steigspuren, teils weglos in langem Anstieg zuerst über Bergweiden, später in steinigem und felsigem Gelände ostwärts mit zunehmender Steilheit empor zur Einschartung nördlich der Riepenspitze (2699 m) und rechts, südostwärts, am Felsgrat hinauf zum Gipfel. *HU 1376 m, 4 Std., für tüchtige und bergerfahrene Geher nicht schwierig, aber teilweise etwas heikel.*

2945
Kipflalm   2104 m
Kasermähderalm   2048 m

Zwei östlich von St. Magdalena oberhalb der Waldgrenze gelegene Almen am Gsieser »Almweg 2000«. Sie liegen etwa 10 Gehminuten voneinander entfernt.

Von St. Magdalena wie bei R 2943 zur Stumpfalm, auf dem Güterweg (Markierung 40/48 A) südostwärts hinauf zu Wegteilung und links kurz hinauf zur Kipflalm, rechts nahezu eben zur Kasermähderalm. *HU 706 m, knapp 2 1/2 Std., leicht, landschaftlich hübsch.*

2946
Heimwaldspitze   2755 m

Südlich der Riepenspitze (R 2944) bzw. östlich von St. Magdalena befindlicher, wuchtiger Felsberg; kann in Verbindung mit dem Rotlahner (R 2946) bestiegen werden.

Von St. Magdalena wie bei R 2945 zur Kipflalm, von da auf Steig 40 über Almhänge und durch eine große Karmulde hinauf ins weite Heimwaldjoch (2648 m) und links über den Ostgrat der Heimwaldspitze empor zum Gipfel. *HU 1357 m, knapp 4 Std., für Gehtüchtige mit Bergerfahrung nicht schwierig, landschaftlich lohnend.*

2947
Zur Tscharniedalm   1976 m

Südöstlich von St. Magdalena im kleinen Tscharniedtal nahe der Waldgrenze liegende Alm mit steilen Bergwiesen.

Von St. Magdalena wie bei R 2943 auf Güterweg 47 durch das Köflertal hinauf bis zu Wegteilung, nun rechts ab und auf breitem Waldweg 48 hinauf zur Alm. *HU 578 m, gut 1 1/2 Std., leicht, landschaftlich hübsch.*

2948
Der Gsieser »Almenweg 2000«

Beiderseits des Gsieser Tales in rund 2000 m Höhe von Alm zu Alm führender Höhensteig mit einheitlicher Markierung und Beschilderung. Aussichtsreiche Bergwiesen und naturbelassene Waldrandgebiete kennzeichnen den Weg; manche Almen bieten Einkehrmöglichkeit.

Eine Reihe von Almen, die am Höhenweg liegen, sind hier als Wanderziele beschrieben; der Routenverlauf des Höhenweges möge den Wanderkarten entnommen werden.

Auf der Versellalm in Gsies

2949
Hochstein 2469 m

Am Gsieser Osthang zwischen St. Martin und St. Magdalena befindliche Erhebung, die den Endpunkt eines von der Kerlspitze abzweigenden Seitenkammes bildet.
Von St. Magdalena (Talschlusshütte) der Markierung 47 folgend auf Fahrweg durch das Köflertal südostwärts hinauf bis zu Wegteilung, rechts auf Waldweg 48 hinauf zur Tscharniedalm, weiter zu Wegteilung, nun rechts auf Steig 48 südostwärts über steiniges Gelände empor zu einer Gratsenke im Westgrat der Kerlspitze und rechts kurz weiter zum Hochstein. *HU ca. 1100 m, knapp 3 ½ Std., für berggewohnte Geher unschwierig und lohnend.*

2950
Kerlspitze (Körlspitze) 2612 m

Teils begraster, teils felsiger, relativ ausgeprägter Gipfel östlich von St. Martin bzw. südöstlich von St. Magdalena.
Von St. Magdalena wie bei R 2949 zu einer Gratsenke im Westgrat der Kerlspitze und links über den Grat mittelsteil hinauf zum Gipfel. *HU 1214 m, 3 ½ Std., für berggewohnte Geher unschwierig und lohnend.*

2951
Zur Versellalm ca. 1940 m

Almgegend mit einer Reihe von Heu- und Almhütten (teilweise mit Ausschank) in dem bei St. Martin ostwärts abzweigenden Verselltal.
Von St. Martin in Gsies (1276 m) auf dem breitem Waldweg 44 hinauf zu den Außerhütten (1640 m) und weiterhin durch Wald talein zu den eigentlichen Almen, wo Einkehrmöglichkeit geboten wird. *HU 665 m, 2 Std., für Gehgewohnte leicht und lohnend.*

2952
Gaishörndl (Berghorn) 2615 m

Nordseitig felsiger, sonst begraster »Dreitälergipfel« (Gsies, Hochpustertal, Villgraten) schwach südöstlich von St. Martin.
Von St. Martin wie bei R 2951 zur Versellalm, dann auf Steig 44 südostwärts über die im oberen Teil schrofendurchsetzten Grashänge steil empor gegen die Gruberlenke (kleiner Sattel, 2487 m), rechts am begrasten Hang empor zum kurzen Westgrat und über ihn links zum Gipfel. *HU 1339 m, knapp 4 Std., für Gehtüchtige leicht und lohnend.*

HOCHPUSTERTAL

2953
Zur Marabergalm — 2012 m

Südöstlich von St. Martin gelegene Alm mit zwei Hütten und schönen Bergwiesen. Etwas tiefer die Kirchbergalm (1908 m).
Von St. Martin der Markierung 50 folgend auf dem Güterweg oder ihn auf dem alten Weg abkürzend durch steile Waldhänge südostwärts empor zur Kirchbergalm und weiter zur Marabergalm. *HU 636 m, knapp 2 Std., leicht und lohnend.*

2954
Hochhorn — 2623 m

Ausgeprägter Gipfel südöstlich über St. Martin bzw. östlich von Oberplanken.
Von St. Martin wie bei R 2953 zur Marabergalm, von da der Markierung 50 folgend über die Almhänge südostwärts steil empor zum Fuß des Hochhorn-Südwestrückens und über diesen der Markierung folgend unschwierig empor zum Gipfel. *HU 1347 m, knapp 4 Std., für Gehtüchtige leicht und lohnend.*

2955
Nach Frondeigen — 1627 m

Nahe dem Frondeigensattel auf Toblacher Seite gelegener Weiler mit Gasthaus am Sonnenhang des Silvestertales.
Von Oberplanken auf dem »Talblickweg« kurz südwärts, dann links auf breitem Fahrweg 43 durch Wald zu Wegteilung in ca. 1570 m Höhe, rechts auf dem Fahrweg (Markierung 91) durch Wald und Wiesen zum Frondeigensattel (ca. 1625 m) und jenseits in kurzem Ab- und Aufstieg zum Ziel. *HU 384 m, knapp 2 Std., leicht und lohnend.*

2956
Talblickweg

Diese einheitlich mit weißen Punkten markierte und beschilderte Route folgt teils der alten Talstraße, teils Höfezufahrten und anderen Wegen; sie führt von Welsberg bzw. Taisten auf der einen Seite des Gsieser Tales hinein bis in den Talschluss bei St. Magdalena und auf der anderen Seite wieder heraus. Damit lässt dieser interessante »Weg« das ganze Tal in einer langen Fußwanderung abseits der Hauptstraße erleben. Wegen der beachtlichen Gesamtlänge von rund 30 Kilometern empfiehlt es sich, nur Teilstrecken zu begehen.

2960 — AUSGANGSORT
SCHMIEDEN IM PRAGSER TAL — 1222 m

Nahe der Pragser Talgabelung gelegenes Dorf mit Kirche, Gastbetrieben und Höfen in der Umgebung; wichtigste Siedlung des Pragser Tales. Die Talstraße führt westwärts über den Weiler St. Veit zum Pragser Wildsee, südwärts nach Brückele im Altpragser Tal und zur Plätzwiese.

2961
Zum Moserhof — 1435 m

Nordwestlich über Schmieden am Sonnenhang gelegener Berghof mit Einkehrmöglichkeit; schöne Umgebung mit weiteren verstreuten Höfen, Prachtblick zum Dürrenstein.
Von Schmieden zuerst über den Talbach und dann stets der Markierung 2 folgend teils auf Höfezufahrt, teils auf dem alten Weg durch Wiesenhänge und an Höfen vorbei mittelsteil hinauf zum Moserhof. *HU 213 m, knapp 1 Std., leicht und lohnend.*

2962
Nach St. Veit — 1342 m

Zwischen Schmieden und dem Pragser Wildsee an der Straße gelegene Häuser- und Höfegruppe mit der Pragser Pfarrkirche.
Von Schmieden stets der Markierung 1 folgend teilweise abseits der Straße talein,

Pragser Wildsee mit dem gleichnamigen Hotel

dann links auf dem alten Fahrweg durch Wald leicht ansteigend hinein zum ehemaligen Bad Neuprags (1324), noch ein Stück weiter talein, dann rechts auf Brücke zur Talstraße und kurz talaus nach St. Veit. *HU 120 m, gut 1 Std., leicht und hübsch.*

2963
Zum Pragser Wildsee — 1494 m

Einer der beeindruckendsten Seen Südtirols, von Wald- und Felsflanken umschlossen und von der mächtigen Seekofel-Nordwand beherrscht.
In Seenähe Hotel und Kapelle. Auch mit dem Auto erreichbar (Parkplätze).
Von St. Veit (R 2962) kurz talein, dann links auf Brücke über den Talbach zu dem von Schmieden hereinkommenden Waldweg 1 und auf diesem leicht ansteigend talein zum See. *HU 152 m, 1 Std., leicht und lohnend.*

2964
Rund um den Pragser Wildsee

Wanderweg, der den Pragser Wildsee (R 2963) umrundet; am Ostufer durchquert er teilweise im Auf und Ab senkrechte Felswände (gut durch Geländer abgesichert).
Vom Hotel kann die Umrundung sowohl im Uhrzeigersinn wie auch umgekehrt durchgeführt werden; der Weg ist nicht zu verfehlen. *HU gering, knapp 1½ Std., leicht und lohnend.*

2965
Hochalpenkopf — 2542 m

Nordwestlich des Pragser Wildsees befindlicher Gipfel mit steilen Grashängen im Süden und senkrechten Felsabstürzen im Norden.
Vom Pragser Wildsee (R 2963) stets der Markierung 61 folgend (anfangs auch Nr. 20) zuerst zum Riedlhof, dann im Wald durchwegs steil hinauf zur Kaserhütte (1937 m, 1½ Std.), weiter auf Steig 61 steil zur Pragser Furkel (kleine Kammsenke, 2225 m), im Almgelände kurz weiter zu Wegteilung (2291 m) und rechts über die steinige Grasflanke hinauf zum Gipfel.
HU 1048 m, 3 Std., für Berg- und Gehgewohnte unschwierig und lohnend.

2966
Zur Hochalpe 2114 m

über dem Talschluss des vom Pragser Wildsee westwärts ziehenden Grünwaldtales gelegenes Hüttendorf mit Ausschank.

Vom Pragser Wildsee (R 2963) stets auf Weg 19 durch das einsame Grünwaldtal, an der gleichnamigen Alm mit Ausschank vorbei, eben bis leicht ansteigend westwärts hinein und dann zunehmend steiler durch Wald hinauf zum Ziel. *HU 620 m, 2½ Std., für Gehgewohnte unschwierig und lohnend.*

2967
Hochalpen-Höhenweg

Landschaftlich schöner Höhensteig, der nordwestlich des Pragser Wildsees hoch über dem Grünwaldtal ausgedehnte Grashänge durchquert.

Von der Kaserhütte (R 2965) auf Steig 61 steil empor zur Pragser Furkel (kleine Kammsenke, 2225 m), im Almgelände kurz weiter zu Wegteilung (2291 m), auf Steig 61A in weitgehend ebener Höhenwanderung durch die Grashänge westwärts zur Flatsch-Scharte (2223 m), nun links auf Steig in leichtem Auf und Ab zur Lapedurscharte (2210 m), hier wieder links ab und auf Steig 32 hinunter zur Hochalpe (R 2966). *HU ca. 390 aufwärts, ca. 210 m abwärts, 3½ Std., für Gehtüchtige leicht und lohnend.*

2968
Zum Hochalpensee 2252 m

Einsamer Bergsee westlich über der Hochalpe in einer länglichen Mulde.

Von der Hochalpe (R 2966) auf Weg 19 und auf Steig 32 mittelsteil hinauf in die Lapedurscharte (2213 m), von da links auf Steig 6 quer durch die Hänge und schließlich durch ein Tälchen ansteigend zum See. *HU 138 m, knapp 1 Std., leicht und lohnend.*

2969
Zur Sennesalm (Sennes-Hütte) 2116 m

Charakteristik: R 2577.

a) Von der Seekofelhütte (R 2970) stets der Markierung 6 folgend zunächst auf dem breiten Güterweg und dann auf Fußpfad über die grasdurchsetzten felsigen Böden eben und abwärts zur Alm.
HU 204 m (abwärts), 1 Std., leicht und lohnend.

b) Vom Pragser Wildsee wie bei R 2966 im Grünwaldtal zur gleichnamigen Alm (1590 m), von da auf Steig 23 steil empor zur Seitenbachscharte (2331 m, ab Ausgangspunkt 3 Std.), jenseits zunächst nahezu eben zu Weggabelung (2260 m) und der Markierung 23/24 folgend südostwärts durch ein Tälchen hinunter zur Alm.
HU 837 m aufwärts, 215 m abwärts, knapp 4 Std., für Gehtüchtige unschwierig, landschaftlich lohnend.

2970
Zur Seekofelhütte (Egerer Hütte) 2327 m

Charakteristik: R 2579.

Vom Hotel am Pragser Wildsee (R 2963) auf gutem Weg westseitig um den See herum zu seinem Südende, dann stets der Markierung 1 folgend auf großteils steilem Steig in langem Aufstieg hinauf zum Ofentörl (Gratsenke mit Bildstock, 2388 m) und südseitig kurz hinunter zur Hütte.
HU 894 m aufwärts, 61 m abwärts, 3 Std., für Gehgewohnte unschwierig, aber mühsam.

2971
Pragser Seekofel 2810 m

Charakteristik: R 2580.

Von der Seekofelhütte (R 2970) wie bei R 2580 über den Südostgrat zum Gipfel. *HU 483 m, 1½ Std., für trittsichere Geher unschwierig und lohnend.*

Der Große Roßkopf in den Pragser Dolomiten

2972
Großer Roßkopf — 2559 m

Wuchtiger, leicht ersteigbarer Gipfel zwischen Pragser Wildsee und Altpragser Tal.

a) Von Schmieden kurz talein, dann der südwärts abzweigenden Markierung 28 folgend steil hinauf zur Waldgrenze, über steiles Geröll empor zum Gamssattel (2443 m) und ostwärts auf markiertem Steiglein hinauf zum Gipfel. *HU 1337 m, knapp 4 Std., für Gehtüchtige unschwierig und lohnend.*

b) Von Brückele (R 2973) kurz auf der Straße und auf rechts abzweigendem Güterweg talein, dann erneut rechts auf Weg 30 hinauf zur Almregion und zum Steig 28, auf diesem nordwärts empor zum Gamssattel und wie bei a zum Gipfel.
HU 1065 m, knapp 3 ½ Std., für Gehtüchtige unschwierig und lohnend.

2973
Nach Brückele — 1494 m

Wiesenrodung mit dem Alpengasthof Brückele (1491 m) im Altpragser Talschluss; von Außerprags herein Straße. Großer Parkplatz.

Von Schmieden stets der Markierung 37 folgend auf der Westseite des Talbaches (Stollabach) lange auf einem Forstweg und zuletzt der Straße nach talein zum Ziel.
HU 272 m, 2 Std., leicht und lohnend.

2974
Zur Roßalm (Roßhütte) — 2164 m

Hübsche Alm mit Ausschank südwestlich hoch über dem Altpragser Talschluss.

a) Von Brückele (R 2973) kurz talein und dann rechts auf Güterweg der Markierung 4 folgend teilweise durch Wald südwestwärts hinauf zur Alm. *HU 670 m, 2 Std., leicht und lohnend.*

b) Von der Plätzwiese: siehe R 2976.

2975
Zur Plätzwiese 1991 m

Im Scheitel des Altpragser Tales zwischen Dürrenstein und Hohe Gaisl eingesenktes Passtal mit ausgedehnten Bergwiesen.
Von Brückele (R 2973) herauf Straße mit beschränkter Fahrerlaubnis. Am Nordrand des Passtales Hotel und Gasthaus (1991 m), weiter südlich die Dürrensteinhütte.
a) Von Brückele (R 2973) ein Stück auf der Straße südwärts, dann diese verlassend und der Markierung 37 folgend auf dem alten Waldweg hinauf zur Plätzwiese.
HU 497 m, 1 ½ Std., leicht und lohnend.
b) Wie bei a auf Fahrweg 37 ein Stück bergwärts, dann rechts auf Weg 18 (Güterweg) im Tal des Stollabaches großteils durch Wald hinauf zur Stollaalm, kurz weiter zu einem Jöchl (1970 m) und links auf Weg 3 hinüber zum Ziel. *HU 497 m, knapp 2 Std., für Gehgewohnte leicht und lohnend.*

2976
Der Gaisl-Höhenweg

Landschaftlich schöner Höhensteig, der die Nordostabstürze der Hohen Gaisl durchquert und die Plätzwiese mit der Roßalm verbindet.
Von der Plätzwiese (R 2975) stets der Markierung 3 folgend zuerst südwestwärts hinüber zum Bergfuß (1970 m), dann nordwestwärts hinauf zu einem Jöchl (2325 m), nun eben und leicht auf und ab durch die felsigen und steinigen Hänge weiter und zuletzt leicht abwärts zur Roßalm (2164 m). *HU 355 m, 3 Std., für Gehgewohnte mit Bergerfahrung leicht und lohnend.*

2977
Zur Dürrensteinhütte 2040 m

Im Südbereich des Plätzwiesensattels liegendes Schutzhaus mit Sommerbewirtschaftung.

a) Von den beiden nördlichen Gastbetrieben auf der Plätzwiese (1991 m, R 2975) auf altem Fahrweg südostwärts zur Hütte.
HU gering, ½ Std., hübscher Spaziergang.
b) Von den beiden nördlichen Gastbetrieben auf der Plätzwiese auf Steig 40 hinauf zu querendem Höhenweg und auf diesem nahezu eben südwärts zum Ziel.
HU gering, ¾ Std., leicht und hübsch.

2978
Dürrenstein 2839 m

Prächtiger, zwischen dem Altpragser Tal und dem Höhlensteintal aufragender Berg.
Von der Plätzwiese (R 2975) stets auf Steig 40 zuerst ostwärts ein Stück hinauf zu einem querenden Höhensteig (hierher auch von der Dürrensteinhütte, R 2977), dann über die felsigen, grasdurchwirkten Hänge hinauf zum Vor- und zum Hauptgipfel. *HU 848 m, 2 ½ Std., für gehgewohnte Bergwanderer unschwierig, sehr lohnend.*

2979
Dürrenstein-Höhenweg

Abwechslungsreicher, die West- und Nordwesthänge des Dürrensteins durchquerender Höhensteig (Teil des von Toblach nach Belluno führenden Dolomiten-Fernweges Nr. 3).
Von der Plätzwiese (R 2975) auf Steig 40 kurz hinauf zum querenden Höhensteig (Markierung 3 im Dreieck), auf diesem nordwärts zu einem bewaldeten Sattel (ca. 2140 m), dann in langer Querung der Steilhänge (zwei kurze Felsstellen seilgesichert) zum Kirchler Schartl (2280 m), nun Schutthänge und einen weiteren Sattel querend zum Flodigsattel und nordwärts zum Sarlriedl (2099 m; Abstieg nach Bad Altprags auf Weg 14 in knapp 1 ½ Std.).
HU 289 m, 2 ½ Std., für trittsichere Bergwanderer leicht und lohnend.

2980
Lungkofel 2282 m

Südöstlich von Schmieden bzw. südlich von Niederdorf befindlicher Berg mit senkrechter, weithin auffallender Westwand.

Von Bad Altprags (1379 m) kurz talein zum links abzweigenden Weg 14, nun stets dieser folgend durch Wiesen und Wald empor zum Sarlriedl (2099 m, 2 Std.), auf Steig 33 nordwärts Grashänge querend zum Lungsattel (2121 m) und hinauf zu Wegteilung, links auf markiertem Steig zu einem Jöchl und mäßig steil zum Gipfel. *HU 903 m, 3 ½ Std., für Berg- und Gehgewohnte unschwierig und lohnend.*

2981
Sarlkofel 2378 m

Charakteristik: R 2990.

Vom Sporthotel bei Bad Altprags (1450 m) auf Waldweg 15 empor zum Waldsattel Buchsenriedl (1803 m), jenseits kurz hinunter zum Steig 16, auf diesem empor gegen das Suesriedl und dann rechts auf Steig 33 durch Wald und über Felsen weiter empor zum Sarlsattel (2189 m); nun auf markiertem Steig die Südabdachung (Seilsicherungen) querend ostwärts und schließlich über steile Grashänge empor zum Gipfel. *HU 928 m, 3 ½ Std., für Bergerfahrene nicht schwierig, lohnend.*

2982
Auf den Allwartstein (Almerstein) 1954 m

Südseitig als schlankes Felshorn aufragende Erhebung östlich über Bad Altprags. Vom Sporthotel bei Altprags (R 2914) wie bei R 2981 hinauf zum Buchsenriedl, dort links ab und am Grat hinauf zum höchsten Punkt. *HU 575 m, gut 1 ½ Std., unschwierig, bedingt lohnend.*

Der Gaisl-Höhenweg

2986 AUSGANGSORT
NIEDERDORF 1157 m

Stattliches Dorf an der Pustertaler Straße zwischen Welsberg und Toblach, Sitz der gleichnamigen Gemeinde. Große barocke Pfarrkirche, Gastbetriebe, historische Bauwerke; etwas abgelegen die gotische »Mooskirche«. An den Sonnenhängen zahlreiche Bergbauernhöfe des Streuweilers Eggerberg.

2987
Römerweg

Charakteristik und gesamter Verlauf: R 2901.

a) Westlicher Aufstieg: Vom nördlichen Dorfrand von Niederdorf der Markierung 45 folgend großteils auf Höfezufahrten nordwestwärts hinauf und hinaus zum westlichsten Eggerberger Höfebereich, wo der mit Nr. 41 markierte Römerweg erreicht wird (ca. 1460 m). *HU ca. 300 m, ca. 1 ½ Std., für Gehgewohnte problemlos.*

b) Östlicher Aufstieg: Von Niederdorf wie bei R 2988 nach Aufkirchen und der Markierung 11 folgend hinauf nach Radsberg, dem östlichen Beginn des Römerweges (1591 m; Näheres siehe R 2997). *HU 434 m, 1 ½ Std., leicht, landschaftlich lohnend.*

2988
Nach Aufkirchen 1318 m

Charakteristik: R 2995.

a) In Niederdorf stets der Markierung 11 folgend auf Feldwegen großteils nur mäßig ansteigend nordostwärts nach Aufkirchen. *HU 161 m, 1 Std., leicht und lohnend.*

b) Von Niederdorf auf dem orographisch rechten Ufer der Rienz ostwärts zum Gasthaus Weiherbad, von da auf dem nach Aufkirchen führenden Sträßchen durch Wiesenhänge leicht ansteigend zur Häusergruppe Neunhäusern (1210 m) und weiter hinauf zum Ziel. *HU 161 m, 1 Std., leicht, landschaftlich hübsch.*

2989
Auf den Almerstein (Alwartstein) 1954 m

Charakteristik: R 2982.

Von Niederdorf der Markierung 15/27 folgend auf Straße südostwärts zum Tälchen des Graabaches, nach der Brücke rechts auf Waldweg 15 durch das Grautal (Putzgraben) südwärts hinauf zur Putzalm (1743 m), nun auf Weg 16 im Wald südost-

wärts steil empor zum Suesriedl (2013 m) und links kurz zum kleinen Gipfel.
HU 895 m, gut 2 ½ Std., für Gehgewohnte unschwierig, bedingt lohnend.

2990
Sarlkofel 2378 m

Wuchtiger, mit dem nahen Lungkofel ein kleines Massiv bildender Felsberg; Niederdorfer »Hausberg«.

Von Niederdorf stets der Markierung 15 folgend zuerst südostwärts zum Graubach, rechts auf breitem Waldweg durch das Grautal (Putzgraben) südwärts hinauf zur Putzalm (1743 m), nun auf Waldweg 16 südostwärts steil empor gegen das Suesriedl, dann rechts auf Steig 33 durch Wald und über Felsen nicht schwierig empor zum Sarlsattel (2189 m), hier links ab und wie bei R 2981 zum Gipfel. *HU 1221 m, 3 ½ Std., für Gehtüchtige mit Bergerfahrung nicht schwierig, lohnend.*

2994
AUSGANGSORT
TOBLACH 1241 m

Großes, an der Mündung des Höhlensteintales und des Silvestertales gelegenes Dorf mit regem Fremdenverkehr. Eindrucksvolle Dolomitenkulisse im Süden. Prächtige Barockkirche. Das Hauptdorf liegt etwas erhöht, etwas tiefer am Eingang ins Höhlensteintal liegt der Ortsteil Neu-Toblach (1210 m).

2995
Nach Aufkirchen 1318 m

Dorf mit Wallfahrtskirche und Gasthaus nordwestlich von Toblach inmitten sonniger Wiesenhänge.

Von Toblach der Markierung 11 B folgend auf Flursträßchen durch Wiesen westwärts zu einer Wegkreuzung (1214 m) und rechts auf dem nordwärts führenden Flurweg durch Wiesen mäßig ansteigend nach

Kirchlein zwischen Radsberg und Frondeigen

Aufkirchen. *HU 104 m, ¾ Std., leicht und lohnend.*

2996
Nach Mellaten (Melaten)   1513 m

Nordwestlich oberhalb Aufkirchen gelegener Bergweiler mit Kapelle und einigen Höfen.

Von Aufkirchen (R 2995) der Beschilderung »St. Peter« folgend großteils auf steilem Waldpfad empor zum waldumrahmten Peterskirchlein (ca. 1500 m) und auf breitem Weg westwärts die Waldhänge querend nach Mellaten. *HU 272 m, knapp 1 ½ Std., leicht und lohnend.*

2997
Nach Radsberg (Ratsberg)   1591 m

Höfegruppe nordwestlich oberhalb Toblach; Einkehrmöglichkeit, prächtiger Dolomitenblick.

a) Von Aufkirchen (R 2995) teils auf der Straße, teils auf dem alten Weg durch Wiesen und Wald nordostwärts mäßig ansteigend nach Radsberg. *HU 273 m, ¾ Std., leicht, bedingt lohnend.*

b) Vom nordwestlichen Dorfrand von Toblach stets der Markierung 22 folgend mittelsteil durch Wiesen und Wald hinauf nach Radsberg. *HU 350 m, gut 1 Std., leicht und lohnend.*

c) Von Wahlen (R 2999) der Markierung 41 folgend durch Wiesen und Wald und vorbei am Gostnerhof (1405 m, Jausenstation) teils auf Höfestraße, teils auf altem Fußweg hinauf nach Radsberg. *HU 273 m, knapp 1 Std., leicht und lohnend.*

2998
Römerweg

Charakteristik: R 2901.
Wegverlauf wie R 2901, umgekehrte Richtung; ähnliche Gehzeit.

2999
Nach Wahlen   1318 m

Gut 2 km nördlich von Toblach im Silvestertal gelegenes Dorf mit spitztürmiger Kirche und Gastbetrieben.

Von Toblach kurz auf der nach Aufkirchen führenden Straße bis zu rechts abzweigendem, breitem Flurweg (Markierung 22 A), auf diesem durch Wiesenhänge zu

Feldkapelle (Leitenstöckl) und kurz hinab nach Wahlen. *HU ca. 100 m, ¾ Std., leicht, landschaftlich hübsch.*

3000
Nach Frondeigen — 1627 m

Weiler mit Gasthaus rund 4,5 km nördlich von Toblach am sonnigen Wiesenhang des Silvestertales.

Von Radsberg (R 2997) stets der Markierung 9 folgend in nahezu ebener Waldquerung nordostwärts zum Weiler Stadlen (1612 m), in weiterer Waldquerung zum Bach unter Frondeigen und kurz hinauf zum Weiler. *HU gering, 1 Std., leicht und lohnend.*

3001
Nach Kandellen — ca. 1600 m

Östlich von Frondeigen im Silvestertal auf sonnigen Hangverflachungen hingebreiteter Streuweiler mit Kapelle und Gaststätten.

Von Toblach der Straße nach durch das Silvestertal nordostwärts hinauf zu Straßengabel (1391 m) und links auf der Höfestraße (Markierung 25) hinauf nach Kandellen. *HU ca. 360 m, 1 ½ Std., leicht, landschaftlich schön.*

3002
Hochhorn — 2623 m

Ausgeprägter Berg über dem Silvestertal nordnordöstlich von Toblach.

Von Frondeigen (R 3000) stets der Markierung 24/H folgend durch Wald hinauf zu flachen Bergwiesen, dann über den steinigen Bergrücken hinauf zur Kuppe des Golfen (2493 m) und nach einer flachen Gratstrecke auf markierten Steigspuren empor zum Gipfel. *HU 996 m, 3 Std., für Gehgewohnte leicht und lohnend.*

3003
Toblacher Pfannhorn — 2663 m

Im Nordosten des Toblacher Gebietes befindlicher, touristisch bedeutender Berg. Von Kandellen (R 3001) stets der Markierung 25 folgend (anfangs Güterweg, dann Fußweg und Steig) nordostwärts hinein ins Golfental, dann rechts hinauf zum Südwestrücken des Pfannhorns, über ihn hinauf zur Bonner Hütte (2307 m, unbewirtschaftet) und am begrasten Bergrücken auf Steig 25 empor zum Gipfel. *HU 1059 m, knapp 3 ½ Std., für Gehtüchtige unschwierig und lohnend.*

3004
Zur Silvesteralm — 1800 m

Alm mit Ausschank im oberen Toblacher Silvestertal unweit des Silvestersattels.

Von Toblach teils auf der Straße, teils dieser ausweichend durch das Silvestertal nordostwärts hinauf zu Straßengabel (1391 m), rechts weiter zur nächsten Straßenteilung (Schönegger-Säge, 1480 m; ab Toblach 1 ½ Std.; hierher auch mit Pkw möglich) und auf dem Güterweg (Markierung 1 B) durch das Silvestertal in leichtem Anstieg zur Alm. *HU 559 m, knapp 3 Std., leicht und lohnend.*

3005
Zum Silvesterkirchlein — 1912 m

Einsames Höhenkirchlein mit gotischen Fresken nahe dem Silvestersattel, dem Übergang zwischen dem Toblacher und dem Winnebacher Silvestertal.

Von Toblach wie bei R 3004 zur Silvesteralm, auf Weg 1 A kurz südwärts zum Silvestersattel (auch Bodeneck, 1805 m) und auf steilem Steig kurz hinauf zum Kirchlein. *HU 671 m, gut 3 Std., für Gehgewohnte leicht und lohnend.*

3006
Marchkinkele (Markinkele) — 2545 m

Bekannter, aber durch aufgelassene Militärbauten etwas verunstalteter Gipfel im Kamm zwischen Hochpustertal und Innervillgraten.

Von der Silvesteralm (R 3004) stets der Markierung 1 bzw. H folgend im Almgelände

durch das Blankental hinauf zum Schlusshang und über ihn empor zum Gipfel.
HU 745 m, 2 ½ Std., für Gehgewohnte leicht und lohnend.

3007
Der Toblacher Höhenweg

Knapp 7 km langer Höhensteig, der vom Hochhorn im Westen bis zum Marchkinkele im Osten über den großteils begrasten Kamm führt, der sich zwischen dem Toblacher Raum und dem Villgratental erhebt. Tiefste Stelle 2370 m, höchste Stelle 2600 m, weit reichende Aussicht. Die ganze Route einschließlich der Auf- und Abstiegswege ist einheitlich mit H markiert. Die Begehung wird hier von West nach Ost beschrieben.

Die eigentliche Höhenroute beginnt am Hochhorn-Südwestgrat (Aufstieg von Frondeigen hierher: siehe R 3002) in 2500 m Höhe. Von dort führt der Steig nahezu eben ostwärts zum Pfanntörl (2511 m) und west- und südseitig um das Toblacher Pfannhorn herum (2600 m Höhe), dann hinab bis auf 2370 m Höhe und schließlich wieder ansteigend zum Gipfel des Marchkinkele (2545 m; Abstieg von dort: mit Markierung 1/H hinunter zur Silvesteralm und durch das Silverstertal nach Toblach; ab Marchkinkele ca. 3 ½ Std.). *HU für den beschriebenen Höhenweg allein ca. 230 m, 3 Std., für bergerfahrene Wanderer leicht, erfordert zusammen mit Auf- und Abstieg (Gesamtgehzeit ca. 9 Std.) aber erhebliche Gehtüchtigkeit.*

3008
Nach Innichen 1174 m

Charakteristik: 5195.

Von Neu-Toblach auf der Straße etwa 10 Min. südwärts, dann links ab und stets der Markierung 28 A folgend auf breitem Weg weitgehend eben teils im Wald, teils am Rand der Talwiesen und vorbei an der

Gipfelkreuz auf dem Toblacher Pfannhorn

Drauquelle nach Innichen. *HU gering, 1 ½ Std., leicht und lohnend.*

3009
Zum Ursprung der Drau

Die Quelle der 720 km langen Drau liegt südseitig zwischen Innichen und Toblach im Wald.

Von Neu-Toblach auf der Straße etwa 10 Min. südwärts, dann links ab und stets der Markierung 28 A folgend auf breitem Weg ostwärts weitgehend eben zum Quellgebiet (Brunnen). *HU gering, ¾ Std., hübscher Spaziergang.*

3010
Zum Toblacher See 1250 m

Naturbelassener und schöner, 600 m langer und 400 m breiter, von den Steilhängen des Höhlensteintales überragter See rund 3 km südlich von Toblach.
Am Nordrand Gastbetriebe; rund um den See führt ein guter Wanderweg.

Der Dürrensee mit dem Cristallomassiv

Vom Bahnübergang in Neu-Toblach kurz auf der Straße südwärts, dann rechts hinein zur Sportzone, weiter zu den Saghäusern (1220) und auf breitem Waldweg in ebener Wanderung südwärts zum See.
HU gering, ¾ Std., leicht und lohnend.

3011
Zum Soldatenfriedhof »Nasswand«   1308 m

Rund 3 km südlich des Toblacher Sees befindlicher Soldatenfriedhof, in dem Gefallene des Ersten Weltkrieges ruhen.
a) Vom Nordende des Toblacher Sees (R 3010) auf markiertem Waldweg am Westufer des Sees talein zur Alten Schmelze (Schmieden-Ruine, 1298 m; ¾ Std.) und auf dem »Bahnweg« (Trasse der einstigen Bahn Toblach–Cortina) in ebener Wanderung hinein zum Friedhof.
HU gering, knapp 1½ Std., leicht und hübsch.
b) Vom Nordende des Toblacher Sees (R 3010) auf dem »Bahnweg« auf der Ostseite des Sees und der anschließenden Auen südwärts talein zur Alten Schmelze und wie bei a weiter zum Friedhof.
HU gering, knapp 1½ Std., leicht und hübsch.

3012
Höhlenstein, Dürrensee   1405 m

Von mächtigen Felswänden begrenzte Talweitung im inneren Höhlensteintal mit dem Dürrensee und der etwas weiter nördlich befindlichen Flur Höhlenstein (Landro). Gastbetriebe und Kapelle an der Talstraße. Prachtblick zum Cristallo und zu den Drei Zinnen.
Vom Toblacher See wie bei R 3011 talein zum Soldatenfriedhof »Nasswand« und dann auf beschildertem Weg weitgehend eben durch das Höhlensteintal hinein zum Ziel. *HU 155 m, knapp 3 Std., für Gehgewohnte leicht, landschaftlich beeindruckend.*

3013
Nach Schluderbach   1438 m

Häusergruppe (»Feriendorf Ploner«) mit Hotel, Sportanlagen, Kapelle und anderen

Baulichkeiten an der Straße im Höhlensteintal einen Kilometer innerhalb des Dürrensees. Großartige Bergkulissen.
Vom Toblacher See wie bei R 3012 zum Dürrensee und weiterhin auf der alten Bahntrasse in weiteren 20 Min. talein nach Schluderbach. *HU 188 m, gut 3 Std., für Gehgewohnte leicht und lohnend.*

3014
Zur Dreizinnenhütte 2405 m

Charakteristik: R 3075.
Von Höhlenstein (R 3012) auf Weg 102/103 leicht ansteigend durch das Rienztal hinein zu Weggabel, links mit Markierung 102 im Tal der Schwarzen Rienz zuerst mäßig und dann stärker ansteigend empor zum Rienzboden (2175 m) und weiter zum Schutzhaus. *HU 999 m, 3 ½ Std., für Geh- und Berggewohnte leicht und lohnend.*

3015
Zur Plätzwiese 1991 m

Charakteristik: R 2975.
a) Von Schluderbach (R 3012) auf der Straße kurz westwärts, dann auf dem nordseitig abzweigenden Bergsträßchen (Markierung 37) mäßig steil hinauf zur Baumgrenze und unter der Dürrensteinhütte durch zur Plätzwiese. *HU 553 m, 2 Std., leicht, landschaftlich schön.*
b) Vom Gemärk-Sattel an der Ampezzaner Straße (1530 m, Gasthaus; ital. Cimabanche) stets auf Weg 18 nordwestwärts durch das steile Knappenfußtal hinauf zu einem Jöchl (1970 m) und rechts auf Weg 3/18 in leichtem Auf und Ab hinüber zu den Gaststätten auf der Plätzwiese. *HU 461 m, 1 ½ Std., leicht und lohnend.*
c) Von Höhlenstein (R 3012) der Markierung 34 folgend auf einem alten Frontweg westseitig hinauf zu einer Kammschulter (ca. 2000 m), dann durch einen kleinen Tunnel und über einen Holzsteg an steiler Felsflanke hinein ins einsame Helltal, durch dieses steil hinauf zum Dürrenstein-Südkamm (2200 m) und westseitig leicht absteigend zur Plätzwiese. *HU 795 m aufwärts, ca. 200 m abwärts, gut 2 ½ Std., für Gehgewohnte und einigermaßen Trittsichere unschwierig, landschaftlich lohnend.*

3016
Zur Flodig (Flodige)-Alm 2039 m

Hoch über dem Soldatenfriedhof auf der Westseite des äußeren Höhlensteintales gelegene Alm mit mehreren Hütten.
Vom Soldatenfriedhof »Nasswand« (R 3011) stets auf Steig 33 durchwegs steil durch das Flodigtal bergan bis zu Wegteilung (ca. 1950 m) und rechts durch steilen Wald empor zur Alm. *HU 731 m, 2 Std., unschwierig, aber mühsam; landschaftlich lohnend.*

3017
Zur Sarlalm (Sarlhütte) 1720 m

Südwestlich über dem Toblacher See an steilen Hängen gelegene Alm.
Von der Alten Schmelze (R 3011/a) auf Waldweg 14 nordwestwärts hinauf zum Sarlgraben (der Weg kann auch vom Toblacher See her erreicht werden) und empor zur Alm. *HU 422 m, knapp 1 ½ Std., leicht und lohnend.*

3018
Sarlkofel 2378 m

Charakteristik: R 2981.
In Neu-Toblach (1210 m) zum Weiler Rienz und kurz südwärts, der rechts abzweigenden Markierung 16 folgend in langem Waldanstieg über die Trogeralm (1437 m) hinauf zum Suesriedl (2013 m), nun rechts auf Steig 33 empor zum Sarlsattel (2189 m), von da teilweise über seilgesicherte Felsen quer durch die Südabdachung ostwärts und über steile Grashänge zum Gipfel.
HU 1168 m, 3 ½ Std., für trittsichere und schwindelfreie Geher nicht schwierig, lohnend.

3024 — AUSGANGSORT
INNICHEN — 1174 m

Großer, an der Mündung des Sextentales gelegener Marktflecken mit leicht städtischem Charakter. Mehrere Kirchen, darunter die prächtige romanische Stiftskirche. Reger Fremdenverkehr.

3025
Zum Ursprung der Drau

Charakteristik: R 3009.
Vom Südwestrand von Innichen (Talstation des Haunold-Lifts) der Markierung 28 A folgend auf breitem Weg großteils durch Wald nahezu eben westwärts zum Ziel. *HU gering, ¾ Std., leicht, für Interessierte lohnend.*

3026
Zu den Innichberger Höfen — 1437 m

Sonnige Siedlungslandschaft mit ausgedehnten Wiesenhängen und verstreuten Berghöfen nördlich von Innichen.
a) Von der Umfahrungsstraße am Nordostrand von Innichen (1175 m) stets der Markierung 3 folgend durch Wiesenhänge und Wald großteils mäßig ansteigend zum Stauderhof an der querenden Höhenstraße (1437 m, Restaurant). *HU 262 m, knapp 1 Std., hübscher Spaziergang.*
b) Von der Umfahrungsstraße am Nordwestrand von Innichen (1175 m) stets auf Weg 2 durch Wiesen und an Höfen vorbei hinauf zum Wald und, zuletzt den Weg 2 rechts verlassend, zum Glinzhof an der querenden Höhenstraße (1486 m, Restaurant »Bergstube«). *HU 311 m, gut 1 Std., leicht und lohnend.*

3027
Zum Silvesterkirchlein — 1912 m

Charakteristik: R 3005. Einkehr bietet die nahe Silvesteralm (R 3028).
Von Innichen wie bei R 3026 der Markierung 3 folgend hinauf zum Stauderhof (hierher auch mit dem Auto möglich), von da auf der Straße kurz westwärts zum Mehlhof (1465 m), dann stets auf Weg 3 in langer Waldwanderung zum Silvestersattel (Bodeneck, 1805 m) und kurz nordseitig hinauf zum Kirchlein. *HU 738 m, gut 3 Std., für Gehgewohnte leicht und lohnend.*

3028
Zur Silvesteralm — 1800 m

Nordwestlich des Silvesterkirchleins nahe der Waldgrenze liegende Alm mit Ausschank.
Vom Silvestersattel (R 3027) auf breitem Waldweg 1 nahezu eben nordwärts zur Alm. *HU unbedeutend, ca. 15 Min., leicht und lohnend.*

3029
Marchkinkele (Markinkele) — 2545 m

Charakteristik: R 3006.
Von der Silvesteralm (R 3028) wie bei 3006 zum Gipfel. *HU 745 m, 2 ½ Std., für Gehgewohnte leicht und lohnend.*

3030
Auf den Helm — 2434 m

Charakteristik: R 3044.
Vom südlichen Innichner Ortsrand stets der Markierung 4/5 folgend südostwärts hinauf zum »Burgrestaurant«, dann auf Weg 4 am Waldrücken hinauf zu den so genannten Kegelplätzen (ca. 2100 m, hier Gaststätte sowie die Bergstationen der genannten Bergbahnen) und wie bei R 3044 weiter zum Gipfel. *HU 1260 m, 4 Std., für ausdauernde Wanderer leicht und lohnend.*

3031
Zur Haunoldhütte — 1499 m

Von Innichen herauf auch mit der Haunold-Sesselbahn erreichbare Gaststätte auf einem kleinen Hochplateau südlich über Innichen.
Vom südlichen Ortsrand von Innichen (Talstation des Haunold-Lifts) der Markierung

Der Stauderhof am Innichberg

28 folgend auf breitem Waldweg hinauf zu Wegteilung und links auf Waldweg 6 weiter zum Ziel. *HU 325 m, knapp 1 Std., leicht und hübsch.*

3032
Zur Dreischusterhütte 1626 m

Charakteristik: R 3080.

Von der Haunoldhütte (R 3031) stets der Markierung 7 folgend südostwärts durch die Waldhänge hinauf gegen eine Jagdhütte, (1703 m), weiter durch Wald zu einer kleinen Ebene mit Wegteilung (Jaufen oder Ertagrastl genannt, 1750 m) und nun links der Markierung 7 A folgend in langer Waldquerung südwärts hinein zur Dreischusterhütte. *HU ca. 250 m aufwärts, 124 m abwärts, 3 Std., für Gehgewohnte und einigermaßen Trittsichere unschwierig und lohnend.*

3033
Haunoldköpfl 2158 m

Felskopf knapp oberhalb der Waldgrenze südsüdöstlich über Innichen.

Von der Haunoldhütte wie bei R 3032 bis zur Wegteilung beim Ertagrastl (1750 m), hier rechts ab und auf Steig 7 durch teilweise felsdurchsetzte Waldhänge empor zum kleinen Gipfel. *HU 659 m, knapp 2 Std., für Gehgewohnte unschwierig und lohnend.*

3037 AUSGANGSORT
VIERSCHACH	1154 m
WINNEBACH	1131 m

Zwei hübsche Siedlungen mit ländlichem Charakter und mehreren Gastbetrieben. An den Sonnenhängen zahlreiche Bergbauernhöfe. Zwischen beiden Orten die Talstation der Helm-Kabinenbahn (Bergstation und Gaststätte am Westkamm des Helms).

3038
Zu den Innichberger Höfen ca. 1450 m

Charakteristik: R 3026.

HOCHPUSTERTAL

Von der Talstraße bei Obervierschach nordwestwärts durch Wiesen und Wald hinauf zu den Höfen Groß- und Klein-Marer und weiter hinauf zum Stauderhof an der Innichberger Höhenstraße (Restaurant, 1437 m). *HU 283 m, knapp 1 Std., leicht und lohnend.*

3039
Zum Weiler Jaufen — 1443 m

Westlich hoch über Winnebach gelegener Weiler mit einigen Höfen; Einkehrmöglichkeiten, schöne Aussicht.
In Winnebach zuerst westwärts hinauf zur Kirche und zur kleinen Hofgruppe Patzlein und dann auf dem etwas steilen, aber markierten Kirchsteig durch Wald und Wiesen hinauf zu den Höfen von Jaufen. *HU 312 m, knapp 1 Std., leicht und lohnend.*

3040
Zum Silvesterkirchlein — 1912 m

Charakteristik: R 3005. Rast und Einkehr bietet die nahe Silvesteralm (R 3028).
Von Vierschach wie bei R 3038 hinauf zum Stauderhof (Gasthaus) und wie bei R 3027 weiter zum Kirchlein. *HU 758 m, knapp 3 Std. (ab Stauderhof gut 2 Std.), für Gehgewohnte unschwierig und lohnend.*

3041
Hochrast — 2436 m

Mäßig ausgeprägter, aber gern besuchter Gipfel nördlich von Winnebach.
a) Vom Gasthof Jaufen (R 3039) auf der Straße kurz zur Linkskehre, rechts auf Hofzufahrt hinein ins Silvestertal, bei der Wegteilung rechts hinüber zum Kantschiederhof (1542 m) und weiter zum Walderhof (1591 m); nun der Markierung 3 folgend durch Wald und Almgelände empor zum Ziel. *HU 993 m, gut 3 Std., für Gehgewohnte unschwierig und lohnend.*
b) Von Winnebach zwischen den Häusern und dann kurz im Silvestertal nordwestwärts hinan, rechts auf Waldweg 3 empor zum Walderhof (1591 m, ab Winnebach knapp 1½ Std.) und wie bei a weiter zur Hochrast. *HU 1305 m, knapp 4 Std., für Gehtüchtige leicht und lohnend.*

3042
Zum Thurntaler See — 2332 m

Hübscher, inmitten flacher Almböden liegender See nördlich hoch über Winnebach.
a) Vom Gasthof Jaufen wie bei R 3041/a bis unter den Gipfel der Hochrast, rechts zum Reider Schartl (2392 m) und jenseits kurz hinunter zum See. *HU ca. 950 m, 3 Std., für Gehgewohnte leicht und lohnend.*
b) Von Winnebach wie bei R 3041/b bis unter die Hochrast und wie bei a über das Reider Schartl zum See. *HU ca. 1260 m, rund 3½ Std., für Gehgewohnte unschwierig und lohnend.*

3043
Zu den Kegelplätzen (Helmrestaurant) — 2050 m

Aussichtsreiche Bergschulter mit Gaststätte am Westrücken des Helms; trägt die alte Bezeichnung Kegelplätze. Von Vierschach herauf Kabinenbahn, von Sexten herauf Seilbahn; wenig höher die bewirtschaftete Hahnspielhütte.
Von Vierschach stets der Markierung 4A folgend (oder auch auf Weg 4B) durch Wald hinauf zu dem von Innichen heraufkommenden Weg 4 und auf diesem empor zum Ziel. *HU 896 m, gut 2½ Std., für Gehgewohnte leicht, bedingt lohnend.*

3044
Auf den Helm — 2434 m

Südlich über dem Pustertal befindlicher Endpunkt des Karnischen Hauptkammes. Auf der Bergspitze die kleine verwaiste Helmhütte (einst Schutzhütte).
Von den Kegelplätzen (R 3043) auf Weg 4 in leicht ansteigender Querung steiler

Grashänge südostwärts über die Hahnspielhütte (2150 m; Gaststätte) zum Südwestrücken des Helm und entweder auf Steig 4A gerade empor zum Gipfel oder (bequemer) auf Weg 4 weiter zum Südkamm und links kurz hinauf zum Ziel.
HU 334 m, ca. 1 Std., leicht und lohnend.

3045
Nach Sexten   1316 m

Charakteristik: R 3049.
Von Vierschach stets der Markierung 4B folgend südwärts durch Wald hinauf zu einem Waldrücken (ca. 1440 m) und südostwärts Waldhänge und Wiesen querend talein nach Sexten. *HU ca. 285 m aufwärts, 120 m abwärts, 2 Std., für Gehgewohnte leicht und lohnend.*

3049   AUSGANGSORT
SEXTEN   **1316 m**
MOOS   **1337 m**

Zwei Kilometer voneinander entfernte Dörfer in dem von Innichen südostwärts streichenden Sextental zu Füßen der prächtigen Sextner Dolomiten.
Am Rand von Sexten die Talstation der Helm-Seilbahn (Bergstation bei den so genannten Kegelplätzen). In beiden Ortschaften Gastbetriebe. Auf der Sonnenseite des Tales viele Bergbauernhöfe. – Sexten (St. Veit) ist der Hauptort des Tales.

3050
Zur Waldkapelle   1530 m

Im Ersten Weltkrieg als Ersatz für die zerstörte Pfarrkirche erbaute Waldkapelle nordwestlich von Sexten.
Von Sexten stets der Markierung 4D folgend zuerst durch Wiesen hinauf zum Ladstätterhof (1449 m) und großteils durch Wald weiter zur Kapelle. *HU 214 m, knapp 1 Std., leicht und hübsch.*

Alpenflora (Krainer Kreuzkraut) am Helm

3051
Zu den Mitterberg-Höfen   ca. 1700 m

Höfelandschaft auf der Sextner Sonnenseite. Am Mitterberg befinden sich die höchstgelegenen Sextner Höfe Prünster und Tschurtschenthaler (ca. 1660 m; Letzterer mit Hofschenke).
Von Moos (1327 m stets der Markierung 4A (und 13) folgend und vorbei an den Innerberg-Höfen hinauf zur Helmhanghütte (1650 m; Gaststätte), weiter hinauf zu einigen Holzhütten (»Negerdorf«, 1705 m), hier links ab und auf breitem Weg nahezu eben zum Tschurtschenthalerhof (1658 m). *HU 378 m, knapp 1 ½ Std.*

3052
Zur Helmhanghütte   1650 m

Gaststätte in idyllischer Waldlage nordöstlich über Moos bzw. östlich von Sexten.
Von Moos stets der Markierung 4A folgend nordostwärts durch Wiesen und an den Innerberg-Höfen vorbei mittelsteil hinauf zur Helmhanghütte. *HU 313 m, knapp 1 Std., leicht und lohnend.*

3053
Zur Lärchenhütte 1830 m

Nordöstlich von Sexten bzw. nördlich von Moos am Rand einer Bergwiese gelegene Gaststätte mit schöner Aussicht.

a) Von Sexten wie bei R 3051 hinauf zum Prünsterhof, der Markierung 4 C folgend noch ein Stück durch Lärchenwald bergan und zuletzt rechts auf der alten Helmstraße hinüber zur Lärchenhütte. *HU 514 m, 1 ½ Std., leicht und lohnend.*

b) Von Moos wie bei R 3052 zur Helmhanghütte, auf Weg 13 kurz hinauf zum »Negerdorf« (mehrere Holzhütten), nun auf Weg 4 A etwa 15 Min. hinauf und dann auf dem links abzweigenden, markierten Steig den Waldhang und das Tschurtschental querend zur Hütte. *HU 493 m, 1 ½ Std., leicht und lohnend.*

3054
Zu den Kegelplätzen 2050 m

Bergflur am Westrücken des Helm mit Gaststätte; Bergstationen der von Sexten heraufführenden Helm-Seilbahn und des von Vierschach kommenden Kabinenbahn; Prachtblick zu den Sextner Dolomiten.

Von Sexten wie bei R 3050 zur Waldkapelle, auf Steig 4 D kurz weiter zum Weg 4 und auf diesem über den Waldrücken hinauf zum Ziel. *HU 734 m, 2 ½ Std., für Gehgewohnte leicht und lohnend.*

3055
Zur Hahnspielhütte 2150 m

Am Südabhang des Helms inmitten sonniger Grashänge gelegene Berggaststätte mit Prachtblick zu den Sextner Dolomiten.

Von den Kegelplätzen (R 3054) auf Weg 4 in leicht ansteigender Querung der Grashänge zur Hütte. *HU ca. 100 m, 20 Min., leicht und hübsch.*

3056
Auf den Helm 2434 m

Charakteristik: R 3044.

Von den Kegelplätzen (R 3054) auf Weg 4 zur Hahnspielhütte (R 3055) und zum Südwestrücken des Helm und links auf Steig 4 A problemlos empor zum Gipfel mit der ehemaligen Schutzhütte. *HU 334 m, gut 1 Std., leicht, bedingt lohnend.*

3057
Nach Froneben 1549 m

Bauernhof und Gasthaus in aussichtsreicher Lage auf einer ausgedehnten Wiesenterrasse östlich über Moos.

a) Von Moos der Markierung 4 A folgend nordostwärts in Richtung Helmhanghütte bis zu den Troyenhöfen, nun rechts auf Weg 13 hinein zum Troybach und südwärts weiter nach Froneben. *HU 212 m, 1 Std., leicht und lohnend.*

b) Von Moos der Markierung 13 folgend auf schmaler Straße und Forstweg südostwärts in Richtung Nemesalm, bis links der Waldweg 139 abzweigt (ca. 1630 m), und nun auf diesem durch Wald und Wiesen nach Froneben. *HU ca. 299 m, 1 ½ Std., für Gehgewohnte leicht und lohnend.*

3058
Zur Klammbachalm 1944 m

Weite und aussichtsreiche Alm östlich von Moos oberhalb der Waldgrenze. Ausschank.

a) Von Moos stets der Markierung 13 folgend südostwärts zuerst kurz auf schmaler Straße und dann auf breitem Waldweg mäßig ansteigend zu Wegteilung (1756 m) und links mittelsteil hinauf zur Alm. *HU 607 m, gut 2 Std., leicht und lohnend.*

b) Von Froneben (R 3057) auf markiertem Steig zuerst durch Wiesen und dann im Wald weitgehend eben südostwärts zum breiten Weg 13 und wie bei a weiter zu Weggabel und zur Alm. *HU 395 m, knapp 2 Std., leicht und lohnend.*

c) Von der Nemesalm (R 3059) auf Steig 13 nordwärts zuerst freie und zuletzt bewaldete Hänge querend zur Klammbachalm.

Klammbachalm und Sextner Dolomiten

HU ca. 100 m, knapp 2 Std., leicht und lohnend.

3059
Zur Nemesalm — 1877 m

Nordöstlich über dem Kreuzbergpass bzw. im Südosten von Moos gelegene, sehr ausgedehnte Alm. Ausschank, prächtige Aussicht.

a) Von Moos stets der Markierung 13 folgend südostwärts zuerst kurz auf schmaler Straße und dann auf breitem Waldweg mäßig ansteigend zur Baumgrenze und zur Alm. *HU 540 m, gut 2 Std., leicht und lohnend.*

b) Von der Klammbachalm (R 3058) auf Steig 13 südostwärts teils bewaldete, teils freie Hänge querend zur Nemesalm.
HU ca. 100 m, knapp 2 Std., leicht und lohnend.

c) Vom Kreuzbergpass (R 3065) stets der Markierung 13 folgend (teils breite Forstwege, teils Fußwege) zunächst in längerem Auf und Ab durch buckliges Waldgelände nordostwärts zu dem von Moos heraufkommenden Weg und auf diesem hinauf zur Alm. *HU 241 m, 1 ½ Std., leicht und lohnend.*

3060
Zur Sillianer Hütte — 2418 m

Am Karnischen Kamm nordöstlich des Raumes Sexten-Moos nahe dem Leckfeldsattel gelegene Schutzhütte mit Sommerbewirtschaftung. Prächtige Aussicht.

Von den Kegelplätzen (R 3054) auf dem breiten Höhenweg 4 südostwärts zur Hahnspielhütte (R 3055), leicht ansteigend und weiterhin die Grashänge querend zum Leckfeldsattel und kurz hinauf zur Hütte. *HU 368 m, 1 ½ Std., leicht und lohnend.*

3061
Hornischeck — 2550 m

Markanter, dem Karnischen Kamm ostseitig vorgelagerter Felsgipfel.

Von den Kegelplätzen auf dem Karnischen Höhenweg (R 3063) südostwärts bis zu einem Jöchl zwischen dem Hauptkamm und dem weithin auffallenden, als markanter Felsgipfel aufragenden Hornischeck und links über den felsigen Grat auf kurzer, leicht ausgesetzter Route zum Gipfelkreuz. *HU 500 m, gut 2 Std., für berggewohnte Geher unschwierig und lohnend.*

3062
Knieberg 2503 m

Dunkle Bergspitze östlich über der Nemesalm, dem Karnischen Hauptkamm südlich vorgelagert.
Von der Nemesalm (R 3059) auf Weg 146 durch Grashänge zuerst mäßig, dann stärker ansteigend hinauf zum Kniebergsattel (2329 m) und rechts auf Steig 148 durch felsige Hänge empor zum Gipfel. *HU 626 m, knapp 2 Std., für Gehgewohnte leicht und lohnend.*

3063
Der Karnische Höhenweg

Rund 10 km lange, markierte Wanderroute über den teils begrünten, teils felsigen Karnischen Kamm, der das Sextental ostseitig begrenzt. Prachtblicke auf die Sextner Dolomiten und umfassende Fernsicht.
Von den Kegelplätzen (R 3054) wie bei R 3061 über Hahnspielhütte und Sillianer Hütte zum Klammbachsattel (2480 m, 2 Std. ab Seilbahn; Abstieg auf Weg 133 ins Tal möglich), weiterhin auf dem markierten Höhenweg dem Kammverlauf folgend zum Hochgräntenjoch (2429 m; kleiner Soldatenfriedhof) und längerer Aufstieg zur Erhebung des Demut (1591 m); nun auf dem Höhenweg am Kamm in ca. 2600 m Höhe weiter, unter den Eisenreich-Gipfeln durch, ein Stück hinab und rechts hinüber in die Obstanser Senke (ca. 2540 m; nordseitig darunter Obstanser See und Schutzhaus, siehe R 3064); von da auf Weg 160 südwestwärts hinunter zum Kniebergsattel (2329 m) und rechts auf Weg 146 über Grashänge hinunter zur Nemesalm (R 3059). *HU ca. 550 m aufwärts, ca. 720 m abwärts, 6–7 Std., für Gehtüchtige unschwierig und lohnend.*

3064
Obstanser See und Hütte 2304 m

Stattlicher und schöner Bergsee mit gleichnamigem Schutzhaus (Sommerbewirtschaftung) auf der Nordseite des Karnischen Kammes unterhalb der Scheitelhöhe.
Von der Nemesalm (R 3059) auf Weg 146 über Grashänge hinauf zum Kniebergsattel, links auf Weg 160 empor zur Obstanser Senke (ca. 2540 m) und jenseits über Grasgelände in 15 Min. hinunter zu See und Hütte. *HU 660 m aufwärts, 235 m abwärts, 2 Std., für Gehgewohnte leicht und lohnend.*

3065
Zum Kreuzbergpass 1636 m

Straßenübergang vom Sextental ins Comelicotal mit Gastbetrieben und Parkplatz.
a) Von Moos wie bei R 3059/a etwa ½ Std. in Richtung Nemesalm und dann rechts abzweigend auf Waldweg 13 A mäßig ansteigend zum Pass. *HU 299 m, 2 Std., leicht und lohnend.*
b) Von den Rotwandwiesen (R 3067) kurz durch Wiesengelände südwärts hinauf zu links abzweigendem Forstweg (Markierung 18) und auf diesem in teils ebener, teils leicht absteigender Querung der Waldhänge südostwärts zum Pass.
HU 278 m (abwärts), 1 ½ Std., leicht und lohnend.
c) Von den Rotwandwiesen südostwärts hinauf zum Steig 15 A, auf diesem in großteils nahezu ebener Wanderung durch lichten Wald, über Schuttkare und durch Bergwald südwärts und zuletzt über Wiesen hinab zum Kreuzbergpass. *HU ca. 350 m (abwärts), 2 ½ Std., für etwas berggewohnte Geher leicht und lohnend.*

HOCHPUSTERTAL

Der Obstanser See

3066
Zum Fischleinboden 1454 m

In dem bei Moos abzweigenden Fischleintal liegende Weitung mit dem Hotel Dolomitenhof; Ende der Straße, Parkplätze.

a) Von Moos kurz auf der Talstraße südwärts, dann rechts der Markierung 1B folgend nach Bad Moos (Talstation der Rotwandwiesen-Umlaufbahn), hier überquerung des Talbaches und auf dem breiten Wirtschaftsweg (Markierung 102/103/124) durch Wiesen talein zum Fischleinboden. *HU 117 m, 1 Std., leicht und lohnend.*

b) Von Sexten stets der Markierung 1A (und 5 im Dreieck) folgend durch Wiesen und Wald zum Haideck (1413 m; altes Sperrfort) und weitgehend eben durch Wald hinein zum Fischleinboden.
HU 138 m, gut 1 ½ Std., leicht und lohnend.

3067
Rotwandwiesen 1925 m

Südlich über Moos gelegene Hangterrasse mit Bergwiesen, Gaststätten und Bergstation der Umlaufbahn, die von Bad Moos (1 km südlich von Moos) heraufführt.

a) Von Moos auf der Talstraße kurz südwärts, dann rechts auf Weg 15 zuerst über ein kleines Moor und dann großteils mittelsteil durch Wald südwärts empor zum Ziel. *HU 588 m, gut 1 ½ Std., leicht und lohnend.*

b) Von Bad Moos (gleichnamiges Hotel, Talstation der Umlaufbahn, 1362 m) nur kurz auf der ins Fischleintal führenden Straße hinein, dann links auf Waldweg 15 hinauf zu dem von Moos kommenden Weg und auf diesem wie bei a hinauf zu den Rotwandwiesen. *HU 563 m, gut 1 ½ Std., leicht und lohnend.*

c) Vom Fischleinboden (R 3066) auf Waldweg 15 C ostwärts mäßig bis stark ansteigend empor und zuletzt auf dem von Moos kommenden Weg 15 südwärts zum Ziel.
HU 471 m, 1 ½ Std., leicht und lohnend.

3068
Höhenwege Rotwandwiesen – Kreuzberg

Zwei landschaftlich schöne, rund 6 km lange Wanderrouten (ein breiter, tiefer verlaufender Forstweg und ein höher verlaufender Fußpfad), unter den Ostgipfeln der Sextner Dolomiten.
Wegverlauf siehe R 3065/b und c.

3069
Sextner Rotwand (Zehner)   2965 m

Ausgeprägter Felsberg südöstlich von Sexten-Moos. Im Gipfelbereich Stellungsreste aus dem Ersten Weltkrieg. Der Berg ist durch mehrere Klettersteige erschlossen.
Von den Rotwandwiesen (R 3067) durch Wiesengelände südwärts zu Wegteilung, kurz auf Steig 15 A weiter, dann rechts der Markierung 15 B folgend hinauf zu einem Felssporn beim Burgstall (ca. 2260 m), rechts über Felsen (Drahtseil) weiter empor zu einer kleinen Scharte und zu einem 20 m hohen Steilaufschwung; über diesen hinauf (Drahtseil, heikelste Stelle der Route) und dann über abwechslungsreiches Gelände zum Ostgipfel mit dem Kreuz (2939 m). *HU 1014 m, 3 Std., Klettersteigerfahrung unbedingt notwendig, landschaftlich eindrucksvoll.*

3070
Alpinisteig

Rund 5 km langer, mit Fixseilen versehener Höhenweg, der hoch über dem inneren Fischleintal großteils senkrechte Felsflanken durchquert. Zwischen dem leichteren Westteil und dem schwierigeren Ostteil kann vorzeitig ins Tal abgestiegen werden.
Von der Zsigmondyhütte (R 3072) auf Steig 101/103 südostwärts zu Wegteilung (2326 m), nun auf Steig 101 über unschwieriges Gelände hinüber zum »Salvezzaband«, auf diesem senkrechte Felswände querend zu einer kaminartigen Schlucht, dann über ausgesetzte Bänder zu breiter Schneerinne (»Äußeres Loch«) und auf ausgesetztem Felsband und in leicht ansteigender Querung einer Geröllrampe zur Elferscharte (2620 m; vorzeitiger Abstieg möglich). Nun über ausgesetzte Fels- und Geröllbänder weiter, dann über eine Leiter und Eisenklammern steil empor, hierauf wieder ausgesetzte Felsquerung bis zu Wegteilung (ca. 2650 m) und an Fixseilen über stellenweise senkrechten Fels rund 100 Höhenmeter hinunter in ein Geröllkar (ca. 2550 m; ab Elferscharte knapp 1 ½ Std.; von da bzw. vom Fuß des Kars auf Steig 124 und 122 in ca. 1 ½ – 2 Std. hinunter zur Talschlusshütte, siehe R 3071). *HU ca. 400 m aufwärts, 100 m abwärts, der Westteil für absolut schwindelfreie Geher nicht schwierig, der schwierigere Ostteil erfordert Klettersteigerfahrung und kann bei vereisten Felsen unbegehbar sein.*

3071
Zur Talschlusshütte   1526 m

Gaststätte im innersten Fischleintal mit schöner Wald- und Bergumrahmung.
Vom Fischleinboden (R 3066) auf oder neben dem breiten Talweg in ebener Wanderung hinein zur Talschlusshütte.
HU gering, knapp ½ Std., leicht und hübsch.

3072
Zur Zsigmondyhütte   2224 m

Bewirtschaftetes Schutzhaus südlich über dem Fischleintal in prächtiger Lage unter dem Zwölfer.
Von der Talschlusshütte (R 3071) auf Weg 102/103 südostwärts ein Stück hinauf zu

Dreizinnenhütte mit Paternkofel und Drei Zinnen

Wegteilung (1631 m) und dann links abdrehend auf Weg 103 mittelsteil hinauf zur Hütte. *HU 698 m, 2½ Std., für Gehgewohnte leicht und lohnend.*

3073
Höhenweg Zsigmondyhütte – Dreizinnenhütte

Eine der schönsten Höhenwanderungen in den Sextner Dolomiten. Auch in Gegenrichtung lohnend.

Von der Zsigmondyhütte wie bei R 3074/a zur Büllelejoch-Hütte (2528 m), auf Steig 101 vom Büllelejoch nordseitig über Geröll oder Schnee steil hinunter und dann in nahezu ebener Hangquerung westwärts zur Dreizinnenhütte. *HU 304 m aufwärts, ca. 200 m abwärts, gut 2 Std., für Gehgewohnte leicht, landschaftlich lohnend.*

3074
Zur Büllelejoch-Hütte 2528 m

Kleine Schutzhütte mit Sommerbewirtschaftung nahe dem gleichnamigen Joch zwischen Zsigmondyhütte und Dreizinnenhütte; schöne Aussicht.

a) Von der Zsigmondyhütte (R 3072) auf Weg 101 größtenteils leicht ansteigend westwärts zum Oberbachernjoch und rechts zur Schutzhütte. *HU 304 m, 1 Std., leicht und lohnend.*

b) Von der Dreizinnenhütte (R 3075) auf Weg 101 zuerst weitgehend eben südostwärts und zuletzt steil empor zum Büllelejoch und zur Hütte. *HU ca. 200 m, knapp 1½ Std., leicht und lohnend.*

3075
Zur Dreizinnenhütte 2405 m

Großes bewirtschaftetes Schutzhaus südwestlich über dem Fischleintal in einem breiten Sattel; gerade gegenüber die berühmten Drei Zinnen. Östlich etwas tiefer die schönen Bödenseen.

a) Von der Talschlusshütte (R 3071) stets der Markierung 102 folgend auf Bergweg durch das felsige Altensteintal mittelsteil hinauf zu einem der Bödenseen und kurz weiter zum Schutzhaus. *HU 879 m, 2½ Std., für Gehgewohnte leicht und lohnend.*

b) Von der Dreischusterhütte (R 3080) südwärts hinein bis zur Talgabel, links auf Steig 105 empor zum Gwengalmjoch (2446 m) und südostwärts hinüber zur Hütte. *HU ca. 830 m, gut 2 ½ Std., für berg- und gehgewohnte Wanderer unschwierig und lohnend.*

3076
Toblinger Knoten — 2617 m

Schroffer, zerklüfteter Berg nordwestlich der Dreizinnenhütte. Durch einen Klettersteig erschlossen.

Von der Dreizinnenhütte (R 3075) auf beschildertem Steig zur Nordwand des Berges und von dort an Fixseilen und über Eisenleitern zu einem guten Teil mehr oder weniger senkrecht empor zum Gipfel.
HU 212 m, 1 ½ Std., trotz der Sicherungen schwierig, nur klettersteigerfahrenen Gehern vorhalten.

3077
Paternkofel — 2744 m

Südöstlich der Dreizinnenhütte steil aufragende Berggestalt. Im Ersten Weltkrieg heiß umkämpft, heute durch Klettersteige erschlossen; beliebteste Route ist der hier beschriebene, gesicherte Nordanstieg.

Von der Dreizinnenhütte (R 3075) auf einem Steig südostwärts unter einer Felsnadel (»Frankfurter Würstl«) durch zum Beginn eines 400 m langen Kriegsstollens, durch diesen steil empor (Taschenlampe!), nach dem Tunnelaustritt empor zur Gamsscharte (2650 m) und über Fels und Geröll ausgesetzt zum Gipfel. *HU 339 m, 1 ½ Std., Klettersteigerfahrung unerlässlich! Stark begangen.*

3078
Rund um die Drei Zinnen

Weitgehend eben verlaufende Rundwanderung.

Von der Dreizinnenhütte (2405 m) auf Steig 102/105 südseitig hinunter zum Rienzboden (2220 m), links auf Steig 105 über die Lange Alpe zu den kleinen Zinnenseen, hinan zur Forcella Col di Mezzo (2315 m) und links zur Auronzohütte (2320 m; Berggasthaus, knapp 2 Std.); nun auf Weg 101 am Südfuß der Drei Zinnen ostwärts gegen die Lavaredohütte (2344 m, Sommerbewirtschaftung), kurz hinauf zum Paternsattel (2454 m) und auf Steig 101 nahezu eben zurück zur Dreizinnenhütte. *HU etwa 150 m, 4 Std., für Gehgewohnte leicht und lohnend.*

3079
Innergsell — 2065 m
Außergsell — 2007 m

Zwei dem Hochgebirgsmassiv der Dreischusterspitze vorgelagerte Graskuppen mit schönen Bergwiesen.

a) Von Moos wie bei R 3066/a in Richtung Fischleinboden bis zur abzweigenden Markierung 12, nun stets dieser folgend durch Wiesen und Wald hinauf zu einer Wiesenschulter (1900 m), hier links ab und auf steilem Steig hinauf zum Innergsell (und evtl. zum Außergsell). *HU 728 m, 2 ½ Std., für Gehgewohnte leicht und lohnend.*

b) Von der Dreischusterhütte (R 3080) auf dem Talweg ein Stück hinaus bis zur rechts abzweigenden Markierung 12 A (ca. 1570 m) und nun stets dieser folgend (Forstweg, Fußpfad) hinauf zum Außergsell (und evtl. Innergsell). *HU ca. 435 m, 1 ½ Std., unschwierig und lohnend.*

3080
Zur Dreischusterhütte — 1626 m

Im Innerfeldtal gelegenes bewirtschaftetes Schutzhaus. Prächtige Bergumrahmung, naturbelassene Umgebung.

Vom Parkplatz am Ende der Innerfeldstraße (1500 m) teils auf der Zufahrt, teils auf dem alten Weg in leichtem Anstieg talein zur Hütte. *HU 126 m, ¾ Std., leicht und hübsch.*

REGISTER

Die Zahlen nach den Stichwörtern beziehen sich ausschließlich auf die Randzahlen und nicht auf die Seiten. Randzahlen mit einem Stern (*) weisen auf Ausgangsorte und Großgebiete hin.

A

Aberstückl 1437*
Ackerboden 2018
Adolf-Munkel-Weg 1904
Afing 1308*, 1378
Aglsalm 2196
Aglsbodenalm 2195
Ahornach 2706, 2741
Ahrntal 2662
Aicha 1970*
Al Plan de Mareo 2569
Albeins 2048*
Albions 1722, 1818
Aldein 1123, 1171, 1186*, 1204
Algund 578*, 597
Algunder Waalweg 552, 579, 598
Allerengelberg, ehem. Kloster 448
Allitz 272*, 289
Allitzer Seen 274
Almerstein (Allwartstein) 2982, 2989
Alp Planbell 98
Alpenrosenweg 771, 889
Alpinisteig 3070
Alplahneralm, Innere 945, 946
Alplahnersee 946
Alrißalm 2261
Altalm 501
Alte Goste 2878
Altenburg 1040
Altrasen, Burg 2877
Altrateis 425*
Altrei 1137, 1144*, 1155
Am Toten, Kapelle 1404, 1829

Amaten (Ameten) 2478, 2670
Amperspitze 2891, 2928
Andrian 818, 823*
Annenberg, Schloss 350
Anratter-Hütte 2297
Antermëia 2539
Antersasc 2559
Antersasc-Alm 2558
Antholz-Mittertal 2880*
Antholz-Niedertal 2880*
Antholzer See 2886
Antlas 1508
Antonispitze 2587, 2595
Arthur-Hartdegen-Weg 2751
Aschbach (Pustertal) 2494
Aschbach (Vinschgau) 506, 514, 518*, 542
Aschbacher Alm (Pustertal) 2496, 2871
Aschgler Alm 1771
Aschl 1335
Aschler Bach 851
Ast 2382
Astalm 2934
Asten 1446
Astenberg 1449
Astfeld 1408*
Astjoch (Burgstall) 2004, 2448
Atzwang 1702*
Auenalm 1398
Auener Hof 1397
Auer 1120*
Auerbergalm 927
Auerleger 1566

Aufhofen 2475*
Aufkirchen 2988, 2995
Auronzohütte 3078
Außereggen, Gehöft 291
Außergsell 3079
Außermühlwald 2714
Außernördersberg 308
Außerraschötz 1737, 1745, 1865, 1888
Außersulden 237
Außerultner Höhenweg 771, 889

B
Bad Bergfall 2857
Bad Dreikirchen 1731, 1824
Bad Gfrill 805
Bad Ratzes 1680
Bad Rumestlungs 2591
Bad Salt 326
Bad Sieß (Bad Süß) 1490, 1502
Bamberger Hütte 1798, 1800, 2651
Barbian 1723, 1727*
Barbianer Wasserfall 1728
Bärenbrücke 229
Bärengrüblalm 710
Bärentalalmen 2820
Becherhaus 2200
Bergbaumuseum im Ahrntal 2802
Bergbaumuseum im Ridnauntal 2192
Bergl (St. Valentin a.d.H.) 66
Berglhütte (Trafoi) 231
Bergwaal, Schluderns 166
Bichl (Innerratschings) 2154*
Bichlalm 931
Bild-Wetterkreuz 2296
Bildstein von Elvas 1927
Birchabruck 1551*
Birchberg 505, 512
Birnlücke 2841
Birnlückenhütte 2841
Blasiuszeiger 533
Bletterbach 1181

Bloßberg 2681
Blumau 1541, 1609*
Boarenwald, Waldschenke 1066
Bockerhütte 613, 624
Bödenseen 3075
Boèsee 2645
Boèhütte 1798, 1800, 2651
Boèseekofel (Piz da Lech de Boè) 2647
Boèspitze 1799, 2648
Bonner Hütte 3003
Boymont, Burg 1007
Bozen 1248*
Bozen und Umgebung 1247*
Brandiswaalweg 774
Branzoll 1223*
Branzoll, Burg 1808
Breitbühel 934, 944
Breiteben 697, 916
Brenner 2273*
Brennerbad 2273*
Brixen 1915*
Brixen und Umgebung 1914*
Brixner Dolomitenstraße 1880
Brixner Höhenweg (Zirmweg) 2020, 2030
Brixner Hütte 2307
Brixner Klause 1914
Broglesalm 1908
Brückele 2973
Bruggeralm 83
Bruneck 2454*
Bruneck und Umgebung 2453*
Bruneck, Schloss 2462
Brunecker Waldfriedhof 2463
Brunstalm 2853
Buchholz 1090
Buchwald 841, 1010, 1022
Büllelejochhütte 3074
Bundschen 1382*
Burgeis 78*, 108
Burggraf Volkmar 847
Burgstall (Astjoch) 2004, 2448

Burgstall 845*
Burgstallegg 1187
Burgum 2219

C

Campill 2557*
Campolongopass 2643
Castelfeder 1121
Castrinalm 881, 987, 996
Chavalatsch 142
Chemnitzer Hütte 2733, 2778
Christl 679, 692
Churburg 165
Ciastel Colz 2614
Cima Valbona 1582
Cirspitze, Große (Gran Cir) 1794, 2654
Cisloner (Zisloner) Alm 1114, 1128
Col Alt 2641
Col Bechei de sora 2583
Col da Masores 1797
Col dal Lè 2533, 2546
Col dala Pieres 1778, 1789
Col Raiser 1772
Corvara 2615, 2640*
Crep de Munt 2644
Crespeinasee 1791, 2655
Crusc da Rit 2592
Cunturinessee 2628
Cunturinesspitze 2628

D

Daimerhütte 2765, 2787
Deutschnofen 1213*, 1234, 1243, 1291, 1553
Deutschnonsberg 965*
Dialerhaus 1677
Dietenheim 2456, 2475*
Dolomitenhof, Hotel 3066
Dolomitenstraße, Große 2624
Dorf Tirol 602, 606*, 621
Dörferrunde Natz-Schabs 1982, 1994
Drau-Ursprung 3009, 3025
Drauquelle 3009

Drei Seen 412, 888
Drei Zinnen, Umrundung 3078
Dreieckspitze 2748
Dreifingerspitze 2573, 2860
Dreischusterhütte 3032, 3080
Dreisprachenspitze 227
Dreizinnenhütte 3014, 3075
Dun (Dan) 2367, 2368
Durakopf 2875, 2894, 2908
Durnholz 1426*
Durnholzer Höhenweg 1432
Durnholzer Jöchl 1445
Durraalm 2743
Durreck-Höhenweg 2704, 2811
Dürrensee 3012
Dürrenstein 2978
Dürrenstein-Höhenweg 2979
Dürrensteinhütte 2977
Dusleralm (Dussleralm) 1905
Düsseldorfer Hütte 245

E

Edelrauthütte 2731, 2373
Edelweiß, Gasthaus (Salten) 1301
Edelweißhütte (Pflersch) 2260
Edelweißhütte (Trafoi) 232
Egerer Hütte (Seekofelhütte) 2579, 2970
Egg 2090
Eggen 1559*
Egger-Grub-Alm 730
Eggerberg (Niederdorf) 2986
Eggerhof (Schenna) 638
Egghöfe (Ulten) 882
Ehrenburg 2443*, 2517
Ehrenburg, Schloss 2443
Eidechsspitze 2377, 2387
Einertalalm 911
Eisacktal, mittleres 1914*
Eisacktal, Oberes (Südliches Wipptal) 2057*
Eisacktal, Unteres 1539*
Eisbruggjochhütte 2731, 2373
Eisbruggsee 2372

Eishof 442
Elferscharte (Sexten) 3070
Elferspitze (Vinschgau) 16, 73
Elisabethpromenade 1594, 1595
Ellen 2446, 2526
Elvas 1925, 1990
Elzenbaum 2093
Emilio-Comici-Hütte 1761, 1802
Endkopf (Jaggl) 28, 38
Englalm 2386
Enn, Schloss 1127
Enneberg 2532
Ennewasser 326
Entiklar 1079
Enzianhütte 339
Enzianhütte, Zirog 2275
Epircher Laner 1578
Eppan 1033
Eppaner Eislöcher 1019
Eppaner Höhenweg 1021
Erdpyramiden von Platten 2493
Erdpyramiden von Terenten 2385
Eschenlohe, Burg 878
Etschquelle 10
Etschtal 763*
Eyrs 259*

F
Faden 2798
Faglsalm 678
Faglssee 654, 678
Falkomaialmen 886, 887
Falkomaisee 887
Fallierteck 3
Fallungscharte 19
Fallungspitze 19
Faltschnalalm 738
Falzeben 565, 1358
Fane-Alm 2306
Fanes-Gebiet 2610
Faneshütte 2581
Fartleisalm 681

Feichtenbergerhütte 2828
Feldthurns 1814, 1850*, 1917
Felixer Weiher 834, 840, 981
Felsbilder von Tschötsch 1919
Fennberg 1064, 1076*, 1078
Fennberger Klettersteig 1078
Fennhals 1066
Fennpromenade 1493
Fermedahütte 1771
Ferse, Hohe 2169, 2191
Festenstein, Ruine 825
Fiechtalm (Fichtalm) 953
Fineilhof 471
Fineilsee 472
Fischburg 1759
Fischleinboden 3066
Fisolhof 303
Flaas 1313*
Flaggeralm, Innere 2067
Flaggerscharthütte 1428, 2068
Flaggertal 2067
Flains 2115, 2211
Flatschbergalm, Vordere 959
Flatschbergtal 959
Flatschspitze 2221, 2277
Flecknerhütte 700, 2159
Flecknerspitze 701, 2160
Flimalm 333
Flimsee 333
Flitt 2012
Flitzer Eisenquelle 1887
Flitzer Wasserfall 1886
Flodig-Alm 3016
Flötscher Weiher 1980
Fodara Vedla 2578
Föllakopf 100
Fonteklaus 1816, 1866
Fragsburger Wasserfall 567
Frankbach-Wasserfall 2791
Franschalm 415, 498
Franz-Huber-Weg 538
Franz-Kostner-Hütte (Vallonhütte) 2646

Franz-Schlüter-Hütte 1775, 1903, 2562
Franzensfeste 2058*
Franzenshöhe 229
Freiberg 394*
Freiberger Alm 395
Freienfeld 2089
Freins 1817, 1867
Friedensweg (Fanes) 2584
Friedrich-August-Weg 1806
Frisiberger Alm 2926
Frisiberger Kragen 2927
Fröhlichsburg 120
Frommer, Gasthaus 1679
Frommeralm 1592
Frondeigen 2919, 2955, 3000
Froneben 3057
Frühlingstal 1036
Fuldaer Weg 2832
Furcia Rossa III 2584
Furkelhütte 211, 218, 223
Furkelsattel 2571, 2858
Furkelsee 101
Fürstenburg 79, 108
Fußendraß 2219

G

Gabler, Großer 2021, 2033
Gadertal 2527*
Gaid 817, 826, 832*
Gailerhof 2902
Gais 2663*, 2471, 2476, 2677
Gaiser Waalweg 2669
Gaishörndl (Berghorn) 2952
Gaisjochspitze 2312, 2330
Gaisl-Höhenweg 2976
Galsaun 389, 402
Gampelalm (Obertall) 664
Gampenalm (Villnöß) 1902
Gampenpass 788, 970
Gamperalm (Ulten) 883
Gampertal 994
Gampesalm 2376

Gampill (Campill) 2006
Gamshöfe 308
Gand 326
Ganischger Alm 1580
Gänsebichljoch 2754
Gänsebichlsee 2754
Gantkofel 835
Gardenaciahütte (Gardenazzahütte) 2604, 2617
Gargazon 850*
Gargazoner Wasserfall 851
Garn 1813, 1846, 1854
Gartlhütte 1600
Gasserhütte (Villanderer Alm) 1826
Gasteig 2127, 2131*
Gaulschlucht 766
Gebirgsjägersteig 671
Geige 2481, 2668
Geiselsberg 2851*
Gelbsee und Grünsee 341
Gelenkscharte 2782
Gelttalalm, Innere 2753
Genteralm 1411
Gereut 1940
Gerstgras 469, 479*, 486
Getrumalm 1418
Gfallhof 462
Gfeis 626, 652
Gföllberg 2796
Gfrill (Lana) 804
Gfrill (Salurn) 1091, 1095*, 1103, 1109
Gfrillerbad (Lana) 805
Gigglberghof 528
Gilfenklamm 2145
Gilfpromenaden 558
Girlan 1006, 1015, 1026*, 1034
Gissmann 1388, 1514, 1525, 1533*
Gitsch 2333, 2360
Glaiten 699, 726
Glaitner Spitze (Glaitner Hochjoch) 702, 727, 2138, 2165
Glaneggalm, Obere 756

457

Glaning 873, 1252, 1270*
Glatschalm 1906
Gleckspitze (Gleck) 950
Gleifkirche 1018
Glen (Oberglen) 1113
Gletscherschliffe (Gleif, Eppan) 1018
Glieshof 179*
Glittnerseen 2008, 2534
Glurns 131, 147*, 158
Glurnser Alm 149
Glurnser Köpfl 150, 191
Gnollhof 1864
Göflan 307*
Göflaner Alm 282, 309
Göflaner See 283, 310
Goldrain 348*, 366
Goldrain, Schloss 348, 383
Goldrainer Panoramaweg 351
Golfen 3002
Göller 1190
Göllersee 1188
Gols 2389
Gomagoi 216*
Gömajoch 2540, 2551, 2563
Gornerberg 2719
Gorz 1181, 1197
Gossensaß 2114, 2242*
Gossensaß, Uferpromenade 2253
Gostnerhof 2997
Gottschalkweg 2254
Grabspitze 2238
Graf-Volkmar-Weg 847
Grasleitenhütte 1633
Grasleitenpasshütte 1636
Graßstein 2075*
Gratsch 559, 596*
Graun (Unterland) 1074*, 1055, 1069
Graun (Vinschgau) 24*
Grauner Alm (Vinschgau) 27, 65
Grawand 485
Greifenstein, Burg 871, 1250, 1272
Greinwalden 2468

Greiterer (Schenna) 638
Griankopf (Grionkopf) 19
Gries 1248
Grindlersee 2371
Grissian 800, 815
Grödner Joch 1795, 2652
Grohmannhütte 2198
Groß-Fanes 2626
Großberghütte 2328
Großhorn 29, 67
Großklausen 2807, 2822
Grub (Langtaufers) 50*
Gruberhof (Rabland) 526
Grubhof (Naturns) 494
Grüblalm 2890
Grünbachsee 2396
Grünbodenhütte 738
Grünsee (Fanes) 2581
Grünsee (Ulten) 956
Gschnagenhardtalm 1907
Gschneir, Höfegruppe 168, 260, 268
Gschneirer Waal 168
Gschnon 1112
Gschwell 42*
Gsieser Almenweg 2948
Gsieser Tal 2913
Gsieser Talblickweg 2956
Gsteier (Gsteir) 563, 636
Gsteigerhof (Gstoager) 1111
Gufidaun 1815, 1863*
Guggenbergalm 893
Gummer 1545*, 1554
Günther-Messner-Steig 1889, 1899
Guntschnapromenade 1249
Gurschlhof 462

H
Haderburg 1087
Hafling 1348, 1357*
Hagneralm 1589
Hahnspielhütte 3055
Haidacheralm 2484, 2491

Haidenberger Hof 2514
Haider Alm 7, 71, 74, 84
Haider Höhenweg 7, 74
Haider Scharte 73
Haider See 70
Halbweghütte 1043
Halsl (Halslhütte) 2044
Hammerwand 1630
Hanicker Schwaige 1638
Hanns-Forcher-Mayr-Hütte 2754, 2885
Hans-Frieden-Weg 592
Hans-Stabeler-Höhenweg 2782
Happichler Waal 525
Haselburg 1265
Haselgruber Hütte 948
Haselgruber Seen 951
Haselhof 308, 316
Hasenöhrl (Hasenohr) 379, 961
Hasentalalm 2831
Haslach 1248
Hauenstein, Ruine 1683
Haunoldhütte 3031
Haunoldköpfl 3033
Hauserbergalm 1310, 1384, 1394
Häusleralm 1555
Heilige Drei Brunnen 230
Heiliger See (Lago Santo) 1089, 1096
Heiliggeist (Ahrntal) 2844
Heiligkreuz (La Crusc) 2597, 2607, 2625
Heiligkreuz (Raschötz) 1737, 1865
Heiligkreuzkofel (L'Ciaval)
  2586, 2598, 2608
Heimwaldspitze 2946
Hellbödenspitze 2940
Helm 3030, 3044, 3056
Helmhanghütte 3052
Helmhütte 3044
Helmrestaurant 3030, 3043, 3054
Hermann-Gritsch-Haus 1365
Herrenkohlern 1289
Herrensteig, Oberer 1897
Herrensteig, Unterer 1896

Hexenbänke (Puflatsch) 1669
Hexenstein (Aldein) 1188
Hexenstein (Terenten) 2393
Hexenstühle (Kastelruth) 1695
Himmelreich (Ritten) 1488, 1503
Hinterbergkofel 2936
Hinterbergkofelalm 2935
Hintereggalm 666
Hintergrathütte 241
Hinterkirch 50*
Hinternobls 1304, 1309
Hirzelweg 1603
Hirzer 670, 1439
Hirzer-Seilbahn 650
Hirzerhütte 667, 686
Hochalm 731
Hochalpe 2966
Hochalpen-Höhenweg 2967
Hochalpenkopf 2965
Hochalpensee 2574, 2859, 2968
Hocheppan, Burg 827, 1008
Hochfeiler 2237
Hochfeilerhütte 2236
Hochfeld 2821
Hochfeldalm 2820
Hochforch 527
Hochganghaus 537, 589
Hochgrubachspitze 2391, 2728
Hochhorn 2918, 2954, 3002
Hochkreuzspitze 2939
Hochlärcheralm 2790
Hochmut (Hochmuth) 592, 609
Hochnoll (Hochnall) 2497
Hochpustertal 2850*
Hochrast 3041
Hochspitze 2178, 2190
Hochstein 2949
Höchster Hütte 956
Hochwart 995
Hochwart, Naturnser 414, 502, 772, 890
Hochwart, Ultner 902, 912
Hochwartsee 901

Hochwilde 444, 743
Hofalm (Terenten) 2394
Höferalm (Watles) 91
Hoferalpl (Ums) 1651
Hofern 2404, 2427, 2436
Hofmahdsattel 881, 969, 987, 996
Höhenweg Edelrauthütte –
    Weitenbergalm 2375
Höhenweg Rotwandwiesen –
    Kreuzberg 3068
Höhenweg Schöneben – Haider Alm 7
Höhenweg Zsigmondyhütte –
    Dreizinnenhütte 3073
Hoher Dieb 922
Hohes Joch 174
Höhlenstein 3012
Holen (Hohlen) 1169*
Höllenkragen 2100, 2215
Höllental 825
Holzeralm 2804
Hornalm 1098, 1139, 1145, 1156
Hörneggele (Hörneckele) 2932
Hornischeck 3061
Hörschwang 2447, 2525
Huberkreuz 1825
Hühnerspielalm (Ahrntal) 2819
Hühnerspielhütte (Gossensaß)
    2118, 2243, 2279
Hühnerspielspitze (Amthorspitze) 2245
Hundskehljoch 2839

I

Ifinger 644, 1361
Ifingerhütte 640
Ilmenspitze (Ilmspitze) 913, 929
Ilstern 2350
In der Marche 2827
Innergsell 3079
Innersulden 237
Innichberger Höfe 3026, 3038
Innichen 3008, 3024*
Irenberger Hof 2408

Issing 2401*, 2415, 2437
Issinger Weiher 2401, 2416

J

Jägerrast, Gasthaus 441
Jakobsspitze 1430, 2070
Jakobsstöckl 2007
Jaufen, Weiler 3039
Jaufenburg 712
Jaufenhaus 2147
Jaufenpass 704, 2134, 2147, 2157
Jaufenspitze 705, 2136, 2158
Jaufensteg 2171
Jenesien 1255, 1296*
Jenesinger (Jenesier) Jöchlalm 1317
Joch (Seiser Alm) 1675
Jocherhof 1590
Jochgrimm 1165, 1178, 1202*, 1567
Jochhöfe 1874, 1884
Jochtalhaus 2298, 2304
Johann-Santner-Hütte 1681
Johanneskofel 1376
Juac-Hütte 1786
Juval, Schloss 405, 420
Juvel-Joch 2557

K

K 2, Gaststätte (Sulden) 238
Kaindlstollen 751
Kälberhütte 248
Kalch 2139, 2146
Kaldiff (Caldiff), Schloss 1115
Kalmbach-Wasserfall 676
Kaltenbrunn 1131, 1160*, 1170
Kalterer Höhenweg 1041
Kalterer See 1037
Kaltern 1017, 1032*
Kalvarienberg (Eppan) 1018
Kalvarienberg (Kastelruth) 1688
Kalvarienberg (Schluderns) 163, 164
Kampen 1263
Kämpfealm 2914, 2925
Kampidell 1315, 1339

Kandellen 3001
Kanzel (Neumarkt) 1110
Kanzel (Sulden) 246
Kappl 50
Kappler See 52
Kapron 34*
Karbacher Berg (Fellhorn) 2931
Karbachhof 2924, 2931
Kardaun 1540*, 1610
Karer Pass 1577
Karer See 1576, 1596
Karhütte 737
Karnischer Höhenweg 3063
Karnspitze 1427, 1445
Karspitze 949, 1953, 1964, 2062
Kartäuserkloster Allerengelberg 448
Karthaus 428, 448*
Kasatsch, Burg 811
Kaseralm 2716, 2942
Kaserer Bild 1546
Kaserfeldalm 936
Kasermähderalm 2945
Kasern 2837*
Kasseler Hütte 2750
Kassiansspitze 1420, 1434, 1833, 1842
Kastelbell 372, 383*, 403
Kastelruth 1666, 1688*
Kasten, Ansitz 389
Katharina Lanz 2295
Katharinaberg 429, 433*, 493
Kegelplätze (Helmrestaurant) 3030, 3043, 3054
Keglgasslalm 2788
Kehlburg 2477
Kellerbauerweg 2695, 2736, 2780
Kellerkopf 2805
Kematen 1486
Kematen 2685*
Kematen in Pfitsch 2219*
Kempspitze 2392
Kerlspitze (Körlspitze) 2950
Kesselkogel 1637

Kienberg 2444
Kienerscharte 2334, 2358
Kiens 2428, 2434*
Kipflalm 2945
Kirchbachspitze 437
Kirchbachtal 771, 886, 889, 891
Kirchbergalm 2953
Kirchbergjoch 948, 949
Kirchsteiger Alm 1365
Klammalm 2163
Klammbachalm 3058
Klammeben 665
Klammljoch 2745
Klammlsee 2745
Klapfbergalm 930
Klapfbergtal 930
Klausalm 1218, 1288
Klausen 1808*
Klausner Hütte 1840, 1943, 1856
Klaussee 2794, 2809
Klein-Fanes 2581, 2596, 2609
Klein-Fanes 2627
Kleinboden 211
Kleinklausen 2808, 2823
Klerant 1933, 2050
Klobenstein 1458, 1466, 1478, 1482*, 1501, 1612, 1703
Klockerkarkopf 2842
Klosteralm 449
Knieberg 3062
Knottenkino 1347
Knuttenalm 2744
Kofel (Kastelruth) 1688
Kofelburg (Toblburg) 2709
Kofelraster Seen 378, 397, 904, 921
Kofelwiese 1897
Kofl 2406, 2419, 2469
Kofleralm, Obere 2746
Koflerseen 2747
Kohlern 1241, 1264, 1286*
Kolbenspitze (Kalmspitze) 694
Kolfuschg 2640*

Kolfuschger Höhenweg 2653
Kollmann 1710*
Kölner Hütte (Rosengartenhütte) 1598, 1640
Kompatsch 1698, 1753
Kompfoßsee 2388
Königsangerspitze 1845, 1858, 1942, 1961
Königswarte 1690
Königswiese 1097
Konzenlacke 344
Kopfron 435
Korb, Schloss 1007
Kortsch 288*
Kortscher Alm 293, 301
Kortscher See 294, 302
Kortscher Waalweg 290
Krabesalm 1138, 1147, 1154
Kradorfer Hütte 2937
Kratzberg (Ulten) 879
Kratzberger See (Sarntal) 1362, 1438
Kraxentrager 2231
Kreuzbergpass 3065
Kreuzjoch 1369, 1396
Kreuzkofeljoch 2562
Kreuzspitze (Crusc da Rit) 2592
Kreuzspitze (Schnals) 451
Kreuzspitze, Hohe 732, 2168
Kreuzspitze, Kleine 729, 2164
Kreuzspitze, Wilde 2102, 2224, 2309
Kreuztal 2029, 2041
Kreuzwiesenhütte 2005
Kröllturm 851
Kronplatz 2504, 2570, 2862
Kuens 615, 620*
Kuenser Waalweg 623
Kugelalm 1163, 1177
Kühbergl 2463
Kuhleiten 643, 1360
Kühwiesenkopf 2854
Kuntersweg 1541, 1610
Kupferbergwerk (Ahrntal) 2837
Kuppelwies 910*

Kuppelwieser Alm 919
Kurtatsch 1056, 1063*, 1080
Kurtinig 1077*
Kurzras 470, 481, 485*

L

La Val 2591
Laabalm 1215
Laag 1102*, 1108
Laas 278*
Laaser Alm, Obere 280
Laaser Spitze 332
Laaser Tal 128
Laatsch 129*
Laatscher Alm 110
Ladurner Alm 2252, 2259
Lafetzalm 460
Lagazuoi, Kleiner 2632
Lagazuoialm 2630
Lagazuoisee 2631
Lahneralm 1182, 1196
Lajen 1721, 1735*, 1744, 1819
Lalungsee 2606
Lamprechtsburg 2458, 2503
Lana 764*
Landeialm 932
Landshuter (Europa-) Hütte 2229
Landshuter Höhenweg 2233
Lanebach 2678
Langegger Alm 2893
Langenstein 238
Langental 1783
Langfenn (Lafenn) 1303, 1314, 1325, 1341
Langkofelhütte 1762
Langkofelscharte 1763, 1801
Langsee 591, 955
Langtauferer Höhenweg 26, 44, 57
Langtaufers 1
Lanzwiese 2855
Lappach 2725*
Laranser Runde 1690
Lärchenhütte 3053, 1582

Latemarspitze, Östliche 1605
Latsch 354, 365*, 384
Latschanderwaal 369
Latschenhütte 1417
Latscher Alm 321, Alm 375
Latzfons 1812, 1839*, 1855
Latzfonser Höhenweg 1943
Latzfonser Kreuz 1419, 1433, 1529, 1832, 1841
Latzfonser-Kreuz-Hütte 1841
Laugen 1989
Laugen, Großer (Große Laugenspitze) 789, 880, 973, 988
Laugen, Kleiner 789
Laugenalm 971
Laugener Kultur 1989
Laugensee 972
Laugenspitze (Großer Laugen) 999
Laurein 967, 985*
Laureiner Alm 986, 998
Lausitzer Höhenweg 2843
Lavaredohütte 3078
Lavarela (Lavarella)-Spitze 2629
Lavarellahütte 2581
Lavazèjoch 1565
Laxiedenalm 2924
Lazinser Alm 739
Leadner Alm 1336, 1349, 1371
Lech de Crespeina 1791, 2655
Leiferer Höhenweg 1235
Leifers 1230*
Leitenwaal, Schluderns 166
Leiteralm 588, 610
Leiterspitze 1412
Lengmoos 1482*
Lengstein 1498*, 1705
Lenkjöchlhütte 2845
Leuchtenburg, Ruine 1038
Lichtenberg 188*, 199
Lichtenberg, Ruine 188
Lichtenberger Höfe 190
Lichtenstein, Burg 1231

Lichtenstern 1485
Liegalm 1552
Limosee 2582
Litschbach 2488
Locher, Gasthaus 1297
Lodnerhütte 532
Longfallhof 614, 622
Lungega 2531
Lungiarü 2557*
Lungkofel 2980
Lüsen 2323, 2000*
Lüsen-Berg 2001
Luttach 2697, 2759*
Luttacher Wasserfall 2764
Lutterkopf 2874, 2906
Lyfialm 340

M
Madritschhütte 243
Magdeburger Hütte 2265
Magdfeld 655, 677
Mahlknechthütte 1676
Mairalm, Obere 436
Maiser Alm 1366
Maiser Waalweg 560, 659
Malersee 2752
Malettes 121
Mals 120*, 157
Malser Oberwaal 123
Mandlspitze 1000
Mangitzer Alm 138
Marabergalm 2953
Marauntal 883
Marburger (Flaggerscharten-)Hütte 1428, 1451, 2068
Marchkinkele (Markinkele) 3006, 3029
Mareit 2150, 2175*
Mareiter Stein 2148, 2170, 2176, 2189
Mareo 2569
Margarethenweg 866
Margen 2341, 2362, 2384
Margreid 1077*

Maria Himmelfahrt 1258, 1473
Maria in der Schmelz 326
Maria Saal (Ritten) 1494, 1499
Maria Saalen (Pustertal) 2505, 2515, 2522
Maria Trens 2089
Maria Weißenstein 1193, 1205, 1214, 1232
Mariahilf am Fallierteck 3
Mariahilf am Freienbühel 2034, 2040
Marinzen 1667, 1688, 1696
Marling 572*, 550
Marlinger Höhenweg 574
Marlinger Waalweg 551, 573, 765
Marschnellalm 905
Martell 287, 326
Marteller Hütte 344
Martelltal, Inneres 339*
Marzonalm 396, 410
Mastaunalm 461
Matatzspitze 693
Matatzwaal 695
Matsch 128, 163, 172*
Matschatsch, Schloss 1048
Matscher Alm 180
Matscher Burgruinen 163, 167
Mauls 2080*
Maultasch, Schloss 866
Maurerberg 2009, 2535, 2544
Maurerkopf 2856
Mayenburg 779
Mazon 1107
Meierei, Gasthaus 1595
Meierlalm (Mairlalm) 1579
Melag 56*
Melager Alm 36, 51, 58
Mellaten (Melaten) 2996
Mellaun (Melaun) 1932
Mendelpass 1042
Meran 557*
Meran 2000 564, 1359
Meran und Umgebung 556*
Meraner Höhenweg 434, 616
Meraner Hütte 1365, 1400

Meransen 2287, 2313, 2327*, 2339, 2359
Mesnerhütte 2937
Mittager 1363, 1409
Mittager, Umrundung 1364
Mittelberger Erdpyramiden 1492, 1500
Mitterberg-Höfe 3051
Mitterberger Alm 2777
Mitterdorf 1032
Mitterkaser 442
Mitterstielersee 1467
Mittertaler Höhenweg 2883
Mittewald 2066*
Mittewalder Alm 2071
Moar in Plun 1828
Moarer Egetseen 2194
Mölten 858, 1302, 1324, 1330*, 1353
Möltner Kaser 1316, 1338, 1351
Montal 2521*, 2445, 2516
Montalalm 2889
Montan 1122, 1127*
Montani, Burgen 318
Monte Cavallo 2585
Monte Sella di Sennes 2575
Montiggl 1016
Montiggler Seen 1016, 1028, 1035, 1225
Moos (Passeier) 717*
Moos (Sexten) 3049*
Moos (St. Lorenzen) 2502
Moosstock, Großer 2703
Mörre 684
Morter 315*
Morteralm 320, 327
Morterleger 316
Moserhof 2961
Moserhütte 2332
Mudlerhof 2876, 2905
Mühlbach (bei Gais) 2666
Mühlbach (unteres Pustertal)
    1972, 1984, 2284*
Mühlbacher Klause 2288
Mühlegg 2786
Mühlegger Wasserfall 2791

Mühlen 2685*
Mühlenweg (Terenten) 2385
Mühltalhof (Gasthaus) 548
Mühlwald 2714*
Mühlwalder Hütten 2777
Mühlwalder Tal 2662
Müllergrüblalm 2890
Müllerhütte 2201
Mungadoi (Mongadui) 1625, 1648
Münstertal 128
Munwarter 194, 208
Mutegg (Muteck) 918, 938
Mutspitze 612

N
Nafen 1872
Nagelstein 952
Nals 810*, 824
Napfspitze 2374, 2732
Narauner Weiher 794
Nasen 2488
Nassereithhütte 530
Naturns 491*
Naturnser Alm 503, 513, 519, 770
Naturnser Almenweg 504
Natz 1979, 1988*
Nauders 2319
Nemesalm 3059
Neugersdorfer Hütte 2843
Neuhaus, Burg (Gais) 2664
Neuhaus, Burg (Terlan) 866
Neumarkt 1104, 1107*
Neumelans, Ansitz 2692
Neurasen, Burg 2869
Neurateis 425*
Neustift 1924
Neveser Höhenweg 2734
Nevesjoch 2733
Nevesjochhütte 2733, 2778
Niederdorf 2986*
Niederflans 2082, 2099
Niederhof 330

Niederhofalm 2796
Niederjoch 473
Niederjöchl 360
Niederrasen 2868*
Niedervintl 2289, 2338*, 2348, 2357
Niederwieser, Johann 2782
Nigerpass 1591, 1639
Nigglberg 1631
Nobls (Vordernobls) 865, 1299
Nockspitze (Schnals) 59, 468
Nordheim 1408*

O
Oberbergalm 2937
Oberbozen 1259, 1280, 1463, 1471*, 1484
Oberbozner Erdpyramiden 1279, 1472
Oberdörferalm 83, 94
Obereggen 1560, 1575*, 1597
Oberetteshütte 181
Oberglaning 1274
Obergoste 2879
Obergummer 1548
Oberholz 1575
Oberinn 1464, 1475, 1487, 1512*, 1520
Oberkarneid 1618
Obermais 557, 560, 561
Obermarchen 1399
Obernbergalm 1444
Oberplanitzing 1032, 1049
Oberplanken 2915, 2923*
Oberrasen 2868*
Obersee 2887
Obersirmian 802
Obersteinerholm 2701, 2771, 2797
Obertall 658, 663*, 685
Obertaser 639
Obervintl 2347*
Obervintler Wasserfall 2349
Oberwielenbach 2483, 2489
Obisellsee und -alm 627, 653
Obstanser See und Hütte 3064
Ochsenalm (Brixen) 2019, 2028

465

Ochsenalm (Pflersch) 2264
Ochsenbergalm 37
Ochsenfeldalm 2929
Ochsenfeldseen 2930
Olang 2851*
Onach 2524
Orgelspitze 332
Ostertaghütte 1602
Oswaldpromenade 1256
Öttenbach 1399
Ötzi-Fundstelle 474

P

Panider Sattel 1694, 1755
Panoramaweg 738
Paolinahütte 1601
Pardell 1811
Pareispitze 2583
Pares-Berg 2593
Parmanthof 395
Parnetz 279
Partinges 2097
Partscheilberg 500
Partschins 497, 524*, 580
Partschinser Waalweg 540
Partschinser Wasserfall 529
Partschunerhof 1282
Passeiertal 649*
Passeirer Gilfenklamm 680
Passenalm 2726
Passenseen 2727
Paternkofel 3077
Paternsattel 3078
Patscheid, Gehöft 42
Patzin 42*
Patziner Alm 43
Pawigl 767, 892
Payerhütte 232, 240
Payrsberg, Burg 819
Pederoa 2591*
Pederü 2576

Pedraces 2602*
Pedroß 34*
Pedroßsee 25
Peilstein 885, 906
Pein 2382
Peitlerkofel 1890, 1901, 2010, 2543, 2553, 2565
Peitlerkofel, Umrundung 2542, 2552, 2564
Pemmern 1505, 1513, 1524*
Penauder Alm 452
Penegal 1020, 1047
Penon 1065, 1075*, 1082
Pens 1443*
Penser Joch 1447, 2091, 2133
Percha 2457, 2488*
Perdonig 828, 839*, 1009
Pertingeralm, Untere 2395
Peterköfele 1231
Peterploner, Gasthaus 1257
Petersberg 1192, 1203*, 1233
Petersberger Leger 1209
Petschied 2013
Petz 1632
Pfaffenseen 82, 92
Pfalzen 2407, 2414*, 2438, 2455, 2468, 2511
Pfandlalm 899
Pfandleralm 682
Pfannberg, Großer 2021
Pfannspitze (Großer Pfannberg) 2032
Pfatten 1223*
Pfelders 736*
Pfistradalm 709
Pfitscher Höhenweg 2232
Pfitscher Joch 2234
Pflerscher Höhenweg, Großer 2269
Pflerscher Höhenweg, Kleiner 2268
Pfnatschalm 1417
Pforzheimer Hütte 99
Pfossental 441
Pfroderalm 1843
Pfunderer Höhenweg 2421

Pfunders 2367
Pfurnsee 2197
Pic-Berg 1747, 1769
Piccolein 2550*
Pichl (Gsies) 2913*
Pichlbergalm 1417
Pidigalmen 2937
Piffinger Köpfl 564, 1359
Pilsbergalm, Vordere 957
Pinatzer Kopf (Elvaser Hügel) 1926
Pinzagen 1920
Pinzon 1116
Pisciadù-Klettersteig 2649
Pisciadùhütte 1796, 2649
Pisciadùsee 2649
Pisciadùspitze 2650
Pitzak 1880
Piz Boè 1799, 2648
Piz Chavalatsch 193, 212
Piz Cotschen 228
Piz da Peres 2572, 2861
Piz dles Cunturines 2628
Piz Duleda (Piz Doledes) 1776
Piz La Ila 2620, 2636
Piz Lat 9
Piz Selva 1800
Piz Sorega 2624, 2635
Piz-Berg 1751
Pizathütte 2792, 2803
Plamord 11
Plan 1783
Plan de Gralba 1783, 1803
Planeil 1, 114*
Planeiler Alm 115
Planer Alm 2085
Plankensteineralm 2420
Plantapatschhütte 91, 104
Plaschweller 192
Platt in Passeier 717*, 719
Platten (Percha) 2492
Platten (Pfalzen) 2405, 2417
Platterhof 2789
Plattkofel 1674
Plattkofelhütte 1673, 1804
Plattspitze (Hochplatte) 2135
Platz (Kastelbell) 370, 385
Platz (Stilfs) 209
Platzers 781, 787*, 806
Plätzwiese 2975, 3015
Plaus 511*
Plawenn 69
Plawenn, Ansitz 69
Plawennalm 68
Plawenntal 68
Pleif 42*
Plombodensee 412, 888
Ploner, Feriendorf 3013
Plose (Plosehütte) 2011, 2021, 2031, 2042
Plose, Wanderungen 1934
Pojen 2698, 2770
Pojenseen 2514, 2700, 2812
Pojer Alm 2699
Pojer Höhenweg 2705
Pojer Wasserfall 2696, 2761
Polsterhof 109
Pößnecker Klettersteig 1800
Prad am Stilfser Joch 189, 198*
Prader Alm 218
Pragser Seekofel 2971
Pragser Wildsee 2963, 2964
Pralongia 2633
Prämajur 81, 90*
Pramstallalm 2933
Prantach 682
Prantneralm 2117
Prastmann 2844
Prelunge 2633
Prettau 2837*
Prischeralm 2202
Prissian 799*, 813
Prösels 1645
Prösels, Schloss 1645
Proveis 968, 993*
Proveiser Höhenweg 997

Puezhütte 1777, 1790, 2560, 2605, 2618, 2656, 2657
Puezkofel 1792, 2561
Puezspitze, Östliche 1793
Pufels 1754
Puflatsch 1669, 1697, 1756
Puflatschhütte 1668
Puntleider See 2076
Pustertal, Unteres 2283*
Putzen 1393
Putzenhöhe 2397
Putzenkreuz 1385, 1393

Q
Quadrathöfe 547

R
Raas 1981, 1991, 1999*
Rabenstein (Passeier) 721, 749*
Rabenstein (Sarntal) 1437*
Rabland 524*
Rablander Waal 525
Rableid 442
Radein (Oberradein) 1162, 1176*
Radelspitze 1440
Radlsee 1844
Radlseehaus 1844, 1857, 1941, 1960
Radsberg (Ratsberg) 2997
Rafenstein, Ruine 1254
Ragotzalm 2933
Raindlhöfe 455
Rammelstein 2498, 2872, 2882
Rasaßsee 85
Rasaßspitze 18, 86, 103
Raschötzhütte 1737
Rastnerhütte 2003, 2322, 2352, 2430, 2449
Ratschillhof 352, 367
Rauchkofel 2702, 2795, 2810
Rautal 2576
Rauth 1564*
Rauthöfe 2870

Rautwaal 317
Redensberg 2495, 2870
Regensburger Hütte 1773, 1788, 1909
Regglberg 1004*
Reichenberg, Burg 140
Reifenegg, Ruine 2144
Reifenstein, Schloss 2094, 2122
Rein 2707, 2740*
Reinbachfälle 2686, 2708
Reinegg, Schloss 1392
Reiner Höhenweg 2742
Reinswald 1416*
Reintal 2662
Reisch, Große 1318, 1340, 1352, 1370, 1395
Reischach 2459
Reischach 2502*
Reiterjoch 1571, 1580
Reschen 2*
Reschen-Stausee 24
Reschner Alm 8
Resegger Alm 667
Ridnaun 2180, 2186*
Ridnauner Höhenweg 2112, 2204
Ried 2113
Riedelsberg 1386, 1402
Riegltal 37
Riepenspitze 2944
Rieserfernerhütte 2754, 2885
Rif. Torre di Pisa 1582
Rifair 151
Rifairalm 141
Riffian 620*
Riffianer Waalweg 629
Rina 2531
Rinneralm 2155
Rinsbacheralm 2735
Ritjoch 2592
Ritten 1295*
Rittner Horn 1491, 1506, 1515, 1527, 1535, 1713, 1730, 1825, 1843
Ritwiesen 2592
Ritzail 2083

Rodelheilspitze 1797
Rodeneck 2014, 2291
Rodenegg, Schloss 1978, 1995, 2320
Roèn 1046, 1057, 1067
Roènalm (Romenoalm) 1044
Rojen 1, 4, 15*
Röllhof 1290
Rollspitze (Ralsspitze) 2220, 2246, 2278
Römerweg (Hochpustertal)
  2901, 2987, 2998
Ronerhütte (Rodenecker Alm)
  2002, 2321, 2343, 2351, 2429
Rosengartenhütte 1598
Roßalm (Roßhütte) 2974
Roßkopf (Sterzing) 2106, 2109, 2182
Roßkopf, Großer (Prags) 2972
Roßzähne 1039
Rötalm 2846
Rotbachspitze 2235
Roteck 534
Rötelspitze, Partschinser (Lazinser)
  536, 740
Rötelspitze, Trafoier 228
Roterdspitze 1635
Rotsteinerknott 1347
Rotund, Burg 140
Rotwand (Aldein) 1189
Rotwand (Antholz) 2888
Rotwand (Rosengarten) 1604
Rotwand (Sexten) 3069
Rotwandhütte (Meran 2000) 1359
Rotwandhütte (Ostertaghütte) 1602
Rotwandwiesen 3067
Rudlhorn 2909
Rumsein 1273
Runggerhof, Gasthaus 1028
Runner Alm 175

S

S-Charler 102
Saalen 2502
Säben 1810, 1852
Sacun 1749
Saldurseen 182
Salegg, Ruine 1684
Salern, Ruine 1955
Saller 2852, 2904
Salomon 2875, 2894, 2908
Saltaus 560, 630, 650*
Salten 1303
Saltria 1671, 1752, 1765
Salurn 1086*
Sambock 2418, 2470
Sameralm 2926
San Ciascian 2619, 2624*
Sand in Taufers 2692*, 2760
Sandwirtshaus 713
Santnerpasshütte 1599
Sarlalm (Sarlhütte) 3017
Sarlkofel 2981, 2990, 3018
Sarner Scharte 1403
Sarner Schlucht 1375*
Sarner Skihütte 1397
Sarns 2049
Sarntal 1295*
Sarntaler Weißhorn 1444, 2125
Sarnthein 1392*
Sas de la Luesa 1797
Sas de Pütia 2543
Sas Rigais (Sass Rigais) 1910, 1774
Sassongher 2616, 2658
Sattlerhütte 1337
Saubach 1711
Sauch-Hütte (Rifugio Sauch) 1088
Säulenfichte von Issing 2402
Sauschloss 871
Saxalberalm 427
Saxalbersee 427, 450
Saxner 701, 2137, 2161
Saxnerhof 541, 580
Schabs 1928, 1976*, 1993, 2285, 2318
Schafberg (Piz Minschuns) 225
Schafberghütte, Innere 59, 60
Schafkopf, Großer 45

Schalders 1950, 1959*
Schartalm 200
Schatzerhütte 2043
Schaubachhütte 242
Schenna 561, 634*
Schillerhof 1588
Schlanders 298*, 349
Schlandersberg, Burg 303
Schlanderser Alm 292, 300
Schlanderser Sonnenberg 291, 299
Schlandraun 287
Schlaneid 857, 1330, 1332
Schleis 79, 107*, 130
Schleiser Alm 110
Schlern, Schlernhaus 1632, 1653, 1682
Schlernbödelehütte 1681
Schlinig 80, 97*, 109
Schliniger Alm 98
Schlossbergsee 2812
Schluderalm 335
Schluderbach 3013
Schluderns 162*
Schlüterhütte 1775, 1903, 2562
Schmieden (Prags) 2960*
Schmiederalm 1194, 1206
Schmiedhofertal 910
Schmuders 2116, 2213
Schnals 287
Schnalstal, Äußeres 425*
Schnalswaal, Naturnser 496
Schnalswaal, Tscharser 421, 426
Schnatzhof 495
Schnauders 1853
Schneeberger Scharte 751
Schneeberger Schwarzsee 752
Schneeberghütte 750
Schneidalm 742
Schneiderwiesen 1242, 1287
Schnuggerhof 637
Schöllberghütte 2765
Schönberg 2763, 2781
Schönbergalm 2781

Schönbichl 2482
Schönblick 1149
Schöne-Aussicht-Hütte 487
Schöneben 5, 7
Schöneck (Mendelkamm) 803, 974
Schöneck, Hinteres (Sulden) 249
Schöneck, Schloss 2403
Schöneck, Vorderes (Sulden) 249
Schönegger-Säge 3004
Schönraster Alm 1195, 1207
Schöntaufspitze, Hintere 244, 343
Schreckbichl 1028
Schreinsee 2700
Schritzenholz 1712, 1729
Schröfwand 463, 475
Schrotthorn 1431, 1963
Schrüttenseen 1962
Schwarze Lacke (Vigiljoch) 520, 768
Schwarze Wand (Pustertal) 2667
Schwarzenbachtörl 2782
Schwarzensteinhütte 2766, 2788
Schwarzhorn 1164, 1179, 1568
Schwarzsee (Pojen) 2812, 2941
Schwarzseegruppe (Sarntal) 1401, 1421
Schweinsteg 656, 683
Schwemmalm 917, 937
Schwemmseen 26, 35, 44, 46
Schwörzalm 2884
Scotonihütte 2630
Sebatum 2509
Seceda 1746, 1770
Seebalm 1428
Seeberalm 755
Seebergalm 708
Seebersee 757
Seebödenspitze 17, 72
Seefeldalm (Ulten) 928
Seefeldsee (Ulten) 928
Seefeldseen (Meransen) 2290, 2329, 2361
Seefeldspitze (Meransen) 2331
Seegrubenalm 900
Seekofel (Prags) 2580

Seekofelhütte (Egerer Hütte) 2579, 2970
Seelenkogel, Hinterer 745
Seetalseen (Bödenseen) 2730
Seis am Schlern 1657, 1661*, 1689
Seiser Alm 1670, 1698
Seiser-Alpen-Haus 1677
Seit 1240*, 1266
Sella-Hochplateau 1800
Sellajoch 1801
Sellajoch-Haus 1801
Senftenburg 2093
Senner Egetseen 2194
Sennesalm (Senneshütte) 2577, 2969
Sesselschwaige 1652
Sesvennahütte 99
Sesvennasee 100, 101
Setsas 2634
Setz 1190
Sëurasas 1748, 1768
Sexten 3045, 3049*
Sieben-Seen-Runde 2194
Siebeneich 870*
Siffian 1457
Sigmundskron, Schloss 1027
Signat 1260, 1278*, 1455
Signater Kirchsteig 1282
Sillianer Hütte 3060
Silvesteralm 3004, 3028
Similaunhütte 473
Soldatenfriedhof Nasswand 3011
Sommerpromenade 558
Sompuntsee 2603, 2621
Sonnenberger Panoramaweg 497
Sonnenburg 2510
Sonnensteig (Schluderns) 123
Soyalm 334
Specia 2591
Speikboden 2694, 2721, 2762, 2776
Spiluck 1951, 2060
Spinges 1971, 1983, 2059, 2286, 2295*
Spitzbühel 1679
Spitzige Lun 116, 121, 173

Spitzner Alm 898
Sprechenstein, Schloss 2095, 2120
Spronser Rötelspitze 590
Spronser Seen 591, 611, 625
St. Agatha (Deutschnofen) 1217
St. Andrä 1931, 2025*, 2052
St. Andreas in Antlas 1508, 1704
St. Anna (Goldrain) 350
St. Anna (Villanders) 1834
St. Anton (Kaltern) 1032
St. Anton (Pflersch) 2258*
St. Apollonia (Nals) 802, 816, 833
St. Barbara (Gadertal) 2594
St. Christina (Gröden) 1750, 1759*, 1784
St. Christina (Prad) 188
St. Christoph (Deutschnonsberg) 975, 980
St. Cyprian (Tiers) 1628
St. Cyrill (Brixen) 1922, 1939, 1949
St. Felix (Deutschnonsberg) 979*
St. Georg (Afers) 2039*, 2051
St. Georg (Tschögglberg) 1323
St. Georgen (Bozen) 1253
St. Georgen (Pustertal) 2467*
St. Georgen (Schenna) 562
St. Gertraud (Ulten) 935, 942*
St. Helena (Deutschnofen) 1216
St. Helena (Ulten) 884
St. Hippolyt (Glaiten) 699
St. Hippolyt (Tisens) 775, 782, 794
St. Jakob (Ahrntal) 2806, 2816*
St. Jakob (Gröden) 1749, 1766
St. Jakob (Langfenn) 1303
St. Jakob (Pfitsch) 2228*
St. Jakob (Prissian) 801
St. Jakob (Villnöß) 1875, 1882
St. Johann (Ahrntal) 2768, 2786*
St. Johann (Karnol) 1930, 2027
St. Kassian (Gadertal) 2619, 2624*
St. Kathrein (Hafling) 566
St. Kathrein (Tiers) 1624
St. Konstantin (Völs) 1656
St. Leonhard (Brixen) 1929, 2017*, 2026

St. Leonhard (Gadertal) 2602*
St. Leonhard (Passeier) 680, 690*
St. Lorenzen (Pustertal) 2509*
St. Lugan (S. Lugano) 1136, 1148, 1153*
St. Magdalena (Gsies) 2923*
St. Magdalena (Ridnaun) 2179, 2187
St. Magdalena (Villnöß) 1885, 1894*
St. Martin (Glurns) 149
St. Martin (Gsies) 2916, 2923*
St. Martin (Marling) 548
St. Martin (Matsch, Burgkapelle) 167
St. Martin (Passeier) 675*, 691
St. Martin (Schleis) 109
St. Martin (Schneeberg) 750, 2193
St. Martin (St. Lorenzen) 2436, 2461, 2502, 2513
St. Martin (Stilfs) 209
St. Martin im Kofel (Latsch) 353, 358*, 368
St. Martin in Thurn (Gadertal) 2550*
St. Michael (Eppan) 1014*
St. Michael (Kastelruth) 1693
St. Moritz (Ulten) 915
St. Nikolaus (Eggen) 1559
St. Nikolaus (Kaltern) 1032
St. Nikolaus (Ulten) 914, 926*, 943
St. Oswald (Ifinger) 643
St. Oswald (Seis) 1664
St. Pankraz (Ulten) 878*
St. Pauls (Eppan) 1005*
St. Peter (Ahrntal) 2827*
St. Peter (Altenburg) 1040, 1050
St. Peter (Gratsch/Meran) 582, 599, 608
St. Peter (Lajen) 1738
St. Peter (Leifers) 1231
St. Peter (Tanas) 261, 267
St. Peter (Villnöß) 1876, 1880*, 1895
St. Sebastian (Tiers) 1626
St. Sigmund (Pustertal) 2425*, 2435
St. Silvester (Hochpustertal) 3005, 3027, 3040
St. Stephan (Latsch) 318
St. Ulrich in (Gröden) 1739, 1743*, 1767
St. Ulrich in (Mölten) 1333
St. Ursula (Passeier) 656, 683
St. Valentin (Greinwalden) 2468
St. Valentin (Nobls) 865, 1299
St. Valentin (Sarntal) 1410
St. Valentin (Seis) 1665
St. Valentin (Villnöß) 1881
St. Valentin auf der Haide 64*
St. Veit (Prags) 2962
St. Veit (Sexten) 3049
St. Veit (Tartscher Bühel) 148
St. Verena (Ritten) 1507, 1714
St. Vigil (Enneberg) 2569*
St. Vigil (Vigiljoch) 507, 520, 549, 769
St. Walburg (Taufers) 2687
St. Walburg (Ulten) 897*
St. Walburger Almenweg 903
St. Wendelin (Langtaufers) 37
St. Zeno (Terenten) 2383
St. Zyprian (Tiers) 1628
Stabelerweg 2782
Staben 419*
Stacherbergalm 2917
Staffelhütte 668
Staffler Alm (Staffelsalm) 891
Stallersattel 2887
Stalliler (Stallila) 2787
Stallwieshof 331
Stammer 1864
Stange 2143*
Starkenfeldhütte 2003, 2322, 2352, 2430, 2449
Stefansdorf 2460, 2502*, 2512, 2523
Stegeralm 2830
Steinalm 2274
Steinegg 1542 1617*,
Steinegger (Eppan) 1020
Steinegger (Mut) 609
Steinegger Erdpyramiden 1619
Steinerhöfe 2769
Steinermannl 2084, 2305
Steinhaus 2793, 2802*, 2817

Steinmannhof 1376
Steinrastalm 920
Steinwandhof 329
Steinzgeralm 2889
Stern (La Ila) 2614*
Stern, Schloss 2614
Sterzing 2106*, 2212, 2249
Sterzinger Hütte 2223
Sterzinger Jaufenhaus 2156
Stettiner Hütte (Eisjöchlhütte) 443, 741
Stevia-Hütte 1779, 1787
Stieberfall 718
Stieralm 248
Stierbergalm 994
Stierberghütte 137
Stilfes 2089*, 2123
Stilfs 207*, 217
Stilfser Alm 210, 224
Stilfser Joch 226
Stilfser-Joch-Straße 226
Stinalm 2311
Stoanerne Mandlen 1318, 1340, 1352, 1370, 1395
Stöfflhütte 1831
Störes (Stueres) 2633, 2642
Straßberg, Ruine 2248
Streitweider Alm 641
Stuls 698, 720, 725*
Stumpfalm 2943
Südtiroler Volkskundemuseum 2475
Sulden (St. Gertraud) 128, 202, 237*

T

Tabarettahütte 239
Tabland 409*, 539
Tablander Alm 413 499
Tablander Lacken 535
Tagewaldhorn 1429, 2069
Tagusens 1692, 1720
Taisten 2898*
Taistner Hinteralm 2873, 2892
Taistner Vorderalm 2907

Taleralm 2071
Tallner Alm 667
Talschlusshütte (Gsies) 2923
Talschlusshütte (Sexten) 3071
Tanas 262, 266*, 273
Tann 1465, 1476, 1489, 1504
Tappein 304
Tappeinerweg 559
Tappeinerweg 600
Tarnell 281
Tarsch 365*, 373
Tarscher Alm 322, 365, 376
Tarscher See 377
Tartsch 122, 155*
Tartscher Alm, Untere 226
Tartscher Bühel 156, 148
Tatschspitze 1450, 2126
Taufenweg 1587
Tauferer-Ahrntal 2662*
Taufers (Pustertal) 2693
Taufers im Münstertal 132, 136*, 151
Taufers, Burg 2710
Teis 1871*, 1883, 2053
Telegraph 2021
Telfer Weißen 2111, 2251
Telfes 2108, 2181
Tellakopf 139
Tenglerhütte 1402
Teplitzer Hütte 2199
Terenten 2342, 2382*, 2426
Terlan 862*
Tesselberg 2479, 2490, 2671
Tesselberger Alm 2480, 2672
Thuins 2107
Thurn an der Gader, Burg 2550
Thurntaler See 3042
Tiefrastengebiet 2718
Tiefrastenhütte und -see 2390, 2717, 2729
Tiers 1623*
Tierser-Alpl-Hütte 1634, 1678
Tils 1938*, 1859, 1921, 1948
Timmels-Schwarzsee 753

473

Timmelsjoch 754
Tiosels 1695
Tirol, Schloss 583, 601, 607
Tisenjoch 474
Tisens 783, 812, 1691
Tisens 793*
Tiss 348
Toblach 2994*
Toblacher Höhenweg 3007
Toblacher Pfannhorn 3003
Toblacher See 3010
Toblhof, Gasthaus 2708
Toblinger Knoten 3076
Töbrunn 319, 328, 374
Töll 524, 546*
Tomanegger 1304
Tomberg 409*
Toni-Demetz-Hütte 1763, 1805
Torre-di-Pisa-Hütte 1582
Totensee 1404, 1830
Tötschling 1918
Trafoi 128, 222*
Tramin 1054*, 1070
Traminer Höhenweg 1059
Trens 2081, 2089*, 2121
Tribulaunhütte 2267
Tristenalm 2779
Tristensee 2779
Trostburg 1719
Trüber See 2194
Truden 1135*, 1146, 1161
Trudner Horn 1098
Trumsberg 371, 386, 404
Trumser Alm 387
Trumser Spitze 388, 453
Tschafon (Völsegger Spitze) 1629, 1650
Tschafonhütte 1627, 1649
Tscharniedalm 2947
Tschars 390, 401*
Tschaufenhaus 864, 1300, 1326, 1342
Tscheinerhütte 1593
Tschengls 201, 253*

Tschenglsberg 253
Tschenglsburg 253
Tschenglser Almen 254, 255
Tschenglser Hochwand 247
Tscherms 764*
Tschögglberg 862, 1295*
Tschötsch 1916
Tuferalm 958
Tufertal 958
Tuffalm 1655
Tulfer 2209
Tullen 1900
Tulperhof 2001
Turmhof, Ansitz 1079
Turnaretscher Hütte 2008, 2534, 2545

U

Übelseen 728, 2166
Überetsch 1004*
Überetscher Hütte 1045, 1058, 1068
Ulfas 696*
Ulfaser Alm 695
Ulmburg 1076
Ultental 877*
Ums 1647*
Unser Frau in Schnals 459*
Unsere Liebe Frau im Walde 966*, 989
Unter (Nieder)-Wielenbach 2488
Unterberg 711
Unterfennberg 1064, 1078
Unterglaning 872, 1251, 1271
Unterhornhaus 1526, 1534
Unterinn 1262, 1454*, 1282, 1611
Unterkoflerhof 1311
Unterland 1004*
Unterlegar 863
Untermais 557
Untermoi 2539*
Unterplanitzing 1032
Unterplanken 2900, 2913*
Unterradein 1172
Untersirmian 814

Unterstellhof 492
Untertall 657
Unterwaalsteig 122
Upikopf 184
Upisee (Upiasee) 183
Ursprungalm 2749
Urtiolaspitze 137
Uttenheim 2665, 2676*
Uttenheim, Burg 2676, 2679
Uwaldalm 2938

V

Vahrn 1923, 1947*
Vahrner See 1954
Vajolettürme 1600
Valgenäun 2098
Vallmingalm 2110, 2250
Vallonhütte (Franz-Kostner-Hütte) 2646
Valparolapass 2624
Vals 2303*
Vellau 541, 581, 587*
Vellauer Felsenweg 592
Velthurns, Schloss 1850
Verdings 1811, 1851
Verdins 634*
Verdinser Waalweg 635
Vermoispitze 359, 454
Vernagt 467*, 480
Vernagter Stausee 467
Vernuer 628, 651
Verschneid 1322*, 1323, 1331
Versellalm 2951
Vetzan 348*
Videgg 642, 669
Vierschach 3037*
Vigiljoch 507, 520, 549, 767, 769
Viles 2557
Vill (Rodeneck) 2317*
Villanderer Berg (Villandersberg) 1404, 1422, 1528, 1827
Villanders 1809, 1823*
Vilpian 856*

Vinschgau, Mittlerer 128*
Vinschgau, Oberer 1*
Vinschgau, Unterer 287*
Vintl 2338
Virglgebiet 1248
Viums 1977, 1992, 1999*
Vivanatal 27
Völlan 773, 779*, 795
Völlaner Bad 780
Völs 1613, 1644*, 1663, 1706
Völser Aicha 1646
Völser Weiher 1654, 1662
Vöran 568, 846, 852, 1334, 1346*
Vöraner Alm 1350, 1368
Vorderkaser 441*
Vordernobls 1299
Vormeswald 1383

W

Wahlen 2999
Waidbruck 1718*
Walcherbachtal 2828
Waldehof 2903
Waldkapelle 3050
Waldneralm 2838
Waldnersee 2829, 2840
Wallburgweg 496
Walten 703
Wangen 1377, 1474, 1519*
Wanns (Wans) 706
Wannser Alm 707
Wasserbühel 1736
Wasserfall in der »Hölle« 2263
Watles 93
Weißbachalm 2935
Weißbrunner Alm, Obere 955
Weißbrunner Stausee 954
Weißenbach (Ahrntal) 2775*
Weißenbach (Sarntal) 1443*
Weißhorn 1180, 1198, 1208, 1569
Weißkugelhütte 60
Weißspitze 2119, 2214, 2247

Weißwandspitze 2266
Weitenbergalm (Weidenhütte) 2369
Weitenbergsee 2370
Weitental 2340, 2356*
Weizgruberalm 2720
Welfenstein, Burg 2080
Welsberg 2898*
Welsberg, Schloss 2899
Welschellen 2531*
Welscher Berg 933, 947
Welschnofen 1547, 1586*
Wengen 2591*
Wengsee 2715
Wetterkreuzbühel 1736
Wetterspitze 2203, 2262
Wielenberg 2488
Wiesen 2096, 2208*
Wieserhof 1298
Wieserlahn (Erdpyramiden) 1298
Wieshof 50*, 57
Wilder See 2101, 2308
Wildseespitze 2230
Windlahn 1387
Windspitze 1363
Winkel (Pustertal) 2692
Winkl (bei Aldein) 1191
Winnebach 3037*
Winterpromenade, Meran 558
Wipptal, Südliches 2057*
Wölfelesjoch 45
Wolfendorn 2222, 2276
Wolfsgruben (und -see) 1261, 1281, 1456, 1462*, 1477, 1483
Wolfskofel (Wolfeskofel) 2767
Wolkenstein 1760, 1783*
Wolkenstein, Burg 1785
Wollbachalm 2818
Wumblsalmen 2162, 2167
Wurmaulspitze 2310
Wurzeralm (Hafling) 1367
Wurzeralmen (Ridnaun) 2149, 2177, 2188
Würzjoch 2541

Z

Zaalwaal 290
Zallinger, Berggasthof 1672, 1764
Zanggen (Zanggenberg) 1570, 1581
Zans (Zanser Alm) 1898
Zassleralm 2361
Zaytalhütte 245
Zehnerkopf 6
Zehtenalm 501
Zenayhof 1595
Zerminiger Spitze 361
Zerzer Tal 83
Zielspitze 531
Zinnenseen 3078
Zinseler 1448, 2092, 2124, 2132
Zirmaitalm 1952, 1965, 2061
Zirmtalsee 411
Ziroger Alm 2244, 2275
Zischgalm 1580
Zischglalm 1588
Zisloner (Cisloner) Alm 1140
Zsigmondyhütte 3072
Zu Törla 2782
Zuegghütte 1359
Zufallhütte 342
Zufrittspitze 960
Zufritt-Stausee 339
Zunerhof 1508
Zwickauer Hütte 744
Zwischenkofel 2559
Zwischenkofelalm 2558
Zwischenwasser 2531*

Südtirols Berge – *die Natur berühren*

Autonome
Provinz
Bozen-Südtirol

Abteilung
Natur
und Landschaft

www.provinz.bz.it/natur

Auf gutem Weg.

Wünsche und konkrete Aufgaben begleiten das Leben.
Der richtige Weg führt zum Ziel. Mit fachlicher Beratung und
spezifischem Finanzangebot ist Raiffeisen der vertrauensvolle Partner.

www.raiffeisen.it

Sonnenluft atmen

www.suedtirol.info

Die Magie der Vielfalt

Südtirol Information
Tel.: +39 0471 999 999 · E-Mail: info@suedtirol.info